[MIRROR]

i

理想国译丛

imaginist

032

想象另一种可能

理
想
国
imaginist

理想国译丛序

"如果没有翻译,"批评家乔治·斯坦纳(George Steiner)曾写道,"我们无异于住在彼此沉默、言语不通的省份。"而作家安东尼·伯吉斯(Anthony Burgess)回应说,"翻译不仅仅是言词之事,它让整个文化变得可以理解。"

这两句话或许比任何复杂的阐述都更清晰地定义了理想国译丛的初衷。

自从严复与林琴南缔造中国近代翻译传统以来,译介就被两种趋势支配。

它是开放的,中国必须向外部学习;它又有某种封闭性,被一种强烈的功利主义所影响。严复期望赫伯特·斯宾塞、孟德斯鸠的思想能帮助中国获得富强之道,林琴南则希望茶花女的故事能改变国人的情感世界。他人的思想与故事,必须以我们期待的视角来呈现。

在很大程度上,这套译丛仍延续着这个传统。此刻的中国与一个世纪前不同,但她仍面临诸多崭新的挑战。我们迫切需要他人的经验来帮助我们应对难题,保持思想的开放性是面对复杂与高速变化的时代的唯一方案。但更重要的是,我们希望保持一种非功利的兴趣:对世界的丰富性、复杂性本身充满兴趣,真诚地渴望理解他人的经验。

理想国译丛主编

梁文道　刘瑜　熊培云　许知远

[英] 奥兰多·费吉斯 著　吕品 朱珠 译

克里米亚战争：
被遗忘的帝国博弈

ORLANDO FIGES

THE CRIMEAN WAR:
A HISTORY

南京大学出版社

江苏省版权局著作权合同登记 图字：10-2018-288号

地图审图号：GS（2018）1790号

图书在版编目(CIP)数据

克里米亚战争：被遗忘的帝国博弈 / (英) 奥兰多·费吉斯 (Orlando Figes) 著；
吕品，朱珠译. —南京：南京大学出版社, 2018.10（2024.5 重印）
书名原文: The Crimean War: A History

ISBN 978-7-305-20791-4

Ⅰ.①克… Ⅱ.①奥…②吕…③朱… Ⅲ.①战争史 – 史料 – 欧洲 – 近代
Ⅳ.①E509

中国版本图书馆CIP数据核字(2018)第189944号

出版发行　南京大学出版社
社　　址　南京市汉口路22号　邮编：210093
发行热线　(025)83594756
网　　址　www.njupco.com

责任编辑：卢文婷
特邀编辑：刘广宇
装帧设计：陆智昌
内文制作：陈基胜

全国新华书店经销
山东临沂新华印刷物流集团有限责任公司
　临沂高新技术产业开发区新华路　邮政编码：276017

开本：965mm×635mm　1/16
印张：47.5 字数：604千字
2018年10月第1版　2024年5月第7次印刷
定价：128.00元

如发现印装质量问题，影响阅读，请与印刷厂联系调换

献给塞伦

目　录

彩图列表

里奇曼艺术图书馆。

5．《俄罗斯人向一座雕像开火》（*Russians Firing at a Statue*，1854 年出版），作者古斯塔夫·多雷，出自《神圣俄罗斯珍奇史》（*The Rare and Extraordinary History of Holy Russia*）。

6．"现在就干！'唐宁街宠物帕恩*'与'俄罗斯蜘蛛'间的一场搏击"，出自《笨拙》周刊，1855 年 2 月。

7．"俄罗斯圣徒尼古拉"，作者约翰·坦尼尔（John Tenniel），出自《笨拙》周刊，1854 年 3 月 18 日。

8．多瑙河前线的土耳其士兵，摄于 1854 年，由卡罗·萨斯马利（Carol Szathmari）拍摄。伊丽莎白二世女王陛下名下皇家收藏版权所有（The Royal Collection©2010）。

9．在斯库台的一群冷溪近卫团士兵，摄于 1854 年，由詹姆斯·罗伯逊拍摄。敬谢基思·史密斯（Keith Smith）。

10．巴拉克拉瓦平原上的骑兵营地，摄于 1855 年，由罗杰·芬顿拍摄。国会图书馆印制品和照片分部，华盛顿特区。

11．巴拉克拉瓦的哥萨克湾（Cossack Bay），摄于 1855 年，由罗杰·芬顿拍摄。国会图书馆印制品和照片分部，华盛顿特区。

12．卡米什湾的法军营地，摄于 1855 年，由詹姆斯·罗伯逊拍摄。敬谢国王御用皇家团博物馆（King's Own Royal Regiment Museum），兰卡斯特，编号 Acc. No. KO0438/10。

13．在克里米亚，法国士兵站在一组朱阿夫士兵旁边，摄于 1855 年，由罗杰·芬顿拍摄。国会图书馆印制品和照片分部，华盛顿特区。

14．鞑靼人正在修理巴拉克拉瓦的一条道路，摄于 1855 年，

---

*　帕默斯顿名字的昵称 Pam。——译注

由罗杰·芬顿拍摄。国会图书馆印制品和照片分部，华盛顿特区。

15．"在巴拉克拉瓦，杰克是怎么样让土耳其人派上用场的"，1855 年出版，作者约翰·利奇（John Leech），出自《笨拙》周刊，1855 年。

16．从乳头堡眺望马拉霍夫看到的景象，摄于 1855 年，由詹姆斯·罗伯逊拍摄。敬谢诺丁汉大学手稿与特别收藏品部（Manuscripts and Special Collection, The University of Nottingham），编号 Ref. Ne C 10884/2/19。

17．马拉霍夫内部，摄于 1855 年，由詹姆斯·罗伯逊拍摄。敬谢诺丁汉大学手稿与特别收藏品部，编号 Ref. Ne C 10884/2/16。

18．《塞瓦斯托波尔，1855 年 9 月》（Sevastopol, September 1855），由莱昂－欧仁·梅海丁（Léon-Eugène Méhédin）拍摄。照片版权由巴黎军事博物馆（Musée de l'Armée）、法国国家博物馆联合会（Dist. RMN）及克里斯蒂安·穆塔尔德（Christian Moutarde）所有。

19．从马拉霍夫眺望塞瓦斯托波尔，摄于 1855 年，由詹姆斯·罗伯逊拍摄。敬谢诺丁汉大学手稿与特别收藏品部，编号 Ref. Ne C 10884/2/7。

20．从棱尖棱堡远眺塞瓦斯托波尔，摄于 1855 年，由詹姆斯·罗伯逊拍摄。敬谢诺丁汉大学手稿与特别收藏品部，编号 Ref. Ne C 10884/2/7。

21．近卫军(克里米亚)纪念碑，由约翰·贝尔创作，摄于 1885 年。伦敦交通博物馆（London Transport Museum）。

22．近卫军（克里米亚）纪念碑细节，包括弗洛伦丝·南丁格尔和悉尼·赫伯特雕像，由约翰·贝尔创作。照片：伦敦科陶尔德艺术学院（The Courauld Institute of Art）版权所有。

23.《维多利亚女王第一次探访伤员》，作者杰里·巴雷特，完成于 1856 年。1993 年在国家遗产纪念基金（National Heritage Memorial Fund）和艺术基金（The Art Fund）资助下购得。伦敦国家肖像美术馆（National Portrait Gallery）版权所有。

24.《战后点名，克里米亚》，作者伊丽莎白·汤普森，即巴特勒女爵，完成于 1874 年。伊丽莎白二世女王陛下名下皇家收藏版权所有。

25.《三名克里米亚伤员》，摄于 1855 年，摄影者为约瑟夫·坎德尔和罗伯特·豪利特。伊丽莎白二世女王陛下名下皇家收藏版权所有。

26．皇家炮兵的克里斯蒂军士长（Company Sergeant Christy）（右）和迈克吉福军士（Sergeant McGifford），摄于 1856 年，由豪利特奉维多利亚女王旨意拍摄。英国陆军博物馆，伦敦。照片：布里奇曼艺术图书馆。

27．巴黎的阿尔马桥，摄于 1910 年洪水期间。照片：罗杰－维奥莱（Roger-Viollet）及 Topfoto 机构。

28．亚历山大·肖夫洛投资兴建的马拉科夫塔，建于 1856 年。版画于 1860 年出版，作者莱维（Lévis）。照片版权由马拉科夫市市政府档案馆（Ville de Malakoff, Archives Municiples）所有。

29．全景画《守卫塞瓦斯托波尔》的一部分，于 1905 年展出。作者弗朗斯·阿列克谢维奇·鲁博（Franz Alekseevich Roubaud）。1950 年代重塑。塞瓦斯托波尔全景博物馆（Panorama Museum）。照片：Jaxpix/Alamy。

30．最后一名曾参加过克里米亚战争的俄军战士，摄于 1903 年的莫斯科，由詹姆斯·扬（James Young）拍摄。英国陆军博物馆，伦敦。照片：布里奇曼艺术图书馆。

插图目录

地图列表

（本书地图为原书插图）

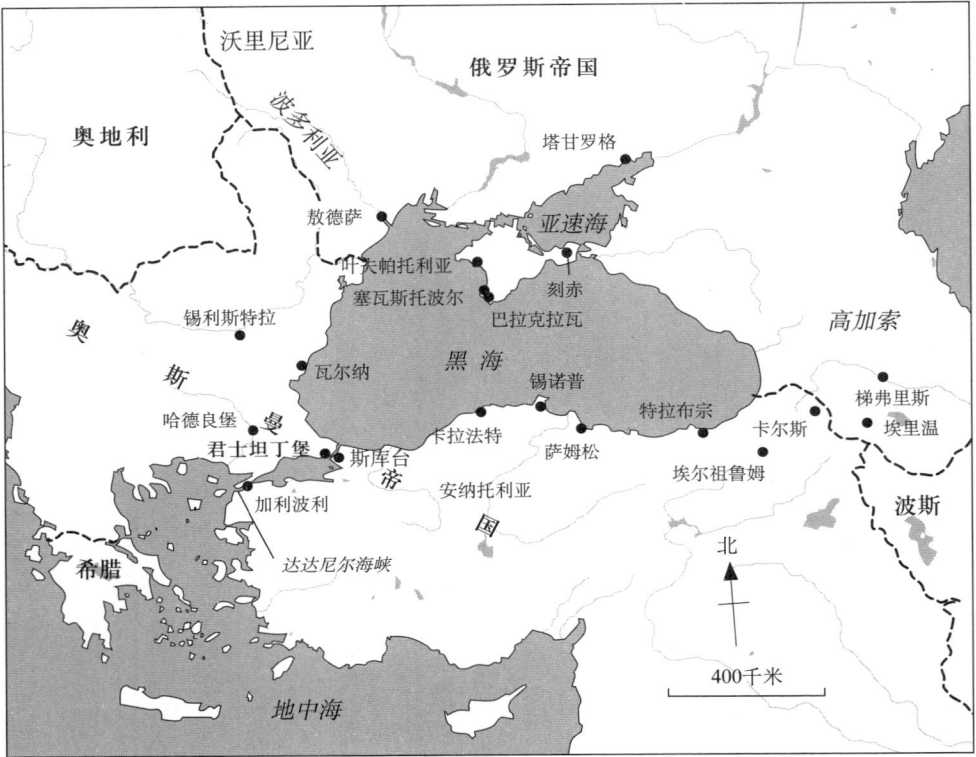

近东问题涉及的冲突区域

译者注：图中梯弗里斯（Tifilis）为第比利斯（Tbilisi）的旧称。

多瑙河冲突地区

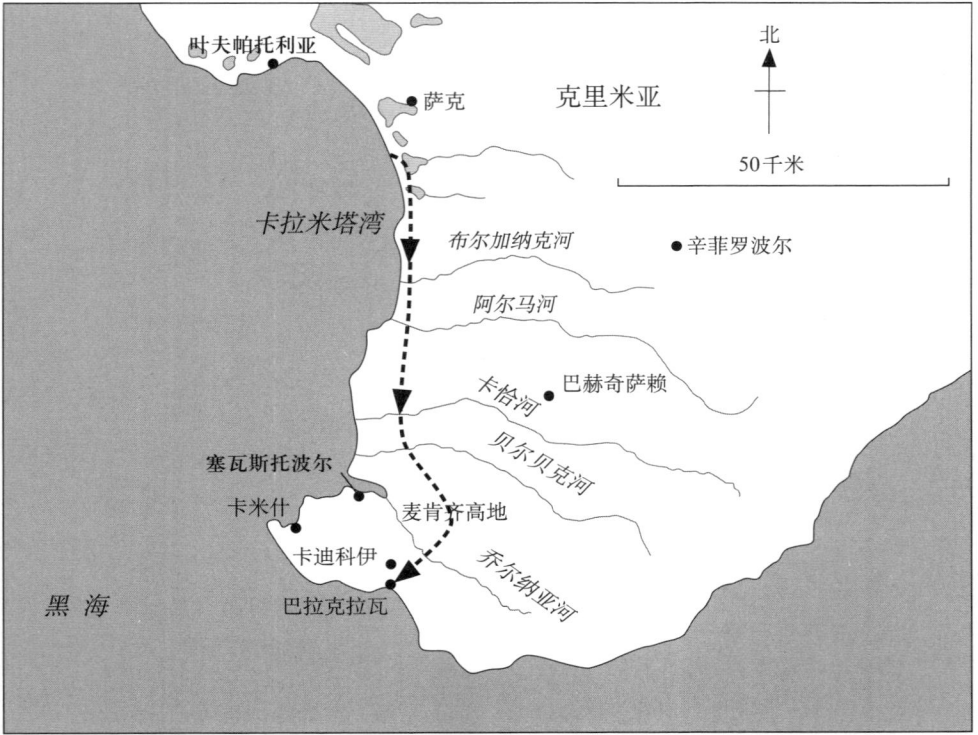

联军向塞瓦斯托波尔进军

阿尔马战役

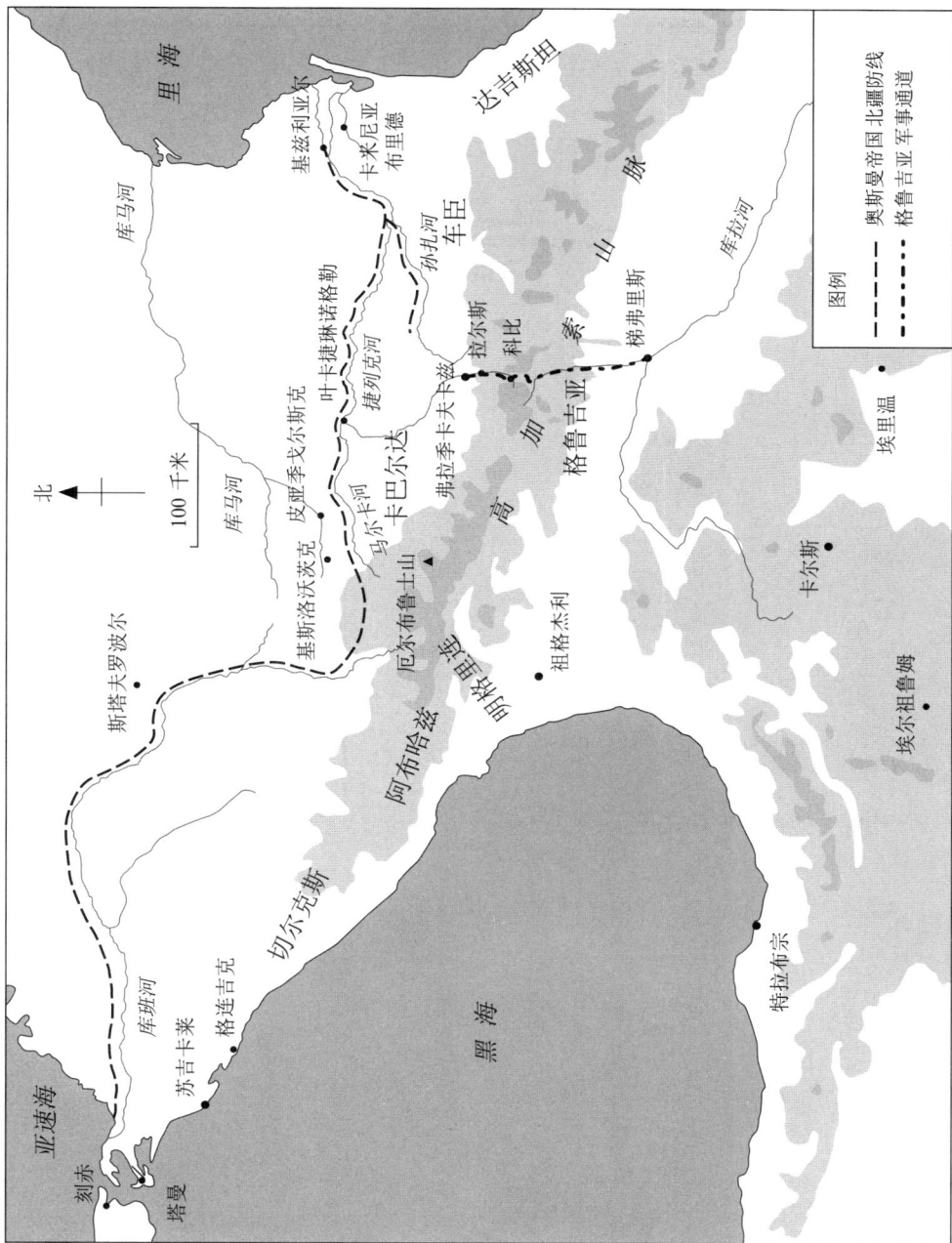

高加索地区

图例

﹣﹣﹣﹣﹣ 奥斯曼帝国北疆防线

·········· 格鲁吉亚军事通道

亚速海

里海

黑海

刻赤

塔曼

斯塔夫罗波尔

库马河

库马河

苏吉卡米

格连吉克

库班河

切尔克斯

阿哈哈兹

明格里连

尼尔布鲁士山

基斯洛沃茨克

皮亚季戈尔斯克

叶卡捷琳诺格勒

捷列克河

马尔卡河

乌尔卡河

卡巴尔达

弗拉季卡夫卡兹

基兹利亚尔

卡米尼亚

布里德

孙扎河

车臣

达吉斯坦

山 脉

拉尔斯

科比

高

加

索

格鲁吉亚

梯弗里斯

库拉河

埃里温

卡尔斯

祖格杰利

特拉布宗

埃尔祖鲁姆

北

100 千米

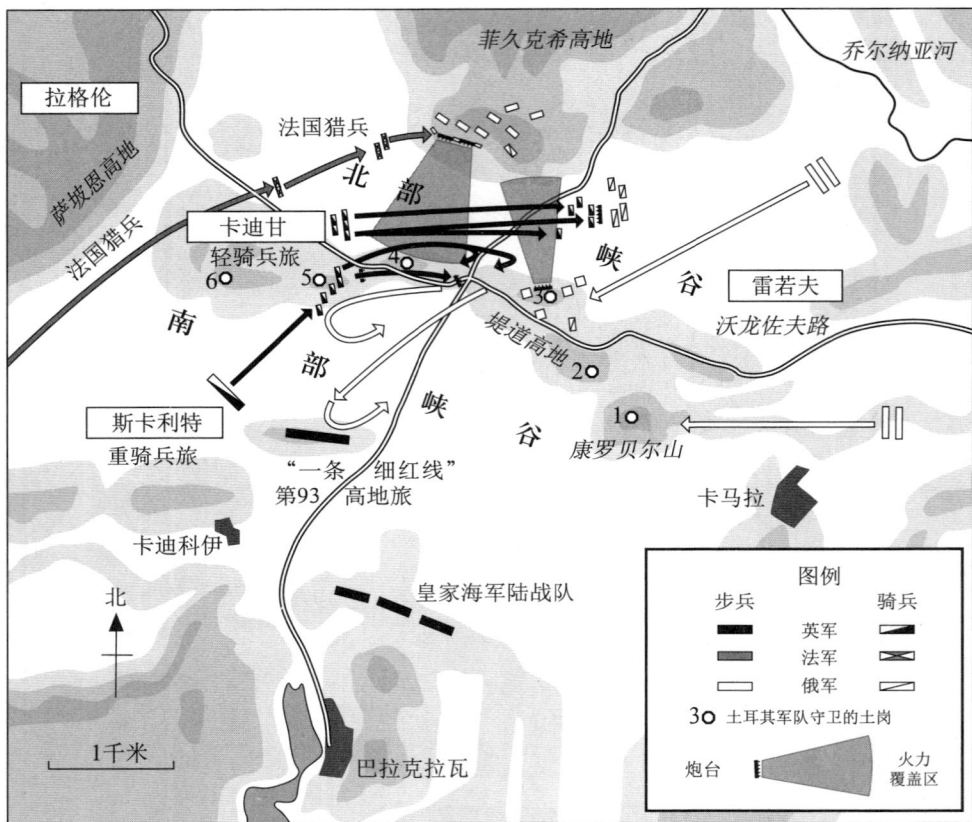

拉格伦

萨坡恩高地

法国猎兵

菲久克希高地

乔尔纳亚河

法国猎兵

北 部 峡 谷

卡迪甘
轻骑兵旅

雷若夫

沃龙佐夫路

6○   5○   ○4   ○3

南 部 峡 谷

堤道高地

○2

康罗贝尔山   1○

斯卡利特
重骑兵旅

"一条 细红线"
第93 高地旅

卡马拉

卡迪科伊

北

皇家海军陆战队

图例

步兵   骑兵

英军
法军
俄军

3○ 土耳其军队守卫的土岗

炮台   火力
覆盖区

1千米

巴拉克拉瓦

巴拉克拉瓦战役

海 港

帕夫洛夫

因克尔曼桥

乔尔纳亚河

格奥尔吉耶夫斯基山沟

沃洛维亚山沟

因克尔曼山

索伊莫洛夫

炮弹山

采石场山沟

邮件路

圣克莱尔山沟

装具坡

引水渠

沙袋炮台

倾船山沟

障碍

第2师

故乡山脊

轻步兵师

维多利亚山沟

北

1千米

维多利亚山脊

第4师

近卫军旅

萨拔恩高地

博斯凯

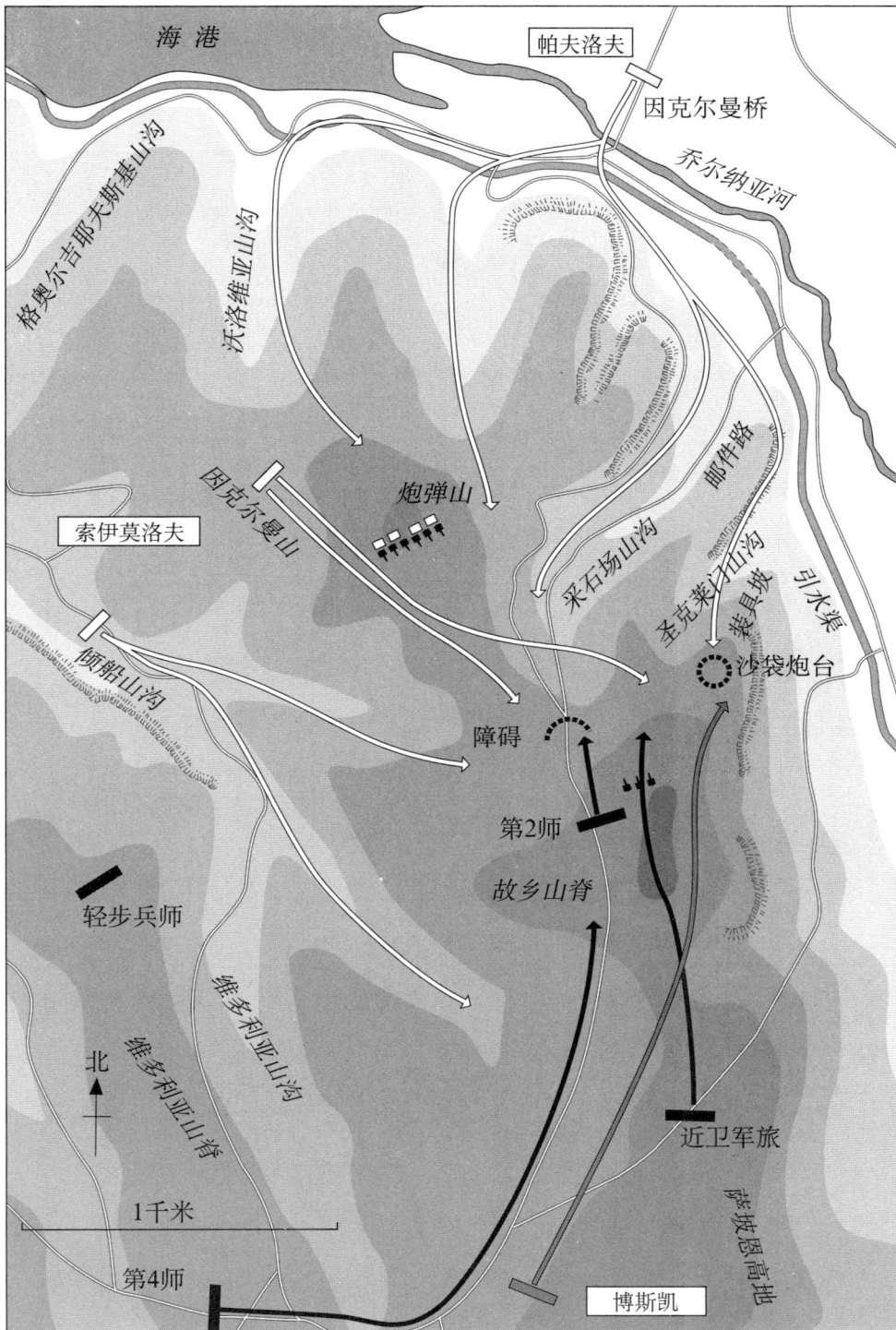

因克尔曼战役

北岸

米哈伊洛夫炮台

1千米

北

康斯坦丁要塞

兵营

黑海

凯瑟琳要塞

沉船

海港

尼古拉要塞

隔离炮台

亚历山大要塞

保罗要塞

第一棱堡

军港

船坞

海军兵营

白色工程

第六棱堡

小棱尖
（第二棱堡）

倾船山沟

马拉霍夫

"乳头"堡

法军

第五棱堡

热尔韦炮台

兵营炮台

大棱尖
（第三棱堡）

埃杰顿矿坑

第四棱堡

采石场

墓地

鲁道夫山

第七、第八炮台

沃龙佐夫山沟

船坞山沟

英军

法军

塞瓦斯托波尔围困战

日期及专有名词说明

日期

从 1700 年到 1918 年，俄国使用的是罗马儒略历（Julian calendar），在 1918 年改换使用西欧通用的格里历（Gregorian calendar）时，已比格里历晚十三天。*为避免混淆，本书统一使用格里历日期。

专有名词

本书中的俄语名称统一按照美国国会图书馆（Library of Congress）发布的标准音译法拼写，但是对于一些著名人物，则按惯例拼写，如"沙皇亚历山大"拼写为 Tsar Alexander。

---

* 十月革命后，苏联于 1918 年正式从罗马儒略历改为格里历，从 1 月 31 日直接跳至 2 月 14 日。——译注

序　言

在英国多塞特郡（Dorset）一个宁静的小村庄维奇安普敦
（Witchampton）的教区教堂里，有一座为本村的五位子弟兵建立的
纪念碑，他们都战死在克里米亚战场。纪念碑上刻着这样的文字：

为效忠国家而死
长眠在克里米亚
愿他们的灵魂得到安息
公元 1854 年

在法国西南部埃里库尔（Héricourt）的公墓里，有一块墓碑，
上面刻着九名本地士兵的名字，他们都战死在克里米亚战场。墓碑
上这样写着：

为祖国战死

朋友们，有一天我们还会相见

在这座墓碑下摆放着两个加农炮的炮弹。一个上面刻着 "Malakoff"（马拉科夫，俄文拼作 Malakhov，发音为马拉霍夫），这是克里米亚战争期间，在围困俄罗斯海军基地塞瓦斯托波尔（Sevastopol）的战役中，被法军攻陷的棱堡之一；另一个上面刻着 "Sebastopol"（塞巴斯托波尔），也就是塞瓦斯托波尔的旧称。这样的墓碑为数不多，成千上万的英法士兵埋葬在克里米亚，躺在没有标识、无人看管的坟地里。

在塞瓦斯托波尔有几百座纪念碑，许多都矗立在军人公墓里，那是在围困战期间，由俄罗斯人建立的三座巨型墓地之一，有十二万七千五百八十三名在塞瓦斯托波尔保卫战中阵亡的军人埋在那里。如果是军官，则还有自己的坟墓，墓碑上刻着姓名和所属部队的名字；普通士兵则被一起埋在大型墓坑里，每个墓坑内有五十到一百具尸体不等。和俄罗斯军人埋在一起的还有来自塞尔维亚、保加利亚和希腊的东正教军人，他们都是响应沙皇号召，赶来为宗教信仰而战的。xviii

在一个埋葬着十五名水手的坟墓上，一块小小的铭牌几乎完全被长长的野草遮盖。这块铭牌是用来纪念这些"在 1854—1855 年间为保卫塞瓦斯托波尔而英勇牺牲"的水手的，上面刻着这样的文字：

他们为祖国、为沙皇、为上帝而献身

在塞瓦斯托波尔的其他地方，还有为纪念无名士兵、失踪军人而设立的长明灯和墓碑。据估计，在此地的三座军人公墓里，共埋

位于埃里库尔的一块墓碑

葬着约二十五万俄罗斯士兵、水手和平民。[1]

　　克里米亚战争的规模和人员损失均十分巨大，但其影响却被后来的两场世界大战掩盖了。对今天的人们来说，这似乎是一场不太重要的战争，与那些墓碑和铭牌一样，几乎已被遗忘。即使是在参加了这场战争的国家和地区：俄罗斯、英国、法国、意大利的皮埃蒙特—撒丁尼亚（Piedmont-Sardinia），以及奥斯曼帝国，包括那些后来归属罗马尼亚和保加利亚的地区，今天也没有多少人了解克里米亚战争。但是对生活在第一次世界大战前的人们来说，克里米亚战争是他们一生中最重要的战争，就如同两次世界大战对生活在20世纪的人们一样重要。

克里米亚战争造成了极大的损失，至少有七十五万军人阵亡或病死，其中三分之二为俄罗斯军人。法国损失了约十万军人，英国的损失小得多，仅有两万人，原因是参战的英国军队人数少得多（共有九万八千英国军人和水手参战，而法国有三十一万人）。但即使如此，对于像维奇安普敦这样的农村小地方，损失五名壮劳力依然是一个沉重的打击。在爱尔兰科克郡（County Cork）的怀特盖特（Whitegate）、埃哈达（Aghada）和法西德（Farsid）地区，英军招募了大量兵源，造成这些地方近三分之一的男性人口战死在克里米亚。[2]

没有人统计过平民的伤亡数字，许多平民死于大炮轰击，或是在围困期间饿死，或是从军人那里染上疾病而死。在高加索（Caucasus）、巴尔干（Balkans）和克里米亚等地，还有许多平民死于集体屠杀和种族清洗。克里米亚战争是第一场"全面战争"，今天常见的殃及平民、造成人道主义灾难的战争，在19世纪就已经出现了。

克里米亚战争是第一场真正意义上的现代战争，使用了最新的工业技术、现代来复枪、蒸汽机船和铁路，还采用了新型的后勤和通讯手段，电报、军事医学上的一些重要发明，以及战地记者和摄影师也出现在了战场上。与此同时，克里米亚战争又是最后一场依然遵从"骑士精神"的战争，战场上交战双方靠战场使者（parliamentaries）传信，在战斗间隙，双方会同意停火以便转移尸体、救治伤员。战争早期发生在阿尔马河（River Alma）和巴拉克拉瓦（Balaklava）的几场战斗，例如著名的"轻骑兵冲锋"（Charge of the Light Brigade）一役，与拿破仑战争期间的战斗方式没有什么两样。然而，克里米亚战争期间时间最长也最关键的战役——塞瓦斯托波尔围困战，却可以说是1914—1918年间工业化战壕战的前身。在长达十一个半月的围困战期间，双方共挖掘了一百二十公

xx

里的战壕，发射了一亿五千万发子弹和五百万发各种口径的炮弹。[3]

　　克里米亚战争这个名字无法反映其跨国规模，也无法反映这场战争对欧洲、俄罗斯，以及从巴尔干到耶路撒冷（Jerusalem）、从君士坦丁堡（Constantinople）到高加索等交战地区的重要意义。这一地区就是所谓的"东方问题"（Eastern Question）所覆盖的区域，一个由于奥斯曼帝国（Ottoman Empire）的崩溃而造成的国际难题。也许我们可以采用俄国人对这场战争的称呼：东方战争（Eastern War），这样至少可以将其与"东方问题"联系在一起；或是采用在许多土耳其文献中常常见到的名字：土俄战争（Turco-Russian War），将其放置于几个世纪以来俄罗斯与奥斯曼帝国的漫长冲突这一背景之下。然而，这些名字都无法反映在克里米亚战争中，西方国家干预这一关键因素。

　　克里米亚战争始于 1853 年，当时奥斯曼和俄罗斯军队在多瑙河边，今属罗马尼亚（Romania）的摩尔达维亚（Moldavia）*和瓦拉几亚（Wallachia）公国地区发生了交战。战火随后向高加索蔓延，在那里，当地穆斯林部落反抗俄罗斯的活动受到了土耳其和英国的鼓励和支持。随后战火延伸到黑海其他地区。到了 1854 年，英法两国加入土耳其一方，奥地利也威胁要加入反俄罗斯联盟。在此形势下，沙皇把军队从这两个公国撤出，战场转到了克里米亚。在 1854—1855 年间，军事冲突还出现在其他几个地方：在波罗的海（Baltic Sea），英国皇家海军计划进攻俄罗斯首都圣彼得堡（St Petersburg）；在白海（White Sea），皇家海军于 1854 年 7 月炮击了索洛韦茨基（Solovetsky）修道院，而索洛韦茨基当时是俄罗

---

* 摩尔达维亚公国的西半部领土今属罗马尼亚，东半部则分属摩尔多瓦共和国（Republic of Moldova）和乌克兰。——编注

斯在白海的政治经济中心；战火甚至延伸到西伯利亚的太平洋沿岸地区。

克里米亚战争不仅卷入了多个国家和地区，涉及的人员也极为众多。除了军事人员外，本书中还讲述了许多其他人的故事：国王与王后、亲王与王子、宫廷随从、外交官、宗教领袖、波兰和匈牙利革命者、医生、护士、记者、艺术家与摄影师、传单写手和作家。说到作家，当然没有任何其他人比托尔斯泰更能提供俄罗斯人的视角。在克里米亚战争期间，他作为一名俄罗斯军官在三个战场（高加索、多瑙河和克里米亚）参加了战斗。这样的写作角度，也许正是本书读者所期待的，当然也可能是部分读者所担心的。无论如何，本书参考并引用了大量参战军官与士兵的信件和回忆录，其中既有英国普通大兵、法国—阿尔及利亚轻步兵，也有俄罗斯的农奴战士，读者可以从这些人的视角来了解这场战争。 xxi

有关克里米亚战争，已经出版过许多英文书了。但即使与用其他语言写成的著述相比，本书也是第一部资料大量取自俄罗斯、法国、奥斯曼帝国和英国文献的书，全面反映了地缘政治、文化与宗教等因素是如何影响主要参战国介入这场战争的。因为这场战争有着如此深远的历史渊源，急切想看战斗场面的读者在阅读前面几章的时候需要有些耐心（或干脆跳过不读）。我希望本书能让读者对克里米亚战争有一个新的理解，认识到这是欧洲、俄罗斯和中东历史上一个重要的转折点，对当今世界格局的影响犹在。许多英国人把这场战争看作"毫无意义"或是"没有必要"的，我对此完全不赞同。这种观点源自当时公众对英国糟糕的军事行动和有限战果的失望，这种失望情绪对以后英国的历史文献产生了负面影响。长期以来，克里米亚战争一直没有成为一个严肃的学术课题，于是英国的军事历史爱好者们便成为这段历史的讲述者。他们缺乏学术素养，只是简单重复一些耳熟能详的故事，例如"轻骑兵冲锋"、英国指挥官的无能、弗洛伦斯·南丁格尔（Florence Nightingale）的事迹等，却没有能力讨论这场战争爆发的宗教原因、"东方问题"的复杂性、黑海地区基督徒与穆斯林的关系，以及欧洲人对俄罗斯的敌视等等。如果忽略了这些因素，就很难理解这场战争真正的重要性。

克里米亚战争是一个关键的分水岭，打破了长期以来维持欧洲秩序的俄罗斯—奥地利保守主义联盟，让一些新兴国家，包括意大利、罗马尼亚和德国得以诞生。这场战争让俄罗斯对西方国家产生了深深的怨恨，觉得这些基督教国家竟然会背叛自己，与异教徒土耳其人站在一起；也让巴尔干地区人民的独立期望受到打击。从1870 年代一直延续到第一次世界大战爆发，这里一直成为破坏列强关系稳定的地区。如果不把土耳其人在法国大革命和拿破仑战争中的短暂露面计算在内的话，克里米亚战争是他们首次参加的欧洲战争。这场战争打开了奥斯曼帝国的大门，西方军队和技术的涌入，加快了这一地区融入全球资本主义经济的步伐，同时也引发了伊斯兰世界对西方持续至今的对立情绪。

参加克里米亚战争的各方都有自己不同的动机，民族主义情绪、帝国间的纷争与宗教势力交织在了一起。对于土耳其人来说，参战是为了保卫他们衰亡中的欧洲帝国。面对俄罗斯以保护奥斯曼帝国境内东正教徒为幌子而发动的侵略，他们必须予以反击，同时还可以借此压制本国境内的伊斯兰和民族主义革命。英国声称其参战的目的是保护土耳其人免受俄罗斯的欺凌，但其实他们更关心的是打击俄罗斯帝国，担心以后双方会在亚洲地区成为竞争对手，同时英国人还希望借助这场战争推动其在奥斯曼帝国内的自由贸易和宗教影响力。对法国皇帝拿破仑三世（Napoleon Ⅲ）来说，克里米亚战争给了他一个行动的机会，即使不能重拾他伯父拿破仑的辉煌，至少也可以让法国在境外重新得到尊重、提升影响力，或许还能重绘欧洲版图为一个自由主义国家的联盟，实现拿破仑的理想。当然法国境内的天主教势力出于宗教理由，也在鼓动法国与俄罗斯作战。对于英国和法国来说，这是一场保卫欧洲自由与文明的战争。在他们眼中，俄罗斯野蛮残暴、蠢蠢欲动，其扩张野心不仅针对西方，还威胁到整个基督教世界。沙皇尼古拉一世（Nicholas I）要对克里米亚战争负最大责任，而他发动这场战争的原因也是多方面的。登基二十七年给他带来了膨胀的虚荣与傲慢，在头脑中形成了一套强国应该如何对付弱小邻居的念头，同时他还严重误判了列强对俄罗斯举动的反应；但最重要的是，他相信他发动的是一场宗教战争，一场圣战，目的是保护奥斯曼帝国内的基督徒。沙皇把扩大俄罗斯版图当作自己的天赋使命，即使要与全世界作战，也要把自己的东正教帝国扩张到君士坦丁堡和耶路撒冷。 xxiii

　　历史学家们往往低估战争的宗教动机。克里米亚战争的触发点在巴勒斯坦，争执双方一边是由法国支持的天主教徒或称拉丁人 *，另一边是由俄罗斯支持的希腊人，他们在谁应该控制耶路撒冷的圣墓教堂（Church of the Holy Sepulchre）和伯利恒（Bethlehem）的圣诞教堂（Church of the Nativity）的问题上发生了冲突。对沙皇来说，这场冲突为发动克里米亚战争提供了足够的理由，但是许多历史学著作对此却仅仅用一两段话轻飘飘地一带而过。在过去的许多人看来，应该由谁来掌管几座教堂的大门钥匙这样的小事，实在不可能和列强大战有什么关系。在一些历史观点中，发生在巴勒斯坦的纷争被用来表明克里米亚战争是一场"愚蠢"和"没有必要"的战争。另一些观点则认为宗教纷争仅仅是一个契机，真正的原因

---

* 　指来自欧洲的天主教徒，与来自东欧、巴尔干地区的东正教徒对立。——译注

是欧洲列强为扩大自己对奥斯曼帝国的影响力、为占领市场或受到国内民族主义情绪鼓动而战。这些说法并没有错，却低估了宗教在19世纪的重要性。近几十年来，从1990年代的巴尔干战争到近年来伊斯兰极端武装势力的兴起，在在都明确表明宗教在战争中起着至关重要的作用。在19世纪的"东方问题"上，各方都把宗教力量纳为己用，政治与信仰紧紧地纠缠在一起，其中的每一个国家，特别是俄罗斯，在走向克里米亚战场时，都坚信上帝站在自己这一边。

第一章

宗教战争

离复活节还有几个星期，朝圣的人们就陆续来到耶路撒冷。他们来自东欧和中东的许多地方：埃及、叙利亚、亚美尼亚（Armenia）、安纳托里亚（Anatolia）、希腊半岛等等，但最多的还是来自俄罗斯。这些人先是坐船来到雅法港（Jaffa），再从那里租骆驼或是驴子上路。1846年4月10日耶稣受难日这一天，耶路撒冷聚集了两万名朝圣者。他们把能租的房子都租下了，实在不行就全家露天而睡。为了保证长途朝圣路上有足够的盘缠，他们几乎人人都会随身带上一些货物，比如手工制作的十字架或是装饰品，念珠或是绣品等，在抵达后卖给参观圣殿的欧洲游客。朝圣活动的中心是圣墓教堂，前面的广场也是一个忙碌的市场，售卖色彩鲜艳的水果和蔬菜的摊位与出售货物的朝圣者挤在一起，教堂后面的皮革作坊也把气味难闻的牛羊皮晾晒在那里。广场还是乞丐们讨钱的地方，他们的手看上去像是得了麻风病，就这么伸向陌生人，惊吓之下人们只好散钱消灾。有钱的游客会雇几个土耳其向导，这些人挥舞手中的大棍子把乞丐赶开，保护自己的客人走向教堂大门。

1846年天主教和希腊东正教的复活节正好在同一天，于是朝圣地点比往年更加拥挤，气氛也更为紧张。圣墓教堂内，建在耶稣受难处的祭坛是举行复活节祭祀活动的地点，长期以来两个教派的教众一直为耶稣受难日那天谁有优先权争执不下。那时候信奉天主教的拉丁人和信奉东正教的希腊人之间的矛盾已到白热化程度，以至于奥斯曼帝国驻耶路撒冷的总督穆罕默德帕夏（Mehmet Pasha）*不得不派兵到教堂内外维持秩序，但还是无法阻止冲突的发生。

在耶稣受难日这一天，拉丁教士带着白色的亚麻祭坛布来到圣墓教堂，却发现希腊教士已经在祭坛上铺上了他们的丝绸绣花坛布。拉丁教士质问希腊教士有何权利占着祭坛，要他们出示苏丹的许可状。希腊教士却反问拉丁教士有何权利要求把丝绸坛布拿下，是不是也有苏丹的许可状。两派教士打了起来，僧侣和朝圣者们立刻加入战团，很快整个教堂变成了战场。两边不仅拳脚相加，还操起各种家伙，十字架、蜡烛台、圣餐杯、灯具、香炉都成了武器，甚至还有人从教堂里拆下了木头。斗殴愈演愈烈，两边都使上了偷偷带进教堂的刀子和手枪。当穆罕默德帕夏手下的士兵终于控制住场面时，教堂地上已经躺了四十多具尸体。[1]

"这就是以宗教之名干的好事！"英国社会评论家哈丽雅特·马蒂诺（Harriet Martineau）1846年正在巴勒斯坦和叙利亚旅行，她继续写道：

> 耶路撒冷是基督徒和犹太人最神圣的地方，就像穆斯林的麦加（Mecca）一样。这些人声称有同一个圣父，对他们来说这

---

* 帕夏是敬语，相当于英国的"勋爵"，是奥斯曼帝国行政系统里的高级官员。——编注

里都是圣所，那么他们又在这里干了些什么？穆斯林会把任何进入奥马尔清真寺（Mosque of Omar）*的犹太人或基督徒杀掉，而希腊人和拉丁人又相互敌对，会把任何进入圣墓教堂的犹太人或穆斯林杀掉。犹太人向敌人祈求平安，用的却是自己先知留下来的仇恨的语言。[2]

基督教不同教派之间矛盾的加剧，原因是自 19 世纪以来，越来越多的朝圣者来到巴勒斯坦。铁路和蒸汽机船的出现，为公众提供了更多出行的可能，来自法国和意大利等天主教国家的旅行团以及欧美各地虔诚的中产阶级教徒纷纷涌向巴勒斯坦。各个教会之间相互竞争，都要扩大影响力。这些教会支持朝圣团体的活动，抢着在巴勒斯坦购买土地，资助教区和修道院，建立宗教学校吸收阿拉伯东正教徒（以叙利亚和黎巴嫩人为主），让这些巴勒斯坦人数最多但受教育程度最低的民众改信基督教。

1839 年英国驻巴勒斯坦和叙利亚领事威廉·扬（William Young）在向外交大臣帕默斯顿勋爵（Lord Palmerston）提交的报告中说："最近两年内，有大批来自俄罗斯、法国、那不勒斯（Naples）和撒丁岛（Sardinia）的政府官方礼物被送到耶路撒冷，用来装点圣墓教堂。"他继续写道：

> 不同教派间的嫉妒和敌意不断增加，后果明显。在过去，拉丁人、希腊人和亚美尼亚人的修道院之间的纷争并无大碍，常常以一方给土耳其当局更多贿赂了事。但是现在不行了，因为纷争的背后，是欧洲国家在宗教事务上的介入。[3]

---

* 该清真寺位于圣墓教堂旁边。——译注

在 1842 年和 1847 年间，耶路撒冷热闹非凡：圣公会（Anglican）在这里建了一个主教公署；奥地利建立了一个方济会（Franciscan）印刷所；法国建立了一个领事馆并向天主教学校和教会送了很多钱；教皇庇护九世（Pope Pius IX）重新在此设立了一个常驻大主教的职位，这在 12 世纪十字军东征后还是第一次；希腊东正教大主教从君士坦丁堡搬回耶路撒冷以加强控制；俄罗斯派来了教会使团，建起了一个俄罗斯大院，包括旅店、医院、祈祷堂、学校和市场等，为人数越来越多的俄罗斯朝圣者提供协助。

在 19 世纪早期，由俄罗斯东正教会派往耶路撒冷的朝圣者比其他基督教派都多。每年来到耶路撒冷参加复活节庆典的俄罗斯朝圣者多达一万五千人，有些甚至徒步穿越俄罗斯和高加索，再经过安纳托里亚和叙利亚而来。对俄罗斯人来说，巴勒斯坦的圣所是他们强烈宗教热情的倾注点，到这里朝圣是他们信仰虔诚的最高表达。

在某种程度上，俄罗斯人把耶路撒冷看作他们精神家园的延伸。"神圣俄罗斯"这一概念并不受地域限制，而是一个东正教的帝国，供朝拜的圣所遍及基督教东部地区，而圣墓教堂又是所有圣所之母。一位俄罗斯神学家在 1840 年代写道："巴勒斯坦是我们的家乡，在那里我们不把自己当作外人。"[4] 这种说法是有源头的，几百年来的朝圣活动把俄罗斯教会和圣地（包括通过耶稣的一生联系在一起的伯利恒、耶路撒冷和拿撒勒 [Nazareth]）紧密地联系在了一起。在许多俄罗斯人看来，奥斯曼帝国对巴勒斯坦拥有的政治主权不过是暂时的，而他们自己与圣地之间在精神信仰层面的联系却重要得多。

然而在天主教和新教徒身上却完全没有这种狂热，他们对巴勒斯坦圣地的兴趣不过是出于历史的原因和浪漫的想象。19 世纪英国旅行家和历史学家亚历山大·金莱克（Alexander Kinglake）认

为"朝圣的拉丁教徒，最多也就是一名身携日记本、对历史有所了
解、打算写本书的法国游客而已"。东正教徒的激情狂热，"野蛮"
和"低俗迷信"的仪式，往往让欧洲游客退避三舍。马蒂诺就不愿
意到圣墓教堂去看耶稣受难日为朝圣者洗脚的仪式，她写道："我
可没法去看这种借宗教名义演出的丑剧，相比之下，在非洲河边举
行的最低级的拜物教仪式都没有那么令人受到冒犯。"出于同样的
理由，她也不愿意参加复活节星期六举行的圣火仪式。在圣火仪式
上，朝拜者纷纷挤入圣墓教堂内，用耶稣坟墓上的长明火点燃自己
手中的火把。来自希腊、保加利亚、摩尔达维亚、塞尔维亚和俄罗
斯等地不同东正教派别的教徒争先恐后地挤向耶稣坟墓，斗殴经常
发生，有时候一些教徒会被踩死或是被烟呛死。柯曾男爵（Baron
Curzon）目睹了 1834 年的圣火仪式，他将看到的景象描述为"混
乱和渎神的场面"，那些朝圣者"几乎全身赤裸，手舞足蹈，狂喊乱叫，
仿佛恶魔上身一般"。[5]

马蒂诺是一神论者，柯曾是圣公会教徒，他们对这种宗教仪式
的反感一点也不奇怪，因为在新教中，早就没有了公开展示宗教热
情的行为。和许多欧洲游客一样，他们觉得东正教徒狂乱的举动几
乎不像一个基督徒所为，自己和他们没有什么共通之处，反而是相
对世俗化的穆斯林身上的含蓄和端庄，与自己习惯的安静祈祷有着
共通之处。这些作者对东正教徒的态度，影响了西方国家在与俄罗
斯就圣地问题发生争执时采取的外交政策，而这些外交政策的实施，
最终导致了克里米亚战争。

欧洲的评论家们对圣地在俄罗斯人心中的地位一无所知，也不
以为意，他们只会看到俄罗斯对西方教会利益的威胁在日益增长。
在 1840 年代早期，英国领事威廉·扬定期给外交部报告"俄罗斯
势力"在耶路撒冷快速增长的情况，在他看来，俄罗斯正在通过资

5

助朝圣者以及为东正教堂和修道院购买土地的方式，准备"对圣地的征服"。有一点他说得没错，俄罗斯宗教使团确实曾通过资助在巴勒斯坦修建教堂、学校和旅店的方式，对当地的希腊、亚美尼亚和阿拉伯东正教团体施加影响。这种做法实际是遭到俄罗斯外交部反对的，因为他们准确地预感到这种做法会让西方列强产生敌意。但是在威廉·扬的报告中，对俄罗斯征服计划的描述越来越夸张，他在1840年向外交大臣帕默斯顿汇报时说："有人听到俄罗斯朝圣者在那里公开议论，说由俄罗斯政府来管理这块地方的时机已经到了。俄罗斯政府可以在复活节期间，把耶路撒冷的一万名朝圣者武装起来。城里的修道院地方很大，只要稍微改建一下，就可以变成要塞。"英国人对"俄罗斯计划"的担心促使圣公会加快行动，终于在1845年开始在耶路撒冷修建第一座圣公会教堂。[6]

不过对俄罗斯在圣地的各种行动最警觉的还是法国人，对法国的天主教徒来说，法国和巴勒斯坦有着长久的历史渊源，可以追溯到十字军东征时期。他们认为作为欧洲"第一个天主教国家"，法国有保护圣地的特殊使命，即使是在近些年来拉丁朝圣者的人数越来越少的情况下。"在那里有我们的遗产，必须捍卫我们的利益，"一份法国天主教地方报纸这么写道，"十字军东征时，法国人在圣地洒下的热血，俄罗斯人永远也比不上。俄罗斯人从来没有参加过东征……在东方人心目中，法国是首要的基督教国家，所以土耳其人把基督教欧洲地区全部叫作法兰西国（Frankistan）。"[7]

为了对抗俄罗斯不断增长的势力，同时确立自己作为天主教徒首要保护者的地位，法国于1843年在耶路撒冷建立了一座领事馆（当地穆斯林对西方列强一向十分仇恨，很快就有愤怒的人群把旗杆上的法国国旗扯了下来）。以后，不论是在圣墓教堂还是伯利恒圣诞教堂举办的拉丁礼拜，法国领事总是带着一批随从盛装出席。在伯利恒举办圣诞午夜弥撒时，法国领事后面还有一群士兵保护，这些士兵虽然是穆罕默德帕夏派来的，但实际上是法国出的钱。[8]

和圣墓教堂一样，拉丁人和东正教徒也经常在圣诞教堂出现纠纷。多年来，他们一直在为拉丁僧侣是否应该配有主教堂大门钥匙而争执不休。希腊教士是主教堂的管理者，但是马槽祈祷堂（Chapel of the Manger）是属于天主教徒的，而要去马槽祈祷堂必须穿过主教堂。双方还一直争论拉丁教士是否应该持有圣诞石窟（Grotto of the Nativity）的钥匙。圣诞石窟位于主教堂底下，被认为是耶稣诞生的地方。还有一个争议是有关石窟内耶稣诞生处大理石地面上镶嵌的一颗银星，这颗银星由拉丁人在18世纪嵌入，上面刻着法国国徽和一句拉丁文"在这里圣母玛利亚诞下耶稣基督"。希腊教士一直对此感到愤怒，认为这是法国人放在这里的"征服的象征"。1847年，这颗银星被人偷走了，挖起银星的工具就随手丢在一边，拉丁人立刻指责这一定是希腊人干的。不久之前，希腊人还在石窟周围建了一堵墙，不让拉丁人进入，于是引发双方一场斗殴。银星被偷走之后，法国人向"高门"（Porte），即君士坦丁堡的奥斯曼帝国政府提出外交抗议，依据是一项1740年签署、早被人遗忘的条约，法国人说这项条约保证了天主教徒有保护石窟中的银星的权利。但与此同时，希腊人也根据高门的惯例和特许权，声称这个权利是他们的。[9]这看上去是一个小小的争执，却引发了一场关于谁能控制圣地的外交危机，继而产生了深远的影响。

除了伯利恒的教堂大门钥匙之外，以天主教代表自居的法国还声称拥有维修耶路撒冷圣墓教堂屋顶的权利，依据也是这份1740年的协议。圣墓教堂的屋顶迫切需要维修，因为屋面一侧防漏水的铅质泛水大部分被人拿走了（希腊人和拉丁人相互指责是对方干的），雨水从屋顶缝隙漏下，甚至连鸟儿都能飞到教堂里。根据土耳其法律，谁拥有屋顶谁就拥有整座屋子，于是谁有权维修圣墓教堂的屋顶就关乎了所有权，因此成为拉丁人和希腊人激烈争执的焦点。在这一争论中，俄罗斯人代表东正教徒出面与法国人对峙，他们拿出的文件是 1774 年签署的《库楚克开纳吉和约》（Treaty of Kuchuk Kainarji）*，这份和约是土耳其在 1768—1774 年战争失败后与俄罗斯签署的。根据俄罗斯人的说法，该和约赋予了俄罗斯在奥斯曼帝国中代表东正教的权利。这一说法远非实情。该和约用词含糊，很容易在翻译过程中把意思曲解。当时俄罗斯签署的是用俄文和意大利文写的和约，而土耳其人签署的是用土耳其文和意大利文写的和约，然后俄罗斯人又把和约翻译成法文用于外交。[10] 不管怎样，俄罗斯以此来给高门施加压力，不让法国人达到目的。夹在中间的土耳其人只好蒙混拖延，向双方都说些好话。

1851 年 5 月，法国总统路易—拿破仑（Louis-Napoleon）†任命好友夏尔·德·拉·瓦莱特（Charles de La Valette）侯爵担任驻奥斯曼帝国大使，进一步加剧了这场冲突。这一任命是拿破仑向法国天主教势力让步的结果，他在担任总统两年半以来，一直未能在与议会的斗争中占上风，于是为了巩固地位，他做了一系列事情向天主教示好：1849 年在法国军队的护送下，逃亡法国的教皇回到了梵蒂冈；1850 年通过的《法卢法案》（Falloux Law）为大量增加天主教学校铺平了道路。对瓦莱特的任命也是向教会做出的让步之一，因为他是一个狂热的天主教徒，是神秘的"神父党"（clerical party）中的重要人物，许多人认为这个派系在暗中操纵法国的外交政策，特别是针对圣地的政策，要求法国对来自俄罗斯的威胁持强

8

---

* 库楚克开纳吉就是今天保加利亚东北部城市凯纳尔贾。——编注
† 即路易·拿破仑·波拿巴，1852 年称帝，尊号为拿破仑三世。——编注

硬态度。瓦莱特担任大使之后的所作所为，超过了他的职位所赋予他的权力。在上任途中，他改变事先拟定的行程到罗马停留，说服教皇支持法国在圣地代表天主教徒。抵达君士坦丁堡后，他特意在和高门的交谈中使用带有攻击性的言辞。他解释说这是一种策略，在捍卫法国利益时，"让苏丹王和他的大臣们畏缩屈服"。法国的天主教报刊，特别是很有影响力的《辩论日报》（*Journal des débats*），为他提供了舆论支持，而这份报纸的主编就是他的亲密朋友。瓦莱特则给报刊提供各种言论供其引用，进一步火上浇油，这让沙皇尼古拉一世非常恼怒。[11]

　　1851 年 8 月，法国和奥斯曼帝国组成了一个联合委员会共同商讨宗教权利问题。土耳其人在希腊人和拉丁人的要求之间小心地权衡，因此委员会工作拖沓，迟迟没有得出结论。但是在委员会还未取得任何成果之前，拉瓦莱特就公开宣布拉丁人的权利已经"清楚地确定了"，没有必要继续谈判下去。他还说法国"有权采用极端手段"来维护拉丁人的权利，并吹嘘法国"在地中海拥有极端先进的海军"，可以用来保护法国的利益。

　　很难说瓦莱特以战争相威胁的言论是获得拿破仑明确批准的。拿破仑对宗教事务不是很感兴趣，对圣地上的纠纷细节也知之甚少，在中东基本采取守势。但可能的情况是，他不介意甚至希望瓦莱特制造一场和俄罗斯之间的危机。他认为欧洲三强（英国、奥地利和俄罗斯）不仅把法国排挤出欧洲事务圈外，而且自从他伯父拿破仑·波拿巴（Napoleon Bonaparte）战败后，法国一直屈从于1815 年签订的"令人难堪"的条约。因此任何可以打乱这三强鼎立局面的行动，他都乐于尝试一下。路易–拿破仑有一定的理由相信，如果在圣地上发生冲突，一个新的联盟将会诞生：奥地利是天主教国家，也许愿意和法国联合共同对付俄罗斯，而大英帝国也会为了

保护自己在近东的利益而与俄罗斯对抗。不管出于何种动机，瓦莱   9
特的敌对举动让沙皇大怒，向奥斯曼帝国苏丹发出警告，任何承认
拉丁人宗教权利的行为都会被认为是违反了高门与俄罗斯之间的条
约，他将不得不中止两国之间的外交关系。这一突然的变化让英国
警惕起来，英国原来一直鼓励法国与俄罗斯达成某种妥协，现在看
来必须为可能发生的战争做准备了。[12]

　　战争真正爆发要在两年之后，但是其火焰却是在过去几个世纪
的宗教纷争中不断酝酿起来的。

* * *

　　在当时的列强中，以宗教为国家中心的做法，以俄罗斯为甚，
整个沙皇体系就建立在全民信奉东正教的基础上。俄罗斯对疆土的
概念以及对其国际义务的理解完全基于宗教的考虑。

　　在沙皇俄国的建国理念中，当拜占庭帝国（Byzantine Empire）
首都君士坦丁堡在 1453 年被土耳其人攻陷之后，莫斯科就成了东
正教的中心，即所谓的"第三个罗马"。凭此逻辑，俄罗斯承担着
上天赋予的责任去解救陷于奥斯曼帝国统治之下的东正教徒，并夺
回君士坦丁堡，将它恢复成为东基督教王国的首都，这场圣战就是
俄罗斯帝国存在的理由。从 16 世纪击败喀山（Kazan）和阿斯特拉
罕（Astrakhan）蒙古可汗国，到 18 至 19 世纪征服克里米亚、高
加索和西伯利亚地区，俄罗斯帝国就是建立于欧亚草原上基督教定
居者与鞑靼（Tatar）游牧民族的冲突之上的。在俄罗斯人眼里，国
家以宗教责任，而不是以种族来定义，东正教徒即俄罗斯人，异教
徒即外国人。在 19 世纪兴起的俄罗斯民族主义，更是增强了这一
意识。

在与土耳其人的冲突中，宗教原因一直是其根本。在 19 世纪中期，已有一千万东正教徒生活在奥斯曼帝国的欧洲疆土上，包括生活在欧洲的希腊人、保加利亚人、阿尔巴尼亚人、摩尔达维亚人、瓦拉几亚人和塞尔维亚人，另有三四百万生活在高加索和安纳托里亚的基督徒（包括亚美尼亚人、格鲁吉亚人 [Georgians] 和一小部分阿塞拜疆人 [Abkhazians]）。[13]

奥斯曼帝国在其北疆修建了一系列要塞，构成一条从巴尔干半岛的贝尔格莱德（Belgrade）到高加索的卡尔斯（Kars）之间的防线。自 17 世纪后半叶以来，这条防线一直是土耳其与俄罗斯发生军事冲突的地点（包括 1686—1699、1710—1711、1735—1739、1768—1774、1787—1792、1806—1812 以及 1828—1829 年发生的战争）。克里米亚战争和后来发生在 1877—1878 年间的俄土战争也不例外。这些边疆地区是宗教战争的战场，东正教与伊斯兰版图之间的裂痕。

在历次俄土战争中，最关键的有两个地区：多瑙河三角洲（包含了摩尔达维亚和瓦拉几亚两个公国）以及黑海北岸地区（其中包括克里米亚半岛）。这两个地区也是克里米亚战争的主要战区。

多瑙河三角洲水域宽阔、沼泽丛生，是防止俄罗斯军队从地面进攻君士坦丁堡的关键缓冲区。多瑙河流域的粮食供应，不论是对土耳其要塞，还是对进攻的俄罗斯军队来说都极为重要，所以当地农民对谁效忠一直是决定战争胜负的关键。这些农民是东正教徒，于是俄罗斯就以把他们从穆斯林的统治下解放出来作为号召。土耳其人则采用焦土政策。当俄罗斯军队攻入多瑙河地区后，由于农作物已被撤退的土耳其人烧毁，在缺乏补给的情况下，俄军往往因饥饿和疾病而不得不放弃进攻，这样的失败屡次发生在俄罗斯军队身上。因此如果要对土耳其首都发起进攻，俄罗斯人必须建立一条海

10

上补给线，通过黑海把物资送到前线部队手里。

　　但是黑海北岸和克里米亚本身也是奥斯曼帝国针对俄罗斯的缓冲区。奥斯曼帝国没有直接占领这些地区，而是采用扶植附庸国家的办法。这里的克里米亚汗国（Crimean khanate）的鞑靼部落同样说突厥语（Turkic），奥斯曼帝国就靠他们保护伊斯兰的北疆，对抗基督教军队的入侵。克里米亚汗国由格来王朝（Giray dynasty）统治，是成吉思汗（Genghiz Khan）的直系后代，金帐汗国（Golden Horde）剩下的最后一块领地。从15世纪到18世纪，金帐汗国的骑兵在俄罗斯与黑海之间的南部大草原上驰骋，闯入莫斯科大公国（Muscovy）后，这些鞑靼部落经常把斯拉夫（Slavic）奴隶卖给奥斯曼帝国，用作性奴或是划桨手，而俄罗斯和波兰的君主们则向大汗提供贡品，作为互不侵犯的条件。[14]

　　17世纪末，俄罗斯并吞了乌克兰，在那之后的一个世纪中，俄罗斯一直试图把这些缓冲地带从奥斯曼帝国手中夺过来。在这些战争中，夺取黑海沿岸的不冻港是俄罗斯的战略目标，因为这些港口对俄罗斯的贸易和海军意义重大。但是战争背后同时也有宗教动机，例如在1699年，当俄罗斯及其盟国对奥斯曼帝国取得决定性胜利之后，彼得大帝（Peter the Great）强令土耳其保证希腊人对圣墓教堂的使用权，并允许俄罗斯人进入圣地。俄罗斯人对多瑙河流域摩尔达维亚和瓦拉几亚公国的争夺，宗教也是动机之一。在1710—1711年的俄土冲突中，彼得大帝命令俄罗斯军队入侵这两个公国，目的是希望能促使当地的基督徒起义反抗土耳其统治者。这个愿望最后落空了，但是鼓励奥斯曼帝国境内的基督徒起来抗争以削弱土耳其人的统治这一想法，在其后的两百年里，一直是沙皇的中心策略。

　　在叶卡捷琳娜二世（Catherine the Great）统治时期（1762—

1796），这一策略成为正式的政策。在 1768—1774 年间的俄土战争中，俄罗斯军队打败了土耳其人，一度占领了这两个公国。在撤离之前，俄罗斯人并没有要求奥斯曼帝国割让大批土地，《库楚克开纳吉和约》规定俄罗斯取得黑海沿岸第聂伯河（Dnieper River）与布格河（Bug River）之间包括赫尔松（Kherson）港的一小块地方，高加索的卡巴尔达（Kabarda）地区，以及克里米亚港口刻赤（Kerch）和艾尼卡勒（Enikale），即黑海与亚速海（Sea of Azov）交汇处。然而和约同时规定奥斯曼帝国必须放弃对克里米亚汗国的控制，让那里的鞑靼人获得独立。和约的另一项规定是准许俄罗斯船只自由通过土耳其境内连接黑海与地中海的达达尼尔海峡（Dardanelles）。虽然俄罗斯没有夺取大量领土，却获得了可观的权利，可以在很大程度上对奥斯曼帝国的事务进行干涉，保护生活在土耳其的东正教徒，这一情况后来对该地区产生了重大影响。根据《库楚克开纳吉和约》，俄罗斯把多瑙河流域的公国归还给了奥斯曼帝国，但是在这些地方的东正教徒却由俄罗斯负责保护。根据和约，俄罗斯获准在君士坦丁堡修建一座东正教堂，对于俄罗斯来说，这象征着拥有了代表奥斯曼帝国内所有东正教徒的权利。和约还允许奥斯曼帝国境内的基督徒，包括希腊人、亚美尼亚人、摩尔达维亚人和瓦拉几亚人可以在船只上悬挂俄罗斯旗帜，这让俄罗斯能够保护和推动其在贸易和宗教两方面的利益。因为担心欧洲列强的反应，俄罗斯不能直接并吞多瑙河流域的两个公国，所以转而向高门施加压力，让这两个公国能成为在俄罗斯势力影响下的半自治地区。俄罗斯希望这两个公国会因为对东正教的虔诚，越来越向俄罗斯靠拢，以便削弱奥斯曼帝国的管制力，并保证一旦奥斯曼帝国崩溃，俄罗斯将在东南欧地区占主导地位。

　　在对土耳其战争中占了大便宜后，叶卡捷琳娜二世又开始与希腊人合作，宣称有条约规定俄罗斯有权利也有义务保护希腊的东正教徒。她向希腊派出军事代表，让希腊人到俄罗斯军事院校接受训练，邀请希腊商人和海员到俄罗斯在黑海沿岸建设的新市镇定居，让希腊人觉得俄罗斯会支持他们对抗奥斯曼帝国的民族解放运动。她非常宠信的俄罗斯最高军事首领格里戈里·波将金（Grigory Potemkin）亲王同时也是一名政治家，在他的鼓动下，叶卡捷琳娜二世甚至梦想着一旦奥斯曼帝国崩溃，她可以在其废墟之上重建拜占庭帝国。法国哲学家伏尔泰（Voltaire）在写给她的信中，尊称她为"希腊帝国女皇陛下"；德国的弗里德里希·格林（Friedrich Grimm）男爵则在信中尊称她为"希腊女皇"。在叶卡捷琳娜二世的想象中，这个重建的古希腊帝国将是一个在俄罗斯庇护之下广袤的东正教帝国，其子民说着拜占庭帝国时代的通用语言斯拉夫语。斯拉夫语是拜占庭帝国通用语言的说法是由俄罗斯第一位大历史学 13 家瓦西里·塔季谢夫（Vasily Tatishchev）提出的，但其实他是错的。女皇给她第二个孙子起名为康斯坦丁（Constantine），与拜占庭帝国的第一位和最后一位君主同名。1779 年康斯坦丁出生时，叶卡捷琳娜二世发行特制银币庆祝，银币上印着君士坦丁堡的圣索菲亚大教堂（Hagia Sophia）。奥斯曼帝国占领君士坦丁堡之后，把这座宏伟的教堂改成了一座清真寺，但是在这枚特制银币上，圣索菲亚大教堂后的尖塔不见了，取而代之的是其巨型穹顶上的一个东正教十字架。为了让她的孙子将来成为重生的拜占庭帝国的统治者，叶卡捷琳娜二世从希腊的纳克索斯（Naxos）请来奶妈教他希腊语，长大之后康斯坦丁的希腊语十分娴熟。[15]

叶卡捷琳娜二世对这个"希腊计划"到底有多认真，这一点从来都不是很清楚。1780 年她的私人秘书，实质上的外交大臣别兹博罗德科（Bezborodko）子爵做了一份方案。根据这一宏大的方案，土耳其人将被全部赶出欧洲，空出的巴尔干地区将由俄罗斯和奥地利瓜分，然后"重建古希腊帝国"，以君士坦丁堡为首都。1781 年，叶卡捷琳娜二世和奥地利皇帝约瑟夫二世（Joseph II）讨论了这一计划，在第二年的书信来往中，他们同意这一计划值得实施。但实际上，双方是否真的打算付诸行动却不是很明朗。有些历史学家认为"希腊计划"不过是一种复古的想象，或是一场政治表演，并不是俄罗斯外交政策的一部分。但是，即使俄罗斯并没有打算马上行动，这一计划依然显示出叶卡捷琳娜二世的基本目标是让俄罗斯成为黑海强国，通过贸易和宗教的纽带，跟地中海东部，包括耶路撒冷在内的东正教地区连接起来。用叶卡捷琳娜二世喜欢的诗人，同时也是这一时期重要的俄罗斯政治家之一的加甫里尔·杰尔查文（Gavril Derzhavin）的话说，"希腊计划"是为了：

> 推进圣战，
>
> 涤荡约旦河（Jordan River），
>
> 解放圣墓教堂，
>
> 把雅典归还给雅典人，
>
> 把君士坦丁堡交给康斯坦丁
>
> 并重建雅弗（Japheth）*的圣地。†
>
> 《占领伊兹梅尔颂歌》（"Ode on the Capture of Izmail"）

14

　　叶卡捷琳娜二世和约瑟夫二世在大批随从簇拥下共同巡视黑海港口时，显然双方并没有把"希腊计划"当作一场政治表演。女皇

---

* 《圣经》中诺亚的第三个儿子。——译注

† 根据中世纪俄罗斯编年史，在《创世纪》中记载的大洪水之后，罗斯（Rus）部落，即俄罗斯人的祖先，是定居在雅弗土地上的部落之一。——原注

访问了新建的俄罗斯市镇和港口上的建筑工地，波将金还专门建了一座拱门献给她，上面刻着"通往拜占庭之路"。[16] 走过这道拱门，对女皇来说，显示的是她的决心。

叶卡捷琳娜二世相信，要成为一个强国，俄罗斯必须转向南方。自从中世纪莫斯科大公国起，俄罗斯就在北方通过波罗的海出口皮毛和木材，但这是不够的。为了与欧洲列强竞争，俄罗斯必须为肥沃的南方出产的农产品找到一个出口途径，这就必须在黑海沿岸的不冻港建立一个海军基地，保障船只可以从那里出发驶向地中海。在地理位置上，黑海对俄罗斯来说极为关键，不仅因为这里是面对伊斯兰世界的南疆，更因为它是保证俄罗斯成为欧洲强国的基础。如果不能控制黑海，俄罗斯通往欧洲的唯一水路就只有波罗的海，而一旦发生冲突，波罗的海很容易被其他北欧强国封锁（在克里米亚战争期间，波罗的海确实被英国封锁了）。

把俄罗斯发展成为欧亚大陆南方强国的努力从 1776 年开始积极进行，那一年叶卡捷琳娜二世派波将金总领"新俄罗斯"（Novorossiia），即刚刚从奥斯曼帝国手中抢过来的黑海北部沿岸一块人烟稀少的地方，命令他在此殖民。同时她把这里的许多土地分给了俄罗斯贵族，并邀请欧洲的东正教徒（德国人、波兰人、意大利人、希腊人、保加利亚人还有塞尔维亚人）在大片的草原上定居从事农耕。一个个新的城市在这里建立起来：叶卡捷琳诺斯拉夫（Ekaterinoslav，意为"叶卡捷琳娜之荣耀"，今第聂伯罗，Dnipro）、赫尔松、尼古拉耶夫（Nikolaev）、敖德萨（Odessa）等，很多都是按法国和意大利的洛可可风格建造的。波将金亲自监督叶卡捷琳诺斯拉夫的兴建，将之建成一个希腊—罗马式的梦想园地，以此来彰显"希腊计划"支持者们想象中的俄罗斯对古希腊的传承。 15
他想象出一批宏伟的新古典主义建筑，但其中很多都没有成为现实。

例如在写给叶卡捷琳娜二世的信中，他设想将店铺建成一个"半圆形，就像雅典的入口卫城山门（Propylaeum）"一般，或是建造一座"希腊和罗马风格"的总督府邸、"古代圣殿"形状的法庭、一座"模仿罗马圣保罗大教堂"的教堂等。他在信中说，这将是"在您的关怀下，这里由一片荒芜变成富足的花园，从野兽横行变成宜居家园的见证"。[17]

敖德萨是俄罗斯南部皇冠上的明珠，其美丽的建筑风格应归功于法国人黎塞留公爵（Duc de Richelieu），他在法国大革命后逃亡海外，在敖德萨做了多年的总督。不过敖德萨能够成为一个重要的港口，则是希腊人的功劳。他们最早在叶卡捷琳娜二世的鼓励下在这里定居，因为《库楚克开纳吉和约》给予了俄罗斯船队在黑海与地中海之间自由航行的权利，敖德萨的重要性很快得以提升，在很大程度上取代了过去法国人在两地贸易上的统治地位。

在对待克里米亚时，俄罗斯采取了不同的战略。根据《库楚克开纳吉和约》，克里米亚汗国获得了独立，虽然奥斯曼帝国苏丹以其伊斯兰教宗教和政治最高领袖哈里发的身份，依然在名义上对这一地区拥有宗教权力。尽管在和约上签了字，但奥斯曼帝国并不情愿接受克里米亚独立这一事实，担心它很快会像黑海北岸的其他地区一样，被俄罗斯并吞。他们继续据守第聂伯河口的奥恰科夫（Ochakov）要塞以防俄罗斯派兵干涉克里米亚半岛，但是对于俄罗斯在政治和宗教上的渗透却束手无策。

在和约签署三年后，沙欣·格来（Şahin Giray）受推选成为克里米亚汗国的可汗。他是俄罗斯偏爱的人选，在威尼斯接受教育，已半西化了。之前带领克里米亚代表团访问圣彼得堡时，叶卡捷琳娜二世对他"愉悦的性格"和英俊的面容留下了良好的印象。格来拥有克里米亚境内相当数量的基督教人口（包括希腊、格鲁吉亚和

亚美尼亚商人等）的支持。同时，生活在草原上的诺盖（Nogai）　¹⁶
游牧人口一向独立于受奥斯曼帝国扶植的可汗，于是将沙欣·格来
敬为他们的首领。但是奥斯曼帝国却无法接受沙欣·格来，于是派
出船队把他们认可的可汗送到克里米亚取而代之，并鼓动克里米亚
的鞑靼人暴动反抗沙欣·格来这个"异教徒"。沙欣·格来逃离了
克里米亚，但很快就带兵返回，对叛乱的鞑靼人进行疯狂屠杀，其
野蛮程度连俄罗斯人都看不下去了。在此之后，鞑靼人在奥斯曼帝
国的鼓励下发动宗教战争，开始对克里米亚地区的基督徒进行报复，
导致俄罗斯不得不协助大批基督教难民逃离当地，其中三万人被转
移到了黑海沿岸的塔甘罗格（Taganrog）和马里乌波尔（Mariupol），
大部人无家可归。

　　基督徒逃离克里米亚之后，当地经济被严重削弱，沙欣·格来
对俄罗斯的依赖更甚，俄罗斯开始施加压力并吞克里米亚。为了赶
在其他欧洲列强做出反应之前完成并吞，波将金一方面积极准备与
奥斯曼帝国开战，另一方面以优厚的待遇说服沙欣·格来退位。在
沙欣·格来退位并移居圣彼得堡之后，波将金说服当地鞑靼人向叶
卡捷琳娜二世称臣。他决心要把俄罗斯并吞克里米亚演得像是迫
于当地人民的意愿一样，于是在克里米亚到处举办仪式，让鞑靼
人在毛拉[*]的带领下手持《古兰经》向远在千里之外的东正教女皇
宣誓效忠，俄罗斯于 1783 年正式并吞了克里米亚。

　　对土耳其人来说，这是一场羞辱。这是在奥斯曼帝国统治下，
穆斯林的土地第一次被割让给基督徒。高门的首相（Grand Vizier）
虽然很不情愿，但还是接受了这一现实，可是其他人却将这一失败
看作对奥斯曼帝国的致命打击。他们指出俄罗斯将以克里米亚为基

---

* 　毛拉（mullah），穆斯林宗教和圣法的教师。——译注

地攻击君士坦丁堡和巴尔干地区，因此这些人鼓动奥斯曼帝国向俄罗斯开战。但靠土耳其人独自参战是不现实的，西方列强介入的可能也不大：奥地利已和俄罗斯达成共识，等着奥斯曼帝国崩溃后瓜分土地；法国因为介入美国独立战争而精疲力尽，无力向黑海派出舰队；英国因为失去了美国，自己也伤痕累累，而且对这一事件并不关心，外交大臣格兰瑟姆勋爵（Lord Grantham）的看法是"如果法国都没什么动静，我们为什么要掺和进去？现在不是再打一架的时候"。[18]

17

　　四年之后的 1787 年，叶卡捷琳娜二世巡视了新近从奥斯曼帝国手中夺来的黑海沿岸市镇。当时在高加索地区，土耳其人面临继续被俄罗斯蚕食土地的局面*，她的巡视活动被视为一种挑衅。土耳其人终于无法忍受了，在与普鲁士（Prussia）有结盟可能的情况下，奥斯曼帝国内部主战派占了上风，向俄罗斯宣战。战争爆发后，奥地利立刻向奥斯曼帝国宣战，奥斯曼帝国不得不两面作战。一开始还取得一些胜利，在多瑙河战线上迫使奥地利撤至巴纳特（Banat）。但是普鲁士迟迟没有给予增援，具有重要战略意义的奥恰科夫要塞在经过漫长的围困之后，终于被俄罗斯军队占领。接着贝尔格莱德和多瑙河流域各公国在奥地利军队的反击下失守，同时俄罗斯军队占领了多瑙河入海口一带的要塞。在不利的战局面前，奥斯曼帝国不得不请求停战。到 1792 年《雅西和约》（Treaty of Iaşi）签署时，奥斯曼帝国名义上重新取得了多瑙河流域各公国的控制权；但是奥恰科夫要塞被割让给了俄罗斯，德涅斯特河（Dniester River）成了

*　俄罗斯一直在扩张捷列克河（Terek River）沿岸的要塞系统（称为"高加索防线"），并在刚成为俄罗斯保护地的格鲁吉亚卡特利—卡赫季（Kartli-Kacheti）王国建立针对奥斯曼帝国的行动基地，占领第比利斯（Tbilisi）并为连接俄罗斯和高加索南部的格鲁吉亚军事公路打下了基础。——原注

俄土边境线，土耳其人还不得不正式承认克里米亚是俄罗斯的一部分。但是他们从未完全接受这一损失，一直在等待复仇的机会。

* * *

在俄罗斯与周边伊斯兰国家的宗教战争中，黑海地区的伊斯兰文化一直被认为是很大的威胁。俄罗斯统治者担心"伊斯兰轴心"，即在土耳其人领导下的泛穆斯林联盟会给俄罗斯南疆带来危险。这一地区的穆斯林人口增长迅速，一方面是由于高出生率，另一方面是因为游牧民族转信伊斯兰教。为了保证俄罗斯帝国对这些人烟稀少的边疆地区的控制，在19世纪初期，俄罗斯启动了新的南部边疆战略，即驱逐穆斯林人口，鼓励基督徒在这片新占领的土地上殖民定居。

比萨拉比亚（Bessarabia）离多瑙河不过几公里远，在1806—1812年间的俄土战争中被俄罗斯占领，1812年《布加勒斯特条约》（Treaty of Bucharest）正式将其划给了俄罗斯，并声明俄罗斯和奥斯曼帝国对多瑙河流域各公国共同拥有主权。沙皇派到比萨拉比亚的总督将当地穆斯林人口全部赶走，几千名鞑靼农民被当作战俘送往俄罗斯，肥沃的土地则被摩尔达维亚人、瓦拉几亚人、保加利亚人、鲁塞尼亚人（Ruthenians）和希腊人占领。为了吸引移民，俄罗斯政府采用了给予税收优惠、免于兵役、给技术工匠贷款等方式。因为急于让更多人口搬到这里，沙皇政府甚至对逃亡而来的乌克兰和俄罗斯农奴睁一只眼闭一只眼。1812年后，逃到这里来的农奴越来越多。兴建教堂的活动十分活跃，在基什尼奥夫（Kishinev）教区建立之后，当地的宗教领袖就被纳入了俄罗斯而不是希腊的东正教体系。[19]

俄罗斯对高加索的征服也是其宗教战争的一部分。在很大程度上，这是一场对车臣人（Chechens）、印古什人（Ingush）、切尔克斯人（Circassians）和达吉斯坦人（Daghestanis）等高加索地区穆斯林山林部落进行基督教化的战争。这些穆斯林部落多为逊尼派（Sunni），他们极其抗拒任何世俗政治势力的控制，但在宗教上认可奥斯曼帝国苏丹为哈里发。1816年俄罗斯任命亚历山大·叶尔莫洛夫（Alexander Ermolov）将军担任格鲁吉亚总督。在他的领导下，俄罗斯军队发动了一场残酷恐怖的战争，袭击村庄、焚烧房屋、毁坏庄稼、铲平森林，试图以此征服山林部落，却并未成功达到目的。俄罗斯军队的烧杀抢掠反而让当地部落组织起来，共同对抗俄军，这些抵抗运动很快形成了独特的宗教特征。

其中影响最大的一支宗教势力是穆里德派（Muridism），来自纳格什班底耶（苏菲）（Naqshbandiya[Sufi]）派别。他们于1810年代开始在达吉斯坦兴起，后传到车臣（Chechnya），在伊玛目加齐·穆罕默德（Imam Ghazi Muhammad）的领导下发起一场"圣战"（jihad）保卫伊斯兰法以及伊斯兰教的纯洁性。穆里德派把针对俄罗斯异教徒的宗教战争和针对王公贵族的社会仇恨结合在一起，号召力非常强。过去山地部落间矛盾冲突重重，在穆里德派的旗帜下，这些部落团结在了一起，伊玛目因此可以开始征税并实行兵役制。伊玛目的指令通过穆里德（意为宗教信徒）执行，后者在由反抗运动控制的山村担任地方官员和法官等。

抵抗运动越是宗教化，俄罗斯入侵高加索的行动也就越具有宗教战争色彩。对高加索地区实行基督教化是俄罗斯打这场战争的首要目的之一，因此俄罗斯拒绝与反抗运动的穆斯林领导层谈判。一份俄罗斯官方文件这样写道："只有当十字架插遍山峦峡谷，清真寺变成救世主基督的教堂后，我们和对方之间才谈得上全面和解。

19

在那之前，军事力量是我们统治高加索的真正基础。"每到一处，俄罗斯人就摧毁清真寺并严厉限制穆斯林的宗教活动，引发最强烈抗议的是不允许穆斯林到麦加和麦地那（Medina）朝圣。在许多地方，俄罗斯的政策是拆毁穆斯林定居点，把山地部落赶到别处，再把他们的土地交给基督教定居者，这一政策在今天看来就是"种族清洗"。在库班（Kuban）和北高加索地区，穆斯林部落被斯拉夫定居者取而代之，主要是来自俄罗斯和乌克兰的农民以及哥萨克人（Cossacks）。在南高加索的部分地区，信奉基督教的格鲁吉亚和亚美尼亚人与入侵的俄罗斯军队站在一边，共同分享胜利果实。例如在征服占贾（Ganja）汗国的战斗中，格鲁吉亚人参加俄罗斯军队做辅助工作。当地穆斯林在宗教迫害下纷纷逃离，俄罗斯就鼓励格鲁吉亚人占据那些被穆斯林抛弃的土地，后来这个地方被改名为伊丽莎白托波尔（Elizavetopol）。又如在埃里温省（Erivan），大致相当于今天的亚美尼亚，原来的居民以土耳其穆斯林为主，在1828—1829年间的俄土战争中，俄罗斯从这里驱逐了约两万六千名穆斯林，在以后的十年中，差不多两倍的亚美尼亚人移民到了这里。[20]

然而，在俄罗斯对南部边疆的扩张行动中，宗教色彩最强的还是在克里米亚。这里本身就有着漫长而复杂的宗教历史。对俄罗斯人来说，这是一块圣地。根据俄罗斯编年史，公元988年，基辅大公（Grand Prince of Kiev）弗拉基米尔（Vladimir）在克里米亚西南岸一座希腊人建的殖民城市赫尔松涅索斯（Khersonesos），也就是现代塞瓦斯托波尔城外某处接受洗礼，从而把基督教带到了基辅罗斯人中。但是克里米亚又是其他许多人的家园，其中有西徐亚人（Scythians）、罗马人、希腊人、热那亚人（Genoese）、犹太人、亚美尼亚人、蒙古人（Mongols）和鞑靼人。克里米亚位于基督教势

20

力与穆斯林和说土耳其语的部落之间的历史分界线上，一直是各方争夺之地，经历过无数战争。宗教建筑和神庙等本身都成了战场，因为在把原来的人口赶走之后，新来的居民往往把宗教建筑也占为己有。例如，在海滨城市苏达克（Sudak）有一座圣马太教堂（St Matthew church），最早是一座清真寺；后来被希腊人捣毁，重建为一座东正教堂；13 世纪热那亚人来到这里后将其改建成一座天主教堂；再后来又被奥斯曼人重新改回清真寺；而在俄罗斯并吞克里米亚之后，又再次被改建成一座东正教堂。[21]

俄罗斯并吞克里米亚之后，这里的三十万居民都成了沙皇臣民，他们几乎都是信奉伊斯兰教的鞑靼人和诺盖人。俄罗斯试图收买当地的贝伊（bey）*和米尔扎（mirza）†等贵族，劝说他们改信基督教并给他们封衔，但无人响应。这些贵族的势力与他们拥有的土地和所属的部落密切相关，帝国官衔或是政府内的一官半职对他们来说没有什么意义。如果能保住土地的话，他们是不会离开自己的地盘去做官的。他们和奥斯曼帝国之间在宗教、贸易和亲属关系上有着千丝万缕的联系，所以许多人在俄罗斯并吞克里米亚之后就离开这里去奥斯曼帝国了。

和贵族相比，俄罗斯对鞑靼农民的政策就粗暴得多了。克里米亚本来没有农奴制，鞑靼农民的自由身份被俄罗斯帝国认可，把他们定位为"官定农民"（state peasants），一个有别于农奴的法律类别。但是在宗教上，他们继续将奥斯曼帝国苏丹认作哈里发，作为每周五祈祷的对象。俄罗斯人将此视作一种挑衅，怀疑这些沙皇新臣民的忠实度。在整个 19 世纪，俄罗斯与奥斯曼帝国发生过多次战争，

21

---

* 部落首领。——译注
† 高等贵族、亲王等的头衔。——译注

俄罗斯人总是很担心克里米亚的鞑靼人会发生暴动。他们认定鞑靼农民祈祷的是土耳其人的胜利，期望土耳其人来解放自己。然而事实上，直到克里米亚战争前，这里的穆斯林人口一直是效忠沙皇的。

认定鞑靼人不可信任后，俄罗斯人就想尽办法把这些沙皇的新臣民赶走。鞑靼人第一次大批逃离克里米亚是在1787—1792年的俄土战争期间，大部分人因为担心俄罗斯报复而逃离，同时沙皇的政策，包括夺取土地、高昂税收、强制征用劳力，以及哥萨克骑兵的欺凌，也让他们难以留恋这里。到了1800年，近三分之一的鞑靼人口，约十万人，已经移居奥斯曼帝国，另有一万人在1806—1812年间的俄土战争爆发时离开。填补人口空缺的是来自俄罗斯的定居者，以及从奥斯曼帝国逃出来的基督教难民，包括希腊人、亚美尼亚人和保加利亚人等。鞑靼穆斯林从克里米亚迁出是穆斯林逐渐退出欧洲的开始，在这之后的漫长历史中，奥斯曼和东正教地区之间人口迁徙以及种族冲突频频发生，一直延续到20世纪末的巴尔干危机。[22]

克里米亚的基督教化过程同时体现在教堂和宫殿的宏大设计以及新古典主义风格的城市上，穆斯林居住过的痕迹则同时被抹去了。叶卡捷琳娜二世把克里米亚想象成俄罗斯南部的天堂，一座享乐花园，她统治下的开化社会的种种成绩可以在这里向世人展示并发扬光大。克里米亚（Crimea或Krym）是该半岛的鞑靼名字，但她喜欢用其希腊名字塔夫利（Taurida）来称呼它，因为她认为这块土地将俄罗斯与拜占庭的古希腊文明连接在了一起。她把大批土地送给俄罗斯贵族，让他们在南部边疆的海岸山岭上建起一座又一座壮美 22 的庄园，媲美意大利南部的阿马尔菲（Amalfi）海岸。在她眼中，在这片曾经被异教徒占据的土地上建起的各种古典风格的建筑、地中海式花园和葡萄园，将承载起一个新的基督教文明。

　　克里米亚的城市规划也加强了俄罗斯人的统治地位。鞑靼人聚居的古镇,例如原来克里米亚汗国的首都巴赫奇萨赖（Bakhchiserai）,就被降级或者干脆废弃了。在民族混居的市镇,例如锡奥多西亚（Theodosia）*或是俄罗斯行政中心辛菲罗波尔（Simferopol）,政府则逐渐重新布局,将市镇中心从鞑靼人聚居的老城转移到建有俄罗斯教堂和政府建筑的新区。在新建的市镇,例如俄罗斯海军基地塞瓦斯托波尔,则整个地区都是新古典主义风格的建筑。[23]

　　建造教堂是相对缓慢的过程,在克里米亚的许多市镇和乡村,清真寺依然在天际线上十分突出。但是在19世纪早期,俄罗斯开始积极寻找古代基督教、拜占庭、苦行僧的洞窟教堂以及修道院遗址等等,试图找到证据证明克里米亚是基督教的圣地、俄罗斯的阿索斯山（Mount Athos）†、斯拉夫基督教的摇篮、信徒们的朝圣之地。[24]

　　克里米亚最神圣的地方,当然是赫尔松涅索斯遗址,在1827年通过官方主持的挖掘工作发现。在这个基辅大公带领基辅罗斯人信奉基督教的象征性地点上,俄罗斯人建起了一座圣弗拉基米尔教堂（Church of St. Vladimir）。然而,离这座神殿不过几米远的地方,就是克里米亚战争中法国军队登陆扎营的所在,这不能不说是历史的嘲弄。

---

* 今费奥多西亚（Feodosia）。——编注
† 古希腊的圣山。——译注

第二章

东方问题

　　奥斯曼帝国的苏丹骑着一匹白马走在队伍前面，徒步紧随其后
的是一队大臣和高官。在轰鸣的礼炮声中，他们穿过托普卡帕皇宫
（Topkapi Palace）的帝国门（Imperial Gate），步入君士坦丁堡 7
月午时的骄阳之中。这一天是 1849 年 7 月 13 日星期五，伊斯兰斋
月（Ramadan）的第一天，苏丹阿卜杜勒-迈吉德一世（Abdülmecid）
正在前往圣索菲亚大清真寺的路上。这座大清真寺多年疏于维护，
因此在过去两年间一直闭门进行紧急修复，而这一天正是重开之日。
圣索菲亚大清真寺是一座长方形廊柱大厅式建筑，曾为东正教堂。
大清真寺北面广场上聚集着大量人群，在那里苏丹的母亲、子女、
妃子们坐在镶金的马车里等待他的到来。苏丹骑马穿过人群，来到
大清真寺的入口，在此恭候的是伊斯兰教的高级神职人员。根据伊
斯兰传统，非穆斯林不能参加这样的庆典，但今天有所例外，在恭
候的人群中有两位瑞士建筑师加斯帕雷·福萨蒂（Gaspare Fossati）
和朱塞佩·福萨蒂（Giuseppe Fossati），这两兄弟是修复大清真寺

的负责人。

福萨蒂兄弟把苏丹阿卜杜勒—迈吉德请进了大清真寺，在穿过几个私人专用厅堂之后，来到了主祷堂上苏丹的专用包厢里。根据苏丹的指令，福萨蒂兄弟已将主祷堂重建并重新修复成后拜占庭风格，在入口上方刻着苏丹的徽章。当参加庆典的人群全部进入主祷堂之后，伊斯兰教总长老（Sheikh ül-Islam）开始主持祭礼。总长老是奥斯曼帝国时期的最高宗教官员，许多欧洲游客错误地将这一职位等同于天主教教皇。[1]

这一幕非同寻常，世界上最大穆斯林帝国的苏丹哈里发率领宗教领袖们庆祝最神圣的清真寺之一重新开放，而这座清真寺原来却是一座东正教大教堂，被土耳其人改成清真寺，现在又由两名西方建筑师按原来的拜占庭风格装修复原。在 1453 年攻陷君士坦丁堡 24 之后，奥斯曼人把圣索菲亚的大钟取下，在四角上新建了尖塔。他们把教堂内的祭坛和圣像搬走，而且在之后的两百年间，逐渐把内部的拜占庭镶嵌画用石膏抹上盖住。直到 1848 年福萨蒂兄弟奉命修复圣索菲亚时，才在墙壁的石膏铺面下发现了这些镶嵌画。他们先将北边走廊拱顶处的镶嵌画清理出来一部分，苏丹察看之后对其鲜艳的色彩大为赞赏，下令将所有被石膏抹上的镶嵌画恢复出来，于是这座大清真寺被掩藏的基督教原画终于得以重见天日。

福萨蒂兄弟意识到这一发现意义重大，他们用素描和水彩画的形式将这些拜占庭式的镶嵌画记录下来，呈给沙皇，希望能得到资助出版这些作品。两人曾在圣彼得堡工作过，哥哥加斯帕雷原来 25 是被派到君士坦丁堡修建俄罗斯大使馆的，弟弟朱塞佩后来加入。1845 年，一座新古典主义风格的大使馆完工了。这一时期许多欧洲建筑设计师在君士坦丁堡工作，大部分负责兴建外国大使馆。当时年轻的苏丹支持一系列西方自由主义改革，对西方的影响敞开大门，

1850年代早期的圣索菲亚大清真寺

希望能借此实现经济现代化。1845—1847 年间，苏丹雇用福萨蒂兄弟为君士坦丁堡大学兴建了一座巨大的三层楼建筑。这座典型新古典主义风格的建筑位于两座大清真寺，即圣索菲亚和苏丹艾哈迈德（Sultan Ahmet）清真寺之间，显得十分别扭。1936 年毁于一场大火。[2]

　　沙皇尼古拉一世对福萨蒂兄弟的发现一定非常兴奋，因为圣索菲亚大教堂是沙皇俄国宗教生活的聚焦点，而俄罗斯本身就以拜占庭帝国的东正教传承者自居。圣索菲亚是俄罗斯教堂之母，也是俄罗斯与东地中海巴勒斯坦圣地的东正教世界之间的纽带。根据公元 7 世纪僧侣编撰的基辅罗斯人历史《原初编年史》（*Primary Chronicle*），俄罗斯信奉东正教，正是因为被圣索菲亚的华美所倾倒。

当年基辅大公弗拉基米尔派出使者前往各国为罗斯人寻找"真正的
信仰"。前往君士坦丁堡的使者汇报说:"我们不知道自己是在人间
还是天堂,因为人间不可能有这般绚丽辉煌的景象,语言已无法形
容。我们只知道上帝一定住在其中,这里的庆典比其他国家更为华
美,我们无法忘怀其美丽。"[3] 在整个 19 世纪,重新夺回圣索菲亚
一直是俄罗斯民族主义者和宗教领袖的长期基本目标。他们梦想着
征服君士坦丁堡,将其重建为疆土从西伯利亚一直覆盖到巴勒斯坦
圣地的俄罗斯帝国的首都"沙皇格勒"(Tsargrad)。用著名俄罗斯
传教士、1847 年率宗教使团前往耶路撒冷的阿希曼德里特·乌斯片
斯基(Archimandrite Uspensky)的话说:"俄罗斯自古以来就接受
天命,启迪亚洲,联合斯拉夫人。所有的斯拉夫人,不管是来自亚
美尼亚、叙利亚还是阿拉伯、埃塞俄比亚,都将团结在一起,在圣
索菲亚为上帝高唱赞歌。"[4]

福萨蒂兄弟向尼古拉一世请求资助出版他们的画作,但沙皇没 26
有答应。圣索菲亚大清真寺在奥斯曼帝国——这个建立在原拜占庭
帝国疆域之上的帝国——享有极高的宗教和政治地位,尽管沙皇对
这些画作非常感兴趣,却认为俄罗斯当时还不宜卷入其中。但是领
导和保护奥斯曼帝国内的东正教徒是俄罗斯自我授予的宗教使命,
中心任务之一就是重新夺回圣索菲亚,将其恢复为东正教的教堂之
母,同时把君士坦丁堡变成一个拥有从莫斯科到耶路撒冷广大土地
的东正教帝国的首都。正是这份使命感引发俄罗斯和奥斯曼帝国的
冲突,最终导致了克里米亚战争。

福萨蒂兄弟的素描和水彩画要在十几年后才得以出版,但是在
1854 年,由德国考古学家威廉·扎尔贝格(Wilhelm Salzenberg)
临摹的部分镶嵌画在柏林出版了,资助方是普鲁士国王腓特烈·威
廉四世(Friedrich Wilhelm IV),他的妹妹就是沙皇尼古拉一世的

圣索菲亚君王门上方的镶嵌画。这幅镶嵌画原本展示的是一位拜占庭皇帝在耶稣面前跪下。福萨蒂兄弟在镶嵌画上抹了一层白灰，然后在上面画了这个八角图案

皇后。[5] 通过这些临摹的绘画，19 世纪的人们才知道在圣索菲亚内原来还藏着这样的基督教宝藏。在苏丹的命令下，纯粹装饰性的镶嵌画得以继续展示，但是那些有人像的镶嵌画则被重新抹上石膏，因为伊斯兰教不允许人像的存在。福萨蒂兄弟甚至还在这些新抹的石膏上作画，保证和其他保留下来的镶嵌画风格一致。

这些拜占庭镶嵌画的命运代表了奥斯曼帝国内穆斯林和基督教文化之间的交缠与竞争。在 19 世纪初，奥斯曼帝国是一个庞大的多民族国家，覆盖从巴尔干到波斯湾，从亚丁（Aden）到阿尔及利亚的广大地区，人口达三千五百万。穆斯林是其中的大多数，约占 60%，几乎都居住在土耳其的亚洲地区、北非和阿拉伯半岛，但其中土耳其人并不占多数，约为一千万人，集中在安纳托里亚。在奥

斯曼人从原拜占庭帝国手中夺下的欧洲疆土上，大部分人口是东正教徒。[6]

　　自从 14 世纪奥斯曼帝国建立以来，奥斯曼王朝的统治正当性一直都建立在通过圣战不断扩展伊斯兰疆土上。但是奥斯曼人是现实主义者，并非宗教极端分子。在他们统治下的欧洲地区，是奥斯曼帝国内最富庶、人口最多的地方，所以他们在宗教上虽然敌视异教徒，但还是采取了较为现实的政策，以保证获得最大利益。他们对非穆斯林征收额外的赋税，将其视为下等的"野兽"（rayah），使之蒙受各种羞辱，例如在大马士革（Damascus），基督徒不允许骑任何动物。[7] 但是奥斯曼帝国统治者允许异教徒保留自己的宗教信仰，一般不对他们进行迫害或强制其信奉伊斯兰教。奥斯曼帝国还通过"米利特"（millet）制度*进行宗教隔离，让宗教领袖在自己的教会内部行使权力，甚至允许非穆斯林拥有一定的自治权。

　　这一制度是奥斯曼帝国在新征服的土地上对大批非穆斯林人口进行管理的一种办法。只要非穆斯林宗教领袖效忠奥斯曼帝国，他们就可以在某些方面保留一定的自主权，包括教育、公共秩序、司法、税收、慈善和宗教事务等，但是需要获得苏丹手下的宗教官员批准（即使是维修教堂屋顶这样的事情）。米利特制度虽然在某种程度上方便了管理，但同时也强化了奥斯曼帝国内部种族和宗教的等级划分，也就是说穆斯林的位置处于其他所有米利特，包括东正教、亚美尼亚的格雷戈里安教会（Gregorian Armenian）†、天主教和犹太教之上，鼓励穆斯林对基督徒和犹太人进行歧视；另一方面，这一制度导致非穆斯林教众通过米利特表达怨恨，组织抗争，成为奥斯曼

28

---

* Millet 为土耳其语，指土耳其的宗教团体。在米利特制度下，非穆斯林人和穆斯林一样都是帝国的臣民，但不受伊斯兰信仰及法律的约束或管制。——编注

† 正式名称为亚美尼亚使徒教会（Armenian Apostolic Church）。——编注

帝国不稳定因素的主要源头。

　　这一问题在东正教徒中最为明显。东正教米利特是奥斯曼帝国中最大的一个米利特,拥有一千万人口。东正教驻君士坦丁堡牧首是他们的最高领袖,代表了安条克(Antioch)、耶路撒冷和亚历山大(Alexandria)的牧首。在许多世俗事务上,他是"希腊人"(奥斯曼帝国统治者眼中所有的东正教徒,包括斯拉夫人、阿尔巴尼亚人、摩尔达维亚人和瓦拉几亚人)的真正负责人,在穆斯林和天主教徒面前维护东正教徒的利益。东正教会被势力强大的法纳尔人(Phanariots)控制,法纳尔人由一批希腊(包括希腊化的罗马尼亚人和阿尔巴尼亚人)商人家族组成,最早定居在君士坦丁堡的法纳尔(Phanar)地区,因此得名。自18世纪以来,奥斯曼帝国政府内的通事(dragoman),包括外事秘书和翻译等,大部分都是法纳尔人。他们还买来了其他许多高级职位,控制了摩尔达维亚和瓦拉几亚的东正教会并担任都督(hospodar)。法纳尔人自认为是拜占庭帝国的继承人,想要通过控制东正教会来推动并实现其希腊复国的梦想。他们希望能得到俄罗斯的帮助,但是对俄罗斯东正教会的活动十分戒备。俄罗斯人支持保加利亚教士作为斯拉夫人的代表,对抗控制了君士坦丁堡东正教会的希腊人。俄罗斯觊觎奥斯曼帝国的野心也让法纳尔人十分担忧。

　　在19世纪之初的二十多年里,保加利亚和塞尔维亚的本地教 29
会势力慢慢扩大,重要性逐渐提高,在君士坦丁堡取得了与被希腊人把持的东正教会同等的地位。许多斯拉夫人无法接受希腊人控制他们的教育和司法事务,于是越来越期望通过本地教会实现他们的民族身份,抗衡土耳其人。民族主义力量在巴尔干地区各类人群,包括塞尔维亚人、黑山人(Montenegrins)、保加利亚人、摩尔达维亚人、瓦拉几亚人以及希腊人中都非常强大,他们各自通过语言、文化和宗教上的认同团结在一起，试图摆脱奥斯曼帝国的统治。塞尔维亚人首先获得解放，1804—1817 年间，他们在俄罗斯的资助下起来反抗。土耳其人先是不得不让塞尔维亚自治，最终承认塞尔维亚公国，他们拥有了自己的宪法并建立了由奥布雷诺维奇（Obrenović）家族领导的议会。此时奥斯曼帝国已摇摇欲坠，巴尔干地区其他种族获得类似的自由已是迟早的事。

＊ ＊ ＊

在克里米亚战争前夕，俄国沙皇把奥斯曼帝国称为"欧洲病夫"（sick man of Europe），这一观点并不新鲜，很早以前就有许多人相信奥斯曼帝国即将崩溃。塞尔维亚大公在1838年曾对英国领事说："土耳其已支撑不住了，马上就会倒下。其对各个省份管理上的错失所引起的叛乱将导致自己的灭亡。"[8]

奥斯曼帝国在管理上的错失，其根源在于无法适应现代世界。势力强大的宗教领袖如穆夫提（mufti）*和乌理玛（ulema）†之流让改革停滞不前。伊斯兰宗教机构的格言是"不要搅乱已有的规矩，不要向异教徒借东西，教义不允许这么做"，他们关心的是苏丹颁布的法令是否符合《古兰经》的教义。在以穆斯林人口为主的地区，对西方知识和技术的引进十分缓慢：商业贸易由非穆斯林（基督徒和犹太人）控制；直到 1720 年代才成立第一家土耳其语出版社；一直到1853年,在君士坦丁堡学习传统伊斯兰法和教义的学生人数，依然是在现代学校中学习世俗化课程人数的五倍。[9]

---

* 　意为教法阐述人。——译注
† 　伊斯兰国家有名望的神学家和教法学家的统称。——译注

经济停滞不前的同时，官僚腐败也极为盛行。在各个省份，通 30
过买官贪污税收的现象非常普遍，文武官员把自己管理的地区视为
封地，极尽盘剥之能事。只要他们能继续向高门进贡，与债主分赃，
没人关心他们是用了怎样的残暴手段把钱收上来的。奥斯曼帝国财
政收入的一大部分来自非穆斯林人口，他们缺乏法律保护，无权在
伊斯兰法庭上为自己申诉，也没人会听基督徒的陈词。据估计，在
19世纪早期，一个普通的基督教农民或商人不得不把自己收入的一
半以上缴给奥斯曼帝国。[10]

　　不过奥斯曼帝国衰亡的最主要原因还是军事上的落后。在19
世纪初，土耳其军队规模庞大，维持这支军队的经费可高达奥斯曼
帝国财政支出的70%，但是与欧洲国家以征兵制建立的现代军队相
比，它依然十分落后。土耳其军队缺乏中央化管理和指挥架构，也
没有军事院校，部队缺乏训练，打仗仍旧依赖雇佣兵、非常规军队
和边远地区的部落武装。军事改革迫在眉睫，特别是在土耳其军队
多次被俄罗斯军队打败，接着埃及又被拿破仑占据之后，一些苏丹
和他们的大臣也认识到了这一点。但是要建立一支现代军队，就必
须对奥斯曼帝国进行根本性改革，建立中央集权制度控制地方省份，
还会触犯四万名禁卫军（janizaries）的利益——这些军人由苏丹出
钱供养，代表了整个过时的军事传统，抵触一切改革。[11]

　　苏丹塞利姆三世（Selim III，1789—1807在位）是第一个意识
到必须让陆军和海军实现西方化的苏丹。他的军事改革议程在法国
人的指导下进行。在18世纪晚期的几十年中，法国人在奥斯曼帝
国很有影响力，主要原因是法国的对手——奥地利和俄罗斯两国都
是奥斯曼帝国的敌人。塞利姆的军队现代化概念与俄罗斯彼得大帝
在18世纪早期实行的军队西方化方案相似，土耳其人对此十分明了。
他们做的只是引进西方新技术和做事办法，但是绝不会学习任何可 31

能威胁伊斯兰权威的文化理念。土耳其人请法国人来指导军队现代化的部分原因，是想当然地认为法国是欧洲国家中宗教化程度最低的，既然如此，法国对伊斯兰的威胁也就最低了，对法国的这一印象来自雅各宾党人（Jacobins）的反宗教政策。

塞利姆的改革在禁卫军和伊斯兰教士们的联合抵制下失败了，但是苏丹马哈茂德二世（Mahmud II，1808—1839 在位）将军事改革继续进行下去。他扩大了军事院校的规模，通过考绩晋升的方式提拔军官，借此抗衡禁卫军独大的局面。他还成功地推动了对军服的改革，引进西方军事器械，废除禁卫军的封地，希望用这些方式建立一支由中央控制的欧式军队，最终与禁卫军融合。1826 年，抗拒改革的禁卫军起兵叛乱，被苏丹的新军镇压下去，几千名禁卫军被杀，从此禁卫军被解散。

当奥斯曼帝国日渐衰落、摇摇欲坠之时，列强的干涉也越来越频繁，虽然名义上是为了保护这里的基督徒，但实质上是为了夺取更多的利益。欧洲国家的大使馆不再满足于提供国家之间联络的功能，而是直接插手奥斯曼帝国内政，支持民族和宗教团体、政党和派别，甚至干预苏丹对大臣的任命，以此来维护本国利益。为了加强奥斯曼帝国与本国的贸易，他们和奥斯曼商人以及金融家建立直接联系，在主要的贸易中心建立领事馆。欧洲国家还开始向奥斯曼帝国的臣民发放护照，到 19 世纪中期，已有高达一百万奥斯曼帝国居民借助外国使团来逃避诉讼和纳税。俄罗斯在这方面最为活跃，为了建立黑海贸易而向大批奥斯曼苏丹治下的希腊人发放护照，并允许他们在船只上悬挂俄罗斯旗帜航行。[12]

对奥斯曼帝国内的东正教徒来说，俄罗斯是他们的保护人。是俄罗斯军队帮助塞尔维亚人取得了独立，是俄罗斯人将摩尔达维亚和瓦拉几亚置于自己的保护之下，是俄罗斯人将比萨拉比亚的摩尔

32

达维亚人从土耳其人统治下解救了出来。但是为了控制奥斯曼帝国统治下的欧洲地区，俄罗斯到底愿意付出多大代价呢？这一点可以从俄罗斯对希腊独立的支持上找到答案。

希腊独立运动的真正源头在俄罗斯，独立运动早期的领导人是一些希腊裔俄罗斯政客，他们从未踏足希腊本土，却梦想着团结所有希腊人起来反抗土耳其人统治。他们计划从多瑙河的两个公国开始行动，最终完成希腊独立。1814 年，一批希腊民族主义者和学生成立了"友谊社"（Society of Friends），这一组织的分会迅速在希腊人聚居的地区，如摩尔达维亚、瓦拉几亚、伊奥尼亚群岛（Ionian Islands）、君士坦丁堡和伯罗奔尼撒（Peloponnese）等地，以及一些俄罗斯城市建立起来。1821 年，友谊社在摩尔达维亚发动了希腊人起义，领导人亚历山大·伊普西兰蒂斯（Alexander Ypsilantis）是一名俄罗斯骑兵高级军官，出身摩尔达维亚一个显赫的法纳尔人家族，他的父母在 1806 年俄土战争爆发时逃到了圣彼得堡。伊普西兰蒂斯和俄罗斯宫廷关系密切，自十五岁起就得到沙皇保罗一世（Paul I）的遗孀玛丽亚·费奥多罗芙娜（Maria Fedorovna）皇后的宠信，1816 年沙皇亚历山大一世（Alexander I）把他任命为自己的副官。

在圣彼得堡的统治集团上层中，希腊人的游说势力很强。俄罗斯外交部里有好几个希腊裔外交官和希腊独立运动的活跃分子，其中最重要的有两人：一个是亚历山德鲁·斯图尔扎（Alexandru Sturdza），他的母亲来自法纳尔人家庭，本人来自摩尔达维亚，后来成了比萨拉比亚的第一任俄罗斯总督。另一个是扬尼斯·卡珀蒂斯特里亚斯（Ioannis Kapodistrias），他来自希腊科孚岛（Corfu）的一个贵族家庭，在 1815 年和卡尔·涅谢尔罗迭（Karl Nesselrode）共同被任命为俄罗斯外交部长。圣彼得堡的"希腊中学"

（Greek Gymnasium）从 1770 年代起就开始训练希腊裔年轻人，培养他们进入俄罗斯军队和外交系统，这里的许多毕业生加入了俄罗斯军队，在 1806—1812 年间的俄土战争中效力。在这场战争中协助俄罗斯的还有许多来自奥斯曼帝国的希腊志愿者，战后他们都逃到了俄罗斯。所以 1821 年伊普西兰蒂斯在摩尔达维亚发动希腊人起义时，他手下已经有了一大批在俄罗斯受过训练、有作战经验的希腊军人。

33

　　他的计划是首先在摩尔达维亚发动起义，然后联合瓦拉几亚的希腊游击武装。这支武装的首领图尔多·弗拉迪米雷斯库（Tudor Vladimirescu）也曾参加过 1806—1812 年的俄土战争，对他手下的农民来说，君士坦丁堡太遥远，他们更憎恨当地的法纳尔人统治者。《布加勒斯特条约》规定，两公国均由俄罗斯和奥斯曼帝国共管，但这里实际上没有土耳其军队驻扎，只是地方官手下有小规模的武装。伊普西兰蒂斯相信，一旦他率领的希腊志愿军跨越普鲁特河（River Pruth），从俄罗斯进入摩尔达维亚，当地军队就会向他投诚，而且一旦起义发生，土耳其人必然派兵前来镇压，引起俄罗斯介入，支持希腊人的抗争。于是当他抵达摩尔达维亚首都雅西（Iaşi）时，身上穿的还是俄罗斯军官制服，并号称自己有"一个强国作为后盾"。确实，在俄罗斯统治阶层、军事和宗教领袖中间有许多希腊人的支持者，俄罗斯设在两公国的领事馆甚至都成了起义者的征兵站。但是卡珀蒂斯特里亚斯和沙皇事先都不知道起义行动，两人在得知消息之后都马上公开谴责其为叛乱。不管他们对希腊的独立运动多么同情，俄罗斯毕竟是神圣同盟（Holy Alliance）的发起者之一，这一保守同盟由俄罗斯、奥地利和普鲁士在 1815 年缔结，目的就是为了对抗欧洲大陆的民族主义运动和革命起义。

　　没有俄罗斯的支持，两公国内的希腊人起义很快被三万土耳其军队镇压下去。瓦拉几亚的农民武装撤进了山区，伊普西兰蒂斯逃到特兰西瓦尼亚（Transylvania），被奥地利当局逮捕。土耳其军队重新占领了摩尔达维亚和瓦拉几亚，并对当地的基督徒进行报复。士兵们劫掠教堂，屠杀教士和平民，男女老幼均不放过，肢解尸体，割下鼻子、耳朵和头颅，军官们则在一边袖手旁观。几千平民逃到临近的比萨拉比亚，给俄罗斯带来了巨大的难民问题。暴力事件甚至波及了君士坦丁堡，1821 年复活节时，东正教牧首和几个教区主教被一些禁卫军公开吊死。

随着土耳其军队暴行的消息不断传来，俄罗斯人对希腊起义者的同情越来越强，沙皇亚历山大一世也越来越感觉有责任介入，尽管他同时还有遵守神圣同盟原则的义务。他觉得土耳其人的行为已经远远超过了捍卫主权所需，是在针对希腊人进行一场宗教迫害，而按照俄罗斯对《库楚克开纳吉和约》的诠释，他们有责任保护奥斯曼帝国境内的东正教徒。沙皇向土耳其人发出最后通牒，要求他们立刻撤出多瑙河两公国，修复被毁的教堂，并承认俄罗斯对东正教徒的保护权。这是欧洲列强第一次公开出面为希腊人说话。土耳其人的反应却是扣押俄罗斯船只，没收粮食，关押船员。

俄罗斯断绝了与奥斯曼帝国的外交关系，在沙皇的幕僚圈子中，许多人主战。当时希腊起义已经蔓延到希腊中部、伯罗奔尼撒、马其顿（Macedonia）和克里特岛（Crete）。他们担心如果俄罗斯不介入，这些地区的起义将遭受同样的镇压和残酷报复。1822 年，奥斯曼帝国军队残暴地镇压了希俄斯岛（Chios）起义，吊死了两万居民，并将剩下的七万希腊人押解出境卖为奴隶。整个欧洲都对这一暴行感到震惊，其恐怖场景在法国画家欧仁·德拉克鲁瓦（Eugène Delacroix）1824 年的油画作品《希俄斯大屠杀》（The Massacre of Chios）中得以再现。在俄罗斯外交部，卡珀蒂斯特里亚斯和斯图尔扎力争以宗教为由发动军事介入，理由是俄罗斯保护基督徒不受穆斯林暴力侵犯的责任高于其对奥斯曼帝国主权的考虑，这种说法预演了 1853 年克里米亚战争前夕俄罗斯所提出的理由。他们指出，如果俄罗斯出面支持发生在西班牙或是奥地利的暴乱，那确实是违反了神圣同盟的原则，因为这两个地方都在基督教政权的合法统治下；但是穆斯林政权不能被认作合法的，因此神圣同盟的原则不适用于希腊人反抗奥斯曼帝国统治的起义。"神圣俄罗斯"有义务保护东正教徒这一逻辑也同样被沙皇驻法国大使波佐·迪·博尔戈（Pozzo di Borgo）采用，不过他对扩大俄罗斯的战略野心更感兴趣，呼吁发动战争将土耳其人逐出欧洲，并在俄罗斯的保护下建立一个新的拜占庭帝国。

　　这些观点在俄罗斯政府高层、军官和知识分子间非常流行，在 1820 年代早期，俄罗斯民族主义情绪以及对东正教事业救世主般的投入让这些人团结起来，一时间有了"越过多瑙河，把希腊人从穆斯林暴行中解救出来"的说法。一名俄罗斯南方部队的领导人呼吁对土耳其人开战，将巴尔干所有的基督徒联合起来建立一个"希腊王国"。圣彼得堡宫廷对神圣同盟原则的认同更为坚定，但即使在那里也有主战派的支持者。最热心此事的是冯·克吕德纳男爵夫人（Baroness von Krüdener），她是一名宗教神秘主义者，认为亚历山大有拯救世界的责任，鼓吹发起东正教圣战将穆斯林赶出欧洲，在君士坦丁堡和耶路撒冷升起东正教的十字架等等，后来被沙皇逐出皇宫并勒令离开圣彼得堡。[13]

　　亚历山大非常看重欧洲协调（Concert of Europe），不可能真的考虑通过俄罗斯单方介入来解救希腊人。他信守会议制度（Congress System），这一制度在维也纳会议确立，目的是让欧洲列强通过国际谈判解决重大危机。他意识到对希腊问题采取任何单方

35

行动，都会遭到其他列强的反对。1821 年 10 月，奥地利外交大臣、欧洲协调首席协调员梅特涅亲王（Prince Metternich）已经在主持希腊危机的国际调解政策，参与此事的还有英国外交大臣卡斯尔雷勋爵（Lord Castlereagh）。因此当沙皇在 1822 年 2 月向这两个人提议，要求在俄罗斯针对土耳其的行动上获得支持时，各方同意召开国际会议解决这一危机。

亚历山大呼吁建立一个在俄罗斯保护下的地域辽阔的希腊自治区，与当时摩尔达维亚和瓦拉几亚的做法类似。但是英国担心此举将为俄罗斯提供对外扩张、干涉奥斯曼帝国事务的借口。奥地利则担心一旦希腊人起义成功，在其治下的其他中欧地区都可能出现类似暴动。因为亚历山大十分看重俄罗斯与奥地利的联盟，所以没有对希腊人施以援手，而是继续呼吁欧洲联合行动，然而列强对此均无动于衷。但是在 1825 年，两件事的发生改变了列强的想法：第一件事是奥斯曼帝国苏丹从埃及召来了著名将领穆罕默德·阿里（Mehmet Ali）来镇压希腊起义，引发了更多暴行，激发了更多对希腊人的同情和更高的要求干预的呼声。第二件事是沙皇亚历山大一世去世了。

* * *

新登基的沙皇是亚历山大的弟弟、29 岁的尼古拉一世。正是这位沙皇，将来会对克里米亚战争负最大的责任。尼古拉一世长得高大轩昂，头顶已开始脱发，脸庞两边有长长的鬓角，留着军官式的胡须。他是一个标准的"军人"沙皇，早年就对军事非常入迷，熟记哥哥手下将军的名字，自己设计军装，参加各种军事检阅和战术演练。虽然没能实现少年时期的梦想，即参加抗击拿破仑的战斗，但他一直准备着以后做一名军人。1817 年他第一次获得了军事任命，担任工兵总监督，那段经历让他对军事工程和火炮产生了兴趣。在克里米亚战争中，炮兵是俄罗斯军队中最强的部分。他热爱军队生活的井井有条，这正好符合他严格细致的性格、简单朴素的生活习惯（他一辈子都坚持睡在一张行军床上）。他对圈内人礼貌优雅，对圈外人却冷漠严厉。在人生后期他变得越来越易怒急躁，常会做出莽撞盛怒的举动，这些行为和沙皇家族遗传下来的精神疾病有关，亚历山大一世也有同样的问题。尼古拉一世的另一个哥哥，1825 年拒绝登基成为沙皇的康斯坦丁大公（Grand Duke Constantine）也有类似的症状。[14]

和亚历山大一世相比，尼古拉一世对捍卫东正教更为重视，这是他外交政策的中心。他坚信自己的天赋使命是保护东正教徒不受自由主义、理性主义和革命行动等西方异端邪说的侵扰。在执政的最后几年，他一直梦想着率领俄罗斯发动圣战，将巴尔干的基督徒从土耳其人手下解放出来，把巴尔干与俄罗斯合并，建立一个以君士坦丁堡和耶路撒冷为精神中心的辽阔的东正教帝国。安娜·丘特切娃（Anna Tiutcheva）*从 1853 年起一直生活在宫中，她把尼古拉一世描述为"贵族中的堂·吉诃德，凭借着自己的精神和信念，抛弃一切，与历史打一场无谓的战争"。[15]

莫斯科附近的新耶路撒冷修道院（New Jerusalem Monastery）展现了尼古拉与巴勒斯坦圣地之间的个人纽带。这座修道院由尼康（Nikon）大主教在 1650 年代负责兴建，选择了一个与圣地地形相似的地方，附近的伊斯特拉河（River Istra）象征着约旦河。修道院拥有好几个教堂，这些教堂的位置布局也依照耶路撒冷的圣所位

---

* 皇后的伴娘，俄罗斯诗人费多尔·丘特切夫（Fedor Tiutchev）的女儿。——译注

置而定。尼康还请来外国僧侣入住修道院以体现这里代表了从莫斯科到耶路撒冷的各个民族的东正教徒。尼古拉于1818年访问了这座修道院，这一年他的儿子，也是皇储出生，他把这一巧合看作天意。当修道院由于大火而部分被毁之后，尼古拉亲自指挥，将修道院的中心教堂复活教堂（Church of the Resurrection）重建成耶路撒冷圣墓教堂的翻版，为此他还特意派遣画家去圣地朝觐，把圣墓教堂的样子绘制下来，从而使其在俄罗斯的土地上重现。[16]

　　在1825年登基之时，尼古拉的宗教野心还不是非常明显，他态度的转变是一个渐进的过程。一开始他还拥护神圣同盟的原则，但到了克里米亚战争爆发前几年，他就把为东正教徒伸张正义作为俄罗斯在巴尔干和巴勒斯坦的强硬外交政策的首要目标了。不过自从登基开始，他捍卫东正教徒反抗土耳其人的决心就十分明显，而保护东正教徒必须从希腊开始。

　　尼古拉登基后恢复了与卡珀蒂斯特里亚斯的关系，这位俄罗斯原外交部长因为积极支持希腊独立运动，不得不在1822年辞去官职并离开俄罗斯流亡海外。尼古拉还向土耳其人发出战争威胁，逼迫他们撤出多瑙河两公国，并接受了由他的军事顾问们制定的出兵摩尔达维亚和瓦拉几亚以支持希腊的方案。沙皇对外交部长卡尔·涅谢尔罗迭言听计从，而涅谢尔罗迭对欧洲协调已经失去耐心，他加入主战派行列不是因为多么关心希腊起义者，而是认为与土耳其人开战能够推进俄罗斯在近东的战略目标。他的想法是，如果俄罗斯威胁军事介入，至少会让英国人有所动作，只要英国人不想让俄罗斯在巴尔干地区独大，他们就会与沙皇合作共同解决希腊问题。[17]

　　1826年英国政府派威灵顿公爵（Duke of Wellington）到圣彼得堡与俄罗斯谈判以期签署一份英俄协定。威灵顿公爵是在滑铁卢打败拿破仑的英军名将，现在已是英国政府内的高级政客。后来法国也加入谈判，三方在 1827 年签署《伦敦条约》(Treaty of London)，呼吁在奥斯曼帝国统治下建立希腊自治省。在苏丹拒绝了这一提议后，三方决定派出一支联合舰队到附近水域，舰队指挥是英国海军上将、亲希腊的爱德华·科德林顿 (Admiral Edward Codrington)，他接到的指令是以和平手段胁迫苏丹接受条约，"以火炮"作为最后手段。但是科德林顿可不是什么外交家，1827 年 10 月，他指挥舰队在纳瓦里诺 (Navarino) 摧毁了整支土耳其埃及联合舰队。苏丹闻讯大怒，拒绝再接受调停，宣布发动圣战，对俄罗斯要求奥斯曼帝国从多瑙河两公国撤军的最后通牒不作理会。

苏丹的强硬反应正中尼古拉下怀，他一直怀疑英国人不会为希腊而与奥斯曼帝国开战，但是又担心一旦俄罗斯派兵驱逐多瑙河两公国的土耳其军队，英国人会以此为由宣布《伦敦条约》作废。现在既然苏丹对俄罗斯的最后通牒置之不理，尼古拉就有正当理由单独向土耳其宣战了。涅谢尔罗迭在 1828 年 1 月写给卡珀蒂斯特里亚斯的信中说，俄罗斯将会为建立一个"希腊政府"而战。沙皇向希腊起义军送去经费和武器，卡珀蒂斯特里亚斯则向沙皇承诺未来俄罗斯将对希腊事务拥有"独一无二的影响力"。[18] 　　　　　　　　39

1828 年 4 月，六万五千名俄罗斯士兵和哥萨克骑兵渡过多瑙河，分三路向维丁 (Vidin)、锡利斯特拉 (Silistria) 和瓦尔纳 (Varna) 发起进攻，这三个地方都在通往君士坦丁堡的大路上。尼古拉坚持御驾亲征，因为这是他第一次有机会亲自参加战斗。一开始俄罗斯军队推进很快，所到之处马匹饲料丰富；但是不久就在瓦尔纳附近遭到阻滞，许多士兵在多瑙河三角洲的恶劣环境下得了病。在 1828—1829 年间，俄罗斯士兵中有一半病死，增援部队也同样被疾病困扰。在 1828 年 5 月至 1829 年 2 月间，俄罗斯士兵中有二十一万人次曾到军队医院中接受治疗，是整个战争期间投入兵力的两倍。[19] 这样大规模的兵员流失在沙皇部队中并不罕见，因为军队对农奴战士的健康福利一点都不关心。

俄罗斯在 1829 年春天重新发起攻势，占领了土耳其要塞锡利斯特拉，随后攻占了埃迪尔内（Edirne），即后来的哈德良堡（也称阿德里安堡，Adrianople）。至此，俄军离君士坦丁堡已经不远了，在君士坦丁堡甚至能听到附近海面上俄罗斯舰队的炮声。俄罗斯海军已控制了黑海和爱琴海（Aegean），陆军则可以从希腊或保加利亚志愿军那里获得兵员补充，而土耳其军队则乱作一团。在高加索地区，俄罗斯军队也同时发起进攻，占领了土耳其要塞卡尔斯和埃尔祖鲁姆（Erzurum），打开了进攻安纳托里亚的大门。此时俄罗斯似乎可以轻而易举地占领君士坦丁堡并将苏丹赶下台，奥斯曼帝国崩溃的日子仿佛不远了，法国国王查理十世（Charles X）甚至已经提出由列强瓜分奥斯曼帝国的土地。[20]

尼古拉自己也觉得奥斯曼帝国即将垮台，他可以给予最后一击，实现解放巴尔干地区基督徒的目标，但是他需要得到欧洲其他列强，特别是最亲密的盟国奥地利的支持。当俄罗斯军队向君士坦丁堡进军时，尼古拉通知奥地利驻圣彼得堡大使说奥斯曼帝国"即将崩溃"，建议奥地利和俄罗斯一起分治奥斯曼帝国领土，"以免其他人来填补权力真空"。但是奥地利人并不信任俄罗斯，不愿与俄罗斯合作，反而宁愿通过欧洲协调解决问题。1829 年，在缺乏奥地利支持的情况下，尼古拉停止了对奥斯曼帝国最后的进攻，担心此举会触发欧洲列强联合起来保护土耳其，更担心如果奥斯曼帝国崩溃，欧洲列强会蜂拥而来争夺地盘，这两种情形都对俄罗斯不利。出于这样的考虑，他听从了外交部长涅谢尔罗迭的意见：对俄罗斯最有利的情形是保留奥斯曼帝国的存在，但是让其衰弱到不得不依赖俄罗斯生存，这样俄罗斯就可以继续加强自己在巴尔干和黑海地区的势力。

40

一个病倒的土耳其比一个死去的土耳其对俄罗斯更有利。[21]

正因为如此,《哈德良堡条约》(Treaty of Adrianople)对土耳其一点也不苛刻。条约在1829年9月签署,给予摩尔达维亚和瓦拉几亚在俄罗斯保护下的自治权,将多瑙河口的一些岛屿、格鲁吉亚的几个要塞割让给了俄罗斯,归俄罗斯所有的还有格鲁吉亚的其他地区以及高加索南部的埃里温汗国和纳希切万(Nakhichevan)汗国,这些是1828年俄罗斯刚从波斯人手里夺过来的。但是所有这些和俄罗斯有可能迫使土耳其人做出的让步比起来都算不了什么。条约中最重要的条款也是《伦敦条约》签字各方希望看到的结果:土耳其承认希腊自治,开放连接黑海和地中海的海峡供所有商船使用。

虽然俄罗斯表现克制,但西方列强并不相信它真的会自动让步。条约中没有提到军舰如何使用海峡,于是他们相信俄罗斯一定逼迫土耳其人签署了秘密条款或给予了口头保证,让俄罗斯舰队可以独家控制黑海与地中海之间的水路要道。自希腊起义以来,西方国家就对俄罗斯势力的扩张感到担心,《哈德良堡条约》增强了西方国家对俄罗斯的敌意。英国人对此特别警觉,威灵顿公爵此时已当上英国首相,他认为这一条约实质上让奥斯曼帝国变成了俄罗斯的保护地,比奥斯曼帝国崩溃、被列强瓜分还糟糕,至少瓜分奥斯曼帝国时列强还能谈判。当时担任英国驻圣彼得堡大使的海茨伯里勋爵(Lord Heytesbury)声称苏丹已"向沙皇称臣,就像印度亲王臣服在东印度公司脚下一样"。[22]他似乎对自己这番话中的讽刺意味毫不知觉,英国人自己可以将印度王朝踩在脚下,但是当俄罗斯人采用同样的手段对待奥斯曼帝国时,英国却以正义姿态出现,自认为是近东现状的保护人。

由于担心来自俄罗斯的威胁,英国开始酝酿解决东方问题的政策。为了不让俄罗斯在希腊问题上获得先机，英国开始支持希腊独立，而不是俄罗斯支持的希腊自治。英国人担心希腊名义上成为奥斯曼帝国的自治区，实质上却完全依附于俄罗斯。英国人的担心并非没有道理，卡珀蒂斯特里亚斯就一再呼吁沙皇出兵驱逐欧洲地区的土耳其人，成立一个大希腊自治区，一个在俄罗斯保护下的巴尔干邦联，也就是叶卡捷琳娜二世曾经倡导过的模式。但是在 1831 年，卡珀蒂斯特里亚斯遇刺身亡，他代表的亲俄罗斯政党势力随之渐弱，亲西方的自由党派势力渐强，沙皇在希腊问题上的影响力因此大打折扣。在各方势力此消彼长之下，1832 年《伦敦公约》（Convention of London）顺利达成，在列强的担保下，一个独立的现代国家希腊诞生了，国王是英国人的选择——年轻的巴伐利亚王子奥托一世（Otto of Bavaria）。

* * *

从 1829 年直至克里米亚战争，扶持一个"虚弱的邻居"一直是俄罗斯在东方问题上的政策。并非所有人都赞同这一政策。在沙皇军队和外交部中，有一些人认为应该在巴尔干和高加索采取更为强硬的扩张主义政策。但是沙皇的政策有较强的灵活性，可以同时满足野心勃勃的俄罗斯民族主义者和那些担心欧洲大战的人。"虚弱的邻居"政策的核心是在军事威胁的支持下，借助宗教来扩大俄罗斯在奥斯曼帝国基督徒聚居区的影响力。

为了保证《哈德良堡条约》的实行，俄罗斯派兵占领了摩尔达维亚和瓦拉几亚。在 1829 年至 1834 年的五年占领期内，俄罗斯制定了一部"宪法"（称为《组织规程》，Règlement Organique）并对两公国的管理进行改革，采用了相对偏向自由主义的原则，比同期

42

俄罗斯国内的管制手段要宽松得多，目的是为了彻底清除奥斯曼帝国的遗留影响。俄罗斯当局尝试减轻农民负担，通过经济让利来赢得当地农民的支持。他们把教堂置于俄罗斯控制之下，征召当地武装，改善军事基建，让两公国能够成为将来与土耳其人交战时的军事基地。有一段时间，俄罗斯曾考虑直接并吞这两个公国，但是在1834年，俄罗斯军队还是撤离了，不过他们留下了相当数量的部队控制军事道路，同时也是为了提醒当地的王公贵族是谁给了他们权力。摩尔达维亚大公米哈伊·斯图尔扎（Michael Sturdza）和瓦拉几亚大公亚历山大·吉卡（Alexander Ghica）都是由俄罗斯人挑选的。俄罗斯领事不仅密切监视两地当局，还经常介入贵族议会和权力争夺以保证俄罗斯的利益。按照英国驻君士坦丁堡大使庞森比勋爵（Lord Ponsonby）的说法，斯图尔扎和吉卡"表面是当地最高官员，实质是俄罗斯臣民"，他们"徒有其表，只听命于俄罗斯政府"。[23]

有时候，为了维护这个既虚弱又有依赖性的邻居，俄罗斯不得不替奥斯曼帝国出面维护主权。1833年就发生了这样的事情。那一年埃及总督穆罕默德·阿里对苏丹的权威提出了挑战，在帮助苏丹镇压希腊反叛之后，他要求获得埃及和叙利亚的世袭继承权，但没有得到苏丹的同意。于是穆罕默德·阿里的儿子易卜拉欣帕夏（Ibrahim Pasha）带兵进占了巴勒斯坦、黎巴嫩和叙利亚，这支军队由法国人按照欧洲军队的模式训练，十分强大，横扫奥斯曼帝国部队，君士坦丁堡顿时成为板上鱼肉。在埃及执政期间，穆罕默德·阿里实现了埃及经济的现代化，融入国际市场，成为棉花出口地，运往英国的棉纺工厂；他还修建工厂，主要用来为埃及军队提供军需品。入侵叙利亚的原因之一其实是为了扩大生产基地，以更好地面对全球市场的竞争。但同时穆罕默德·阿里还代表了卷

43

土重来的穆斯林传统势力，与苏丹较为宽松的宗教领导方式很不相同。他把自己的军队称为圣战者(Cihadiye)。根据当时观察家的看法，一旦穆罕默德·阿里的军队占领了君士坦丁堡，他就会建立一个"新穆斯林帝国"，并对中东地区的基督教势力持敌对态度。[24]

苏丹向英国和法国求助无果，情急之下不得不乞求沙皇伸出援手。沙皇立刻派出七艘军舰、四万士兵协同保卫君士坦丁堡。俄罗斯人认为穆罕默德·阿里是法国人的走卒，对俄罗斯在近东的利益威胁极大。从 1830 年开始，法国人一直在进行征服奥斯曼帝国属下阿尔及利亚的战争，法国军队是本地区唯一有实力遏制俄罗斯野心的力量。更让俄罗斯人担心的是，从搜集到的情报来看，穆罕默德·阿里誓言"恢复穆斯林曾经拥有的伟大力量"并要为 1828—1829 年俄土战争复仇。俄罗斯人担心他会征服整个小亚细亚（Asia Minor）地区并建立一个新的伊斯兰帝国代替奥斯曼帝国。这么一来，"虚弱的邻居"将变成一个南部边疆外威胁很大的伊斯兰势力，而且还和高加索的穆斯林部落有着很强的宗教联系。[25]

俄罗斯派兵的举动让英国和法国警觉起来，他们各自派出舰队抵达达达尼尔海峡外的贝希克湾（Besika Bay），并在 1833 年 5 月调停穆罕默德·阿里和苏丹参加屈塔希亚（Kütahya）会议并达成协议：穆罕默德·阿里以从安纳托里亚撤军换取克里特岛和汉志地区（Hijaz）*，易卜拉欣获任叙利亚终身总督。但是穆罕默德·阿里没有得到埃及的世袭继承权，为此他十分恼怒，急于卷土重来。英国人加强了他们在黎凡特地区（Levant）†的舰队并进入战备状态，以保护苏丹。在英法两国介入之后，俄罗斯就退出了，但是在撤兵 44

---

* 今沙特西部。——译注
† 指地中海东部沿海地区。——译注

之前，他们还是逼迫苏丹在 1833 年 7 月签署了一份《帝国码头条约》（Treaty of Unkiar-Skelessi）。条约主要是再次确认了俄罗斯从 1829 年《哈德良堡条约》中获得的权利，但是加了一个秘密条款，规定俄罗斯有义务对土耳其提供军事保护，作为条件，俄罗斯可以随时要求土耳其封锁连接黑海和地中海的海峡，不让外国军舰通过。这样俄罗斯就可以阻挡英国和法国海军舰船进入黑海，保证自己对黑海的绝对控制权。对俄罗斯来说，更重要的是，根据他们对这个条约的理解，俄罗斯拥有介入奥斯曼帝国事务的法律权利。[26]

这个秘密条款很快被土耳其官员泄露给了英国和法国，在西方媒体引起一片哗然。西方国家马上怀疑俄罗斯不仅有权要求封锁海峡不让外国军舰通过，而且还有权要求只向俄罗斯军舰开放海峡。如果是这样的话，俄罗斯海军就可以在四天之内从黑海港口塞瓦斯托波尔驶到博斯普鲁斯海峡，占领君士坦丁堡，而西方海军根本来不及介入。事实上，这个秘密条款并没有对这一点有清楚的说明。俄罗斯声称这一条款不过是为了自我保护，防止俄罗斯在黑海的港口塞瓦斯托波尔和敖德萨两地遭受英法这两个海上强国的攻击。地中海通往黑海的海峡是"打开俄罗斯大门的钥匙"，如果俄罗斯不能关上这扇大门，那么其南部虚弱的腹地，即黑海沿岸以及高加索，将会暴露在敌人面前。事实上，克里米亚战争中土耳其和西方军队就是这么干的。

* * *

但此时无论俄罗斯如何辩解，西方都无人理睬，任何良好的意图都会遭到怀疑。俄罗斯在欧洲大陆上的一举一动，都被看作帝国扩张中的反动和侵略性行为。"毫无疑问，目前俄罗斯政府正在执 45

行一套向南部扩张的策略，这一策略从叶卡捷琳娜二世时期就已经开始，一直是俄罗斯对外政策的重要部分"，英国外交大臣帕默斯顿勋爵在 1833 年 12 月给驻君士坦丁堡大使庞森比勋爵的信中写道：

> 每次在被问及俄罗斯的外交政策时，圣彼得堡内阁一般都会说自己丝毫没有兴趣，并且抗议说俄罗斯对自己广袤的疆域已很满意，并无扩大疆土的意愿，绝不承认任何外人强加在俄罗斯身上的扩张计划……
>
> 尽管俄罗斯反复强调这一点，但是其向各方扩张的计划其实已显而易见，目标明确，步伐坚定。近些年来俄罗斯所有的重要行动，都是为了有利于进行领土扩张或增强对外影响力。
>
> 最近在黎凡特地区发生的各种不幸事件结合在一起，让俄罗斯对土耳其的企图大大地迈进了一步。这对大英帝国在这一地区的利益非常重要，必须考虑如何阻止俄罗斯进一步推进其目标，以及是否有可能削减它已经取得的优势。

19 世纪法国政治家弗朗索瓦·基佐（François Guizot）认为 1833 年的《帝国码头条约》让俄罗斯把黑海变成了"俄罗斯的内湖"，由其"傀儡政权"土耳其为之把守，"没有什么能阻止俄罗斯穿过海峡，向地中海地区投入舰船和军队"。法国驻圣彼得堡代办向俄罗斯政府递交了一份抗议，警告俄罗斯说，一旦俄罗斯凭借这一条约干涉"奥斯曼帝国内部事务，法国政府将有权根据实际情况采取任何有效的措施"。在英国方面，庞森比从帕默斯顿那里得到了授权，一旦他认为君士坦丁堡将遭受俄罗斯威胁，可以马上从地中海召集英国海军舰队进行防卫。[27]

1833 年是英国对俄罗斯和土耳其外交政策的转折点。在这之前，

英国人关心的主要是能否维持奥斯曼帝国的现状，担心奥斯曼帝国   46
的崩溃将导致欧洲势力均衡被打破，甚至引发一场欧洲大战。他们
对苏丹的主权状况并不特别关心，这可以从他们的希腊政策上看出
来。但是，一旦意识到奥斯曼帝国有可能被埃及人占领，并由此引
发一场气势磅礴的伊斯兰复兴，更糟糕的是奥斯曼帝国有可能变成
俄罗斯的保护国时，英国对土耳其的兴趣马上加强了，开始越来越
多地介入奥斯曼帝国事务，鼓励经济政治改革，希望奥斯曼帝国能
恢复生机，甚至扩大影响力。

英国的兴趣主要在商贸方面。对英国来说，奥斯曼帝国不仅
是一个日益增长的出口市场，还是宝贵的原材料来源地。作为一个
占统治地位的世界工业强国，英国支持打开全球市场进行自由贸
易；同时作为一个占统治地位的海上强国，英国随时准备使用炮
舰逼迫外国政府开放市场。这是一种"非正式的帝国"，或者可以
叫"自由贸易帝国主义"，英国可以凭借军事威胁和政治影响来推
动其经济霸权，限制外国政府的独立自主能力，并不需要直接进行
统治。

英国的这一战略意图在奥斯曼帝国再明显不过了。庞森比一再
强调，扩大英国在君士坦丁堡的政治影响力会带来经济上的回报。
他在 1834 年向帕默斯顿汇报说："保护我们政治利益的措施将会
带来商业繁荣的源头活水，这一点是通过与别的地区交往所不可能
达到的。"当时已经有一批英国商人在土耳其经商，他们人数众多、
势力强大。为了维护在当地的庞大利益，他们不断向英国政府施加
压力，要求对土耳其进行政治干预。这部分人的观点出现在了一些
很有影响力的刊物上，如《布莱克伍德》（*Blackwood's*）和《爱丁
堡评论》（*Edinburgh Review*）等，这两份刊物均受到这批商人的
资助。他们的观点还在一些亲土耳其人士，例如戴维·厄克特（David

Urquhart）等人中得到响应。厄克特在 1833 年率领一个秘密贸易代表团前往土耳其，认识到奥斯曼帝国的经济发展将给英国贸易发展带来很大潜力。他在 1835 年写道："土耳其的进步，如果能免受政治事件的干扰，向公平的方向发展，若干年后必将成为英国商品在世界上的最大市场。"[28]

47

1838 年，通过一系列的军事威胁和政治承诺，英国向高门强加了一项税收协议，其结果是奥斯曼帝国几乎变成了一个自由贸易港。在失去关税这一财政来源后，高门保护本国尚在襁褓中的民族工业的能力被严重削弱。从此英国向土耳其出口的商品数量大幅提高，在 1850 年达到了原来的十一倍，使土耳其成为英国最有价值的出口市场，仅次于汉萨同盟地区（Hanseatic towns）和荷兰。1846 年英国废除了限制外国谷物进口的《谷物法》（Corn Law），从土耳其，主要是摩尔达维亚和瓦拉几亚进口的谷物随之增加。蒸汽海轮、内河蒸汽船以及铁路的出现，让多瑙河第一次成为繁忙的水上高速通道。多瑙河河道贸易被英国商船垄断，英国商人把这里的谷物出口到西欧国家，然后从英国进口商品。与把持多瑙河水道的英国商人竞争的是以敖德萨、塔甘罗格和其他黑海港口为基地的一批商人，他们把乌克兰和俄罗斯南部农业区的谷物出口到西欧。这一谷物贸易对俄罗斯越来越重要，因为自蒸汽机出现后，对俄罗斯木材出口的需求下降了。到 19 世纪中叶，俄罗斯总出口量的三分之一经由黑海港口运出。为了帮助黑海商人，俄罗斯在 1829 年占领多瑙河三角洲之后，故意要求外国船只必须经过耗时的隔离控制，甚至不对多瑙河进行清淤，以增加河道航行的困难。

在黑海东岸，英国的商贸利益越来越多地集中在土耳其东北部港口特拉布宗（Trebizond）。在这里，希腊和亚美尼亚商人进口大量的英国商品并运到亚洲内陆地区出售。马克思认为这条商路对英

国的重要性"可以在曼彻斯特商品交易中心看出来",他在《纽约
论坛报》(*New York Tribune*)上写道:"面庞黝黑的希腊买家的数
量和重要性与日俱增。在这里,除了德语和英语之外,还能听到希
腊以及南部斯拉夫方言。"在 1840 年代以前,俄罗斯几乎垄断了亚
洲这部分地区的商品贸易。俄罗斯产的布匹、绳子和亚麻占据了巴   48
伊布尔特(Bayburt)、巴格达(Baghdad)和巴士拉(Basra)的集
市。但是蒸汽机船和铁路的出现,为开辟一条通往印度的距离更近
的商路提供了可能:或者是穿过地中海到开罗(Cairo),然后从苏
伊士(Suez)到红海;或者是穿过黑海到特拉布宗,然后沿幼发拉
底河(Euphrates)抵达波斯湾(Persian Gulf)。在那时,帆船还
不能很好地适应苏伊士湾的强风和雨季,或是幼发拉底河狭窄的水
道。英国人倾向开发幼发拉底河商路,主要是因为穿过的是苏丹而
不是埃及总督穆罕默德·阿里控制下的地区,开发这条商路还被视
作在这一地区增加英国影响力,同时钳制俄罗斯势力的办法之一。
1834 年英国从高门那里获得许可,派弗朗西斯·切斯尼(Francis
Chesney)对幼发拉底河商路进行测绘。这次测绘没有成功,英国
对这条商路的兴趣也随之降低了。但是在 1850 年代,修建一条幼
发拉底河谷铁路(Euphrates Valley Railway),通过阿勒颇(Aleppo)
和巴格达连接地中海和波斯湾的计划又再次被提了出来,原因是英
国政府感到俄罗斯对印度的威胁日益增强,于是想办法增强自己在
这一地区的势力。英国人因为缺乏资金保证,从未兴建这条铁路;
但是德国人在 1903 年修建巴格达铁路(Baghdad Railway)时,采
用的路线和这一方案有许多相似之处。

　　俄罗斯对印度的威胁,是英国的恐俄人士最大的担忧。对一些
人来说,克里米亚战争的目的不仅是为了阻止俄罗斯征服土耳其,
还是为了防止俄罗斯在整个小亚细亚直至阿富汗和印度占据统治地

位。在这些人的想象中，俄罗斯是世界上扩张最快的帝国，其野心没有止境。

　　事实上，在克里米亚战争前，并不存在俄罗斯势力伸向印度的危险。对俄罗斯来说，印度距离太远，将军队派到那里也非常困难。沙皇保罗一世的确考虑过一个疯狂的计划：派遣一支俄法联军袭击印度。1807 年拿破仑在与沙皇亚历山大的对话中又提及这一想法，拿破仑解释道："越是不现实的远征行动，就越能让英国人惊恐。"英国政府其实一直都清楚俄罗斯做这样的远征行动是不现实的，一名英国情报官员认为俄罗斯侵略印度的计划只能是"派辆大篷车过去"。但是，虽然英国官方没人把俄罗斯威胁印度当真，这并不能阻止恐俄的英国报刊大肆渲染对俄罗斯威胁的恐慌，强调俄罗斯征服高加索之后带来的潜在威胁，以及其在波斯和阿富汗施展的种种"见不得人的手腕"。[29]

　　俄罗斯意图侵略印度这一说法，最早出现在 1828 年出版的一份名为《论俄罗斯的企图》（On the Designs of Russia）的小册子上，作者是乔治·德莱西·埃文斯上校（Colonel George de Lacy Evans），此人在克里米亚战争爆发时，已晋升为将军，担任英军第二步兵师的师长。在对俄土战争的结果进行猜测时，他编织了一个俄罗斯不断侵略和扩张的噩梦般的画面：俄罗斯占领了整个小亚细亚，切断了英国与印度之间的贸易。他的基本论点，即俄罗斯帝国的急速扩张必须得到遏制，再次出现在 1829 年出版的第二份小册子《论英属印度被入侵的可能性》（On the Practicality of an Invasion of British India）。在没有任何证据的情况下，德莱西·埃文斯声称俄罗斯军队可能已在印度西北边境集结。这份小册子在政府官员中流传很广，威灵顿公爵认为这对英国是一个警告，并告

诉印度管理委员会（Board of Control for India）*主席埃伦伯勒勋
爵（Lord Ellenborough），"如果俄国对印度采取敌对行动"，他准
备"在欧洲这边解决这个问题"。1833 年之后，看到俄罗斯似乎已
把奥斯曼帝国捏在手中，英国人的这些恐惧变成了能够自我实现的
预言。1834 年阿瑟·康诺利中尉（Lieutenant Arthur Connolly）出
版了一部畅销旅行日记《印度北部之旅》（*Journey to the North of
India*）。在书中他指出，如果能得到波斯人和阿富汗人的支持，俄
罗斯可以从印度西北边境发起进攻。他是第一个用"大博弈"（the
Great Game）来形容英俄两国在小亚细亚地区的冲突的。[30]

　　俄罗斯人确实一直在增强他们在小亚细亚地区的实力，目的是
贯彻"衰弱的邻居"政策。俄罗斯派代表为波斯的外交出谋划策，
并为沙阿（Shah）†的军队提供支援。当波斯军队在 1837 年占领阿
富汗城市赫拉特（Herat）时，许多英国人都相信这是俄罗斯为入
侵印度而做的准备。"波斯人占领赫拉特，"一位前英国驻德黑兰大
使写道，"不可能是其他原因，只可能是为了让这个地方成为俄罗斯
军队入侵印度时的集结地。"英国恐俄报刊指责政府无所作为，未能
识破俄罗斯在波斯的种种阴险邪恶的招数。《先驱报》（*Herald*）警告
说："过去几年来，我们一直在提醒政府，俄罗斯的野心超越了土耳其、
切尔克斯和波斯，甚至对我们在东印度的附属地都有所企图。这自
从叶卡捷琳娜二世时就已经开始，那时她就威胁要派出军队，将印
度土王们团结在大莫卧儿的旗帜下。"《旗帜报》（*Standard*）呼吁：
"对俄罗斯光是警惕已经不够了，我们已经对俄罗斯保持警惕八年
了，在这八年中，它已经向印度推进了两千英里‡。"[31]

50

---

*　英国政府 1784 年根据《东印度公司法案》设立的对印度实施管理的机构。——译注
†　波斯国王的头衔。——译注
‡　约三千二百千米。——编注

究其本质而言，俄罗斯对印度是个威胁，这一看法在当时英国的大报读者中十分流行。在 1838 年一份匿名出版的小册子《印度、英国与俄国》（*India, Great Britain, and Russia*）中，有一段话与 20 世纪冷战时期的"多米诺骨牌理论"*很相似：

> 俄罗斯在各个方面的侵略行为完全戳穿了它以渴求和平自居的狡辩，任何有理性推断能力的人都会同意，要阻止它对外征服，就必须遏制它的实力。在俄罗斯西面，波兰已成了它的附庸国。在南面，奥斯曼帝国的领土如果还没有被俄罗斯夺走，也正在等着被它征服。黑海上，没有莫斯科大公的许可，别国船只无法航行，英格兰的旗帜曾在全世界的海洋上骄傲地飘扬，在这里却被羞辱，大英帝国商人经营的贸易被压制。在东面，俄罗斯同样在进行系统性的扩张侵犯：切尔克斯已被击垮；波斯先是顺从，然后依附俄罗斯，最终被吞并。在波斯之外是阿富汗，目前已经成为俄罗斯入侵印度的通路。一旦跨过了印度河（Indus），还有什么能阻止俄罗斯之鹰飞向英属印度的心脏？印度是俄罗斯窥伺之处。我们必须认真应对。[32]

为了对抗想象中的俄罗斯威胁，英国开始在小亚细亚和高加索建立缓冲地带。1838 年英国占领了阿富汗，名义上是为了帮助国王舒亚·沙阿（Emir Shah Shuja）恢复王位，但是在王位恢复后，英军却继续占领阿富汗，扶持舒亚·沙阿的傀儡政权。英国人的最终目的是在这里实现英国统治，但 1842 年阿富汗部落反叛，英军遭遇灾难性失败，不得不撤出阿富汗。与此同时，英国增强了在德黑

51

---

* 即一个国家被共产政权统治，一连串国家都会转投共产主义阵营。——译注

兰的外交力量，试图通过建立防卫同盟、承诺提供军事援助等让波斯人疏远俄罗斯。在英国的压力下，波斯军队撤离了赫拉特，并在1841年和英国签署了贸易协议。英国甚至还曾考虑占领巴格达，以为阿拉伯人会把英国的行动看作把他们从土耳其人的统治下解放出来。即使这招不灵，阿拉伯人反对英国占领巴格达，逊尼派和什叶派穆斯林之间的矛盾也会削弱他们的反抗力量。用英国驻巴格达总领事亨利·罗林森（Henry Rawlinson）的话说，总可以想办法"让他们互斗"。罗林森是东印度公司的一名军官，著名的东方学家，他是第一个翻译出在贝希斯敦（Behistun）发现的古波斯楔形文字的人。他积极鼓吹英国必须遏制俄罗斯对中亚、波斯和阿富汗地区的扩张，是这一派中最重要的人物。他认为英国应该建立一个美索不达米亚（Mesopotamian）帝国并将其置于欧洲列强保护之下，作为对付俄罗斯在高加索扩张行动的缓冲地带，同时还可以防止俄罗斯征服底格里斯（Tigris）和幼发拉底河谷，这样就可以切断俄罗斯通往印度的道路。他甚至还建议派印度军队进攻格鲁吉亚、埃里温和纳希切万等地，这些地方虽然被俄罗斯通过《哈德良堡条约》占领，但英国从未承认其合法性。[33]

罗林森还积极参与将英国援助送到高加索穆斯林部落手中的行动，这些部落一直在当地抗击俄罗斯人。1834年一位新领袖沙米勒（Shamil）伊玛目出现了，他的个人感召力很强，追随者似乎把他当作一个刀枪不入，从天而降的首领。当地流传着许多他的传奇故事：勇敢作战，击败俄军，神奇地死里逃生等等。在这样一位一呼百应的领袖的率领下，穆斯林部落重拾信心，继续反抗俄罗斯的武装斗争。沙米勒部队的优势是他们与山区部落之间联系密切，借助山区部落的支持，采用游击战术，搞得俄罗斯军队焦头烂额。沙米勒的部队可以说无处不在但又无影无踪，村民随时可以变成战士，战士也能在一瞬间变回村民。山区居民是沙米勒部队的眼线，为他们刺探军情，俄军随时都可能遭遇伏击。沙米勒的部队在俄军外围活动，对暴露在外的俄罗斯部队、要塞和补给线发起突袭，然后消失在大山之中。他们很少与俄军正面交锋，因为知道敌不过俄军人数和炮火上的优势。俄军对这些战术束手无策，许多人从未经历过这样的战斗。在很长一段时间里，俄军只能通过投入越来越多的部队，试图在沙米勒的根据地车臣地区将其打败，但却毫无建树。到1830年代末期，甚至连俄罗斯人也开始相信他刀枪不入的神话了。一个沙皇部队里的将军哀叹道，沙米勒已成为一个"宗教神话里的军事人物，就像伊斯兰传说中穆罕默德的剑让四分之三的宇宙颤抖一样"。[34]

* * *

但是对英国人来说，土耳其才是对付俄罗斯的最大缓冲区。他们很快明白，当初拒绝帮助苏丹抵抗埃及军队入侵的决定是一个巨大的错误，失去了一个极好的机会让英国成为奥斯曼帝国内占主导地位的外国势力。帕默斯顿认为这是"英国内阁在外交政策上最大的误算"。既然这个机会已经错过，英国人决定加倍努力，向高门施加影响，推动一系列改革解决奥斯曼帝国境内基督教人口的问题，希望不再给俄罗斯的干涉提供任何借口。

英国人相信政治改革的作用，认为以炮舰为后盾，他们可以将自己的自由主义原则输出到全球各地。在他们看来，对奥斯曼帝国进行改革是解决东方问题的真正办法，因为东方问题的根源是苏丹统治下国家的衰落，治好了这个"病人"，东方问题自然迎刃而解。但是英国人推动自由主义改革的动机不仅仅是为了让奥斯曼帝国不再依赖俄罗斯，同时也是为了扩大英国对土耳其的影响力：让土耳其人依赖英国人的政治指导和金融贷款；将土耳其置于英国的军事保护之下；让土耳其人在英国人的监护下"文明化"，传授给他们英国自由主义原则、宗教宽容以及政府管理方法等优点（不过议会和宪政被认为不适合传授给土耳其人，因为他们缺乏必要的"欧洲"素质）；倡导英国的自由贸易原则（虽然好听，但实际上可能对奥斯曼帝国有所伤害）；保证印度商路的安全（当然英国人是不会提倡对印度实施自由贸易的）。

英国人注意到，在苏丹马哈茂德二世执政的最后几年，土耳其文化中出现了一些西化的表现，他们因此很受鼓舞，视之为改革成果。虽然苏丹的军事改革成效不大，但是君士坦丁堡的奥斯曼精英在衣着方式和生活习惯上有所变化：现代的束腰衣和毡帽取代了长袍和头巾，男人的大胡子不见了，女性开始进入社会。这些表面的变化体现在一批新兴的土耳其官员或绅士身上，这些所谓的"欧化土耳其人"（European Turk）掌握了外语，学会了西方习惯、做派和脾气，但是在其他方面依然深植于传统的伊斯兰文化之中。

欧洲旅行家看到了土耳其人在行为举止上的变化，留下了良好的印象，他们的游记文字开始改变英国人对土耳其的看法。在这些出版物中，最为畅销、影响最大的当属朱莉娅·帕多（Julia Pardoe）的《1836年的苏丹之城与土耳其人的生活习惯》（*The City of the Sultan, and Domestic Manners of the Turks, in 1836*），从1837年到克里米亚战争开始，这本书共出了四版，卖出超过三万册。帕多的目的是为了纠正她认为的过去旅行者对奥斯曼帝国的偏见。她认为，从表面看来，土耳其人似乎符合所有欧洲人对他们的刻板印象：奇异、懒惰、感性、迷信、蒙昧、对宗教狂热，但是一旦贴近仔细观察，就不难发现他们身上的"高贵气质"为其接受自由主 54

义改革提供了肥沃的土壤。"哪个不带偏见的人会注意不到这里没有严重的犯罪,下层人士身上带着满足感甚至为自己骄傲,上层人士身上则没有自以为是和傲慢之气?"帕多还认为"土耳其文明化"的唯一障碍是俄罗斯,"它已经对土耳其人施加了种种限制,在他们文明化的道路上设置诸多障碍,而且会毫不犹豫地将他们踩在脚下"[35]。

到 1840 年代时,这类观点经常可以在众多旅行笔记和亲土派小册子上看到。查尔斯·怀特(Charles White)在《君士坦丁堡三年》(*Three Years in Constantinople*)——又称《1844 年土耳其人的生活习惯》(*Domestic Manners of the Turks in 1844*)——一书中赞同英国人让"土耳其人文明化"的努力,列举了一些土耳其人习惯和行为获得改善的例子,例如穿上西式服装,拒绝宗教狂热,以及"中间和下层"人士对教育的渴望。他写道,在这两个社会阶层中:

> 善高于恶是毫无疑问的。没有一个地方对社会和道德原则的遵守比这里更加严格,没有一个地方能比这里看到更多正义廉洁、温厚单纯、热爱家庭的例子,没有一个地方侵犯人身财务的犯罪行为比这里更少。其原因一定是内心的诚实,而不是外部的防范措施。[36]

与这个观点紧密相关的是对伊斯兰的浪漫同情,许多英国的亲土派将伊斯兰想象为一个良性的、进步的力量,与之形成鲜明对比的是俄罗斯的东正教:极其迷信,甚至都不能算是真正的基督教。厄克特就认为伊斯兰是一股容忍而温和的力量,保证了奥斯曼帝国内部各个基督教派别之间的和平相处,土耳其人大概也认为自己在扮演这样的角色。厄克特写道:

哪个旅行者没有看到过这些教派的狂热和仇恨，他们相互之间的敌意？但是又有谁把他们之间的和平相处归功于伊斯兰的包容性？伊斯兰是平和、深思的，没有教条，不强迫改教，目前正用自己含蓄静默的特性对待其他教派。如果把这个管理者移走，那么敌意将重新出现在政府和军营里，政治势力和政治对立将与宗教势力和宗教仇恨搅在一起，其结果是帝国变成一片血海，直到俄罗斯采用暴力恢复秩序。[37]

55

亲土派的一些观点得到了斯特拉特福德·德·雷德克利夫勋爵（Lord Stratford de Redcliffe，1786—1880）的认同。在 1852 年封爵之前，他的名字是斯特拉特福德·坎宁（Stratford Canning），曾经五次出任英国驻君士坦丁堡大使，并直接指导了年轻的苏丹阿卜杜勒－迈吉德与其改革派大臣穆斯塔法·雷希德帕夏（Mustafa Reshid Pasha，1800—1858）1839 年之后的改革议程。他和乔治·坎宁（George Canning）是堂兄弟，乔治·坎宁曾任英国外交大臣，在 1827 年去世前还曾短暂地担任过一段时间的首相。斯特拉特福德性格强势，缺乏耐心，这也许和他家庭背景优越，从不需要担心职位晋升有关。他刚从伊顿公学和剑桥大学毕业，年仅二十四岁时，就得到了第一份工作：到君士坦丁堡担任特派全权代表。具有讽刺意味的是，他在 1824 年第一次担任驻君士坦丁堡大使时，很不喜欢土耳其，声称自己的使命是阻止这个国家"自毁"。在给堂兄乔治·坎宁的信中，他写道，他的"秘密心愿"是让土耳其人"带上所有东西"滚出欧洲，还说他"诅咒欧洲的权力平衡，让可恶的土耳其人因此得到保护"。但是他对俄罗斯的敌意远远超过了他对土耳其的厌恶。1832 年，斯特拉特福德被任命为驻俄大使后，了解他恐俄立场的沙皇异乎寻常地拒绝在圣彼得堡接见他。俄罗斯在土耳其日益增长的势力让斯特拉特福德相信，只有自由主义的改革才能拯救奥斯曼帝国。

与厄克特和其他亲土派不同，斯特拉特福德对土耳其了解有限。他不会说土耳其语，在奥斯曼帝国去过的地方也不多，绝大部分时间待在位于佩拉（Pera）的英国大使馆或是位于特拉比亚（Therapia）的避暑地这些与外界隔绝的地方。他不看好土耳其制度的现代化，不同情甚至不了解伊斯兰。在他看来，土耳其的唯一希望是全盘接受欧洲文明，而且必须是基督教文明，只有这样才能从宗教蒙昧中解脱出来，走上理性启蒙的道路。1832 年他第二次担任驻君士坦丁堡大使时看到的土耳其人在衣着和举止上的西方化，让他感到鼓舞，这些现象让他相信，土耳其人如果不可能变得完美，至少可以改善。"和我上次在这里时相比，土耳其人完成了一场完全的蜕变，至少在衣着上。"他在给帕默斯顿的信中继续写道：

> 他们现在正处于从头巾到帽子，从衬裙到马裤的转变中。在外表之下有多大的转变我无法了解，但我知道除了基督教文明化之外没有其他替代办法。苏丹的改革会成功吗？我有所保留。不管怎么样，这肯定是一个艰巨缓慢的过程，如果不是不可实现的话。[38]

在以后的二十多年里，斯特拉特福德断断续续地向苏丹和他的改革派大臣们讲授了如何以英国的方式让土耳其自由化的策略。

对于斯特拉特福德所希望看到的、在奥斯曼帝国改革的前沿出现的欧化土耳其人，穆斯塔法·雷希德是一个完美的例子。在回忆录中，斯特拉特福德写道："他的出生和所受的教育让他成为绅士，性格善良，崇尚自由。在他的种族和阶层中，雷希德最能得到我的赞同。"雷希德长得矮小粗壮，留着黑色络腮胡，脸上表情丰富。他曾是高门派驻伦敦和巴黎的大使，英语和法语都说得很好，在法国的戏院和沙龙中颇为引人注目，于 1837 年升为外交部长。同 19世纪土耳其的许多改革派人物一样，他和欧洲共济会（European Freemasons）有联系，在 1830 年代加入了伦敦的一个共济会会所。在当时，对于雷希德这样倾向西方的土耳其人来说，加入共济会可以让他们既拥抱西方的世俗理念，又不必放弃穆斯林信仰或遭受叛教指控（叛教直到 1844 年还是死罪）。受到西方的启发，雷希德希望将奥斯曼帝国转变成为一个现代君主国家，苏丹在位但无权统治，教士的权力受到限制，帝国事务则由一批新型的受到启蒙的官僚主理。[39]

1839 年，年仅十六岁、刚成为苏丹的阿卜杜勒—迈吉德发布《玫瑰堂诏书》（Hatt-i Şharif of Gülhane），宣布了一系列改革，其中第一项称为"坦齐马特"（Tanzimat）*。阿卜杜勒—迈吉德在位期间（1839—1861），一直在推动坦齐马特，最终在 1876 年，奥斯曼帝国成立了第一个议会。这份诏书由雷希德帕夏在 1838 年起草，他当时第二次被派往伦敦担任大使，在伦敦布莱恩斯顿广场（Bryanston Square）的住所完成草稿，交给斯特拉特福德·坎宁获得首肯。诏书的行文很明显地体现了英国《大宪章》（Magna Carta）的价值观，向苏丹的臣民承诺，无论信仰什么，每个人的安全、荣誉和财产都能获得保障；它强调法治、宗教宽容、制度现代化、公平合理的中央税收和征兵系统。在本质上，诏书希望通过给予奥斯曼帝国最活跃的人口——非穆斯林的米利特——个人自由上的保障，来提升所有人的共同利益。在过去，穆斯林对占人口少数的米利特的不公正

---

57

* 意为"革新"。——译注

对待一直是社会不稳定的根源。[40]

　　起草诏书在多大程度上是为了吸引英国的支持来帮助深陷危机的奥斯曼帝国，这尚有争议。诏书终稿还曾被当时英国驻君士坦丁堡大使庞森比修改过，有些用自由主义语言装点门面、显示英国特色的痕迹，但这并不能说明诏书是言不由衷的，或是为吸引英国人不得已而为之。这份诏书确实体现了土耳其自由派相信奥斯曼帝国需要改革的真诚心愿，雷希德和他的追随者们相信，为了拯救奥斯曼帝国，他们最终必须创建一个将帝国团结在一起的全新的世俗理念，即奥斯曼主义（Ottomanism），这一理念的基础是不论信仰如何，每一个苏丹的臣民都是平等的。改革派对此事的认真，以及他们对保守派可能的反对方面的考虑，还体现在诏书的遣词造句上，他们把诏书中开放的权利描述成是为了保卫伊斯兰传统以及"光辉的《古兰经》"信条。事实上，苏丹和许多著名的改革派人物，包括穆斯塔法·雷希德和 1839—1841 年间担任首相的穆罕默德·胡斯雷夫（Mehmet Hüsrev）都跟严格强调伊斯兰法教学的纳格什班底耶教团（Naqshbandi lodges）有密切的联系。从许多方面看，坦齐马特改革的目的，是为了尝试创建一个更加中央集权但同时更有容忍度的伊斯兰国家。[41]

58

　　但是奥斯曼政府并没有努力将这些崇高的宣言变成现实，其中最大的障碍，是诏书中提高基督教人口生活条件的条款引发了来自传统穆斯林教士和保守派的反对。基督徒的生活条件只略微获得了改善。1844 年苏丹废除了叛教的死罪，但还是有一小部分改信基督教的穆斯林和改信伊斯兰的基督徒被地方当局处死。亵渎教义依然是死罪。有些军事院校开始接收基督徒，基督徒也必须开始服兵役，但是因为在军队里升迁的可能性不高，许多基督徒选择缴纳一笔特殊税以避免服役。从 1840 年代开始，基督徒可以成为地方议会的成员监督地方官的工作，基督徒还可以在自由应用西方法律原则的商业法庭上和穆斯林一起担任陪审员。但除此之外，基督徒的生活没有什么改变，奴隶贸易仍在继续，在君士坦丁堡奴隶市场上被贩卖的大部分是从高加索地区抓来的基督徒家庭的孩子。土耳其人依然把基督徒当作下等人，认为不应放弃穆斯林享有的特权。虽然有些法律改了，但是很多明文规定或是不成文的规矩惯例依然把基督徒当作二等公民。然而，在奥斯曼帝国中，基督徒正迅速成为一群经济实力很强的人，有些人还通过取得外国护照、获得外国保护来逃税。经济实力和社会地位的巨大反差，日益成为族群关系紧张和嫉恨的原因。

1842 年，斯特拉特福德第三次被任命为驻奥斯曼帝国大使。回到君士坦丁堡时，他对坦齐马特改革的前景越来越感到失望。苏丹太年轻、雷希德太弱，两人都无法与枢密院（Divan）内渐占上风的保守派抗衡。改革进程还和个人恩怨纠缠在一起，特别是雷希德和穆罕默德·阿里帕夏（Mehmet Ali Pasha）*之间的个人矛盾。穆罕默德·阿里曾是雷希德的亲信，在 1841—1844 年间担任驻伦敦大使，1846 年升任外交部长，1852 年取代雷希德成为首相。雷希德对此万分嫉恨，甚至在 1850 年代早期加入反对给予基督徒权利的穆斯林反对派阵营，希望借此把穆罕默德·阿里拉下马。苏丹的改革议程还面临实际操作上的困难：奥斯曼帝国没有铁路、邮局、电报和报纸，在这样一个幅员辽阔的国家，君士坦丁堡往往显得山高皇帝远。

但是改革最大的阻力还是来自传统的精英阶层，不只穆斯林，米利特的宗教领袖也反对改革，他们觉得自己的利益受到了坦齐马

---

* 请勿与前文提到的埃及总督穆罕默德·阿里混淆。——原注

特改革的打击。所有米利特，特别是希腊教会，全都提出了抗议。在亚美尼亚教会，世俗主义者还几乎发动了一场政变。但最抗拒改革的是伊斯兰宗教领袖和精英。在奥斯曼帝国，地方总督和穆斯林教士的利益是建立在传统米利特制度歧视基督徒的基础之上的。高门越是想推动中央集权和改革，伊斯兰宗教领袖和精英就越积极煽动穆斯林的怨气，把政府描绘成被"异教徒"把持、依赖外国势力掌权的地方。在宗教领袖的鼓励下，许多市镇的穆斯林上街示威反对改革，出现了针对基督徒的暴力事件。一些教堂被毁，甚至还有人威胁要烧毁君士坦丁堡的拉丁区。

　　看到这一景象，斯特拉特福德·坎宁面临一个道德难题：如果一个穆斯林政府不能阻止对基督教公民的迫害，那么英国是否应该继续支持它？1850 年 2 月，在听到鲁米利亚（Rumelia，后属保加利亚）的基督徒被"残忍地屠杀"的消息后，斯特拉特福德·坎宁陷入极度沮丧中。在给外交大臣帕默斯顿的信中，他用阴郁的语气写道："改善的努力现已失败。"

　　　　这个国家最大的问题是宗教……虽然伊斯兰主义（Islamism）总体上来说给国家带来了力量和生机，但它是建立在获胜种族的霸权以及长期的暴力统治基础上的。可以不过分地说，这个国家能在重新走向繁荣和独立的道路上走多远，取决于它在多大程度上能从不公正和软弱的源头挣脱出来。

60

　　帕默斯顿同意奥斯曼帝国对基督徒的迫害不仅招致俄罗斯的干涉，还让俄罗斯人的所作所为合法化了。在他看来，英国没有其他选择，只能撤回对奥斯曼政府的支持。在第二年 11 月写给雷希德的信中，他预计奥斯曼帝国将"因为其君主和大臣们的胆怯、虚弱和迟疑而垮台，很显然，我们不能再等太长时间，必须开始考虑在这以后应该如何安排"。[42]

与此同时，英国介入土耳其政治事务引发了穆斯林对西方干预的反感。到 1850 年代早期，斯特拉特福德·坎宁的地位已远远不只是英国大使或是高门顾问了，他在君士坦丁堡被称为"特权大使"（Great Elchi），对土耳其政府事务有直接影响力。那个时代，伦敦和君士坦丁堡之间还没有电报，来自白厅（Whitehall）*的指示通常需要几个月才能到达，因此斯特拉特福德·坎宁在英国对奥斯曼帝国的政策上有相当大的灵活处理空间。苏丹手下的高官们对他十分反感，非常害怕这个颐指气使的大使来找自己麻烦。地方贵族和伊斯兰教士对他维护基督徒的努力亦非常敌视，认为他对政府的干涉侵犯了帝国的主权。土耳其人对外国势力——不管是英国、法国还是俄罗斯——干预奥斯曼帝国事务所产生的敌意，将对克里米亚战争前夕土耳其的政策制定产生很大的影响。

---

*　伦敦的一条街，是英国政府部门所在地。——译注

第三章

俄国威胁

1844 年 6 月 1 日星期六晚，一艘荷兰蒸汽机船驶入伦敦东部泰
晤士河下游的伍利奇（Woolwich）码头，船上的乘客只有"奥尔洛
夫伯爵"（Count Orlov）和他的随从。奥尔洛夫是沙皇尼古拉一世
的化名，这次他是从圣彼得堡专程私服访问英国的。自从 1831 年
俄罗斯军队残酷镇压波兰起义之后，尼古拉一直担心被波兰民族主
义分子刺杀，所以习惯私服出访。伦敦有许多波兰流亡者，1 月份
两国政府讨论沙皇访问英国的安排时，沙皇的人身安全一直是一个
重要议题。为保障安全，沙皇的行程没有透露给任何人，车队只在
柏林稍作停留，就飞快地跨过欧洲大陆。直到 5 月 30 日尼古拉在
汉堡登船后，英国方面才被通知沙皇即将到访，此时离他抵达伦敦
仅有两天时间了。

甚至俄罗斯驻伦敦大使布鲁诺夫男爵（Baron Brunov）也不知
道沙皇的具体抵达时间，所以他只好一整天都等在伍利奇码头上，
最后在晚上十点，沙皇的蒸汽机船终于驶入码头。尼古拉身穿 1828

年俄土战争时期穿过的灰色大衣，几乎让人认不出来。上岸后他和随行人马立即入住位于威斯敏斯特（Westminster）阿什伯纳姆大楼（Ashburnham House）的俄罗斯大使馆。尽管时间已晚，尼古拉还是马上派人给维多利亚女王（Queen Victoria）的丈夫传信，要求尽快与女王见面。在圣彼得堡，沙皇习惯于不分白天黑夜随时召见手下，所以不会想到在凌晨时分吵醒阿尔伯特亲王（Prince Albert）是件很不礼貌的事情。[1]

　　这不是尼古拉第一次访问伦敦。早在1816年，当时不过二十岁，还是大公爵的尼古拉访问伦敦，深得上流社会女士们的欢迎。当时宫廷内著名美女、威尔士亲王夫人（Princess of Wales）的女侍官夏洛特·坎贝尔夫人（Lady Charlotte Campbell）惊叹道："多么可爱的人儿！魔鬼般的英俊！他一定是欧洲最英俊的男人！"那次访问让他觉得英国皇室贵族会成为他的盟友。作为世界最大国家的独裁者，他完全无法理解君主立宪制下英国君主权力有限，以为可以来英国与女王和她的高级大臣们直接决定两国外交事务。他对维多利亚女王说："能够时不时地面谈真是件好事，有时候没法完全相信外交官"，两个君主之间的会面能创造"一种友谊和关怀的感觉"，"如果能在一次会面把感觉、观点和动机解释清楚，那将胜过无数报告和信件"。沙皇觉得俄罗斯和英国之间可以达成一个"君子协定"，共同处理奥斯曼帝国崩溃后的局面。[2]

　　这已经不是尼古拉第一次试图从其他欧洲列强那里寻求支持，共同瓜分奥斯曼帝国。1829年，当他预见奥斯曼帝国即将崩溃时，也曾向奥地利建议双方瓜分奥斯曼帝国在欧洲的领土以避免战后的混乱局面，但是那一次奥地利没有被他说服，而是支持欧洲协调体系。到1843年秋天，他再次向奥地利提议建立一个由俄罗斯、奥地利和普鲁士三国，即1815年的三国联盟（Triple Alliance）扶持的希腊帝国，以防止奥斯曼帝国垮台后英国和法国插手抢夺地盘。
尼古拉坚持俄罗斯没有扩张到巴尔干的野心，为此他建议由奥地利
占领从多瑙河到亚得里亚海（Adriatic）所有奥斯曼帝国的欧洲领土，
把君士坦丁堡变成一个不设防城市，由奥地利负责守卫。但是不管
他怎么努力，都无法消除奥地利对俄罗斯的戒备之心。奥地利驻圣
彼得堡大使相信，沙皇企图经营出某种局面，让俄罗斯可以借口保
卫土耳其而干涉其事务，从而通过武力推行俄罗斯的瓜分方案。他　　63
认为，俄罗斯的真实目的，不是维持一个三国联盟保护下的希腊帝
国，而是"一个在经济、理念和宗教上与俄罗斯相联，由俄罗斯派
出的亲王统治"的国家，"俄罗斯从未放弃这个目标，这是俄罗斯
实现其理想的必由之路……现在的希腊将会成为俄罗斯扩张机会的
一部分"。[3] 由于对俄罗斯的动机深怀戒心，因此除非取得英法两
国的同意，奥地利不想染指俄罗斯的分治方案。于是尼古拉现在就
亲自来到伦敦，希望说服英国接受他的想法。

　　从表面上看，尼古拉想要和英国结成联盟的想法不太现实。英
国一直致力于帮助奥斯曼帝国进行自由主义改革，并将俄罗斯视为
主要威胁。但是，让沙皇感到鼓舞的是，最近英国和俄罗斯之间
的关系有所缓和，原因是两国都对法国在中东地区的活动产生了
警觉。

　　1839 年，在法国的支持下，埃及总督穆罕默德·阿里再次在叙
利亚发动叛乱，埃及军队击败了奥斯曼帝国的部队。人们开始担心
他们会像六年前一样，直逼君士坦丁堡。当奥斯曼帝国海军在亚历
山大港附近被埃及海军打败之后，年轻的苏丹阿卜杜勒—迈吉德已
没有办法靠自己的能力拒绝穆罕默德·阿里对叙利亚和埃及世袭继
承权的要求了，高门只好像六年前那样再次向欧洲列强求援。1833
年埃及第一次叛乱时，俄罗斯独自行事替苏丹挽回了局面，这次沙

皇希望能与英国合作保护苏丹，目的是避免英法两国在这件事上走到一起。

和俄罗斯一样，英国对法国日益卷入埃及事务感到警觉，埃及是拿破仑在1798年宣称要摧毁大英帝国的地方。在1830年代，法国大量投资埃及的棉花经济作物和工业经济，派出军事顾问帮助埃及训练陆军和海军。在法国的支持下，不仅埃及人成为对土耳其统治的主要威胁，穆罕默德·阿里作为强大的伊斯兰复兴运动的领袖，反抗外国干涉奥斯曼帝国内基督教地区事务，也激发了高加索地区 64 穆斯林叛军反沙皇统治的斗争。

在这种情况下，俄罗斯、英国、奥地利和普鲁士共同呼吁穆罕默德·阿里从叙利亚撤军，接受列强提出的和平条件，这些条件在1840年的伦敦会议（London Convention）上拟定并由四强和奥斯曼帝国共同签署，同意给予穆罕默德·阿里对埃及的世袭继承权。为保证叛军撤离，一支英军舰队行驶至亚历山大附近，另一支英国奥地利联军则进驻巴勒斯坦。穆罕默德·阿里先是不愿让步，希望能得到法国的支持；当法国表示拒绝和平条件并声称将会支持穆罕默德·阿里时，人们开始担心一场欧战将会爆发。但是在最后关头，因为不想卷入战争，法国还是同意了和平条件，穆罕默德·阿里不得不从叙利亚撤出。随后法国人很不情愿地在1841年的伦敦会议上签署了和平条件，穆罕默德·阿里获得了埃及的世袭继承权，条件是他承认苏丹对奥斯曼帝国其他地方的主权。

1841年伦敦会议的重要性不仅在于让穆罕默德·阿里撤军，还规定在战争爆发时，连接黑海与地中海的海峡将对除苏丹盟军以外的外国军舰关闭，这对俄罗斯来说是一个非常大的让步，因为这样英国军舰就能驶过海峡进入黑海，直接威胁俄罗斯南部边疆的薄弱地带。签署这份条约后，俄罗斯实际上放弃了自己在奥斯曼帝国的主导位置和对海峡的控制权，沙皇希望能以此改善与英国的关系，孤立法国。

从沙皇的角度来看，扶持苏丹只能是权宜之计。他认为，现在法国因为支持叛军而削弱了自己的影响力，俄罗斯与英国又在中东问题上达成一致，伦敦会议的成功，让俄罗斯与英国有了结成同盟的可能。1841 年英国政权更迭，由罗伯特·皮尔爵士（Sir Robert Peel）领导的保守党政府上台，这给沙皇带来了更多的希望，因为保守党不像上届由墨尔本勋爵（Lord Melbourne，1835—1841 年在任）领导的辉格党（Whig）政府那么敌视俄罗斯。沙皇相信保守党政府会更愿意听取他的建议，让欧洲在英俄两国的领导下共同决定奥斯曼帝国的未来。在 1844 年亲自前往伦敦时，沙皇对说服英国参与他瓜分奥斯曼帝国的计划充满了信心。

沙皇在 6 月的突然造访，把英国政府搞得措手不及。英俄双方的确从当年春天起就在商讨沙皇访英一事，但是谈得很随意。3 月 2 日在"伦敦酒馆"（London Tavern）为俄罗斯贸易公司（Russian Trading Company）举行的宴会上，首相皮尔对沙皇访英的建议表示欢迎。三天之后，外交大臣阿伯丁勋爵（Lord Aberdeen）通过俄罗斯驻英国大使布鲁诺夫男爵发出了正式邀请，并向沙皇保证他的造访将"在英国消除任何波兰人宣扬的对俄罗斯的偏见"。布鲁诺夫在给外交部长涅谢尔罗迭的信中写道："阿伯丁是一个含蓄又爱担心的人，连他对这事都这么有信心，那就很说明问题了。"维多利亚女王起先不是很愿意接见尼古拉一世，因为她的舅舅、新近独立的比利时国王利奥波德（Leopold）长期和沙皇有纷争。利奥波德在 1830 年代把许多波兰流亡者吸收到了自己的军队中。作为神圣同盟的支持者，尼古拉打算出手干预，恢复被 1830 年法国和比利时的革命运动打乱的君主制，但是他的这一计划因为同年 11

月的华沙革命而未能实现。因为他曾威胁军事干预，西方的自由主义者对他很不信任，把他称为"欧洲宪兵"，许多因革命失败而逃亡海外的波兰人则发现巴黎、布鲁塞尔和伦敦都很欢迎他们。这些纷争让维多利亚女王感到担忧，但最终还是她丈夫阿尔伯特亲王（他是利奥波德国王的侄子）说服了她，认为沙皇访英有助于修复欧洲皇室之间的关系。在她发出的邀请信中，她说希望能在5月底6月初会面，但是具体日期未定。到5月中旬时，英国方面依然不能肯定沙皇是否会到访，当女王得知沙皇终于要来的时候，尼古拉的蒸汽机船还有几个钟头就要抵达伦敦了。这一消息让女王的手下措手不及，乱作一团，而且萨克森王国（Saxony）的国王正好也是同一天到访，许多准备工作只能匆匆应急完成。[4]

　　沙皇这次即兴造访，是他性情变得越来越急躁的表现之一。做了十八年沙皇后，他登基早期所表现出来的典型性格：谨慎、保守、含而不露等渐渐消失了。在执政晚期，他日益受到家族遗传精神疾病的困扰，他的哥哥亚历山大一世也有同样的症状。尼古拉变得做事浮躁，缺乏耐心，经常冲动行事，比如贸然前往伦敦，将自己的想法强加在英国人身上。他的古怪行为被阿尔伯特亲王和维多利亚女王注意到了，女王在给她舅舅利奥波德的信中写道："阿尔伯特觉得此人不能很好地控制冲动和情绪，因而会做出不当的举动。"[5]

　　在沙皇抵达伦敦的第二天，维多利亚女王在白金汉宫接见了他。他还与剑桥公爵（Duke of Cambridge）、威灵顿公爵和格洛斯特公爵（Duke of Gloucester）会面，之后游览了伦敦西区时髦的街道。沙皇视察了因1834年大火而正在重建中的议会大厦，参观了完工不久的摄政公园（Regent's Park）。晚上宾主一起坐火车前往温莎城堡（Windsor Castle），之后的五天里，沙皇一直住在那里。沙皇简朴的生活习惯把温莎城堡的仆人惊呆了，他的贴身男仆做的第一件事就是到马厩找一些干草，填到随身携带的一个皮制套子里，放在一张行军床上当作床褥。尼古拉从来就是这么睡的。[6]

当时维多利亚已怀孕了相当一段时间，而且还在为阿尔伯特亲王的父亲戴孝，因此没有为沙皇举办皇家舞会。但是其他的娱乐活动并不少：狩猎聚会、检阅仪仗队、出席皇家赛马会（Ascot）等等。为了向沙皇致敬，皇家赛马会还把授予获胜者的"金杯"（Gold Cup）改名为"皇帝金盘"（Emperor's Plate）*，女王还陪同沙皇一起听了一次歌剧。在一场豪华宴会上，六十名宾客享用了五十三道菜，餐具是皇室的"大宴餐具"（Grand Service），可能是世界上最精致的一套银边瓷器了。沙皇在伦敦的最后两次晚餐上，所有男宾都在尼古拉的要求下穿军装出席，因为他不习惯穿晚餐正装，他还向维多利亚女王坦言，如果没有穿军装，自己会觉得很不自在。[7]

从公关的角度来看，沙皇对伦敦的访问非常成功。上流社会的女士们为他英俊的相貌和优雅的举止所倾倒。"他依然对女性之美十分欣赏，"斯托克马男爵（Baron Stockmar）写道，"对他的英国旧爱表现得极为关切。"维多利亚女王对他的看法也有所改善，欣赏他"端庄优雅"的风度、对孩子的慈爱和真诚的态度，但是她觉得尼古拉很忧郁。"他留给阿尔伯特和我的印象是他不是很开心，他的地位和权力带来巨大的压力，让他在重压下感到痛苦，"她在6月4日给利奥波德的信中写下了她的观察，"他很少笑，如果笑也不是开心的笑。"一星期后，沙皇访英行程几近结束，这时维多利亚女王又给她舅舅写信，信中她对尼古拉的评价十分深入：

　　　他身上有许多东西我很难不感到喜欢，我觉得他的性格应

---

* 克里米亚战争爆发后，又被重新改回"金杯"。——原注

该被人理解，不要带任何先入为主的观念。他既严格又严厉，对"责任"有固执的理解，这一点什么都改变不了。我觉得他并非"聪明机智"，他的心智也尚未开化，没有受到很好的教育。他只关心政治和军事，对艺术和其他软性活动没有什么感觉，但是我很肯定他是真诚的，即使他在独断专行的时候，也真的相信那是唯一的统治办法。

　　墨尔本勋爵是辉格党中的反俄派，但是当他在辉格党腹地奇西克大楼（Chiswick House）与尼古拉共进早餐时，两人却相谈甚欢。即使是辉格党的前外交事务发言人帕默斯顿勋爵这个对俄罗斯政策上的强硬派，也认为让沙皇"对英格兰留下个好印象"很重要："他手中权力很大，可能做有利于我们的事，也可能伤害我们，取决于他对我们是心怀善意还是敌意。"[8]

　　在访英期间，沙皇与维多利亚女王和阿尔伯特亲王，还有皮尔和阿伯丁勋爵有过好几次政治会谈。英国人对他的坦诚感到惊讶，女王甚至认为他"过于坦率了，在那么多人面前把话说得那么直白，他不应该那么做，但是他忍不住"，她在给利奥波德的信中这么写道。沙皇认为坦诚是让英国人克服对俄罗斯的疑心和偏见的唯一办法。"我知道有人认为我在装模作样，"他对皮尔和阿伯丁说道，"但是我没有。我是绝对直截了当的，我只会和你说我真心想的，真心保证会做的事。"[9]

　　在谈到比利时时，沙皇表示他愿意与利奥波德修复关系，但是"当比利时国王的军队中依然有波兰军官服役时"，恢复关系"是完全不可能的"。他对阿伯丁勋爵"不是以一个皇帝的身份对一个大臣说话，而是以一个绅士的身份对另一个绅士"解释自己的想法，表达自己对西方双重标准的反感：

68

波兰人依然在反抗我的统治。如果有一批人叛乱反抗一个绅士，另一个绅士却接纳那批人成为自己的手下，这样的行为能让人接受吗？利奥波德收入麾下的正是发动叛乱反抗我的波兰军人。如果我接纳奥康奈尔（O'Connell）*，还想让他担任我手下的部长，你们会怎么想？

谈到法国时，尼古拉希望英国能与俄罗斯联手，共同遏制法国。英国人自拿破仑战争以来一直不信任法国人，尼古拉从这点出发，对皮尔和阿伯丁勋爵表示再不能容忍法国"制造混乱，出兵境外"。他希望英俄两国结成联盟，共同对付法国。"通过我们的友好交流，"沙皇带着感情说道，"我希望能消除两国之间的偏见。我对英国朋友的意见高度重视，对法国，我则嗤之以鼻。"[10]

尼古拉与皮尔和阿伯丁勋爵会谈的一个主要议题是法国在中东地区的活动，他特别希望以此来调动英国人的情绪。"土耳其是一个垂死之人，"他说道。

我们也许可以努力让它活着，但是我们不会成功。它会，也应该死去。那将会是一个紧要关头。我预计到时候我必须动员俄罗斯军队准备战斗，奥地利也会做同样的准备。在这一危机中我最担心的是法国。它想要干什么？我预计它会在几个方向同时出击：埃及、地中海，还有近东。还记得[1832年]法国对安科纳（Ancona）的军事行动吗？它为什么不会对克里特岛和士麦那（Smyrna）采取同样的行动呢？如果法国真的动手了，难道英国不会调动军舰吗？果真如此的话，那些地区陆地上将

---

* 奥康奈尔为爱尔兰独立运动领袖，全名丹尼尔·奥康奈尔（Daniel O'Connell）。——译注

是俄罗斯和奥地利的陆军，海上是英国的舰队，一场灾难恐怕难以避免。

沙皇指出，现在时机已到，欧洲列强应该在俄罗斯和英国的领导下协调出一套瓜分奥斯曼帝国领土的方案，这样至少能避免一旦奥斯曼帝国崩溃而引发的列强相互争夺的混乱局面，减少国内革命和欧洲大战的可能。皮尔和阿伯丁勋爵都对沙皇坚信奥斯曼帝国即将崩溃、俄罗斯和英国应该合作应对这一点印象深刻，俄英合作至少能阻止法国侵吞埃及和东地中海，这一点是英国当时最为关心的。尼古拉对皮尔说：

> 我对土耳其领土没有一寸的野心，但我也不允许法国侵占它一寸的领土……我们不能明文宣示应该如何在土耳其倒下时瓜分其领土，这样做只会加速它的死亡，因此我会尽我所能维持现状。但是我们必须真诚理性地看待它最终会崩溃这一事实，我们应该对此做理性的思考，努力在这个问题上取得直接而真诚的一致意见。[11]

皮尔和阿伯丁勋爵都同意应该为奥斯曼帝国崩溃后的局面提前做好准备，但只在必要的时候才这样做，他们觉得现在时机还没有到。根据会谈的结论，布鲁诺夫起草了一份秘密备忘录，尼古拉和阿伯丁勋爵都对内容表示同意，但未签署。

离开英国时，沙皇坚信他与皮尔和阿伯丁勋爵之间的会谈是对双方共同政策的陈述，现在他可以期待英国与俄罗斯合作，共同制定瓜分奥斯曼帝国领土的方案，以保证双方的利益。他这么想不是没有道理，他手中的秘密备忘录就可以证明。但事实上他在这里犯了一个致命的错误，他以为和英国政府在东方问题上达成了"君子协议"，但对英国方面来说，这一次会谈不过是双方相互交换了看法，没有任何约束力。尼古拉一世以为只要说服维多利亚女王和她手下的高级大臣们就可以了，没有意识到议会、反对党、公共舆论以及媒体可能会影响英国政府的外交政策。这一误判将是尼古拉一世在克里米亚战争前夕犯下一系列错误的重要原因。

70

* * *

英国人对俄罗斯的不信任，是在几十年中积累起来的，沙皇的访问并没有改变这一现实。尽管俄罗斯事实上对英国利益的威胁很小，两国在贸易和外交上的关系一直到克里米亚战争爆发都不错，但是恐俄情绪可以说是英国对境外势力看法的最重要成分，比恐法情绪更甚。整个欧洲对俄罗斯的看法在大多数情况下是基于恐惧和幻想，英国也不例外。俄罗斯在18世纪的迅速扩张，以及它在打败拿破仑时展露的军事力量，给欧洲人留下了深刻的印象。19世纪初，以"俄国威逼"欧洲大陆为主题的各类出版物在欧洲各地盛行，包括小册子、旅行笔记和政治论著等。不管来自俄罗斯的威胁是真是假，这些说法的形成，大都还是基于作者对一个亚洲"异类"威胁欧洲的自由和文明这么一种想象。通过这些荒诞不经的文章，一个对俄罗斯充满偏见的认识渐渐形成了：它本性野蛮强悍，喜欢侵犯扩张，同时又很狡猾，善于欺骗，与其他"无形的势力"联手共同对付西方国家，渗透文明社会。*

---

* 这些看法很明显地和冷战期间西方对俄罗斯的看法有相似之处。冷战期间的恐俄情绪，部分也受到了19世纪西方对俄罗斯态度的影响。

证明"俄国威胁"确实存在的文件是所谓的《彼得大帝遗嘱》（"Testament of Peter the Great"），被持恐俄态度的作家、政客、外交官、军人等视为证明俄罗斯有统治世界野心的最确凿无疑的证据。根据这份文件，彼得大帝的目标极为狂妄：同时在波罗的海和黑海两个方向扩张，与奥地利联手将土耳其人从欧洲大陆赶走，"征服东地中海"并控制通往印度群岛（Indies）的商路，在欧洲播下异议与矛盾的种子，直至成为欧洲大陆的主人。

《彼得大帝遗嘱》是一些波兰、匈牙利和乌克兰人在18世纪时伪造的，他们和法国或是奥斯曼帝国的一些势力有联系。《遗嘱》曾几易其稿，最后完成的版本在1760年代收入了法国外交部的档案。出于外交政策的考虑，法国人比较愿意相信这份文件的真实性。法国在欧洲东部的盟友：瑞典、波兰和土耳其等都曾遭受俄罗斯的打击，实力受到削弱。法国在18世纪和19世纪制定外交政策时，都假设《遗嘱》反映了俄罗斯的真实意图。[12]

拿破仑一世就特别受《遗嘱》的影响，他手下的高级外交顾问经常引用其中的一些理念和措辞，例如1795—1804年间担任外交部长的夏尔·莫里斯·德·塔利朗（Charles Maurice de Talleyrand）就曾说："彼得一世以后的整个［俄罗斯帝国］系统……一直企图如洪水野兽般压垮欧洲。"外交部中另一名重要人物、受拿破仑信任的亚历山大·德奥特里夫（Alexandre d'Hauterive）说得更露骨：

在战争时期俄罗斯会企图征服它的邻居，在和平时期它会设法让它的邻居乃至整个世界陷于猜疑、骚动、不和的混乱中……它在欧亚两地所干的坏事路人皆知。它试图摧毁奥斯曼帝国，它试图摧毁德意志帝国。俄罗斯不会直接去实现它的目标……它会采用卑劣手段来削弱[奥斯曼帝国]；它会煽动阴谋；它会鼓励外省叛乱……与此同时，它却会不断表示对高门的善意；它不断声称自己是朋友，是奥斯曼帝国的保护者。俄罗斯会用类似手段对付……奥地利……然后维也纳就沦陷了。这样我们西方国家就失去了保护我们免受俄罗斯入侵的最有力屏障。[13]

72

1812年，法国人公开出版了《彼得大帝遗嘱》，同一年拿破仑率军进攻俄罗斯。从那以后，《遗嘱》多次重印，被广为引用，作为俄罗斯扩张主义外交政策的决定性证据。每次有俄罗斯参与的欧洲战争爆发前：1854、1878、1914、1941年等，这份《遗嘱》都会重新冒出来被人重印。在冷战时期，《遗嘱》还被用来说明苏联的侵略野心。1979年苏联入侵阿富汗之前，美国的《基督教科学箴言报》（Christian Science Monitor）和《时代》（Time）杂志以及英国下议院还用它来解释莫斯科扩张野心的根源所在。[14]

《遗嘱》产生影响最大的地方是英国，当地媒体都乐于宣扬各种对俄罗斯威胁的荒谬恐惧。《纪事晨报》（Morning Chronicle）在1817年宣称："俄罗斯人长久以来一直有这样一个信念，认为他们最终将成为世界的主宰，这一信念在俄语出版物中不止一次被提到。"即使是严肃刊物也接受了俄罗斯将以打败拿破仑为起点走上统治世界之路这一观点。《爱丁堡评论》在1817年对近几年发生的事件进行回顾之后表示："预言俄罗斯可能会占领德里（Delhi）甚至加尔各答（Calcutta），似乎一点也不比预言俄罗斯将会占领巴黎夸张。"[15]让英国人一直保持恐俄情绪的，除了业余人士的观点外，还有旅行作家对俄罗斯和东方的各种描述。旅行写作在19世纪早期非常流行，这些游记作品不仅主导了英国公众对俄罗斯的认识，而且还为英国政府对俄罗斯的政策提供了大量的实用知识。

这些游记作品中，最早也是最有争议的一部是《1817年俄罗斯军事与政治速写》（*A Sketch of the Military and Political Power of Russia in the Year 1817*），作者罗伯特·威尔逊爵士（Sir Robert Wilson）曾于拿破仑战争期间在俄国军队做过一小段时间的军官。他提出了一系列夸张的观点，声称都是凭他对沙皇政府内部的了解得出的，这些说法既无法证实也无法证伪：俄罗斯决意将土耳其人逐出欧洲，征服波斯，进军印度，进而统治全球云云。威尔逊的观点过于不着边际，引来一些人的嘲笑，比如《泰晤士报》（*Times*）就讽刺地说俄罗斯其实还将进军南非好望角、南极和月球。但是正因为他的观点极端，反而吸引了大量关注，得到广泛的辩论分析。当时政府内部阅读量最大的《爱丁堡评论》和《评论季刊》（*Quarterly Review*）一方面同意威尔逊夸大了俄罗斯带来的直接威胁，但另一方面又称赞他提出了这个问题，并认为俄罗斯的所作所为值得以"怀疑的态度进行细致的研究"。[16] 换句话说，威尔逊极端看法的基本观点，即俄罗斯对世界来说是一个威胁，现在已经被接受了。

从这时起，在英国的政治语境中，原本是凭空想象的俄罗斯威胁成了现实。俄罗斯正在暗中策划如何统治近东进而征服大英帝国这一说法开始经常出现在各种宣传小册子上。到了1830—1840年代，这些传单又被恐俄人士当作真凭实证来支持自己的观点。

这些宣传单中最有影响力的是本书第二章中提到的《论俄罗斯的企图》，作者乔治·德莱西·埃文斯后来在克里米亚战争期间成了一名英军指挥，他是第一个详细论述所谓俄罗斯对小亚细亚地区造成威胁的人。不过让这本小册子受到关注的，还有另外一个原因：埃文斯在文中提出了一个肢解俄罗斯帝国的详细方案，后来在克里米亚战争中被英国政府内阁采用。他提倡对俄罗斯发动一场预防性

73

战争以阻止其侵犯意图，建议从波兰、芬兰以及俄罗斯防守最薄弱的黑海和高加索地区发起攻击。他的八点方案看上去就像是克里米亚战争中英国的战略蓝图：

1．切断俄罗斯对外贸易，促使因此遭受损失的俄罗斯贵族起来反对沙皇政府。

2．摧毁喀琅施塔得（Kronstadt）、塞瓦斯托波尔等地。

3．在俄罗斯海岸线上，特别是黑海沿线发动一系列破坏性袭击并为军队提供足够后援。在这些海岸沿线上，甚至在俄罗斯军事防线的后方，有许多饱受压迫、不屈不挠的反俄山地部落武装……

4．协助波斯人重新夺回高加索。

5．派出一支实力强大的陆军或海军舰队到芬兰湾（Gulf of Finland），"威胁俄罗斯驻波兰和芬兰的侧后"。

6．资助俄罗斯帝国内的革命力量，"鼓动农奴暴动"。

7．炮击圣彼得堡，"如果可行的话"。

8．向波兰和芬兰派出军队，"将它们从俄罗斯的统治下解放出来"。[17]

著名的恐俄派戴维·厄克特也提倡对俄罗斯发动一场预防性战争。在为英国公众做好发动克里米亚战争的心理准备上，厄克特起了最大的作用。他是苏格兰人，在牛津大学学习古典主义。1827年，他第一次亲身经历了东方问题，那一年他二十二岁，加入一批志愿军为希腊独立而战。他去过奥斯曼帝国欧洲领土的许多地方，被土耳其人的美德吸引，开始学习土耳其语和现代希腊语，改穿土耳其服装。1831年，他为英国《晨间信使报》（*Morning Courier*）写了一系列报道，很快在英国被认为是一名土耳其问题专家。同年11月，通过家庭关系，在英国国王威廉四世（William IV）的私人秘书赫伯特·泰勒爵士（Sir Herbert Taylor）的介绍下，厄克特加入了由斯特拉特福德·坎宁率领的代表团，赴君士坦丁堡参加谈判，最终确认即将独立的希腊的边境线。在君士坦丁堡期间，他更加坚信俄罗斯干涉土耳其事务给西方带来的威胁。在上层支持者的鼓励下，他撰写了《土耳其及其资源》（*Turkey and Its Resources*，1833年出版），否认奥斯曼帝国即将崩溃，并指出如果英国给予土耳其援助并保护其免受俄罗斯入侵，将给英国带来巨大的商业机会。这本书出版后非常成功，得到了时任格雷勋爵（Lord Grey）政府（1830—1834）外交大臣的帕默斯顿勋爵的赏识，他还得到一项新的任命，参加一个派驻君士坦丁堡的秘密使团，研究英国与巴尔干地区、土耳其、波斯、俄罗斯南部和阿富汗之间发展贸易的可能性。

在君士坦丁堡期间，厄克特很快成了英国大使庞森比勋爵政治 75上的密切盟友。庞森比是著名的恐俄派，坚信俄罗斯的目标是征服土耳其。他一直呼吁英国政府派遣舰队到黑海并支持高加索地区部落的反俄抗争，在1834年他甚至说服了帕默斯顿给予他"斟酌权"，可以根据需要召集英国军舰到黑海地区。不过这项权力后来被威灵顿公爵收回了，认为把发动战争的权力交给这样一个立场强硬的知名恐俄派不够明智。在庞森比的影响下，厄克特越来越多地介入政治活动，不再满足于写作，而开始以行动促成英国对俄开战。1834年他访问了切尔克斯人部落，表示英国会支持他们反抗俄罗斯占领的斗争，这一行为具有明显的挑衅性，帕默斯顿不得不将他召回伦敦。

回到伦敦后，厄克特进一步加紧行动，呼吁在土耳其对俄罗斯采取军事行动。1834年12月，他和庞森比共同发表了名为《英格兰、法国、俄罗斯与土耳其》（*England, France, Russia and Turkey*）的宣传手册，一年之内就重印五次，并且获得很高评价。在宣传手册成功的鼓励下，他在1835年11月创办了一份期刊《组合》（*The Portfolio*），发表他的反俄罗斯言论。以下是典型的一段："俄罗斯人的无知让他们与众不同，不会在意其他国家人民的感情。俄罗斯人会把别人对他们政府非正义行为的谴责当作对自己的攻击，而俄罗斯政府的所作所为已经表明它不会接受任何他人的道义标准。"[18]

　　厄克特还做了另一个挑衅性举动，他在《组合》上发表了一批号称是从伦敦的波兰流亡者那里得到的俄罗斯外交文件，谎称是在1830年华沙暴动期间，在康斯坦丁大公的皇宫中发现的。其实大部分文件，如果不是全部的话，都是厄克特伪造的。其中包括一份所谓"禁止外传的"沙皇尼古拉一世的讲话，称俄罗斯将继续其压迫政策直到完全征服波兰，另外一份是高加索部落的所谓"独立宣言"。这些伪造的文件被英国媒体广为接受，认定为真实文件，反映了当时英国恐俄情绪的高涨。[19]

　　厄克特的名气越来越响，在英国外交和政治圈内的影响力也越来越大，迫使帕默斯顿将他召回外交部。1836年厄克特回到君士坦丁堡担任英国使馆秘书，但是权力十分有限。到了君士坦丁堡后，他又开始推动切尔克斯地区的反俄活动，企图挑起一场英俄战争。其中最赤裸裸的一次挑衅行动是指使一艘英国双桅纵帆船"雌狐"（Vixen）号前往切尔克斯地区，故意触犯俄罗斯根据《哈德良堡条约》获得的在黑海东部沿海对外国舰船的禁制令。"雌狐"所属的公司是"格拉斯哥与伦敦乔治和詹姆斯·贝尔"（George and James Bell of Glasgow and London），因为俄罗斯在多瑙河地区借助隔离条例故意拖延外国船只行程，这家公司已经与俄罗斯当局发生过冲突。"雌狐"号名义上是载盐的，但实际上装满了为切尔克斯反叛武装准备的武器。英国驻君士坦丁堡大使庞森比事先知道"雌狐"号的行程目的，但并未阻止。当轮船公司向他询问英国外交部是否认可俄罗斯的禁制令以及英国当局是否会像厄克特之前承诺的那样保护他们在黑海的航行权时，他故意不作理会。俄罗斯方面对厄克

76

特故意挑起战火的举动有所了解。1836年夏天，得知厄克特的亲信前往切尔克斯并向当地反叛武装承诺英国会向他们提供支持后，沙皇就曾向英国驻圣彼得堡大使提出抗议。1836年10月，"雌狐"号起航了，正如厄克特所料，这艘船被俄罗斯当局在高加索沿岸的苏吉卡莱（Soujouk Kalé）截获。消息传到英国，《泰晤士报》和其他报纸纷纷强烈谴责俄罗斯的举动并呼吁向俄国开战，庞森比也呼吁帕默斯顿向黑海派出英国舰队。帕默斯顿虽然不愿意承认俄罗斯在黑海的禁制令以及对切尔克斯拥有的主权，但是他并不愿意被厄克特、庞森比和英国报纸等拉入战场，于是他公开承认"雌狐"的确违反了俄罗斯的规定，但只认可禁制令在苏吉卡莱区域有效，并不覆盖整个高加索海岸线。

厄克特本人立刻被召回伦敦。1837年，在帕默斯顿的命令下，77厄克特被外交部开除，并被指控泄露政府机密。厄克特坚称帕默斯顿事先知道他的"雌狐"计划，对帕默斯顿的"背叛"一直耿耿于怀。随着英国与俄罗斯关系的缓和，厄克特越发沮丧，恐俄观点也越发极端。他呼吁对俄罗斯采取强硬手段，不排除发动战争来捍卫英国对外贸易以及在印度的利益。他甚至指控帕默斯顿被俄罗斯政府收买。他在媒体中的支持者们亦纷纷附和，其中包括对英国中产阶级观点有重大影响的《泰晤士报》，也加入了反对帕默斯顿所谓"亲俄"政策的阵营。1839年，《泰晤士报》发表了一系列以拉丁语署名"英国人"（Anglicus）的信件，但其实是由厄克特的助手亨利·帕里什（Henry Parish）撰写的。这些几乎成为报纸社论的信件警告大众，若向俄罗斯这个一心征服欧亚的帝国妥协将会带来恶果。

1847年，厄克特以独立候选人身份当选英国下议院议员，他在竞选时选择了代表切尔克斯的绿黄两色作为自己的官方颜色，当选之后，他继续强烈抨击俄罗斯。一年之前保守党在是否废除对进口谷物征税，即《谷物法》上发生严重分歧，之后辉格党上台，约翰·罗素勋爵（Lord John Russell）当选首相，帕默斯顿重新担任外交大臣。此时厄克特再一次指控帕默斯顿被俄罗斯收买，甚至在 1848 年发起动议弹劾帕默斯顿，理由是作为外交大臣，他未能执行更为激进的对俄政策。厄克特的主力盟友托马斯·安斯蒂（Thomas Anstey）议员在下议院辩论中滔滔不绝，说了五个小时，指责帕默斯顿执行的一系列外交政策十分丢人，面对气势汹汹的俄罗斯，未能尽责捍卫欧洲的自由，导致英国国家安全受到危及。安斯蒂特别提出英国未能保卫波兰的宪政自由，而这正是 1815 年维也纳会议（Congress of Vienna）决定将波兰王国纳入俄罗斯保护之下时，西方列强提出的条件之一。安斯蒂坚称，1831 年华沙起义被俄罗斯残酷镇压后，英国有义务介入波兰事务，支持反叛武装，即使这么做意味着触发一场与俄罗斯的战争。在为自己辩护时，帕默斯顿解释了为什么以军事手段支持波兰叛军是不现实的，同时公开诠释了他的自由干涉主义（liberal interventionism）原则。在克里米亚战争前，他又重申了这些原则：

> 我坚持认为，除了那些涉及英国自身的政治或商业利益的情况外，英国外交政策的真正目的，应该是成为正义与公道的倡导者，并以谨慎克制的手段行事。在全球舞台上，英国不应该是一个不切实际的堂·吉诃德，而应该在它认为正义所在之处，或是不公道行为发生之地，投入力量，提供道义上的支持或制裁。[20]

厄克特的恐俄观点虽然与 1840 年代英国政府的政策背道而驰，但是在英国议会中却有相当多的拥护者，有一批势力强大的政客支持他的呼吁，要求对俄罗斯采取更为强硬的立场，其中包括斯坦利

勋爵（Lord Stanley）和在 1842 年接替庞森比出任驻君士坦丁堡大
使的斯特拉特福德·坎宁。在英国议会外，厄克特对自由贸易的支
持（这是 1840 年代主要的改革议题）为他赢得了一批英格兰中部
和北部商人的支持，这些人都相信他在公共演讲中反复提出的说法，
即俄罗斯的关税是英国经济陷入衰退的主要原因。他还得到一批很
有影响力的外交官和文人墨客的支持，其中包括亨利·布尔沃（Henry
Bulwer）、詹姆斯·赫德森爵士（Sir James Hudson）以及《英国与
外交评论》（*British and Foreign Review*）的创办人之一托马斯·温
特沃思·博蒙特（Thomas Wentworth Beaumont）等，在厄克特的
影响下，这些人对俄罗斯的态度日益敌对。

到 1840 年代后期，甚至在那些最为温和的知识分子圈子里，
恐俄情绪都变得越来越严重。高端刊物如《外交评论季刊》（*Foreign
Quarterly Review*）原来并不重视俄罗斯威胁欧洲自由和英国东方
利益的论调，视之为"危言耸听"，现在也在恐俄气氛中转向了。
与此同时，在各类公众场合，诸如教堂、酒馆、演讲厅和宪章运动
分子（Chartist）的集会上，任何与塑造国家身份认同有关的对自由、
文明与进步的讨论中，对俄罗斯的敌视都往往成为焦点。

* * *

英国人对土耳其抱有同情，担心失去自己在印度的利益，但
是激发英国人恐俄情绪最关键的因素莫过于对波兰前途的忧虑。欧
洲各地的自由主义者把波兰起义视为对俄罗斯暴政的反抗，是为自
由而战的正义高尚的斗争。和其他因素相比，波兰起义被残酷镇压
这一事件对英国人卷入欧洲事务和加剧与俄罗斯的紧张关系影响最
大，这一切最终导致了克里米亚战争的爆发。

79

没有几个国家的历史比波兰更加多灾多难。原来的波兰联邦（Polish Commonwealth）是波兰王国（Kingdom of Poland）和立陶宛大公国（Grand Duchy of Lithuania）的联合体，幅员辽阔；但是在过去的半个多世纪里，它被瓜分了至少三次，其中两次（分别在 1772 年和 1795 年）被三个邻国，即俄罗斯、奥地利和普鲁士瓜分，另一次是被俄罗斯和普鲁士瓜分，借口是波兰日益成为酝酿革命情绪的堡垒。在被多次瓜分后，波兰王国失去了三分之二的领土。波兰人对重获独立越来越感到绝望，于是在 1806 年投靠了拿破仑；然而拿破仑战败，于是波兰再次遭到瓜分。1815 年欧洲列强通过《维也纳条约》（Treaty of Vienna）建立了波兰会议王国（Congress Poland），领土大致相当于拿破仑时期的华沙公国（Duchy of Warsaw），并将其置于沙皇俄国的保护之下，条件是俄罗斯必须保障波兰的宪政自由。沙皇亚历山大一世从未认可波兰会议王国的政治自治权，对他来说，在俄罗斯实行独裁的同时，又在波兰保障宪政是不可想象的事。尼古拉一世的镇压行动进一步促使波兰人叛离，1820 年代俄罗斯多次违反《维也纳条约》：收回报刊出版自由，没有获得波兰议会同意就宣布加税，迫害反对沙皇的自由主义者等等。导火索终于在 1830 年 11 月被点燃，波兰总督、沙皇的哥哥康斯坦丁大公发布命令在波兰强制征兵到法国和比利时镇压革命。

当一批华沙俄罗斯军事学院（Russian Military Academy）的波兰军官抗命反对大公的征兵令时，波兰起义爆发了。这些军官从兵营里夺出武器，冲向大公的官邸贝尔韦德宫（Belvedere Palace），大公不得不男扮女装逃走。起义军占领了华沙军火库，在武装平民的支持下将俄罗斯军队赶出了华沙。波兰军队随后加入起义军，波兰临时政府成立了，由亚当·恰尔托雷斯基亲王（Prince Adam Czartoryski）牵头，并召开了全国议会。激进派在全国议会中占据

了领导地位，宣布向俄罗斯开战、解放波兰。1831 年 1 月，他们举
行典礼宣布沙皇在波兰的统治已被推翻，波兰独立了。没过几天，
俄罗斯军队就越过国境线，向波兰首都进发。俄罗斯军队的指挥官
是伊万·帕斯克维奇（Ivan Paskevich）将军，他曾参加过对土耳
其人和高加索山地部落的作战，镇压手段残酷，在波兰的国家记忆
中，他的名字成为残忍的俄罗斯的代名词。1831 年 2 月，四万人的
波兰军队在维斯图拉河（Vistula）打退了六万俄军，保住了华沙。
但是俄罗斯援军很快赶到，逐渐耗尽了波兰人的抵抗力量。在俄军
包围下，饥饿的华沙居民开始打劫求生，城里出现了反对临时政府
的暴乱。9 月 7 日，在激烈的巷战之后，华沙陷落了。幸存的波兰
军队不愿意落入俄罗斯人手中，有约两万人逃往普鲁士。普鲁士曾
经参与瓜分波兰领土，是俄罗斯的盟友，这些波兰军队残部马上被
普鲁士政府拘押起来。恰尔托雷斯基亲王流亡到了英国，其他叛军
中许多人逃到了法国和比利时，在那里受到英雄般的欢迎。

英国公众也一样同情叛军。在波兰起义被镇压后，英国出现
了大规模集会、公众会议和请愿活动，抗议俄罗斯的镇压行为，并
要求英国政府干预。许多报刊都呼吁对俄罗斯宣战，其中包括《泰
晤士报》。1831 年 7 月，《泰晤士报》写道："到底要等多久，对波
兰大打出手的俄罗斯才会受到惩罚？波兰是法国的盟友、英国的朋
友，一个古老而高贵的国家，几个世纪前，欧洲文明正是靠波兰人
打退土耳其和莫斯科大公国的野蛮之徒才得以保全。"伦敦、诺丁
汉、伯明翰、赫尔（Hull）、利兹（Leeds）、格拉斯哥和爱丁堡等
地纷纷成立波兰之友协会（Associations of Friends of Poland），组
织支持波兰的活动。激进派议员，其中许多是爱尔兰人，呼吁英
国政府采取行动保卫"被欺凌的波兰人"。参与宪章运动、伸张民
主权利的工人阶层人士宣布他们和为自由而战的波兰人站在一起，

有些甚至声言准备参加战斗捍卫自由，而不管是在国内还是国外。"除非英国能挺起腰板，"宪章运动刊物《北方解放者》（*Northern Liberator*）写道，"否则我们将会看到这样的可怕景象：武装到了牙齿、载满士兵的俄罗斯舰队大摇大摆闯入英吉利海峡（English Channel），在斯皮特黑德（Spithead）*和普利茅斯湾（Plymouth Sound）下锚！"[21]

　　为波兰自由而战激发了英国公众的热情，他们将之归因于他们所认同的"英国精神"，即热爱自由、致力于保护弱者对抗欺凌。不管是 1854 年的克里米亚战争、1914 年的第一次世界大战，还是 1939 年的第二次世界大战，在战争爆发时，英国都认为自己是为捍卫这些原则而走向战场的。1830 年代初正是英国自由主义改革时期，中产阶级从中获得了新的自由，因此支持波兰人为自由而战的情绪高涨。在英国议会于 1832 年通过《改革法案》（Reform Act）后不久，《曼彻斯特时报》（*Manchester Times*）主编在波兰之友协会举办的一场会议上发表讲话，提出英国和波兰一起在为争取自由而战：

　　　　这也是为我们自己而战（观众回应："是的，是的！"）。我们在境外作战所秉持的原则，和我们在家乡与地主斗争的原则一样。波兰只是我们抗争中的一站。英格兰和整个欧洲所遭受的折磨，寻本溯源，都可以归结到波兰第一次被列强瓜分的那一刻。假如波兰还是自由之地，人民未遭锁链加身，那么我们就不会看到俄罗斯野蛮之徒踩躏欧洲大地、卡尔梅克人（Kalmyks）和哥萨克人在巴黎的街道花园安营扎寨……有哪个

---

* 英格兰南部港口朴次茅斯（Portsmouth）外的海湾。——译注

英国水手、哪个英国水兵不会挺身而出，为自由的事业出力、为遭难的波兰人解困？（观众欢呼）我们可以不费吹灰之力将喀琅施塔得城堡打烂，把俄罗斯暴君的耳朵震聋。（观众欢呼）在一个月的时间里……我们的海军就可以摧毁世界每一片水面上的俄国商船。（观众欢呼）让我们派遣舰队到波罗的海把俄国港口重重封锁，到时候俄国皇帝会变成什么？不过是一个卡尔梅克野蛮人，加上几个蛮族部落而已。（观众欢呼）面对英格兰和法国海军，俄罗斯的海上力量，比中华帝国强不了多少。（观众欢呼）[22]

波兰临时政府领袖、"波兰无冕之王"恰尔托雷斯基亲王流亡伦敦，加强了英国公众对波兰人事业的同情。而他曾任俄罗斯外交部长这一事实，更让英国人相信他有关俄罗斯威胁的警告。恰尔托雷斯基在 1803 年沙皇亚历山大一世时期加入俄国外交部，当时他才三十三岁。那时候他还相信通过与沙皇建立良好关系，波兰可以恢复其独立地位并收回大部分失去的领土。作为沙皇秘密委员会的成员之一，他曾经写过一份长篇备忘录，在其中他重新设计了欧洲版图。在他的设想中，波兰王国将得以重建，置于俄罗斯的保护之下，成为抵挡奥地利和普鲁士入侵的屏障；奥斯曼帝国的欧洲部分将建成一个由希腊人主导的巴尔干王国，由俄罗斯控制君士坦丁堡和达达尼尔海峡；斯拉夫人将摆脱奥地利人，重获自由，并得到俄罗斯保护；德国和意大利将以美国模式建成独立的联邦国家；英国和俄罗斯将共同维护欧洲大陆的势力平衡。这份计划是不现实的，因为没有哪一个沙皇会同意重建原来的波兰—立陶宛王国。

当重建波兰的梦想因拿破仑战败而破灭之后，恰尔托雷斯基流亡欧洲，但在 1830 年 11 月起义爆发之际及时赶回了波兰。他

82

加入了起义的革命执行委员会，被选为临时政府总统，并召开了全国议会。当波兰起义被镇压之后，他逃亡伦敦，和其他波兰流亡者一起继续从事反抗俄罗斯的活动。恰尔托雷斯基试图说服英国政府介入波兰事务，如果必要的话对俄罗斯宣战。他对帕默斯顿说，一场自由主义的西方与独裁残暴的东方之间的大战是必不可免的了。他的活动得到一些有影响力的自由派和恐俄派人士的公开支持，其中包括乔治·德莱西·埃文斯、托马斯·阿特伍德（Thomas Attwood）*、斯特拉特福德·坎宁和罗伯特·卡特拉尔·弗格森（Robert Cutlar Fergusson）†。这些人都在下议院发言，呼吁对俄罗斯宣战。帕默斯顿同情波兰人的事业，公开对沙皇的镇压行动表示了谴责，但是考虑到奥地利和普鲁士不大可能与俄罗斯对立，因为这两个国家手上也有波兰的领土，帕默斯顿认为"以武力捍卫英国的立场是不慎重的"，并有可能引发"一场欧洲大战"。把恐俄派斯特拉特福德·坎宁派往圣彼得堡担任英国大使（因其恐俄立场强硬，沙皇拒绝接见），以此宣示英国对俄罗斯在波兰行动的反对立场，已是英国政府愿意做的极限。恰尔托雷斯基对英国政府的无所作为感到失望，在 1832 年秋天离开伦敦前往巴黎。"他们对我们毫不在意，"他写道，"他们只顾自己的利益，不会为我们做任何事情。"[23]

　　恰尔托雷斯基在巴黎的朗贝尔旅馆（Hôtel Lambert）住下，这里是波兰流亡者的聚集地，组成了一个朗贝尔集团，差不多可以算是非正式的波兰流亡政府。朗贝尔集团积极开展活动，保持波兰流亡者对国家宪政理想的信心。这里也是波兰文化活动的中心，经常在此出现的包括诗人亚当·密茨凯维奇（Adam Mickiewicz）和作

* 英国政治活动家、经济学家，曾任国会议员。——译注
† 苏格兰律师和政客，曾任国会议员。——译注

曲家肖邦（Frédéric Chopin）。恰尔托雷斯基与英国外交官和政客
中支持对俄罗斯开战的人士继续保持密切联系，特别和斯特拉特福
德·坎宁建立了很深的友谊。19世纪三四十年代斯特拉特福德·坎
宁恐俄心态的日益增长，与此不无关系。恰尔托雷斯基在伦敦的代
表是瓦迪斯瓦夫·扎莫伊斯基（Władysław Zamoyski），他曾是俄
罗斯驻波兰总督康斯坦丁大公的副官，在波兰起义中担任过领导。
扎莫伊斯基在伦敦与庞森比和厄克特等人关系密切，甚至还为厄克
特的"雌狐"行动出资。毫无疑问的是，以坎宁和扎莫伊斯基等人
为渠道，恰尔托雷斯基一直在对帕默斯顿的思想施加较大的影响，
在19世纪三四十年代，帕默斯顿这位未来将带领英国走向克里米
亚战场的领导人逐渐接受了建立一个欧洲联盟反抗俄罗斯的想法。
与此同时，恰尔托雷斯基还与法国七月王朝（July Monarchy）的自
由派领袖们培养了密切的关系，特别是跟1836年担任首相的阿道
夫·梯也尔（Adolphe Thiers），以及1840年代的法国外交部长、
七月王朝最后一任首相弗朗索瓦·基佐（1847—1848年在任）联
系甚密。两人都意识到，波兰逃亡者可以为法国所用，成为其与英
国政府及公众建立友好关系的桥梁，改善双方之间的冷淡不信任状
态。在这一点上，恰尔托雷斯基在英法结盟上起了重要作用，后来
在1854年，正是这一联盟宣布与俄罗斯开战。

　　恰尔托雷斯基和朗贝尔集团的波兰流亡者也在推动法国的恐俄
风潮方面起了很大作用。在克里米亚战争爆发前的二十年左右时间
里，法国的恐俄情绪一直不断高涨。1830年代之前，法国人对俄罗
斯的看法还比较温和，有相当多的法国人曾跟随拿破仑到过俄罗斯，
对俄罗斯人的印象比较好，这些良好印象足以抗衡法国恐俄派的宣
传。这时候法国恐俄派的主要人物之一是天主教宣传家、政治家弗
朗索瓦—马里耶·德弗罗芒（François-Marie de Froment），他曾在

84

1817 年出版的《俄罗斯观察》（ *Observations sur la Russie* ）上警告俄罗斯扩张主义的危险。另一位著名的恐俄派人物是教士和政客多米尼克—乔治—弗雷德里克·德普拉特（Dominique-Georges-Frédéric de Pradt），他在 1823 年出版的《英俄两强并列对欧洲的影响》（ *Parallèle de la puissance anglaise et russe relativement à l'europe* ）中，把俄罗斯描述为"欧洲自由的亚洲之敌"。[24] 从 1830 年代开始，法国人对俄罗斯的态度发生了改变。沙皇对法国 1830 年七月革命持反对态度，引起了自由派和左派人士的憎恨，而俄罗斯的传统盟友、波旁王朝（Bourbon dynasty）的支持者又都是观点强硬的天主教徒，波兰问题让他们对俄罗斯日渐疏远。

在 1830 年代，一系列有关波兰历史与文化的作品在法国很受欢迎，波兰作为一个烈士国家的形象在法国人心中扎下了根。其中最具影响力的无疑是波兰诗人密茨凯维奇的作品《波兰朝圣者之书》（ *Book of Polish Pilgrims* ），被观点极端的天主教宣传家夏尔·蒙塔朗贝尔（Charles Montalembert）翻译成法语并作序，在出版时还附加了教士和作家费利西泰·罗贝尔·德拉梅内（Félicité Robert de Lamennais）写的《波兰赞歌》（"Hymn to Poland"）。[25] 法国对波兰争取国家解放事业的支持，也得益于两国同属天主教的事实。法国人对波兰天主教徒的同情，还扩大到白俄罗斯和乌克兰西部信奉东仪天主教（Uniate）的鲁塞尼亚人身上。1831 年，这些东仪天主教徒被强迫改信俄罗斯东正教，他们所遭受的宗教迫害在 1830 年代的法国并未引起很大注意，但是当这些迫害活动在 1840 年代早期蔓延到波兰会议王国时，法国的天主教舆论震怒了。当时广为流传的一些政治宣传手册呼吁发动圣战，解救"五百万"被俄罗斯强迫放弃信仰的波兰天主教徒。1842 年罗马教皇发布了针对"在俄罗斯帝国和波兰的土地上天主教徒遭受的迫害"的宣言，受此鼓舞，法国报刊也积极参与对俄罗斯的谴责。"今天波兰唯一剩下的是它的天主教信仰，于是沙皇尼古拉就对此下手了，"1842年10月，当时很有影响力的报纸《辩论日报》在其社论中这样写道，"他想要摧毁波兰作为一个国家所拥有的最后、也是最强的信念，夺走苦难的波兰人身上最后一点自由和独立的标志，消灭最后一个障碍，以便建立一个只有一个法律、一种道义、一种思想、一个信仰的庞大帝国。"[26]

　　1846年，明斯克（Minsk）一批修女被残暴对待的消息传到法国，法国人对沙皇迫害天主教徒的愤怒情绪达到了高潮。事情要从1839年说起，当年白俄罗斯波洛茨克（Polotsk）的教区会议（Synod）宣布解散当地的希腊天主教会，并将其名下产业全部转入俄罗斯东正教会。这一教会内部亲法的教士们曾积极支持1831年的波兰起义，但现在教区会议的领袖却是一名亲俄罗斯的主教谢马什科（Semashko）。他过去曾在明斯克一家有两百四十五名修女的修道院担任神父。在当上波洛茨克希腊天主教会主教之后，他做的第一件事就是命令这些修女改投俄罗斯东正教会。据后来传到法国的说法，当这些修女拒绝改变信仰时，谢马什科下令把她们抓起来，在她们的手脚上绑上铁链，押送到维捷布斯克（Vitebsk）。在那里，五十名修女被关进监狱，被迫穿戴铁镣做苦工，饱受虐待殴打。四名修女在1845年春逃了出来，其中一名是修道院院长、六十一岁的马克雷娜·米奇斯瓦夫斯卡（Makrena Mieczysławska）嬷嬷。她想办法来到波兰，得到波兹南（Poznan）大主教的协助，并在他助手的陪同下前往巴黎。在朗贝尔旅馆，她向波兰逃亡者讲述了所遭受的苦难，接着去往罗马并受到教皇格列高利十六世（Pope Gregory XVI）召见，这正好发生在1845年12月沙皇尼古拉一世访问梵蒂冈之前。据说尼古拉在与教皇会面之后，胸中充满羞耻与困惑：与教皇见面时，他矢口否认曾对鲁塞尼亚天主教徒进行迫害，然而教皇却拿出一份文件，上面有沙皇称赞谢马什科完成了他的"神圣使命"的字样。

明斯克"修女烈士"的遭遇最早发表在 1846 年 5 月的法国报纸《通讯报》（*Le Correspondant*）上，接着又在各种宣传手册上转载，在天主教地区广为流传。俄罗斯外交官和政府代表们试图说服公众马克雷娜的故事是编造的，但是梵蒂冈官方对她做了医学检查，确认她确实常年受到殴打。这一事件对法国天主教徒冲击很大、影响深远，坐实了沙皇有"向西方扩张传播东正教"的企图，并"采用武力"逼迫天主教徒改教。[27] 当法国与俄罗斯就圣地问题发生争执时，以上的看法对法国舆论产生了重大影响。*

与法国人对俄罗斯宗教迫害的恐惧相伴随的是他们对俄罗斯庞大军队扫除欧洲文明的担忧。恰尔托雷斯基的同伴之一，波兰流亡者瓦莱里安·克拉辛斯基伯爵（Count Valerian Krasinski）撰写出版了多份小册子，警告西方来自俄罗斯的威胁，声称俄罗斯意图建立一个从波罗的海到亚得里亚海，直至太平洋的帝国。"俄罗斯有很强的侵略性，"克拉辛斯基在其中一份小册子中写道，"只要看一下它在过去一个世纪侵占的土地就足以证明这一点。"他指出，自彼得大帝时期以来，俄罗斯已并吞了大半个瑞典，从波兰那里瓜分到的土地与奥地利帝国一样大，从土耳其人那里夺来的地盘比普鲁

86

---

* 在克里米亚战争爆发之前，这一事件同样影响了英国舆论。1854 年 5 月，《明斯克修女的真实故事》（"The True Story of the Nuns of Minsk"）在查尔斯·狄更斯（Charles Dickens）主编的周刊《家庭箴言》（*Household Words*）上发表，作者是弗洛伦丝·南丁格尔。南丁格尔曾于 1848 年在罗马与马克雷娜见面，写下了这位修女遭受的苦难，将材料存放在抽屉里。在锡诺普（Sinope）战役发生后，俄罗斯海军消灭了土耳其的黑海舰队，南丁格尔觉得这个故事能激励英国公众站起来反抗俄罗斯，于是重新取出这篇文字寄给了狄更斯，狄更斯将其改短之后发表在《家庭箴言》上。——原注

士王国还大，从波斯获得的领土面积和英国相仿。自第一次瓜分波兰以来，俄罗斯已将其边境线向维也纳、柏林、德累斯顿（Dresden）、慕尼黑和巴黎推进了一千三百七十公里，向君士坦丁堡推进了五百二十公里，离瑞典首都不过几公里远，而且还占领了波兰首都。他的结论是，为保护西方不受俄罗斯威胁，唯一的办法是重建一个独立而强大的波兰。[28]

法国文人德屈斯蒂纳侯爵（Marquis de Custine）的作品也起了推波助澜的作用，帮助法国人形成俄罗斯是一个富有侵略性和攻击性的国家的印象。他的游记《1839年的俄罗斯》（*La Russie en 1839*）写得很有娱乐性，从影响19世纪欧洲对俄罗斯的态度方面来看，没有其他文学作品能出其右。这部游记讲述的是一名法国贵族在俄罗斯旅行期间的印象和反思，1843年首次在巴黎出版，随后多次重印，很快成为国际畅销书。德屈斯蒂纳去俄罗斯的目的，就是为了写一部游记，希望以此造就自己的名声。在这之前他曾写过小说、剧本和故事，但都不太成功，游记文学是他成名的最后机会。

德屈斯蒂纳是一个虔诚的天主教徒，朗贝尔集团中有许多人是他的朋友。他一位波兰朋友的同父异母姐妹是俄罗斯宫廷中人，通过这层关系他进入了圣彼得堡的上流社会圈子，甚至还得到了与沙皇直接会面的机会，从而保证他的游记在西方一定会有市场。德屈斯蒂纳对波兰的同情态度，让他从一开始就对俄罗斯抱有反感。在圣彼得堡期间，他经常与自由派贵族和知识分子在一起，其中一些还改信了天主教，这些人对尼古拉一世反对变革的政策深为失望。1825年十二月党人（Decembrist）起义被镇压，六年之后波兰起义被镇压，这些自由派期待俄罗斯走上西方宪政道路的幻想破灭了。这种悲观情绪助长了德屈斯蒂纳对当时俄罗斯的阴暗印象，既鄙视

又惧怕：沙皇独裁专断，俄罗斯贵族却奴颜婢膝，在沙皇面前不过
是一群奴仆，他们以学会欧洲气派为荣，却掩盖不住其亚洲野蛮人
的本质。社会上个人自由与尊严缺失，充满着对真相的不屑和伪装。
和在他之前的许多西方旅行者一样，德屈斯蒂纳对俄罗斯政府所兴
建的任何东西都具有宏大的规模感到震惊，圣彼得堡本身就像"一
座纪念碑，宣告俄罗斯的降世"。他认为这种对宏大气派的钟爱，
反映了俄罗斯想要超越西方并统治西方的野心，俄罗斯人对欧洲既
嫉妒又仇恨，"就像奴隶恨主子一样"，这就是其侵略性的根源。他
写道：

> 酝酿在俄罗斯人心中的野心，是深切而广大的，这种野心
> 只能在饱受压迫的最底层滋生，在无处不在的悲苦中发芽。这
> 是一个因贫困而变得既好斗又贪婪的国家，因为长期在其他国
> 家的荣耀与财富面前感到羞辱屈从，继而对此产生痛恨。就像
> 一个奴隶，自己下跪着，却把公众与个人的自由看作丑恶与亵
> 神的行为，梦想着哪一天由自己来统治世界。

88

德屈斯蒂纳声称俄罗斯是上天"借用一个入侵者来惩罚欧洲文明"，
是给西方的一个警告："如果我们的奢侈和不公应该得到惩罚"，那
么欧洲将会屈服在野蛮人的统治之下。《1839年的俄罗斯》的最后
一段十分有名：

> 一个人如果想感受一下在欧洲国家享受到了什么样的自由，
> 他可以去俄罗斯，去那个没有自由的监狱，在那里待上一段时间，
> 不给他一丁点喘息的机会。如果你的孩子对法国感到不满，试
> 一下我的法子：让他们去俄罗斯。对于任何外国人来说，俄罗

斯之旅都很有意义，不论是谁，只要对那个国家做了认真的考察，都会乐于住在俄罗斯之外的任何地方。[29]

《1839年的俄罗斯》出版后，几年内就在法国再版了至少六次，在布鲁塞尔被盗版重印多次，被翻译成德语、丹麦语和英语，还被缩减成小册子以其他欧洲语言出版。总计起来，这本书共卖出了几十万册。在克里米亚战争爆发前夕外国人写的有关俄罗斯的作品中，这无疑是最受欢迎、最具影响力的一本。其成功的关键，是明确道出了当时在欧洲广为流行的对俄罗斯的恐惧和偏见。

在当时，对俄罗斯快速增长的军事力量的担忧已蔓延到整个欧洲大陆，俄国对波兰和多瑙河公国的入侵，加上其在巴尔干地区日益增长的影响力，让许多人担心《1839年的俄罗斯》所描述的斯拉夫人对西方文明的威胁即将成为现实。在德语地区，德屈斯蒂纳的书也非常受欢迎，许多小册子都声称尼古拉一世正在密谋建立一个跨欧洲的斯拉夫帝国。如果要保证德国的统一，就必须发动战争打击俄罗斯的气焰。一本1830年代早期匿名出版、名为《俄罗斯与文明》（*Russland und die Zivilisation*）的小册子重申了这一观点。 89 这本小册子后来被翻译成法语，以亚当·古罗华斯基伯爵（Count Adam Gurowski）的名义出版，是最早提出"泛斯拉夫"（pan-Slav）概念的作品之一，在欧洲大陆引发了许多讨论。古罗华斯基认为到当时为止，欧洲历史上一直只有两大文明：拉丁文明和德意志文明，但是上天授意俄罗斯给世界带来了第三个文明——斯拉夫文明。当德意志文明占主导地位时，斯拉夫国家，包括捷克、斯洛伐克（Slovakia）、塞尔维亚和斯洛文尼亚（Slovenia）等，都在衰落中。但是这些国家将会在俄罗斯的领导下统一起来获得重生，并进一步统治欧洲大陆。[30]

1840 年代，西方对泛斯拉夫主义的担忧主要集中在俄罗斯影响力日渐增长的巴尔干地区。奥地利对于俄罗斯对巴尔干和多瑙河公国的企图越发警惕，英国人也一样，他们在贝尔格莱德、布勒伊拉（Braila）、雅西等地设立领事馆，在推动英国贸易的同时监视俄罗斯人。当时最受关注的是俄罗斯对塞尔维亚政治的干预。1830 年塞尔维亚获得了在奥斯曼帝国实行自治的权利，奥布雷诺维奇家族的米洛什亲王（Prince Milos）成为世袭亲王。被称为"俄罗斯人党"（Russian Party）的一批亲俄人士希望俄罗斯能采取更多激进的外交政策支持巴尔干地区的斯拉夫运动，这些人的支持者遍布塞尔维亚贵族、教士、军人甚至宫廷，许多人对米洛什亲王的专断感到不满。英国的对策是支持米洛什政权，理由是一个亲英国的独裁者比一群亲俄罗斯的贵族高官掌权对英国有利，与此同时英国也向米洛什亲王施加压力推动宪政改革。俄罗斯对此的反应是通过自己的影响力挑动叛乱威胁米洛什政权，并于 1838 年迫使奥斯曼帝国当局同意《建制法》（Organic Statute），用以取代英国的宪政模式。《建制法》保证公民自由，但由终身制的贵族理事院而不是选举产生的议会来抗衡亲王的权力。因为大多数贵族理事是亲俄罗斯的，在 1840 年代，沙皇政府可以通过他们对塞尔维亚政府施加相当大的压力。[31]

很难说沙皇在巴尔干的所作所为，其背后的动机是什么。他坚称反对任何泛斯拉夫运动或是任何可能危及欧洲大陆、奥斯曼帝国和米洛什政权主权的民族主义运动。他对巴尔干地区进行干预，是为了防止民族主义革命波及俄罗斯统治下的其他斯拉夫国家，特别是波兰。在俄国内部，他公开谴责泛斯拉夫主义运动者是危险的自由派和革命分子。"以同情在其他国家遭受压迫的斯拉夫人为幌子，"他写道，"掩藏其拉拢斯拉夫人建立联盟的反叛想法，尽管这些斯拉夫人在友好的邻国中都有自己合法的公民身份。他们不遵从天意，而是试图用暴力来实现自己的意图，这样下去将会给俄罗斯带来灭顶之灾。"[32] "俄罗斯人党"被尼古拉视为重大威胁，在 19 世纪三四十年代曾被政治警察"第三科"（Third Section）密切监视。1847年，基辅的泛斯拉夫运动活动中心、圣西里尔和美多迪乌斯兄弟会（Brotherhood of Sts Cyril and Methodius）就曾被警方关闭。[33]

但是，沙皇是否坚持这些原则，则视具体情况而定。他会在基督教国家坚持这些原则；在伊斯兰国家，如果坚持这些原则便意味着与东正教徒对立，那就不是一回事了，例如他会支持希腊人起义反抗奥斯曼帝国。随着时间的推移，尼古拉越来越把捍卫东正教与俄罗斯的利益（在他看来这是一回事）置于欧洲协调以及神圣同盟的国际原则之上。于是，虽然他在政治理念上与哈布斯堡（Habsburg）王朝相似，并愿意支持他们治下的帝国，但这并不妨碍他鼓励奥地利帝国中塞尔维亚、罗马尼亚和乌克兰人的民族主义运动，因为这些人是东正教徒。而他对那里的天主教斯拉夫人（捷克、斯洛文尼亚、斯洛伐克、克罗地亚［Croats］和波兰人）的态度却没有那么积极。

至于奥斯曼帝国内的斯拉夫人，尼古拉起先不愿意支持他们的解放运动，但慢慢地不再那么反对了，原因是他相信欧洲土耳其的崩溃不可避免、随时可能发生。因此，为了维护俄罗斯的利益，必须与这些地方的斯拉夫国家建立联盟，为即将到来的领土重新划分做好准备。沙皇想法的改变只是战略上的变化，而非基本理念上的：如果俄罗斯不对巴尔干进行干预，则西方列强一定会插手，希腊即为一个先例，而且他们一定会将巴尔干国家改造成反俄罗斯、亲西方的政权。不过也有证据表明，在 1840 年代，尼古拉开始对斯拉夫派（Slavophiles）*以及泛斯拉夫运动中反映出来的宗教与民族情

*　指斯拉夫文化优越论者，抵制西欧国家对俄罗斯的影响。——编注

绪产生了认同。泛斯拉夫运动人士将神圣俄罗斯帝国想象为一个东正教的代表，这一点符合尼古拉对沙皇的国际使命的理解：

> 莫斯科、彼得大帝之城、康斯坦丁之城——
>
> 全都是俄罗斯沙皇治下的神圣之都……
>
> 但是，沙皇之土到哪里为止？哪里是俄罗斯的边疆？
>
> 向北、向东、向南、向太阳落山的地方？
>
> 未来的命运会告诉我们……
>
> 七个海洋、七条大河，都属于俄罗斯！
>
> 从尼罗河到涅瓦河（Neva），从易北河（Elbe）到阿穆尔河*——
>
> 从伏尔加河（Volga）到幼发拉底河，从恒河（Ganges）到多瑙河……
>
> 这些都属于俄罗斯沙皇……即使时光流逝，亦不会消失。
>
> 圣灵预知之，达尼尔（Daniel）†预言之。
>
> ——费多尔·丘特切夫
>
> 《俄罗斯地理》（"Russian Geography"），1849 年 [34]

泛斯拉夫主义最重要的思想家是米哈伊尔·波戈金（Mikhail Pogodin），他是莫斯科大学（Moscow University）的教授，还是富有影响力的《莫斯科人》（*Moskvitianin*，即 *Muscovite*）杂志的创办人、主编。通过教育部长谢尔盖·乌瓦罗夫（Sergei Uvarov）的介绍，波戈金进入了宫廷和政府高官的圈子。乌瓦罗夫还是波戈

---

* 原文为 China，指阿穆尔河（Amur）的别称 China。——译注

† 13 世纪俄罗斯君主。——译注

金的保护人，让他免遭警察的骚扰。在乌瓦罗夫的鼓动下，他在政府里的许多同事开始接受波戈金的理念，认同俄罗斯必须从宗教立场出发支持斯拉夫人的解放运动。在沙皇宫廷内，波戈金还有一位积极的支持者：安东宁娜·布卢多娃女爵（Countess Antonina Bludova），一位身居高位的俄罗斯政治家的女儿。俄罗斯王储亚历山大大公（Grand Duke Alexander）也对波戈金抱有同情态度。1838年，波戈金在一份呈送沙皇的备忘录中陈述了自己的想法，他认为历史就是上天选择的子民世世代代的传承，如果俄罗斯能够担当起上天赋予的使命，建立一个斯拉夫帝国，并带领其实现使命，那么未来就是属于斯拉夫人的。1842年他再次向沙皇呈上意见：

> 这是我们作为俄罗斯人、斯拉夫人、欧洲人、基督徒的使命！作为俄罗斯人，我们必须夺取君士坦丁堡以保障国土安全；作为斯拉夫人，我们必须解放几百万同宗同族、同一信仰的兄弟、施教者和施恩人；作为欧洲人，我们必须驱逐土耳其人；作为东正教徒，我们必须让十字架重新回到圣索菲亚的穹顶之上。[35]

92

尼古拉表面上依然反对这一理念。外交部长卡尔·涅谢尔罗迭坚称，如果俄罗斯表现出任何支持巴尔干地区斯拉夫人的迹象，必将疏离与奥地利这个最古老的同盟之间的关系，破坏与西欧各国的良好合作，造成俄罗斯被孤立。但是从沙皇写在波戈金文件页边上的文字上看，至少在私下里他是赞同波戈金的想法的。

* * *

俄罗斯对1848年革命的剧烈反应，加深了西方对它的恐惧。

1848 年 2 月，七月王朝被驱逐下台，法兰西第二共和国建立，左派们担心俄罗斯会派出军队支援反革命右派恢复巴黎的 "秩序"，所有人都认为俄罗斯会在这时入侵法国。"我在学俄语，" 剧作家普罗斯珀·梅里美（Prosper Mérimée）在给意大利友人的信中写道，"这样的话当我在杜伊勒里宫（Tuileries）* 遇到哥萨克人时，也许有助于我与他们交谈。" 那一年春天，当民主革命的浪潮波及德国和奥地利时，对许多人来说（拿破仑就曾这么说过），在这个十字路口上，整个欧洲要么变成共和国，要么被哥萨克骑兵征服。欧洲大陆的革命似乎将成为欧洲与俄罗斯和 "欧洲宪兵" 沙皇尼古拉之间的生死搏斗。德国的第一个议会——法兰克福全国议会新近当选的代表们就公开呼吁和法国建立联盟，创建一支欧洲军队以抵御俄罗斯的入侵。[36]

对德国和法国来说，波兰是抵御俄罗斯的第一道防线。1848 年春天，巴黎的全国议会上一直有人支持和呼吁发动战争恢复波兰独立。5 月 15 日，一群愤怒的示威者闯入议会抗议，他们听到谣传（后来证明是真的）说外交部长阿方斯·德拉马丁（Alphonse de Lamartine）已和俄罗斯人就波兰问题达成妥协。在示威者 "波兰万岁！" 的呼喊声中，激进派代表一个接一个地声明他们对发动战争解放波兰的支持，要求将波兰领土恢复到被列强瓜分前的边界，将俄罗斯人从波兰所有的土地上驱逐出去。[37]

接着在 7 月份，俄罗斯对罗马尼亚人在摩尔达维亚和瓦拉几亚发动的革命做出反应，更进一步激怒了西方。这场革命从一开始就是反俄的。俄罗斯人结束 1829—1834 年对这两个公国的占领，将

---

* 曾是法国王宫，在 1848 年革命中遭到抢劫和破坏。1851 年路易·波拿巴发动政变、改共和为帝制并自称拿破仑三世后，杜伊勒里宫再度成为皇宫。1871 年被焚毁。——编注

它们归还奥斯曼帝国前，在当地建立了亲俄政权。这些政权一直遭到罗马尼亚自由派和民族主义者的反抗，反抗的焦点最早是贵族议会。根据俄罗斯实施的《组织规程》，贵族议会的政治权利非常有限，例如公国总督就不是由议会选举产生，而是由沙皇任命的。1840年代，当温和派领袖扬·克珀尔内亚努（Ion Campineanu）等人流亡海外时，年轻一代的活跃分子接掌了民族主义运动的领导权。其中许多人是在巴黎受过教育的贵族子弟，他们组成秘密革命社团，模仿意大利烧炭党（Carbonari）和法国的雅各宾党人当年的活动方式。

1848年春天，这些革命社团中最大的一个"兄弟会"（Fratja）的活动公开化了，他们在布加勒斯特和雅西举行公共聚会，要求恢复被《组织规程》废除的权利。各种革命委员会开始形成。在布加勒斯特，由兄弟会组织的大规模示威迫使格奥尔基·比贝斯库亲王（Prince Gheorghe Bibescu）退位并支持组建临时政府。共和国宣布成立，发布了自由主义宪法，取代《组织规程》。俄罗斯领事逃到了奥地利治下的特兰西瓦尼亚。罗马尼亚三色国旗飘扬在布加勒斯特街头，接受民众欢呼，革命运动领袖呼吁各公国统一起来，建立一个独立国家。

这些事件让俄罗斯感到焦虑，担心革命会蔓延到俄罗斯领土上，于是在7月份，俄罗斯派出一万四千人的军队占领了摩尔达维亚，防止这里出现像布加勒斯特一样的革命政府，并从比萨拉比亚调动三万军队驻扎在瓦拉几亚边境，准备对临时政府发起攻击。

在此形势下，布加勒斯特的革命者向英国求援。英国领事罗伯特·科洪（Robert Colquhoun）一直在外交部的授意下积极鼓励反抗俄罗斯的民族主义运动。英国人并不想支持罗马尼亚独立，而是希望借此打击俄罗斯势力，恢复土耳其主权，建立一个更倾向自由主义的政府，从而更好地保护英国在这里的利益。英国驻布加勒斯

94

特领事馆是革命者的聚会地点之一。英国人甚至将波兰流亡者偷带进来，以组织一场在英国保护下，团结波兰、匈牙利、摩尔达维亚和瓦拉几亚人的反俄罗斯运动。[38]

科洪意识到阻止俄罗斯入侵是保证瓦拉几亚独立的唯一希望，于是在当地革命领袖与奥斯曼当局之间进行斡旋，希望说服土耳其人承认临时政府。他向奥斯曼帝国特使苏莱曼帕夏（Suleiman Pasha）保证布加勒斯特的临时政府将会忠于奥斯曼帝国——这当然是一个精心计算的谎言；他还指出以后一旦土俄间再次开战，有一个仇视俄罗斯的瓦拉几亚政府将对奥斯曼帝国有利。苏莱曼被科洪说服了，在布加勒斯特，他向欢呼的人群发表演讲，为"罗马尼亚国家"举杯庆贺，并声称一个"统一的摩尔达维亚和瓦拉几亚将会是扎在俄罗斯腹部的一支长枪"。[39]

在这样的举动面前，俄罗斯仿佛是公牛看到了红布。俄罗斯驻君士坦丁堡大使弗拉基米尔·蒂托夫（Vladimir Titov）要求苏丹立即停止与革命者的谈判并恢复瓦拉几亚的秩序，否则俄罗斯将进行干预。这一威胁足以让土耳其人的态度发生大转变。9 月初，新任特使福阿德·埃芬迪（Fuad Efendi）被派往布加勒斯特，并在俄国将军亚历山大·迪阿梅尔（Alexander Duhamel）的帮助下恢复秩序。福阿德带领一支一万两千人的部队进入瓦拉几亚，驻扎在布加勒斯特城外，三万从比萨拉比亚召集来的俄罗斯军队在迪阿梅尔的带领下同时赶到。9 月 25 日，两支军队联合向布加勒斯特进军，只在街道上遭遇小股反叛武装的抵抗，就轻易地占领了布加勒斯特。这场革命就此失败。

俄罗斯军队控制了整座城市，进行大规模搜捕，迫使几千名罗马尼亚人逃到国外，英国公民也被抓捕。被占领军扶持上台的亲俄政府禁止任何形式的公众集会，撰写任何政治议题的文章都构成犯

95

罪行为，要受到惩罚，甚至连私人信件都会被警察细读。"这里有一套侦听系统，"科洪在报告中写道，"任何人都不允许讨论政治，德语和法语报纸都被禁了……土耳其特使觉得有必要禁止所有人在公共场合谈论政治。"[40]

在协助恢复多瑙河公国的秩序之后，作为回报，沙皇要求奥斯曼帝国必须签署新的条约，扩大俄罗斯对这里的控制权。他的要求是敲诈性的：俄罗斯军队驻扎七年，俄土两国共同决定公国总督人选，允许俄罗斯军队通过瓦拉几亚前往特兰西瓦尼亚镇压匈牙利革命。斯特拉特福德·坎宁怀疑俄罗斯不达到完全并吞多瑙河公国的目的不会罢休，因此呼吁土耳其人对沙皇的要求保持强硬态度，但是他却不能向土耳其人保证一旦奥斯曼帝国与俄罗斯开战，英国会出手干预。他请求外交大臣帕默斯顿向俄罗斯发出威慑，派遣一支舰队宣示对奥斯曼帝国的支持。他相信为了阻止冲突爆发，这是必要之举。如果这次帕默斯顿听从了他的意见，英俄两国也许在克里米亚战争爆发前六年就已经开战了。但是帕默斯顿还是不愿意付诸行动，尽管对俄罗斯持强硬立场，他暂时还是愿意相信俄罗斯声明的军事干预多瑙河公国的动机，认为沙皇确实并不想并吞这些地方。也许帕默斯顿甚至欢迎俄罗斯出手恢复日益动荡的奥斯曼和奥地利帝国土地上的秩序。

没有英国的支持，土耳其政府没有其他退路，只能和俄罗斯进行谈判。根据1849年签署的《巴尔塔—利曼协定》（Convention of Balta Liman），沙皇的大部分要求都得到了满足：多瑙河公国的总督将由俄罗斯和土耳其人共同任命；贵族议会被取缔，由顾问理事会取而代之，受俄土两国监督；俄罗斯军队将驻守至1851年。这一法案事实上恢复了俄罗斯对这里的控制，公国政府的自治权被大大削减，比原来《组织规程》规定的还少。[41]沙皇认为，从此以后，

96

这些公国将完全处于俄罗斯控制之下，只是在他的酌情处理下土耳其才保留其主权，而且即使俄罗斯在 1851 年撤军，他依然可以随时派兵入侵，迫使高门做出更多让步。

俄罗斯这次干预多瑙河公国的成功，促使沙皇在 1849 年 6 月决定对匈牙利进行军事干预。匈牙利革命始于 1848 年 3 月，当时匈牙利议会（Hungarian Diet）在法德两国革命运动的激励下，由雄辩家拉约什·科苏特（Lajos Kossuth）带领，宣布自治，拒绝继续接受奥地利帝国哈布斯堡王朝的统治。匈牙利议会宣布了一系列改革行动，包括废除农奴制、控制国家预算、接管奥地利帝国军队中的匈牙利部队等等。当时奥地利政府正忙于应付维也纳革命，无暇他顾，接受了匈牙利的自治要求；但是在镇压了维也纳革命之后，帝国政府立即宣布解散匈牙利议会并对匈牙利宣战。在战斗中，匈牙利人获得了境内少数民族如斯洛伐克、德国和鲁塞尼亚人的支持，同时大批波兰和意大利人也自愿加入匈牙利军队，共同抗击奥地利帝国。双方打成了平手。1849 年 4 月，战事已成胶着状态，这时匈牙利也向奥地利宣战，争取独立。在此情况下，登基不久、年仅十八岁的奥地利皇帝弗兰茨·约瑟夫（Franz Joseph）向沙皇请求干预。

尼古拉立刻答应无条件出兵干预镇压匈牙利革命。对他来说，这是维护神圣同盟的责任。如果奥地利帝国崩溃，将对欧洲力量平衡产生严重影响。但是这一行动也是出于维护俄罗斯的利益，眼看着革命的浪潮从中欧向各处蔓延，特别是波兰也掀起了新的起义浪潮，沙皇觉得不能袖手旁观。匈牙利军队中有许多波兰流亡者，最出色的一些将领就是波兰人，其中有约瑟夫·贝姆（Jozef Bem）将军，他是 1830 年波兰起义时主要的军事领导人之一，在 1848—1849 年间率领匈牙利军队在特兰西瓦尼亚打败了奥地利军队。对尼古拉来

说，除非将匈牙利革命镇压下去，不然革命很可能会蔓延到加利西
亚（Galicia）。那里大部分是由奥地利控制的波兰领土，如果革命   97
蔓延至此，波兰将再次成为俄罗斯帝国面临的问题。

　　1849 年 6 月 17 日，十九万俄罗斯军队越过匈牙利边境进入
斯洛伐克和特兰西瓦尼亚。带领俄罗斯军队的是帕斯克维奇将军，
1831 年曾率俄军对波兰起义进行残酷打击。进入匈牙利后，俄罗斯
军队对当地人民发动了一系列猛烈的攻击，俄军本身也因病疫，特
别是霍乱而损失惨重。但是匈牙利军队人数远远少于俄军，经过八
个星期的抵抗后，大部分人于 8 月 13 日在维拉古什（Vilagos）投降，
然而有五千名左右的军人，其中包括八百名波兰军人，逃到了奥斯
曼帝国，大部分到达瓦拉几亚，在那里有部分土耳其军队依然在和
俄罗斯军队作战，拒不接受《巴尔塔—利曼协定》的规定。

　　沙皇倾向于宽大处理匈牙利革命的领袖，反对奥地利帝国对革
命者的疯狂报复。但是他决心一定要抓住逃亡的波兰人，特别是匈
牙利军队中的波兰将领，担心这些人会领导下一次波兰起义。8 月
28 日，沙皇向土耳其政府发出要求，强令必须引渡那些逃到奥斯曼
帝国的波兰人。奥地利则要求引渡逃到奥斯曼帝国的匈牙利人，其
中包括匈牙利议会领袖科苏特。科苏特当时已成为土耳其人的座上
宾。虽然根据国际法，奥斯曼帝国应该引渡罪犯，但是土耳其人没
把这些流亡者看作罪犯，反而很高兴在自己的土地上款待这些反抗
俄罗斯的战士，给予他们政治庇护，就像西方国家在 1831 年给予
波兰流亡者政治庇护一样。土耳其人在英法的鼓励下，拒绝在俄罗
斯和奥地利的压力面前低头，两国因此断绝了与高门的关系。应
土耳其人军事援助的请求，英国在 10 月份派出马耳他中队（Malta
Squadron）前往达达尼尔海峡外的贝希克湾，一支法国舰队也被派
来会合。各方剑拔弩张，西方列强与俄罗斯之间的大战一触即发。

　　此时英国公众在匈牙利难民问题上已群情激愤，匈牙利人反抗沙皇军队暴行的英勇斗争再次激发了英国人强烈的反俄情绪。在媒体上，匈牙利革命被美化成 1688 年光荣革命（Glorious Revolution）的再现。在光荣革命中，英国议会推翻了詹姆斯二世（James II）的统治，创立了君主立宪制。在英国人眼中，科苏特是一个非常"英国"的革命者：他是一个持自由主义观点的绅士，支持一个启蒙开智的贵族阶层，为议会民主和宪政原则而战。两年之后，当他到英国做巡回演讲时，受到了大批民众英雄般的欢迎。匈牙利和波兰难民被视作浪漫的自由斗士。卡尔·马克思（Karl Marx）于 1849 年作为政治流亡者来到伦敦，在这里发起政治运动，视俄罗斯为自由的敌人。俄罗斯军队在匈牙利和多瑙河公国种种镇压与暴行的报道传到英国，让英国人感到非常厌恶。当帕默斯顿下令派出军舰前往达达尼尔海峡协助土耳其人对抗俄罗斯时，英国人感到欢欣鼓舞。这种强硬的外交政策，随时准备为维护英国的自由主义价值而在全球任何地方进行干预的立场，正是英国中产阶级对政府的期待，这在唐·帕西菲科（Don Pacifico）事件中也体现了出来。*

98

　　英法舰队的到来促使沙皇与奥斯曼帝国当局在难民问题上达成妥协。土耳其人保证采取措施让波兰难民远离俄罗斯边界，这一让步和西方国家认可的政治庇护原则相吻合；作为交换，沙皇不再要求引渡这些难民。

---

* 1850 年，帕默斯顿派出皇家海军舰队封锁雅典港以支持唐·帕西菲科，此举受到了英国公众的赞扬。唐·帕西菲科是一位居住在雅典的英国公民，他的住宅在一次反犹太人的暴乱中被烧毁，他因此向希腊政府提出申诉要求赔偿。唐·帕西菲科是一位葡萄牙犹太人的后裔，案发当时是葡萄牙驻雅典的领事，但是他在直布罗陀出生，因此根据"英国公民"原则（Civis Britannicus Sum）他就是英皇子民。帕默斯顿就是以此为理由，为自己派出舰队的举动辩护的。——原注

就在双方快要达成协议时，从君士坦丁堡传来消息，斯特拉特福德·坎宁对 1841 年伦敦协定做了一番非官方的解读，认定驶到达达尼尔海峡的英国舰队如果遭遇大风，可以进入避风港。英国舰队 10 月底抵达这里时，刚好发生大风，就以此为借口停留在达达尼尔海峡。尼古拉对此非常恼怒，命令俄国大使蒂托夫通知高门，俄罗斯舰队在博斯普鲁斯海峡拥有同样的权利。这一应对十分高明，因为如果俄罗斯舰队从博斯普鲁斯海峡向君士坦丁堡发起攻击，英国舰队还需要很长时间才能从达达尼尔海峡赶来。帕默斯顿让步了，他就此事向俄方道歉，并重申英国政府致力遵守 1841 年伦敦协议。英法撤走舰队，战争威胁再一次被消除。

在帕默斯顿道歉的消息传到之前，沙皇在圣彼得堡向英国特使做了一番讲话。这番话揭示了尼古拉当时的心态，那时候距离他向西方列强开战只有四年的时间了。

> 我难以理解帕默斯顿勋爵的做法。如果他想向我开战，完全可以堂堂正正地宣战。俄英交战，对两国都是不幸之事，但是我已不得不接受现实。然而他没有必要在我身边跳来跳去玩把戏，这不是一个伟大国家应有的做法。今天奥斯曼帝国依然存在，那是因为我的努力。如果哪一天我决定收手不再保护和维系奥斯曼帝国，它马上就会崩溃。

12 月 17 日，沙皇命令普佳京上将（Admiral Putiatin）准备一个突袭达达尼尔海峡的应急方案：当俄罗斯再次卷入多瑙河公国危机时，尼古拉希望确保俄罗斯海军的黑海舰队能阻止英军进入达达尼尔海峡。他还批准建造四艘昂贵的蒸汽战舰用以实现这一计划，显示了他的决心。[42]

在英国方面，帕默斯顿的让步对斯特拉特福德·坎宁来说是一个重大打击，因为他急切地希望英国打一场决定性的战争，彻底打消俄罗斯继续干预多瑙河流域公国事务的念头。1849 年以后，尽管对土耳其的自由化改革依然存有疑虑，但坎宁越来越坚持通过加速改革来巩固奥斯曼帝国在摩尔达维亚和瓦拉几亚的实力，并通过加强土耳其军队的实力来对抗俄罗斯的威胁。帕默斯顿同样认同多瑙河流域公国的重要性，在 1848—1849 年的危机之后，他也开始支持采用更激进的措施帮助土耳其抵御俄罗斯的入侵。

下一次沙皇派兵入侵多瑙河流域公国是为了迫使土耳其在圣地纠纷上让步，但那时的国际局势已大不相同，沙皇的行动终将引发一场大战。

第四章

欧洲和平的终结

　　1851 年 5 月 1 日，万国博览会（Great Exhibition）在伦敦海
德公园（Hyde Park）开幕。博览会期间，共有六百万人次，相当
于当时英国人口的三分之一，前来水晶宫（Crystal Palace）参观。
水晶宫是当时世界上最大的玻璃建筑，里面陈列着一万三千件来自
世界各地的机械产品、手工制品和其他各式各样的东西。在经历了
二十多年的社会和经济动荡之后，万国博览会似乎在向世人展示
建立在英国工业化和自由贸易原则基础上的繁荣和平前景。水晶
宫本身就是一个建筑上的奇迹，证明了英国在工程制造上的创造
力。与此相呼应，水晶宫内部的展品也在向世人呈现：在每一个工
业领域，英国都领先世界。水晶宫象征的是"不列颠治世"（Pax
Britannica），一个英国希望在欧洲乃至全世界广为宣传的形象。

　　对和平唯一的威胁似乎来自法国。1851 年 12 月 2 日，在拿破
仑 1804 年登基的纪念日，法兰西第二共和国总统路易－拿破仑发动
政变，宣布废除宪法，自立为独裁者。次年 11 月，通过全民公决，

法兰西第二共和国正式变成第二帝国。1852 年 12 月 2 日，路易−
拿破仑登基，成为拿破仑三世（Napoleon III）。

　　拿破仑三世登基的消息让欧洲列强警惕起来。英国人担心
拿破仑扩张主义死灰复燃，议员们要求召回里斯本中队（Lisbon
Squadron）防卫英吉利海峡。拉格伦勋爵（Lord Raglan）——未
来克里米亚战争中的英军首领——在 1852 年的夏天一直在规划，
一旦法国海军发起进攻，应该如何保卫伦敦。在整个 1853 年，这   101
一任务依然是英国海军计划的重点。奥地利外交部长布奥尔伯爵
（Count Buol）强烈要求拿破仑公开声明其和平意向。沙皇的要求
则带有羞辱性，要拿破仑宣布没有任何对外扩张的企图；同时还向
奥地利保证，一旦法国入侵，俄罗斯将提供六万军队给予支援。为
了化解列强的担忧，拿破仑于 1852 年 10 月在波尔多（Bordeaux）
发布声明："那些不信任我的人说，皇帝意味着战争；但是我说，
皇帝意味着和平。"[1]

　　事实上，人们对路易−拿破仑抱有疑虑并非没有道理。当时的
欧洲格局就是在拿破仑战败之后，为了遏制法国而设置的，很难想
象拿破仑三世会对此满意。他确实获得了法国人真诚而广泛的拥戴，
但这是因为他善于激发民众对拿破仑时代的美好回忆，虽然从各方   102
面讲他都比不上他伯父。他身躯庞大却不自然、瘸腿、唇上留着小
胡子、下巴上一把山羊胡，看上去更像一个银行职员，而不是拿破
仑·波拿巴再世。1855 年，维多利亚女王第一次见到拿破仑三世后，
她在日记中形容他"非常矮小，但是脑袋和胸口很大，仿佛本应该
长在一个远比他高大的人身上"。[2]

　　拿破仑三世制定外交政策时的动机，在很大程度上是为了遵循
波拿巴主义者（Bonapartist）的传统。他的目标是即使不能恢复他
伯父的荣耀，也至少要将法国变为一个广受尊重、有影响力的国家。

路易－拿破仑，1854年

他希望能改变 1815 年确定的欧洲格局，将欧洲变成一个自由国家组成的家庭，正如拿破仑一世所展望的那样。他认为可以通过与英国结盟来实现这个目标。他的政治密友、内政部长德佩尔西尼公爵（Duc de Persigny）曾于 1852 年在伦敦待了一段时间，他说服拿破仑三世英国已不再由贵族把持，而是受新兴的"布尔乔亚势力"主导，这股势力将来也将主导整个欧洲大陆。通过与英国结盟，法国将可以"发展出一套伟大光荣的外交政策，为过去的失败复仇。与英国结盟比在滑铁卢重打一仗更能让我们得益"。[3]

而俄罗斯却不一样，法国可以通过和俄罗斯打一仗来恢复国家荣誉。过去与俄罗斯打交道的种种记忆：拿破仑从莫斯科撤退、随后的军事失败、俄罗斯军队占领巴黎等等，一直让法国人感到悲痛羞辱。俄罗斯还是 1815 年制定的欧洲格局以及法国波旁王朝复辟的主要推动者。在法国人看来，沙皇是自由的敌人，是在欧洲版图上发展自由国家的障碍。而且尼古拉还是唯一一个不承认拿破仑三世的欧洲君主。英国、奥地利和普鲁士都愿意承认他的君主地位，即使奥地利和普鲁士不太情愿；但是尼古拉却拒绝承认，理由是皇帝是天命的，而不是全民公投选出来的。沙皇在称呼拿破仑三世时，故意用"我的朋友"（mon ami）而不是欧洲君主间互称时惯用的"我的兄弟"（mon frère），以显示他对拿破仑三世的轻蔑。*拿破仑三世身边的一些幕僚，特别是德佩尔西尼，希望他能借这个机会断绝与俄罗斯的关系。但是拿破仑三世不想让私人争吵成为其统治的起点，于是反唇相讥道："兄弟是天定的，但朋友是可以选择的。"[4]

103

在拿破仑三世看来，与俄罗斯在圣地问题上的纠纷可以为他所用，把因 1848—1849 年革命而分裂的法国团结起来。如果法兰西第二帝国能够为了自由而和俄罗斯这个"欧洲宪兵"打一仗的话，左派革命势力就能因其"为自由而战"而支持他，接受拿破仑三世发动政变和登基称王的行为；同时天主教右派也会继续支持他，因为他们一直在推动发起圣战，消灭威胁基督教和法国文明的东正教异端。

正是在这一背景下，拿破仑三世任命了持极端天主教立场的瓦莱特担任驻君士坦丁堡大使。瓦莱特是"奥赛码头"（Quai d'Orsay），

---

* 奥地利和普鲁士原来同意效仿俄罗斯，但后来让步了，担心此举会造成与法国关系的破裂。他们找到了一个折中的办法，即称拿破仑三世为"我的兄弟君"（monsieur mon frère）。——原注

即法国外交部内一个势力很大的教士游说集团的成员。据德佩尔西尼称，这一集团一直在运用其影响力，夸大圣地纠纷的后果。

> 我们的外交政策经常受到一个教士游说组织的干扰，这个组织已经慢慢渗透到外交部的密室中。12 月 2 日的行动未能将其清除，它反而变得越发大胆，趁着我们忙于处理国内事务，将我国外交政策与圣地复杂的纠纷缠绕在一起，取得的一丁点成功都被自吹自擂为民族的胜利。

在与俄罗斯的争执中，瓦莱特态度咄咄逼人，宣称拉丁人在圣地的权利已"清楚地确定了"，并召来法国舰队为自己撑腰，在法国的极端天主教媒体上赢得一片喝彩。拿破仑三世本人在圣地纠纷上的立场则温和一些，他曾向外交部首席政治顾问爱德华·安托万·德图弗内尔（Édouard Antoine de Thouvenel）坦陈自己对这些纠纷的细节所知甚少，并对宗教冲突"被闹大到不成比例的地步"感到遗憾。圣地纠纷确实被闹得太大，但是拿破仑三世在国内需要取得天主教舆论的支持，在外交事务上需要联合英国对抗俄罗斯，这意味着他并无动力约束瓦莱特的挑衅行为。直到 1852 年春天，因英国外交大臣马姆斯伯里勋爵（Lord Malmesbury）的抗议，拿破仑三世才将瓦莱特从君士坦丁堡召回。但即使在召回瓦莱特后，法国依然继续执行炮舰政策迫使苏丹让步，相信会因此激怒沙皇，并希望这样能迫使英国与法国结盟，共同对抗俄罗斯侵略。[5]

法国的炮舰政策起了作用。1852 年 11 月，高门发布一项新的裁决，允许天主教教士持有伯利恒圣诞教堂的大门钥匙，他们可以自由出入马槽祈祷堂和圣诞石窟。当时斯特拉特福德·坎宁正在英国，而留在君士坦丁堡的英国代办休·罗斯上校（Colonel Hugh Rose）对高门为什么会发布这项裁决的解读很简单：法国最新的蒸汽炮舰"查理曼大帝号"（*Charlemagne*）可以以每小时 8.5 海里的速度从地中海驶来，其姊妹舰"拿破仑号"（*Napoleon*）时速可达十二海里，这意味着技术落后的土耳其和俄罗斯舰队联起手来都不是法国舰队的对手。[6]

　　土耳其向法国人做出的让步令沙皇非常恼怒，威胁说自己同样会使用武力。12 月 27 日，他命令从比萨拉比亚的第四、第五军团调动三万七千人，准备对君士坦丁堡发起闪电进攻；另外调动九万一千人，准备对多瑙河流域公国和巴尔干其他地区同样发起进攻。沙皇亲自下了命令，事先没有和外交部长卡尔·涅谢尔罗迭、战争部长多尔戈鲁科夫亲王（Prince Dolgorukov）商量，他甚至都没有和政治警察"第三科"负责人奥尔洛夫伯爵讨论这一决定，而当时两人几乎每天都会见面商讨事务。在俄国高层还有传言说沙皇准备肢解奥斯曼帝国，第一件事就是要占领多瑙河流域公国。在一份写于 1852 年底的备忘录中，沙皇明言其瓜分奥斯曼帝国的计划：俄罗斯将占领多瑙河流域公国和位于三角洲的多布罗加（Dobrudja）地区；塞尔维亚和保加利亚将成为独立国家；亚得里亚海岸归奥地利所有；塞浦路斯（Cyprus）、罗德岛（Rhodes）和埃及归英国；法国会得到克里特岛；希腊将得到周围的岛屿，成为一个地域更大的国家；君士坦丁堡将成为一个不设防的城市，受国际条约保护；而土耳其人则将被从欧洲驱赶出去。[7]

　　此时沙皇开始了与英国的新一轮谈判，如果俄罗斯与法国在近东地区发生冲突，英国的态度将起到决定性作用，因为英国拥有比任何国家都强大的海军舰队。沙皇依然相信在 1844 年访问期间，他与英国人已达成了谅解，现在他可以请英国人来约束法国，保证

105

俄罗斯凭借条约在奥斯曼帝国拥有的权利。他还希望能说服英国人，让他们相信瓜分土耳其的时候到了。在1853年2、3月间，沙皇与英国驻圣彼得堡大使西摩勋爵（Lord Seymour）举行了多次会谈。"我们面对的是一个病人，"他的话题从土耳其开始，"他已病入膏肓。如果我们让他就此离去，特别是在善后工作还没有做好之前，那将非常不幸。"在奥斯曼帝国"分崩离析"之际，英国与俄罗斯之间达成协议，有计划地瓜分领土将是"非常重要"的。这样至少能阻止法国派兵到近东地区，一旦法国派兵，俄罗斯也将不得不派兵进驻奥斯曼帝国领土。"如果英国和俄罗斯达成了协议，"沙皇对西摩说，"那么其他国家怎么想、怎么做都无关紧要了。"沙皇还"以一名绅士的身份"保证俄罗斯已放弃了叶卡捷琳娜的领土野心，他并不愿意征服君士坦丁堡，而想让其成为一个国际城市；但是为了实现这一目标，他不能让英国或法国军队控制这个城市。在奥斯曼帝国崩溃的混乱中，他将不得不作为托管人（dépositaire）暂时占领君士坦丁堡，保证土耳其不会分裂成为许多共和制小国，成为科苏特、马志尼（Mazzini）*这些欧洲革命者的避难所。"我无法放弃我神圣的职责，"沙皇强调，"俄罗斯的宗教来自近东，这些感情、这些责任，我们永远不能抛诸脑后。"[8]

　　西摩对沙皇瓜分奥斯曼帝国领土的计划并不感到震惊，在发给外交大臣罗素勋爵的第一份报告中，他甚至对此表现出欢迎态度。他写道，如果俄罗斯和英国"这两个最关注土耳其命运的"基督教大国能够占领欧洲原来被穆斯林统治的地区，这将是"19世纪文明世界取得的高贵胜利"。在阿伯丁勋爵领导下的联合政府中，许多人，包括罗素以及财政大臣威廉·格拉德斯通（William

106

---

*　19世纪意大利革命者。——译注

Gladstone），都对英国眼看着土耳其人迫害基督徒，却继续扶持奥斯曼帝国的做法有所保留。但是另外一些人则对坦齐马特改革十分热衷，希望给他们更多时间。拖延当然对英国有利，因为它被夹在俄罗斯和法国中间，而这两个国家它都不信任。"俄罗斯人指责我们太亲法国，"维多利亚女王对这个问题看得很透彻，"而法国人又指责我们太向俄罗斯人靠拢。"英国政府内阁拒绝接受奥斯曼帝国即将崩溃的看法，并决定不会为这样的假想局面设计应急措施。他们认为，设计应急措施这一动作本身就可能鼓舞奥斯曼帝国内的基督徒起义然后遭受镇压，进一步加快奥斯曼帝国的灭亡。英国政府和议会中，甚至有人对沙皇一再坚持奥斯曼帝国即将崩溃产生疑心，认为沙皇正在密谋操作推翻奥斯曼帝国。正如西摩在 2 月 21 日与沙皇会面后的记录中所指出的那样："如果一位君主如此坚定地认为他的邻国即将灭亡，那么他心中一定知道他能够控制邻国倒下的时间。"[9]

在后来与西摩的谈话中，沙皇对自己瓜分奥斯曼帝国的方案越来越有信心，甚至还透露了更多细节。他将会把土耳其变成一个傀儡国家，就像他对待波兰那样；他会给予多瑙河流域公国、塞尔维亚和保加利亚独立地位，但将它们置于俄罗斯保护之下；他还宣称自己已获得奥地利的支持。"你要明白，"他对西摩说，"当我说俄罗斯会如何行动时，我知道奥地利也会采取同样的行动。符合一国的利益的行动，必然也符合另一国的利益。在土耳其问题上，两国的利益完全一致。"西摩对沙皇"鲁莽冲动"的计划日益厌恶，他觉得沙皇似乎打算把宝都押在与土耳其一战获胜之上，他将此归咎于沙皇在位近三十年积累起来的傲慢。[10]

沙皇的信心肯定也缘于他误判了英国政府对他的支持。他觉得在1844年访问伦敦期间,他与阿伯丁勋爵之间建立了某种情感联系。

当时阿伯丁勋爵是外交大臣，现在已成为英国首相，是英国领导人中最亲俄的一个。阿伯丁在圣地纠纷上对俄罗斯的支持，被尼古拉解读为英国赞同他对奥斯曼帝国的瓜分方案。俄罗斯大使布鲁诺夫男爵在 2 月份发回的一份报告中告知沙皇，说阿伯丁在一次随意的对话中谈到奥斯曼帝国政府是世界上最恶劣的政府，英国一点都不愿意继续扶持它。1853 年春天，在看到这份报告后，尼古拉相信已不用担心英国会与法国结盟。在与西摩的会谈中，他越来越多地谈到应该对法国和土耳其采取激进立场。[11] 然而与此同时，在东方问题上，阿伯丁在英国内阁中日益孤立，沙皇对此却一无所知，他完全不了解英国政府的政策正在走向反俄的方向。

　　为逼迫苏丹恢复俄罗斯在圣地上的特权，1853 年 2 月，沙皇向君士坦丁堡派出了一位特使。特使人选是沙皇特意选择的，反映了尼古拉采取军事行动的倾向性：担任特使的不是经验丰富的外交官，而是一名军人。六十五岁的亚历山大·缅什科夫亲王（Prince Alexander Menshikov）曾参加过 1812 年的俄法战争，在 1828—1829 年对土耳其的战争中担任海军将军，被加农炮炮弹打掉了睾丸。他曾作为一名海军官员参与制定封锁土耳其海峡的方案，在 1831 年担任芬兰总督，还参加了对波斯的谈判。根据西摩的估计，缅什科夫是一个"知识丰富的人"，"在沙皇身边的人中，他可能比其他任何人都具独立精神。他的讽刺性观察显露出其思维上奇异的变化，这让他在圣彼得堡颇不得待见"。但是缅什科夫亲王缺乏对土耳其人采取怀柔政策所需的技巧和耐心，这一点在西摩看来是值得注意的。

　　　　如果必须派一名军人到君士坦丁堡，那么没有比他更好的人选了。但是不得不注意的是，沙皇派一名军人担任特使本身就具有某种意义，而且如果与土耳其人的谈判没有进展，谈判者可以立即成为军队指挥官，有权召集并统领十万军人。[12]

缅什科夫的使命是要求苏丹撤销 1852 年 11 月份发布的偏向天主教的法令，恢复希腊教士对圣墓教堂的特权；作为赔偿，苏丹还必须发布一项正式公告（sened），保证俄罗斯作为圣地乃至整个奥斯曼帝国内东正教的代表。在俄罗斯人看来，这一权利在 1774 年的《库楚克开纳吉和约》中就已经说明了。缅什科夫还得到授权可以向苏丹建议，一旦法国抗拒希腊教士对圣墓教堂的控制权，俄罗斯将派出一支海军舰队和四十万士兵支援苏丹对抗西方列强入侵，条件是苏丹在行使主权时倾向东正教。根据缅什科夫在其日记中的记述，他受命统领海军和陆军，同时担任"战争与和平全权特使"之职。他收到的指令是对苏丹好言相劝，但同时亦不妨以武力相逼。沙皇已经批准了一项军事方案，命令十四万俄军集结在俄罗斯与多瑙河流域公国的边境上，一旦土耳其人拒绝缅什科夫的要求，便即刻出兵占领。他同时还准备派出黑海舰队和陆军威胁君士坦丁堡，逼迫苏丹就范。在出发前往君士坦丁堡之前，缅什科夫于 2 月 28 日在塞瓦斯托波尔登上"雷霆号"（*Thunderer*）蒸汽护卫舰，高调检阅了俄罗斯海军舰队。在抵达君士坦丁堡时，他受到了一大群专程赶来的希腊居民的欢迎。他的一大批随从中有第四军团的参谋长涅波科伊奇茨基将军（General Nepokoichitsky）和黑海舰队参谋长弗拉基米尔·科尔尼洛夫中将（Vice-Admiral Vladimir Kornilov）。科尔尼洛夫的任务是刺探土耳其人在博斯普鲁斯海峡和君士坦丁堡的布防，为俄军舰队的闪电进攻做准备。[13]

缅什科夫的要求事实上是不可能得到满足的，沙皇却认为他有可能成功，这说明尼古拉的想法已经多么地脱离现实。公告草稿由外交部长涅谢尔罗迭准备，所涉及的范围已完全超出了圣地纠纷。俄罗斯提出的要求相当于签署一份新的条约，将奥斯曼帝国境内所有希腊教堂置于俄罗斯保护之下，每一位东正教牧首均将由俄罗斯终身任命，高门完全没有话语权。对奥斯曼帝国来说，它的欧洲领土不仅将成为俄罗斯的保护地，而且将实际上成为俄罗斯的附庸，生活在其军事威胁的阴影之下。

即使沙皇的计划本身还有一点成功的希望，也被缅什科夫在君士坦丁堡的举动给彻底破坏了。抵达两天后，他就打破外交惯例，没有穿军装礼服，而是一身普通装束，套上一件大衣就去参加高门主办的欢迎仪式了，这对主人来说是一种侮辱。在会见首相穆罕默德·阿里时，缅什科夫要求首相立即撤销外交部长福阿德·埃芬迪的职务，因为就是他在 1852 年 11 月屈从法国压力授予天主教教士圣墓教堂大门钥匙的。除非埃芬迪被撤换，换上一个亲俄罗斯的外交部长，否则缅什科夫拒绝与高门谈判。为了羞辱埃芬迪，缅什科夫故意在大庭广众之下对他不予理睬，借此向世人宣示任何仇视俄罗斯的高门部长"即使在苏丹的宫殿也会被羞辱和惩罚"。[14]

缅什科夫的行为让土耳其人目瞪口呆，但是俄罗斯在比萨拉比亚的军事集结让他们十分担忧，于是不得不屈从于缅什科夫的要求，不仅撤换了埃芬迪，甚至在任命他的继任者里法特帕夏（Rifaat Pasha）之前还让俄罗斯译员代表缅什科夫对他进行了面试。但是缅什科夫依然仗势欺人，威胁高门说如果俄罗斯的所有要求不能立即得到满足，他将断绝两国关系。他的这一做法却适得其反，土耳其高官此时更倾向于向法国和英国求助，帮助他们抵制俄罗斯的威胁，因为俄罗斯的种种要求已危及土耳其的主权。

缅什科夫抵达君士坦丁堡之后不过一个星期左右，他对高门提出的要求就被土耳其官员泄露或是出卖给了所有西方国家的大使

馆。穆罕默德·阿里对局势感到十分焦虑，秘密向英法两国全权代
办求助，请求两国派出舰队前往爱琴海地区以备君士坦丁堡遭到俄
罗斯入侵。英国全权代办罗斯上校对缅什科夫的行为特别警觉，他
担心俄罗斯即将把一个新的《帝国码头条约》强加在土耳其人身上，
"更糟糕的情况"是俄军占领达达尼尔海峡，这将是对1841《海峡
公约》（Straits Convention）的公然违背。他相信自己必须马上采   110
取行动，不能坐等斯特拉特福德·坎宁回到君士坦丁堡才做决定。
坎宁在1月份辞职回到伦敦，2月份又被阿伯丁勋爵政府重新任命
为驻君士坦丁堡大使，但是当缅什科夫已抵达君士坦丁堡时，坎宁
尚未就任。于是在3月8日，罗斯通过蒸汽快船向驻马耳他的海军
中将詹姆斯·邓达斯爵士（Sir James Dundas）传递信息，请他率
领海军中队前往伊兹密尔（Izmir）附近的乌尔拉（Urla）。邓达斯
在没有得到来自英国政府的确认之前不愿意执行这一命令。在伦敦，
几个政府大臣于3月20日会面讨论了罗斯的请求，这些人后来在
克里米亚战争中成为"核心内阁"的成员。*他们对俄罗斯在比萨拉
比亚的军事集结、"在塞瓦斯托波尔集结大批舰船"，以及缅什科夫
对高门使用的"敌对性语言"感到担忧。罗素勋爵相信俄罗斯正准
备摧毁土耳其，因此倾向于同意派出英国舰队前往博斯普鲁斯，占
领君士坦丁堡，这样英法两国能以维护《海峡公约》为由在黑海和
波罗的海向俄罗斯海军发起全面进攻。罗素背后有时任内政大臣帕
默斯顿的支持，如采取这样的行动，大部分英国公众也会站在他这
一边。但是参加讨论的其他几位高官倾向于谨慎行事，他们担忧的
是法国，因为当时法国依然被视为英国的军事威胁，他们也不同意

---

* 成员包括首相阿伯丁勋爵、下议院院长约翰·罗素勋爵、外交大臣乔治·克拉伦登勋爵
（Lord George Clarendon）、海军大臣詹姆斯·格雷厄姆爵士（Sir James Graham），以及内
政大臣帕默斯顿。——原注

罗素提出的建立英法联盟能够压制法国蒸汽舰队挑战英国海上霸权的看法。他们的观点是，法国这次是在故意挑衅俄罗斯，而俄罗斯确实应该在圣地纠纷上获得对方让步，他们还相信俄罗斯驻伦敦大使布鲁诺夫男爵以"一名绅士"的名义对俄罗斯和平愿望做出的保证。因为这些理由，伦敦方面拒绝了罗斯的请求。这几名内阁大臣指出，作为一名全权代办，罗斯没有权力召集舰队、在战争与和平这样的问题上做出决策，罗斯擅自请求英军支援的行动属于因"土耳其政府的警报……以及俄罗斯军舰压境的谣传"而贸然行事。他们决定等待斯特拉特福德·坎宁回到君士坦丁堡，并希望达成一个和平解决方案。[15]

3月16日，罗斯试图召集英国海军舰队的消息传到了巴黎。三天之后，法国政府内阁开会讨论土耳其形势，外交部长德鲁安·德吕（Drouyn de Lhuys）发言，将局势描绘得如同世界末日即将来临一般："土耳其最后的日子即将到来，双头鹰（沙皇罗曼诺夫［Romanov］家族的徽章）将出现在圣索菲亚的塔楼之上。"然而他拒绝派出法国舰队，至少不允许法国舰队在英国派出舰队之前行动，因为欧洲各国一直担心拿破仑时代的法国复活，贸然行事会让法国受到孤立。内阁成员中，只有内政部长德佩尔西尼和他的意见相左，德佩尔西尼宣称，如果法国挺身而出"阻挡俄军夺取君士坦丁堡的步伐"，英国"将欣喜地加入我们的行列"。在他看来，出兵阻挡俄罗斯进犯土耳其关乎法国的国家荣誉。他指出，发动12月2日政变，将拿破仑三世送上皇位的法国军队是一支有传统荣誉的"禁卫军"。德佩尔西尼警告拿破仑三世，如果他接受内阁的意见，采用拖延行事的办法，那么"当您在士兵面前走过，您会看到他们哀伤的脸庞，沉默的队列，您会感觉脚下的土地开始动摇。您一定知道，要赢回军队的信任必须冒一定的风险。陛下，如果您不惜一切只为求得和平，那么反而会深陷恐怖的火海之中"。到了这一步，本来还犹豫不决的拿破仑三世终于被德佩尔西尼说服，派出了法国舰队，但是并没有让舰队前往达达尼尔海峡，而是让其停留在属于希腊水域的萨拉米斯（Salamis），作为对俄罗斯人的警告，宣示"法国并非对正在君士坦丁堡发生的事情不感兴趣"。[16]

　　拿破仑三世派出法国舰队主要有三个目的：第一，正如德佩尔西尼所暗示的，有谣言说法国军队中有人在密谋推翻拿破仑三世，此时摆出一副强硬姿态是将这些企图扼杀在摇篮的最好办法。1852年冬天，拿破仑三世在给欧仁妮皇后（Empress Eugénie）的信中写道："我必须告诉你，军队中真的有人在密谋。我会紧盯此事，而且我觉得我可以采取这样或那样的行动阻止这些阴谋——也许打一仗是个办法。"第二，拿破仑急于恢复法国海军在地中海上的地位。当时对法国海军地位的普遍看法从卢浮宫馆长奥拉斯·德·维耶尔-卡斯特尔（Horace de Viel-Castel）的话中可见一斑："如果哪一天地中海被英国和俄罗斯瓜分了，那法国就不再是世界强国了。"斯特拉特福德·坎宁途经巴黎前往君士坦丁堡上任时，拿破仑三世接见了他，并向他描述了法国对地中海地区势力的考虑。3月10日，斯特拉特福德在一份备忘录中记录了这段对话：

112

　　　　他说他并没有意愿让地中海成为"法国的内陆湖"——这是一个经常能听到的说法——但是他愿意让地中海成为一个"欧洲"的内陆湖。他没有解释这个说法到底是什么意思。如果他是说地中海所有的海岸线都应该是基督教的领地，那么这个任务是相当艰巨的……我对这段对话的感觉是……路易-拿破仑希望与我们友好相处，至少在目前的局势下如此，因此他愿意在君士坦丁堡问题上和英格兰在政治上保持步调一致。当然我们还不知道他是希望恢复土耳其的地位，还是希望为土耳其崩溃之后法国的利益做准备。

拿破仑三世调动法国海军舰队的最重要目的，还是为了"和英格兰……保持步调一致"，建立一个英法联盟。"德佩尔西尼说得对，"他在 3 月 19 日对手下的大臣们说，"如果我们派出舰队到萨拉米斯，就会迫使英格兰也采取同样举措。如果两支舰队能够联合行动，最终会让两国联盟共同对付俄罗斯。"根据德佩尔西尼的理解，法国皇帝推断如果法国派出舰队，就能够把英国恐俄派争取过来，赢得英国布尔乔亚媒体的支持，迫使在这个问题上持更为谨慎立场的阿伯丁政府加入法国的行动。[17]

然而英国政府的反应与拿破仑三世预期的大相径庭。当法国舰队 3 月 22 日驶出土伦港（Toulon）时，英国在马耳他的舰队依然按兵不动。英国政府认为法国人在火上浇油，呼吁法国舰队不要驶进意大利那不勒斯以东水域，让斯特拉特福德·坎宁有足够时间和平解决危机。斯特拉特福德在 4 月 5 日抵达土耳其首都，发现土耳其人已经进入了一种不愿意再向缅什科夫让步的情绪状态，民族主义和宗教情绪高昂，土耳其各方的分歧只在于跟俄罗斯对抗应该走多远，以及还应该花多少时间等待西方的军事增援等问题。这些分歧同时还与奥斯曼帝国高层内部长期的个人恩怨纠缠在一起，一方是首相穆罕默德·阿里，另一方是斯特拉特福德的长期盟友、前首相雷希德，现在他在政府中已失去权力了 。听说穆罕默德·阿里打算向缅什科夫让步，斯特拉特福德呼吁他对俄罗斯保持强硬立场，并以个人名义保证，如有需要英国舰队会驰援救助。他指出解决问题的关键是将圣地纠纷与俄罗斯其他方面的要求分开。在圣地纠纷上，俄罗斯确实有权提出要求根据条约恢复特权，但是为了维护土耳其主权，必须拒绝俄罗斯的其他要求。苏丹的臣民应享受什么样的宗教权利，必须由苏丹凭其奥斯曼帝国君主地位授予，而不是通过某种由俄罗斯把持的体系决定。在斯特拉特福德看来，沙皇把圣地纠纷、保护希腊教会等当作了一匹特洛伊木马，其真正目的是渗透和肢解奥斯曼帝国。[18]

4月23日，奥斯曼帝国大议会（Grand Council）开会讨论缅什科夫的要求时，决定听从斯特拉特福德的建议，同意与俄罗斯谈判圣地纠纷，但在授予俄罗斯对东正教徒的保护权上不做让步。5月5日，缅什科夫提出了一个修改后的公约草案，不再要求俄罗斯有权决定东正教终身牧首任命权，但同时给出最后通牒，限令五日之内签署，否则他将离开君士坦丁堡，断绝俄罗斯与奥斯曼帝国的外交关系。斯特拉特福德呼吁苏丹坚守立场。5月10日最后通牒到期时，奥斯曼帝国内阁依然拒绝签署。缅什科夫为了能完成沙皇授予的使命，又不至于发起战争，又给了土耳其四天时间。在这期间，在斯特拉特福德和雷希德的操纵下，穆罕默德·阿里被剥夺了首相职位，雷希德当上了外交部长。他听从斯特拉特福德的意见，继续保持强硬立场，相信只有这样才能在解决圣地纠纷的同时，不损害奥斯曼帝国的主权。此时奥斯曼帝国驻伦敦大使科斯塔基·穆苏拉斯（Kostaki Musurus）发来消息，称英国将协助保护奥斯曼帝国主权。雷希德需要更多时间赢得内阁的支持，这一消息更是给他壮了胆。

5月15日大议会再次开会，政府部长和穆斯林领袖们反俄情绪十分高昂，这是斯特拉特福德的功劳，他在开会之前亲自拜访了他们中的许多人，请求他们在俄罗斯人的威逼面前站稳脚跟。终于大议会做出决定，拒绝了缅什科夫的要求。当天晚上收到消息后，缅什科夫回复说俄罗斯现在不得不与奥斯曼帝国断绝外交关系了，但

是因为黑海风暴，他会在君士坦丁堡停留数天，当然他其实还是希 114
望能达成某种妥协。但妥协并未到来。最后，在 5 月 21 日，俄罗
斯驻君士坦丁堡大使馆上的俄罗斯国徽被摘了下来，载着缅什科夫
的"雷霆号"离开海港，向敖德萨驶去。[19]

* * *

缅什科夫外交使命的失败让沙皇相信，现在他需要采取武力行
动了。他在 5 月 29 日给帕斯克维奇元帅的信中写道，如果他早就
采取强硬手段，也许已经迫使土耳其人让步了。因为担心西方列强
的介入，他本不想对土耳其发动战争，但是现在他打算使用武力威
胁来撼动土耳其帝国的根基，得到他想要的东西，保证在他看来条
约赋予俄罗斯的作为东正教保护者的权利。在信中他透露了自己的
想法，同时也显示了当时的心理状态：

　　［缅什科夫使命失败的］后果是战争。不过在开战之前，为
了向世界宣示我愿意尽力避免战争的决心，我决定先派军队
到［多瑙河流域］两公国去，同时给予土耳其人八天时间满足
我的要求。如果他们拒绝接受，我将对他们开战。我的目标是
和平占领公国，如果土耳其人不出现在多瑙河左岸的话……
如果他们抵抗，我会封锁博斯普鲁斯海峡，俘虏黑海上所有
的土耳其舰船。我会向奥地利提议，让他们占领黑塞哥维那
（Herzegovina）和塞尔维亚。如果土耳其人依然不为所动，我会
让两公国、黑塞哥维那和塞尔维亚独立——到那时候土耳其帝
国将开始崩塌，各地基督徒将群起抗争，奥斯曼帝国最后的日
子便会来临。我不打算跨过多瑙河，［土耳其］帝国本来就会崩

溃，但是我会为战争做好准备，第十三、十四师将会在塞瓦斯托波尔和敖德萨备战。坎宁的行为……没有让我泄气：我必须走自己的路，凭着我的信仰，为了俄罗斯的荣耀，担当我的责任。你无法想象这些想法多么令我悲伤。我已渐渐年老，但是我希望我的生命在和平中终结！[20]

沙皇的计划其实是一种妥协，最初他的设想是以突然袭击的方式，在西方列强能够反应之前占领君士坦丁堡，但是帕斯克维奇的想法要谨慎一些。帕斯克维奇曾率领俄军对匈牙利和波兰的反叛武装进行惩罚性的袭击，是沙皇最信任的军事顾问。他对沙皇的突然袭击方案抱怀疑态度，担心俄罗斯会因此陷入一场欧洲大战。两人的不同之处主要在于对奥地利可能采取行动的看法。尼古拉对他与奥地利皇帝弗兰茨·约瑟夫之间的私交信心十足，而且他在1849年还出手为奥地利解决了匈牙利问题，他相信弗兰茨·约瑟夫会和他一起加入对土耳其的军事威胁，而且有必要的话，还会参与对奥斯曼帝国的瓜分。他相信如果奥地利站在他这一边，就不可能发生欧洲大战，土耳其人将被迫认输。正是基于这一想法，沙皇才会对土耳其采取强硬的外交政策。然而帕斯克维奇对奥地利的支持抱有怀疑，他的看法后来被证明是正确的：奥地利不可能欢迎俄罗斯军队进入多瑙河流域公国和巴尔干地区，担心那里的塞尔维亚人和其他斯拉夫人会因此发动针对奥地利的暴动。一旦俄罗斯军队跨过多瑙河，如果斯拉夫人中真的出现反奥地利暴动的话，奥地利甚至可能加入西方列强对抗俄罗斯。

为了限制沙皇的进攻计划，帕斯克维奇决定以沙皇的泛斯拉夫幻想来打动他。他说服尼古拉俄罗斯军队只需以防御姿态占领多瑙河流域公国，就可以鼓励巴尔干的斯拉夫人起来抗争，逼迫土耳其人接受沙皇的要求。他提出如果有必要的话，俄军只需占领两公国几年，凭着俄罗斯的宣传就可以召集当地基督徒加入沙皇的巴尔干军队，人数可达五万之多，足以让西方列强不敢干预，至少能让奥地利保持中立。在 4 月初的一份备忘录中，帕斯克维奇描述了俄罗斯军队开进之后，巴尔干地区的宗教战争将是怎样的一幅场景：

> 身处土耳其的基督徒是来自武士部落的后代。如果说塞尔维亚和保加利亚人尚未拿起武器，那只是因为土耳其人的统治还没有影响到他们的村庄。但是，如果基督徒与穆斯林发生冲突，当我们的军队发起战争，这些人身上的武士精神就会重新焕发，他们不会忍受土耳其人对自己村庄的踩躏……没有一座村庄，甚至没有一个家庭，会没有受压迫的基督徒加入我们与土耳其人的战斗。这一点会成为我们的武器，足以摧毁土耳其帝国。[21]

116

快到 6 月底时，沙皇下令比萨拉比亚的两支俄军跨过普鲁特河占领摩尔达维亚和瓦拉几亚。帕斯克维奇依然希望俄军入侵两公国的行为不会导致一场欧洲大战，但是他担心如果这种情况真的出现，沙皇也不会退让。他在 6 月 24 日向这两支军队的俄军统帅米哈伊尔·戈尔恰科夫将军（General Mikhail Gorchakov）解释了这一想法。俄军进发到了布加勒斯特，在那里建立了指挥部。每到一处，俄军便张贴沙皇宣言，声称俄罗斯无意侵占领土，占领两公国的目的只是为了解决宗教纠纷，从奥斯曼帝国政府那里取得"担保"。"如果高门能够担保东正教会不可侵犯的权利，我们愿意随时停止军事行动。但是如果高门依然拒绝，那么在上帝庇佑下，我们将继续前进，为我们的信仰而战。"[22]

俄罗斯占领军对在圣地发生的纠纷一无所知。"我们不做任何

思考，我们什么也不知道。我们让指挥官替我们思考，我们只按他
们的命令行事。"一名参加过多瑙河战事的老兵泰奥菲尔·克莱姆
（Teofil Klemm）回忆道。克莱姆当时十八岁，是一个识字的农奴，
被选拔到乌克兰克列缅丘格（Kremenchug）参加培训成为一名
军官，1853 年从那里被征召入俄罗斯步兵。他对在第五军团广为流
传的泛斯拉夫小册子没什么感觉，"我们中没有谁对这些想法感兴
趣"，他写道。但是和俄罗斯军队中的每一个士兵一样，他上战场
时脖子上挂着十字架，相信这是自己的使命，为上帝而战。[23]

　　俄罗斯军队是一支农民部队，征兵的主要对象是农奴和官定
农民（state peasants），这也是它的主要问题。俄罗斯拥有当时世
界上最庞大的军队，远远超过其他国家，共有超过一百万步兵，
二十五万非正式部队（以哥萨克骑兵为主），在各地的军事屯田区
还有七十五万预备役军人。但即使如此庞大，俄罗斯军队还是不足
以防御极为漫长的边境线，存在许多薄弱点，例如波罗的海海岸、
波兰、高加索等地；但是如果继续征兵，又将会削弱农奴经济、引
发农民起义。俄罗斯在欧洲的领土面积相当于其他欧洲国家的总和，¹¹⁷
但人口却只有欧洲国家的五分之一，大部分农奴在俄罗斯中央的农
耕地带，离边境距离遥远。一旦开战，边境地区需要很快补充兵员，
但是在尚无铁路的情况下，征召农奴士兵并通过步行或是马车把他
们送到前线需要几个月的时间。在克里米亚战争爆发前，俄罗斯兵
力就已经捉襟见肘，几乎所有适合入伍的农奴都已应征。新兵质量
也在急剧下降，因为地主和村庄急于留住最后一批能干农活的劳动
力，于是把低质量的农奴送去应征。一份 1848 年的报告显示，在
最近的征召中，三分之一的应征者因为身高不合规定（仅要求 1.60
米）而不合格，另有一半因为身患慢性病或有其他身体缺陷而不宜
入伍。解决兵力短缺的唯一办法是扩大征兵范围，向欧洲的全民征

兵体系靠拢；但是这么做将会终结农奴制，那可是贵族们坚决维护的俄罗斯社会基础。[24]

　　尽管经历了二十年的改革，俄罗斯军队的质量仍然比欧洲其他国家差很多。军官教育程度低，士兵几乎都是文盲：1850年代的官方数字显示，在六个师约十二万军人中，仅有二百六十四（0.2%）人能读能写。18世纪盛行的喜好表面功夫、只图阅兵时气派的风气依然在军中占主导地位，提拔仅凭是否服从军纪。马克思曾这样描述："他们的最主要品质包括无条件服从、卑躬屈膝，加上极佳的眼力，能一眼看出军装上纽扣和纽扣眼上的毛病。"训练中强调的是外表整齐划一，战斗能力其次。即使在战场上，依然还有各种夸张的规矩，对姿态、步长、行军整齐要求仔细，这些全部写在军事手册上，与战场实际状况完全没有关系：

　　　　当作战阵形向前行进或向后撤退时，各营之间必须保证每一条队列的整齐以及各营之间距离的一致。在此情况下，仅是各营内队列保持整齐还不够，各营之间还必须保持同一步伐，这样各营的持旗士官可以保持一条直线，并与行军路线垂直。

　　检阅文化在俄罗斯军队中占主导地位，也和俄军武器的落后有关。当时的军队普遍要求士兵保持密集队形，原因之一是为了确保军队大规模运动时，能够保持军纪，不至于出现混乱。但是对俄罗斯军队来说，还有一个原因是他们使用的滑膛枪性能太差，不得不依赖刺刀，这一军事缺陷却被美化为"俄罗斯军人的英勇无畏"，所以在拼刺刀时更显雄风。俄军对轻火器忽视的程度，根据一位军官的说法，到了"没几个士兵知道怎么使用滑膛枪"的地步。"对我们来说，战场上的胜利完全依靠行军的艺术和步调的正确。"[25]

118

但是这种过时的作战方法在 19 世纪早期为俄罗斯带来了几次重大胜利，对手包括波斯和土耳其军队，当然还有拿破仑。俄法战争是俄罗斯赢得的最重要的战争，让俄罗斯人相信他们的军队是战无不胜的。正因如此，俄军没有任何压力提升部队战斗力，以适应蒸汽机和电报时代的战争。与新兴的西方工业国家相比，俄罗斯经济落后、财政虚弱，要在和平时期对人数众多、花费巨大的军队进行现代化，颇受限制，进展缓慢。只有到了克里米亚战争期间，俄军的滑膛枪在英法军队的米涅来复枪（Minié rifle）面前显得毫无招架之力时，俄罗斯才开始采购来复枪装备部队。

在八万名跨过普鲁特河，从俄罗斯进入摩尔达维亚的俄军士兵中，只有不到一半能活过一年，沙皇军队兵员损失的速度比其他欧洲国家军队高得多。在战场上，贵族高级军官为了取得一点进展，不惜牺牲大批士兵的生命。这些军官对手下农奴士兵的死活毫不关心，想到的只有如何向上方汇报取得的胜利以利于自己的晋升。绝大部分俄军士兵不是在战斗中阵亡，而是死于伤病。如果有恰当的医疗服务，许多人不至于丧命。俄军每次发动攻势时，都有同样的悲惨故事：在 1828—1829 年的多瑙河流域公国，一半的士兵死于霍乱和其他疾病；在 1830—1831 年的波兰战役中，七千名俄军士兵在战斗中身亡，八万五千人因伤病而被抬下战场；在 1849 年的匈牙利战斗中，只有七百零八名士兵战死，却有五万七千名俄军士兵被送到奥地利医院中。即使在和平时期，俄军都有 65% 的人处于病中。[26]

在俄军高发病率的背后，是农奴士兵遭受的残酷对待。为维持军纪，鞭笞士兵是家常便饭，每个团中的每个士兵都可能身上带着鞭伤。军队后勤系统腐败充斥，军官们薪酬很低，原因是俄罗斯国库空虚，常年军费不足。军官们于是先从军费中给自己捞足了油水，这样给士兵们留下的军费就很少了。因为后勤不可靠，俄罗斯军队必须靠自己生存。例如政府虽然提供材料，但是每个团都要自己负责制作军服和靴子。团里不仅有裁缝和鞋匠、理发师、面包师、铁匠、木匠，还有金属工、木工、油漆工、歌手和乐队，所有人都把自己的乡村手艺带到了军队里。如果没有这些农民的技艺，不要说打仗了，仅仅维持一支军队都不可能。每个俄军士兵在上战场时都要依靠他作为农民的知识记忆和生存能力而活。他们会在背包里自带绷带，受伤之后可以自救。他们在露天睡觉的能力很强，会找树枝叶片、草垛、农作物为自己遮风挡雨，有时甚至会在地上挖洞把自己埋起来睡觉。这一技巧非常重要，保证了整支部队在行军时可以不用携带帐篷。[27]

当俄罗斯军队跨过普鲁特河，进入摩尔达维亚之后，土耳其政府命令鲁米利亚军指挥官奥马尔帕夏（Omer Pasha）加强多瑙河沿岸土耳其要塞，做好防守准备。同时高门从奥斯曼帝国属地埃及和突尼斯征调部队，到8月中旬，已有两万名埃及士兵、八千名突尼斯士兵在君士坦丁堡附近安营扎寨，准备前往多瑙河沿岸要塞增援。一名英国大使馆官员在写给斯特拉特福德·德·雷德克利夫勋爵夫人的信中对此进行了描述：

> 可惜您看不到特拉比亚边的博斯普鲁斯海峡，到处都是战舰。在海峡对岸的高地上，是埃及军队的绿色帐篷。君士坦丁堡仿佛倒退了五十年，街上挤满了来自边远省份、准备与俄国人一战的奇异人物。头巾、长矛、锤子、战斧，在拥挤的窄巷里叮当作响，他们很快统统被送到舒姆拉（Shumla）的营地，恢复了我们平静的生活。[28]

　　土耳其军队由来自各个民族的士兵组成，包括阿拉伯人、库尔德人、鞑靼人、埃及人、突尼斯人、阿尔巴尼亚人、希腊人、亚美尼亚人等，其中许多人要么对土耳其政府抱有敌意，要么听不懂土耳其人或是欧洲军官的指挥（奥马尔帕夏手下的军官有许多是波兰人或是意大利人）。这些士兵中最奇特的是来自北非、中亚和安纳托里亚，被称为巴什波祖克（Bashi Bazouks）*的骑兵。他们离开自己的部落，二三十人一组，年龄和装束各异，来到土耳其首都参加对抗俄罗斯异教徒的圣战。英国海军军官、曾协助训练土耳其海军的阿道弗斯·斯莱德（Adolphus Slade）在他关于克里米亚战争的回忆录中，描述了一群巴什波祖克士兵在被送往多瑙河前线之前，在君士坦丁堡街头游行的场面。他们大都穿着自己部落的装束，披着"头巾和披肩长袍，身携手枪、土耳其弯刀、佩剑等等奇异的装饰，有些还拿着挂有旗子的长矛。每一支队伍都有自己的颜色和军鼓，看上去还是他们的祖先在围困维也纳时用过的"†。奥斯曼帝国军队士兵所用的语言之多，以至于即使是规模较小的军事单位也经常要雇翻译和喊话人负责传达军官发布的命令。[29]

　　语言不通只是问题之一，许多穆斯林士兵不愿意听从基督教军官，甚至是奥马尔帕夏的命令。帕夏原名米哈伊洛·拉塔斯（Mihailo Latas），是一名克罗地亚的塞尔维亚人和东正教徒，曾在奥地利军校接受教育，为逃避腐败指控来到奥斯曼帝国的波斯尼亚（Bosnia）省并改信伊斯兰教。奥马尔帕夏生性诙谐健谈，非常享受作为鲁米利亚军指挥官的豪华生活。他身穿镶着金链和宝石的军装，随军携带一套私房供女眷专用，还配有一套德国交响乐队。在克里米亚战

* 意为"没有头脑"或"没有纪律"。——译注
† 奥斯曼帝国最后一次围困维亚纳发生在1683年。——译注

争期间,他让交响乐队演奏威尔第（Verdi）的歌剧新作《游吟诗人》（*Il Trovatore*）中的《啊！最后的时刻已到》（"Ah! Che la morte"）。奥马尔帕夏不是一名出色的指挥官,据说他被提升的原因是写得一手好字。阿卜杜勒-迈吉德小时候曾请他担任书法教师,1839 年登基成为苏丹之后马上将他晋升为上校。在这一点上,尽管是东正教出身,奥马尔帕夏却是一个奥斯曼军官阶层的典型,靠宗派关系而不是作战经验向上爬。苏丹马哈茂德进行的军事改革和坦齐马特改革都没能为一支现代职业军队打下根基。大部分土耳其军官战术素养很差,许多军官依然采用过时的战术,让士兵分散在战场的每一个角落,而不是集中大量士兵组成密集阵形。奥斯曼军队善于打埋伏和骚扰之类的"小仗",在围困战上十分出色;但是一直纪律不佳、缺乏训练,无法组成让滑膛枪发挥作用所必需的统一号令队形,与俄罗斯军队刚好相反。[30]

在收入和生活条件上,军官与士兵之间差别极大,比俄军更甚。许多高级军官生活奢华,手下的士兵却在打仗期间几个月,有时甚至几年都拿不到军饷。俄罗斯外交官和地质学家彼得·奇哈乔夫（Pyotr Chikhachev）1849 年在俄罗斯驻君士坦丁堡大使馆工作时分析了这个问题。根据他的计算,土耳其步兵每人每年的总开支（包括军饷、给养和军服）为十八银卢布,俄罗斯步兵为三十二卢布,奥地利五十三卢布,普鲁士六十卢布,法国八十五卢布,而每个英国步兵每年总开支达一百三十四卢布。多瑙河前线土耳其士兵的生活条件让欧洲军人十分震惊。据一名英国军官说,他们"吃得糟糕、穿得破烂,是最倒霉的"。从埃及派来的援军被一名俄罗斯军官形容为"老的老,小的小,没有接受过任何作战训练"。[31]

＊ ＊ ＊

英国政府内部在如何对俄罗斯的军事行动做出反应的问题上出现了分歧。内阁中最主张和平处理的是首相阿伯丁勋爵，他拒绝将俄罗斯占领多瑙河流域公国的行为视作侵略，甚至认为俄罗斯人是为了逼迫高门承认他们在圣地应有的权利才做出此举，在某种程度上是可以理解的。他希望能找到和平途径，让俄军撤出，但又保全沙皇的面子。他最担心的是被土耳其人拖入一场与俄罗斯的战争。他从来就不信任土耳其人，1853 年 2 月，他致信下议院领袖罗素勋爵，反对派遣英国舰队帮助土耳其人：

> 这些野蛮人仇恨我们所有人，一定会很高兴能找到机会让我们卷入与其他基督教国家的纷争。也许我们有必要给予他们道义上的支持，并且努力延长他们的存在；但是如果我们不得不为土耳其人而拿起武器，那真是我们最大的不幸。

内阁中主战一方的代表是内政大臣帕默斯顿，他认为俄罗斯占领两公国属于"敌对之举"，英国必须立即做出反应，以"保护土耳其"。他主张派遣英国军舰到博斯普鲁斯海峡，给俄罗斯施加压力，逼迫它从两公国撤军。帕默斯顿的支持者中，除了恐俄的英国媒体外，还有反俄的外交官如庞森比和斯特拉特福德·坎宁等人，这些人认为俄军占领两公国给了英国一个机会，纠正 1848—1849 年没有反对俄罗斯占领多瑙河流域的错误。[32]

伦敦有一个庞大的罗马尼亚流亡者社区，这些人都是俄罗斯上次占领多瑙河流域公国时逃亡出来的，他们组成了有影响力的压力集团，试图说服英国政府进行干预。他们的游说活动受到几位内阁大臣的支持，其中包括帕默斯顿、时任财政大臣格拉德斯通和其他许多下议院议员，他们通过在下议院提问有关多瑙河战事问题的方式游说议会。罗马尼亚流亡者的领导人与意大利流亡者关系密切，他们还加入了由马志尼组建的"民主委员会"（Democratic Committee），此时这个委员会中还有流亡伦敦的希腊和波兰革命者。罗马尼亚人很注意与这些民族主义者的革命政策保持距离，他们非常明白，为了在英国赢得支持，就必须将自己的诉求表达得符合英国中产阶级的自由主义理念。在几份全国性报纸和期刊的支持下，他们成功地向英国公众解释了对抗俄罗斯入侵、保卫多瑙河流域公国对于保障欧洲大陆的人身与贸易自由如何重要。厄克特几乎每天都在《广告晨报》（*Morning Advertiser*）上撰写文章，呼吁英国干预多瑙河流域公国事务。不过他更关心的是保卫土耳其主权，以及英国的自由贸易权利。随着俄罗斯继续入侵，罗马尼亚宣传者的行动越来越大胆，开始举办巡回演讲直接向英国公众发出呼吁。演讲的主题都是面对俄罗斯暴君，欧洲必须奋起抗争，例如康斯坦丁·罗塞蒂（Constantine Rosetti）在普利茅斯举行的一场演讲中，对听众说："在多瑙河边，十万罗马尼亚人已准备好，随时加入民主大军。"[33]

　　在俄罗斯占领多瑙河流域公国行为的性质尚不明朗之时，英国政府对将皇家海军舰队派往哪里举棋不定。在内阁中，帕默斯顿和罗素想把舰队派往博斯普鲁斯海峡以防止俄罗斯舰队进攻君士坦丁堡；但是阿伯丁则倾向让舰队停留在稍靠后的位置，不至于对和谈造成威胁。最后双方达成妥协，英国海军舰队将开往达达尼尔海峡外的贝希克湾备战。这样做的想法是让英军舰队离君士坦丁堡距离足够近，遏制俄罗斯舰队向君士坦丁堡发起进攻；但又足够远，不至于引发俄英之间开战。到了7月份，俄罗斯对两公国的占领看来更为认真了，传到欧洲各国首都的消息说俄罗斯已下令摩尔达维亚和瓦拉几亚的都督们断绝与高门的关系，转而向俄罗斯进贡。这一消息引发了欧洲国家的警觉，因为俄罗斯的企图似乎是永久占领两公国，而不是像沙皇声称的那样只是迫使高门就范。[34]

124

欧洲列强对此反应很快。奥地利调动了两万五千人的军队前往南部边境，主要是为了警告塞尔维亚人和其他哈布斯堡帝国的斯拉夫人不要发起暴动，支持俄罗斯对多瑙河流域公国的入侵。法国下令舰队准备作战，随后英国舰队才开始行动。斯特拉特福德·坎宁是第一批收到有关俄罗斯对两公国都督下的命令的人，他迫切希望能弥补 1848—1849 年间英国未能站出来对抗俄罗斯入侵的过失，呼吁英国政府果断采取军事行动保卫两公国。他警告英国外交部说："整个土耳其的欧洲领土，从奥地利边境到希腊"，都即将落入俄罗斯手中。如果俄罗斯人跨过多瑙河，巴尔干地区各地的基督徒将纷纷起来暴动；如果能得到英法的支持，奥斯曼帝国苏丹和他手下的穆斯林臣民将与俄罗斯一战。他还说虽然被卷入一场结果难料的战争对英国来说是件不幸的事，但是与其等到将来不可收拾，不如现在就处理俄罗斯带来的危险。[35]

俄罗斯占领两公国在欧洲列强中引发了对国家安全的担忧，这些国家都不能坐视俄罗斯摧毁奥斯曼帝国。英国、法国、奥地利，以及基本上跟随奥地利决定的普鲁士同意共同行动推动和平解决方案。外交行动由奥地利牵头，它本身就是《维也纳条约》的关键担保人和主要受益者。奥地利的对外贸易非常依赖多瑙河，因此不能忍受俄罗斯并吞两公国；但是它又最不能承受与俄罗斯开战带来的负担，因为战争的破坏会最大程度地落在奥地利头上。奥地利的提议大概是无法实现的：他们希望能达成某种外交方案，让俄罗斯撤销对高门的要求，从两公国撤军，同时还保全沙皇的面子。

和平进程以欧洲各国间高调传送外交文件为手段，各方在遣词造句上进行了无数次修改，以图满足俄罗斯的要求，同时又保障土耳其的独立。最终达成的是一份名为《维也纳说明》（Vienna Note）的文件，在 7 月 28 日由四方外交部长代土耳其政府草拟而成，和所有为了终止敌对行动而拟定的外交文件一样，《维也纳说明》故意含糊其词：高门同意保障俄罗斯保护苏丹的东正教臣民的协约权利。沙皇将此视为俄罗斯在外交上的胜利，在 8 月 5 日同意立即签署《维也纳说明》而"无需任何修改"。但是四方外长事先并未征得土耳其人同意，当土耳其人要求澄清文件中的一些细节时，问题就出来了。他们担心《维也纳说明》对俄罗斯干预奥斯曼帝国事务未能做出适当的限制。这一担心很快被证明是有道理的，根据一份被泄露给一家柏林报纸的内部外交文件，俄罗斯人对《维也纳说明》的理解是：他们可以在奥斯曼帝国的任何地方做出干预行动以保护东正教利益，而不仅限于已发生冲突的特定地点如圣地等。苏丹建议对《维也纳说明》在文字上做少量改动，对土耳其人来说这些措辞很重要，因为这是他们为了保住最富庶的两个公国而对俄罗斯人做出的让步。苏丹还要求在与俄罗斯恢复外交关系前，俄罗斯军队必须先撤出两公国，同时四方必须担保俄罗斯不会再次入侵。对于一个主权国家来说，这些要求并不过分，但是沙皇拒绝接受土耳其人修改《维也纳说明》的要求，理由是他同意的是修改前的文件。沙皇怀疑土耳其人在斯特拉特福德·坎宁的挑动下采取了不妥协的立场，因此这份文件也就没有意义了。9 月初，《维也纳说明》不得不被放弃，在土耳其即将对俄罗斯宣战的形势下，四方不得不再次开始谈判。[36]

事实上，与沙皇怀疑的情形相反，在土耳其人拒绝《维也纳说明》的过程中，斯特拉特福德·坎宁只起了很小的作用。众所周知，

他强烈支持土耳其行使主权，同时对俄罗斯十分仇视，所以当土耳
其意外地拒绝西方列强姑息俄罗斯的妥协方案时，人们很自然地会
把这件事算到他头上。后来英国外交部也认为是斯特拉特福德让土
耳其走上了战争的道路，他们的看法是：如果斯特拉特福德态度正
确的话，本来是可以说服土耳其人接受《维也纳说明》的，但是因
为"他自己也比土耳其人好不了多少，他在那里生活得太久，对
[俄罗斯]皇帝充满了仇恨，浑身都是土耳其人的精神，再加上他
自己的脾气，采取了与政府指令完全相反的做法"。[37] 外交大臣乔
治·克拉伦登勋爵在 10 月 1 日回顾和平努力失败的原因时得出结
论，认为如果当时由一个比斯特拉特福德立场更为温和的人担任驻
君士坦丁堡大使，情形可能会好一些，因为俄罗斯人的蒙蔽手法"挑
起了他对俄罗斯人的全部反感，让他从一开始就认定与俄罗斯开战
是土耳其的最佳选择。事实上任何一个能让俄罗斯下得了台的和平
方案都不会让他满意"。[38] 但是这样的看法对斯特拉特福德是不公
平的，英国政府调解失败，却让他承担了责任。事实上，斯特拉特
福德已经尽最大努力说服高门接受《维也纳说明》了，但是在 1853
年的夏天，他的话已经没有什么影响力了，因为整个君士坦丁堡已
经被游行示威所席卷，游行的人们纷纷要求政府向俄罗斯发动一场
"圣战"。

多瑙河流域两公国遭俄罗斯入侵一事，在奥斯曼首都不仅激发
了穆斯林的情绪，还刺激了土耳其的民族主义。高门一直在鼓励穆
斯林人口反抗入侵，此时已无法控制因此产生的宗教情绪。都市里
的宗教权威们越来越多地使用战争语言，让虔诚的穆斯林相信，侵
略者们将会捣毁清真寺并在它们的遗址上建起教堂。与此同时，高
门一直对维也纳和谈一事秘而不宣，声称"只有当沙皇被苏丹的威
严震慑"，和平才会来临。这一想法无疑继续鼓励了穆斯林至上的

民族主义情绪。各种谣言纷纷扬扬：有的说苏丹会花钱请英法舰队为土耳其而战；有的说安拉选择了欧洲来保卫穆斯林；还有的说沙皇已派他的皇后到君士坦丁堡乞求和平，并且将放弃克里米亚，作为对入侵两公国的赔偿。许多谣言都是由最近被撤的前首相穆罕默德·阿里的手下制造和传播的，目的是为了损害雷希德的声望。到8月底，穆罕默德·阿里已经成为一个新兴的"主战派"领袖，在大议会中势力渐长。除了穆斯林宗教领袖外，他还受到一批年轻军官的追捧。这些人都是民族主义者，宗教情绪高涨，反对西方对奥斯曼帝国事务的干涉；但是他们也考虑到，如果能把英法两国拉到自己这边共同对抗俄罗斯，将对自己十分有利，甚至能够逆转一百多年来奥斯曼军队在俄军面前屡战屡败的局面。为了得到西方舰队的协助，他们愿意向斯特拉特福德这些手伸得很长的欧洲人许诺改善国家治理，但是他们拒绝坦齐马特改革，因为在他们看来，给予基督徒更多的民事权利将会对穆斯林统治形成潜在的威胁。[39]

　　在9月的第二个星期，君士坦丁堡的战争情绪达到了狂热的程度，出现了一系列主战游行，并且有六万人签名请愿，要求政府对俄罗斯发动"圣战"。宗教学校（medrese）和清真寺成为这些游行请愿的组织中心，它们的影响还体现在张贴在大街小巷的海报所使用的语言上：

　　　　荣耀的帕迪沙（Padishah）*！为了您的尊严,您所有的臣民都愿意献出生命、财产和孩子。您和您的祖上都曾在阿尤部安萨里（Eyyub-I Ansari）清真寺佩上穆罕默德的宝剑，现在宝剑出鞘的责任落在了您的身上。您的部下对此犹豫不决，那是因

---

*　奥斯曼帝国国民对苏丹的称呼，意为征服者。——译注

为他们沾染上了虚荣的毛病而不能自拔，但是现在的局面有可能（上天保佑不要发生）把我们带向危险的境地。因此，我们的帕迪沙，您勇猛的战士和虔诚的奴仆想要投入一场捍卫自己权利的战斗！

君士坦丁堡的宗教学校中有四万五千名学生，这是一个心存不满的群体，坦齐马特改革推动新式世俗学校，损害了宗教学校学生的社会地位和职业前景，这股怨气让他们的抗议行动更为激进。土耳其政府非常担心，如果他们不向俄罗斯宣战，将会引发一场伊斯兰革命。[40]

9月10日，三十五位宗教领袖向大议会呈交了一份请愿书，大议会在第二天进行了讨论。据《泰晤士报》的报道：

　　请愿书的内容主要摘自《古兰经》（Koran）上有关向伊斯兰敌人开战的段落，并暗示如果大议会不听从请愿书提出的要求，社会将出现动荡。请愿书的语气极为大胆，近乎张狂。一些高级大臣努力与递交请愿书的人讲道理，但是得到的回答却是铿锵简短："这些都是《古兰经》上的话，如果你是穆斯林，就必须遵守。你们现在对外国使馆的异教徒大使言听计从，要知道他们是伊斯兰信仰的敌人。我们是先知的子孙，我们有一支大军在手，急切地想投入战斗。异教徒羞辱我们已久，我们决心复仇。"据说每当政府大臣要与请愿者说理时，得到的回答都是"这些是《古兰经》上的话"。这里的大臣们都处于忧虑焦急中，因为目前的形势在土耳其非常少见。一场革命看来即将爆发，他们担心在这个不适当的时刻被迫发动一场战争。

　　9 月 12 日，宗教领袖获得了苏丹的召见，他们向苏丹发出最后通牒：要么开战，要么退位。阿卜杜勒—迈吉德向斯特拉特福德和法国大使埃德蒙·德拉库尔（Edmond de Lacour）求助，两人同意如果在君士坦丁堡爆发革命，两国将召集舰队协助镇压。[41]

　　当晚苏丹召集大臣开会，会上他们同意向俄罗斯宣战，不过要先给予高门足够时间确定西方舰队的支持并压制君士坦丁堡的抗议活动。9 月 26—27 日大议会召开扩大会议，苏丹手下的大臣、穆斯林教士和军队中的高层人物都参加了，决议正式通过。在会上，穆斯林教士们积极主张一战，军官们则犹豫不决，因为他们对土耳其军队是否有能力战胜俄罗斯军队没有信心。奥马尔帕夏认为在多瑙河流域需要额外增加四万人的部队，还需要几个月的时间才能准备好要塞和桥梁对付俄罗斯军队。新近被任命为军队总司令的前首相穆罕默德·阿里尽管是"主战派"的领导人，却不愿意表示是否有可能战胜俄军。海军大元帅马哈茂德帕夏（Mahmud Pasha）也不愿意明确表态，他说土耳其海军能够与俄罗斯舰队抗衡，但是如果以后战败的话不要回头找他算账。最后还是雷希德站到了穆斯林领袖这一边，也许是感觉到如果在这时候继续反对开战将会激发一场宗教革命，彻底摧毁坦齐马特改革，而这正是西方列强支持土耳其对抗俄罗斯的条件。"与其不做抵抗，不如战死疆场，"雷希德宣布，"如果上天在我们这一边，我们一定会大胜而归。"[42]

129

第五章

虚张声势

土耳其向俄罗斯宣战的消息正式在 1853 年 10 月 4 日的官方报
纸《每日事件》(*Takvim-i Vekayi*)上刊出,"高门宣言"随后发表,
声明由于俄罗斯拒绝从多瑙河流域公国撤出,奥斯曼帝国政府被迫
向其宣战,但是为了显示政府的和平意愿,在发起进攻前,鲁米利亚
部队的最高长官奥马尔帕夏会给予俄罗斯军队十五天时间让其撤离。[1]

即使在这个当口,外交解决的希望犹在。土耳其人决定宣战其
实是为了争取时间,一方面平息君士坦丁堡宗教人士的抗议,另一
方面向西方政府施加压力促其干预。奥斯曼帝国政府并没有准备好
与俄罗斯真正开战,于是采取虚张声势的办法,避免在君士坦丁堡发
生一场伊斯兰革命,同时迫使西方国家派遣舰队前来逼退俄罗斯军队。

10 月 19 日,土耳其最后通牒日期已到。英法两国的建议都是
暂时按兵不动,但是土耳其不顾劝阻,在多瑙河流域公国向俄军发
起了进攻,他们的算盘是西方媒体会因此激发民众支持土耳其抗击
俄罗斯的举动。土耳其政府意识到英国报刊影响力很大,也许认为

报刊代表的就是政府的声音，因此花了很大力气积极争取。1853年秋，高门向其驻伦敦使馆输送了大量资金，用于"资助并秘密组织一系列公众示威和报刊文章"，呼吁英国政府行动起来对抗俄罗斯。[2]

在高门的命令下，奥马尔帕夏于10月23日率军在卡拉法特（Kalafat）跨过多瑙河，从哥萨克骑兵手中夺下了卡拉法特，成为克里米亚战争的第一场小冲突。这里在1848年瓦拉几亚革命中曾是反俄据点，当奥马尔帕夏的军队到来时，村民们拿起猎枪加入土耳其军队与其并肩作战。土耳其军队也在奥尔泰尼察（Oltenitsa）跨过多瑙河，与俄军的冲突比在卡拉法特的战斗更为激烈，但是战果并不明朗，双方都号称自己取得了胜利。[3]

这些最初的小冲突促使沙皇下决心按照他5月29日给帕斯克维奇的信中的计划，发动一场大规模战役。但是作为沙皇的军事首领，帕斯克维奇此时比在同年春天更加反对大规模作战。他认为土耳其军队实力太强，西方舰队距离太近，俄罗斯军队不宜在此时进攻君士坦丁堡。9月24日，他给沙皇呈上备忘录，恳请沙皇采取在多瑙河北岸做守势，在南岸鼓动基督徒起义反抗土耳其的策略。他的目标是胁迫土耳其人做出让步，避免使用武力。"我们拥有对付奥斯曼帝国的最致命武器，"他写道，"连西方列强也无力阻止。我们最让对手胆寒的武器是对土耳其境内基督徒的影响力。"

帕斯克维奇的主要忧虑是，一旦俄罗斯在巴尔干地区发起攻势，奥地利因为担心境内临近地区的斯拉夫人会发起暴动，而将站出来反对。他不想把俄军投入与土耳其人的作战中，这样才有实力面对奥地利可能发起的进攻。如果奥地利与俄罗斯交战，最有可能的战场将是波兰，而一旦失去波兰，俄罗斯的欧洲部分将面临崩溃。但是帕斯克维奇不敢把自己的真实想法告诉沙皇，所以他采取拖延战术，不理会尽快南进的命令，而是将部队集中在多瑙河沿线。他这样的做法有两重目的：首先将多瑙河巩固为一条从黑海向巴尔干地区的补给线，其次可以在这里组织巴尔干的基督教民间武装，为俄军未来的攻势做好准备，这一攻势也许会发生在 1854 年春天。"这个想法新颖漂亮，"他写道，"我们可以和土耳其境内最有战斗力的部落：塞尔维亚人、黑山人、保加利亚人保持密切的联系。这些人也许不支持我们，但是他们一定反对土耳其人。在我们的帮助下，他们真的有可能摧毁土耳其帝国……而不需要俄罗斯人洒下一滴血。"[4] 帕斯克维奇知道这样做不符合沙皇不在境外煽动暴动的原则，于是他以宗教理由为自己辩护：这样做是为了保护东正教徒免受穆斯林迫害。他还认为这样做已有先例，在过去的俄土战争中（1773—1774、1788—1791、1806—1821），俄罗斯军队都曾在奥斯曼帝国的领土内召集基督徒参战。[5]

　　其实在这一点上说服沙皇是很容易的。1853 年 11 月，沙皇写了一份备忘录，在手下大臣和高级军官之间传阅。这份备忘录显示沙皇的想法很受帕斯克维奇影响，他期待塞尔维亚人会起义反抗土耳其人，而保加利亚人也将紧随其后。俄罗斯军队会首先在多瑙河沿岸巩固阵地，一旦南方的基督徒发动起义，俄军将挥师南下解放巴尔干地区。为了这一战略能够成功，俄军必须长期占领多瑙河流域两公国，这样才有足够时间将基督徒整编为武装力量。沙皇这样展望一年之后的景象：

　　　　到 1855 年初我们就能知道可以把多大的希望寄托在土耳其境内的基督徒身上，英法两国是否还会继续与我们对抗。只有当那里出现一场最激烈、最广泛的争取独立的起义之时，我们才有取得进展的机会。没有大众的合作，我们发起攻势是不可能的。战斗应该在基督徒和土耳其人之间展开，我们可以说是一支后援部队。[6]

外交部长涅谢尔罗迭对此却较为谨慎，想给沙皇的巴尔干革命战略泼点凉水，而大部分俄罗斯外交官也对此有所保留。11 月 8 日，在呈交沙皇的一份备忘录中，涅谢尔罗迭提出观点，认为巴尔干地区的斯拉夫人不会发动大规模起义。*他还指出煽动基督徒暴乱将会让欧洲国家怀疑俄罗斯是否对巴尔干地区抱有野心，而且这样的做法具有危险性，因为土耳其也可以在高加索和克里米亚地区煽动沙皇治下的穆斯林起来暴动。[7]

但是尼古拉发动一场宗教战争的目标不容动摇，他把自己视为东正教信仰的守卫者，不会被区区一个外交部长说服而改变立场，况且在沙皇眼中，具有新教背景的涅谢尔罗迭本身在宗教事务上就没有多大发言权。尼古拉坚信将斯拉夫人从穆斯林统治下解救出来是他的神圣使命。在针对巴尔干地区斯拉夫人的所有宣言中，他都明确表示俄罗斯发动的是一场宗教战争，目的是把他们从土耳其人手中解放出来。在他的指令下，俄罗斯指挥官在占领了基督徒村镇之后，会向当地教堂捐献大钟，以此赢得民众支持，同时俄罗斯军队还会把当地清真寺改造成教堂。[8]

沙皇的宗教狂热与更大范围的军事考虑，特别是与帕斯克维奇的战术设想交缠在一起，以至于得出结论认为巴尔干地区的基督徒能够为俄军提供廉价的兵员和足够的物资。到 1853 年，尼古拉已同斯拉夫派和泛斯拉夫主义者走得很近，不仅在宫中有好几个这样的人物，而且沙皇的长期情妇巴尔贝·涅利多夫（Barbette

---

* 涅谢尔罗迭受到了俄罗斯驻维也纳大使迈恩多夫男爵（Baron Meyendorff）的支持。他在 11 月 29 日向沙皇报告说，"弱小的基督徒们"不会与俄罗斯共同作战。他们从未获得来自俄罗斯的支持，处于"军事上一无所有"的地位，没有能力抗击土耳其人。(*Peter von Meyendorff: Ein russischer Diplomat an den Höfen von Berlin und Wien. Pollitischer und privater Briefwechsel 1826 – 1863*, ed. O. Hoetzsch, 3 vols.［Berlin and Leipzig, 1923］, vol. 3, pp. 100-104.)

Nelidov）也是他们的支持者。根据诗人费多尔·丘特切夫的女儿、宫中女侍官安娜·丘特切娃的记载，皇储亚历山大大公和他的夫人玛丽亚·亚历山德罗芙娜（Grand Duchess Maria Alexandrovna）当时已在宫中公开表示赞同泛斯拉夫观点。丘特切娃好几次都听到他们在交谈中说到俄罗斯应该将斯拉夫人视为理所当然的盟友，俄军跨过多瑙河后，应该支持斯拉夫人为独立而进行的战斗。宫中另一位泛斯拉夫主义者布卢多娃女爵甚至呼吁沙皇同时向土耳其和奥地利宣战，解放斯拉夫人。她多次向沙皇转交泛斯拉夫主义领袖波戈金的信件，请求尼古拉出面，在俄罗斯的领导下将斯拉夫人联合起来，缔造一个斯拉夫人基督教帝国，并将首都设在君士坦丁堡。[9]

　　沙皇在一份波戈金呈交的备忘录页边空白处的批注显示了他在1853年12月时的想法，那段时间他几乎接受了泛斯拉夫主义理念。当时尼古拉向波戈金询问他对俄罗斯在俄土战争中的斯拉夫政策有什么看法，波戈金的回答是一份对俄罗斯与欧洲列强关系的详细论述，其中充满了他对西方国家的怨恨。波戈金的观点显然得到了尼古拉的赞同。和波戈金一样，尼古拉认为俄罗斯作为东正教徒保卫者的地位并没有被人认同或理解，俄罗斯没有得到西方的公平对待。尼古拉特别赞同以下一段话，其中波戈金对西方列强的双重标准提出批评，认为他们自己可以进行领土扩张，却不允许俄罗斯做同样的事情：

　　　　法国从土耳其那里夺得了阿尔及利亚，英国几乎每年都在印度并吞一个公国，而这些都不会影响势力平衡；但是当俄罗斯占领摩尔达维亚和瓦拉几亚时，尽管只是暂时的，却干扰了

134

势力平衡。法国在和平时期占领罗马并驻军了好几年 *，但那不
算什么；当俄罗斯还只是在考虑占领君士坦丁堡时，欧洲和平
就受到了威胁。英国人向中国人宣战 †，仅仅因为中国人似乎冒
犯了他们，这谁也无权干预；但是如果俄罗斯与邻居发生争执，
却必须获得欧洲许可。为了支持一个可悲的犹太人的谎言，英
国向希腊发出威胁，烧毁了它的舰队 ‡，那是合法的行动；但是
当俄罗斯要求签署一份条约保护几百万基督徒时，却被看作是
在近东扩张势力，牺牲势力平衡。在西方国家身上，除了盲目
的仇恨和恶意外，我们不能指望还能得到任何东西。它们不理
解我们，也不想理解我们。（尼古拉在这里的页边空白处批注："这
就是问题所在。"）

在激发了沙皇内心对西方的怨恨情绪之后，波戈金鼓励他独自
行动，凭着自己在上帝面前的良知行事，捍卫东正教，推动俄罗斯
在巴尔干地区的利益。尼古拉对此表示赞同：

> 谁是我们在欧洲的盟友？（尼古拉在此批注："谁也不是，   135
> 我们也不需要他们，只要我们相信上帝，毫无条件地、自觉自
> 愿地相信上帝。"）我们在欧洲真正的盟友是斯拉夫人，在血
> 缘、语言、历史和信仰上，他们都是我们的兄弟，在土耳其有
> 一千万，在奥地利有几百万之众……在土耳其的斯拉夫人可以

---

* 指 1849—1850 年间，乌迪诺 (Oudinot) 将军的远征军向反对教皇的罗马共和国（Roman
　 Republic）发起进攻，并将庇护九世迎回罗马。在这之后，法国军队留在罗马保护教皇，
　 直到 1870 年才离开。——原注
† 指鸦片战争（1839—1842）。——原注
‡ 指唐·帕西菲科事件。——原注

为我们提供一支超过二十万人的部队——那将是怎样一支部队啊！这还没有算上克罗地亚人、达尔马提亚人（Dalmatians）和斯洛文尼亚人（Slovenians）等。（尼古拉在此批注："夸张了，降低到十分之一还差不多。"）……

土耳其人向我们宣战，这就相当于废除了决定两国关系的所有过去签署的条约，所以现在我们可以使用武力解放斯拉夫人了，因为土耳其人自己选择了战争。（尼古拉在此批注："说得对。"）

如果我们不去解放斯拉夫人，将他们置于我们的保护之下，那么我们的敌人，英国和法国……将把他们收入自己囊中。他们已经在塞尔维亚、保加利亚和波斯尼亚这些地方通过西方式的政党活跃于斯拉夫人之中。如果让他们成功，那么我们将何以自处？（尼古拉在此批注："绝对正确。"）

是的！如果我们没有利用这次有利机会，如果我们这次牺牲了斯拉夫人，背叛了他们对我们的期望，或是把他们的命运留给其他列强，那么我们给自己安排的，就不再是一个疯狂与我们作对的波兰，而是十个这样的国家（正中我们敌人的下怀，而他们正在积极向这个方向努力）……（尼古拉在此批注："说得对。"）

波戈金指出，如果斯拉夫人成为敌人，俄罗斯将变成一个"二流强国"。尼古拉在最后几句话下面划了三道横线：

俄罗斯历史上最伟大的时刻到来了——也许比波尔塔瓦（Poltava）*和博罗季诺（Borodino）†还要伟大。在这个当口，俄

---

* 在1709年的波尔塔瓦之战中，彼得大帝打败瑞典军队，使俄罗斯成为一个波罗的海强国。——原注
† 1812年俄罗斯军队与拿破仑军队间的大战。——译注

罗斯不进则退——这是历史规律。但是俄罗斯真的可以退却吗？
上帝会允许吗？不！他正在引导着俄罗斯伟大的灵魂，这一点
我们可以在光辉灿烂的俄罗斯历史上看到。他一定不会允许这
样的事情发生：彼得大帝在东方建立了俄罗斯，叶卡捷琳娜巩
固了俄罗斯，亚历山大扩大了俄罗斯版图，然后尼古拉把俄罗
斯丢给了拉丁人。不，这样的事不能发生，这样的事不会发生。
上帝与我们同在，我们绝不能退缩。[10]

　　为了让沙皇接受泛斯拉夫主义理念，波戈金很聪明地从两个方
面说服沙皇：尼古拉认为自己承担着保卫东正教的天赋使命，同时
他也越来越觉得自己遭到西方的排斥。在11月发给手下大臣们的
备忘录中，尼古拉声称俄罗斯已别无他路，只有与斯拉夫人携手，
因为西方列强，特别是英国，已经和土耳其人结盟共同抵制俄罗斯
的"神圣使命"了。

　　　　我们呼吁所有基督徒加入我们的行列，把他们从奥斯曼帝
　　国几个世纪的统治下解放出来。我们宣布将支持摩尔达维亚—
　　瓦拉几亚人、塞尔维亚人、保加利亚人、波斯尼亚人和希腊人
　　寻求独立的斗争……我不知道还有什么其他办法可以终止我们
　　与英国之间的对立，因为在我们表明立场之后，英国人不应该
　　再与土耳其人保持联盟，继续迫害基督徒。[11]

　　但是，尼古拉对泛斯拉夫主义依然有所保留：他并没有波戈金
在巴尔干地区动员大批斯拉夫人组成军队的幻想，在政治理念上他
不赞同煽动革命起义，而更愿意从宗教立场上对斯拉夫人的解放运
动提供支持。然而，西方国家越是明确表示反对俄罗斯占领多瑙河

流域两公国，他就越倾向于把赌注押在建立一个东正教同盟上，威胁说如果奥地利也加入西方列强反对俄罗斯的话，俄罗斯将支持斯拉夫人起义。强烈的宗教信念让年迈的沙皇变得草率鲁莽，不惜牺牲俄罗斯经过几十年的外交和武力才获得的利益，在与斯拉夫人共同一战上孤注一掷。[12]

寄希望于塞尔维亚人将会起义，沙皇希望俄军从布加勒斯特朝西南方向的鲁塞（Rusçuk）行军，这样一旦塞尔维亚人发动起义，俄军可就近协助。帕斯克维奇则倾向于将俄军集中在东部多瑙河边的土耳其要塞锡利斯特拉。尼古拉在写给帕斯克维奇的一封信中解释，军事战略必须为解放斯拉夫人的事业服务，而塞尔维亚人的起义即将发生：

> 当然锡利斯特拉很重要……但是在我看来，如果想在基督 137
> 徒中推进我们的计划并保持预备状态，那么占领鲁塞更有意义，
> 因为从那里我们可以随时向瓦拉几亚中央地区发起进攻，同时
> 留在保加利亚人中间，并与塞尔维亚人保持就近距离，我们肯
> 定是需要他们的。在我们占领鲁塞之后，基督徒们马上会发动
> 起义，这时我们可以决定是否需要从鲁塞继续向前推进。我认
> 为占领锡利斯特拉不会对塞尔维亚人产生这么大的影响，因为
> 离他们还太远。[13]

但是帕斯克维奇更为谨慎，他很紧张塞尔维亚人的起义会迫使奥地利发动干预，以防止起义蔓延到哈布斯堡王朝统治下的领土。在 12 月，他向沙皇建议保留在波兰的预备队，以备奥地利从那里发起进攻，同时从布加勒斯特向锡利斯特拉进军，在那里俄军周围将都是保加利亚人，不用担心奥地利的进攻。帕斯克维奇认为三星

期内即可拿下锡利斯特拉，这样就可以让沙皇军队在次年春天向哈德良堡发起进攻，在西方列强还没来得及行动之前让土耳其人屈服。尼古拉这次听从了帕斯克维奇的建议。[14]

但是，当俄军向锡利斯特拉推进时，那里的保加利亚人并未发生大规模暴动，其他斯拉夫人也没有什么动静。保加利亚人一般来说是亲俄罗斯的，在近几年中曾在维丁、尼什（Nish）和其他地方参与过反抗穆斯林统治的大规模起义。他们欢迎俄罗斯军队，把他们视作解放者，并与俄军一起向土耳其据点发起进攻，但是没有很多人加入志愿军。保加利亚人的起义都是零星、小规模的，几乎所有起义都被奥马尔帕夏的军队残酷地镇压了下去。在起义规模最大的旧扎戈拉（Stara Zagora），几十名妇女和女孩惨遭土耳其军队蹂躏。[15]

1854年1月，驻瓦拉几亚的英国领事写道，俄罗斯占领军"积极招募志愿军，这些人主要包括希腊人、阿尔巴尼亚人、塞尔维亚人和保加利亚人"，他们参加的是一个"希腊—斯拉夫军团"（Greek-Slavonic Legion）。领事还写道，到那时为止，俄军只招募到一千名志愿者，他们被征召来参加针对土耳其人的"圣战"，"这些人组成了一个十字军东征集团，由俄军提供武器和开支"。这些志愿者被称为"戴着十字架的人"，因为他们的帽子上都有一个"白底红字的东正教十字架"。根据一位俄罗斯军官的说法，尽管他们接受了军事训练，但是几乎所有人都被用来作为辅警在后方维持秩序。俄军的占领行动是压制性的，公开集会被禁止，地方政府被俄军取而代之，言论审查被加强，食物和运输工具被军队征用，这些都造成了广泛的反感。英国领事写道，摩尔达维亚人和瓦拉几亚人都瞧不起俄罗斯人，"只要没有什么危险，每个人都会嘲笑俄罗斯人"。在乡村地区，出现了十几起反抗征用的暴动，有些被哥萨克骑兵残酷地镇压了下去，他们杀害农民，烧毁村庄。奥马尔帕夏的军队采用同样的恐怖手段对付保加利亚人定居点：捣毁教堂、砍头杀害教士、肢解受害者、强奸女孩，以此防止保加利亚人起义或是参加俄罗斯军队。[16]

　　奥马尔帕夏更担心的是俄军会从土耳其侧翼攻入塞尔维亚境内，那里的塞尔维亚东正教教士以及部分农民倾向俄罗斯，强烈支持起来暴动。这说明沙皇向塞尔维亚发起进攻的分析和倾向是对的。土耳其指挥官将部队集中在维丁附近的战略位置，此处是多瑙河地区通往塞尔维亚人聚居区的东线要点，1853 年 12 月下旬，一万八千名土耳其士兵在多瑙河的另一边将四千名俄军从切塔泰（Cetatea）击退。战斗结束后，土耳其人将留在战场上的一千多名俄军伤兵全部杀死，这样的事情后来在克里米亚战争中经常发生。[17]

　　土耳其人急于保卫塞尔维亚，原因是那里局势很不稳定。受到高门认可的塞尔维亚君主亚历山大亲王（Prince Alexander）已失去管制能力，塞尔维亚教会和宫廷内部亲俄罗斯势力正积极准备在俄军到来之时举行暴动。塞尔维亚军队指挥官已经接受了将被俄军接管的事实，甚至暗中活动与亲俄势力合作。根据英国驻贝尔格莱德领事的记载，在 1854 年 1 月，塞尔维亚军队总指挥告诉他："对抗一支无法战胜的俄罗斯军队是毫无意义的，他们会征服整个巴尔干地区，把君士坦丁堡变成东正教斯拉夫王国的首都。"[18]

　　如果丢掉了塞尔维亚，那么整个巴尔干地区都有可能起来反抗奥斯曼帝国的统治。如果俄军占领塞尔维亚，那么他们离色萨利（Thessaly）和伊庇鲁斯（Epirus）就不远了，在那里原来已有四万名希腊人组织起来武装反抗土耳其人的统治，并受到希腊政府的支持。当俄罗斯占领多瑙河流域两公国时，希腊已抓住时机与土耳其开战，意在夺取这两个地区。虽然英国人警告希腊人不要介入这两个地区的争端，但希腊国王奥托并未理会，他认定俄罗斯将会获胜，

139

或者至少多瑙河流域的战斗将会旷日持久，他可以借此机会扩大希腊版图，巩固自己的君主专制。1853 年是君士坦丁堡落入土耳其人手中四百周年，希腊的民族主义情绪高昂，许多希腊人希望借助俄罗斯人的力量，在拜占庭的废墟上重建一个新的希腊帝国。[19]

＊ ＊ ＊

土耳其人担心他们可能会在巴尔干地区全线溃败，于是决定沿着多瑙河建立防线，同时在高加索地区向俄罗斯发起进攻，迫使俄罗斯从多瑙河战线抽调部队。在高加索地区，土耳其人可以依赖当地穆斯林部落的支持。1853 年 3 月，高加索地区穆斯林反抗部落的首领沙米勒伊玛目曾向奥斯曼帝国求助，请求土耳其人支持他反抗俄罗斯人的战斗。"我们是您的子民，"他在给苏丹的信中写道，"我们已精疲力竭……与我们的信仰之敌交战已久。我们失去了所有的力量，处于灾难之中。"在与俄军的交战中，沙米勒的部队已被逐渐挤出他们在车臣和达吉斯坦的游击基地。1845 年，"新俄罗斯"和克里米亚总督米哈伊尔·沃龙佐夫（Mikhail Vorontsov）被任命为高加索总督和军事司令，在此之后，俄军在这一地区的人数急剧增长。*沃龙佐夫的战略不是直接攻击反叛武装的据点，而是将其包

---

* 克里米亚战争中带有讽刺意味的事件之一是这位俄军将领本人是一个亲英派，他的侄子悉尼·赫伯特（Sidney Hebert）曾在 1852 年至 1855 年间担任英国军务大臣（Secretary at War）。米哈伊尔的父亲谢苗·沃龙佐夫伯爵（Count Semyon Vorontsov）曾任俄罗斯驻英国大使，退休后继续住在伦敦，在英国度过了四十七年。谢苗的女儿凯瑟琳（Catherine）嫁给了彭布罗克伯爵（Earl of Pembroke）乔治·赫伯特（George Herbert）。米哈伊尔作为一名将领曾参加过拿破仑战争，在 1823 年被任命为"新俄罗斯"地区总督。他花了很大力气建立起敖德萨的地位，在那里修建了一座华丽的宫殿，还积极推动修建蒸汽机船用于黑海航行，并参加了 1828—1829 年的俄土战争。遵照家族的亲英传统，他在克里米亚南海岸的阿卢普卡（Alupka）修建了一座漂亮的盎格鲁—摩尔风格（Anglo-Moorish）的宫殿。1945 年雅尔塔会议（Yalta Conference）期间，英国代表团即在这座宫殿内驻扎。——原注

围，通过烧毁农作物和村庄断绝反叛武装的粮食来源。他的部队还通过砍伐森林等手段把反叛武装从隐藏之处赶出来，同时向反叛地区修建道路，以方便俄军。到 1853 年，已有迹象表明这一战略确有成功的可能：成百个车臣村落投向俄方，希望能继续耕作，免遭战火蹂躏；反叛武装内部则士气低落。俄罗斯人认为他们已经成功地遏制了反叛势力，于是把高加索地区的大部分部队调往多瑙河流域战线，切尔克斯海岸上一些规模较小的俄军要塞也随之关闭。[20]

这正是土耳其人希望利用的机会。如果能在高加索地区打败俄军，就能鼓舞黑海地区的波斯人和穆斯林，甚至可能导致这一地区俄罗斯统治的倒台。同时这么做一定能吸引英国人的支持，在过去几年中，英国人一直在秘密地向切尔克斯和格鲁吉亚的反叛武装输送枪支和金钱，并一直想和沙米勒伊玛目建立联系。[21]

在 1853 年之前，土耳其人一直不敢公开支持沙米勒。根据 1829 年签署的《哈德良堡条约》，高门同意放弃对高加索俄占地区的领土诉求，在那之后，面对埃及总督穆罕默德·阿里（他和沙米勒关系良好）的干预，俄罗斯成功地保住了高加索。但是当土耳其向俄罗斯宣战之后，一切就不一样了。10 月 9 日，苏丹终于答应了沙米勒的请求，命令他发动保卫伊斯兰的"圣战"，配合由阿卜迪帕夏（Abdi Pasha）指挥的安纳托里亚军团攻击高加索地区的俄军。为了等待这一时机的到来，沙米勒已经调动了一万人的部队向第比利斯进发，同时还在切尔克斯和阿布哈兹（Abkhazia）动员志愿者参加。10 月 17 日，英国驻埃尔祖鲁姆领事向外交部汇报说沙米勒已经动员了两万人的部队供阿卜迪帕夏调遣。八天之后，土耳其人发动了高加索战役。在第一场战斗中，阿卜迪帕夏手下的巴什波祖克部队从阿尔达汉（Ardahan）出发，占领了巴统（Batumi）北部的俄军要塞圣尼古拉（St Nicholas），那里被格鲁吉亚人称为沙克维第利（Shekvetili），土耳其军队在这场战斗中杀死了一千多名哥萨克士兵。根据要塞的俄军指挥官缅什科夫亲王的报告，土耳其士兵还对几百名平民用刑、强奸妇女、带走了大批格鲁吉亚男孩女孩送到君士坦丁堡售为奴隶。[22]

为支援高加索地区的攻势，土耳其人必须依靠他们的黑海舰队输送补给。土耳其海军舰队一直没有从1827年纳瓦里诺海战的失败中恢复元气，据派驻高门的英国海军顾问阿道弗斯·斯莱德的说法，在1851年，土耳其海军共有一万五千名水手和六十八艘能在海上航行的舰船，但是缺少高素质的军官，绝大部分水手缺乏训练。虽然不是俄罗斯海军的对手，但到10月底，土耳其海军的信心却高昂起来，因为英法两国的舰队已经抵达君士坦丁堡郊外，在博斯普鲁斯海峡的贝伊科兹（Beykoz）下锚：其中有五艘风帆战列舰（各有两至三层甲板，至少七十门炮），十一艘双层甲板战舰，四艘三帆快速战舰以及十三艘蒸汽机船。所有战舰加起来，火力足以和俄罗斯舰队抗衡。俄罗斯的黑海舰队分为两支中队：一支由弗拉基米尔·科尔尼洛夫中将指挥，负责黑海西部；另一支由帕维尔·纳希莫夫（Pavel Nakhimov）中将指挥，负责黑海东部。缅什科夫命令两支中队击沉任何向高加索地区输送补给的舰船。土耳其政府部长和高级军官们知道俄罗斯海军在黑海巡逻，但还是决定派出一支小型舰队进入黑海。俄罗斯海军完全有理由相信这支舰队是向高加索输送武器和兵员的，而事实也确实如此，但是土耳其人认为如果他们的舰队遭到俄罗斯海军攻击，英法舰队不会坐视不管。也许这正是土耳其人的本意：挑动俄罗斯舰队开火，迫使西方列强在黑海卷入与俄罗斯的海战。很明显土耳其人对这支小舰队的死活并不关心，命令他们在安纳托里亚海岸的锡诺普下锚，那里很容易成为纳希莫夫中队的目标。俄罗斯舰队的规模和火力比这支小舰队强得多，共有六艘现代战列舰、两艘三帆快速战舰和三艘蒸汽机船。[23]

11 月 30 日，纳希莫夫下达了进攻的命令。俄军舰队重炮发射的爆炸弹摧毁了整个土耳其舰队。这是爆炸弹第一次在海战中被使用。俄军设计了一种先进的炮弹，在穿透土耳其舰船的木壳之后才爆炸，从内部将船只炸得四分五裂。英国海军顾问斯莱德在唯一一艘侥幸逃生的土耳其明轮蒸汽机船"塔伊夫"号（*Taif*）上，他写道：

> 在一小时或一个半小时后，炮击基本停止了，海面上偶尔有一两声炮响。土耳其舰队船员一半阵亡，大部分舰炮被掀翻，完全被数量和火力占优的俄军舰队打败。一些船只还在燃烧……俄罗斯人欢呼雀跃，他们进入海湾的目的达到了，摧毁了土耳其舰队。不管从哪方面考虑，他们都应该停火了。如果他们在这时候停火，没人能指责他们什么，但是他们继续向失去战斗力、漂浮在海面的船只开火。俄军的三帆快速战舰驶入海湾，把仍在海面上的船只全部击沉。许多人或是被炮火击中身亡，或是在向海岸逃生时溺水而亡……除了土耳其舰队外，俄罗斯人还向锡诺普湾的土耳其人聚居区开火。尸横遍地，一片废墟，当地居民在战斗打响时，就跟随当地官员一起逃走了。

根据斯莱德的说法，锡诺普湾的四千二百名土耳其水手中，有两千七百人被俄军炮火所杀。当地饭馆餐厅成为临时医院，几百名伤员却只有三名医生救治。六天之后俄军才停止炮击，伤员得以被送上船只运到君士坦丁堡。[24]

几天之后，斯莱德向高门汇报了这场海战的细节，他奇怪地发现土耳其的大臣们对这一新闻无动于衷，这无疑印证了原先的怀疑：

143

土耳其人本来就想通过挑动俄军开火，将西方列强卷入战争。

> 他们居室内亮丽的靠垫，身上顺滑的裘皮大衣，与锡诺普
> 破烂餐厅内瑟瑟发抖的人群形成了鲜明的对比。在听到发生在
> 锡诺普令人伤心的事件时，他们毫不关心；在看到"严惩号"
> （*Retribution*）海军上尉奥赖利（O'Reilly）在海战发生几天后
> 拍摄的锡诺普湾全景照片时，他们亦不为所动。换了一个对奥
> 斯曼帝国种种怪相一无所知的人，也许会觉得这些人听到的和
> 看到的是发生在遥远的中国海面上的一场灾难而已。[25]

事实上，土耳其在海战中的失利为高门的外交努力注入了生机，显示了雷希德的影响力和他阻止战争进一步升级的决心。他认为，土耳其必须通过西方列强最后再做一次和平努力，这样的话，一旦开战，西方列强才会站在土耳其这一边。

12月5日，奥地利外交部长布奥尔伯爵向俄罗斯递交了由高门提出、经四方列强（奥地利、普鲁士、英国和法国）在维也纳会议上同意的和平条件：如果沙皇同意立即撤出多瑙河流域两公国，土耳其将在国际监督下，派出代表直接与俄罗斯进行和平谈判。他们承诺延续与俄罗斯签署的条约，并接受沙皇对圣地的要求。12月18日，奥斯曼帝国大议会同意基于这些条件议和。

消息传开，愤怒的宗教学生涌上君士坦丁堡街头举行示威游行，反对大议会的决定。"过去的三天里，土耳其首都处于暴动状态。"斯特拉特福德在12月23日写道。宗教学生举行非法集会，威胁雷希德和其他大臣。有谣传说在君士坦丁堡的欧洲区发生了针对基督徒的屠杀事件。斯特拉特福德把西方外交官和他们的家人请到了英国大使馆暂避。他给雷希德写信，呼吁他对宗教学生采取强

硬立场。但是雷希德从来不是一个勇敢的人，他已经辞了职躲到他儿子在贝西克塔什（Besiktas）的宅子里。斯特拉特福德没能找到他。 144因为担心出现宗教革命，斯特拉特福德将停留在贝伊科兹的英国舰队中的几艘蒸汽舰船调到了君士坦丁堡市中心水面，并拜访苏丹，要求他果断采取行动，防止暴乱发生。第二天，土耳其警察逮捕了一百六十名宗教学生，并把他们带到大议会前要他们为暴乱承担责任。学生领袖回答说，大议会的求和行为"违反了《古兰经》所说的打败敌人再谈和平的指示"。大议会向学生们解释说，高门并未向俄罗斯求和，而是提出了谈判的条件。当被问到既然他们求战如此心切，是否愿意上前线时，这些学生回答说他们的责任是布道而不是战斗。在这之后，这些学生都被发配到了克里特岛。[26]

12月11日，锡诺普海战的消息传到了伦敦。照理说，既然俄罗斯与土耳其处于交战状态，那么俄罗斯舰队攻击土耳其军舰的行为就是可以接受的，但是英国媒体立即将其形容为"骇人听闻的暴力行为"和"一场屠杀"，并对平民伤亡大肆夸张，称有四千平民在俄罗斯的炮火中丧生。《泰晤士报》写道："锡诺普一战，打消了我们平息战火的念头……我们一直认为有责任维护和平，只要因此求得的和平与我们国家的荣誉与尊严保持一致……但是俄国皇帝向海军列强们下了战书……现在战争已经开始了。"《纪事报》（Chronicle）宣称："我们迫不得已，将拔剑出鞘，这不仅仅是为了保卫盟友的独立，还是为了打击一个暴君的意图与伎俩，他的野心已让其成为所有文明国家的公敌。"地方报纸也跟伦敦的主战恐俄立场保持一致。"仅仅和沙皇对话毫无用处，"《谢菲尔德和罗瑟勒姆独立报》（Sheffield and Rotherham Independent）指出，"看来我们采取行动的时机已经来临，我们必须打消俄罗斯的邪恶意图和用心。"在伦敦、曼彻斯特、罗奇代尔（Rochdale）、谢菲尔德、纽卡斯尔（Newcastle）和其他许多市镇，都出现了支持土耳其的公众集会。在苏格兰佩斯利（Paisley）的公众集会上，反俄鼓动家戴维·厄克特向集会群众做了长达两个小时的讲话，最后他呼吁"英格兰人民……向他们的君主提出请求，要么向俄罗斯宣战，要么将英国舰队撤出土耳其水域"。英国报纸还刊登了各种请愿信，要求英国女王对俄罗斯采取更积极强硬的立场。[27]

此时的英国政府是一个在阿伯丁勋爵领导下的脆弱的联盟，由自由党和支持自由贸易的保守党成员组成。他们的立场因为英国公众对锡诺普事件的反应而发生了急剧的变化。一开始英国政府的反应是冷静的，大部分内阁成员与首相的意见一致，认为需要给由奥地利主导的和平进程更多时间。他们同意英法两国的舰队必须留在黑海，并做出姿态显示两国政府对战事的关切，但目的不是为了真的与俄罗斯开战，而是迫使俄罗斯接受和平谈判。大部分人觉得英国不应该被土耳其拖入一场战争中去，土耳其人基本上属于咎由自取。维多利亚女王自己都曾发出警告：

> 我们和法国一道承担了打一场欧洲大战的风险，却没有限制土耳其的行动，不让其挑动战事。现在事件的决策权完全被君士坦丁堡枢密院的一百二十名土耳其狂热分子掌握，与此同时，我们却承诺英法会保卫他们的领土主权！这样重大的权力，议会从来都是牢牢地握在自己手中的，连英国皇室都不得干涉，现在却这样交给了土耳其人。[28]

此时女王同意阿伯丁勋爵的看法，认为俄罗斯入侵多瑙河两公国的行为不足以成为与其开战的理由。和他一样，女王依然倾向于信任沙皇的动机，十年前她见到沙皇时，对他有喜爱之心，认为他的挑衅行为是可以被约束的。她的个人立场是反土耳其的，这也影响了她对俄罗斯入侵的看法。在锡诺普海战之前，她曾在日记中写道："如果土耳其人被狠狠击败的话，将会有利于和平，总的来说有好处。"但在这之后她的看法发生了改变，转而希望这一事件后，俄罗斯和土耳其人都更愿意在欧洲的支持下接受和平。"俄罗斯在陆地上取得决定性的胜利之后，也许，我也希望，能让各方冷静下来，沙皇能表现出宽宏大量，土耳其人能更为理性。"她在 12 月 15 日的日记中写道。[29]

但是对土耳其人的战争情绪保持冷静是一回事，对抗英国媒体上的种种求战呼声则是另外一回事。12 月 14 日，帕默斯顿辞去了内政大臣的职务，表面上是对议会改革有不同意见。离开内阁后，他马上加入了要求英国采取军事行动的行列，他的目的是立足于政府之外，凭借公众舆论，向倾向和平的阿伯丁发出挑战。他坚持认为既然西方国家把舰队派到了博斯普鲁斯海峡作为对俄罗斯的警告，那么俄罗斯舰队在锡诺普的举动实际上是对西方列强的间接进攻。"苏丹的舰队是在土耳其港口被消灭的，如果英法舰队在那里的话，将能保护土耳其舰队。"他向英国驻圣彼得堡大使西摩勋爵解释道。俄罗斯舰队袭击锡诺普为英国提供了一个道义上的理由，现在可以出手摧毁近东的俄罗斯威胁了，这也是帕默斯顿一直在寻找的机会。这是一场"正义和必要的战争"，继续维也纳和谈只会增加西方列强发动这场战争的困难度。在英国内阁中，下议院议长罗素勋爵是帕默斯顿的支持者。非常关键的是，外交大臣克拉伦登勋爵也站到了帕默斯顿这一边，他是在感觉到英国公众对锡诺普事件的激烈反应之后改变立场的。女王在 12 月 15 日的日记中写道，克拉伦登"比以前更加主战了，因为担心报纸舆论"。"你觉得我太在意公众的观点了，"克拉伦登在 12 月 18 日给阿伯丁的信中写道，

"但是在得知锡诺普发生的可怕惨剧之后，光是从人道角度出发，我们就必须采取行动阻止类似事件的发生，如果无所作为，实在太脸上无光了。"[30]

自从帕默斯顿离开了内阁，克拉伦登就成了内阁主战派的领袖。他试图说服阿伯丁，锡诺普事件证明俄罗斯"没有和平的意图，尽管土耳其人的和平条件是合理的"，所以现在已无必要继续与俄罗斯对话。他敦促首相以锡诺普事件为"道义理由"拒绝奥地利的和平努力，对俄罗斯采取强硬态度。为了破坏和平谈判，他让斯特拉特福德向土耳其人发出指令采取强硬立场，同时还警告布奥尔伯爵说奥地利对俄罗斯太软了。他对英国驻巴黎大使考利勋爵（Lord Cowley）说，对话已经太迟，现在是西方列强"终结俄罗斯近东海军强国地位的时候了"。[31]

法国方面的支持对帕默斯顿和英国内阁主战派非常关键。拿破仑三世决心以锡诺普事件作为对俄罗斯采取强硬行动的理由，部分原因是考虑可以借此巩固与英国的联盟，另一部分原因是相信如果不对俄罗斯人的行为做出惩罚的话，那将是法国舰队的耻辱，作为法国皇帝，他对此不能容忍。12月19日，他提议英法两国舰队进入黑海，迫使俄罗斯军舰撤回塞瓦斯托波尔港。他甚至威胁说如果英国人拒绝行动的话，法国舰队将单独行动。虽然心里不情愿，但是这一威胁足以让阿伯丁妥协：即使俄罗斯得势的可能还不足够让他采取行动，那么对法国重新崛起的担忧就让他不能坐视不管了。12月22日，两国同意组成联合舰队共同保护黑海水域的土耳其舰船。1853年圣诞节前夜，帕默斯顿重回英国内阁，成为内阁主战派的领袖。[32]

＊　＊　＊

　　然而，仅仅研究政治领袖和外交官的动机是无法真正理解克里米亚战争的起因的。这是历史上第一场迫于媒体舆论和公众观点的压力而引发的战争。随着铁路的兴起，英国在1840年代和1850年代出现了全国性报纸，公众舆论成为英国政治中一股强大的力量，在某种程度上可以说超过了议会和内阁的影响力。《泰晤士报》长期以来一直与保守党关系密切，但是它越来越将自己的地位视为不亚于任何一家国家机构，用该报外交事务主编亨利·里夫（Henry Reeve）的话说就是"第四种力量"（Fourth Estate）。他在1855年是这么描述其职业的："新闻报道不是统治阶层内部不同派别的传声筒，而是整个国家智慧的汇总，一个对统治阶层进行批判和控制的工具。它确实是'第四种力量'，而不是第三种力量在文字和声音上的体现。"＊政府别无他法，只能接受这一新的现实。"英国的政府大臣不得不讨好报纸，"阿伯丁哀叹道。他是一名传统的保守党人，向来只在白金汉宫和他所在的蓓尔美尔街（Pall Mall）上的俱乐部之间行走。"报纸总是大喊大叫，横加干涉。他们善于欺凌他人，把政府也变成了恶霸。"[33]

　　在这一点上，帕默斯顿是第一个真正意义上的现代政治家。他明白为了赢得大众的支持，必须培养与报刊的关系并且用简单明了的语言向公众传达理念。宣扬与俄罗斯交战是他赢得舆论支持的手段。他的外交政策能够赢得英国人心，因为其所代表的正是英国人自我想象中的英国国家特征和理想：信仰新教、热爱自由、充满活力、勇于冒险、自信大胆，他们不惜为保护弱小者而战，为自己是

148

149

＊　当时英国一般把下议院、贵族和教士称为"三种等级"，此处亦指这三种等级对国家事务的影响力。——译注

帕默斯顿

英国人而感到自豪，蔑视外国人，特别是天主教和东正教教徒。帕默斯顿将天主教和东正教教徒与欧洲大陆最糟糕的奢靡丑恶联系在一起。英国公众对他以自由主义理念进行对外干预的言辞非常喜爱，因为约翰牛（John Bull）*就是这么看英国的：英国是世界上最伟大的国家，政府的任务是将英国的生活方式带给那些不幸的外国人。

帕默斯顿越来越受欢迎，在英国公众心目中，他的外交政策与捍卫"英国价值"连成了一体，以至于不管谁想阻止英国参战，都会被举着爱国大旗的报刊丑化攻击。理查德·科布登（Richard Cobden）和约翰·布赖特（John Bright）就遭到了这样的攻击。他们两人都是和平主义者、激进的自由贸易主义者，拒绝将俄罗斯视为威胁了英国利益，认为与俄罗斯进行贸易是维护英国利益更好的办法。因为坚持这样的观点，他们被英国报刊批判为"亲俄"，在这当口等同于"反英"。甚至女王的丈夫阿尔伯特亲王都被当作"德国人"或"俄国人"遭到指责，许多人似乎搞不清楚这两者之间的差别。他被一些报刊指责"叛国"，其中最起劲的是"红头小报"†《广告晨报》，原因是有谣言说 12 月帕默斯顿辞去内政大臣一职是一场宫廷阴谋。当帕默斯顿重返内阁时，许多庸俗报纸纷纷报道说阿尔伯特亲王叛国罪已定，将被押送到伦敦塔关押云云，于是就有好事者聚集在伦敦塔外看热闹。《广告晨报》甚至呼吁处死阿尔伯特亲王："与其在投入战斗时犹豫不决，不如让罪人的鲜血洒在伦敦塔的绞架上！"维多利亚女王对此极为愤怒，以退位相威胁。阿伯丁和罗素代表女王与主要报纸的主编们交涉，得到的结果却是这场攻势不会马上消退，因为这些文章是报纸主编们同意刊登的，有些甚至是

---

* 约翰牛是 18 世纪开始出现的漫画人物，经常用来代表英国国民性。——译注
† 英国的小报大部分将报头以红底白字方式印在头版上方，因此被称为"红头小报"。——译注

主编们自己写的，就是为了可以多卖几份报纸。[34]

在英国公众心目中，与俄罗斯一战涉及"英国原则"：捍卫个人自由、文明与自由贸易。保卫土耳其代表了英国的美德：为弱小无助者伸张正义，反抗暴君和恶霸。因为仇视俄罗斯，土耳其便成了道德楷模，这种对土耳其的浪漫想象源自 1849 年土耳其为匈牙利和波兰反抗沙皇统治的自由战士提供庇护的举动。1854 年初，当亲土耳其的戴维·厄克特成立"保卫土耳其及其他国家反分裂协会"（Association for the Protection of Turkey and Other Countries from Partition）时，很快就有几千名激进分子加入。

对英国圣公会教徒来说，一个重大障碍是支持土耳其就意味着与穆斯林一起共同对抗俄罗斯基督徒，这对身为圣公会保守党人的阿伯丁和格拉德斯通来说是一个困境，对维多利亚女王来说更是一个问题，因为基于宗教信仰，她是仇视土耳其人的，在私底下，她希望建立一个"希腊帝国"取代奥斯曼帝国的欧洲部分，她还希望有一天土耳其人"全都变成基督徒"。[35] 可是福音派教徒中的激进派对于支持土耳其反对东正教却没有什么问题，他们认为坦齐马特的改革代表了土耳其自由主义和宗教宽容。有些教会领袖甚至宣称土耳其人为新教在近东地区的传播做出了贡献，这么说主要是因为新教传教士在奥斯曼帝国进行的传教活动。因为高门禁止任何人向穆斯林传教，这些传教士的传教对象是生活在奥斯曼帝国的东正教和天主教徒，每个转投新教的人都会对原来教会里的教士如何邪恶进行一番讨伐。沙夫茨伯里勋爵（Lord Shaftesbury）在上议院一场有关奥斯曼帝国在色萨利和伊庇鲁斯两地镇压希腊人起义的辩论中讲述了这个问题，他提出巴尔干地区的基督徒既受土耳其当局的压迫，更是俄罗斯人支持的希腊东正教会的受害者。他的结论是，从转投新教的基督徒的角度说，被土耳其人统治好过生活在沙皇的阴影下。在俄罗斯，沙皇甚至不允许传播俄文版的《圣经》。*一旦俄罗斯人征服了巴尔干，这里也将进入黑暗世纪，新教徒将无处容身。他还说，与之形成对比的是，高门对圣公会传教士的工作并无敌意，还曾做出干预以保护转投新教的基督徒免受其他东正教或天主教教徒的迫害，甚至在 1850 年授予了新教米利特的资格。他没有提到的是，根据奥斯曼帝国法律，那些改投新教的穆斯林将会被处以死刑。和许多圣公会教徒一样，沙夫茨伯里对伊斯兰抱有同情，认为穆斯林静默的宗教仪式与圣公会教徒自己的内省祈祷行为比较相近，而不像东正教仪式那样吵吵闹闹，甚至带有未被基督教转化的异教色彩。这样的想法在福音派中十分流行，例如 12 月一次讨论俄土冲突的公众集会上，一位演讲者坚称"土耳其人不是异教徒，他们是一神论者"。《纽卡斯尔卫报》（*Newcastle Guardian*）报道了他的发言："至于说在希腊的俄罗斯人和希腊的东正教徒，他本人并不反对他们的教义，但他们确实是一群疯疯癫癫、手舞足蹈的人。这是他亲眼看到的。"[36]

在公众集会上，只要提到苏丹的名字，就足以引起观众的一片掌声。例如在切斯特（Chester）某个剧院举办的一场集会中，两千多人以欢呼喝彩的形式通过了一项议案，呼吁政府"以最强的武力行为"协助苏丹，这么做的原因是：

> 在英国，对苏丹的支持超过了任何一个欧洲君主，没有任何一个欧洲君主比苏丹为宗教宽容做出更多努力，他在自己的领地上确立了宗教平等。把他与阿尔弗雷德（Alfred）和爱德华

---

* 在 1870 年代前，一直都没有俄文版的《圣经》，只有一本赞美诗集（Psalter）和《时辰祈祷书》（*Book of Hours*）。——原注

这些英国历史上伟大的君主相提并论，对英国人来说并无任何
有失体面之处。如果在这场危机中苏丹可以得到西欧真正的支
持，那他将会领导他的国家走向幸福昌盛，并与大不列颠建立
互惠的贸易往来。

当《泰晤士报》提出巴尔干地区的基督徒更愿意接受沙皇的保
护，而不愿意被苏丹统治时，《先驱晨报》（Morning Herald）和《广
告晨报》立即以激烈的民族主义语调对其发起攻击，指责《泰晤士报》
"非英"："这些观点是用英语写下来的，但是除此之外，没有一点
是英国的，而是彻头彻尾的俄罗斯思维。"[37]

在法国，报刊也积极影响着拿破仑三世的外交政策。最大的压
力来自地方性的天主教报纸。自从圣地争执开始以来，这些报纸就
一直在呼吁与俄罗斯一战，在锡诺普事件之后，这些呼声就更强烈
了。1854 年元旦，《弗朗什孔特联合报》（Union franc-comtoise）
发表社论，称"如果法国与英国不能阻止俄罗斯对土耳其的威胁，
这两个国家今后也会像土耳其那样受俄罗斯奴役"。

反俄宣传的主旨是"反抗野蛮主义的文明圣战"，1854 年出
版的一本恐俄畅销书、古斯塔夫·多雷（Gustave Doré）的《对
神圣俄罗斯的讽刺漫画》（Histoire pittoresque, dramatique et
caricaturale de la Sainte Russie）也以此为主旨。这本讽刺漫画表
达的观点是俄罗斯的侵略性源自其野蛮主义，这在英法两地的战前
游说中十分常见。在英国，这一观点被用来反驳科布登和布赖特关
于俄罗斯太落后、没有能力入侵英国的看法。有人发起了一场宣传
运动，试图证明正因为俄罗斯太落后，它必须通过地域扩张来取得
更多资源。在法国，这一说法带有更强的文化意味，让人把俄罗斯

152

人与匈奴（Huns）相比。"尼古拉皇帝和匈奴王阿提拉（Attila）*很相似。"法国报纸《公平报》（*Impartial*）在1854年1月下旬的一篇社论中写道。

> 对此视若无睹将是对所有秩序与公正的颠覆。政治与宗教的谎言正是俄罗斯所代表的。它本身是野蛮的，却想模仿我们的文明，这让我们生疑，其暴政让我们感到恐怖……它的暴力统治也许适用于一个野蛮性与生俱来、与疯狂野兽相差无几的民族，但是肯定不适用于文明人……尼古拉的政策在欧洲所有文明国家中都引发了怒潮，因为他的政策是烧杀抢掠。他们不过是一群规模比较大的土匪。[38]

对持教皇至上主义（Ultramontane）的报刊来说，俄罗斯的宗教是对西方文明最大的威胁。他们声称，如果不能阻止沙皇军队西进的话，基督教将被东正教霸占，天主教徒将面临新一轮的宗教迫害。"如果我们让俄罗斯人并吞土耳其，"《弗朗什孔特联合报》主编写道，"我们很快就会看到哥萨克军队强迫我们所有人接受希腊邪教。欧洲不但会失去自由，连宗教也会丧失……我们将被迫看着我们的孩子接受希腊教派的教育，那些敢于出声抵抗的天主教徒将被发配到西伯利亚冰天雪地的戈壁，在那里默默死去。"《第戎旁观者报》（*Spectateur de Dijon*）则响应巴黎大主教的呼吁，要求法国的天主教徒们起来参加一场反抗俄罗斯和希腊人的"圣战"，捍卫他们的宗教遗产：

153

---

* 古代欧亚大陆匈奴人的领袖和皇帝，曾多次率领大军入侵东罗马帝国及西罗马帝国，并对两国构成极大的威胁。——译注

对所有天主教徒来说，俄罗斯代表了一种特殊的威胁，我们决不能误读这一点。尼古拉皇帝声称希腊教士在圣墓教堂拥有特权，这些特权是靠俄罗斯人的鲜血换来的。法国人在维护圣地的征战中洒下的鲜血，俄罗斯人再过几百年都赶不上一丁点儿……那里有我们的遗产需要保护，有我们的利益需要捍卫。但不仅如此。希腊—俄罗斯教堂要对我们进行改教的企图，是对我们的直接威胁。我们知道，在圣彼得堡，他们一直做梦都希望将宗教专制强加给西方。他们希望通过无休止的军事扩张，迫使我们改信他们的异教。如果俄罗斯占据了博斯普鲁斯，那么他们要征服马赛或是罗马就易如反掌，凭借一次快速袭击就足以在其他力量介入之前废黜教皇和所有大主教。

对地方性天主教报刊来说，这场圣战还是一个在法国重新加强宗教戒律的机会，借以对抗法国大革命带来的世俗化影响，并将教会的地位重新恢复到国民生活的中心。他们期望因 1848 年革命而分裂成不同派别的法国人会因为携手保卫共同的信仰而重新团结起来。[39]

这一想法正中拿破仑三世下怀。无疑，他想象一场光荣的战争会让法国最终接受发动政变送他上台的军队。然而，法国公众其实从未和他一样热衷于和俄罗斯开战，他们对圣地的纠纷并不关心，即使是在锡诺普事件的消息传来之后也是如此。拿破仑三世一直在说走上"光荣之路"抗击俄罗斯侵略，法国报刊一直声称他们表达的是"法国公众的愤怒"，但是根据地方官和检察官们的报告，普通法国人并不为之所动。尽管在之后很快到来的克里米亚战争中，投入战斗和死于战火的法国人比英国人多得多，但他们其实从未像英国人那样急切地想投入这场战争。甚至可以说法国人对与传统对手英国人联合参战的想法抱有反感，许多法国人认为法国被拖入了一场保卫英国利益的战争中，并将为此付出代价，这正是拿破仑三世的反对派经常提出的观点。法国商界对参战尤为反对，担心因此导致高税收，损害经济。有人预测一旦开战，不到一年这场战争就会变得极为不受欢迎，法国将不得不因此寻求和平。

　　1854年1月底，反战情绪蔓延到了法国皇帝的幕僚中。1月4日，拿破仑三世召集了一批高级官员开会，讨论应该如何回应俄罗斯对英法联合舰队进入黑海提出的抗议。在这次会议上，拿破仑三世两名关系最密切的盟友——财政大臣让·比诺（Jean Bineau）和议员阿希尔·富尔德（Achille Fould）建议与俄罗斯和解以避免陷入战争。他们担心法国缺乏军事准备：在1851年12月政变上台之后，拿破仑三世为让英国人放心，通过裁军表明法国不会入侵英国，所以在1854年初，法国军队尚未动员起来，也缺乏战争准备。比诺甚至威胁如果战争爆发，他将辞去财政部长职务，原因是为支持战争而提高税收，是不可能不引起社会动荡的（不过后来他并未兑现他的威胁）。这些反对的声音给拿破仑三世泼了足够多的冷水，他决定再考虑一下参战决定，并且重新开始寻求外交途径解决危机。1月29日，他直接写信给沙皇，提出愿意以奥地利为中介，谈判一个和平解决方案，并建议作为谈判的基础，英法舰队撤出黑海，同时俄罗斯军队撤出多瑙河流域两公国。拿破仑三世的这封信马上被公开了，目的是向焦虑的法国公众表示他正在尽一切努力保证和平，正如他亲口向奥地利驻巴黎大使许布纳男爵（Baron Hübner）表示的。[40]

　　帕默斯顿和其主战派同僚密切关注着法国局势，他们担心拿破仑三世会在最后关头退出与俄罗斯的军事冲突，于是采用各种手段加强他的决心，同时破坏他达成外交妥协的努力。1854年初，最盼

望战事爆发、推动战争最积极的是英国人，而不是法国人。　　　　155

＊　＊　＊

　　英国主战派不需要花什么力气破坏外交妥协，因为沙皇的立场非常强硬。2 月 16 日，俄罗斯正式与英法两国断绝外交关系，从伦敦和巴黎撤回大使。五天之后，沙皇拒绝了拿破仑三世提出的双方同时在黑海和多瑙河流域两公国撤军的提议，抛出了一项反建议：西方国家在黑海的舰队必须阻止土耳其舰船向俄罗斯黑海沿岸运送武器，这显然是在暗示为什么会发生锡诺普事件。如果这一条件得到满足，而且只有这一条件得到了满足，沙皇才会在圣彼得堡与高门特使展开谈判。他可能意识到这一立场有可能引起战争，于是向拿破仑三世发出警告说，1854 年的俄罗斯和 1812 年一样，已经准备好击败入侵的法国军队。

　　沙皇如此直截了当地拒绝法国的提议，是相当令人震惊的，因为这是他避免与英国和土耳其正式开战的最好办法，拿破仑三世的提议是避免俄罗斯在欧洲完全被孤立的最后机会。沙皇在 1 月底试图与奥地利和普鲁士结成联盟，他派出亲信奥尔洛夫伯爵到维也纳，提议如果奥地利、普鲁士以及德意志各成员国宣布中立的话，俄罗斯会帮助奥地利抵御西方列强。他显然希望以此打动奥地利皇帝弗兰茨·约瑟夫，因为他知道奥地利皇帝一直担心拿破仑三世会在哈布斯堡家族治下的意大利挑起麻烦。但是奥地利也对俄罗斯在巴尔干的军事行动感到担心，虽然沙皇一直建议俄罗斯与奥地利共同瓜分奥斯曼帝国的欧洲领土，但奥地利人并不相信他的承诺，并且清楚地表示不会与俄罗斯合作，除非土耳其边境保持不变。他们对塞尔维亚人起义支持俄罗斯军事行动非常担心，额外调动了两万五千人的部队集结在塞尔维亚边境上。[41]

沙皇在 2 月 9 日就已经知道奥尔洛夫的使命失败了，而且还知道奥地利正在准备派出军队到塞尔维亚防止俄军入侵。此时他断然拒绝拿破仑三世提出的最后和平机会，实在是异乎寻常，因为他一定会担心如果连奥地利都成为对手，俄罗斯与西方列强的交战一定会以失败告终。有些历史学家倾向于认为这时的尼古拉终于失去了对轻重的权衡能力，他身上遗传的精神疾病，包括浮躁鲁莽的行为和阴郁易怒的倾向，与登基近三十年被阿谀奉承者围绕造成的傲慢交织在一起。[42]应该说这样的解释有一定的说服力，在 1853—1854 年危机时期，他有时候表现得的确像是一个莽撞的赌徒下注过火：在多年耐心经营俄罗斯在近东的地位之后，他愿意在与土耳其开战上冒极大风险，把几十年积累的所有利益一股脑儿都押到赌桌上。

但是，从尼古拉的角度看，他真的是在进行一场赌博吗？从他的私人记录中，我们知道他确实很自信地将局势与 1812 年相比。他经常提及他哥哥带领俄罗斯抵抗拿破仑的那场战争，并以此作为这次俄罗斯也能独自与世界作战的理由。"如果欧洲迫使我们与之开战，"他在 1854 年 2 月写道，"我会像哥哥亚历山大在 1812 年所做的那样，只要外国军队还在俄罗斯领土上，哪怕敌人把我们逼到乌拉尔山脉（Urals）以东，我们也绝不会放下武器。"[43]

这不是什么理性的想法，并不是基于对手可调动军队的数量，或是面对比自己强大的欧洲军队时俄罗斯军队可能遭遇的困难所做出的分析。缅什科夫和其他高级军官曾一再指出可能面临的困难，并多次提醒沙皇不要入侵多瑙河流域两公国，以免挑起与土耳其和西方列强的战争。尼古拉的想法完全是一种情绪，源于他的自负与傲慢，源于他对俄罗斯力量与地位认识的膨胀，最重要的也许是源

156

于他根深蒂固的想法，认为自己是在为实现俄罗斯的天赋使命而发动一场宗教战争。尼古拉真心相信他是在上帝召唤下，为将东正教徒从穆斯林的统治下解放出来而发动一场圣战，什么也无法阻挡他的"神圣使命"。1854 年 3 月，他向普鲁士国王腓特烈·威廉四世解释道，如果西方列强与土耳其人站在一起，他愿意率领俄罗斯独自与他们一战：

> 我打这一仗不是为了夺取利益，也不是为了征服领土，捍卫基督教是我唯一的目的。难道真的只有我会在圣十字架的大旗下走向战场，而其他自称是基督徒的人却聚集在新月旗下攻击基督教？……我已别无选择，只有战斗，去夺取胜利，不然就光荣牺牲，加入为我们神圣信仰而死的烈士行列。这是我以俄罗斯之名发出的肺腑之言。[44]

这些话不是出自一个鲁莽的赌徒，而是出自一个经过深思的信徒。

在遭到沙皇拒绝后，拿破仑三世别无选择，只能在英国要求俄罗斯从两公国撤军的最后通牒上加上了自己的签名。对他来说，这事关法国的荣誉和地位。这份最后通牒于 2 月 27 日送给沙皇，声称如果俄罗斯不在六天之内回复，西方列强与俄罗斯将自动进入战争状态。最后通牒上没有提到和平谈判，不给沙皇任何机会提出和平条件，所以这份通牒的目的就是为了开战。毫无疑问沙皇将拒绝这最后通牒，他认为连回复都是自降身份。所以最后通牒刚刚送出，西方列强就开始行动，仿佛双方已经宣战。2 月底，军队已经开始动员起来了。

法军总军需官安托万·塞特（Antoine Cetty）在 2 月 24 日

给德·卡斯特拉内元帅（Marshal de Castellane）的信中写道：

> 沙皇［对拿破仑三世的信］反应消极，现在能做的，就只
> 有准备打仗了。皇帝的想法是尽其所能避免派远征军去近东作
> 战，但是英国急于打仗，把我们也拖下水了。当英国的旗帜插
> 在君士坦丁堡城头时，法国的旗帜也必须一起飘扬。如果任由
> 英国单独行事，它很快就会独霸所得，不会放手。

这番话很好地总结了当时的局面。在必须做出决策时，拿破仑
三世对是否参战曾经犹豫不决，但最终他必须与英国结盟，而且担
心法国一旦退缩，到了摘取胜利果实时就没有自己的份了。他在 3 158
月 2 日对法国上下议院发表演说时就已经表达了这个意思：

> 在阻止俄罗斯永久性扩张至君士坦丁堡这件事上，法国的
> 利益甚至超过英国，因为占领君士坦丁堡就意味着统治地中海。
> 先生们，我想你们中没有谁会说只有英国在地中海的利益至关
> 重要吧？法国的地中海海岸线就有三百里格（leagues）*……我
> 们为什么要派兵前往君士坦丁堡？我们去那里，是为了和英国
> 一起保卫苏丹的事业，也是保护基督徒的权利。我们去那里，
> 是为了捍卫海洋的自由，捍卫我们在地中海上应有的影响力。[45]

事实上，西方盟军到底为何而战，远不是那么简单明了。和历
史上许多战争一样，当联军被派往近东地区时，没有人真的知道到
底为何而战。西方列强将要花上好几个月的时间，通过与奥地利旷

---

* 法国当时使用的长度单位，一里格约等于四千米。——译注

日持久的谈判才得出开战的理由。即使在 1854 年 9 月，联军已经在克里米亚登陆后，也还需要很长时间，盟军才就这场战争的目的达成一致。

在开战之初，英法两国的想法就不一样。两国于 3 月在巴黎召开了一系列会议讨论战争目标和战略。法国提出，除了在多瑙河流域两公国开战外，还要把战争延伸到克里米亚。如果奥地利和普鲁士能被说服加入盟军的话，法国倾向于在两公国和俄罗斯南部地区举行大规模会战，同时由奥普联军在波兰发起战斗配合。但是英国人不相信奥地利人，认为他们对俄罗斯太软弱，不想与之结盟，免得奥地利妨碍英国打击俄罗斯膨胀的野心。

英国内阁内部在战争目标和战略上也有分歧。阿伯丁坚持发动一场有限战争，以恢复土耳其主权为目标；但是帕默斯顿和主战派则建议在作战上更为大胆，趁机削弱俄罗斯在近东的影响力，彻底打败它。最后双方达成妥协，同意海军大臣詹姆斯·格雷厄姆爵士拟定的海战计划。自 1853 年 12 月的锡诺普事件后，格雷厄姆就一直在修订这个计划。他的想法是对塞瓦斯托波尔发动快速袭击，消灭俄罗斯黑海舰队并占领克里米亚，成功之后在 1854 年春天从波罗的海发起进攻，兵临圣彼得堡城下。这一想法其实是照搬与法国开战时的战略计划，不过是把法国军港瑟堡（Cherbourg）换成了塞瓦斯托波尔。[46]

1854 年初，英国进入备战状态，整个国家都陷入了战争狂热，把战争控制在有限规模的想法早被抛诸脑后。英国的战争目标不断升级，这不仅仅是出于媒体好战的沙文主义，更是由于许多人相信战争潜在的成本巨大，因此必须有宏大的目标才"配得上英国的荣耀与伟大"。帕默斯顿的言论总是围绕着这一点，他的战争目标在细节上虽有所变化，但一贯以反俄罗斯为中心。在 3 月 19 日发给

159

内阁成员的备忘录中，他勾勒了瓦解俄罗斯帝国、重绘欧洲版图的野心：芬兰和奥兰群岛（Aaland Islands）*从俄罗斯归入瑞典；沙皇手下的波罗的海省份划给普鲁士；扩大波兰版图成为一个独立王国，作为欧洲与俄罗斯之间的缓冲地带；奥地利将得到多瑙河流域公国以及俄罗斯的比萨拉比亚（奥地利同时将被迫退出意大利北部地区）；克里米亚和格鲁吉亚送给土耳其；切尔克斯将成为土耳其保护下的独立国家。该计划呼吁进行一场针对俄罗斯的欧洲大战，在反俄罗斯这一边，不仅有奥地利和普鲁士，最好还有瑞典参与。英国内阁对此番雄心勃勃的规划表示极大保留。阿伯丁的愿望是进行一场短促的战争，以便尽快"全力回到国内改革"中去，他反对的理由是这一规划需要再来一场三十年战争（Thirty Years War）†才可能实现。但是帕默斯顿不顾反对，继续推进自己的方案。事实上，在克里米亚战争开始之后，战事拖得越长，他就越来越坚定地推行自己的主张，理由是只有实现了"领土上的大变动"，才能为这场战争带来的巨大伤亡做出交代。[47]

　　到 3 月底，将这场战争从保卫土耳其变为针对俄罗斯的欧洲大战这一想法在英国政治体系内已获得极大支持。阿尔伯特亲王对是否能够拯救土耳其抱有疑虑，但是他相信可以通过一场战争夺走俄罗斯西部领土来抑制其对欧洲的影响力。他认为可以通过向普鲁士承诺"领土以防卫俄罗斯突袭"来吸引其参战，他还主张采取措施吸引其他德意志国家加入，一起驯服俄国熊，"拔其尖齿，砍其利爪"。他在给比利时国王的信中写道："对于包括比利时和德国在内的欧洲各国来说，保障高门有一个完整独立的未来，是其利

160

---

* 今属芬兰。——译注

† 三十年战争发生于 1618—1648 年，是由神圣罗马帝国内战演变而成的全欧洲参与的一场大规模国际战争，是当时欧洲历时最长、破坏最大的战争。——译注

益之所在，但更为重要的，是击败并惩罚俄罗斯。"著名亚述学家
（Assyriologist）*、下议院议员、曾担任外交部政务次官的亨利·莱
亚德爵士（Sir Henry Layard）则呼吁这场战争必须打到俄罗斯"残废"
为止。斯特拉特福德·坎宁提议通过战争彻底瓜分俄罗斯帝国，"让
波兰和其他被俄罗斯摧毁的邻近国家从它的独裁统治下长久解脱出
来"。在写给克拉伦登的信中，斯特拉特福德强调摧毁俄罗斯意志
的必要性：不仅要打击其"现时的暴力行为"，而且还要给俄罗斯
"内心带来永久的束缚"。任何由欧洲国家发动的针对俄罗斯的战争，
其目的必须是一劳永逸地消灭来自俄罗斯的威胁，让俄罗斯被包围
在由独立国家（多瑙河公国、克里米亚、切尔克斯和波兰）组成的
缓冲圈内，以保证俄罗斯永远受到束缚。在英国政府准备向俄罗斯
宣战之时，罗素向克拉伦登提议，不要在女王的议会宣战发言中加
入任何可能导致西方列强承诺维持原有边界的内容。[48]

即使在这一刻，阿伯丁依然不太愿意宣战。3 月 26 日英国宣战
前夕，他对女王和阿尔伯特亲王说他是被帕默斯顿"拖入战争"的，
因为帕默斯顿拥有媒体和公众舆论的支持。三个月前，女王和阿伯
丁一样不愿意投入英国军队以保卫土耳其，但现在她已意识到战争
的必要性。她写下了她和阿尔伯特亲王是如何一起向首相解释的：

> 我们俩再次向他表明，我们坚信战争在目前是必不可免的，
> 他对此无法否认。我还跟他说，我认为即使其中有错误和不幸，
> 现在我们已不能避免这场战争，因为俄罗斯的势力和扩张必须
> 受到抵制。他还是看不到这一点，认为此事"令人生厌"，还认
> 为英国唯一需要担心的外部势力是法国！他还说北部三强必须

161

---

* 亚述学是研究古代美索不达米亚地区语言、文字、社会和历史的学科。——译注

协同行动，但无法说明此论有何依据。当然我们无法同意他的看法，并且指出德意志各国的卷入是尼古拉皇帝造成的，我们不能再用过去的观点来判断现在的局势。一切皆已改变。阿伯丁勋爵不想同意我们的意见，他说他毫不怀疑不久以后人们对这场战争的看法就会发生改变，变得更愿意实现和平。[49]

女王所说的"一切皆已改变"到底指什么我们并不清楚。也许她想到的是法国已和英国一起向俄罗斯发出了最后通牒，英法两国士兵已登上了驶向土耳其的战舰。也许她和阿尔伯特亲王一样认为目前是时候让德意志各国加入一场针对俄罗斯的欧洲大战了，因为俄罗斯对多瑙河流域公国的入侵对欧洲大陆构成了一种迫在眉睫的新威胁。但也有可能她想到的是排外报刊对阿尔伯特亲王的攻击，在她的日记中，这一直是她所担心的事情，因此意识到一场短促的胜仗能够确保公众对皇室的支持。

那天晚上女王举办了一场小型的家庭舞会庆祝剑桥公爵的生日，剑桥公爵是女王的表亲，即将开赴君士坦丁堡指挥英军第一师。萨克森王国派驻伦敦的大臣菲茨图姆·冯·艾克施泰德伯爵（Count Vitzthum von Eckstädt）受邀参加舞会。他写道：

女王跳舞非常积极，跟汉密尔顿公爵（Duke of Hamilton）和埃尔金勋爵（Lord Elgin）跳了一曲苏格兰快步舞（Scotch reel），他们两人都穿着苏格兰传统服装。因为我已经不再跳华尔兹，女王就和我跳了一曲四对舞。当晚她和我交谈时态度极为亲切随和，告诉我说虽然充满遗憾，但是她明天一早就不得不向俄罗斯宣战了。

第二天早晨，在法国向俄罗斯宣战前一天，克拉伦登在英国议会宣读了女王的宣战决定。正如著名的克里米亚战争历史学家亚历山大·金莱克所述（他的这番言辞适用于任何一场战争）：

162

　　将重大决策的理由以书面形式表述清楚，是政治领导人需要掌握的一门学问。即使是在悬而未决之时，主战一方也应将其真实观点公之于众，记录在案，而不是隐藏于含糊其词的言论和私下观点之中，这对全人类都是一件好事。

对于克里米亚战争来说，如果那些主张这场战争的人的想法真能被记录在案，那一定会透露其真实动机是削弱俄罗斯帝国的规模和实力，以利于"欧洲"，特别是西方列强。但是这些动机是不能写进女王的宣战书中去的，宣战书中所写的，是以最含糊的言辞表明英国捍卫土耳其的立场，声称其中并无私利，而只是"为了维护反对不公的权利"。[50]

＊　＊　＊

英国的宣战书刚一公开，教会领袖们就立即将其称为一场正义的圣战。4月2日星期日，英国各地的教堂都能听到支持战争的布道，其中许多以小册子的形式出版，有些甚至卖出了几万份，因为当时不管是圣公会还是新教的教士都有如社会名流。[51] 在伦敦梅费尔（Mayfair）康迪特街（Conduit Street）的三一礼拜堂（Trinity Chapel），亨利·比米什牧师（Reverend Henry Beamish）对教众们说这是英格兰的"基督教义务"：

用自己的力量保护一个弱小的盟友，对抗野心勃勃、不讲信义的独裁者毫无理由的挑衅；并凭借武力惩罚自私与野蛮的压迫行为，这一压迫行为比过去见到的更为令人憎恶和具有破坏性，因为它是以提倡宗教自由、维护基督教最高利益为幌子替自己正名的。

4月26日星期三是一个特别为"纪念国耻以及为宣战祈祷"而设置的斋日，英格兰西北的凯西克（Keswick）圣约翰教堂（St John's Church）的 T.D. 哈福德 · 巴特斯比牧师（Reverend T.D. Harford Battersby）在他的讲道中宣称：

163

　　从一开始直到宣战，我们的大使和政治家们都表现得非常诚实坦率、忍让平和，因此现在没有什么让我们感到羞耻的，反而我们应该对自己的正义事业充满信心。我们应该在上帝面前欢庆，说："我的上帝，我们向您感恩，因为我们和其他不公、贪婪、压迫、残忍的国家不一样，我们是信仰宗教的民族，我们诵读《圣经》、参加礼拜、派出传教士在世界各地布道。"

同一天，在利兹的布伦瑞克礼拜堂（Brunswick Chapel），约翰 · 詹姆斯牧师（Reverend John James）声称俄罗斯对土耳其的进攻侵犯了"人类共同的最神圣权利，与贩奴一样令人愤慨，其罪行与之相差无几"。詹姆斯声称基督徒在苏丹统治下的巴尔干地区拥有的宗教自由会比在沙皇统治下的更多：

　　在法国和英国一心向善的部门的协助下，把土耳其交到苏

丹手上，这些谦卑的基督徒，在上帝的保佑下，他们的良心将
获得完美的安宁……一旦把他们交给俄罗斯管制，这些基督徒
的建制将被拆散、学校被关闭、祈祷场所被捣毁，或是被改造
成庙堂，被一个像罗马天主教一样不纯洁、道德败坏和不宽容
的信仰所用。在这样的情况下，像我们这样一个国家，应该采
取什么样的行动，我们作为基督徒难道还有什么可犹豫的吗？
……我们发动的是一场神圣的战争，将当代阿提拉 * 之众逐回，
他们不仅对土耳其，而且对整个文明世界的自由和基督教都是
一种威胁。[52]

在伦敦瓦尔布鲁克（Walbrook）的圣斯蒂芬教堂（St
Stephen's Church），乔治·克罗利牧师（Reverend George Croly）
在庆祝英国"基督教战士"奔赴近东战场的讲道中，坚称英国参加
的是一场"捍卫人类"的战争，因为"无望和堕落"的俄罗斯人正
在准备征服世界。这是一场反抗希腊教义、保卫真正的西方信仰、"自
十字军东征以来第一次在近东展开"的"宗教战争"。"如果说在上
一次[反抗拿破仑]的战争中，英格兰是自由信念的避难所，那么   164
在下一次战争中，她或将成为宗教信念的避难所。会不会是上天的
旨意，让英格兰再登高位，在得胜回朝之时，成为人类的良师？"
克罗利牧师认为，即将到来的战争也许将推动英格兰在近东的使命：
让土耳其人成为基督徒。"这项伟大的工程也许会漫长、艰难、被
国家的衰亡或是凡人的情绪所干扰，但终将开花结果。为什么英国
教会不协助这一事业？为什么我们不即刻为正义战争的成功、为和
平的恢复、为异教徒的感化而祈祷？"[53]

---

* 指匈奴王阿提拉。——译注

　　克里米亚战争的主要参战各方：俄罗斯、土耳其、法国和英国，
在不同程度上都把宗教带到了战场上。然而当战争正式打响之时，
克里米亚战争的缘由：东正教徒与天主教徒在圣地的纠纷，却早已
被人遗忘了，取而代之的是一场欧洲列强联合对付俄罗斯的战争。
在圣墓教堂，1854年的复活节庆典"在平静中过去了"，英国驻耶
路撒冷领事詹姆斯·芬恩（James Finn）如此写道。因为克里米亚战争，
来自俄罗斯的朝圣者人数减少，奥斯曼帝国当局对希腊教士主持的
仪式进行了严密的监管，担心再次发生教徒之间的斗殴。在几个月
之后，世界的注意力将转向克里米亚战场，耶路撒冷将从欧洲的视
野中渐行渐远。但是从圣地来看，发生在远方的战事却有不一样的
意义。英国驻巴勒斯坦领事这样写道：

　　　　在耶路撒冷，人们对这事的看法有所不同。各方的交手似
　　乎只是原有地基上的上层建筑而已，因为虽然在外交上，这一
　　问题（东方问题）从表面上看变成了一个宗教保护问题……但
　　是我们这些人之间已经形成了一个坚信不疑的共识：问题的根
　　源就在我们身边，就在圣地，圣彼得堡以条约为由宣称拥有对
　　宗教的保护权，但从一开始就是为了占领基督教发源地的神圣
　　殿堂——这些殿堂对正在远方交手的列强来说，是它们争夺的
　　战利品。[54]

第六章

土耳其人首尝胜果

1854 年 3 月，一名年轻的炮兵军官来到米哈伊尔·戈尔恰科
夫将军的总部，他的名字是列夫·托尔斯泰（Leo Tolstoy）。他在
1852 年加入军队，那一年他在俄罗斯最重要的文学月刊《当代人》
（*Contemporary*）上发表了回忆录《童年》（*Childhood*），引起了文
学界的关注。托尔斯泰对自己在圣彼得堡和莫斯科游手好闲的贵族
生活感到厌倦，正好大哥尼古拉（Nikolai）休假结束即将返回位于
高加索的军营，于是决定与其一同前往。托尔斯泰被派往驻扎在高
加索北部哥萨克村庄斯塔罗格拉德斯卡雅（Starogladskaya）的一个
炮兵旅，参加了对沙米勒的穆斯林武装的进攻，好几次都差点被叛
军抓获。在对土耳其的战争爆发后，他申请转派到多瑙河前线。在
1853 年 11 月写给二哥谢尔盖（Sergei）的信中，他解释说他想参
加一场真正的战争："将近一年来，我想的都是怎么放弃武力，然
而我却做不到。既然我不得不在这里或那里参加战斗，那么还是在
土耳其更好些。"[1]

1854年的列夫·托尔斯泰

在 1 月份，托尔斯泰通过了沙皇军队中最初级的少尉军官的考试，被派往瓦拉几亚加入第十二炮兵旅。他花了十六天时间，乘坐雪橇穿越俄罗斯南方的雪地，于 2 月 2 日来到自己的庄园亚斯纳亚波利亚纳（Yasnaya Polyana）。3 月 3 日，他再次乘坐雪橇离开庄园。当雪地变得泥泞，雪橇无法通行时，又改坐马车穿越乌克兰到基什尼奥夫，于 3 月 12 日抵达布加勒斯特。两天之后戈尔恰科夫亲王亲自接见了他，把这位年轻的伯爵当作自家人一样。"他拥抱了我，让我答应以后每天都要和他一起用晚餐，还想让我成为他的幕僚。"托尔斯泰在 3 月 17 日写给图瓦内特（Toinette）姨妈的信中写道。

在俄罗斯军队中，贵族之间的关系网非常有用。托尔斯泰很快就加入了布加勒斯特的社交活动，在亲王的官邸与主客共进晚餐、在客厅玩牌参加音乐聚会、晚上去看意大利歌剧和法国戏剧——与不过几英里外的多瑙河前线的景象有着天壤之别。"当您想象我面临战争带来的各种危险时，我其实连土耳其军队的气味都没有闻到，在布加勒斯特过着平静的生活，散散步、写写曲子、享受冰淇淋。"他在 5 月初给姨妈的信中写道。[2]

托尔斯泰刚好赶上了俄军在多瑙河发动的春季攻势。沙皇决心尽快派兵南下，抢在西方列强军队登陆之前抵达瓦尔纳和黑海海岸。这一计划的关键是占领锡利斯特拉的土耳其要塞，这样就能让俄军在多瑙河地区建立一个据点，将多瑙河变成由黑海通往巴尔干内陆的补给线，还能为招募保加利亚志愿者提供一个基地。这正是帕斯克维奇说服沙皇采取的战略，目的是避免让奥地利人因疑心而反目。在多瑙河地区西部，塞尔维亚人不仅人数众多，而且比较支持俄罗斯。帕斯克维奇担心如果俄军西进，塞尔维亚人为迎接俄军到来而起义的消息可能会传到奥地利境内，威胁奥地利哈布斯堡王朝的统治。"英法军队至少在两个星期内还到不了这里，"沙皇在 3 月 26

166

167

日给戈尔恰科夫的信中写道，"我相信他们会在瓦尔纳登陆，向锡利斯特拉进发……我们必须在他们到来之前占领要塞……一旦控制了锡利斯特拉，我们就有足够多的时间从保加利亚人中招募更多志愿者。但是我们不能鼓动塞尔维亚人，以免让奥地利人警觉。"[3]

沙皇希望能从保加利亚人和其他斯拉夫人中招募到士兵。虽然不愿意鼓动塞尔维亚人反抗奥地利，但是他希望俄军的攻势能引发基督徒起义，最终摧毁奥斯曼帝国，大获全胜的俄罗斯就能够由此确定巴尔干地区的宗教格局。"所有属于土耳其的基督教地区，"他在 1854 年春天写道，"都必须独立，恢复成过去的样子：公国、基督教国家，并由此重新加入欧洲基督教国家的大家庭。"他对这一宗教事业如此投入，如果奥地利反对俄罗斯对东方问题的解决方案的话，他甚至愿意为此而挑起针对奥地利的革命。"我们的胜利很有可能导致斯拉夫人在匈牙利举行暴动，"他在给俄罗斯驻维也纳大使的信中写道，"我们将可以利用这一机会威胁奥地利帝国的心脏，迫使它的政府接受我们的条件。"至此，沙皇已经打算为了他的圣战成功而抛弃几乎所有过去他一直坚持的正统原则。他对欧洲列强的反俄立场感到震怒，开始谈论各种可能性，包括在西班牙挑动革命以打乱法军在东线的部署，甚至想到与马志尼在伦巴第（Lombardy）和威尼斯的解放运动联手，削弱奥地利的力量。不过沙皇的手下劝服了他，让他放弃支持民主派的革命运动。[4]

俄军春季攻势的开始，被斯拉夫派称为世界历史上一个新的宗教时代的破晓，是迈向近东基督教帝国复兴的第一步。他们还给这个帝国未来的首都君士坦丁堡起了一个新名字：沙皇格勒。在他的《致俄罗斯》（"To Russia"，1854 年发表）中，诗人霍米亚科夫（Khomiakov）以"呼唤圣战"欢庆春季攻势的开始：

　　　我的祖国，起来！

　　　为了我们的弟兄！上帝呼唤你

　　　越过多瑙河汹涌的波涛……

　　在 1839 年发表的同名诗作中，霍米亚科夫曾经提到俄罗斯肩负将东正教传播到世界各地的使命，但是警告俄罗斯不可过于傲慢。而到了 1854 年，他的新诗就开始呼吁俄罗斯参加"血战"、"挥出利剑——上帝之剑"了。[5]

　　然而俄军的推进十分缓慢，在多瑙河以北沿途多次遭遇土耳其军队的顽强抵抗，最后不得不停下来。在伊布莱尔（Ibrail）*，两万名俄军掷弹兵在内河炮舰和蒸汽机船的支援下投入战斗，却无法攻克防备完善的土耳其要塞。在默钦（Măcin），六万俄军驻扎在要塞之外，却难以攻入。进攻受阻，俄军不得不花费大量时间用松树枝搭建木筏和浮桥，3 月底在加拉茨（Galaţi）渡过了多瑙河，途中没有遭遇任何抵抗。[6]

　　渡河之后，俄军继续向锡利斯特拉进发，却陷在了多瑙河三角洲的沼泽地里。1828—1829 年俄土战争期间，俄军就是在这里因为霍乱损失惨重。这一地区人口稀少，粮食供应不足，无法支持人数众多的俄军，许多士兵因饥饿与疾病倒下。到了 4 月，入侵多瑙河公国的二十一万俄军中，有九万人病倒了。1854 年夏天俄军撤离久尔久（Giurgevo）†要塞，一位看到丢弃在城内的谷糠的法国军官记载，俄军士兵吃的干面包军粮几乎没有任何营养，连老鼠和野狗都不会吃。一位俄军中的德国军医认为，"俄军士兵长期食用劣质食

169

————————

* 今布勒伊拉（Brăila），属罗马尼亚。——译注

† 今拼写为 Giurgiu，属罗马尼亚。——译注

物"是他们一旦受伤或得病后"像苍蝇般纷纷倒下"的主要原因之一。"俄军士兵的神经系统是如此之弱，失血几盎司就会倒地不起。受同样的伤，体质稍好的人一定会挺过去，而这些士兵却常常因此而丧生。"[7]

俄军士兵在家信中描述了他们恶劣的生活条件，许多人请求家人寄钱过来。有些信件被警察截获，送到了戈尔恰科夫那里，他认为信中内容在政治上有危险，于是这些信件被封存起来，保留至今，成为展示普通俄军士兵生活的一个独特窗口。格里戈里·祖比亚恩卡（Grigory Zubianka）是第八骑兵中队（8th Hussar Squadron）的一名普通士兵，他 3 月 24 日在给妻子玛丽亚（Maria）的信中写道：

> 我们在瓦拉几亚的多瑙河岸边，对面就是我们的敌人……每天河两岸都有交火，每一小时、每一分钟我们都可能被子弹打中，但是我们向上帝祈祷。每一天过去，如果我们还健康地活着，我们就感谢天主降福。但是每天每夜我们都在饥寒交迫中度过，因为他们什么吃的都不给我们，我们得自己想办法保护自己，愿上帝保佑我们。

尼基福尔·布拉克（Nikifor Burak）是托博尔斯克步兵团（Tobol'sk Infantry Regiment）二营的一名士兵，他在给住在基辅省锡多罗夫卡村（Sidorovka）的父母、妻子和孩子的信中写道：

> 我们现在已离开俄罗斯很远了，这里的土地和俄罗斯完全不同，我们几乎已在土耳其了，每一个钟头我们都可能阵亡。说实话我们团几乎全被土耳其人消灭了，但是感谢上帝我还好

好地活着……我希望能回到家乡，回到你们身边，亲耳听到你们说话，但是目前我们在最险恶的境地中，我害怕死。[8]

随着俄军损失不断加剧，帕斯克维奇越发不愿意继续保持攻势。虽然他曾经主张向锡利斯特拉进攻，但是此时他开始担心奥地利军队在塞尔维亚边境的集结。当时英法联军随时可能在东部海岸登陆，南方土耳其继续坚守防线，而西边奥地利军队正在集结，多瑙河公国的俄军被敌军包围的危险很大。帕斯克维奇请求沙皇下令撤退，他甚至违反了沙皇加快进攻的指令，推迟了对锡利斯特拉的攻势，担心奥地利会趁俄军后方空虚发起进攻。

帕斯克维奇对奥地利威胁的忧虑是有道理的。奥地利因为担心俄罗斯会占领塞尔维亚，已经动员军队在塞尔维亚边境集结，准备镇压塞尔维亚人可能展开的暴动，同时阻挡俄军从东部入侵奥地利的塞尔维亚人聚居区。1854 年春，奥地利一直在要求俄罗斯从多瑙河公国撤军，并威胁说如果沙皇不下令撤军的话，奥地利将加入西欧列强的阵营。俄罗斯对塞尔维亚的影响力也同样让英国人感到担心，根据英国驻贝尔格莱德领事的说法，塞尔维亚人"被告知一旦俄军占领锡利斯特拉，就会立刻前往塞尔维亚"，并要他们准备好"加入俄军，一起向奥地利南部的斯拉夫人地区进军"。在帕默斯顿的授意下，这位领事向塞尔维亚人发出警告，声称如果他们拿起武器支持俄军，英法两国将采取武力应对。[9]

在陆地战呈停滞状态的同时，1854 年 4 月 22 日，东正教的复活节星期六，英法舰队向黑海港口敖德萨开炮，开始了对俄罗斯本土的攻击。英国从抓获的商船水手那里得到情报，称俄罗斯在敖德萨集结了六万名士兵和大量军火，准备送往多瑙河前线。事实上，敖德萨港口没有什么军事价值，能抵御西方舰队的只有几座炮台。

他们向敖德萨总督奥斯滕–萨克恩将军（General Osten-Sacken）发　171
出最后通牒，要求他投降并交出所有舰船。在未收到任何回复之后，
联军的九艘蒸汽机船、六艘火箭船和一艘驱逐舰向港口发起炮击。
炮轰持续了十一个小时，严重破坏了港口，摧毁了几条船，炸死了
几十个平民。炮弹还击中了克里米亚总督沃龙佐夫建在港口悬崖顶
上的新古典主义风格宫殿，其中一颗加农炮弹打中了敖德萨第一任
总督黎塞留公爵的雕塑。让人啼笑皆非的是，整个敖德萨受炮击破
坏最严重的是普里莫尔斯基大道（Primorsky Boulevard）上的伦敦
旅馆（London Hotel）。

　　联军舰队在 5 月 12 日发动了第二轮炮击，英国蒸汽机船"虎
号"（*Tiger*）在浓雾中搁浅，遭到俄军海岸上火炮的猛烈打击。船
员们曾试图烧毁搁浅的船只，后来被谢格洛夫（Shchegolov）少尉
指挥的一小队哥萨克士兵俘虏，整个过程中敖德萨的妇女们都打着
阳伞在岸边观看。英国船员（包括二十四名军官和二百零一名士兵）
被哥萨克士兵从岸边押送到镇里关押起来，一路遭到俄罗斯水手和
平民的辱骂。俄罗斯人对英国人选择于复活节炮击敖德萨格外愤慨，
东正教士也在一边鼓动情绪。不过当地守军仍然为在炮击中受伤而
于 6 月 1 日因坏疽身亡的"虎号"船长亨利·韦尔斯·吉法德（Henry
Wells Giffard）举行了一个完整的军事葬礼。根据老派的骑士传统，
吉法德船长的一束头发还被送到了他在英格兰的遗孀手中。"虎号"
的一些碎片后来被冲上海岸，其中还包括成箱的英国朗姆酒，船上
的加农炮被当作战利品陈列在敖德萨。*

　　教士们宣布这场胜利是神的旨意，他们说英法舰队在复活节星
期六发动炮击，等于发动了一场宗教战争，因此"虎号"被俘是上

---

*　其中一门现陈列在普里莫尔斯基大道上的杜马（Duma）大楼前。——原注

天对他们的惩罚。冲上海岸的酒很快被码头上的水手和工人喝了，酒醉之后发生了斗殴，死了好几个人。另外还有一些船只部件残片被当作纪念品卖掉。俘获了"虎号"船员的谢格洛夫少尉一夜之间成为英雄，几乎被当作圣人，刻着他头像的手镯和徽章甚至能在莫斯科和圣彼得堡买到，还有一种香烟以他命名，烟盒上印着他的画像。[10]

敖德萨遭遇炮击向俄军指挥部敲响了警钟，说明西方舰队已逼近多瑙河前线，现在的问题是，英法联军还需要多久到达，增援锡利斯特拉的土耳其军队。帕斯克维奇担心如果继续在多瑙河流域公国保持攻势，俄军所面临的局面将变得非常糟糕。他在 4 月 23 日写给刚被任命为克里米亚俄军总司令的缅什科夫的信中表达了希望撤退的想法：

> 不幸的是，我们现在面对的敌人，不仅有海上力量，而且还有奥地利，普鲁士看来也在背后支持。英国会不惜一切代价让奥地利和她站在一起，因为如果没有德国人的支持，他们不能对我们怎么样……如果欧洲各国都在针对我们，我们就不能把多瑙河作为战场。

整个 1854 年春天，帕斯克维奇都在拖延执行沙皇围攻锡利斯特拉的命令。到 4 月中旬，五万名俄军占据了锡利斯特拉对面多瑙河上的岛屿，但是帕斯克维奇仍然迟迟不下令进攻。尼古拉对手下将领缺乏斗志感到十分恼怒，虽然他自己也承认奥地利有可能加入敌对阵营，但是尼古拉依然愤怒地传令帕斯克维奇，勒令他开始攻击。"如果奥地利人背信弃义地攻击我们，"他在 4 月 29 日写道，"四个兵团和龙骑兵就足以阻挡他们！我不会再跟你废话，该说的都已经说了！"

172

一直到 5 月 16 日，经过三个星期的骚扰战控制了锡利斯特拉西南部的高地之后，俄军才开始对要塞发起炮击。即使如此，帕斯克维奇选择的攻击目标主要还是城外由石堡和土木堡垒组成的一道弧形防线，离锡利斯特拉还有几公里远。帕斯克维奇希望能借此消磨土耳其人的抵抗意志，以在俄军正式发起攻击时减少损失，但是执行围攻任务的军官们知道这是空想。在高门对俄罗斯宣战之后，土耳其人有几个月的时间巩固自己的防线，要塞和堡垒都被大大加固，指挥这项工程的是普鲁士人格拉赫上校（Colonel Grach），一位战壕战和地雷战专家。俄军的炮击对土耳其防线的破坏相对较轻，不过锡利斯特拉城外主要棱堡"阿拉伯的塔比亚"（Arab Tabia）在围攻中遭受严重炮击，土耳其守军不得不多次重建。保卫锡利斯特拉的有一万八千名土耳其军人，其中大部分来自埃及和阿尔巴尼亚，他们顽强的斗志大出俄罗斯人意料。指挥"阿拉伯的塔比亚"守军的是两名英国炮兵军官：锡兰来复枪团（Ceylon Rifles）的詹姆斯·巴特勒上尉（Captain James Butler）和孟买炮兵团（Bombay Artillery）的查尔斯·内史密斯中尉（Lieutenant Charles Nasmyth）。"不得不对土耳其人临危不惧的精神感到钦佩。"巴特勒如此记下自己的看法。

> 在修筑一堵防护墙时，为了能得到一点点掩护，只有两人可以同时工作。然而在五分钟之内，就有三名土耳其人中弹身亡。每当有人倒下，在一边待命的土耳其人立刻从他手中拿过铁锹继续工作，神态镇定，仿佛他所做的，不过就是平时在路边挖一条壕沟一般。

帕斯克维奇意识到必须逼近外围堡垒进行轰击才可能对它们真

正造成破坏，于是他命令希尔德将军（General Shil'der）展开周密的土工作业，开挖堑壕把俄军大炮送到靠近堡垒的地方。俄军对锡利斯特拉的围困很快成为日复一日的单调动作：从日出到日落不停地炮击，河面上俄军舰队的大炮也加入增援。土耳其士兵这样旷日持久地处于危险之中，在世界战争史上还是第一次。尽管如此，俄军还是没有取得任何突破性的进展。[11]

巴特勒在围困期间所写的日记被保存了下来。在日记中，他认为俄军重炮的威力"被大大夸张了"，土耳其的轻型火炮完全可以与之抗衡，尽管土耳其人做什么事情都"大大咧咧的"。他还认为宗教对土耳其人的顽强抵抗起了很大作用，每天清早要塞司令穆萨帕夏（Musa Pasha）都在斯坦波尔城门（Stamboul Gate）举行晨祷，号召士兵们誓死保卫锡利斯特拉，"成为先知的传人"。土耳其士兵则以"呼喊'感赞安拉！'作为回应"*。要塞中没有一栋房子是安全的，城中居民白天都藏在自己挖的地洞里躲避炮击，整个要塞"仿佛被废弃了一般，只能看到野狗和士兵的身影"。傍晚时分，当俄军炮击接近尾声时，巴特勒"看到几个不过九岁、十岁样子的顽童竟然跟着炮弹跑，加农炮弹的弹丸落在城里，还在撞来蹦去的时候，他们就在后面追着，就像是追着板球玩似的，看谁能第一个抓到。上交一个加农炮弹弹丸就可以从帕夏那里得到二十佩拉（peras）的奖赏"。入夜之后，他能听到俄军士兵在战壕里唱歌，"当他们高兴起来时，甚至还有一支乐队演奏波尔卡和华尔兹"。

来自沙皇的压力越来越大，帕斯克维奇不得不在 5 月 20 日和 6 月 5 日之间下令步兵发动了超过二十次进攻，然而依然未能取得突

174

---

* 穆萨帕夏阵亡后，土耳其士兵的抵抗意志就更带有宗教色彩了。当时他正在主持一场晚祷，祈求上天显灵保佑锡利斯特拉，被一发炮弹直接命中身亡。——原注

破。"土耳其人英勇抵抗,像是中了邪似的。"巴特勒在5月30日写道。
有时候小股俄军爬上了堡垒顶部,但是在与土耳其人的徒手搏杀中
却不敌而退。6月9日,要塞主墙外发生了一场大战,土耳其军队
在打退了俄军大规模冲锋之后,向俄军阵地实施了反击。战斗结
束后,两千名左右俄军士兵的尸体躺在战场上。巴特勒写道,在
第二天,

　　许多居民走到城外,将战死的俄军士兵的头颅砍下,希望
领取奖赏,但是在城门口被挡住,那些野蛮人不允许他们把这
些东西带进城里。于是死人的头颅在城门外堆成了一大堆,好
长时间没有被埋葬。当我们和穆萨帕夏围坐在一起时,一个混
混忽然出现在我们面前,向他脚下丢了两只从俄军士兵身上割
下的耳朵。另一个混混还炫耀说,一个俄罗斯军官祈求看在先
知的份上饶他一命,但是他毫不留情地拔出刀子割断了这个军
官的喉咙。

　　俄军士兵的尸体好几天都没有被埋葬,他们身上几乎所有东西
都被当地居民抢光了,阿尔巴尼亚非正规军士兵也参与了碎尸和偷
抢。几天之后,巴特勒看到这些情形,形容那景象"令人恶心"。"空
中的气味已经非常难闻。那些躺在沟壑里的尸体都已被扒光衣服、
姿态怪异,有些尸首分离,另一些喉咙半露,手臂向上伸出保持着
他们倒下时的姿势。"[12]
　　托尔斯泰在这场大战后的第二天抵达锡利斯特拉,他是以军械
员的身份随谢日普托夫斯基将军(General Serzhputovsky)的参谋
部前来的。参谋部把总部设在位于山顶的穆萨帕夏官邸花园,托尔
斯泰得以从这个安全的制高点欣赏战场的景象。在给姨妈的信中,

175

他描述看到的战争景象：

> 不用说多瑙河、河中的岛屿和河岸（分别由我们和土耳其人占领）了，就连锡利斯特拉城、要塞和城外堡垒都近在眼前，仿佛伸手可触。这里夜以继日都能听到加农炮的炮声和步枪射击的声音，用野战望远镜看还能隐约分辨出土耳其士兵的身影。看着人们相互残杀确实能给人带来异样的快感，这是真的。每天清晨和夜晚我会站在推车上，花好几个钟头观看战事，而且也不是我一个人这么干。战场景象真的非常美丽，尤其是在晚上……我们的战士通常在晚上修建战壕工事，土耳其人会向他们发起进攻，阻止他们工作，然后你就能看到弹药的闪光，听到步枪的枪声。头一天晚上……我自娱自乐地对着手表记录我听到的加农炮炮声，在一分钟之内我就数到一百下。然而虽然这些就发生在附近，却一点不像我想象的那么令人害怕。在夜晚，因为什么都看不到，炮击就成了比赛谁能消耗更多火药，双方发射了几千发炮弹，最多也就能造成三十人阵亡。[13]

帕斯克维奇声称自己在 6 月 10 日的战斗中被炮弹弹片击中，其实他没有受伤，但是借此把指挥权交给了戈尔恰科夫将军。他本来就反对发动这场进攻，现在不再承此重担，立刻坐上马车，渡过多瑙河去了雅西。

6 月 14 日，沙皇收到消息说奥地利正在调集军队，准备在 7 月底之前参战对抗俄罗斯，同时他还担心英法联军随时可能前来增援。时间已经不多了，但沙皇还是下令对锡利斯特拉发动最后一次进攻，戈尔恰科夫将这一天定在了 6 月 22 日。[14]

* * *

　　这时候英法两国军队正在瓦尔纳地区集结。从 4 月初开始，他们先是在加里波利（Gallipoli）登陆，目的是保护君士坦丁堡不受俄军的攻击；但是很快就发现加里波利地方太小，不足以支持一只庞大的军队。他们花了几个星期在附近搜寻物资，在君士坦丁堡周围的其他地方安营扎寨，最后还是决定搬到北部的瓦尔纳港口，在那里他们可以方便地获得由英法舰队运送来的物资。

　　两国军队在俯视旧港要塞的高地上分别安营扎寨，虽然是盟军，但在观察对方的时候却依然带着迟疑提防，近来的历史让双方都心生警惕。指挥英国陆军的是年迈的拉格伦勋爵，他曾担任过威灵顿公爵的军事秘书，参加过 1808—1814 年的半岛战争，并在滑铁卢战役中失去了一条胳膊，这是一件很有名的事。*他在提到"敌人"时，有时在不经意中，指的不是俄军而是法国军队。

　　从一开始两国就在战略上有分歧——英国倾向于在加里波利登陆，然后谨慎地向内陆挺进；而法国则希望在瓦尔纳登陆，阻止俄军向君士坦丁堡迈进。法国人还提出由较为先进的英国海军控制海上作战，同时由法军指挥陆地军事，这样他们可以充分利用从阿尔及利亚战争中得到的经验。这是一个合理的建议，但是任何要接受法国人号令的想法都会让英国人心生厌恶、不寒而栗，而且他们不信任法军指挥圣－阿诺元帅（Marshal Saint-Arnaud）。他是一个追随拿破仑的波拿巴主义者，曾因在巴黎证券交易所（Bourse）投机而颇有恶名，以至于英国统治层中许多人相信他会把个人利益置于

176

177

------

*　当时他的手臂在没有施加麻醉的情况下被截，拉格伦还要回了被截掉的胳膊，把手指上他妻子送给他的戒指取了下来。这个故事使他的英勇无畏一时传为美谈。——原注

拉格伦勋爵

联军的战略目标之上，阿尔伯特亲王甚至认为他会做出接受俄罗斯人贿赂这样的事来。这样的想法自上而下传到英军中。"我恨法国人，"奈杰尔·金斯科特上尉（Captain Nigel Kingscote）写道。金斯科特和拉格伦的许多副官一样，是他的侄子。"圣—阿诺的参谋们，除了一两个之外，都和猴子差不多，腰带束得紧紧的，上下都鼓鼓的像是气球一样。"[15]

法国人对英军也没有什么好感。"参观英军营地之后，让我为自己是法国人而感到自豪"，让—朱尔·埃尔贝上尉（Captain Jean-Jules Herbé）在给父母的信中写道：

> 英军士兵热情高涨、体格健壮。我欣赏他们雅致的新军装、优雅的举止、精确整齐的操练、漂亮的战马，但是他们最大的弱点是习惯于舒适的条件实在太久了，一旦开始行军，他们的诸多要求将难以满足。[16]

路易·努瓦尔（Louis Noir）是法国朱阿夫（Zouaves）第一营的士兵，这是一支在阿尔及利亚战争期间建立起来的精锐步兵部队。* 他回忆在瓦尔纳见到英军时的可悲印象，特别是英军军官鞭笞醉酒和违反军纪的士兵的行为，让他想起早就在法军中消失的旧时代封建体系：

> 英国士兵似乎来自社会底层，也许这个阶层的人更容易被军饷所吸引。如果被征召入伍的是富裕家庭的孩子们，那么军

178

---

* 第一批朱阿夫部队的士兵招募自柏柏尔（Berber，译者注：生活在北非的原住民）山地部落之一扎瓦阿（Zouaoua）。后来加入朱阿夫部队的法国士兵沿用了原来的摩尔人风格（Moorish）装束和绿色头巾。——原注

官鞭笞士兵的现象肯定已经被军令禁止了。我们厌恶军中体罚，这提醒我们 1789 年的革命确立了全民征兵制，同时废除了军中体罚……法国军队是由一群特殊的公民组成的队伍，军事法律虽然严苛，但是每个人不论军衔高低都必须遵守。在英格兰，士兵其实和农奴差不多——他只是政府的财产。驱使他的只有两个：一个是棍棒，另一个是物质待遇。英国人已经养成了追求舒适的习惯，他们住在舒适的帐篷里，吃着美味的烤牛肉，就着一壶红酒和源源不断的朗姆酒——这就是英军向往的东西，就是他勇敢作战的必备条件……但是，如果这些东西未能及时送到，如果他不得不在泥泞中睡觉，如果他只能自己去找树枝生火，如果他没有酒肉下肚，那么英国人就会立刻无心恋战，军中上下马上就会士气低落。[17]

法国军队在许多方面都比英国军队优秀。法国的军官学校培养了一整代新兴职业军人，与英国军人相比，他们技术上更先进，战术上更出色，而且和英国军队中的贵族军官相比，在社会阶层上更接近手下的士兵。法军配备的米涅来复枪发射速度快，在一千六百米射程内依然保持精准，这让法国士兵以攻击时的冲劲闻名。朱阿夫部队更是擅长快速的进攻和有序的撤退，这些特点都是他们在阿尔及利亚战争中培养起来的。他们的勇气被所有法国步兵所仰慕，只要朱阿夫部队领头，其他法军士兵都会跟上。朱阿夫部队久经沙场，在最艰难的地形和崎岖的山地中打过仗，多年在阿尔及利亚（还有在 1848 年面对巴黎起义的街垒）的征战让士兵之间建立了深厚的战友情。保罗·德·莫莱尼（Paul de Molènes）是圣－阿诺在阿尔及利亚征召的西帕希（Spahi）骑兵部队中的一名军官，他认为朱阿夫部队身上散发出一种"特殊的诱惑力"，在 1854 年吸引了大批巴黎的年轻人应征。"'朱阿夫们'不拘一格的军装、随心所欲勇往直前的形象、传奇的名声等都让他们有一种骑士般的魅力,自拿破仑时代以来这还是第一次见到。"[18]

在阿尔及利亚的作战经验使法国军队具备了决定性的优势;相比之下,英国军队自滑铁卢以来从未打过一场大仗,在许多方面还停留在半个世纪以前。在阿尔及利亚战争期间,一度有三十五万法军参战,法国人从中认识到小规模作战单位在保持战场纪律和秩序上的关键作用。这个备受 20 世纪军事理论家推崇的理念,最早是由法国人阿尔当·杜·皮克(Ardant du Picq)推广的。他从巴黎郊外枫丹白露(Fontainebleau)的圣西尔军校(École Spéciale Militaire de Saint-Cyr)*毕业,在瓦尔纳作战时是一名上尉,他通过观察克里米亚战争期间法军士兵的表现总结出自己的军事理论。法军还在阿尔及利亚战争中学会了如何高效地补给军队,当英法联军在加里波利登陆时,法军在这方面的优势立刻显露了出来。据随同英军一起抵达的《泰晤士报》记者威廉·罗素(William Russell)报道,英军在抵达之后,有两天半的时间都无法上岸,"因为什么都没准备好"。而法国军舰后面就跟着一支庞大的补给船队:"他们一靠岸,治疗伤病的医院、提供面包饼干的烤房、装载货物和行李的货车等等,所有的必需品和提供舒适服务的装备就应有尽有。在我们这边,港口里连一面英国三角旗都没有!代表我们这个伟大的海上帝国的,只有一艘私人拥有的蒸汽机船。"[19]

克里米亚战争的爆发让英国军队措手不及。在这之前,军事预算被削减多年,只有在 1852 年拿破仑发动政变在英国造成恐法情

---

* 圣西尔军校由拿破仑始创,建于巴黎郊外的圣西尔。后与诸兵种军校和行政技术军校共同组成法国陆军初级军校群,现位于莫尔比昂省。——编注

绪之后，罗素领导的英国政府才得到议会批准，一定程度地增加了
军事开支。在1854年春，英国陆军共有十五万三千人，其中三分
之二在大英帝国海外某个遥远的角落服役，因此参加黑海远征的部
队不得不仓促征召。英国没有建立法国的全民征兵制，只能以赏金
为诱惑招募志愿兵。在1840年代，由于各种工业工程需要大量劳力，
加上许多人向美国和加拿大移民，身体条件合适的青壮年男性不多，
军方只好在失业人口和其他最穷苦的社会阶层——例如爱尔兰饥荒
难民等——中发掘兵源，这些人急于得到赏金偿还债务并让家人免
于被送往济贫院（poorhouse）*的命运。募兵的主要场所是酒吧、游
乐场和赛马场，这些都是导致穷人酗酒度日、债务缠身的地方。[20]

　　如果说英军士兵来自社会上最穷苦的阶层，那么军官官衔则是
可以花钱购买的，这一制度保证了军官们大都来自贵族阶层。高级
军官中，大部分人是有着良好的宫廷关系却缺乏作战经验的年迈绅
士，这与法国军队的职业化程度形成天壤之别。拉格伦勋爵六十五
岁，工兵司令约翰·伯戈因爵士（Sir John Burgoyne）已经七十二
岁高龄。拉格伦指挥部中，五名高级军官是他的亲属，其中最年轻
的剑桥公爵是维多利亚女王的表亲。这支军队和俄军一样，军事理
念和文化依然停留在18世纪。

　　拉格伦坚持要英军士兵穿着紧身长袍军装和高顶硬军帽上战
场，当在校阅场上以整齐方阵行军的时候，这样的装束确实很威武，
但是在战场上却完全不实用。军务大臣†悉尼·赫伯特在5月份致信
拉格伦，建议放宽对英军的装束要求，不要强求士兵每天刮胡子，
拉格伦回复说：

---

* 当时由政府出资收容穷人的场所，一般条件恶劣，被公众视为一种羞辱和惩罚。——译注
† 军务大臣负责军队管理，但其职权范围不包括军事政策。此职位通常低于战争大臣
　（Secretary of State for War）一职，但有时也是英国内阁成员。——译注

　　对你提出的关于军队中胡子的提议，我的看法有所不同，而且目前没有必要采纳这一建议。我的想法是比较老派的，我依然坚持一个英国人必须有英国人的样子，即使法国人正在努力让自己看上去像是非洲人、土耳其人和异教徒。我一直认为对英国最底层的人来说，首要的清洁工作是刮胡子。我敢说军中上下大部分人和我想法一致，虽然有些军官可能会羡慕盟军中某些浑身长毛的人。当然，如果我们是在行军中，暴露在高温和尘土中，我认为阳光会晒伤士兵的脸，那时候我们会考虑是否可以放松一下军纪，但是现在让我们有英国人的样子。[21]

当7月热浪袭来之时，对胡子的约束再也坚持不下去了，但是英军士兵依然可笑地穿着正装。与之相比，俄罗斯和法国士兵就穿得轻松简单。第一（皇家）团的（1ˢᵗ［Royal］Regiment）*的乔治·贝尔中校（Lieutenant Colonel George Bell）抱怨说：

　　身上一套衣服，背包里一套换洗的，对一名士兵来说就足够了，但是他不得不像头驴子一样背一大堆东西：大衣和毯子、紧束的……皮带死死扣在他胸前、武器和额外装束、六十发米涅来复枪子弹、背包加上背包里的东西。感谢《笨拙》（*Punch*）†和《泰晤士报》，我们不用再戴着硬邦邦的皮领子了。军事当局非要士兵在上战场之前就已经被勒得半死、压得动弹不得，凭着从军四十年的经验去和他们理论，却完全不被当一回事，只有公众舆论和新闻报纸才救了士兵。下一个我想丢掉的是那个

---

* 即皇家苏格兰人团（Royal Scots）。——译注
† 一本英国讽刺漫画杂志。——译注

被叫作阿尔伯特帽（Albert）*的可恶东西，这里中午的阳光猛烈到能烤熟士兵的配给牛肉，那顶真皮做的高帽子能吸收十倍的阳光，把士兵的脑袋烤昏。[22]

　　英法联军驻扎在瓦尔纳周围的平原上，等待来自锡利斯特拉的战事消息。因为整天无事可做，两国士兵开始在附近的酒馆和妓院寻乐。天气炎热，加上军中警告士兵不要饮用当地的水，造成了大规模的疯狂饮酒，特别是当地的拉克酒（raki），既便宜酒劲又大。"成千的英国人和法国人聚集在简陋的酒馆，"保罗·德·莫莱尼写道，"我们国家所有的葡萄酒和白酒都倒给了这群闹哄哄的醉鬼……土耳其人站在家门口外，面无表情也毫不惊讶地看着这些上天派来保卫他们的怪人。"市镇里醉酒士兵之间打架斗殴是家常便饭。苏格兰燧发枪近卫团（Scots Fusilier Guards）的一位副官休·菲茨哈丁·德拉蒙德（Hugh Fitzhardinge Drummond）在从瓦尔纳写给他父亲的信中说：

　　　　我在高地团（Highlanders）的朋友们喝起酒来像鱼一样，我们部队的士兵……比他们在斯库台（Scutari）†时喝得还要多。朱阿夫们是你可以想象的举止最恶劣、最无法无天的人，他们什么坏事都干得出来。就在前天他们还处决了一名士兵，上个星期一个文森猎兵（Chasseur de Vincennes）差点被一群喝醉的混混用一把短剑砍成两半。法国人喝得厉害，我觉得和我们的士兵们喝得一样多，而且喝醉后更加不听命令。

---

*　一种高顶硬皮帽，以阿尔伯特亲王的名字命名，据说是由他设计的。——原注
†　君士坦丁堡的土耳其军营，克里米亚战争期间曾归英军使用。——译注

瓦尔纳居民的抱怨越来越多。这里以保加利亚人为主，土耳其人虽然是少数，但数量也不少。让他们生气的是，英法士兵到穆斯林人开的饭馆要酒喝，一旦被告知饭馆不卖酒马上就诉诸暴力。土耳其人也许会想这些号称来保卫他们的人或许比俄罗斯暴徒更危险，以下是在君士坦丁堡的英国海军军官阿道弗斯·斯莱德的观察：

> 法军士兵在祈祷期间闯进清真寺，色迷迷地看着披着面纱的妇女，毒死街头的狗……在港口射杀海鸥，在街道上向鸽子开枪，模仿嘲笑清真寺尖塔里宣礼员的呼唤声，开着玩笑砸倒墓碑用来铺路……土耳其人听说他们来自文明之地，现在真的看到了所谓的文明人，却让他们万分惊愕。抢劫、醉酒、赌博、嫖妓，一切都在东方的艳阳下肆无忌惮地发生着。[23]

在瓦尔纳周围的平原上，还驻扎着土耳其军队，就在英军营地旁边，英国人立刻对他们产生了不好的印象。"我看到的土耳其人还不多，但已让我觉得他们是很糟糕的盟友，"拉格伦的副官金斯科特在给父亲的信中写道，"我敢肯定他们是世上最出色的骗子。如果他们告诉你他们有十五万人马，只要调查一下就会发现其实不过是三万人。所有的话都这样被夸大了。而且从我所了解到的情况看，我不明白为什么俄罗斯人不能轻松击垮他们。"法国人也瞧不起土耳其军队，尽管朱阿夫部队里因为有很多阿尔及利亚人，所以和土耳其人建立了良好的关系。路易·努瓦尔认为英军士兵对土耳其人持有种族主义和帝国主义态度，使得他们在苏丹的军队中广受仇视。

183

英军士兵以为他们到土耳其来，不是为了救助，而是来征服的。在加里波利，他们经常为了消遣，在沙滩上找一个土耳其人来逗弄取乐：在他周围的地上划一个圆圈，告诉他这代表了土耳其；然后他们命令土耳其人离开这个圆圈，将它划为两半，一半叫作"英格兰"，另一半叫作"法国"；然后将他推到一个叫作"亚洲"的地方。[24]

殖民者的偏见造成西方列强不愿意充分借助土耳其军队。拿破仑三世认为土耳其人懒惰腐化，英国驻巴黎大使考利勋爵给拉格伦提出的忠告是"没有一个土耳其人值得信任"，可以承担任何关乎国家安全的军事任务。英法军队的指挥们都认为土耳其人只能在要塞堡垒的屏障后面作战，虽然可以做一些类似挖战壕的辅助工作，但是缺乏必要的纪律和勇气，不能和欧洲军队在开放的战场上并肩作战。[25] 土耳其人成功地守住了锡利斯特拉（当时在很大程度上被认为是英国军官的功劳）这一事实并没有改变这些种族主义态度，当主战场转移到克里米亚之后，这样的倾向变得更为明显。

*　*　*

事实上，土耳其人完全靠自己的力量守住了锡利斯特拉。在 6 月 22 日，俄军发起了最后一次攻势。21 日早晨，戈尔恰科夫带领他的参谋们视察了"阿拉伯的塔比亚"棱堡前的俄军战壕，第二天的总攻将从这里开始。托尔斯泰对戈尔恰科夫十分敬佩，后来在创作《战争与和平》时，他把戈尔恰科夫作为库图佐夫将军（General Kutuzov）的原型。"那天早晨，我第一次看到他面对战火，"他在给哥哥尼古拉的信中写道，"你能看到他是如此专注于战场大局，完全没有注意到子弹和加农炮弹在周围飞舞。"为了削弱土耳其军队的抵抗，俄军的五百门大炮一整天都在炮击对方的阵地堡垒，一直持续到夜幕降临。总攻定在凌晨三点开始。"我们都在那里，"托尔斯泰写道，"和每一次大战前夕一样，我们都假装不去考虑第二天将跟其他日子有什么不同，然而我很肯定，在我们的心底深处，想到明天的总攻，每个人都有一点点（不是一点点，而是明显的）焦虑。"

> 你知道的，尼古拉，开战前的那段时间是最不舒服的，那是唯一一段你有工夫感觉害怕的时间，而恐惧是最令人不快的感觉之一。当清晨来临，离总攻的时刻渐近，恐惧渐消。快到三点，在等待信号火箭升空发起总攻信号的时候，我已处于心情非常好的状态，如果这时候有谁告诉我进攻取消了，我会感到非常难过。

他最担心的事情发生了。凌晨两点，戈尔恰科夫的一名副官给他送来一个消息，命令他取消围困。"我很肯定，我敢毫无疑义地说，"托尔斯泰向他哥哥写道，"所有收到这个消息的人，无论士兵还是军官或将军，都认为这是一个令人遗憾的消息。更令人遗憾的是，根据常从锡利斯特拉为我们带回消息的间谍报告（我自己常有机会和他们交谈），一旦我们面前的这座堡垒被攻克——没有人怀疑我们不会成功——锡利斯特拉最多能守两到三天。"[26]

托尔斯泰不知道或不愿意考虑的是此时已有三万法军、两万英军和两万土耳其部队准备好随时增援锡利斯特拉。与此同时，奥地利已在塞尔维亚边境调集了二十万部队并向沙皇发出最后通牒，要求俄军撤离多瑙河流域两公国。奥地利实际采取的是一种倾向西方联盟的武装中立立场，通过动员哈布斯堡的军队来迫使俄罗斯撤离多瑙河。由于俄罗斯占领多瑙河流域两公国的举动越来越像是领土并吞，奥地利担心会因此激起本国境内的塞尔维亚人起义。如果奥

185

地利真的从西部向俄军发动进攻，很有可能会切断俄军的多瑙河补给线路并阻断其主要撤退线路，这样的话，俄军将面对南部联军的进攻而没有退路。为了保住俄军，沙皇别无选择，只能撤退。

奥地利的行动让尼古拉深深地感到背叛。1849 年匈牙利人起义时，俄罗斯还曾出兵救助。他对比他小三十多岁的奥地利皇帝弗兰茨·约瑟夫有一种作为父辈的喜爱，觉得对方应该对他有所感激才对。在收到奥地利的最后通牒时，他的悲哀和震惊之情溢于言表，将一幅弗兰茨·约瑟夫的肖像倒挂在墙上，在后面亲手用德语写："你这个忘恩负义的人！"他在 7 月份告诉奥地利大使艾什泰哈齐伯爵（Count Esterhazy），自己为奥地利皇帝所做的一切已经完全被皇帝忘记了，"因为两国君主之间互以对方帝国福祉为念的信任已不再有，两人之间的亲密关系也将不再存在"。[27]

沙皇写信向戈尔恰科夫解释了他下令取消围困的原因。和其他信件不同，在这封信中，尼古拉展露了许多他个人的想法：

> 我亲爱的戈尔恰科夫，多么让人悲伤痛苦，我被迫同意伊万·费奥多罗维奇［帕斯克维奇］亲王一直坚持的看法……在做了这么多努力，失去了这么多勇敢的灵魂之后，却没有取得任何进展，现在不得不撤军——我不需要告诉你这对我意味着什么。你自己可以判断！！！但是当我查看地图时，我怎么能不同意他的看法呢。现在危险已不再紧迫，你能够给厚颜无耻的奥地利人一个严厉的惩罚。我只是担心撤退会打击我们队伍的士气。你必须鼓舞他们的精神，让他们明白有时候撤退是更好的办法，可以让我们在未来发起进攻，就像 1812 年那样。*[28]

---

* 　指 1812 年俄法战争时俄罗斯先撤退然后反击打败入侵的拿破仑军队。——译注

俄军开始从多瑙河流域撤退，土耳其军队闻风而动在后面追击，俄军不得不沿途阻挡。俄军已疲惫不堪、士气低落，许多士兵好多天没有吃东西，伤病人数巨大，无法全部带回，成千的士兵被丢弃给土耳其人。7月7日，土耳其军队（许多由英国军官指挥）从鲁塞渡过多瑙河，在英国炮舰的支援下，向久尔久要塞发起进攻，俄军损失了三千人。戈尔恰科夫率领从锡利斯特拉撤下的部队前来增援，但很快不得不命令全军撤退。当英国国旗飘扬在久尔久的城墙上时，土耳其士兵开始对残留的俄军士兵进行疯狂报复，杀死了超过一千四百名伤员，砍下他们的脑袋，肢解他们的尸体，奥马尔帕夏和英国军官则在一边袖手旁观。[29]

土耳其人的报复行动带有鲜明的宗教色彩。一旦城内的俄军被扫除干净，土耳其士兵（巴什波祖克和阿尔巴尼亚人）就开始洗劫基督教居民区的民宅和教堂。以保加利亚人为主的全部基督教人口都已经随俄军部队一起逃离了久尔久，他们在俄军向北撤离时，匆忙收拾包袱推着小车全家老小跟在后面。一名法国军官描述沦陷几个星期之后的久尔久：

> 俄军在撤离时，全部一万两千人口中只有二十五个居民留了下来！只有几间屋子还是完好的……盗贼们在洗劫民居之后还不满足，几座教堂都被抢了。我亲眼看到一座希腊教堂内的可怕景象，一名年迈的保加利亚司事正在清理被打破的神像和教堂的窗子，雕塑、灯和其他圣器就这样堆在那里。我打着手势问他这是谁干的，是俄罗斯人还是土耳其人。"土耳其佬"（Turkos），他紧咬牙关回答。他说话的语气让我明白，如果哪一天有一个巴什波祖克人落在他手上，是不会得到饶恕的。[30]

186

俄军每经过一个市镇，害怕土耳其人报复的当地人就加入难民行列，一路上都是混乱惊恐的景象。成千上万的保加利亚人离开村子、赶着牲口加入逃难队伍。由于难民的小车堵了路，俄军不得不放慢撤退的速度。戈尔恰科夫一度考虑派士兵挡住难民，不让他们上路，但是他手下的高级军官说服他不要这么做。最后一共有差不多七千个保加利亚家庭撤离到了俄罗斯境内。托尔斯泰在 7 月 19 日抵达布加勒斯特后，给他姨妈写信描述了他在一个村庄看到的景象：

> 我从营地到一个被 [土耳其人] 破坏的村庄去找一些牛奶和水果。[戈尔恰科夫] 亲王告诉保加利亚人，只要他们愿意，就可以和俄军一起渡过多瑙河成为沙皇的臣民。话音刚落，整个村子的人就都行动起来了，每个人都带上他的妻子、孩子和牛马来到桥边准备过河。当然我们不可能把他们都带上，亲王没有办法，只能拒绝后到的人，你应该看一下他是多么伤心。那些可怜的人派出代表来求情，他亲自和每个人交谈，试图向他们解释自己是多么无可奈何，提议他们抛弃小车和牲畜，只身渡河，并向他们担保，他会提供生活费直到他们抵达俄罗斯，他还自掏腰包雇用船只运送这些人。[31]

混乱的景象同样出现在布加勒斯特。许多有叛心的俄军士兵趁乱开了小差躲到城中，为此军事当局发布公告，威胁居民交出逃兵，否则将面临惩罚。原来加入俄军的瓦拉几亚志愿兵现在已经消失不见了，许多人逃到南方加入英法土联军。在撤离布加勒斯特前，俄军发布沙皇公告，警告"背信弃义的瓦拉几亚人"：

> 沙皇陛下不相信那些声称自己是东正教徒的人会投靠一个

非基督教政府。即使瓦拉几亚人因为受欧洲人影响太深，不明白这一点而投靠伪教，沙皇亦不能放弃上天赋予他作为东正教领袖的使命：把那些以基督教作为自己唯一信仰的人，也就是希腊人，从奥斯曼帝国的统治下解救出来。自登基以来，沙皇陛下就一直秉持这一信念，现在这一时刻已经到来，沙皇陛下将实现他计划多年的宏图，不管无能的欧洲国家的企图是什么。那些背信弃义的瓦拉几亚人已让沙皇陛下震怒，总有一天，他们将为自己的不忠不义付出极高的代价。 188

7 月 26 日，戈尔恰科夫向聚集在布加勒斯特的波雅尔（boyar）* 宣布了沙皇的公告，并加上了自己的告别语："先生们，我们现在暂时离开布加勒斯特，但我希望很快就会回来——就像 1812 年那样。"[32]

对莫斯科和圣彼得堡的斯拉夫派来说，俄罗斯进军巴尔干是一场解放斯拉夫人的战争，他们对俄军的撤离感到非常震惊，认为这是对他们理想的背弃，因此感到十分沮丧。俄罗斯作家康斯坦丁·阿克萨科夫（Konstantin Aksakov）梦想着建立一个在俄罗斯领导下的斯拉夫联邦，他曾以为俄土之战的结果将是十字架高悬在君士坦丁堡的圣索菲亚顶端。从多瑙河撤军让他感到"厌恶和羞耻"，他在给弟弟伊万（Ivan）的信中解释道：

> 这让人觉得我们撤离的是东正教信仰。如果这是因为我们不相信圣战，或是因为我们从一场圣战中退出，那么这将是俄罗斯建国以来最令人羞耻的时刻——我们打败了敌人，却无法

---

* 保加利亚最高一级的贵族。——译注

战胜自己的恐惧。现在应该如何是好！……我们正在从保加利
亚撤退，但是那些可怜的保加利亚人该怎么办？保加利亚各地
教堂上的十字架又会怎么样？……俄罗斯！如果你背离上帝，
上帝就会抛弃你！俄罗斯，你放弃了上帝赋予你的保卫神圣信
仰、解救受苦兄弟的使命，现在上帝之怒将降临在你头上！

　　和许多斯拉夫派一样，阿克萨科夫兄弟将撤军的责任归咎于外
交部长、"德国人"涅谢尔罗迭。在民族主义者的圈子里，他被看
作背叛俄罗斯的卖国分子，而且还是"奥地利代言人"。泛斯拉夫
主义者和他们的领袖波戈金一样，在圣彼得堡和莫斯科的沙龙上活
动，希望能劝说沙皇撤销撤军命令，让俄罗斯独自与奥地利和西方
列强作战。他们为俄罗斯能够独自对抗欧洲而欣喜不已，相信如果
俄罗斯能为斯拉夫人的解放事业与西方打一场圣战，将成功担当起
救世主的角色。[33]

189

　　在俄军撤离的同时，奥地利军队开始进入瓦拉几亚恢复秩序。
一支一万两千人的奥地利部队在科罗尼尼将军（General Coronini）
的带领下，一直推进到布加勒斯特，但是在那里他们与土耳其军队
发生了冲突。土军在俄军撤离后已经占领了这座城市，自称为"收
复公国的总督"的奥马尔帕夏不愿交出布加勒斯特。他本人就是一
个叛逃到奥斯曼帝国的原奥地利子民，不可能指望他把自己辛苦占
领的地盘拱手交给一个奥地利皇室的宫廷幕僚。科罗尼尼是奥地利
皇帝的私人教师，代表了奥马尔帕夏所痛恨的哈布斯堡皇室的一切。
英法两国也在背后支持奥马尔帕夏，西方联盟花了很大力气终于说
服奥地利加入战争，现在却对奥地利的干预喜忧参半。他们很高兴
奥地利出手帮助驱逐俄军，但是同时怀疑奥地利人打算长期占据多
瑙河两公国，以填补俄罗斯人离开后的政治真空，或者是通过牺牲

西方利益来解决俄土冲突。西方国家对奥地利的猜疑变得越来越重，因为奥地利不仅阻止奥马尔帕夏的部队进入比萨拉比亚追击俄军（这是拿破仑三世倾向的方案），还让原来俄罗斯任命的都督官复原职，显然是为了向震怒中的沙皇示好。在英国和法国看来，奥地利出手救助多瑙河两公国的举动，并不是在扮演欧洲协调警察的角色，也不是为了伸张土耳其的主权，而是出于利己的政治动机。[34]

　　一方面是为了对抗来自奥地利的威胁，另一方面是为了保障黑海沿岸的安全以备针对俄罗斯南部以及克里米亚的进攻，法国在7月下旬向多瑙河三角洲的多布罗加地区派出了一支部队。这支派遣军由优素福将军（General Yusuf）指挥，下辖被法国人称为"东方西帕希"（Spahis d'Orient）的巴什波祖克非常规军，以及康罗贝尔将军（General Canrobert）指挥的第一师、博斯凯将军（General Bosquet）指挥的第二师和拿破仑亲王（Prince Napoleon）*指挥的第三师这三个师的步兵。优素福原名朱塞佩·万蒂尼（Giuseppe Vantini），1815年6岁时在意大利厄尔巴岛（Elba）被来自北非的巴巴里（Barbary）海盗抓走，在突尼斯大公（Bey of Tunis）的宫中长大，后来成为西帕希骑兵的创建人和指挥官，被法国人雇佣参加征服阿尔及利亚的战争。他在阿尔及利亚的成功使他成为代表法国指挥巴什波祖克骑兵的理想人选。7月22日，他在瓦尔纳组建了一个骑兵旅，主力为四千名奥斯曼帝国交给法国指挥的巴什波祖克人，以及其他各种非正规军独立连队，包括由法蒂玛·哈努姆（Fatima Khanum）指挥的库尔德（Kurdish）骑兵。被称为"库尔德斯坦圣女"（Virgin of Kurdistan）的哈努姆已经七十岁，她率领部落中的追随者，以刀剑和手枪为武器，举着一面绿色的穆斯林战斗旗帜。

190

---

* 拿破仑三世的堂弟。——译注

优素福喜欢用圣战来鼓舞士气，这样可以给手下的士兵一个战斗的目标，而不只是为了战后的抢劫，法国军事当局已下决心终止这种以掠劫为诱惑的传统。"我们是来保卫苏丹，我们的哈里发的。"一群巴什波祖克人对路易·努瓦尔说，他们所属的朱阿夫部队也加入了优素福派遣军从瓦尔纳向北进发。"如果我们为他战死，而不是为了军饷上前线，我们死后将直接上天堂；如果我们收了钱才打仗，那么我们中谁也没有权利上天堂了，因为我们已经在人间得到了酬劳。"[35]

然而，即使上天堂的许诺也不能保证优素福骑兵的纪律。他们刚收到命令从瓦尔纳出发，就有巴什波祖克人开始脱队，声称他们不会在外国军官的指挥下作战（虽然优素福说阿拉伯语，但是他手下的叙利亚、土耳其和库尔德士兵都听不懂他的突尼斯阿拉伯语）。在图尔恰（Tulcea），先遣队的士兵一看到哥萨克骑兵立刻作鸟兽散，留下法国军官独自应战，结果他们全部阵亡。28 日，优素福的部队打败了哥萨克骑兵，迫使对方撤退，但是这些人获胜之后立刻忘了军纪，开始洗劫村庄，残杀基督徒，还把被害者的头颅割下拿回去找优素福将军领赏——这是土耳其军队的传统，在圣战期间，被打败的异教徒包括平民的头颅可以被拿来领赏。有些士兵甚至杀害基督教妇女儿童，肢解尸体来换赏金。[36]

第二天，优素福派遣队中的一批士兵染上了霍乱。多瑙河三角洲的沼泽和湖泊中疾病横行，士兵的死亡率让人担心。因为患上霍乱而脱水，加上多日在烈日下行军，士兵们纷纷在路边倒下身亡。优素福的部队很快瓦解，士兵因担心染上霍乱而逃跑，要不然就是在树荫处躺下然后就再也没起来。优素福下令撤退。当 8 月 7 日这支队伍终于回到瓦尔纳时，就只剩下一千五百人了。

瓦尔纳也出现了霍乱，其实所有地方都有霍乱，因为 1854 年夏天，霍乱席卷了整个东南欧。法军军营首先被感染，然后是英军军营。一阵热风从内陆吹来，整个军营被一层白色的石灰粉和死苍蝇覆盖，士兵中间开始出现恶心腹泻，有了这些症状就只能在帐篷里躺下等死。因为对病因无知，士兵们毫无提防，继续饮用被污染的生水。不过有些人对霍乱有一定了解，比如朱阿夫士兵就在北非遇到过这种病，他们知道应该以酒代水，或是煮开水之后冲咖啡喝（法军每天饮用大量咖啡）。在 19 世纪三四十年代，霍乱经常在伦敦和其他英国城市发生，但是直到 1880 年代人们才把不良的卫生条件和霍乱联系起来。一位名叫约翰·斯诺（John Snow）的伦敦医生发现饮用煮开的水能够防止霍乱，但是他的发现基本上被忽视了。在瓦尔纳，霍乱被认为是附近湖泊的瘴气、过度饮酒或食用软水果导致的。军事当局完全忽略了基本的卫生条件：厕所里粪便四溢，动物尸体在烈日下任由腐烂。得了病的人被送到老鼠横行的军营，照顾他们的勤务兵疲于应对、精疲力竭，后来在 8 月有一小批法国修女前来照顾病人。死去的人被裹上被单埋在一个大坑里，后来又被土耳其人为了偷裹尸布而挖出来。到 8 月的第二个星期，已有五百名英军士兵死于霍乱；在法军营地，死亡率一度达到每天六十人。[37]

　　这时候大火又降临了瓦尔纳。第一场大火发生在 8 月 10 日晚上，从老城的商业街区开始，很快蔓延到附近的港口，而那里刚好存放着准备装船的盟军物资。几乎可以肯定，纵火的是同情俄罗斯的希腊人和保加利亚人，在起火点附近抓住了几个身带黄磷火柴的人。当英法两军士兵带着水泵赶来时，半个城市已被大火席卷。满是朗姆酒和葡萄酒的商店和码头在火中爆炸，酒精在街道上四处流淌，应该负责救火的人却在水沟里舀酒喝。当大火终于被控制住时，盟军的物资已经受到严重损坏。"瓦尔纳存放着整个军队的所有弹药、所有物资、所有装备，"埃尔贝在 8 月 16 日给父母的信中写道，"法国人、英国人和土耳其人的火药库成了一片火海。城镇大部分被夷为平地，士兵们的希望也随之烟消云散。"[38]

* * *

大火之后，幸存的物资仅够盟军八天所需。很明显，盟军必须尽快离开瓦尔纳，不然就会被霍乱和饥饿摧毁。

现在既然俄军已经从多瑙河公国撤退，照理说英法联军可以以胜利者的姿态打道回府了。战争可以就此告一段落，奥地利和土耳其军队可以作为维和部队占领两公国（8月中时，两国已经划好了各自的占领区，同意共同拥有布加勒斯特的控制权），同时西方列强还可以通过威胁干预迫使俄罗斯承诺不再入侵土耳其领土。那么，既然战争已经打赢了，为什么盟国还要继续入侵俄罗斯呢？克里米亚战争到底为什么会发生？

让盟军指挥官们感到生气的是俄军的主动撤退。当英法两国千里迢迢把军队带到土耳其之后，俄军却放弃了多瑙河流域两公国，这让英法指挥官们觉得失望，用圣－阿诺的话说是"胜利的果实被抢走了"，他们想达到一个军事目标来说明他们的努力没有白费。在军事动员以来的六个月时间内，盟军士兵几乎没向敌人开过枪，因此遭到土耳其人的讥讽、本国国民的嘲弄。"在那儿，"马克思在 8 月 17 日《纽约时报》（*New York Times*）的一篇社论中写道，"八九万英法两国士兵聚集在瓦尔纳。指挥他们的，一个是威灵顿时代的军事秘书，另一个是法国元帅（他的最大战利品是在伦敦的典当行买到的，真的）——在那儿，法国人无所事事，英国人则以最快的速度帮助他们无所事事。"[39]

在伦敦，英国内阁也觉得仅仅迫使俄军撤出多瑙河地区不足以弥补已经做出的牺牲。帕默斯顿和他的"主战派"不愿意在俄军依然保持完整的情况下和俄罗斯谈判。他们想要严重打击俄罗斯的实力，摧毁其在黑海地区的军事能力，从而不仅保障土耳其的安全，也让俄罗斯再也不能威胁英国在近东地区的利益。强烈主战的战争大臣纽卡斯尔公爵（Duke of Newcastle）在 4 月就已经说过，把俄罗斯赶出多瑙河流域两公国，"但没有让其大伤元气、再也不能凭借武力威胁土耳其，这样的目标根本不值得英法两国去争取"。[40]

但是怎样才能严重打击俄罗斯的实力？英国内阁考虑了多种可能。他们认为进入比萨拉比亚追击俄军没有什么意义，反而会将士兵置于霍乱的威胁下；法国人提出发动一场解放波兰的战争，但是即使英国内阁里的保守派能被说服支持一场革命战争（这种可能性并不大），奥地利也肯定会反对。英国内阁也不赞同发动一场波罗的海海战就能让俄罗斯屈服这样的说法。战争开始不久，指挥波罗的海盟军舰队的英国将军查尔斯·内皮尔爵士（Sir Charles Napier）即得出结论，认为如果没有能够在堡垒附近的浅礁中航行的炮舰和迫击炮舰的话，盟军舰队不可能攻克守卫圣彼得堡的坚固海上要塞喀琅施塔得，甚至连赫尔辛福斯（Helsingfors，赫尔辛基的瑞典语名称）港口外防守较弱的芬兰堡（Sveaborg）都对付不了。*有一阵

---

* 事实证明这是对的。8 月 8 日内皮尔指挥盟军舰队对位于瑞典和芬兰之间奥兰群岛上的博马松德（Bomarsund）要塞发起了进攻，主要目的是希望将瑞典拉入战争，因为一旦进攻俄罗斯首都，瑞典军队的支持将是必需的。盟军舰队的狂轰滥炸把要塞变成了一片废墟，俄军指挥官和手下的两千名士兵投降。但是博马松德不过是小胜，与喀琅施塔得或圣彼得堡无法相比，因此尽管英国人一再逼迫，瑞典人还是不为所动。除非盟军在波罗的海战场投入更多资源，否则他们是不可能说服瑞典参战的，更别说威胁圣彼得堡了。但是对波罗的海的重要性英法之间有分歧，英国人比较起劲，尤其是帕默斯顿，占领芬兰是他肢解俄罗斯帝国的宏大计划中的一部分；但是法国人远远没有那么热心，他们认为波罗的海的战斗主要是为英国的利益服务，因此不愿意投入更多兵力。对拿破仑三世来说，克里米亚才是法国的作战重心，波罗的海战场并不重要，不过是用来牵制俄军，防止沙皇向克里米亚投入更多兵力的。——原注

子还流传着在高加索地区向俄军发起进攻的说法，一批高加索叛军的代表曾访问驻守在瓦尔纳的盟军，提出如果盟军派出军队和舰船到高加索地区，他们保证动员穆斯林发动一场反抗俄罗斯的战争。奥马尔帕夏支持这个建议。[41] 但是英国内阁认为，所有这些行动对俄罗斯造成的打击，都不如失去塞瓦斯托波尔和黑海舰队那么大。所以当俄军从多瑙河两公国撤军时，英国内阁已做出决定，认为入侵克里米亚是唯一能对俄罗斯做出有效一击的办法。

　　克里米亚作战计划最初是由英国海军大臣詹姆斯·格雷厄姆爵士在 1853 年 12 月提出的，他在锡诺普海战之后，准备了一份海军作战方案，目标是通过快速一击摧毁塞瓦斯托波尔港。"这是我心之所向，"他写道，"俄国熊的犬牙必须拔掉。在它的黑海军舰和武器全部被摧毁之前，君士坦丁堡都不会安全，欧洲和平不会有保障。"[42] 格雷厄姆的计划从来没有正式呈送内阁，但是却被内阁接受为其战略的基础。6 月 29 日，纽卡斯尔公爵向拉格伦传达了内阁入侵克里米亚的指示。他的语气十分坚定：进攻克里米亚的远征行动必须马上开始，任何原因，"除非是实在不能克服的障碍"，都不能推迟进攻塞瓦斯托波尔、摧毁俄罗斯黑海舰队的行动，不过为了协助对克里米亚的进攻，可能有必要对高加索的俄军发起攻击。这份指示给拉格伦的印象是内阁已达成一致意见，而且除了入侵克里米亚没有其他选择。[43] 但其实内阁成员间在入侵克里米亚的可行性上看法有冲突，最终接受这一方案是两派之间妥协的结果。其中以阿伯丁勋爵为代表的一派希望发动一场有限的战争恢复土耳其主权，另一派以帕默斯顿为代表，把远征克里米亚作为对俄罗斯发动大规模战争的起点。与此同时，英国报刊正在向内阁施加压力，要求对俄罗斯做出致命一击，而摧毁塞瓦斯托波尔的黑海舰队就成了好战的英国公众心目中具有象征意义的胜利。他们无法想象因为俄军已经从多瑙河撤军，所以没有必要进攻克里米亚。

"这场战争真正的主要目标，"帕默斯顿在 1855 年承认，"是抑制俄罗斯的侵略野心。我们参加这场战争的目的主要不是保卫苏丹和土耳其的穆斯林，而是不让俄罗斯插手。"在他的设想中，进攻克里米亚是一场长期战争的第一步，意在打击俄罗斯在黑海地区以及高加索、波兰和波罗的海的势力。他在 3 月 19 日给内阁的备忘录中就已经陈述了这些想法，其中他勾画了肢解俄罗斯帝国的宏伟计划。到 8 月底，战争扩大化的想法已在内阁成员中获得了相当多的支持。他还和法国外交部长德鲁安·德吕达成了非正式的一致意见："小的战果"不足以弥补这场战争必然带来的人员损失，只有在多瑙河地区、高加索、波兰和波罗的海发生"巨大的领土改变"，才会让克里米亚战争值得一战。[44]

但是只要阿伯丁还是首相，帕默斯顿的主张就不可能成为盟军的政策。8 月 8 日，经过几个月的谈判，西方列强和奥地利终于同意了《四点方案》，其中列出了更多有限目标。根据这四点方案，盟国与俄罗斯之间实现和平的条件包括：

1. 俄罗斯宣布放弃对塞尔维亚和多瑙河两公国的领土要求，这些地区将被置于欧洲列强和高门的共同保护之下；

2. 多瑙河对所有商业航行开放；

3. 以"欧洲势力平衡"为目标修改 1841 年的《海峡公约》（俄罗斯海军在黑海地区的主导地位将被中止）；

4. 俄罗斯放弃对土耳其基督徒的保护权，他们的安全将在五国（奥地利、英国、法国、普鲁士和俄罗斯）与土耳其政府达成一致后得到保证。

《四点方案》的文字保守（否则奥地利不会满意）但措辞又足够模糊，让英国人可以随着战争的进行添加条件。此时英国虽想削弱俄罗斯的势力，但还不知道应如何制定具体政策。事实上，奥地利不知道还有一个秘密的第五点，已经获得英法两国同意，允许两国根据战争进展追加新的条件。对帕默斯顿来说，《四点方案》是保证奥地利和法国加入欧洲大联盟，共同参与一场针对俄罗斯的开放式战争的办法，即使将来征服克里米亚的目标已经实现，这场战争依然可以继续扩大。[45]

帕默斯顿甚至为克里米亚制定了一个大致的长期计划。他提议把这一地区交给土耳其，这样就能和其他从俄罗斯手中夺回来的领土：亚速海周边地区、切尔克斯、格鲁吉亚和多瑙河三角洲连成一片。但是没有几个人和他有一样的野心。拿破仑三世想占领塞瓦斯托波尔的目的，主要是为了有一个"光荣胜利"的结果，同时对俄罗斯入侵多瑙河流域两公国做出惩罚。他的想法和英国内阁中大部分人相似，基本上假定一旦塞瓦斯托波尔失守，俄罗斯就会失去斗志，西方列强可借此宣告获胜，并强迫俄罗斯接受停战条件。但其实这样的想法没有什么道理，喀琅施塔得和其他波罗的海要塞直接守卫圣彼得堡，而塞瓦斯托波尔是沙皇帝国的遥远一站，没有合理的理由可以认为一旦盟军夺取这个港口沙皇就将屈服。正是因为无人质疑这一假设，所以当1855年塞瓦斯托波尔没有被很快攻下时，盟军仍然继续以它为主要目标，使塞瓦斯托波尔战役成为截至当时，军事历史上时间最长、代价最大的围困。本来盟军应该积极寻求其他途径削弱俄罗斯陆军，因为陆军而非黑海舰队才是俄罗斯对土耳其的真正优势所在。[46]

发动克里米亚战争不仅在认识上是错误的，而且计划和准备工作也都十分糟糕。做出决定时没有任何情报，盟军指挥官手里连份地图都没有，他们掌握的信息来自已经过时的游记，例如德·罗斯勋爵（Lord de Ros）的克里米亚旅行日记，以及亚历山

197

大·麦金托什少将（Major-General Alexander Macintosh）的《克里米亚日记》（*Journal of the Crimea*），都在 1835 年出版。这两本书让他们以为克里米亚的冬天非常温暖，但其实已经有更新的书指出那里冬天其实很冷，例如 1853 年出版的劳伦斯·奥利芬特（Laurence Oliphant）的《1852 年秋天的俄罗斯黑海沿岸》（*The Russian Shores of the Black Sea in the Autumn 1852*）。采纳错误信息的后果是盟军没有准备冬天的被服和营房，而部分原因也是他们相信这将是一场速战速决的战争，寒霜未至即可得胜回师。盟军对克里米亚到底有多少俄军一无所知（估计从四万五千至八万都有），也不知道俄军的布防情况。盟军舰船只能从瓦尔纳运送六万至九万人到克里米亚，即使采用最乐观的估计，也达不到军事教科书推荐的围困城市应该有三倍兵力要求的一半，这个运兵数字还是在不携带野战医院、军用牲畜以及其他必需装备的情况下算出来的。盟军怀疑从多瑙河地区撤退的俄军将被送往克里米亚，因此决定最好的策略是在撤退的俄军还未抵达之前，全力一击，占领塞瓦斯托波尔、消灭黑海舰队、破坏港口军事设施。他们估计如果对塞瓦斯托波尔的突袭不很成功的话，就有可能需要占领克里米亚与大陆之间的地峡彼列科普（Perekop）以阻止俄军输送援兵和物资。在 6 月 29 日的命令中，纽卡斯尔公爵要求拉格伦必须"绝不拖延"地执行这项任务，但是拉格伦拒绝执行，声称如果立刻前往，他手下的士兵将遭受克里米亚平原热浪的折磨。[47]

当启程的日子迫近时，将领们开始临阵退缩了，尤其是法军指挥官，他们对这项任务抱有疑虑。纽卡斯尔的命令由法国战争部部长瓦扬元帅（Marshal Vaillant）抄送给了圣-阿诺，但是圣-阿诺对这项任务是否能够成功有所怀疑，他的手下大部分也和他看法一致，都认为进攻塞瓦斯托波尔对海军大国英国更有利。但是由于英法两国的政客急切地希望发动一场攻势来迎合公众情绪，他们向军事当局施加的压力越来越大，加上想让军队尽快离开霍乱肆虐的瓦尔纳地带，以上这些疑虑并没有被认真考虑。到 8 月下旬，奥古斯特·圣-阿诺得出结论，与其让士兵们在瓦尔纳死于霍乱，还不如对塞瓦斯托波尔发起进攻，说不定牺牲的人数还少些。[48]

对许多官兵来说，收到登船的命令是一种解脱，他们"宁愿像一个男人那样战斗，也不愿意被饥饿和疾病打倒"，埃尔贝形容道。"军官和士兵们对他们在这里的命运日益感到厌恶。"一名英国骑兵军官罗伯特·波特尔（Robert Portal）在 8 月下旬写道。

> 除了掩埋战友外，他们什么都干不了。他们公开地说，他们被带到这里，没有让他们打仗，却让他们在这个到处是霍乱和发烧的地方病倒、死去……我们听说在法军营地发生了哗变，士兵们发誓说他们愿意去任何地方、做任何事情，唯独不想在这儿等死。

配属法军参谋部的英军上校罗斯确认了法军营地发生哗变的传闻，他在 9 月 6 日向伦敦汇报，法国指挥官"没有认真考虑士兵的情绪波动和反抗意志"。[49]

所以是该把士兵们送到前线去的时候了，否则他们不是被病魔击垮，就是起来造反。8 月 24 日，士兵开始登船。先由小船把步兵摆渡到军舰上，然后是骑兵和他们的军马、弹药车、装物资的马车、军用牲畜，最后是重炮。许多来到码头等待登船的士兵已经病得不轻或是体力不支到扛不动背包和枪支，只好让身体较好的战友帮忙。法军没有足够的运兵船，装不下三万士兵，于是有些人就挤到了战舰上。如果此时遭到俄罗斯黑海舰队的攻击，这些战舰根本无法还手。保护盟军舰队的任务全部落到了英国皇家舰队身上，在航行中，两侧是皇家海军的战舰，中间是运载英国军队的二十九艘蒸汽机船和五十六艘船只。在码头边还出现了一幕让人难过的景象：英军宣布不是所有的随军妻子都能被带上船 *，这些随军妻子悲伤欲绝，为了能登上船避免与丈夫分离而与周围的人扭打起来，有些则被偷偷带上了船。在舰队离岸的最后时刻，当指挥官们得知英军没有给这些留在瓦尔纳的女人提供任何保障时，出于同情，终于让大部分人都上了船。

9月2日，登船完成了，但是由于天气恶劣，舰队到7日才起航。这支有四百条船的船队由蒸汽机船、战舰、运兵船、帆船、军用拖船和其他小一些的船只组成，指挥官是英国海军少将埃德蒙·莱昂斯爵士（Rear Admiral Sir Edmund Lyons），他坐镇的"阿伽门农号"（HMS *Agamemnon*）†是皇家海军第一艘采用螺旋桨推进的蒸汽船，配备九十一门大炮，航速达每小时十一海里。"士兵们都记得9月7日这个美丽的早晨，"历史学家金莱克写道，

> 月光依然在海面上漂浮，但是在无数甲板上，士兵们已能看到东方的黎明。夏日的轻风从岸上飘来。在五点差一刻时，"布里坦尼娅号"（*Britannia*）一声炮响，发出了起锚的信号。空气中到处都是蒸汽机船烟囱里冒出的烟雾，难以想象如何能够收到信号，信号又会从哪儿来。但是现在能清楚看到"阿伽门农号"起航了，所有桅杆上都挂着信号旗——莱昂斯就在那条船上，指挥着整个船队。法国的蒸汽战舰先行，随后是他们的运

---

* 英军准许每个连队带上四个士兵的妻子前往加里波利。这些女人由军队（"出于好意"）配备供给，她们向部队提供烹饪洗衣服务。——原注

† 阿伽门农是古希腊出征特洛伊的海军舰队指挥。——译注

输船和大批其他船只。法军舰船出港速度比英军快,秩序也更好。他们的许多运兵船都非常小,不得不挤满了人。我们的运输船排成五列并行,每列只有三十条船。在这之后是保卫整个船队的英军战舰,排成一列,缓缓地驶出海湾。[50]

第七章

阿尔马

很快，盟军的船队变成一长串，在黑海上形成了一片船桅森林，飘扬着黑色的浓烟和蒸汽。"仿佛是飘在水上的一座巨大的工业城市。"法国军医让·卡布罗尔（Jean Cabrol）如此描述眼前这幅壮观的景象。他是法军总指挥圣-阿诺元帅的军医，当时圣-阿诺在"法国城市号"（Ville de France）上，已进入病危状态。每一名法军士兵都随身携带八天的口粮，其中有米、糖、咖啡、猪油和饼干。在运兵船上，还能领到一条被单，让他能躺在甲板上睡觉。英军士兵的待遇比这差得多。"最糟糕的是，"英军第五十团的一名列兵约翰·罗斯（John Rose）在从瓦尔纳给父母的信中写道，"我们有钱也买不到酒。我们每天有一磅半褐面包和一磅肉*，但是当兵的没有酒喝。"[1]

船上的士兵并不清楚他们正前往何方。在瓦尔纳时，战争计划

---

* 约一斤三两褐面包和九两肉。——编注

是向他们保密的，于是各种谣言满天飞。有些人认为他们正前往切尔克斯，另一些则认为是敖德萨或是克里米亚，但是没有人确信等待他们的将是什么。他们既没有地图，对俄罗斯沿岸地形也没有直接认识，从船上看到的陆地，对他们来说完全可能是非洲海岸，整个旅程让他们觉得自己像是地理大发现年代欧洲探险船的水手一样。因为无知，他们的想象就更加不着边际，有些人相信他们上岸后，会在俄罗斯"丛林"中遇见熊和狮子。几乎没有人知道他们到底为什么参战——除了"打败俄罗斯人"和"为上帝的意愿而战"，这是从两名法国士兵的家书中摘录出来的。如果罗斯的家书反映了当时的实际情况，那么许多士兵甚至不知道他们的盟军到底是谁。"我们离思巴斯特波尔（Seebastepol）*还有四十八小时航程，"他在给父母的信中写道，

> 我们将去的地方离思巴斯特波尔六英里†远，第一场战斗将会面对土耳其人和俄罗斯人。除了英法联军外，还有三万土耳其人和四万哈斯特人（Hasterems）[即奥地利人]，战斗很快就会打响。我们想敌人看到我们强大的火力就会放下武器投降，我希望上帝会很高兴看到我们把一场乱子变成平安，会保住我的性命让我回家，那时候我就能把这场仗的故事都讲给你们听。[2]

船队已经向克里米亚进发了，可指挥官们还不能就登陆地点达成一致。9月8日，蒸汽机船"卡拉多克号"（Caradoc）上的英军

---

* 罗斯信中对塞瓦斯托波尔的错误拼写。——译注

† 约九千六百五十六米。——编注

201

总指挥拉格伦与"法国城市号"上的法军总指挥圣—阿诺商议登陆地点，可是拉格伦因为只有一条胳膊，无法登上法国军舰；而圣—阿诺因为胃癌病重已卧床不起，两人只能通过下属传信交流。圣—阿诺最后终于同意拉格伦选择的登陆地点卡拉米塔湾（Kalamita Bay），这是在塞瓦斯托波尔以北四十五公里的一处长沙滩。9 月 10 日，"卡拉多克号"载着一群高级军官，其中包括圣—阿诺的二把手弗朗索瓦·康罗贝尔将军，前往克里米亚西海岸侦察。联军原来打算对塞瓦斯托波尔实行突然袭击，但是选择距离遥远的卡拉米塔湾便使这一计划不再可能。

　　为保护登陆部队的侧翼免遭俄军攻击，联军指挥官们决定先占领叶夫帕托里亚镇（Evpatoria），这是那一带海岸线上唯一可安全落锚的地点，还能提供淡水和其他物资。从海上望去，叶夫帕托里亚最大的特色是那里大量的风车。该镇是一个繁荣的贸易中心，克里米亚草原上收获的谷物在这里进行加工。镇上的九千人口主要是克里米亚鞑靼人、俄罗斯人、希腊人、亚美尼亚人和卡拉派犹太人（Karait Jews）*，这些犹太人还在镇中心兴建了一座漂亮的犹太教堂。[3]

　　叶夫帕托里亚是联军占领的第一片俄罗斯土地，整个占领过程直截了当，甚至带点儿喜剧色彩。9 月 13 日盟军舰队逼近港口，镇上的居民聚集在码头两边，在窗口或是屋顶上观看。镇长兼军事指挥官兼防疫官兼海关总长、白发苍苍的尼古拉·伊万诺维奇·卡兹纳切耶夫（Nikolai Ivanovich Kaznacheev）身穿全套礼服，佩戴勋章，与一群俄罗斯官员一起站在主码头的最前方迎接英法联军的战场使者和翻译。联军正式要求叶夫帕托里亚投降，镇上除了几个养伤的士兵外没有俄军驻防，因此卡兹纳切耶夫完全不可能以

202

------

* 　即圣经派犹太人。——译注

武力抵抗，只能搬出文件条例来，毫无意义然而却冷静认真地坚持英法联军必须在镇上的传染病院处登陆，以便进行防疫隔离。第二天，一小支联军部队占领了叶夫帕托里亚，向居民保证人身安全，坚持出钱购买他们在镇上需要的东西，还允许居民如果愿意可以放假一天。这一地区的主要官员和地主都是俄罗斯人，在联军舰队刚在海面上出现时，许多居民，特别是俄罗斯人，就把私人财物装上车逃到了彼列科普，希望在克里米亚被敌军切断之前逃回大陆。克里米亚80%的人口是鞑靼人，俄罗斯人对鞑靼人的恐惧不亚于对联军的害怕。在逃往彼列科普的路上，许多俄罗斯人被鞑靼土匪打劫、杀害，后者声称是在代表新成立的叶夫帕托里亚"土耳其政府"没收俄罗斯人的财物。[4]

沿岸的俄罗斯人在恐慌中逃离，希腊人也紧随其后。道路上挤满了向北逃难的平民、车辆和牲畜，迎面而来的是从彼列科普南下的俄军士兵。克里米亚行政中心辛菲罗波尔到处都是从海岸市镇逃来的难民，他们带来了各种夸张的故事，绘声绘色地形容西方舰队的样子。"许多人完全失去了主见，不知道该怎么办，"一名辛菲罗波尔的居民尼古拉·米赫诺（Nikolai Mikhno）回忆道，"其他一些人则以最快速度收拾行装离开克里米亚……他们言辞中充满恐惧，反复说英法联军将会向无力自保的辛菲罗波尔直逼过来。"[5]

正是这种无助感促使当地居民恐慌逃亡。俄军在克里米亚的总指挥缅什科夫对英法联军的到来措手不及，他没有想到盟军会在冬天即将到来之时发动进攻，因此没有及时动员部队守卫克里米亚。俄军在西南沿海有三万八千名士兵和一万八千名水手，在刻赤和锡奥多西亚有大约一万两千人的部队，在被吓坏的居民的想象中，这点兵力远远比不上侵略者的人数，而辛菲罗波尔只有一个营的部队驻守。[6]

9 月 14 日是 1812 年法军进入莫斯科的周年日，这一天联军舰队在叶夫帕托里亚以南的卡拉米塔湾落锚。与此同时，在陆地南方的阿尔马高地上，缅什科夫部署了他的主力，在此阻挡联军南下进攻塞瓦斯托波尔。罗伯特·霍达谢维奇（Robert Chodasiewicz）是哥萨克部队中的一名上尉，他这样描述看到的壮观景象：

抵达我方在高地上的据点时，我们这些人一辈子能看到的最壮观景象便展现在面前。整个联军舰队都停在叶夫帕托里亚南边的咸水湖外，一到晚上各种颜色的灯笼照亮了如同森林一般的桅杆。不管是军官还是士兵都被眼前如此众多的船只惊呆了，尤其是他们中的许多人还从来没见过大海。士兵们说："看哪！异教徒在海上建起了一座神圣莫斯科！"他们把桅杆比作了莫斯科众多的教堂尖顶。[7]

法军率先登陆，先遣部队抢上滩头后，每隔固定的距离便搭起不同颜色的帐篷，指引康罗贝尔、皮埃尔·博斯凯将军和拿破仑亲王的部队在不同地点登陆。到天黑时，所有法军部队和他们的火炮都已上岸。士兵们升起法国旗帜并外出寻找柴火和食物，有些人带回了鸡和鸭子，水壶里灌满了在临近农庄找到的葡萄酒。保罗·德·莫莱尼和他的西帕希骑兵在俄罗斯的土地上吃了第一顿饭，虽然既没有肉也没有面包，"但是我们有一些饼干和一瓶香槟，本来是留作庆祝胜利用的"。[8]

和法军相比，英军的登陆过程一片混乱——在克里米亚战争中，这一强烈对比屡见不鲜。因为假设总会在登陆过程中遭遇抵抗，英军没有制定在未受抵抗情况下的登陆方案，于是步兵先行登陆，这时海面还风平浪静，但是轮到骑兵登陆时，风浪已经大了起来，马

204

匹不得不在大浪中挣扎。而此时圣－阿诺已经在沙滩上舒服地坐在椅子上读报纸了。看着英军混乱的登陆过程，他越发感到灰心丧气，因为英军的拖延影响了他突袭塞瓦斯托波尔的计划。"英国人有一种令人不悦的习惯，他们总是迟到"，他在给拿破仑三世的信中写道。[9]

英军先后花了五天时间，才终于让所有步兵和骑兵都登上了岸。许多士兵因为身患霍乱不得不被抬下船只。因为没有运送行李和器材的工具，只得派人在当地鞑靼农庄里征缴推车和拉车。士兵身上除了在瓦尔纳派发的只够三天的口粮外，没有任何食物和饮水。又因为帐篷和背包还没有从船上卸下来，在登陆的头几天英军士兵只能无遮无盖地过夜，饱受夜间大雨和第二天炎热天气的折磨。"我们随身带上岸的，除了大衣和一条床单外什么也没有，"一名随军外科医生乔治·劳森（George Lawson）在家信中写道，"我们饱受缺水困扰。第一天非常热，我们没有水喝，只能在地上前一天晚上下雨的积水处弄水来喝。即使到现在水还是浑浊得厉害，如果把水倒进玻璃杯子，你都看不到杯底。"[10]

到 9 月 19 日，英军终于准备好了，黎明时分，盟军开始向塞瓦斯托波尔进军。法军在右侧、靠近海岸处行军，他们的蓝色制服和英军猩红色的长袍形成了鲜明的对比。在海面上，舰队也伴随地面部队同时南下。行军部队正面有六千五百米宽，全长不到五公里，第二十团军乐队指挥弗雷德里克·奥利弗（Frederick Oliver）在日记中将行军队伍形容为"忙碌而喧嚣"。除了密集的士兵行列外，还有应接不暇的"骑兵、大炮、弹药、马匹、驮马、骡子、单峰驼、牛群，以及大群的绵羊、山羊和牯牛，这些都是搜索队在附近农村里搜罗来的"。中午时分，烈日当空，行军队伍开始断开，口渴难耐的士兵要么掉了队，要么被派去附近的鞑靼人定居点找水。

下午，当他们抵达距卡拉米塔湾十二公里处的布尔加纳克河（River Bulganak）时，兴奋的英军士兵纷纷跳进"污浊的溪流"，纪律完全被抛诸脑后。[11]

在前方，布尔加纳克河南岸的斜坡上，英军第一次遭遇了俄罗斯军队——两千名哥萨克骑兵向英军第十三轻龙骑兵团（13th Light Dragoons）的侦察分队开火了。第十三轻龙骑兵隶属有"英骑兵骄傲"美誉的轻骑兵旅（Light Brigade）。在遭到俄军袭击之后，轻骑兵旅虽然人数只有哥萨克骑兵的一半，却依然毫无畏惧地准备发起冲锋。此时在远处高地观战的拉格伦发现在哥萨克骑兵后面，还有相当数量的俄军步兵，而英骑兵指挥官卢肯勋爵（Lord Lucan）和卡迪甘勋爵（Lord Cardigan）因为位于山脚，无法看到这些俄军步兵。拉格伦随即命令轻骑兵旅撤退。哥萨克骑兵对不战而退的英军骑兵发出怪叫嘲笑，还开枪打伤了几个人*，他们随后撤回到南边的阿尔马河边，那里俄军已经在高处布置好了兵力。这场遭遇战对轻骑兵旅来说很丢面子，因为面对衣衫褴褛的哥萨克骑兵，这些平时衣着光鲜合身、趾高气扬的英国骑兵却不敢交战，而且这一切都被英军步兵看在眼里。步兵大都来自贫困或是劳工家庭，看到这些平时高高在上的骑兵遇此尴尬，不免幸灾乐祸。"活该，这些打扮得像孔雀一样的傻蛋。"一名列兵在家信中写道。[12]

当晚英军在布尔加纳克河南岸露营，从那里他们可以看到五公里开外的阿尔马高地上集结的俄罗斯军队。他们将在第二天向河谷进发，与布置在阿尔马河对岸的俄军交战。

缅什科夫的策略是投入主力防卫阿尔马高地，因为这将是保

---

* 克里米亚战争中英军第一个受伤的是第十三轻龙骑兵团的普里斯特利中士（Sergeant Priestley），他失去了一条腿，被送回英格兰。后来英国女王送他一条用软木做成的假腿。（A. Mitchell, *Recollection of One of the Light Brigade*[London, 1885]，p.50）——原注

卫塞瓦斯托波尔的最后一道天然屏障。从 9 月 15 日开始，俄军已
经在此集结。但是他还担心盟军会在刻赤和锡奥多西亚登陆（沙
皇也有此担心），因此手里保留了一支庞大的预备队，在阿尔马高
地只布置了三万五千名俄军，比西方盟军的六万部队人数要少，但
是占据了制高点，有地形优势，同时还有超过一百门大炮。通往塞
瓦斯托波尔的道路在距海岸四公里处跨过阿尔马河，在路边的制高
点上，俄军将最重型的大炮布置在一系列炮台上，但是在面海悬崖
之上并没有布置大炮，缅什科夫认为这里的悬崖太陡峭，敌人不可
能爬得上来。驻守炮台的俄军为了自己舒服，赶走了附近布尔留克
（Burliuk）村里的鞑靼居民，把村民家的床、门、木板，加上一些
树枝抬回高地，给自己搭了简易木板房，躲在里头把从村子里抢来
的葡萄吃个精光。他们还在村民的房子里塞满稻草，准备在敌人到
来时付之一炬。俄军指挥官相信他们至少能在这里守住一星期，缅
什科夫甚至向沙皇保证能守住六个星期，为加固塞瓦斯托波尔的防
守赢得宝贵时间，并将战事拖到冬天，而寒冷的冬天一向是俄军对
付入侵者的最好武器。许多军官相信胜利在望，嘲笑英军只会在殖
民地的"野蛮人"面前逞强。他们还为 1812 年的胜利干杯，声称
要将法国人赶回大海。缅什科夫的信心膨胀到了极点，甚至邀请了
塞瓦斯托波尔的名媛前来阿尔马高地欣赏战事。[13]

　　但是俄军士兵却没那么自信，一名在俄军阵营的德国军医费迪
南德·普夫卢格（Ferdinand Pflug）认为"似乎每个人都相信第二
天的战斗将以失败告终"。[14] 几乎没有人曾经与欧洲强国的军队交
过手，看到敌人的舰队就停泊在附近海面，舰炮随时准备用火力支
援陆军，俄军士兵们意识到他们所面对的是一支比自己强大的军队。
大部分高级军官可以凭借当年抗击拿破仑军队的记忆来为自己鼓气，
但是真正要面对敌人的士兵大部分很年轻，根本没有这样的经历。

　　大战前夜，士兵们都努力掩饰心中的恐惧，不在战友面前表露   207
出来。当夜幕降临，炎热的白天变成寒冷的夜晚，双方军队都在为
第二天早晨的战斗而准备。对于许多人来说，这将是他们生命中的
最后几个钟头。他们点起篝火，做上晚饭，然后就是等待。大部分
人都没有胃口，有些人再次清理一遍自己的滑膛枪，另一些给家人
写信，许多人做了祈祷。第二天是东正教的假日，在俄罗斯是庆祝
圣母玛利亚诞生的日子。俄军在营地举行了礼拜，祈求她的保佑。
一群群士兵围坐在篝火边，一直聊到深夜。老兵向年轻的战友讲述
过去的战斗经历，他们喝酒、抽烟、讲笑话，尽量表现得镇静自如。
歌声时不时飘过平原，塔鲁京斯基团（Tarutinsky Regiment）的士
兵们用低沉的声音吟唱一首戈尔恰科夫将军写的曲子，一直传到缅
什科夫搭建在塞瓦斯托波尔路（Sevastopol Road）的帐篷里：

　　　　　他的宝贵生命

　　　　　随时愿意奉献；

　　　　　俄罗斯东正勇士

　　　　　杀敌绝无二念。

　　　　　法国人、英国人——有什么了不起？

　　　　　还有土耳其人的防线？

　　　　　站出来，你们这些异教徒，

　　　　　接受我们的挑战！

　　　　　接受我们的挑战！

　　渐渐地，当夜空中星斗满天，篝火变得微弱，话语声也越来越轻。
士兵们躺在地上，希望能睡一会儿，但是谁也睡不着。阴森的静谧
笼罩着峡谷，偶尔能听到的，只有废弃村庄里野狗的叫声。[15]

凌晨三点，天空依然黑漆漆的，霍达谢维奇仍旧无法入睡。在俄军阵地上，士兵们"围拢在巨大的篝火边，烧的是从布尔留克抢来的柴火"。

> 过了一会儿，我爬上山坡（因为我们营驻扎在山沟里）察看对面联军的露营地。但是几乎什么也看不到，对面只有一堆堆的篝火，以及时而在火堆前闪过的人影。一切似乎都凝固了，看不出一场大战即将到来的样子。两支大军就这样躺着，相隔不远。有多少人，又会是谁，将在这里度过他们生命最后的时光，现在不可能知道。我不由自主地想到，我会不会是其中之一呢？[16]

四点钟时，法军营地开始活动起来，士兵们煮上咖啡，相互谈笑如何狠揍俄罗斯人。然后军令下达，士兵们背上背包，排成队列，由军官向他们喊话。"打起精神来！"第二十二团的一名上尉给手下士兵鼓劲："我们是不是法国男子汉？今天二十二团要是不能功成名就，你们就是一帮混蛋。谁要敢做缩头乌龟，小心我用佩剑勾出你的肠子。向右列阵！"与此同时，在俄军阵地上，士兵们也排好了队列听长官训话："兄弟们，我们已经等了好多天了，现在大干一场的时候终于到了。我们不会给俄罗斯丢脸，我们会打退敌人，为沙皇主上（Batiushka the Tsar）争光，赢得功勋得胜而回！"七点钟时，军中教士祈求圣母保佑打败敌人，他们举着神像在队伍中走过，士兵们纷纷跪倒在地，在胸口划着十字。[17]

208

＊　＊　＊

到了上午中段，盟军已在平原上集结完毕，英军在塞瓦斯托波尔路左边，法军和土耳其军在右边，向海岸悬崖方向散布。这是一个晴朗无风的日子，电报山（Telegraph Hill）上聚集着衣冠楚楚的人群，他们都是受缅什科夫邀请来观战的。从那里远眺，英法两军着装的细节都能分辨清楚，军鼓、军号和风笛声，甚至金属的撞击、军马的嘶鸣都可以听到。[18]

俄军事先在盟军的行军路线上树立了距离标杆，以让炮手知道何时敌军进入了射程范围。当盟军进行到一千八百米处时，俄军大炮开火了，但是英法盟军并不停顿，继续向阿尔马河行进。根据前一天确定的作战计划，英法两军同时向前推进，保持一个宽广的前沿锋线，然后从左侧，即内陆侧，绕到敌军侧翼发起攻击。但是在最后一刻，拉格伦决定推迟英军的进攻，等待法军在右翼取得突破。他命令已经进入俄军大炮射程内的英军就地卧倒待命，等待合适的时机冲向阿尔马河。从一点一刻到两点三刻，英军就地待命了一个半小时，暴露在俄军炮火下，伤亡不断增加。这个让人震惊的例子反映了拉格伦优柔寡断的性格。[19]

当待命的英军在地上挨打之时，法军博斯凯师抵达了阿尔马河岸。在法军面前，河对岸的悬崖非常陡峭，几乎高出河面五十米，因此缅什科夫以为没有必要配备炮火守卫。博斯凯师的前锋是一个朱阿夫团，大部分士兵来自北非，在阿尔及利亚战场上积累了丰富的山地作战经验。他们把背包留在岸上，游过阿尔马河，在树丛的掩护下很快爬上了悬崖。俄军被朱阿夫士兵的灵活惊呆了，眼睁睁看着他们借着树木爬上悬崖，灵活得像猴子一样。朱阿夫士兵一爬到崖顶就马上躲藏在岩石和树丛中，把防守的俄军一个个干掉，等

209

待援军到来。"朱阿夫士兵隐蔽得如此之好,"和第一批士兵一起爬上崖顶的努瓦尔回忆道,"就连经验丰富的指挥官也找不到他们。"在朱阿夫部队的鼓舞下,更多法国士兵爬上了悬崖,他们还把十二门火炮运了上去。如果马匹不愿意在陡峭的山路上往上爬,士兵就用佩剑抽打。法军火炮到达非常及时,正好用来对付缅什科夫刚刚从战线中部调来的火炮和士兵增援,他意识到自己正面临战线被突破的危险,试图保住自己的左翼。[20]

缅什科夫的救急方案落空了,当俄军增援部队抵达左翼时,整个博斯凯师,再加上许多土耳其士兵都已经抵达崖顶。俄军有二十八门大炮,数量上比法军的十二门多,但是法军火炮口径更大、射程更远,法军来复枪的威力让俄军大炮不敢靠近,法军大炮的射程优势马上就显示了出来。意识到俄军炮火打不到他们,一些朱阿夫士兵情绪高涨,干脆在阵地上跳起波尔卡舞来,借此嘲笑激怒敌人。与此同时,附近海面上联军舰队的大炮也开始轰击崖顶上的俄军阵地,打击俄军官兵的士气。当第一批增援俄军的大炮抵达阵地时,他们发现驻守的莫斯科团(Moscow Regiment)残部已经开始撤退了,对面朱阿夫部队的米涅来复枪比起俄军步兵使用的老式旧滑膛枪来,射程更远、准度更高。俄军左翼的指挥官 V.I. 基里阿科夫中将(Lieutenant General V.I. Kiriakov)是沙皇军队中最无能的将军之一,而且经常酗酒,很少处于清醒状态。基里阿科夫手里拿着一瓶香槟,命令明斯克团(Minsk Regiment)向法军开火,却搞错方向,把火力瞄准了基辅骠骑团(Kiev Hussars)。遭遇友军攻击,基辅骠骑团不得不撤退。明斯克团对醉醺醺的指挥官完全失去了信心,同时对法军来复枪的致命精准感到恐慌,因此也开始撤退。[21]

与此同时,在战线中部,由康罗贝尔和拿破仑亲王率领的两个法国师在横渡阿尔马河时受阻，遭到对面电报山上俄军炮火的猛烈攻击。拿破仑亲王向他左翼的德莱西·埃文斯将军传递命令，要求英军向前移动，以减轻法军面对的压力。此时拉格伦依然在等待法军取得突破，让埃文斯不要理会法军命令。但是经不住埃文斯的一再请求，拉格伦终于让步了。在两点四十五，他命令英军轻步兵师（Light Division）、第一师、第二师向前，却没有说向前干什么。这条命令非常典型，反映出拉格伦的军事思维方式依然停留在拿破仑战争时期，那时步兵经常需要在没有什么装备的情况下直接向准备就绪的阵地发起进攻。

英军士兵刚从地上爬起来，躲藏在葡萄园里的哥萨克骚扰部队就把布尔留克村点着了。他们这么做本是为了阻碍英军前进，但实际效果却是制造了一堆浓烟，反而让俄军炮火无法瞄准。为了最大程度地发挥来复枪的威力，英军士兵排成一条条窄横队向前进发，这样的阵形在地形崎岖的地方必须有严格的指挥才能保持得住。见到一条细红线从烟雾中冒出来，俄军都惊呆了。"对我们来说这是最异乎寻常的事，"霍达谢维奇回忆道，"我们从来没有看到过士兵排成两列横队作战，我们也从没想到他们的纪律如此严明，能以这种显然很弱的阵形向我们庞大的集群发起进攻。" ²¹¹

211

进入正在燃烧的村子和葡萄园时，英军的行进队伍断开了。在田野中，一只灰猎犬正在追逐野兔。英军小队行进，将哥萨克骚扰部队从村子和葡萄园里赶了出去。"我们跑步向前，把前方敌人的骚扰部队赶走了，"德比郡团（Derbyshire Regiment）的一名列兵布卢姆菲尔德（Bloomfield）回忆道，"为了方便向我们开火，他们中的有些人甚至爬到了树上，但是被我们发现，把他们揍了下来。有些人从树上掉下来时……衣服或是脚踝缠在了树上，就这样挂了好几个小时。"当英军行进到阿尔马河边时，进入了俄罗斯枪炮的射程范围，被击中的士兵悄无声息地倒下，但是周围其他人依然继续前进。轻步兵师的布朗中将（Lieutenant General Brown）回忆道："在我看来，最惊人的景象是死亡的悄然降临。看不到、也听不到任何迹象，一名士兵倒下了，翻倒在一边，或是在队伍中跌落在尘土上。一颗子弹找到了自己的目标，但是这一切似乎发生在一片神秘的静谧中——这些人消失不见了，被遗弃一边了，而我们仍旧在他们身边走过。"[22]

　　顶着猛烈的炮火，英军抵达了阿尔马河边，因为不清楚河水的深浅，他们一组组地围在一起，卸下身上装备。有些士兵把来复枪和子弹袋举过头顶，从河中走到对岸，但是其他人就不得不游过河，有些被急流冲走淹死。与此同时，俄军一直在向他们发射霰弹和炮弹。俄军在这里准备充分，土岗上有十四门炮，在公路桥的两边又各布置了二十四门炮。当布卢姆菲尔德抵达河边时，"河水被鲜血染成了红色"。河里布满尸体，许多士兵被吓坏了，缩在河岸上，不敢下水。军官们骑着马来回奔跑，呼喝士兵游泳过河，甚至举起手里的佩剑相威胁。过了阿尔马河的部队则乱作一团，不同连队的士兵混在一起，两列横队的阵形现在变成了一大堆人挤在一起。俄军从"大土岗"（Great Redoubt）两侧居高临下向英军开火，过了河的英军军官骑着马试图重新组织队伍，但是完全没有可能。好不容易过了河的士兵已经精疲力竭，宁愿躲在河岸边俄军火力的盲点。有的干脆坐下喝水，还有一些甚至拿出面包和肉开始吃饭了。

212

　　意识到形势危险，轻步兵师第一旅指挥官科德林顿少将（Major-General Codrington）急切地试图重新集结手下的队伍。他骑着一匹白色的阿拉伯马冲上山坡，向乱作一团的步兵喊道："上刺刀！离开河岸，向前冲锋！"很快整个旅的部队，在各个团的士兵混在一起的情况下，开始一群群地爬向库尔干山（Kurgan Hill）。
下级军官放弃了组织阵形的企图，因为根本没有时间，只是催促士
兵们"尽管往上冲"。当他们爬上开阔的山坡时，大部分士兵开始
一边狂喊一边向山坡上五百米高处大土岗上的俄军炮台冲去。眼看
着两千名敌人向他们冲来，俄军炮手虽然被眼前的景象惊呆了，发
出的炮弹却也很容易找到目标。轻步兵师的一些尖兵冲到了大土岗
的堑壕里，他们翻过胸墙，或是从炮眼钻到土岗里，很多被俄军射
杀或砍倒。可是几分钟内大土岗就被大批人马淹没，一些人还在胸
墙上搏杀的时候，另一些人就已经在挥舞战旗呼喊喝彩了。俄军匆
忙将大炮撤离，在混乱中，两门大炮被英军缴获。

　　这时弗拉基米尔斯基团（Vladimirsky Regiment）的四个营（约
三千人）忽然从高处向大土岗冲了过来，与此同时，库尔干山更高
处的俄军火炮也开始向大土岗轰击。俄军步兵手持上了刺刀的步
枪，喊着"乌拉！"冲下来，把英军赶出了大土岗，并继续向下撤
的英军开火。轻步兵师重新布置了一条阵线试图反击，但这时英军
中的一支军号忽然吹响了停火的号声，其他团的军号也接着重复
停火号声。于是在这个战斗的生死关头，英军忽然在迷茫中停火
了，原因是一名姓名不详的军官误把俄军当成了法军，命令手下停 213
火。当这个错误的命令被纠正过来时，弗拉基米尔斯基团已经占了
上风，迅速朝山坡下进攻，沿途到处都是伤亡的英军。这时军号
又发出了真正撤退的号声，轻步兵师残部溃退下来，重新藏身在
河岸边。

　　英军此次冲锋失败，部分原因是没有第二波兵力增援。剑桥公
爵没有派他手下的近卫军部队前进增援轻步兵师，因为他没有收到
拉格伦的命令（这是拉格伦的又一次失误）。在他右侧的埃文斯后
来假冒拉格伦的命令，才让剑桥公爵继续向前推进，而这时候他其

实都不知道到哪里去找拉格伦。*

　　近卫军旅（Guards Brigade）的三个团：掷弹兵团（Grenadiers）、苏格兰燧发枪团和冷溪团（Coldstream）涉过了阿尔马河。他们身穿红色军袍，头戴熊皮帽，看上去非常威武。过河之后他们花了很长时间才重新集结成队。实在受不了他们的磨蹭，高地旅（Highland Brigade）指挥官科林·坎贝尔爵士（Sir Colin Campbell）下令立即发起进攻。他坚信端刺刀冲锋的威力，让部下直到"离俄罗斯人只有一码远"的时候才开枪。苏格兰燧发枪团是最先过河的部队，收到命令后立即向坡上发起冲锋，结果重复了轻步兵师的错误。那时刚好是轻步兵师从坡上败退下来，两支部队迎面相撞，苏格兰燧发枪团受损最大，士兵纷纷被撞翻在地，熊皮帽到处飞舞。当他们 214 终于避开迎面而来的友军，继续向大土岗冲锋时，就只剩下一半人马了，而且阵形一片散乱。在这一片乱军中，有一名二十三岁的少尉休·安斯利（Hugh Annesley），他是这样回忆当时的情景的：

　　　　忽然间，俄军似乎再次布满了土岗，他们的火力越来越密集。这时候第二十三团一窝蜂地从坡上退下，冲乱了我们的阵线……我不断呼喊："近卫团，向前"，我们冲到了离堑壕不过三四十码的地方。就在这时，一颗滑膛枪弹丸正面打在我的嘴上，我以为这下我玩完了。忽然我们的副官骑马上来，手里还拎着

---

*　在发出了进攻命令之后，拉格伦做了一个令人难以置信的决定，带领他的参谋们骑马到战线前方，以便更好地观察战斗。他们跨过阿尔马河，停留在电报山上一处暴露的高地上，远远超过了英军前线的位置，几乎就和俄军骚扰部队比邻。"我是怎么逃过一死的，实在是件神奇的事，"拉格伦的一名参谋盖奇上尉（Captain Gage）第二天在阿尔马写道，"炮弹从我身边呼啸而过，子弹从我两侧和头顶飞过，米涅来复枪和滑膛枪的枪声在我耳边尖叫，拉格伦勋爵参谋部（我所在之处）的马匹和骑手在我身边纷纷中弹倒下，非死即伤，然而我却非常安全，完全没有意识到身处险境。"（NAM 1968-07-484-I, "Alma Heights Battle Field, Sept. 21st 1854"）——原注

左轮手枪，命令我们撤退。我转身就跑，使出全身力气，一路
向坡下河边跑去。这时越来越多的滑膛枪弹丸向我们飞来，我
觉得我一定逃不了，会再被击中一次。半路上我绊了一跤摔倒
在地，我很肯定我被打中了，但是等我爬起身来，却发现并无
大碍，于是继续往下撤。我的剑和熊皮帽都丢了，但是终于逃
回河岸边，找到了藏身之地，一大群士兵都躲在那里。

　　安斯利受伤严重：子弹从他左脸颊进入，从右边嘴角出来，打
掉了二十三颗牙齿和部分舌头。在他身边是被打垮的苏格兰燧发枪
团士兵，后来在这一战役中，尽管一再被敦促投入战斗，他们却再
也没有执行过进攻的命令。[23]

　　近卫军旅的另两个团（掷弹兵团和冷溪团）填补了苏格兰燧发
枪团撤退留出的战线空隙，却拒绝执行向坡上冲锋的命令；相反，
他们自己想出了使用米涅来复枪向俄军齐射的办法。约两千名近卫
军旅士兵排成横排，向俄军步兵发动了十四次齐射。齐射时火力非
常密集，相当于几挺机关枪的威力，俄军步兵彻底被击垮，成片地
被击中倒地，不得不撤退到坡上更高处。近卫军旅士兵没有听从指
挥官挺刺刀冲锋的命令，却展示了一项关键的战术创新，发挥了现
代来复枪远射的威力，这一举措在克里米亚战争早期将成为一个决
定性因素。米涅来复枪是当时的一种新式武器，大部分英军是在前
往克里米亚途中才得到配发的，只匆忙接受过训练。这种步枪带来
的战术优势是，在俄军滑膛枪和大炮的射程之外，依然能保持致命
的准确度，而英军士兵事先对此一无所知，直到在阿尔马战役时才
自己发现。俄军工兵爱德华·托特列边（Eduard Totleben）在书写
克里米亚战争历史时，对米涅来复枪带来的冲击做了如下思考：

215

当英军不得不扮演狙击手的角色时，他们在枪林弹雨中并无畏惧，也不需要长官下令。当他们发现手中武器精度高射程远之后，马上对自己充满了信心……敌人离我们三百步远时，我们的滑膛枪就打不着他们了，而敌人却可以在一千两百步远的地方向我们开火。因为相信自己轻武器的优势，敌人避免与我们近战。每次我们发起冲锋时，他们都会后退一定距离，然后开始谋杀般的齐射。我们的纵队发起进攻时，实现不了任何目标，只能给自己造成可怕的损失，我们根本不可能穿过敌人的弹雨，还未冲到敌人阵前就已经被打退了。

在致命的米涅来复枪面前，守在高处的俄军步兵和炮兵没有堑壕的保护，根本守不住阵地。很快英军右翼埃文斯指挥下的第二师也学会了近卫军团的齐射战术，从他们在河岸边的位置，第三十团能够清楚地看到三个俄军炮兵连的位置，当他们用米涅来复枪齐射端掉俄军大炮时，俄军士兵甚至都不知道子弹是从哪里飞来的。俄军步兵和炮兵向后撤退，英军慢慢向坡上推进，脚下满是敌军的尸体和伤兵。"大部分伤兵都喊着要水，"列兵布卢姆菲尔德写道，"我们连的一名战士给了一名俄军伤兵一点水喝，当他转身离开时，那名俄军却端起滑膛枪向这名战士开火，子弹从他脑袋边飞过。他立刻转回来，将刺刀扎进这名俄军士兵的身体。"到下午四点，英军从各个方向朝俄军位置逼近——近卫军旅在左翼击退了俄军在库尔干山的最后一支预备队，科德林顿的手下以及其他近卫军旅士兵正逼近大土岗，第二师正沿着塞瓦斯托波尔路向上推进。与此同时，法军已经控制了右侧的崖顶。非常清楚，联军已经打赢了这场战役。[24]

看到火力强大的敌人向自己步步逼近，俄军开始出现恐慌。教士们到队列中为战士们祈福，士兵们的祈祷越来越急切。军官们骑在马上甩着鞭子逼士兵向前，但是除此之外，没有什么俄军指挥官在对战事进行控制。"没有人向我们发布命令，告诉我们该怎么做，"霍达谢维奇回忆道，"在战斗打响的五个小时里，我们既看不到，也听不到任何一位师长、旅长、团长的命令。我们没有从他们那里接到任何命令，不管是前进还是撤退。当我们撤退时，也没有人告诉我们该向左转还是向右。"喝得醉醺醺的基里阿科夫发出了从高地左侧撤退的命令，然后就因为惊慌过度而不见踪影了，几个小时之后有人发现他躲在一个地洞里。下级军官不得不承担起组织撤退的责任，但是"要让手下的士兵保持秩序极为困难"，霍达谢维奇回忆当时的情景时写道，他不得不威胁"哪个敢不听从命令，就地正法"，有好几次他真的这么做了。

因为不知道该从哪里撤退，俄军开始四处溃散，逃下高地，离敌人越远越好。军官们骑着马甩着鞭子把逃跑的士兵赶来赶去，就像牛仔赶牛一样，但完全不能制止溃逃，士兵们对长官已经失去了耐心。霍达谢维奇听到两名士兵的一段对话：

士兵甲："是的，开火的时候，哪儿都看不到这些贵人 [指军官]，现在他们多得像小鬼一样，向我们咆哮：'安静！保持步伐！'"

士兵乙："你总是满腹牢骚，像个波兰佬似的，上天都要被你激怒了。我们现在还活着，得多谢老天。"

士兵甲："不是你挨鞭子，你当然无所谓。"

霍达谢维奇描述了当时各种混乱无序的景象，还有醉醺醺的军官，"那十分钟是在恐惧和战栗中度过的，在高地第二道防线上，

我们亲眼看到敌方骑兵追杀我们撤退时掉队的散兵，其中大部分都　　217
是伤兵"。[25]

　　导致俄军失败的最终原因，不仅仅是敌人手里火力强大的米涅
来复枪，还因为士兵中爆发了恐慌。阿尔当·杜·皮克建立自己的
军事理论时，曾在参加过阿尔马战役的法军老兵中进行了问卷调查，
他认为在现代战争中，士气是决定性的因素。他提出两军对峙很少
会真正变成面对面的搏杀，因为几乎总有一方会在交手之前恐慌爆
发落荒而逃。在战场上，关键的是军纪——军官能否让手下士兵保
持镇定，不因害怕而溃逃——因为当士兵转身逃跑时，最有可能被
敌人杀死。所以压制恐惧是军官的主要职责，要达到这个目标，他
必须建立自己的权威，并让手下士兵团结一致。

　　　　能够让士兵在作战中服从命令和指挥的，是军纪。这包括：
　　　　对指挥官的尊敬和信心；对战友的信任，还有担心如果自己把
　　　　战友抛弃在危险中，将受到责备和惩罚；怀有与其他人共进退
　　　　而不显得格外恐慌的愿望。一句话，这就是"团队精神"。只有
　　　　通过组织才能产生这种精神。有了这种精神，四名士兵可以抵
　　　　得上一头雄狮。

　　这些观点后来成了 20 世纪军事理论的中心，德·皮克第一次
意识到这一点，是在 1869 年读了一封阿尔马战役老兵的来信之后。
这名老兵回忆在战斗中，他的连长的行动是如何起了关键作用的。
当时一名高级军官误以为俄军骑兵即将向他们冲来，下令军号手吹
响撤退号：

　　　　还好，一名镇定的军官，达盖尔上尉（Captain Daguerre），

意识到这是一个严重错误，以洪亮的声音下令部队"前进"。在他的命令下，我们停止撤退，转而继续进攻。这轮进攻让我们控制了电报山的战线，打赢了这场战斗。面对我们的冲锋，俄军认输逃跑了，我们的刺刀都够不到他们。所以当一名少校擅自吹响撤退号，差点丢掉成功机会时，一名上尉下令"前进"，把我们引向了胜利。[26]

　218

战斗在四点半结束。绝大部分俄军成群结队地向卡恰河（River Kacha）溃退，既没有指挥官，也不知道该做什么、往哪里去。许多士兵在几天之后才归队。在电报山顶，一群哥萨克兵想把缅什科夫的马车拉走，结果被法军缴获。他们发现马车里还有一个战地厨房，此外还从车里缴获了沙皇的信件、五万法郎现钞、法语色情小说、缅什科夫的靴子，还有几条女人的内裤。在山顶上还有被丢弃的野餐、阳伞和战地望远镜，这些都是来自塞瓦斯托波尔的观战者们丢下的。[27]

在战场上，到处横躺着死伤的战士，其中有两千英军、一千六百法军，也许有五千俄军，因为人数太多，确切数字无法统计。英军花了整整两天时间才把自己的伤兵运走。离开瓦尔纳时，他们忘了带上医疗器材，医疗队的大车和篷车，还有担架手们都还在保加利亚，于是医生们只得求助于运粮车把伤员从战场上运走。运粮队的一名管理员约翰·罗（John Rowe）把他大车上的坐椅空出来帮助运送伤员，在回去取货的路上，他遇到一群受伤的军官，休·安斯利也在其中：

一名第三十团的军官手臂受了伤，但是还搀扶着一位苏格兰燧发枪近卫团的军官。这名近卫团军官身体前倾，嘴里的鲜血不断地滴下来。他没法说话，但是用一支铅笔在一个小本子上写道他是安斯利大人，一颗滑膛枪弹丸打掉了他的牙齿和一部分舌头，现在弹丸还卡在他的喉咙里。他想知道燧发枪团的军医在哪块田野（如果我们能称之为田野的话）里救治伤员，我能不能把他送过去。我不知道军医在哪里……我还告诉他我无权自行使用运粮骡车，我是接受命令来这里行使职责的。

安斯利只好自己想办法找军医。我们不知道他后来得到了什么样的救治，不过当时能做的最多就是取出弹丸而已。取弹丸时很可能没有使用合适的医用敷料，也没有用氯仿减痛。战场救治是简单低级的，轻步兵师的随军外科医生乔治·劳森最先只能在地上做手术，后来终于找到一块旧门板，作为他的临时手术台。[28]

第二天一大早，拉格伦的侄子、他的副官之一萨默塞特·考尔索普（Somerset Calthorpe）给自己的酒壶灌满白兰地，然后"出发巡视战场"。

那些可怜的伤兵比昨天晚上安静多了，毫无疑问许多人没能熬到今天，还有许多人太虚弱、太疲惫，只剩下呻吟的力气了。有点酒喝，所有人都很高兴……战场景象恐怖，到处是各种姿态的死尸。我特别注意到那些心口或额头中弹身亡的，看上去都面带微笑，大都仰面朝天倒在地上，四肢伸开……那些看上去在极端痛苦中死去的是腹部中弹的士兵，他们的手脚蜷缩着，脸上带着各种痛楚的表情。[29]

从克里米亚回到英国之后的休·安斯利，他脸颊上的黑色补丁是用来掩盖伤口的

　　俄军无法从战场上运走他们的伤兵。*还能走路的只好自己寻找救治，阿尔马河以南十五公里处的卡恰河边有一个包扎站，许多俄军伤兵挤在那里，另一些在后来的几天里一瘸一拐地回到了塞瓦斯托波尔。一名俄军勤务兵回忆起第一天晚上的景象，当时他正在前往卡恰河的车上：

　　　　几百名伤兵被部队丢在后面，他们哭喊着、呻吟着，做出各种求助的动作，请求我们的车带他们一程。但是我又能为他们做什么呢？车辆已经超载，装得满满的了。我只好安慰说他们部队的篷车会回来拉他们的，不过我知道这不可能。一个伤兵几乎走不动路了——他的手臂没有了，肚子被射穿；另一个一条腿被炸飞，下巴被打碎，舌头露在外头，身上全是伤口——他只能用脸上的表情请求我给他一口水。但是又上哪儿去找水呢？

_____

*　一位名叫达里娅·米哈伊洛娃（Daria Mikhailova）的俄罗斯女子，自己花钱买了一辆大车和一些药品救助伤员，成了克里米亚战争期间的传奇人物。她的父亲是塞瓦斯托波尔的一名水手，在锡诺普海战中战死，当时她才十八岁。在联军入侵克里米亚时，她在塞瓦斯托波尔的海军基地当一名洗衣工。根据民间流传的说法，她把从父亲那里继承来的一点遗产全部变卖，然后从一个犹太商人那里买了一匹马和一辆马车，把自己头发剪短，穿上水手装束，随着部队一起去了阿尔马。在那里她向伤兵们分发水、食物和酒，用醋为他们的伤口消毒，甚至撕下自己的衣服为他们包扎。士兵们看出她是女扮男装，但没有阻止她勇敢无私的举动。她先是在卡恰河的包扎站为伤兵服务，当塞瓦斯托波尔被围困时，又在医院担任护士。"塞瓦斯托波尔女英雄"的故事传开了。她不仅成了普通俄罗斯人爱国精神的象征，还代表了被普希金等诗人一再浪漫化的俄罗斯女性的"牺牲精神"。因为不知道她的姓氏，塞瓦斯托波尔医院里的伤兵就亲切地把她叫作达莎·塞瓦斯托波尔斯卡娅（Dasha Sevastopolskaia，译者注："达莎"是"达里娅"的昵称），而这成为她名留青史的名字。1854 年 12 月她被沙皇授予了"热忱金章"（Gold Medal for Zeal），成为唯一一个非贵族出身而获得这项荣誉的俄罗斯妇女。皇后送给她一个银十字架，上面刻着"塞瓦斯托波尔"字样。1855 年，达里娅嫁给了一个受伤退伍的战士，在塞瓦斯托波尔开了一家酒馆，一直住在那里直到 1892 年去世。（H. Rappaport, *No Place for Ladies: The Untold Story of Women in the Crimean War*［London, 2007］, p. 77）——原注

那些无法行走的俄军伤兵，大约有一千六百人左右，被丢在了战场上。他们在那里躺了好几天，直到英法两军把自己的伤员全部运走，开始掩埋死尸之后，才把俄军伤兵送到君士坦丁堡外斯库台的军事医院。[30]

战斗结束后的第三天，威廉·罗素描述俄军伤兵"躺在那里呻吟颤抖"：

> 一些人被堆在一起，方便运走；一些人在树丛后捂着伤口，盯着你，恶狠狠地仿佛野兽一般；另一些向我们发出哀叫，虽然语言不通，但毫无疑问是要水，或是请求施以救助，他们向我们伸出被砍断或打烂的手脚，或是指着身上的弹痕。一些人脸上阴沉愤怒的表情让人害怕，眼中喷射出无尽的狂热与仇恨。一个人如果带着同情与怜悯看这些人，就能（不情愿地）理解为什么这些人能够带着野蛮的狂热残杀伤者，而且还向那些好意伸出援手的胜利者开枪。[31]

确实出现过俄军伤兵向给他们送水的英法士兵开枪的事件，也有俄军在战场上杀死伤兵的报告。这些事件背后的原因是对敌人的恐惧和仇恨。法军在对俘获的俄军士兵进行盘问时发现，俄军士兵"被教士们灌输了各种奇异的故事，比如说我们都是怪物，能够做出最野蛮凶恶的事情，甚至会吃人"。有关这些俄军"野蛮杀戮"的报道激怒了英军士兵和公众舆论，加深了他们认为俄罗斯人"比野蛮人好不了多少"的观念。但是这样的愤怒其实是虚伪的，战场上同样发生过许多英军士兵杀死俄军伤兵的事件，让人感到不安的事情还包括英军士兵射杀"惹麻烦"的俄军俘虏等。还必须指出的是，英军士兵走到俄军伤兵中去，不仅仅是给他们送水，有时候还会偷他们的东西。他们从俄军士兵脖子上取下银十字架，到背包里翻找纪念品，看到什么东西喜欢就随手从伤兵或死尸身上拿走。"我在阿尔马为你找到了一件战利品，一件特别适合你的东西，"苏格兰燧发枪近卫团副官休·德拉蒙德在给母亲的信中写道，"这是一个很大的希腊银十字架，上面还刻着救世主的名字和一些俄罗斯文字。我是从一名被打死的俄军上校的脖子上取下来的，可怜的人，这个十字架是他贴身挂着的。"[32]

* * *

如果此时联军立即长驱直入，直取塞瓦斯托波尔的话，很可能几天之内就会打败猝不及防的守军，付出的人员伤亡代价也会相对较小。然而实际情况是，联军犯了种种错误，处处拖延，最后塞瓦斯托波尔的围困战持续了长达三百四十九天，几万人因此丧生。

9月21日，俄军还处于一片混乱中，塞瓦斯托波尔几乎没有防御能力。雪上加霜的是，缅什科夫认为不值得把他手下士气低落的部队增派到那里。他在卡恰整理了阿尔马战役残部之后，没有去塞瓦斯托波尔，而是让部队向东北方向的巴赫奇萨赖进发，目的是防止联军占领彼列科普，保证克里米亚与俄罗斯大陆之间的通路不被切断，并在那里等待援军。塞瓦斯托波尔就只剩下五千守军和一万水手，而且从未受过保卫塞瓦斯托波尔所需的防御训练。俄军没有想到联军会在第二年春天之前进攻克里米亚，所以也没有加强塞瓦斯托波尔的防御工事。城市北部的要塞工事自1818年建成以来就一直没有好好改进过。[*]"星星要塞"（Star Fort）的墙壁因为失修而坍塌，里面也没有配置足够的大炮，抵挡不了大规模 223 进攻。在城市南边，缅什科夫在 1854 年 1 月下令修建了三座新炮台，但是这一带的防御能力只比北边稍好一些而已。面向大海是连绵的城墙，配以火力强大的炮台，在港口入海处有两座火力配置良好的要塞："隔离炮台"（Quarantine Battery）和"亚历山大要塞"（Alexander Fort），两处火力合在一起足以抗衡联军舰队。但是在陆地上，南线防御相对较弱。这里有一道四米高、两米厚的石墙，上面的最关键位置修建了土岗或是炮台，但是这道石墙只能保护城市的部分区域。不是所有的防御工事都能抵御迫击炮的轰击，石墙只在对付滑膛枪时有效。总而言之，整座城市的防御极其脆弱，许多人认为随时可能陷落。俄军工兵托特列边被派去管理防御工事，据他所说"基本上没什么东西可作抵挡，敌人几乎能直接走进来"。[33]

此时，从阿尔马河败退下来的俄军并不急于赶往塞瓦斯托波尔加强防御，反而沿途打劫村庄，那里的住户在得知俄军战败的消息后都已经逃走了。与所属部队和指挥官们失去联系后，俄军士兵完全忘记了纪律是什么。"哥萨克人是最坏的，"一名目击者回忆道，"没有什么东西他们不偷。"

如果看到一座屋子门窗紧锁，他们会砸开大门，打烂窗户，

---

[*] 俄国战争部下属的工程部未能施行一份 1834 年的加固防御工事的计划，声称缺乏资金，但与此同时，大笔资金被花在了离边境线有几百公里远的基辅防御工事上。尼古拉一世总是担心奥地利军队会从俄罗斯西南方入侵，于是在基辅地区布置了一支庞大的预备队，却没有想到把塞瓦斯托波尔放到同等重要的高度，因为他不相信土耳其和西方列强会从黑海向这里发动进攻。蒸汽机船出现后，可以通过海路输送大量陆军部队，这一技术革命对战争的格局产生了重大影响，但是尼古拉一世完全忽视了这一点。——原注

在每个房间里翻箱倒柜，只要是能拿得走的都不会留下。他们
相信住户一定在屋子里藏了金钱钻石或其他细软，于是把什么
东西都倒腾一番，连沙发和扶手椅上的靠枕都不放过。书房和
图书也被捣毁，镜子太大用不了的，就把它打碎，这样就可以
拿一块放进自己的袋子里。[34]

　　联军指挥官对俄军此时的脆弱和混乱一无所知。拉格伦希望能
尽快南下，根据事先同意的方案，直取塞瓦斯托波尔；但是这时法
军却没有准备就绪，他们在渡过阿尔马河前，把背包留在了北岸，
现在需要花时间取回。和英军不同的是，法军没有足够数量的骑兵
可以追击溃败的俄军，所以他们不太愿意冲得太快。失去先机后，
联军指挥官就不知道下一步该怎么办了。他们雇佣的鞑靼间谍传回
了错误的情报，说塞瓦斯托波尔北边的星星要塞如何坚不可摧，缅
什科夫决心在此全力防守，同时他们又说城市南边几乎没有防御工
事。这些错误信息促使联军指挥官决定放弃原来从北边发起快速攻
击的想法，而是将部队从东边绕过城市，从南边开始攻城。英军的
工兵指挥约翰·伯戈因爵士一直是这个方案的积极倡导者。*

　　联军改变计划的另一个原因，是俄军果断的沉船行动。黑海
舰队的指挥官意识到自己的舰队在速度和火力上都比联军舰队逊
色，因此决定将五艘帆船和两艘护卫舰在港口的出海口处炸沉，以
此阻止联军军舰进入海港，从北边支援攻城行动。这几条船被拖到
沉船地点，降下舰旗，还举行了宗教仪式将船只交给大海，然后在
9 月 22 日午夜被炸沉。其中一条护卫舰 "三圣徒号"（*The Three*

---

* 根据俄罗斯方面的资料，得知情报错误之后，英军下令枪杀了这些鞑靼间谍。（S.
Gershel' man, *Nravstvennyi element pod Sevastopolem*［St Petersburg, 1897］, p. 86）——原注

Saints）没有被一次炸沉，于是第二天早晨一艘炮舰在近距离向它开炮，两个小时后才终于将它击沉。炮声一直传到了集结在卡恰河边的联军那里，圣-阿诺在了解到炮声缘由之后感叹道："真是对1812 年莫斯科战役的拙劣模仿啊。"[35]

港口被堵之后，联军失去了舰队火力的支援，指挥官们认为从北边进攻塞瓦斯托波尔太危险了，决定改从南边发起攻击，这样的话，英法舰队还可以分别从巴拉克拉瓦和卡米什（Kamiesch）两个港口提供支援。联军改变攻城计划是一个致命的误判，因为不仅城南的防御工事相对牢固，而且一旦联军将主力搬到南边，就很难切断俄军通往北方腹地的补给线，这本来是联军计划中的一个关键考虑。即使如此，如果联军能很快从南边发起攻城行动，问题还不是太大，但是联军放弃了原来的"全力快击"战略后，就立刻陷入了常规的军事思维：自 17 世纪以来，围城战一直是一个漫长而机械的过程，要先把堑壕一直挖到离城防不远的地方，让大炮可以轰击守军的防御工事，然后才发起步兵冲锋。法军比较喜欢长时间围困的战术，而且说服了英军接受他们的传统思维。长时间围困确实看上去要比快速攻击稳妥一些。英军工兵指挥伯戈因本来是支持快速攻击的，但此时却改变了主意，他的理由很荒诞：如果对塞瓦斯托波尔发动快速攻击，将会损失五百人，这样的损失在他看来是"完全不合情理的"；然而联军在阿尔马已经损失了三千六百人（而且还将在围困战中遭受数以万计的人员损失）。[36]

9 月 23 日，联军开始向南方移动。在头两天里，联军一直沿着卡恰河和贝尔贝克河（Belbek）的河谷行进，这里土壤肥沃，沿途的农庄主人已经逃离，到处都是葡萄、桃子、梨和其他成熟的软水果，联军士兵毫不客气地采摘食用。士兵们疲惫厌战，许多人因为脱水而晕倒，沿途还不得不经常停下来掩埋染上霍乱身亡的战友。

然后联军部队开始转向南方，目标是绕到塞瓦斯托波尔以南，他们在因克尔曼高地（Inkerman Heights）茂密的橡树森林兜兜转转一番之后，终于抵达一处叫作麦肯齐农庄（Mackenzie's Farm）的开阔地，这个地方是以一位18世纪定居这里的苏格兰人的名字命名的。在这里，英军骑兵与俄军遭遇，这批部队是在缅什科夫带领下向东北方向移动、前往巴赫奇萨赖的俄军的后卫部队。第十五国王骠骑兵团的路易·诺兰上尉（Captain Louis Nolan）此时和拉格伦的参谋部一起，在队伍的最前方位置。他觉得这是一个好机会，可以让骑兵部队一显身手，狠狠打击一下俄军。诺兰认为自从登陆克里米亚以来，好几次英军指挥部都没有发挥骑兵的威力，先是在布尔加纳克河第一次与俄军遭遇时，然后是在阿尔马河战役中俄军开始溃退时，这让他越来越感到愤懑。这次他要求派骠骑兵攻击俄军后卫部队的请求又被卢肯勋爵拒绝了，令他简直愤怒难耐。在战地日记中，他描述了当时在麦肯齐高地（Mackenzie Heights）上看着坡下俄军在眼皮底下溜走的情景：

226

> 在下方的道路上，几辆溜走的炮车和马车正在急急逃跑。两边散乱的步兵也在往坡下逃跑，这些步兵既没有头盔也没带武器。我们的大炮向他们开了几炮，他们就跑得更快了，一直往山下跑，那里有一队又一队的俄军。我们有两个骑兵团沿着道路向下追了一段距离，沿途缴获车辆和马匹，一共有二十二辆之多，其中还有戈尔恰科夫将军的马车，由两匹漂亮的黑马拉着。[37]

联军的行军队伍越来越长，掉队者要么过于疲惫赶不上队伍，要么在茂密的森林里迷了路。军纪开始散漫，许多士兵就和俄军中的哥萨克部队一样，开始打劫塞瓦斯托波尔周围因为主人逃亡而被遗弃的农舍和庄园。比比科夫（Bibikov）[*]的宫殿遭到了法军的破坏和洗劫，士兵们从庄园巨大的酒窖里拿出香槟和勃艮第葡萄酒一边喝一边胡闹，把家具从窗口扔到外面，打烂窗户，还在屋内地板上大便。圣-阿诺元帅就在现场，但完全没有阻止手下士兵抢劫闹事，而把这看作对疲惫士兵的一种奖赏。他甚至还收下了手下送给他的一个抢来的茶几，让人运到君士坦丁堡送给他夫人。朱阿夫士兵本来就爱表演，他们到公主闺房里找来衣服穿上，男扮女装演了一出喜闹剧。有人找到一架大钢琴，于是开始弹奏华尔兹舞曲，让士兵们跳舞。宫殿的主人在法军到达之前几个小时才刚刚逃走，一名法军军官回忆道：

> 我走进一间小闺房……壁炉台上的花瓶里还插着剪下不久的鲜花。在一张圆桌上摆着几份 [法语杂志]《画报》（*Illustration*），一个写字盒，一些纸和笔，还有一封没有写完的信。这封信是由一个年轻姑娘写给她在阿尔马前线作战的未婚夫的，信中她谈到了胜利和成功，那种自信充满每一个年轻人，特别是年轻女孩的心。残酷的现实将这一切——信件、幻想、希望——全都生生打断。[38]

227

在联军部队南下逼近塞瓦斯托波尔之际，恐慌正在克里米亚的俄罗斯人中蔓延。阿尔马战败的消息严重打击了士气，戳穿了俄军战无不胜的神话，俄军对法国人战之能胜的神话还是 1812 年流传下来的。在克里米亚行政首府辛菲罗波尔，俄罗斯居民异常惊慌，总督弗拉基米尔·佩斯捷利（Vladimir Pestel'）下令全城撤离。他

---

[*]　俄罗斯贵族家族。——译注

们把财物搬上大车，向彼列科普逃去，希望赶在联军切断克里米亚与俄罗斯大陆之间的通路之前逃离。佩斯捷利声称自己有病在身，第一个弃城而逃。自从恐慌开始蔓延，他就未在公开场合露面，也没有采取任何措施维持秩序，连鞑靼人从俄罗斯人开的商店中拿走军事物资送到联军那里，他也没有管。在卫队和一大帮随从的簇拥下，佩斯捷利离城而去，沿路一大帮鞑靼人朝着他的马车讥讽嘲笑，大声喊道："看呐！邪教徒（giaour）*跑了！我们的救星快到了！"[39]

　　在联军登陆前，克里米亚的鞑靼人还小心翼翼地向沙皇表忠心，自从联军到来之后，他们的胆子变得越来越大。自多瑙河流域战事打响以来，克里米亚的俄罗斯当局就对鞑靼人加强了监控，哥萨克骑兵在对乡村进行管制时非常凶恶。但是联军刚一登陆，鞑靼人马上团结起来支持联军，特别是年纪较轻的男子，对俄罗斯统治还不是那么害怕。他们把联军入侵视为对自己的解放，而且土耳其士兵效忠的哈里发，也是鞑靼人在清真寺祈祷的对象。几千名鞑靼人离开村庄前往叶夫帕托里亚，欢迎联军到来。他们认为一个新的"土耳其政府"已经在那里建立，并公开表示忠诚。联军部队很快将当地一名鞑靼商人托帕尔·乌默帕夏（Topal Umer Pasha）任命为叶夫帕托里亚总督。随联军一起抵达克里米亚的还有穆萨德·格来（Mussad Giray），他是克里米亚汗国古老统治王朝的后代，呼吁克里米亚的鞑靼人起来支持联军。†

228

---

* 土耳其人对巴尔干地区基督徒的蔑称。——译注
† 在俄罗斯占领克里米亚之后，格来家族逃到了奥斯曼帝国。19 世纪初，格来家族成员曾在巴尔干地区当过官员，有些还参了军。奥斯曼帝国军队中有各种由克里米亚流亡者组成的军事单位，这些人参加了 1828—1829 年的俄土战争，在 1853—1854 年间还加入了多瑙河流域土耳其军队。穆萨德·格来驻守瓦尔纳，在那里，他说服了联军把他带去克里米亚鼓动鞑靼人起来支持联军入侵。9 月 20 日，联军把穆萨德·格来送回了巴尔干，赞扬他的努力，认为他很好地完成了任务。克里米亚战争结束后，他被法国授予了荣誉军团勋章（Légion d'Honneur）。——译注

鞑靼人给联军送来牛马和大车，认为可以因此获得奖赏，有些人还为联军充当间谍或探子。另一些人则纠集在一起，组成马队扫荡乡下，挥舞着马刀，头顶反戴羊皮帽以示推翻沙皇统治。他们以烧毁屋子作为威胁，有时还以性命相逼，强迫俄罗斯地主把所有牲畜、食物和马匹交给他们，算是送给"土耳其政府"的。"半岛上所有俄罗斯居民都非常害怕鞑靼马队。"赫尔松—陶利德（Kherson-Tauride）教区的东正教大主教因诺肯季（Innokenty）写道。一名俄罗斯地主在自己的领地被劫之后，认为打劫他的鞑靼马队是被伊玛目煽动起来报复基督徒的，以为克里米亚将重新恢复穆斯林统治。一些叛乱马队不仅残杀俄罗斯人，还对亚美尼亚和希腊人下手，摧毁教堂，甚至杀死教士，这是确有其事的。俄罗斯当局也故意挑动对宗教报复的恐惧，希望借此赢得俄罗斯居民对沙皇部队的支持。因诺肯季在 9 月巡视克里米亚时，公开宣称联军入侵是一场"宗教战争"，俄罗斯"有伟大而神圣的责任保护东正教信仰以对抗穆斯林的桎梏"。[40]

9 月 26 日，联军抵达了卡迪科伊村（Kadikoi），这里已经能够望见克里米亚南部海岸。同一天，圣-阿诺终于向病魔投降，把指挥权交给了康罗贝尔。他坐上一条蒸汽机船前往君士坦丁堡，但在船上心脏病发作去世，于是这条船将他的尸体送回了法国。这条船同时还带回了一条错误的消息，说塞瓦斯托波尔围困战已经打响了。听到这一消息后，英国驻巴黎大使考利通知伦敦，说联军在几天之内"就可能占领那座城市"。[41]

事实上，围困战要等到三个星期后才会开始。此时风中已带着俄罗斯冬季的寒冷，联军慢慢地在可以俯瞰塞瓦斯托波尔的南部高地上安营扎寨。开始几天英法两军的物资都通过巴拉克拉瓦输送，这条狭窄的水道从海面上几乎注意不到，只依稀可见悬崖上由热那亚人修建的古要塞。*很快联军就发现这个港口太小了，不可能让所有帆船进来。于是法国人把基地转移到了卡米什湾，将其作为一个补充基地。那里的情况比巴拉克拉瓦好，不仅港口大很多，而且靠近法军在赫尔松涅索斯的营地——这里是弗拉基米尔大公带领基辅罗斯人改信基督教的地方。

10月1日，埃尔贝上尉和法国军队一起来到高地，仔细侦察仅仅两公里开外的塞瓦斯托波尔。他们用战地望远镜可以"看到这座著名城市的许多细节来满足好奇心"，埃尔贝在第二天给父母的信中写道：

> 我们可以分辨得出在我们下方的防御堡垒，一大批人正在那里挑着担子，挥舞着铁锹修建工事。你甚至可以在一大堆劳工中分辨出几个女人来。用望远镜我能很清楚地看到港口中有几条看上去有点阴郁的战舰，倒在两侧的白帆，黑色的舷梯，大炮从炮眼伸出来。如果俄军把所有这些大炮都安在堡垒上，那真的会有一场好戏呢！[42]

---

*　巴拉克拉瓦，原来被热那亚人叫作贝拉克拉瓦（Bella Clava，意为"美丽港"），港口大部分由他们所建，曾一度十分繁荣。15世纪时，土耳其人驱逐了热那亚人，并将镇子洗劫一空。在19世纪前，这里基本上一直是一片废墟。山坡之上有一个修道院，里面驻守着一些希腊士兵，联军到来之后都被赶走了。——原注

第八章

秋天的塞瓦斯托波尔

如果埃尔贝能像托尔斯泰那样，在 1854 年 11 月进入塞瓦斯托波尔城内，他会看见整座城市都在高度戒备中，到处紧张而匆忙。在《塞瓦斯托波尔故事》（*Sevastopol Sketches*）的宏大开篇中，托尔斯泰用笔让读者身临其境。黎明时分，城市苏醒了，生命跃然纸上：

> 在北边，白天的活动正逐渐取代夜晚的安宁：看这儿，伴随着滑膛枪的嘭嘭作响，一队哨兵从旁边走过，正在去换哨的路上；看这儿，一名列兵刚刚从战壕里爬出来，用冰凉的水洗了洗古铜色的脸，转向东方，迅速地在胸口划了个十字，开始祈祷；再看这儿，几匹骆驼拖着一辆笨重的大车，吱吱呀呀地驶向墓地，车上满满的都是带血的尸体，将在那里被掩埋。走近码头，你能闻到一种特异的气味，混合着煤炭、牛肉、粪肥和潮湿的味道。成千上万件各色物品乱七八糟地堆放在一起——

木柴、肉块边角、石笼网*、面粉袋、铁条等等——就这么堆在码头边。来自各个部队的士兵，有些带着滑膛枪和背包，有些没有，在这儿晃荡着，抽着烟，相互吐着脏话，或是正在把沉重的物件从卸货板上拖到锚泊的船上，烟囱里还冒着烟。民用帆船上，各色人等挤在一起——士兵、水手、商人、女人——沿着海滨频频靠岸、驶离……

　　码头边色彩斑斓：士兵身上的灰色、水手身上的黑色、女人身上各种各样的颜色。农妇在卖面包卷，手持大茶壶的俄罗斯乡民吆喝着"热蜜水"（sbiten）†。就在这儿，在码头台阶的最底下，躺着加农炮弹丸、榴弹炮弹、霰弹、各种口径的铸铁加农炮。稍远处一大块空地上，塞满了大批的方木梁、炮架，还有横七竖八正在睡觉的士兵，周围是马匹、篷车、装着弹药盒的绿色野炮、架在一起的步兵滑膛枪。士兵、水手、军官、商人、女人和孩子来来往往；载满干草、麻袋或是木桶的大车川流不息；时不时会冒出来一个骑着马的哥萨克军官，或者是坐在滑板车上的将军。右边的街道被一道街垒堵住了，炮眼里伸出一门小加农炮的炮管，坐在一边的是一名水手，握着烟斗吞云吐雾。在左边是一栋山形墙上刻着罗马数字的端庄房子，站在墙下的士兵手里提着染着血污的担架——到处都能看到军营里特有的令人不快的景象。[1]

　　塞瓦斯托波尔是一个军事城市，海军基地有一万八千人的部队，而在这里的约四万人口中，每个人的生活都以各种各样的方式和海

----

*　装满泥土的柳条筐，用作防守之用。——译注
†　一种由蜂蜜和辣椒冲沏的热饮。——原注

军基地的运作联系在一起，正是这种紧密的关联造就了这座军港的顽强。有些水手和他们的家人自从 1780 年代建港之时就一直生活在这里。城市的社会生活很单调，在市中心大道上，除了海军制服外，极少能看到穿着正式大衣的人。这里没有出色的博物馆、画廊、音乐厅或是其他知识文化的珍宝，市中心威严的新古典主义风格建筑全都带着军事色彩：海军部、海军学校、军火库、军营、修船厂、军队商店和仓库、军队医院，这里还有一个军官图书馆，是欧洲最富有的军官图书馆之一。甚至连贵族议事厅（就是托尔斯泰笔下那座"刻着罗马数字的端庄房子"）在围困期间也被改造成了一座医院。

这座城市由两部分组成：北城和南城，中间被港口隔开，船是沟通两边唯一的交通工具。在南城，沿着港口有一片雅致的新古典主义风格建筑；北城则仿佛另一个世界，几乎没有一条道路是两边都盖满房子的，住在这里的渔民和水手的生活方式是半农村式的，在小屋的花园里种植蔬菜饲养牲畜。在南城，与军港西边的行政中心相比，东边的海军码头区还是有细微差别的，在这里水手们或是住在军营里，或是和家人一起住在小木屋里，离防御工事不过几步之遥。女人们晾衣服的晾衣绳就挂在自己的小屋和堡垒或是棱堡外墙之间。[2]

和托尔斯泰一样，来到塞瓦斯托波尔的访客都会对这里"军事营寨与市井生活、秀丽的市镇与肮脏的露营奇异地交缠在一起"的景象留下深刻印象。叶夫根尼·叶尔绍夫（Evgeny Ershov）是一名年轻的炮兵军官，他在 1854 年秋天来到塞瓦斯托波尔。当地居民在围困期间的纷乱中依然正常地过着日常生活，让他感到佩服。"这里让人有一种奇异的感觉，"他写道，"人们继续自己正常的生活——一名年轻女子推着童车走在外面，商人仍在做买卖，孩子在街道上奔跑嬉闹，而在他们周围就是战场，随时可能死于非命。"[3]

232

在联军入侵克里米亚之前，人们无尽地狂欢、暴饮、豪赌，仿佛没有明天一般，妓女的客人络绎不绝。联军登陆的消息传来，向人们泼了一点凉水，但是下级军官依然信心爆棚，以为俄军一定能打败英法联军，仍在为 1812 年的胜利而干杯。"我们当时情绪亢奋，"一名年轻的海军学员米哈伊尔·波塔诺夫（Mikhail Botanov）回忆道，"我们一点都不怕敌人。唯一一个不像其余所有人那么自信的是一名蒸汽机船船长。和我们不一样，他经常被派往海外，喜欢说一句谚语'愤怒不等于力量'。后来发生的事情证明他比我们有远见，对现实状况比我们懂得多。"[4]

俄军在阿尔马的失败让塞瓦斯托波尔的平民恐慌起来，所有人都以为联军随时可能从北边进攻，所以当他们看到联军舰队出现在南边时，都感到不解，误以为城市已经被包围了。"没有人不向上天祈祷，"一名居民回忆道，"我们都以为敌人马上就会冲进城里了。"第四棱堡（Fourth Bastion）的炮台指挥官尼古拉·利普金上尉（Captain Nikolai Lipkin）在 9 月底给自己在圣彼得堡的兄弟写信说：

> 许多居民都已经逃离了，但是我们军人会留在这里，准备教训一下那些不速之客。连续三天（9 月 24、25 和 26 日）都有宗教游行走过镇中心和所有炮台。战士们站在他们的营地边，当举着十字架和神像的妇女在他们面前经过时，他们纷纷鞠躬。看到这一景象实在让人感到谦卑……教堂里的财宝都转移了，我说没有必要这么做，但是没人听我的，他们都很害怕。所以，我的兄弟，目前局势就是这样，明天会发生什么，只有上天知道。

尽管利普金表现得很有自信，但其实在阿尔马战败后，俄军指挥官认真考虑过放弃塞瓦斯托波尔。在港口北边有八艘蒸汽机船正在待命，随时准备撤离部队，在南边有十条战舰准备提供保护。当敌人逼近时，城市中的许多居民开始自发地逃离，但是被俄军阻止了。城市供水能力降到了危险的程度，喷泉断了水，居民只能从井里打水，而这个季节井里的水位本来就很低。联军从俄军逃兵那里得知城里的供水来自他们驻扎的高地，于是切断了水源，塞瓦斯托波尔只剩下给海军码头供水的水渠中还有水。[5]

当联军在南边高地上安营扎寨，准备炮击的时候，城内的俄军开始夜以继日地加强城南的防御工事。这时候缅什科夫不见了踪影，指挥塞瓦斯托波尔保卫战的任务主要落在三个人的身上：黑海舰队参谋长科尔尼洛夫中将；工兵托特列边；军港总指挥纳希莫夫，他是锡诺普海战的英雄，很受水手欢迎，被认为是"自己人"。这三个人都是新型的职业军人，与宫廷幕僚缅什科夫大相径庭。他们精神十足，在哪里都能看到科尔尼洛夫，他每天都巡视防御工事的每一个角落，给人们鼓劲，承诺只要能守住城市，每个人都能论功行赏。托尔斯泰是利普金的随从，他在抵达这里的第二天给哥哥写信，描述科尔尼洛夫巡视阵地的情形。见到士兵时，科尔尼洛夫不是用"祝你们健康！"这样传统的问候方式，而是向他们喊："如果要你拼命，你敢不敢挺身向前？"托尔斯泰写道："然后，士兵们一起高呼：'我们敢，大人。万岁！'他们不是装样子的。在每一张脸上，我看到的不是玩笑，而是极度真诚。"[6]

其实对于能否守住，科尔尼洛夫心里远不是那么肯定。他在9月27日给妻子的信中写道：

> 我们只有五千预备队和一万水手，手里的武器五花八门，甚至还有用长矛的，实在称不上是一支称职的守军。我们需要

234

防守的战线很长，而且非常分散，甚至连直接联系都做不到。但是以后要怎样就怎样吧。我们已下定决心坚守。如果我们能守住，那会是个奇迹；如果我们守不住……

当他得知水手们在码头仓库里找到大批伏特加并痛饮三天后，心里就更没底了。科尔尼洛夫最后只好命令销毁所有的酒，好让水手做好战斗准备。[7]

加强防御工事的工作进行得匆匆忙忙，不得不凑合了事。工程刚开始，守军就发现塞瓦斯托波尔没有铁铲，于是派人去敖德萨紧急采购，三个星期之后派去的人回来了，带回来的却是四百把铁锹。与此同时，城里军民用木板做成木铲开始了工作。全部塞瓦斯托波尔的人口——水手、士兵、战俘、劳工、女人（包括妓女）——都投入了挖战壕、给防御工事送土、修城墙和兵营、建造炮台的工作。炮台是由泥土、柴捆和石笼网建成的，水手们把自己船上的重炮拖到炮台上。所有能担土的工具都用上了，当篮子、包裹、木盆都用完后，挖土的人就用自己的衣服兜土。因为担心敌人马上要发起进攻，每个人都有很强的紧迫感。一年之后，当英法联军检查这些防御工事时，不得不为俄罗斯人的技巧和创造力感到惊叹。[8]

在得知塞瓦斯托波尔人的英勇行为之后，沙皇在9月底给戈尔恰科夫将军写信，提醒他当年在面对拿破仑时，是"俄罗斯人的特殊精神"拯救了国家，呼吁他再次鼓起这种精神对抗英法两国。"我们将向上帝祈祷，祈望你能鼓起这种精神，保住塞瓦斯托波尔、保住黑海舰队、保住俄罗斯的土地。不要向任何人低头，"他亲自在这里加了下划线，"向世界宣告，我们还是1812年的俄罗斯人，坚决不退缩。"沙皇还给当时在塞瓦斯托波尔外东北方向贝尔贝克河边的缅什科夫写信，让他向城里人民传达信息：

235

　　告诉我们年轻的水手，我的全部希望都在他们身上。告诉他们不要向任何人低头，寄希望于上帝的慈悲，记住自己是俄罗斯人，是在守卫我们的祖国、我们的信仰，将自己托付在上帝手中。愿上帝保佑你们！我的祈祷全都为你们而做，全都为我们的神圣使命而做。[9]

　　与此同时，联军投入了漫长的围困准备工程。拉格伦曾想立即发动进攻，他看出俄军防守中有弱点。英军第四师的指挥官乔治·卡思卡特爵士（Sir George Cathcart）是一位直截了当、才智高超的军人，他也赞成拉格伦快速突袭的想法。从部队占据的一处高坡上，他能俯视塞瓦斯托波尔全城。他在那里向拉格伦报告：

　　如果您和约翰·伯戈因爵士能到我这儿来的话，就可以看到所有的防御布局，实在是没有多少。他们正在修建两三座土岗，但是整座城市的城墙就和公园的围墙差不多，而且没有妥善维护。如果把我们的部队全部部署在海岸线和我现在的位置之间，我肯定，只要找个天黑的夜晚，或是破晓之前，我可以带人就这么走进城里，而不用担心伤亡损失。即使是大白天，我们都可以轻装上阵、冲进城市，从这些土岗上也就只能朝我们开几炮而已。

　　英军工兵总指挥伯戈因原来是快速突袭的倡导者，现在却不同意了，担心快速突袭会造成过多人员伤亡。他坚持要先用围困火炮打哑敌人的火力，然后才由步兵发起冲锋。法国人的想法和他一样。于是联军开始了一个将围困火炮运上陆地，再拉到高地的漫长过程。英军在运送火炮时问题重重，不得不把许多大炮拆了，才能从船上运到岸上。"把我们舰上的重炮部署到陆地上，是一件非常麻烦的事，"掷弹兵近卫团的威廉·卡梅伦上尉（Captain William Cameron）在给父亲的信中写道。

> 舰炮不得不全部拆散，炮架也一样，因为它们只有小滚轮，没有大轮子，不方便移动。而一般的围困火炮都架在大轮子上，可以直接推到部署位置。我们刚刚给一座炮台部署了五门各九十五英担（cwt）*重的六十八磅加农炮——全都是舰炮，过去的围困战从来没见过这么重的大炮。地面非常糟糕，全是石头，所以我们还得把修葺护墙的泥土运上去。[10]

英军花了十八天才把所有大炮部署好，在这关键的十八天中，俄军加强了塞瓦斯托波尔的防御工事。

当英军还在拉炮到位的时候，法军已经开始挖堑壕了。他们冒着俄军的炮火，慢慢地朝塞瓦斯托波尔防御工事方向修筑锯齿形的堑壕。开挖第一条堑壕是最危险的，因为完全暴露在俄军炮火下，无处躲藏。10月9日晚、10日凌晨，第一批士兵约八百人在夜幕下，携带铲子和鹤嘴锄，借助石块的掩护，悄悄地摸到离塞瓦斯托波尔的"旗杆棱堡"（Flagstaff Bastion）不到一公里远的地方，军官在需要挖堑壕的地方划上线，士兵们就地开挖，把土填到面前的石笼网里用来抵挡俄军炮火。那个晚上天朗月明，但刮的是西北风，把挖堑壕的声音传得很远。黎明时分，当睡眼惺忪的俄军终于醒悟过来时，法军已经挖出了一条一千米长的堑壕。在这之后，三千名法军士兵冒着俄军的猛烈炮火，继续挖掘，每天晚上开挖新堑壕，白

---

* 约四千八百千克。——译注

天则修补被俄军炮火破坏的部分，爆破弹和迫击炮的炮弹就从他们头顶飞过。到 10 月 16 日，法军已经修好了五座炮台，用泥土袋和木头做成栅栏、胸墙和堞墙，超过五十门大炮（包括加农炮、迫击炮和榴弹炮）被安装在高出地面的平台上。[11]

237

　　紧随法军之后，英军也开始修筑堑壕。第一批炮台建在绿山（Green Hill）和沃龙佐夫山（Vorontsov Hill）上，分别称为"左翼攻击位"（Left Attack）和"右翼攻击位"（Right Attack），两个位置之间是一条很深的山沟。五百名士兵轮班修筑炮台，另外还有两倍于此的士兵负责守卫炮台，以备俄军夜间发起袭击。"今天早晨四点终于轮到我休息了，之前我已经在堑壕里待了二十四小时。"第二十团的拉德克利夫上尉（Captain Radcliffe）在给家人的信中写道：

　　　　当我们躲在前晚修好的胸墙背后时，是相当安全的。但是因为堑壕是俄军炮火的目标，我们不得不一直在胸墙背后躺着，因为堑壕还没完工，而俄军的炮火又日夜不断。有几名士兵负责观察，他们只把脑袋伸出堑壕外几英寸，观察俄军炮兵阵地。如果在白天看到烟雾升起，或晚上看到火光，就高喊"炮击来了"——那时候堑壕里所有人都立刻躺倒在胸墙背后，直到炮弹飞过才重新开工。这种办法让我们在白天的时候只损失了一名士兵，他是被一颗加农炮弹丸击中的。[12]

　　10 月 16 日晚，尽管英军炮台还没有完全修好，但联军终于决定从第二天早晨开始炮轰塞瓦斯托波尔。阵地上充满了乐观情绪。"所有的炮兵军官——法国、英国和海军——都说在四十八小时的炮轰之后，塞瓦斯托波尔就只会剩下一堆瓦砾了。"轻步兵师的一名参谋亨利·克利福德（Henry Clifford）在给家人的信中写道。伊夫林·伍德（Evelyn Wood）是一名海军学员，在阿尔马战斗期间他曾爬到桅杆顶观战，现在随着海军旅（Naval Brigade）转移到了陆地上，他写道：

> 10 月 16 日，我们营地开始押注，赌俄军能守多长时间。赌可以守住几个小时的人都很少，因此赔率很高。一些年纪大些、比较谨慎的军官估计俄军也许能守住四十八小时，但这已是极端的看法。一名士兵想把他在阿尔马时从一名俄国军官身上拿到的巴黎造怀表卖给我，要价二十先令。我的一名同伴叫我不要买，他说四十八小时之后，这块表就不再那么值钱了。[13]

238

10 月 17 日一大早，晨雾刚刚散去，俄军观察哨就发现敌人炮台的炮眼已经打开。未等敌人开火，俄军抢先开炮，接着联军的火炮，包括七十三门英军火炮，五十三门法军火炮，一起轰鸣。几分钟内炮击就达到高潮，开炮时低沉的轰鸣声，炮弹在空中翻滚的尖叫声，还有炮弹落地时震耳欲聋的爆炸声完全淹没了军号和军鼓的声音。塞瓦斯托波尔被淹没在一片巨大的黑色浓烟中，浓烟飘浮在战场上空，天色都为之变暗，联军炮兵根本无法瞄准目标。"我们只能坐在那里猜测目标的位置，希望能够击中。"考尔索普写道，当时他正和拉格伦一起，在沃龙佐夫山的采石场观察炮击效果。[14]

几千名平民的家园被炸成了废墟，对许多躲藏在那里的居民来说，这是一生中最恐怖的时刻。"我从来没有见过，也没有听说过这样的情景，"一位居民写道，"在长达十二个小时的时间里，炮弹疯狂飞舞的声音从未中断过，根本分不清楚是哪一发炮弹发出的声音，脚下的大地不断颤抖……天空中充满了浓烟，遮住了太阳，如同夜晚一般，连房间里都满是烟雾。"[15]

　　炮击一开始，科尔尼洛夫就带着他的执旗中尉、V.I. 巴里亚京斯基亲王（Prince V.I. Bariatinsky）开始巡视各个防守位置。他们先去了整个塞瓦斯托波尔最危险的地方：第四棱堡，那里同时遭受英军和法军的炮击。"在第四棱堡内，"巴里亚京斯基回忆道，"景象骇人，损坏严重，一整支炮兵队都被榴弹炮火打倒了，担架队正在运走死伤者，但依然有成堆的人躺在那里。"科尔尼洛夫巡视了每一个炮位，为炮兵们鼓劲。接着他来到第五棱堡（Fifth Bastion），这里遭受敌人火力的压力并不比第四棱堡小。在那里，科尔尼洛夫见到了军港总指挥纳希莫夫。和平常一样，他还是穿着一件配有肩章的长大衣。纳希莫夫脸部受了伤，但是巴里亚京斯基觉得他自己并未察觉，在和科尔尼洛夫说话时，他脸上的鲜血一直流到脖子上，染红了他所佩戴的圣乔治十字勋章（St George Cross）的白色缎带。正在交谈时，巴里亚京斯基看到一名军官向他们走来，但是"他没有眼，也没有脸，因为他的五官都被一片模糊的血肉覆盖了"，原来一名水手在附近被炸飞，血肉都溅到了他的脸上。这名军官一边把脸上的血肉抹掉，一边问巴里亚京斯基有没有香烟。科尔尼洛夫的手下劝他不要继续巡视了，因为实在太危险，但是他没有听从，继续来到被称为棱尖（Redan）的第三棱堡（Third Bastion），这里正被英军重炮以致命的密集程度轰击着。当科尔尼洛夫抵达时，棱尖棱堡的指挥官还是波潘多上尉（Captain Popandul），但是很快他就阵亡了，那天接替他的五任指挥官都遭到了同样的厄运。科尔尼洛夫通过堑壕系统来到离英军炮台不远的地方，越过山沟，爬进了马拉科夫棱堡（Malakov Bastion），在那里和受伤的士兵们交谈。就在他即将完成巡视，从山上爬下，走在乌沙科夫山沟（Ushakov

239

Ravine）时，被一发榴弹击中，下身被炸飞，送往军事医院后没多久就死了。[16]

临近中午时分，联军舰队加入了炮击行动，在港口入海口外排成一个弧形，从那里向塞瓦斯托波尔开炮。军舰离海岸约八百至一千五百米远，俄军在入海口的沉船行动让联军舰队无法靠得更近。在长达六小时的炮击中，联军共投入了一千二百四十门大炮，而守军的海岸炮台只有一百五十门炮。"这是我见到的最可怕的炮击景象，"一名在更远处的海面上观战的商船水手亨利·詹姆斯（Henry James）在日记中写道，"几艘军舰连续不断开炮，听上去就像是抡打一面大鼓一样……我们看到炮弹像冰雹一样砸在要塞脚下的水面上，掀起阵阵巨浪。"开炮产生了巨大的烟雾，让俄军炮手连联军军舰在哪里都看不清楚。有些炮手被吓破了胆子，但也有一些十分勇敢，尽管联军炮弹就在他们头顶附近炸开，还是瞄着笼罩在烟雾中的联军舰队冒出火光的地方开炮。第十棱堡（Tenth Bastion）是法军舰队炮击的重点，这里的一名炮兵军官回忆说，他看到一些在过去曾因作战勇敢而受嘉奖的士兵却在这次炮击开始时就吓得逃跑了。"我被两种情绪交缠着，"他回忆道，"一方面我想跑回家保护家人，但是我的责任心又告诉自己必须坚守。我作为一个男人的情绪战胜了作为一名战士的责任感，于是我丢下炮台，去找家人了。"[17]

但实际上，英法舰队造成的破坏还不如自己遭受的损失大。联军的木壳帆船无法驶到离海岸足够近的距离进行破坏——就凭这一点，俄军沉船行动是有成效的——但是联军舰队自己却处在俄军海岸火炮的火力范围内。俄军海岸火炮虽然数量较少，但因为是架在陆地上，所以射击准确度比联军舰炮高得多。联军舰队一共发射了约五万发炮弹，却没有造成什么实际的破坏，只好起锚离去，清点损失：五条船严重损坏，三十名水手阵亡，超过五百人受伤。在缺

240

少蒸汽动力的铁壳船时代，联军舰队在塞瓦斯托波尔围困战中注定只能扮演配角。

联军第一天的炮击在陆地上取得的成果也不那么令人鼓舞。法军对鲁道夫山（Mount Rodolph）的进攻刚取得一点进展，主军火库就被炸了，于是只能停火。英军对第三棱堡造成了相当大的破坏，伤亡的一千一百名俄军中，大部分是那里的；但是英军缺少重型迫击炮，无法让火力优势真正发挥作用。事前备受推崇的六十八磅兰开斯特大炮（68-Pounder Lancaster gun）在发射榴弹时可靠性不够好，炮击距离较远的俄军工事效果不佳，炮弹又较轻，落地时会直接陷在泥土中。"我担心兰开斯特是一个失败，"勒欣顿上尉（Captain Lushington）在第二天给艾雷将军（General Airey）的报告中写道："我们的大炮射程不够远，对自己炮眼造成的破坏比对敌人的还多……我一再要求所有军官在指挥发射时必须稳健缓慢……但是敌人离我们实在太远了……炮弹打在那些土堆上，就像打在软软的布丁上一样。"[18]

第一天炮击的惨痛失败让联军警醒。"这座城市好像是用抗爆炸材料建成的一样。"范妮·杜伯利（Fanny Duberly）写道。她是跟随她的丈夫、第八骠骑兵团（8th Hussars）的主计官亨利·杜伯利（Henry Duberly）来到克里米亚进行战争观光的。"昨天虽然曾出现两次小火，但立即就被扑灭了。"[19]

在俄军方面，第一天的炮击打破了联军在阿尔马胜利中建立起来的神话。忽然之间，敌人不再是不可战胜的，俄罗斯人重新获得了希望和自信。"我们都以为城里的炮台救不了我们，"一名塞瓦斯托波尔居民在第二天寄出的信中写道，"所以你可以想象，当今天我们发现所有的炮台都还在，所有的大炮也都在时，我们的惊讶之情！……上帝保佑了俄罗斯，我们为信仰而遭受的侮辱，终于得到了补偿！"[20]

241

* * *

在扛过了第一天的炮击之后，俄军决心打破围困。他们的计划是进攻巴拉克拉瓦，切断英军补给线。阿尔马战败之后，缅什科夫跑去了巴赫奇萨赖，目的是保证克里米亚与大陆的联系不被切断。现在战略改变了，于是他开始在塞瓦斯托波尔东部的乔尔纳亚（Chernaia）谷地集结部队。这时第一批从多瑙河战线赶来增援的部队、帕维尔·利普兰季中将（Lieutenant General Pavel Liprandi）指挥的第十二步兵师已经赶到，加入了队伍。10月24日晚，六万名步兵、三十四个中队的骑兵和七十八门大炮在恰尔根（Chorgun）村附近的菲久克希高地（Fediukhin Heights）安营扎寨，准备第二天早晨向巴拉克拉瓦的驻防英军发起进攻。

俄军的目标选择得很好，英军也知道自己兵力严重分散，如果敌人用大量兵力对他们的供应基地施行突袭，自己毫无还手之力。英军在沃龙佐夫路（Vorontsov Road）两侧、被称为堤道高地（Causeway Heights）的山脊上修建了六座小型土岗。这是一条东西向的道路，将巴拉克拉瓦谷地分为南北两部分，菲久克希高地在路北，而路南的南部谷地中，就是一条通往巴拉克拉瓦港口的道路。联军在其中四座已经完工的土岗上派驻了土耳其守卫部队，大部分由新兵组成，加上两到三门十二磅大炮。在这些土岗后方，也就是谷地的南侧，驻守着英军第九十三高地步兵旅（93rd Highland Infantry Brigade），由科林·坎贝尔爵士指挥，他是负责港口守卫的总司令。在他们的侧翼是卢肯勋爵率领的骑兵师。在更靠后的位置，可以俯视峡谷的高地上，驻守着一千名皇家海军陆战队士兵，还有一些野战炮兵。一旦遭受俄军袭击，坎贝尔可以请求英国步兵增援。驻扎在塞瓦斯托波尔城外高地上由博斯凯将军率领的两个法国师也可以前来增援，但是在援军到达之前，守卫巴拉克拉瓦的只有五千名士兵。[21]

10月25日拂晓，俄军的进攻开始了。在靠近卡马拉（Kamara）村的地方修建了一座临时炮台后，俄军开始向临近的一号土岗发动猛烈炮击。一号土岗建在康罗贝尔高地上，英军以法军指挥官的名字为这座山头命名。前一天晚上拉格伦已经收到来自一名俄军逃兵的警告，说进攻即将开始。但是就在三天前，拉格伦曾听信假消息而派出一千名部队前往巴拉克拉瓦增援，所以这次他决定按兵不动（这又是一次记在他头上的失误）。不过在当天早晨，当俄军开始进攻的消息传到指挥部时，他还是及时赶到萨坡恩高地（Sapoune Heights）观察下方谷地展开的一场大战。

就跟在锡利斯特拉的时候一样，一号土岗上的五百名土耳其士兵进行了顽强的抵抗，坚持了一个多小时，损失了超过三分之一的士兵。但这时，一千二百名上了刺刀的俄军向土岗发起了冲锋，迫使疲惫不堪的守军放弃阵地，七门从英军那里借来的加农炮也丢了三门。"可恶的是，"在萨坡恩高地和拉格伦的参谋部一起观战的考尔索普回忆道，"我们看到一串士兵从土岗的后门跑出来，沿着山坡往下跑，穿过我军的防线继续逃跑。"这时候，其他三个临近的土岗（第二、三、四号土岗）里的土耳其守军看到一号土岗守军已经逃离，也学着他们的样子纷纷放弃阵地，朝着港口方向逃跑，手里还不忘拿着床单瓦罐和锅子。他们穿过英军（第九十三旅）防线时，还喊着"上船！上船！"。考尔索普看着一千名土耳其士兵从他们驻守的山坡上逃下，一大帮哥萨克骑兵在后面追杀他们。"那些狂野骑手的呼喝声一直传到我们这里，他们从山坡上直冲而下，追击那些失魂落魄的土耳其人，其中不少人被哥萨克骑兵手中的长矛刺杀。"

当溃逃的土耳其士兵经过卡迪科伊村时，一群英国军人的妻子
在路边向他们起哄嘲笑。其中有一个洗衣女工身形巨大，手臂粗壮，
手腕"就像牛角般坚硬"。当一名土耳其士兵撞到她晾晒的衣物时，
她一把将他逮住，狠狠地踢了几脚。当她意识到眼前这个土耳其兵
抛弃了她丈夫所属的第九十三旅时，马上怒骂起来："你这个怯懦
的异教徒，你逃跑了，却让勇敢的高地基督徒去抵挡！"周围有的
土耳其兵试图安抚她，但是有些却叫她"科卡娜"（Kokana）*。这更
让她怒火中烧："科卡娜！好吧！我来把你咔嚓嚓！"她一边吼叫，
一边挥舞着棍子把土耳其兵赶下山去。疲惫沮丧的土耳其士兵一直
溃逃到通往港口的一个山沟才停下，把随身东西全部往地上一丢，
一头倒在路边，想歇一口气。其中一些人把祈祷毯在地上铺开，开
始朝麦加方向祈祷。[22]

　　英国人指责土耳其士兵怯懦，但这并不公平。据拉格伦勋爵的
土耳其语翻译约翰·布伦特（John Blunt）的说法，大部分土耳其
士兵来自突尼斯，还没有经过正式训练，也没有战斗经验。当他们
抵达克里米亚时，已经饿得不行了，自从几天前从瓦尔纳上船起，
他们就没有收到过穆斯林可以吃的军粮，以致一下船就做出了抢当
地平民东西这样丢脸的事。布伦特骑马追上溃逃的土耳其士兵，向
一名军官传达了卢肯要他们在第九十三旅后方重新集结的命令，但
却被土耳其士兵恶言相向。他说这些土耳其兵"因饥渴疲惫看上去
像是枯萎了一般"。他们质问他为什么英军没有出动支援他们，抱
怨说他们被丢弃在土岗里几天没有食物饮水，还声称供应给他们的
炮弹与土岗里的大炮配不上。其中一个头上缠着绷带，抽着一杆长

---

*　这是土耳其人对穿着不得体的女人的叫法，在奥斯曼帝国时期被用来描述非穆斯林女人，
　并且有性意味，暗示那个女人在经营妓院，或本身就是妓女。——原注

烟枪的士兵用土耳其语对他说："长官，我们能怎么办？这是上天的旨意。"[23]

　　俄军步兵占领了堤道高地上的第一至第四土岗，在把其中的大炮炮架摧毁之后，丢弃了第四土岗。俄军骑兵在雷若夫将军（General Ryzhov）的指挥下，由东边运动到这几个土岗后方的巴拉克拉瓦北部峡谷（North Valley），然后转过方向，朝着第九十三旅的防线发起了冲锋，当时这道防线是唯一能够阻挡俄军直抵巴拉克拉瓦港口的英军阵地，因为侧翼的英军骑兵已收到命令撤退，等待从塞瓦斯托波尔高地下来的增援部队。雷若夫手下的四支骑兵中队，约四百人，从堤道高地冲下，直扑高地旅而来。*范妮·杜伯利正在轻骑兵旅营地附近的一个葡萄园观战，看到这一情景，感到十分恐慌。子弹"开始飞舞"，"现在俄军骑兵正从山坡上冲下来，越过峡谷，直奔高地旅的细长防线而来。啊，情况紧急！面对迎面冲来的骑兵，那一细条的士兵怎么能对抗这么多的敌军，这么快的冲锋？然而他们却在那里站着不动"。坎贝尔让手下的士兵排成两行，组成一条细长的防线，而不是组成通常对抗骑兵时排成的方阵，他把希望都寄托在米涅来复枪的威力上了，那是他在阿尔马战役时亲眼目睹的。当俄军骑兵向他们逼近时，坎贝尔骑着战马，沿着防线一边奔跑一边向士兵呼喊，要他们站稳了，"死就死在这里"。据第九十三旅的斯特林中校（Lieutenant Colonel Sterling）的说法，坎贝尔在说这些话时，"看上去像是当真的"。《泰晤士报》记者罗素

244

---

*　这场战斗中的一个历史谜团是为什么俄军在面对这样人数极少的抵抗部队时，没有以更快的速度，投入更大的兵力向巴拉克拉瓦发起进攻。不同的俄军指挥官事后提供了各种解释，声称他们没有足够兵力攻占巴拉克拉瓦，或这场行动的目的是侦察，或这场行动的目的是分散联军用来围困塞瓦斯托波尔的兵力而不是为了占领港口，不一而足，但这些只是为失败寻找的借口而已。俄军没有发动大规模进攻，或许可以用在阿尔马河战败之后，俄军指挥官在开阔地面上面对联军时自信心不足来解释。——原注

也正在高地上观战，对他来说，第九十三旅的防线看上去像是"一条钢绳尖头上的红色斑纹"（后来一直被错误地引用为像是一条"细长的红线"）。看到前方红色军服组成的一条防线纹丝不动，俄军骑兵倒开始犹豫了。就在这时候，双方相隔已有一千米左右，坎贝尔发出命令，第一次齐射打响了。当烟雾散去后，第九十三旅的芒罗军士（Sergeant Munro）看到"俄军骑兵依然在向我们直冲而来。第二次齐射打响了。这时我们看到敌人中出现了一点混乱，他们开始转向我们的右方"。第三次齐射在更近的距离打响，击中了已经开始转向的俄军骑兵侧翼，迫使他们急促左转，掉头回去。[24]

　　雷若夫第一梯队四个中队的骑兵被打退了，但是俄军骑兵主力、两千人的骠骑兵加上外侧的哥萨克骑兵，此时从堤道高地上冲下来，对高地旅发起了第二次冲锋。这一次，英军步兵得到了及时赶来的英军骑兵的救援。重骑兵旅（Heavy Brigade）的八个中队，约七百人，受命重返南部峡谷（South Valley）支援第九十三旅。这是拉格伦下的命令，从其观战的萨坡恩高地，他能清楚地看到高地旅面临的危险。重骑兵旅慢慢爬上山坡，保持步调一致，队形整齐，然后在离敌人约一百米处，向他们直冲过去，挥舞手中长剑，恶狠狠砍向敌人。英军重骑兵的先锋部队是苏格兰灰骑兵团（Scots Greys）和因尼斯基林斯团（Inniskillings），即第六龙骑兵团（6th Dragoons）。他们完全被俄军骑兵包围，因为俄军骑兵刚好在英军骑兵冲锋前延展了自己的侧翼。但是从后面跟上的英军第四和第五龙骑兵团很快加入了混战，直扑俄军骑兵的侧翼和背后。缠斗中双方骑兵紧紧挤在一起，完全没有空间施展剑术，能做的仅仅是举起长剑，挥起马刀，向任何够得着的地方砍去，就像一场街头斗殴一般。第五龙骑兵团的军士长亨利·弗兰克斯（Sergeant Major Henry Franks）目睹列兵哈里·赫伯特（Private Harry Herbert）同时遭到三名哥萨克骑兵的攻击。

> 他一刀划过其中一人的脖子后方，使其再无还手之力。第
> 二人见状急忙逃跑了。赫伯特一剑刺向第三人的胸口，但是剑
> 锋在离剑柄三英寸*处折断了……他把沉重的剑柄掷向俄军骑
> 兵，打在他的脸上。哥萨克骑兵立即摔在地上，他没有死，但
> 是被破了相。

第四龙骑兵团的威廉·福里斯特少校（Major William Forrest）
回忆起这场疯狂的搏斗以及他的对手时，这样说道：

> 一个俄军骠骑兵向我的脑袋砍来，但是被我的黄铜头盔挡
> 住，只是轻微擦伤。我向他砍去，但觉得没怎么伤到他，就像
> 他没怎么伤到我一样。我的肩头还被不知道是谁打了一下，但
> 是一定打得不着力，因为只是划破了软甲，造成了肩头上的轻
> 微擦伤。

让人惊讶的是，在这场混战中，伤亡人数很少，双方加起来阵
亡的不过十几人，另有三百人左右受伤，大部分在俄军这一方。不
过这场战斗持续时间很短，不到十分钟。俄军骑兵厚重的大衣和头
盔帮助他们抵挡了军刀的砍杀，而他们自己的剑在英军重骑兵面前
又不怎么管用，因为英军的马匹更高大，盔甲保护更好，打击范围
也更大。[25]

在这样一场缠斗中，总有一方最终会让步溃退。这场战斗中是

---

* 约八厘米。——编注

246

俄军心理先崩溃了，调转马头向北部峡谷逃去，英军骑兵在后面追赶，直到遭受俄军在菲久克希高地和堤道高地炮台上火炮的轰击才撤回。

正当俄军骑兵撤退时，从塞瓦斯托波尔城外高地下来增援的英军步兵也赶到了，增援守在南部峡谷的第九十三旅。第一步兵师先到，随后是第四步兵师，接着法军增援部队也到了，包括法国第一师和两个中队的非洲猎兵（Chasseurs d'Afrique）轻骑兵部队。联军增援部队到来之后，俄军骑兵没有胆量重新发起冲锋。巴拉克拉瓦保住了。

当俄军放弃目标，返回营地之时，在萨坡恩高地观战的拉格伦和他的参谋们注意到俄军正在把堤道高地上土岗内的英军大炮牵走。据说威灵顿公爵在战斗中从未丢过一门大炮，这是他在英国军事集团内的崇拜者们一直想保持的一个神话。如果英军大炮被俄军缴获，送到塞瓦斯托波尔街头当作战利品展示，这一景象对拉格伦来说是无法忍受的。他立即向英军的骑兵指挥卢肯勋爵发出命令，让他夺回堤道高地上的土岗，并保证刚刚抵达的步兵会为其提供支援。卢肯在他自己所处的位置看不到联军步兵在哪里，认为自己指挥的骑兵不应单独作战，于是在接下来的四十五分钟里没有做出任何行动。拉格伦越来越担心被俄军俘获的大炮的下落，口头传达了第二道命令给卢肯："拉格伦勋爵希望骑兵快速向前行进——追击敌人并尽力阻止敌人将大炮带走。骑马炮兵（Troop Horse Artillery）可以随行。法军骑兵在你左翼。立即行动。"

这道命令不仅不清楚，而且很奇怪，卢肯完全不知道应如何理解才对。他所处的位置是堤道高地的西端，从那里他可以看到的是：在他右边，土岗里的英军大炮被俄军从土耳其守军手中截获；在他左边，也就是北部峡谷的最尽头则集结了大批俄军，他能看到在那里有另一批大炮；在更左边，在菲久克希高地的低坡上，他能看到那里的俄军也部署了一个炮台。如果拉格伦的命令能更清楚些，特别指明卢肯必须夺回的是堤道高地上的英军大炮，那么接下来的"轻骑兵冲锋"的结局将会大不一样，但当时的实际情况是这道命令让卢肯不清楚到底骑兵部队要夺取的是哪些大炮。

　　唯一可以回答他这个问题的是传达这道命令的副官，国王御用骠骑兵团（King's Hussars）的诺兰上尉。和其他许多英军骑兵一样，诺兰对卢肯在克里米亚战争期间的无所作为感到越来越愤懑，觉得他没有好好利用骑兵发动大胆勇猛的冲锋，而骑兵冲锋过去曾为英国在国际上赢得最佳声誉。在布尔加纳克河和阿尔马河战斗中，骑兵被下令停止追击逃跑的俄军；在朝着巴拉克拉瓦行军的路上，骑兵在麦肯齐高地目睹俄军在自己面前向东行进，而卢肯却下令不许骑兵发起攻击；就在这一天早晨，当重骑兵旅面对俄军骑兵在人数上处于劣势时，英军轻骑兵旅就在不远处，几分钟内就能赶到，但是指挥官卡迪甘勋爵却拒绝调用轻骑兵追击逃跑的敌人。轻骑兵旅的战士们不得不在一边眼睁睁地看着重骑兵旅的战友与哥萨克骑兵搏杀，而就是这些哥萨克人曾在布尔加纳克对停止作战的轻骑兵发出各种嘲笑讥讽。一名军官好几次向卡迪甘勋爵请战，都被拒绝，最后这名军官将敬礼用剑在自己的腿上打了一下，以示不敬。队伍中已经开始出现不服从命令的迹象。第八国王御用皇家爱尔兰骠骑兵团（8th King's Royal Irish Hussars）的列兵约翰·多伊尔（Private John Doyle）回忆道：

　　　　轻骑兵旅不得不旁观重骑兵旅与敌作战，自己却不被允许上前协助，这让他们很不高兴。他们踩着马镫站直身体，喊道："我们为什么待在这儿？"同时还有人冲出队列，然后又跑回来，准备随时出发追击撤退的俄军。但是敌人已经跑得太远，我们追不上了。[26]

所以当卢肯询问诺兰，拉格伦的命令到底是什么意思时，两人 248 之间气氛紧张，有一种以下犯上的感觉。卢肯在后来给拉格伦的信中说，当他询问诺兰哪个是他的攻击目标时，诺兰"以一种最为不敬，又极其肯定的姿势"指着远处的峡谷尽头说："您的敌人，长官，在那里；您的大炮在那里。"根据卢肯的说法，诺兰指向的，不是堤道高地上的英军大炮，而是集结在北部峡谷最远处的哥萨克骑兵主力。在通往那里的道路两边，在堤道高地和菲久克希高地上，俄军都布置了很多加农炮和来复枪手。卢肯向卡迪甘下达了进攻的命令，卡迪甘指出让轻骑兵冲向一个被敌人火力三面包围的峡谷是疯狂之举，但是卢肯坚持他必须服从命令。卡迪甘和卢肯是连襟，却又相互讨厌对方。这一点通常被历史学家们用来解释为什么两人没有好好商量，找出一个规避拉格伦命令的办法（拉格伦的命令得不到下属的执行，也已经不是第一次了）。但也有另外的证据显示，卢肯担心如果他违抗拉格伦的命令，再一次不让轻骑兵旅发起冲锋，部队的反抗情绪将会爆发。卢肯自己在后来写给拉格伦的信中说，如果他违抗这道命令的话，将"让我和骑兵部队遭到各种诽谤中伤，而我将无法为自己辩护"——显然当说"诽谤中伤"时，他想到的是自己的手下以及其他英军部队。[27]

轻骑兵旅一共六百六十一名骑兵开始沿着北部峡谷平缓的下坡路向前行进，第十三轻龙骑兵团和第十七枪骑兵团（17th Lancers）组成第一道阵线，由卡迪甘带队，第十一骠骑兵团（11th Hussars）紧随其后，再后面是由第八骠骑兵团和第四（女王御用）轻龙骑兵团（4th［Queen's Own］Regiment of Light Dragoons）组成的阵线。

他们距离北部峡谷的尽头约两千米远，按标准速度通过需要七分钟时间——在那段时间内他们将面临来自左侧、右侧和前方的敌方炮火和滑膛枪的攻击。当第一行骑兵进入小跑状态时，与第十七枪骑兵团在一起的诺兰独自冲向前方，挥舞着手中的剑，向骑兵们呼喝。描述这一事件的各种版本中，大部分说他要骑兵们尽快加速跟上，不过也有一些版本说他意识到了自己的错误，试图引导轻骑兵旅转 249
向堤道高地，也可能是南部峡谷，在那里轻骑兵可免遭俄军炮火的轰击。不论真实情况如何，俄军发射的第一发榴弹在诺兰头顶爆炸，他当即身亡。不知道是因为效仿诺兰的榜样，还是他们自己迫切的求战心情，抑或是为了以最快速度避开来自侧面的火力，反正打头的两个骑兵团在还没有收到冲锋命令的时候，就开始策马向前狂奔了。"加油！"一名第十三轻龙骑兵团的士兵喊道，"别让那些混蛋（第十七枪骑兵团）抢先了。"[28]

英军轻骑兵冒着来自周围山坡上的交叉火力全速向前，加农炮弹飞舞而下，炸开地面，滑膛枪子弹如同冰雹一般砸来，击中士兵，射倒战马。"炮声和爆炸声震耳欲聋，"第十一骠骑兵团的邦德军士（Sergeant Bond）回忆道。

> 烟雾浓得让人几乎什么也看不见。到处都有战马和骑兵倒下，没有受伤的战马都饱受惊吓，我们无法让它们直线奔跑。一个名叫奥尔里德（Allread）的士兵骑在我的左侧，忽然就像块石头一样掉下马去。我回头一看，只见这个可怜的家伙仰面躺在地上，右边太阳穴处被打得稀烂，脑浆流了一地。

第十七枪骑兵团的骑兵怀特曼（Trooper Wightman）目睹了自己的军士被击中："他的脑袋被一颗加农炮弹打飞，但是无头的身体依然坐在马鞍上，继续向前了约三十码，长矛依然紧紧地夹在他的右臂下。"第一条冲锋阵线上倒下的士兵和战马实在太多，在后方一百米处的第二条线的骑兵不得不绕行或是减速，以避免踩到地上的伤员，或是躲开饱受惊吓、到处乱跑的无人战马。[29]

在几分钟内，第一条冲锋线上幸存的骑兵已经冲到了俄军炮兵阵地上。据说卡迪甘第一个穿过了敌人阵线，他的战马在最后一刻往后缩了一下，躲过了近距离的齐射。"火焰、浓烟、吼叫，迎面直扑而来"，第十七枪骑兵团的托马斯·莫利下士（Corporal Thomas Morley）回忆道，他将之比作"骑马冲进火山口"。用手中长剑砍倒俄军炮手之后，轻骑兵旅挥舞着马刀向哥萨克骑兵冲去。哥萨克骑兵本来是受雷若夫命令向前保护炮兵的，其中一些大炮正被英军骑兵拖走，但是哥萨克骑兵还没来得及准备好就已经遭到轻骑兵旅的攻击。"看到一支军纪严明的骑兵部队向他们逼近"，哥萨克骑兵"陷入了一片惊慌混乱中"，一名俄军军官回忆道。当哥萨克骑兵调转马头，想夺路而逃时，却发现逃生之路被后面的骠骑兵堵住了。为了求生，他们拿出滑膛枪在贴身距离内朝友军开枪。俄国骠骑兵遭此意外，也开始恐慌，转身向后逃跑，结果又撞上他们身后的其他骑兵部队。整个俄军骑兵部队开始相互踩踏，朝恰尔根方向狼狈溃逃，有些还不忘拉上大炮。英军轻骑兵旅的尖兵虽然在人数上处于一比五的劣势，却一直追击到了乔尔纳亚河边。

一名下级炮兵军官斯捷潘·科茹霍夫（Stepan Kozhukov）在乔尔纳亚河边的高地上目睹了俄军骑兵的大溃逃。他描述说骑兵们挤在桥梁附近，而俄军乌克兰斯基团（Ukrainsky Regiment）和他所属的炮兵连收到命令，必须堵住他们的退路：

> 他们一直在那里相互踩踏，混乱程度有增无减。在恰尔根

山沟（Chorgun Ravine）的入口处，也就是包扎站所在的地方，四个骠骑兵团和哥萨克骑兵团挤在一起。就在这一大堆混乱的人马中，有孤立的几处，你能凭他们的红色制服分辨出是英国人。看到眼前发生的一切，他们大概和我们一样惊讶……敌人很快得出结论，他们完全不用担心这些被吓蒙了的骠骑兵和哥萨克人，在厌倦了砍杀之后，他们竟然决定按原路返回，再次穿过加农炮和来复枪的交叉火力。几乎没有语言可以描述这些疯狂的骑兵所取得的战绩。在进攻途中他们损失了至少四分之一的兵力，却似乎对危险和损失完全没有感觉，很快整理队伍返回，重新经过那一片遍地都是死伤战友的空地。怀着令人恐惧的勇气，这些凶猛的疯子又出发了，没有一个活着的、哪怕是受了伤的英军骑兵投降。我们的骠骑兵和哥萨克骑兵花了很长时间才缓过神来，他们一直以为敌人的整个骑兵部队都在追杀他们，当得知击垮他们的不过是一小队不怕死的敌人时，他们恼羞成怒，不愿意承认事实。

哥萨克骑兵最先从惊慌中清醒过来，但是他们不愿意返回战场，而是"为自己找了其他一些事情做——抓战俘，杀害躺倒在地的伤员，把英军战马聚集起来售卖"。[30]　　　　　　　　　　251

　　当轻骑兵旅在返回路上重新经过北部峡谷的交叉火力带时，利普兰季下令在堤道高地的波兰枪骑兵（Polish Lancers）对他们进行拦截。但是在目睹了轻骑兵旅冲过俄军火力网、击垮哥萨克骑兵的举动之后，波兰枪骑兵没什么意愿和这些勇猛的轻骑兵作战。他们攻击了一小股英军伤兵，但在大队人马经过时却没有什么动作。第四龙骑兵团的指挥官乔治·佩吉特勋爵（Lord George Paget）将第八骠骑兵团和第四轻龙骑兵团组织在一起撤退，当他们临近波兰枪骑兵时，"[枪骑兵们] 小跑着向我们的方向移动"。

　　　　然后枪骑兵们停了下来（当然谈不上是"立正"），露出一
　　种困惑的神情（我想不出其他词来形容），而这天在此之前我已
　　经两次使用了这个词。他们先头中队右翼的一些士兵……和我
　　们的右翼有短暂的冲撞，但是除此之外，他们什么也没有做。
　　事实上两军之间只有不到一匹马的距离，但是他们就让我们这
　　样小心翼翼地从面前过去了。当我们通过他们的防线时，我相信，
　　没有损失一个人。这是怎么做到的，我不知道！对我来说还是
　　一个谜！即使那支部队是由英国女士组成的，我觉得我们中都
　　不可能有一个人能逃得出来。[31]

　　实际上，英国女士们此时正在萨坡恩高地上，和其他观战者一
起看着轻骑兵旅的战士们三三两两地往回撤退，许多都受了伤。观
战者之一是范妮·杜伯利，她不仅心怀恐惧地观看了战事，那天下
午她还和丈夫一起，就近观察了战场上的惨状：

　　　　我们慢慢地骑过早晨战斗发生的地点，周围是已经死去的
　　和濒临死亡的战马，不计其数。在我身边背部朝天趴着一名俄
　　军士兵，一动不动。在我右边不远处的一座葡萄园里，一名土
　　耳其士兵四肢张开，已经死了。战马大部分都死去了，全都没
　　有了马鞍，死去时的姿态表明它们经历了极端的痛苦……然后
　　我们还看到受伤的士兵正在向山坡上爬去！[32]

在六百六十一名参加冲锋的轻骑兵中，一百一十三名战死、
一百三十四名受伤、四十五名被俘，三百六十二匹战马失踪或被杀，

252

这个数字并不比俄军方面的伤亡人数高出多少（俄军有一百八十人伤亡——几乎所有伤亡都发生在第一和第二条防线），也远远低于英国报刊报道的数字。《泰晤士报》报道说八百名骑兵发起冲锋，只有两百人返回；而《伦敦新闻画报》（*Illustrated London News*）报道说只有一百六十三人安全返回。根据这些报道，这场战斗很快演变成一个凭借英国将士的英勇牺牲来挽回"失误"的悲剧传说——在阿尔弗雷德·丁尼生（Alfred Tennyson）的著名诗歌《轻骑兵冲锋》（"The Charge of the Light Brigade"）出版后，这一神话就在英国文化中永远扎下根来。这首诗发表在事件发生的两个月后：

> "前进，轻骑兵！"
> 有没有哪个惊慌失措？
> 虽然无人退缩，但战士们知道
> 有人犯了大错。
> 他们的职责不是抗命，
> 他们的职责不是辩驳，
> 他们的职责是行动和付出。
> 冲进死亡峡谷的
> 是那六百名骑手。

但是和这一"光荣失败"神话所描述的情况相反，尽管付出了沉重的伤亡，但轻骑兵冲锋在某种程度上是一个成功。骑兵冲锋的目的是打乱敌人防线，把他们从战场上吓跑，所以从这一点上来说，正如俄军所承认的那样，轻骑兵冲锋达到了目的。英军在巴拉克拉瓦战场上的真正失误，不是轻骑兵冲锋，而是当重骑兵打退了俄军骑兵，以及在轻骑兵击溃对方阵线后，没有采取任何后续动作，一举消灭利普兰季的部队。[33]

英国人责怪土耳其人造成了巴拉克拉瓦的失败,指责土耳其人因怯懦而丢掉了土岗。英国人后来还声称土耳其人抢劫财物,不仅偷盗英军骑兵的东西,还去周围村庄打劫,"对巴拉克拉瓦周围不幸的村民施以冷血暴行,割开男人的喉管,把他们柜子里的东西洗劫一空"。卢肯的土耳其语翻译约翰·布伦特认为这一指责是不公平的,而且即使抢劫真的发生了,作孽的也是那些"跟着军队跑的来路不明的人,经常能看到他们游荡……在战场"。在以后的日子里,土耳其人受到了极为恶劣的对待,据布伦特说,他们经常被英军殴打、咒骂、吐口水、讥讽,有时候被迫"替英军扛背包蹚过巴拉克拉瓦道路上的积水和泥沼"。在英军眼里,土耳其士兵和奴隶没什么两样,命令他们挖战壕,或是在巴拉克拉瓦和塞瓦斯托波尔高地间运输沉重的物资。因为宗教信仰的原因,大部分英军配给的口粮土耳其士兵都不能吃,所以他们从来都没有足够的食品供应。情况严重时,一些土耳其士兵开始偷东西,因此遭受英军指挥官鞭笞,远远超过英军自己最多四十五下的规定。有四千名土耳其士兵参加了 10 月 25 日的巴拉克拉瓦战役,到 1854 年年底,这些人中一半死于营养不良,还有许多因为太虚弱而无法参战。然而,土耳其人依然举止庄重,至少在布伦特看来是这样,"遭遇恶劣的对待和长时间的折磨,他们却表现坚忍,让人感到震惊"。巴拉克拉瓦的土耳其军队指挥官,埃及人吕斯泰姆帕夏(Rustem Pasha)呼吁士兵们"耐心服从,不要忘记英国军队是苏丹的客人,是来捍卫奥斯曼帝国尊严的"。[34]

在俄罗斯方面,巴拉克拉瓦战役被当作一场胜仗来庆祝。占领堤道高地的土岗确实可以说是一场战术胜利,俄军已经占领关键位置,可以随时进攻联军在巴拉克拉瓦和塞瓦斯托波尔高地之间的补给线，英军退缩到了卡迪科伊附近的内部防线。第二天，塞瓦斯托波尔举行了东正教游行，缴获的英军大炮被拉到街上，俄军士兵还展示了其他各种战利品：英军大衣、佩剑、军袍、头盔、靴子还有军马。塞瓦斯托波尔城内的士气也因为这场胜利立刻高昂起来。自从阿尔马战败以来，俄军第一次感到自己可以在开阔地上与联军一争高下了。

10 月 31 日，沙皇正在加特契纳（Gatchina）行宫，来自塞瓦斯托波尔的信使一大早就给他带来了胜利的消息。当时安娜·丘特切娃正陪伴皇后在军火库大厅（Arsenal Hall）欣赏贝多芬乐曲的演奏，她在日记中描述了当天的情景：

> 这条消息让我们所有人的情绪都高涨起来。当沙皇来见皇后，告诉她这个好消息时，因为实在太激动了，他在我们所有人面前一下跪倒在神像面前，眼泪直流。皇后和她女儿玛丽亚·尼古拉耶芙娜（Maria Nikolaevna）看到沙皇这副吓人的样子，以为塞瓦斯托波尔沦陷了，也双双跪倒在地。但是他终于冷静下来，告诉了她们这一让人高兴的消息，并且马上下令举行感恩祈祷仪式，宫廷里所有人都参加了。[35]

* * *

受到巴拉克拉瓦之战胜利的鼓舞，俄军在第二天向英军右翼的哥萨克山（Cossack Mountain）发起了进攻。这是一座 V 字形的山梁高地，两千五百米长，由北向南连接塞瓦斯托波尔东部和乔尔纳亚沿岸地区，整个地区被英军称为因克尔曼山（Mount Inkerman）。10 月 26 日，五千名俄军士兵从塞瓦斯托波尔出发，在费奥多罗夫上校（Colonel Fedorov）的指挥下，向东行军，然后转向南方，爬上了哥萨克山。当时德莱西·埃文斯指挥的英军第二师驻守在山顶高地南部的"故乡山脊"（Home Ridge），从那里再往南是陡峭的下坡路，一直延伸到巴拉克拉瓦平原。此时埃文斯手下只有两千六百名士兵可以调度，其他人都在别处挖堑壕。虽然英军完全没有防备，但是部署在炮弹山（Shell Hill）的外围警戒哨在发现俄军后，成功地用手中的米涅来复枪抵挡了一阵，让埃文斯有时间调来炮火支援，在俄军视野之外布置了十八门大炮。他让手下部队把俄军引诱到大炮射程之内，然后一阵炮轰，把俄军赶了回去，几百名死伤的士兵被丢在故乡山脊前的树丛中。[36]

还有更多的俄军士兵被英军俘虏了，许多人自愿投降或是偷偷逃到了英军这边。他们带来了有关塞瓦斯托波尔的各种可怕故事，说那里水源不足，医院人满为患，到处是在炮击中受伤的人和霍乱患者。一名在俄军中服役的德国军官告诉英国人"他们不得不离开塞瓦斯托波尔，因为城内气味实在难闻，街道上躺着死伤者。以他的观点，这座城市很快将落入英国人手中"。据第二十团的主计官戈弗雷·莫斯利（Godfrey Mosley）的说法：

255

> 几天前出城袭击我们的部队……全都醉醺醺的。医院里的味道如此难闻，你最多只能在里面待几分钟。一名被俘的军官告诉我们，他们都是先被灌了许多酒，等到情绪激昂的时候，就有人鼓动他们，说谁和我一起去把英国狗赶下大海。结果是他们被我们赶回了老地方，而且在短时间内损失了约七百名士兵。这位军官还告诉我们，如果我们在刚刚抵达时就发起进攻，很容易就能把城攻下，但是现在会有点困难。[37]

事实上，俄军的这次袭击只是一次试探，目的是为在因克尔曼山对英军发动大规模进攻做准备。这是沙皇本人的主意。他在得到拿破仑三世准备向克里米亚投入更多兵力的消息后，认为缅什科夫应该利用俄军在人数上的优势，在增援法军到来之前，尽快打破围困，或者至少将战事拖延到冬天（"我有两个将军，他们从来没让我失望过：一月将军和二月将军。"尼古拉说道，用了一句1812年战争后流传下来的俗话）。11月4日，俄军又得到了更多增援：两支从比萨拉比亚赶来的步兵师到达了，分别是隶属第四军的第十师，由索伊莫诺夫中将（Lieutenant General Soimonov）指挥，以及第十一师，由帕夫洛夫中将（Lieutenant General Pavlov）指挥。现在缅什科夫手下已有一支十万七千人的部队可以调动，这还不包括水手。一开始缅什科夫还反对发动新一轮进攻的想法（他依然倾向于放弃塞瓦斯托波尔），但是沙皇态度坚决，甚至派他的两个儿子米哈伊尔大公（Grand Duke Mikhail）和尼古拉大公（Grand Duke Nikolai）前来鼓舞部队并且保证施行他的计划。在这样的压力下，缅什科夫终于同意发起攻势，他相信相对于法军来说，英军比较好对付。一旦俄军攻占因克尔曼山，在上面建立炮台，那么联军围困部队的右翼后方将暴露在俄军炮火之下，这时联军必须得重新夺回因克尔曼高地，否则将不得不放弃围困计划。[38]

俄军10月26日发动的袭击虽然损失惨重，却暴露了因克尔曼山上英军防守的薄弱。德莱西·埃文斯和伯戈因好几次提醒拉格伦这些关键的高地易受攻击，必须加强防守兵力构筑工事。博斯凯指挥的法军步兵师驻守在因克尔曼山南侧的萨坡恩高地，他几乎每天都写信给拉格伦，发出同样的警告，而且法军总指挥康罗贝尔还承诺立即提供协助。但是拉格伦没有采取一点措施加强防守，即使是在遭到俄军袭击之后也不见动静。法军指挥官大为不解，为什么"如此重要、如此暴露的位置"竟然"完全没有防御工事保护"。[39]

　　拉格伦的无所作为不仅仅是出于疏忽，也是一种对风险的估算：英军人数太少，战线严重拉开，不可能保护所有位置。如果敌人在多个位置同时发起进攻，英军将无力应付。在 11 月的第一个星期，英军步兵已经精疲力竭。自从在克里米亚登陆以来，他们几乎没有好好休息过，就像列兵亨利·史密斯（Private Henry Smith）在 1855 年 2 月给父母的信中所写的那样：

　　　　在阿尔马和巴拉克拉瓦战役结束后，我们立刻投入了工作。从 9 月 24 日起，我们每天的休息时间从未超过四个小时，很多时候，甚至连一杯咖啡都没来得及煮，就被分派执行其他任务了，这样直到 10 月 14 日。虽然炮弹和子弹像冰雹一样在头顶飞过，但是我们已经太疲倦了，这时候你让我们睡在炮口都可以……我们经常必须连续二十四小时待在堑壕里，而且那里没有一个小时是干的，所以当我们回到营地时全身都湿透了，泥巴甚至浸没到肩头。就是这样，我们还得行军前往因克尔曼，饥肠辘辘、口渴难耐，却连一块面包和一口水都没有。[40]

　　缅什科夫的计划就是 10 月 26 日袭击（后来这场演练被称为"小因克尔曼"）的放大版。11 月 4 日，第四军的两个师刚从比萨拉比亚赶到，缅什科夫就下达命令，宣布进攻将在第二天早晨六点开始。索伊莫诺夫将带领一万九千人的部队和三十八门大炮，沿着与 10 月 26 日相同的路线发起攻击，占领炮弹山。帕夫洛夫的部队（一万六千人和九十六门大炮）从东面过来，在越过乔尔纳亚河之后，从因克尔曼桥（Inkerman Bridge）上山。两支部队在炮弹山会合后，由丹嫩贝格将军（General Dannenberg）接替指挥，将英军从因克尔曼山上赶下去。与此同时，利普兰季的部队负责干扰博斯凯在萨坡恩高地上的部队。

这个作战方案要求不同攻击部队之间高度协调行动，在一个无线电还没有发明的年代，这个要求对任何军队来说都太高了，更别说是俄罗斯军队了，他们连高分辨率的地图都没有。*在作战中途还要更换指挥官——这样的安排几乎是在等待灾难发生，特别是接替指挥的还是丹嫩贝格。他是参加过拿破仑战争的老兵，有一系列失败和迟疑不决的纪录，难以激发士兵的斗志。但是这个作战方案的最大缺陷是以为能将三万五千名士兵和一百三十四门大炮布置在炮弹山狭窄的山脊上，那里是一片崎岖的灌木丛地，只有三百米宽。丹嫩贝格意识到这样的安排不现实，于是在行动开始的最后关头改变计划。11 月 4 日深夜，他命令索伊莫诺夫改变计划，不要从北边爬上因克尔曼山，而是向东行军至因克尔曼桥，掩护帕夫洛夫的部队渡河。然后以这座桥为起点，进攻部队从三个不同方向爬上因克尔曼山，从侧翼包抄英军。这一突然改变令人迷茫，但是更让人迷茫的事情还在后头。凌晨三点钟时，索伊莫诺夫已率领部队从塞瓦斯托波尔向东，朝着因克尔曼山的方向行进，忽然收到另一条丹嫩贝格的命令，让他调转方向，准备从西边发起进攻。索伊莫诺夫认为现在改变行动将危及整个计划的成功机会，于是决定不听从丹嫩贝格的命令，转而采用他本人倾向的方案，从北边发起进攻。就这样，仗还没有开始打，三名指挥官的作战方案就已经不一样了。[41]

凌晨五点钟的时候，索伊莫诺夫部队的尖兵已经悄悄爬上了高地，还运上去了二十二门野炮。过去三天一直在下大雨，陡峭的山

258

---

* 索伊莫诺夫依靠的是一份海军地图，上面对陆地没有任何标记。他的一名参谋用手指在地图上比划了一下地形。（A. Andriianov, *Inkermanskii boi I oborona Sevastopolia*［*nabroski uchastnika*］, St Petersburg, 1903, p. 15）——原注

坡泥泞湿滑，士兵和马匹艰难地运送野炮上山。那天晚上雨停了，升起一片厚厚的雾，掩护了他们行动。"浓雾保护了我们，"安德里阿诺夫上尉（Captain Andrianov）回忆道，"我们只能看到前方几英尺远的地方。湿气让人感觉寒冷刺骨。"[42]

浓雾对后来的战事发展起了关键作用。士兵看不到高级指挥官在哪里，命令失去了意义。士兵只能依赖连队指挥官，当连队指挥官也找不到的时候，就必须自己做决定，依靠自己独立作战，或是与那些他们能看得到的战友协同，基本上必须自己想办法。这场战斗将成为一场"士兵的战斗"——这是对现代军队的终极考验。所有进展都依赖小作战单位的内部合作，每一名士兵都成为自己的将军。

在开始的几个钟头内，浓雾对俄军有利，掩护了他们的行动，让他们能摸到离英军位置非常近的地方，滑膛枪和大炮在射程上与米涅来复枪的差距也不重要了。英军设在炮弹山的警戒哨没有察觉到俄军的逼近。为了躲避恶劣的天气，他们转移到了山脚，在那里他们什么也看不到。他们在晚上稍早时听到了军队行进的声音，却未能触发应有的警觉。列兵布卢姆菲尔德当天晚上在因克尔曼山担任警戒任务，能够感觉到来自塞瓦斯托波尔的躁动，整个晚上教堂的钟声都断断续续地响着，但是他什么也看不到。"外面是一片浓雾，浓到我们都看不见在十码以外的人，而且几乎整夜都在下小雨，"布卢姆菲尔德回忆道，"直到午夜前，一切还都很正常。午夜时分，一些哨兵报告说听到轮子滚动的声音，还有听上去像是上子弹和炮弹的声音，但是执勤军官没有进一步关注。整个夜晚，从九点钟开始，教堂的钟声一直在敲，乐队在演奏，整个镇子笼罩在一片巨大的噪音中。"

在他们还没醒悟过来时，炮弹山的警戒哨就被索伊莫诺夫的

259

骚扰部队占领了。紧接着，俄军步兵的先头部队在雾中出现，一共有六千人，分别来自科雷万斯基（Kolyvansky）、叶卡捷琳堡（Ekaterinburg）和托姆斯基（Tomsky）三个团。俄军在炮弹山上架好了大炮，开始用火力压制英军防线。"当我们后撤时，俄军正像恶魔般吼叫着向我们冲来。"指挥警戒任务的休·罗兰兹上尉（Captain Hugh Rowlands）回忆道，他带领手下人后撤，沿着山坡往上爬，撤到后方一个制高点后，命令手下开枪还击，结果发现来复枪的火药已经被雨完全淋湿，打不响了。[43]

枪炮声终于惊醒了第二步兵师，士兵们身着内衣东奔西跑，忙着穿上衣服，收起帐篷，然后抓上来复枪加入队伍。"非常匆忙混乱，"德比郡团的乔治·卡迈克尔（George Carmichael）回忆道，"一些拉零散包裹的牲畜被枪声惊吓了，在营地里狂奔，在各处执行不同任务的士兵纷纷赶回来加入队伍。"[44]

当天第二师的指挥官是彭尼法瑟将军（General Pennefather），他是德莱西·埃文斯的二把手，埃文斯早前因为从马上摔下来受了伤，把指挥权交给了彭尼法瑟，但是他依然留在营地指导工作。彭尼法瑟选择了与10月26日不同的战术，没有像埃文斯那样将敌人引诱到英军部署在故乡山脊背后的大炮射程内，而是不断向警戒哨增兵，尽量阻止俄军靠近，以此争取时间等待援军到来。彭尼法瑟不知道这一天英军面对的是超过六倍人数的俄军，但他的战术靠的是在浓雾掩护下，敌人不知道他缺乏兵力。

英军士兵在彭尼法瑟的指挥下勇敢抵抗俄军的进攻。他们在前方以小组方式作战，相互之间被浓雾和烟尘隔离。因为位置太靠前了，彭尼法瑟根本看不到他们，更别说指挥他们，或是用炮火支援了。故乡山脊上两个野炮连的炮手只能朝着大概是敌人的方向开炮。卡迈克尔和他的部队一起躲在英军大炮后方，他看到炮手们正在尽其所能跟火力猛得多的俄军炮台抗衡：

> 我想象他们是对着敌人设在炮弹山上的大炮发射时的火光
> 开炮的，每次都吸引更多的炮火到自己身上。一些 [炮手] 倒下
> 了，我们也被殃及，尽管我们被命令卧倒在地，尽可能利用山
> 脊保护自己。一颗加农炮弹落在我们连队的藏身之处，前排一
> 名士兵的左臂和双腿被打飞，他后面的一名士兵被打死，身上
> 却看不出有什么伤痕。其他连队也有伤亡……大炮……以最快
> 的速度装填、发射，每次成功的发射，后坐力都让大炮朝我们
> 的方向冲来……我们帮助炮手把大炮推回原来位置，有些人还
> 帮着搬运炮弹。[45]

这一阶段英军炮手的主要任务是保证大炮高频率发射，让俄军
通过英军大炮发射的轰鸣声以为英军的大炮数量比他们实际拥有的
多，用炮火换时间，等待援军到来。

如果索伊莫诺夫知道英军防守的弱点，他一定会命令俄军向故
乡山脊发动冲锋；但是在浓雾中，他什么也看不到，而敌人的猛烈
射击，特别是英军采用米涅来复枪在俄军逼近后才开始射击，致命
地精准，因此他决定等待帕夫洛夫的部队上来之后才发动进攻。几
分钟之后，索伊莫诺夫被英军来复枪子弹击中身亡，接替指挥的
普利斯托夫伊托夫上校（Colonel Pristovoitov）也在几分钟后中弹
身亡，继续接替指挥的乌瓦日诺夫－亚历山德罗夫上校（Colonel
Uvazhnov-Aleksandrov）也被打死了。在那之后，谁应该接替指挥
就不是很清楚了，也没有谁急切地想出面承担责任。安德里阿诺夫
上尉被派骑马去与几位将军商量此事，又浪费了宝贵的时间。[46]

与此同时，在凌晨五点钟，帕夫洛夫的部队抵达了山脚下的因

克尔曼桥，却发现海军分遣队没有遵照丹嫩贝格的命令为他们准备 261
好渡河工具。他们只好等到七点钟桥梁架好之后才渡过乔尔纳亚河。
过河之后，他们分三路爬上高地：鄂霍次基（Okhotsky）团、雅
库茨基（Yakutsky）团、色楞金斯基（Selenginsky）团和大部分炮
兵在右侧，通过萨珀路（Sapper Road）向上攀登，与索伊莫诺夫
的部队会合。博罗金斯基（Borodinsky）团在中路，从沃洛维亚山
沟（Volovia Ravine）向上。左路的塔鲁京斯基团沿着采石场山沟
（Quarry Ravine）陡峭多石的山坡向上攀登，在索伊莫诺夫部队炮
火的掩护下向沙袋炮台（Sandbag Battery）进发。[47]

　　此时在高地上，到处是激烈的枪战。小股武装东奔西走，利用
厚密的树丛做掩护，相互射击，就像骚扰部队惯常做的那样，但是
最激烈的战斗发生在英军防线右翼的沙袋炮台附近。渡过乔尔纳亚
河二十分钟之后，塔鲁京斯基团的先头营打退了炮台的英军警戒部
队，但立即遭到一支七百人的英军混合部队的攻击，指挥这支部队
的是亚当斯准将（Brigadier Adams）。在激烈的徒手搏斗中，沙袋
炮台几度易手。到八点钟时，亚当斯部队与俄军人数之比已达一比
十，但由于战斗是在一条狭窄的山脊上进行，俄军在每次单独进攻
中显现不出人数优势。一旦英军重新控制炮台，俄军立刻对他们发
动数次反攻。列兵爱德华·海德（Private Edward Hyde）当时就在
炮台内，是亚当斯手下部队中的一员：

　　　　俄军步兵直逼上来，从前面和侧面爬上来，我们很艰难地
　　把他们赶出去。我们可以直接看到他们的脑袋从堞墙上冒出来，
　　或是从炮眼外看进来。我们以最快的速度向他们开枪或捅刺刀。
　　他们像蚂蚁一样冒出来，一个被我们打倒在地，下一个马上踩
　　着他的尸体冲过来，所有人都呼喝吼叫着。我们在炮台里的也

并不示弱，高声欢呼叫喊。击打的砰砰声，刺刀和佩剑相击的声音，子弹声，炮弹呼啸而过的尖叫，加上周围浓雾密布的景象，还有火药和鲜血的气味，我们所处炮台里的情景超过了人类能够想象或是描述的范围。[48]

最终英军再也抵挡不住了——俄军已经挤满了整个炮台——亚当斯和他手下的部队被迫撤向故乡山脊。但是很快增援部队来了，剑桥公爵带着掷弹兵团赶到了这里，向沙袋炮台周围的俄军发起了新的一轮进攻。这时候沙袋炮台对交战双方的象征意义已经远远超过了实际的战略意义。掷弹兵端上刺刀向俄军发起冲锋，剑桥公爵向手下士兵呼喊，让他们留在高处，不要因为追击俄军下山坡而分散了队形，但是没有几个人能听到他在喊什么，也没有人能在雾中看到他。掷弹兵乔治·希金森（George Higginson）看到冲锋"直朝崎岖的山坡而下，迎面冲向正往上推进的敌军"。

战士们发出狂热的呼喊……这正是我担心之处：我们勇猛的战士很快将失去控制。事实上，在这漫长的一天里，只有在很短的一段时间我们还试图保持某种队形；其他时间里，作战依靠连队指挥官带领小股部队进行，因为浓雾和步枪射击产生的大量烟雾，这些小股部队之间无法知道相互的位置。

战斗变得越来越激烈而混乱，有时候一方发起冲锋把对手赶下山坡，却遭遇另一股部队从更远处山坡上发起的反冲锋。双方士兵都完全丧失军纪，成为一群无秩序的暴徒，不受军官管制，完全被狂怒和恐惧支配，浓雾中无法看到对手更是增加了恐惧感。他们发动冲锋和反冲锋，呼喊尖叫，发射子弹，举剑狂舞，子弹打完之后就捡起石头相互投掷，用枪托砸，甚至用脚踢、用牙咬。[49]

在这样的战斗中，小作战单位内部的协同起了决定性作用。一切都取决于小股部队和他们的指挥官能否保持军纪和团结——这决定了他们是否能自我组织、守望相助地继续作战，而不是被吓破了胆或是逃之夭夭。在这次考验中，塔鲁京斯基团的士兵是不及格的。

霍达谢维奇是塔鲁京斯基团第四营的一名连队指挥官。他们的任务是占领因克尔曼山东部，掩护帕夫洛夫手下其他部队把石笼网和木柴捆运到高地，并针对英军位置构筑工事。在浓雾中他们迷了路，偏向了左边，与叶卡捷琳堡团满腹牢骚的士兵混在了一起，作为索伊莫诺夫的部下，这些士兵早已登上高地。霍达谢维奇手下的士兵被带回了采石场，这时候他们已经完全和叶卡捷琳堡团的士兵混在一起，无法指挥了。在没有军官带领的情况下，塔鲁京斯基团的一些士兵开始重新爬山，他们能够辨认出在前方有一些友军"站在一座小炮台前，高喊欢呼，摇着军帽示意我们向前"。霍达谢维奇回忆道："军号一直在吹前进号，我手下的一些士兵脱离了队形，直往前跑！"在沙袋炮台上，他发现手下士兵已完全失去秩序，来自各个团的士兵全部混在一起，军令结构彻底失效。他命令手下上刺刀冲锋，确实也打退了炮台里的英军守军。但是他们没有接着追击英军，而是留在炮台里，"忘记了自己的任务，开始到处乱跑找东西抢"，另一位军官回忆，他认为"会发生这样的事完全是因为没有军官和缺乏领导力"。

因为浓雾以及作战单位被打乱，俄军这边出现了多次友军互射事件。索伊莫诺夫的部队，特别是叶卡捷琳堡团的士兵，开始向沙袋炮台里的俄军开枪。有些人以为自己是在向敌人开枪，另一些人则是收到了指挥官的命令。这些指挥官因为手下抗命而感到害怕，于是让其他人向自己的手下开枪，作为维护军纪的办法。"当时的

263

混乱真是异乎寻常，"霍达谢维奇回忆道，"有些人在抱怨叶卡捷琳堡团，另一些在呼喊让大炮上来，军号继续不停地吹前进号，军鼓敲响让我们进攻，但是没有人往前动，他们就像一群绵羊似的呆呆地站在那里。"一声命令向左转的军号在塔鲁京斯基团里造成了突然的恐慌，他们觉得听到了远处法军的战鼓声。"到处都有人在喊：'预备队在哪儿？'"一名军官回忆道。士兵们害怕没有人来支援他们，开始往坡下逃跑，相互踩踏。据霍达谢维奇说："军官向士兵们叫喊，让他们停下，但是无人理会，没人想停下来。每个人都凭着自己的想象和恐惧乱跑。"没有任何军官，不管职位多么高，能够阻止士兵们惊慌后撤。他们一路溃逃，直到采石场山沟最底下，聚集在塞瓦斯托波尔引水渠周围，这条引水渠成为唯一能挡住俄军士兵溃逃的屏障。当第十七步兵师的指挥官基里阿科夫中将，就是在阿尔马战斗中途不见踪影的那位，出现在引水渠附近时，他骑着一匹白色军马，手里举起马鞭抽打士兵，呼喝着要他们爬回山上，但是没有一个士兵听他的，而且还有人顶撞道："你自己上去！"霍达谢维奇收到命令，要他重新集结手下，但这时他连队原来的一百二十人就只剩下四十五人了。[50]

当塔鲁京斯基团的士兵说他们听到了法军战鼓时，他们并没有弄错。早晨七点，拉格伦在抵达故乡山脊视察战斗情况时，就向位于萨坡恩高地的博斯凯发出了救援信息，他还下令将两门十八磅大炮从围困塞瓦斯托波尔的炮台处运上来，对抗俄军的加农炮，但是他的命令被传错了。博斯凯的部队其实在听到早前的枪炮声之后就意识到英军阵地出现了险情，朱阿夫士兵甚至听到了前一晚俄军行军的声音——在非洲作战的经历让他们学会了如何收听地面上传来的声音——所以他们已经准备好了，只等命令下来就马上出发杀敌。他们最得心应手的，就是在浓雾中、在布满矮树丛的山地作战：他们习惯了阿尔及利亚的山地战，最擅长以小股武装伏击敌人。朱阿夫士兵和法军的非洲猎兵急切地想投入战斗，但是博斯凯却按兵不动，担心南部峡谷利普兰季部队两万二千名士兵和八十八门野炮的动向，这支部队已经在戈尔恰科夫的指挥下向萨坡恩高地进行远距离的炮击了。"前进！让我们出发！是消灭他们的时候了！"当博斯凯来到朱阿夫部队跟前时，士兵们迫不及待地呼喊起来。他们心怀怒火，"就快发生暴动了"，路易·努瓦尔回忆道，当时他处在朱阿夫部队的第一方阵。

> 非洲人的急性子，让我们对博斯凯深深的敬意和真切的爱戴遭到了最大的考验。忽然间，博斯凯转过身去，拔出佩剑，身后是他手下的朱阿夫部队、土耳其部队和非洲猎兵，这些是他相处多年，从未给他打过败仗的部队。他将佩剑指向对面高地土岗上的两万名俄军，以雷霆之势喊道："前进！上刺刀！" [51]

265

其实对面利普兰季部队的人数并没有博斯凯担心的那么多，因为戈尔恰科夫愚蠢地决定把一半部队留在乔尔纳亚河后面作为预备队，又把其余部队分散布置在萨坡恩高地和沙袋炮台的底部斜坡上。但是朱阿夫部队并不知道这一情况，在浓雾中他们看不到敌人，以为自己人少力寡，决心凭着自己令人恐惧的战斗力出奇制胜。他们以小股部队为单位，以树丛为掩护向俄军队列射击。他们的战术是以各种方式吓跑俄军。他们一边向前跑，一边呼喝叫喊，同时朝天开枪，吹起军号，打起军鼓，尽量发出最大的声音。第二朱阿夫团的一名上校让·克莱尔（Jean Cler）甚至在战前动员时对他手下的士兵说："把你们的裤子张开得越大越好，尽量让你自己显得更大。" [52]

朱阿夫部队的猛烈进攻把俄军击垮了。刚一交手，他们的米涅来复枪就打掉了几百个俄军。在冲上故乡山脊后面的斜坡后，朱阿夫部队把沙袋炮台里的俄军赶了出去，然后一直追击到山脚下的圣克莱门山沟（St Clement's Ravine）。由于奔跑势头太猛，他们继续前进，冲到了采石场山沟。这里挤满了从山上撤下来的塔鲁京斯基团的士兵，当他们看到朱阿夫部队朝自己冲来，便惊慌地挤在一起，试图向敌人开枪，结果打到的大部分是自己人。朱阿夫部队的士兵面临俄军的交叉火力，向后撤去，往故乡山脊的方向爬去。

到了故乡山脊之后，他们发现英军面对帕夫洛夫部队夹击行动的右翼，正处于非常危险的境地。丹嫩贝格正指挥着鄂霍次基团、雅库茨基团和色楞金斯基团，加上索伊莫诺夫部队的剩余人员，再次向沙袋炮台发起进攻。战斗非常残酷，冷溪近卫团的威尔逊上尉（Captain Wilson）回忆，一波又一波的俄军端着刺刀冲上去，如果没有被子弹打倒，就与英军士兵展开"手对手、脚对脚、枪口对枪口、枪托对枪托"的搏斗。[53] 面对人数远远超过自己的俄军，冷溪近卫团的守军得到了卡思卡特第四师下属的、由托伦斯将军（General Torrens）率领的六个连的增援。新来的战士们急于参加作战（他们错过了巴拉克拉瓦和阿尔马战役）。当接到命令向沙袋炮台附近的俄军发起进攻时，他们沿着山坡一路狂追下去，完全忘了听从命令，结果在近距离被雅库茨基和色楞金斯基团从高处袭击。卡思卡特也在一片弹雨中阵亡，他被埋葬的地点后来被称为"卡思卡特山"（Cathcart's Hill）。

在这时候，沙袋炮台里剑桥公爵的近卫团就剩下最后一百人了，弹药也打光了，外面仍有两千名俄军。剑桥公爵提议在沙袋炮台坚持到最后——为这个没有重大战略意义的据点做出愚蠢的牺牲——但是他手下的参谋们劝服了他：如果女王的侄子和她的近卫军军旗

266

被带到沙皇面前，对英国来说将是一场灾难。希金森也在这群军官中，他将带领剩下的士兵撤向故乡山脊。"围在军旗周围，"他回忆道，

> 士兵们慢慢地向后退，保证正面对着敌人，手握刺刀，已准备好迎接敌人"冲锋"的那一刻。当一名战友倒下，不论是死是伤，他的同伴马上顶上他的位置。人数虽然越来越少，但一直保持着紧密的队列，眼睛都不眨地保护着军旗……好在我们右侧的地形非常陡峭，阻止了敌人试图从侧翼袭击的企图。时不时地，就有一些比其他人更愿意冒险的俄军士兵冲上前来，这时两到三个掷弹兵就会挺着刺刀冲出迎战，直到将其击退。总而言之，我们的处境非常危急。

就在此时，博斯凯手下的人马出现在了山脊之上。对英国人来说，法国人的身影从来没有如此让人欢欣鼓舞过。近卫军们向赶来的法国士兵欢呼，喊道："法兰西万岁！"法国人则回应道："英格兰万岁！"[54]

俄军被突然出现的法军士兵吓着了，撤回到炮弹山，打算巩固阵地。但是部队的士气已经受创，他们觉得面对英军和法军联手，自己胜算不大。许多人在浓雾掩护下，不被指挥官注意地悄悄溜走了。有一阵子丹嫩贝格认为他依然能凭炮火优势取胜：他手里有近一百门大炮，包括十二磅野炮和榴弹炮，数量比英军在故乡山脊上的多。但是在九点半时，拉格伦下令调来的两门十八磅重炮终于运到了，开始向炮弹山开火。巨大的炮弹在俄军炮台上炸开，迫使炮兵撤退。这时俄军并没有完全失败，在高地上还有六千人，在山下河对岸还有两倍人数的预备队。有些俄军依然在进攻，但是进攻阵形却被英军重炮撕开了。

终于，丹嫩贝格决定放弃进攻，将部队撤回，同时不得不忍受缅什科夫和两位大公愤怒的抗议。他们当时都在炮弹山后方五百米处的安全地带观战，要求丹嫩贝格收回撤退命令。丹嫩贝格对缅什科夫说："殿下，如果不让部队撤下来，那就是要他们战死到最后一人。如果您觉得结果不会是这样，那么不如把指挥权从我这里拿走，您亲自指挥。"这番对话之后，两人间激烈争执了很长时间，他们相互都受不了对方，都把因克尔曼战役的失败归咎于对方。无人愿意承担这场战役失败的责任，因为俄军人数可是占绝对优势的。缅什科夫怪罪丹嫩贝格，丹嫩贝格把责任推到索伊莫诺夫身上，而索伊莫诺夫已经阵亡无法辩驳，所有人又都责怪俄军士兵军纪不严且贪生怕死。但其实最终造成俄军作战过程中局面混乱的原因是缺乏有力的指挥，责任应该在缅什科夫身上。作为俄军总指挥，他主意全无，没有参与任何指挥行动。尼古拉大公看穿了缅什科夫，在给兄长、不久就将成为新沙皇的亚历山大的信中写道：

> 我们 [两位大公] 在因克尔曼桥附近等待缅什科夫亲王，但是他直到六点三十分才离开屋子，那时候我们的部队已经占领了第一个位置。我们一直和亲王待在右翼，一直没见到有哪位将军向他汇报作战进展……士兵们不守秩序，是因为没有人指挥他们……一切紊乱都源自缅什科夫。难以想象的是，缅什科夫竟然没有作战指挥部，他身边一共只有三个人。以他们的工作方式，如果你想了解什么情况，都不知道应该问谁。[55]

268

收到撤退命令后，俄军开始在惊慌中溃逃，军官们没有办法阻止这场"人肉雪崩"，而英法两军的炮火还在从后面飞来。"他们都吓傻了，"一名法国军官回忆道，"那已经不是一场战斗，而是一场屠杀。"成百俄军被击中倒地，其他人则被踩倒在地，溃军逃下山坡，直奔乔尔纳亚河上的桥梁而去，挣扎着过了河，有些干脆游到了对岸。[56]

有一些法军部队一路追杀过去，其中有十几个卢尔梅尔旅（Lourmel Brigade）的士兵还闯进了塞瓦斯托波尔。他们追杀得忘乎所以，不知道自己已经孤军深入，而其他法军部队早已停止追击回头了。当时塞瓦斯托波尔的街道几乎空无一人，因为整个城市的人都在战场作战，或是正在守卫棱堡。这些法军士兵一边前行，一边从街边屋子里抢东西，一直到了码头边。城里的平民百姓忽然看到几个法军士兵，吓得四散而逃，以为敌军已经攻进城里。这几个法国兵自己也吓得够呛，他们试图从海上离开，找到一条船后立即划船逃离。正当他们的船经过亚历山大要塞快要进入港口外的海面时，却被一颗从隔离炮台发射过来的炮弹直接击中沉没。卢尔梅尔旅战士的故事在漫长的围困战期间一直鼓舞着法军的士气，让他们相信自己可以凭大胆一击夺取塞瓦斯托波尔。许多人认为他们的经历表明联军可以也应该在俄军从因克尔曼高地上溃逃的时候继续追击，然后闯进城里，就像这几个大胆的士兵所做的那样。[57]

俄军在因克尔曼高地战役中损失了一万二千人，英军公布的伤亡数字是两千六百一十人，法军是一千七百二十六人。这么多人在短短四个小时的战斗中阵亡，实在让人感到恐怖——这样的人员损失速度几乎和第一次世界大战中的索姆河（Somme）战役有得一比。死伤的士兵被堆在一起，被炮弹炸飞的肢体到处都是。英国战地记者尼古拉斯·伍兹（Nicholas Woods）写道：

269

　　　有些尸体的脑袋不见了，就像被斧头砍掉了一样；一些大腿连根被炸飞；另一些手臂不见了；还有那些胸口或是腹部中弹的，就像被机器压烂的一样。横亘在道路上，肩并肩地躺着五名 [俄军] 近卫军士兵*的尸体，他们是在冲锋时被同一颗弹丸打死的。他们脸朝下，以同样的姿势趴着，双手还紧紧地握着滑膛枪，脸上严峻的表情一模一样，都痛苦地皱着眉头。

被杀的俄军大部分是被刺刀刺死的，路易·努瓦尔认为，他们脸上还留着被杀那一刻"狂热的仇恨"表情。

有些奄奄一息，但大部分已经死去，叠在一起，横七竖八地躺着。从一堆泛着黄色的血肉之躯中，有时能看到伸出的手臂，仿佛在祈求怜悯。仰面躺在地上的尸体，一般双臂伸出，看上去要么是在抵挡危险，要么是在祈求宽恕。每个人的脖子上都挂着奖章，或是小小的铜盒，里面是圣徒的画像。

在死人堆下有时还能发现活着的人，因为受伤倒地，后来阵亡的士兵就倒在了他们身上。"有时候，在一堆尸体下，"一名法国随军神父安德烈·达马斯（André Damas）写道，"我们能听见有人还在呼吸，但是他们没有力气把压在身上的躯体移开。即使他们微弱的呻吟有人听到，也还需要等待很长时间才能被救出来。"[58]

英军轻步兵师的科德林顿少将被那些趁火打劫尸体的行为惊呆了。"最令人感到恶心的是，你发现那些在战场上转悠着偷抢东西的人已经在你之前来过了，尸体身上的口袋被翻开了，东西被人割开了。这些人的目的就是找钱，所有值钱的东西都被搜过了——军

---

* 伍兹弄错了，俄国近卫军当时不在克里米亚。——原注

官的衣服被扒光了，因为他们穿得比较好，身上就被随便扔了件东西盖住。"他在 11 月 9 日写道。[59]

联军花了好几天时间才掩埋了自己军队的阵亡者，同时把伤员 270 送到战地医院。俄军的死伤者要等更长的时间。缅什科夫拒绝了联军提出的停战清理战场的建议，担心一旦俄军士兵看到己方死伤人数远远多于敌人，会影响士气甚至引发哗变。于是死伤的俄军就被丢在战场上好多天甚至好几个星期。战斗结束十二天后，法军上校克莱尔在采石场山沟底下发现了四名还活着的俄军伤兵。

> 这些可怜的人躺在一块突出的石头下面。当我问他们是怎么熬过这些天的时候，他们用手势回答。先是指向天，上天给他们送来了水，给他们带来勇气；然后又指向几块长了霉的黑面包碎块，是他们在周围躺着的众多尸体的背袋中找到的。

有些尸体直到三个月后才被发现。他们躺在泉水山沟（Spring Ravine）底下，已经冻僵了，用克莱尔的说法，看上去就像"干枯的木乃伊"。他注意到在阿尔马战役阵亡的俄军"看上去比较健康——衣服、内衣和鞋子都是干净整齐的"，而在因克尔曼阵亡的俄军就"看上去痛苦且疲惫"。[60]

和阿尔马战役一样，因克尔曼战役之后，同样流传着俄军对英法联军伤员施展暴行的传说。有人说他们打劫然后杀害躺在地上的伤员*，有时还残害尸体。英法联军的士兵把这些说法当作俄军"野蛮"的证据，还说这些人都被灌醉了酒。"他们毫无怜悯之心，"苏

---

* 这是一个可以理解的误会，因为在高地的浓雾和树丛中，躺在地上的不一定是伤兵，有些士兵会躺在地上伏击敌人。——原注

格兰燧发枪近卫团的休·德拉蒙德在 11 月 8 日给他父亲的信中写道，"这些事情应该让世人知道，因为一个号称文明强国的俄罗斯，竟然能做出这样野蛮的事来，实在是一桩丑闻。"另一位佚名的英军士兵在他的回忆录中也描述了俄军的"卑鄙行径"：

> 　　在夜色掩护下，他们从浓雾中忽然出现，就像魔鬼一样……心怀杀人的企图（公平作战不是他们的目标）。得到无良教士的祝福，获得担保说什么都可以偷。在烈酒刺激下，受到两个大公的鼓励……醉酒、疯狂、各种邪恶的情绪都被挑动起来，他们疯狂地冲向我方士兵。在因克尔曼，我们就看到俄军士兵不管在哪里看到受伤的联军士兵，都会用刺刀捅向他们已被撕裂划开的身体，殴打至脑浆迸裂，像恶魔一般扑向他们。俄军的丑恶行径给他们国家带来恶名，让全世界都感到恐惧和厌恶。[61]

　　但事实上俄军的这些行为更多与宗教仇恨有关。当拉格伦和康罗贝尔在 11 月 7 日向缅什科夫写信，抗议俄军暴行时，缅什科夫回复说，发生这些残杀的原因是赫尔松涅索斯的圣弗拉基米尔教堂被联军破坏了——这座教堂建在弗拉基米尔大公受洗，并带领基辅罗斯人投入基督教怀抱的地方，却被法军洗劫一空，还被用来修建围城工事。缅什科夫的回信经过了沙皇批准，他写道，摧毁圣弗拉基米尔教堂的举动，伤害了"我们士兵深切的宗教感情"，并且一再强调，在因克尔曼，俄国军人自己也是英国军队"血腥报复"的"受害者"。这方面的事实有些得到了法国克里米亚远征官方历史学家塞萨尔·德·巴藏古（César de Bazancourt）的承认，在他 1856年的记载中提到：

271

在离海岸不远处，在一片高低不平的地面上，有一座热那亚人要塞（Genoese Fort）的遗迹。从那里下坡，朝着隔离湾（Quarantine Bay）的方向，矗立着一座小小的圣弗拉基米尔礼拜堂。有一些零星的士兵，胆子比其他人大一些，经常会悄悄地摸到那里。在隔离湾方向有一片高低起伏的地带，那里有一些俄军弃用的建筑，他们就由那里进入礼拜堂，所有有用的东西都会被拿走——要么用来挡风遮雨，要么用来当柴火，当时柴火已经开始难以找到了。这些士兵洗劫礼拜堂，本身已经犯下了罪行，然而他们还会继续在战场上游荡，寻找任何可以抢掠的东西，不把任何军纪和法律放在眼里。他们跑到警戒线外，在夜幕中侵犯了这座被俄罗斯保护神庇佑的小礼拜堂。

272

但是如果俄军士兵真的是因为深切的宗教感情而做出种种暴行的话，可以很肯定地说，他们的行为是受到教士鼓励的。在因克尔曼战斗打响的前一晚，在塞瓦斯托波尔的教堂举行的礼拜中，俄军士兵们被告知英法联军是在为魔鬼而战，教士们要求士兵毫不怜悯地杀死他们，报复他们破坏圣弗拉基米尔的行为。[62]

* * *

因克尔曼之战对英法联军来说，是一场空虚的胜利。他们确实抵挡住了俄军最大规模的攻势，并且依然控制着塞瓦斯托波尔附近的高地。但是由于付出了很大的伤亡代价，国内舆论难以接受这一事实，特别是在公众了解到伤员们在军队医院内受到的糟糕对待之后。当这场战事的消息传回国后，整个克里米亚战争是否明智将受到严重质疑。遭到如此重大的人员损失之后，在援军到来之前，联军已不可能再对塞瓦斯托波尔发动新的进攻了。

11月7日，联军在拉格伦的指挥部召开了联席会议，法军从英军手里接管了因克尔曼山，不言而喻，现在法军已经代替英军成为联合军事行动的领导者。当时英军只剩下一万六千名可用兵力，控制着塞瓦斯托波尔城外联军堑壕的四分之一。在会议上，康罗贝尔坚持在明年春天之前，暂停任何对塞瓦斯托波尔的攻击，到时候联军应该会有更多的生力军加入。俄军的防守系统在联军第一次轰击时勉强挺住，但是在那之后已被大大加强。康罗贝尔指出，俄军已派来大批援军，再加上原来在塞瓦斯托波尔的军队，人数总计达十万之多（事实上，在因克尔曼作战后，俄军总人数仅为这个数字的一半）。他担心"只要奥地利对东方问题的态度不明朗，俄军将继续能够从比萨拉比亚和俄罗斯南部派兵增援克里米亚"。他的结论是，在英法两国与奥地利结成军事联盟，并且向克里米亚派来"数量巨大的援军"之前，联军没有必要在围困战中浪费士兵生命。拉格伦和他手下的幕僚同意康罗贝尔的分析，现在的问题是如何筹集物资让联军士兵能在塞瓦斯托波尔外的高地上度过冬天，当时他们携带的只有适合夏天作战的轻型帐篷。然而康罗贝尔相信"只要在现有帐篷下垫上一层石头，部队也许就能在这里过冬"。英军指挥部和他的想法差不多，"这里气候健康，"英军上校罗斯向时任英国外交大臣克拉伦登勋爵解释道，"除了北风较冷之外，冬季的寒冷不是那么严重。"[63]

想到要在俄罗斯度过冬天，许多人心中充满了一种不祥之感：他们想到了1812年的拿破仑。德莱西·埃文斯恳求拉格伦考虑放弃围困塞瓦斯托波尔，并将英军撤出。剑桥公爵提议将部队撤到巴拉克拉瓦，那里不仅容易获得给养，而且和无遮无挡的塞瓦斯托波尔周围高地相比，还能凭地形躲避寒风。拉格伦否决了两人的提议，坚持让部队驻扎在高地上度过整个冬季。两人认为这样做等于犯罪，双双辞去职务，在冬天到来之前，满怀厌恶和失望地回到了英格兰。两人的辞职在英军军官中引发了一阵离职的浪潮，在因克尔曼之战后的两个月时间里，在克里米亚的一千五百四十名英军军官中有二百二十五人离去，其中只有六十人后来返回。[64]

在各级官兵中，意识到无法很快在这里取得胜利更让他们士气低落。"为什么我们没有在阿尔马战役之后马上尽全力一击？"第三十三步兵团（33rd Regiment of Foot）的芒迪中校（Lieutenant Colonel Mundy）质问道。在11月7日给母亲的信中，他概括了军中的普遍情绪：

> 如果俄军真的像他们所说的那么强大，则我们必须放弃围困，因为大家都知道，凭着我们目前的力量，不可能在塞瓦斯托波尔有所作为。舰队派不上用场，目前的工作又如此让人困扰。当冷空气来袭时，成百上千的人将因为疲劳和疾病倒下。有时候士兵们连续六天都睡不上一场好觉，经常要连续工作二十四小时。别忘了，他们除了一条薄毯外，没有其他冬天的衣物。晚上的寒冷与潮湿非常厉害，而且因为担心敌人对堑壕、炮台和土岗发起进攻，我们一直处于焦虑中，根本睡不好觉。

274

因克尔曼战役之后的几个星期，寒冷的冬天到来了，联军士兵开小差的人数急剧上升，几百名英军和法军士兵主动向俄军投了降。[65]

对俄军来说，因克尔曼战役的失败是一个沉重的打击。缅什科夫确信塞瓦斯托波尔被联军攻陷已不可避免，在11月9日写给战争部长多尔戈鲁科夫亲王的信中，他建议放弃塞瓦斯托波尔，以让俄军集中力量防御克里米亚的其他地方。沙皇被手下军事总指挥的失败主义激怒了。"我们部队的英雄主义在哪里？付出了这么惨重的代价，我们现在就接受失败？"他在11月13日给缅什科夫的信中写道。"我们的敌人也一定遭受了重创吧？我不能同意你的观点。不要低头好吗？也不要鼓励其他人这么想……上帝在我们这边。"尽管言辞上显得不屈不挠，但是因克尔曼战役的失败让沙皇陷入深深的忧郁中，宫廷中所有人都能看出他的懊恼情绪。在过去，尼古拉一世会试图在其他人面前隐藏自己的心情，但是因克尔曼战败后，他再也不做掩饰了。"加特契纳宫既阴郁又沉寂，"丘特切娃在她的日记中写道，"到处都是忧郁的情绪，人们几乎不敢说话。看到君主的样子就足以让人心碎了。最近他越来越忧郁，脸庞憔悴，了无生气。"在战败的打击下，尼古拉一世对这位曾向他保证可以打赢克里米亚战争的军事总指挥丧失了信心，他开始后悔与西方列强开战的决定，转而向那些一直反对开战的幕僚——比如帕斯克维奇——寻求安慰。[66]

"这些奸险的事情想起来就令人作呕。"托尔斯泰11月4日在日记中描写战败的情形。

　　第十和第十一师进攻敌人的左翼……敌人阵地上有六千人——只有六千人，而我们有三万人——结果却是我们撤退了，损失了六千勇敢的战士。*我们不得不撤退，原因是一半部队没有炮火掩护——因为路不好走，大炮运不上来，而且——天知道为什么——我们没有来复枪营。可怕的屠杀！这一失误会重

275

---

* 托尔斯泰引用的是经过军队审查后公布的官方数字。俄军损失的真实数字是这个的两倍。——原注

压在许多人的灵魂之上！老天，饶恕他们吧。战败的消息传来，不由让人情绪失控。我看到老人放声大哭，年轻人发誓要杀了丹嫩贝格。俄罗斯人的精神力量是伟大的。在当前困难的日子里，许多政治真相会显露出来，继续发展。当俄罗斯身陷厄运中时，蓬勃升起的爱国主义热情将长久地留在她的身上。这些付出 [如此巨大] 牺牲的人将成为俄罗斯的公民，我们不会忘记他们的牺牲。他们将怀着尊严和骄傲参与俄罗斯的公众事务，因为战争而激发的热情，将把自我牺牲的精神和崇高的价值永远印在他们身上。[67]

自从随俄军从锡利斯特拉撤退后，托尔斯泰一直在基什尼奥夫，戈尔恰科夫把他的指挥部建在了那里。在那里他生活舒适，参加各种舞会，在牌桌上输了不少钱，但是他很快就厌倦了这种生活，梦想再次贴近观察战斗。"我现在有各种舒适的享受：住宿条件很好，有一架钢琴，吃得也好，经常有事可做，还有很好的朋友圈子，我又开始向往营地生活了，羡慕那里的人们。"托尔斯泰在 10 月 29 日给他姨妈图瓦内特的信中写道。[68]

出于为军中战士做点事情的想法，托尔斯泰和一群军官们计划出版一份期刊。他们把它叫作"军队公报"（"Military Gazette"），目的是教育战士，鼓舞士气，并且将士兵们的爱国与人性展现给俄罗斯社会。"这个计划让我非常高兴，"托尔斯泰告诉他哥哥谢尔盖，"刊物将发表对战事的描述——各种英勇行为；杰出人物的生平和哀悼词，特别是那些不为人知的人物；战场上的故事、士兵唱的歌、读者爱看的描写工兵本领的文章等等。"这份刊物必须很便宜，这样士兵们才买得起。为了提供资金，托尔斯泰把家里出售亚斯纳亚波利亚纳的一栋宅子的钱挪用了过来，这本来是让他用于

276

偿还赌债的。托尔斯泰最早的几篇小说就是为这份刊物写的：《俄罗斯战士是如何战死的》（"How Russian Soldiers Die"）和《日丹诺夫叔叔和马夫切尔诺夫》（"Uncle Zhdanov and the Horseman Chernov"）。在第二篇故事中，他揭露了一名军官的残暴。这名军官殴打一名士兵，不是因为他做错了什么，而是"因为他是一个大兵，而大兵就是该打的"。托尔斯泰意识到这么写不可能通过审查，于是在将出版刊物的计划递交戈尔恰科夫之前，把这两篇故事都抽走了。戈尔恰科夫把计划转给了战争部，但是被沙皇否决了，甚至类似的出版也不允许，因为沙皇不愿意出现一份非官方的士兵报纸来挑战政府自己的报纸《俄军伤员》（*Russian Invalid*）。[69]

因克尔曼战败的消息让托尔斯泰下决心一定要去克里米亚。他的亲密战友之一科姆斯塔迪乌斯（Komstadius）在因克尔曼战役中阵亡，两人原来还准备一起编辑"军队公报"的。"更为重要的原因是他的阵亡，这促使我要求分配到塞瓦斯托波尔去。"他在11月14日的日记中写道。"他让我为自己感到羞耻，"他后来向哥哥解释道，他的动机"大部分是出于爱国——我必须承认这种感情在我心中越来越强。"[70]但是还有另一个同样重要的原因促使他去克里米亚，那就是他对自己成为一名作家的预感。托尔斯泰想观察战争，想描写战争：向公众展示完全的真相——既有普通人出于爱国而做出的牺牲，也有军事领袖们的失职——从而促发一场政治与社会的变革，他认为战争必然会引发这场变革。

托尔斯泰从基什尼奥夫出发，路上花了几乎三个星期的时间，于11月19日抵达了塞瓦斯托波尔。他晋升为二级中尉，被分配到第十四炮兵旅第三轻炮兵连。让他恼火的是，他被分配在城里居住，离防御工程很远。那年秋天，托尔斯泰在塞瓦斯托波尔一共只待了九天，但是他在这段时间内看到的景象，已足以激发他的爱国自豪感，并从普通俄罗斯人身上看到了希望。这些情绪洋溢在《十二月的塞瓦斯托波尔》（"Sevastopol in December"）中，即他的成名作《塞瓦斯托波尔故事》的第一篇。"部队士气高昂，非笔墨所能描述，"　277
他在 11 月 20 日向谢尔盖写道，

> 　　一名奄奄一息的伤兵告诉我他们占领了法军第二十四炮台，却没有援军上来增援。他一边说一边哭了起来。一个坚守炮台的海军陆战队连，顶着敌人的炮轰坚守了三十天，在被命令撤下来时，几乎要造反了。战士们从没有爆炸的炮弹里取出引信，妇女冒着炮火给棱堡送水、为战士祈祷，[在因克尔曼战役中]一个旅的十六名伤兵坚决不撤离前线。多么了不起的时代！但是现在……我们安静下来了——现在的塞瓦斯托波尔非常美丽。敌人几乎不再向我们开炮，每个人都相信敌人不会攻占这里，真的是不可能的。目前有三种假设：第一是敌人正在准备发动进攻；第二是敌人用假工事吸引我们的注意，掩护他们悄悄撤离；第三是敌人在加强工事准备过冬。第一种假设最没有可能，第二种最有可能。我还没有机会参加作战，但是感谢上帝让我见到这些人，让我生活在这荣耀的时代。[10 月 17 日的] 炮轰不仅将是俄罗斯历史上，也将是世界历史上最灿烂辉煌的成就。[71]

第九章

一月将军和二月将军

11 月的第二个星期，冬天到来了。三天三夜，冰冷的风雨席卷
塞瓦斯托波尔外的高地，吹倒了英法联军的帐篷。泥泞中，士兵们
只能抱在一起取暖，全身湿透，瑟瑟发抖，能用来挡风遮雨的，只
有薄毯和大衣。紧接着在 11 月 14 日，克里米亚沿岸遭遇了暴风雨
的袭击。帐篷像纸片一样飞向天空，盒子、木桶、箱子和篷车被刮
起来又重重摔下。帐篷支撑杆、毯子、帽子和外衣、桌子和椅子在
空中打转，受惊的马匹挣脱缰绳在营地狂奔踩踏。树被连根拔起，
窗子被打烂，士兵们东奔西跑追着自己的衣物和物品，或是焦急地
寻找任何可以躲藏的地方。没了屋顶的谷仓和马厩、土岗背后或是
地上的洞穴都成为他们的藏身之处。"当时的情景让人难以想象，
所有的帐篷都倒了，所有人，有些还在床上，另一些像我一样……
还穿着衬衣……全身湿透，高喊着自己仆人的名字，"冷溪近卫团
的查尔斯·科克斯（ Charles Cocks ）在 11 月 17 日给兄弟的信中写道，
"最吓人的是大风，我们像张开翅膀的老鹰一样压在帐篷上，不然

它们就会被刮到塞瓦斯托波尔去了。"[1]

　　狂风刮了一上午，下午两点钟的时候，风停了，士兵们终于可以从躲藏的地方出来寻找自己被吹得七零八落的东西：泥地上湿透了的脏衣服和毯子、砸坏了的家具碎片，还有锅碗瓢盆和各种摔碎的东西。到了傍晚时分，气温开始下降，雨变成了大雪。士兵们试图重新搭起帐篷来，但是手指已经被冻僵，有些人干脆继续躲在谷仓和马厩里过夜，抵着墙壁，相互抱在一起，徒劳地寻求一丝温暖。　　279

　　但是，相对暴风雨在港口和海面上造成的破坏来说，联军的高地营地还算不了什么。范妮·杜伯利当时正在"南方之星号"（*Star of the South*）上，看到港口水面漂满了白沫，就像海水沸腾了一般，舰船剧烈摇晃，让人害怕。"浪花飞溅起来，越过悬崖，从几百英尺的高空落到港口，就像下大雨一样。舰船挤挤挨挨，一起随着海浪起浮，相互挤撞，成为碎片。"当时剑桥公爵正在其中一艘"严惩号"上休养，这场风暴把他吓坏了。"狂风非常恐怖，"他第二天向拉格伦写信报告，"我们从来没有经历过这样可怕的二十四小时。"

> 　　风暴中，两支锚都断了，船舵也折了。[我们]不得不把上甲板上的大炮丢到海里，仅仅依靠一支锚把船稳住。我们离海岸边的岩石只有两百码远，感谢上天，这支锚让我们没有撞上去……在颠簸中我撞得晕头转向，健康全垮了……我希望您不会反对我到君士坦丁堡修养一阵。吉布森（Gibson）（他的医生）的看法是，如果我此时在这样恶劣的天气条件下返回营地，将会卧床不起。[2]

　　港口外的情形更加糟糕，因为担心俄军会对巴拉克拉瓦发起新一轮进攻，大批供给船锚泊在一起。二十多条英军船只因为撞上岸边岩石而被毁，几百人丧生，损失了大量宝贵的冬季装备。最大的损失是蒸汽机船"亲王号"（Prince），船只沉没了，一百五十名船员中只有六人生还，同时还损失了四万套冬服。"果断号"（Resolute）被毁，损失了一千万发米涅来复枪子弹。在卡米什，法军舰队损失了战列舰"亨利四号"（Henri Quatre）和蒸汽机船"冥王星号"（Pluton），运输舰队损失了两条船和船上所有的船员和物资。一箱箱法国食品被海浪冲上俄军在隔离湾防线后方的海滩，最北的甚至漂到了叶夫帕托里亚。伊万·孔德拉托夫（Ivan Kondratov）是一名从库班来的步兵，11 月 23 日他在贝尔贝克河边的露营地上给家人写信：

> 暴风雨如此强烈，连巨大的橡树都被吹断了。许多敌人的船只沉没了。在舍基（Saki）附近沉没了三艘蒸汽机船。日罗夫（Zhirov）的哥萨克骑兵团从一艘沉没的运输舰上救起了五十名落水的土耳其人。他们相信在克里米亚海岸，有三十多艘船只沉没。所以我们到现在都一直在吃英国腌牛肉，喝朗姆酒和外国葡萄酒。[3]

遭到暴风雨破坏之后，法军在几天内就恢复过来，但是英军花的时间却长得多。后来在冬天，他们遇到的许多问题，如食品、住宿和医疗供应的短缺等，都直接和这场暴风雨有关，同时也说明英军供应系统的失败。冬天的来临，将这场战争变成了一次对后勤管理效率的考试——法军刚刚及格，英军则失败得非常难看。

联军指挥官们曾相信战事会速战速决，因此没有为在塞瓦斯托波尔外高地过冬做好准备，而且他们也没有想到此地的冬天会这么冷。英国人在这方面特别疏忽，没有给部队提供合适的冬装。士兵们是穿着军礼服来克里米亚的，一开始甚至连大衣都没有，第一批运来的冬装又随着"亲王号"沉到了海底，所以部队的冬装要到后来才会运到。法军的准备工作则好得多，他们给部队配发了羊皮外套，后来又配备了衬着皮毛、带帽子、被叫作"克里米亚人"（criméennes）的斗篷。先是发给军官，后来配给了所有士兵。法军当局还让士兵想穿多少层衣服就穿多少层，一点都没有英军要求所有士兵有"绅士般"着装和外表的怪癖。进入深冬之后，为抵御严寒，法军士兵穿得杂七杂八，看上去都不像支正规军了，但重要的是他们比英军士兵暖和得多。"放心吧，"第三朱阿夫团的弗雷德里克·雅皮（Frédéric Japy）写信安慰远在博库尔（Beaucourt）的焦虑的母亲：

> 我身上穿着很多层衣服，从里到外分别是：一件绒布背心（马甲）、一件衬衫、一件羊毛背心、军装、外套（短大衣），脚上是靴子，如果不执勤的话，我会穿皮鞋和裹腿——所以你看我没什么可抱怨的。我有两件外套，一件是朱阿夫部队发的，另一件又大又重，是我在君士坦丁堡买的，就是为了防寒，差不多有五十公斤重。当我在堑壕执勤时，我就穿着它睡觉。如果它被浸湿了的话，我提都提不动，更别说带着它行军了。如果可能的话，我会把它当作一件好玩的东西带回法国去。

路易·努瓦尔描述了朱阿夫部队的过冬穿着： 281

> 我们营的战士，特别是那些从非洲来的，在冰冷的气温中存活下来，让人非常佩服。我们穿得很好，一般在军装外再穿一件很大的带帽子的斗篷，要么是一件"克里米亚人"，要么是由羊皮剪成、看上去像外套一样的衣服。腿上穿的是衬着皮毛

的裹腿。然后每个人还发了一顶暖和的羊皮帽。但是我们没有
统一的军装，每个人按照自己的风格穿衣服。有一个穿得像贝
都因人（Bedouin）*，另一个像马车夫，还有一个像神父，其他人
喜欢希腊风格，不过有些坚忍的人在军装外什么也不加。每个
人脚上的木底鞋和靴子也是各式各样的，有皮做的、橡胶做的、
木底的等等。头上戴什么完全任由每个人自己想象……

此时，英军士兵穿的却还是夏天的军装，他们羡慕法国人的羊
皮衣和"克里米亚人"。"显然他们穿的是适合这里生活的衣服，"
军医乔治·劳森在给家里人的信中写道，

> 我希望我们的士兵也有差不多的东西可以穿……许多人几
> 乎没有鞋子，也没有衬衣，他们的风衣全部磨烂了，因为不仅
> 白天要穿，晚上也要睡在里面，最多再加一条从堑壕带回来的
> 潮湿的毯子。[4]

联军指挥官们对士兵住在哪里也没有好好想过。他们随身带来
的帐篷底部是不隔热的，面对恶劣的自然条件起不到什么保护作用，
而且许多已经被暴风雨打坏了，没法修好。在轻骑兵旅汤姆金森上
尉（Captain Tomkinson）服役的团里面，一半的帐篷都坏了。他
抱怨这些帐篷没法住人："它们不防水，下大雨时，漏水情况非常
严重，帐篷里一片汪洋，士兵们只好围着撑杆站着度过整个夜晚。"
在视察卡迪科伊的营地时，卢肯勋爵发现大量的帐篷不适合住人，
它们被"磨烂、撕破了，无法为士兵提供住所"，士兵们"几乎都

---

* 阿拉伯游牧民族。——译注

铅笔速写画《克里米亚的冬天，克里米亚的夏天》，作者亨利·霍普·克里洛克（Henry Hope Crealock），为第九十轻步兵团（90th Light Infantry Regiment）的一名上尉。速写画下左边和右边的说明分别为：英军战士在克里米亚深冬的着装——在太阳底下还是零度！！！英军战士在克里米亚夏天的着装——在阴凉处还是一百度！！*

被冻死了"，而且腹泻严重。[5]

英国军官的居住条件比手下的士兵要好得多。大部分人都有仆人伺候，可以让他们给帐篷铺上木地板，或是在地上挖洞，再铺上石头。有些干脆挖了一个大坑，壁上砌着石块，顶上盖上树枝。11月20日，第二十团的威廉·拉德克利夫上尉在给父母的信中写道：

　　我的小屋进展很快，希望在这个星期结束时我就能住进"地

282

---

* 此处为华氏温度，华氏零度约为摄氏零下十七度，华氏一百度约为摄氏三十八度。——译注

下室"了。工程一开始是挖一个坑，三英尺六英寸深，八英尺宽，十三英尺长。*在两头的中间位置各竖起一根杆子，上面放一个横梁，用绳子、钉子，或是其他任何可以找到的东西绑紧。然后在横梁和地面上搭起木杆或是各种能求来、借来，或是偷来的木片，同样固定好。山墙的位置是用石头和泥巴砌起来的，这样就算是屋顶的结构……地坑的边缘就是墙壁，我们把屋顶建得有足够高度，让人可以站立。现在轮到盖屋顶了，一般是把缠绕在一起的枝条放在顶上的木杆之间，然后在上面浇上泥巴。但是我打算做一点改进，做成斜屋顶，铺上马匹和牦牛皮（现在有很多马匹奄奄一息），希望能保证屋顶防水。这样就要花很长时间才能做完，因为必须要先对皮"用某种方式"进行处理。麦克尼尔［中尉］（［Lieutenant］McNeil）和我住在一起。我已经给住所取好了名字，叫作"兽皮隐园"（Hide Abbey）†。他现在在做一个壁炉：在一侧墙上挖一个洞，然后用锡罐和黏土做成一个烟囱。啊！我是多么期待住在里面啊。

在当时的情况下，位居社会最高层的英国军官却依然能享受各种特权，这在饱受煎熬的普通士兵看来，是令人发指的。卡迪甘勋爵（他确实身患疾病）住在自己的私人帆船上，享受法国大餐，招待了一批又一批来自英国的客人。有些军官获得准许在君士坦丁堡过冬，或是自己出资到附近村庄里寻找住所。"如果只考虑舒适程度，"查尔斯·戈登中尉（Lieutenant Charles Gordon）在家信中写道，"亲爱的，我向你保证，我在英国都不会这么舒适。"他就是未

---

* 约一米深，两米四宽，四米长。——译注
† hide 既指兽皮，又有"躲藏"之意。——译注

来的"中国戈登"（Chinese Gordon）*。萨克森派驻伦敦的大臣菲茨
图姆·冯·艾克施泰德伯爵后来记录道："度过那场严冬的英军军
官中，有几个后来笑着跟我说，[部队]遭了这么多罪，他们还是从
报纸上听说的。"[6]

法军军官跟自己手下的士兵住得很近，与英军高级军官的舒适
生活形成了鲜明对比。在 11 月 20 日给家人的信中，埃尔贝上尉解
释了暴风雨对自己生活条件的影响：

> 军官和士兵们都一起住在一个小帐篷里，在天气好的时候，
> 或是在行军中，这样的安排很不错，但是在长期下雨又寒冷的
> 季节就极为不方便了。地面因为踩踏而一片泥泞，泥水溅得到
> 处都是。在堑壕或是营地里，每个人都是一边走，一边泥水四
> 溅。每个人都全身湿透……在这些帐篷里，士兵们挤着躺在一起。
> 一组六人，每个人只有一条毯子，所以他们一起在身下的泥泞
> 地上垫三条，身上盖三条，背包在塞满之后就当作枕头用。[7]

一般来说，法军的住宿条件比英军好。不仅帐篷更宽敞，而且
他们还会在帐篷外建起木头栅栏或是用雪砌成墙来挡风。法国人建
起了各式各样的临时住所：被士兵们称为"鼹鼠丘"（taupinères）
的大棚屋是先在地上挖出一米深的坑，在底部铺上石头，然后用编
织好的树枝做墙和屋顶；"帐篷小屋"（tentes-abris）是把士兵的背
包布缝在一起，绑在支在地上的木棍上；锥形帐篷（tentes-coniques）
是把帆布缝在一起，搭在中间一根木杆上做成帐篷，大到可以睡六
个人。所有这些临时住所里都有烤炉可以用来做饭和取暖。"我们

---

* 他后来到中国参加镇压太平天国，因此得到这个外号。——译注

的战士知道怎么砌炉子，这让我们的英国盟友们敬佩又羡慕，"努瓦尔回忆道，

> 这些炉子的炉身有些是用黏土砌成的，有些是用水泥把大片的炮弹片粘起来做成一个拱顶。烟囱是用金属盒子或废铁接在一起做成的。幸亏有这些炉子，当我们的战士从堑壕或哨所执勤回来，冻得半死的时候，可以有个地方取暖。他们可以烘干衣物，睡个好觉，不必像可怜的英国人那样，半夜因发烧醒来。我们的士兵烧了那么多的木柴，几个月下来，因克尔曼高地上所有的森林都被砍光不见了，一棵树、一片矮树林都没剩下。看到我们的炉子后，英国人抱怨说我们砍光了树……但是他们自己为什么不让这些树派上用场呢。没有一个英国士兵想到要给自己砌个炉子，他们更不愿意自己砍树用来烧柴。他们什么都指望部队派给他们，如果没被派到东西的话，他们就一筹莫展。[8]

努瓦尔这种瞧不起英国人的想法在法军中很普遍，他们觉得自己的盟友缺乏适应野外生活条件的能力。"哎！这些英国人，他们的勇气无可置疑，但是他们只知道怎么去送死，"埃尔贝在 11 月 24 日向家人写道，

> 在围困之初他们就有大型帐篷，但是至今还没学会怎么把它们支起来。他们甚至还没学会在帐篷周围挖沟排水！他们吃得很糟糕，尽管他们的口粮配给是我们的两到三倍，而且花钱比我们多得多。他们缺乏韧性，在困苦不幸面前束手无策。

285

　　甚至连英国人自己也不得不承认法国人比他们组织得更好。
"啊，法国人在各方面都比我们高明得多！"范妮·杜伯利在 11 月
27 日写道："我们的棚屋在哪里？我们的马厩在哪里？都还在君士
坦丁堡。当法国人在到处打猎的时候，我们却躺在泥泞中，士兵和
马匹在饥寒交迫中死去，而这些却都那么容易就可以避免。各处的
情况都一样，到处都是极端的疏忽和管理失误。"[9]

　　和法国人不同，英国人似乎没有办法建立一个制度来集体收捡
柴火。他们给士兵分配了木炭用来生火，但是因为拉车的牲畜找不
到草吃，让它们把木炭从巴拉克拉瓦拉到塞瓦斯托波尔外的高地太
困难了，于是士兵们就没有木炭可用。军官们倒是可以派仆人骑上
自己的战马去取燃料。在严寒的 12 月和 1 月份，英军士兵饱受折磨，
几千人都长了冻疮，特别是那些新兵，他们还没有适应克里米亚的
冬天。在虚弱的士兵中，霍乱和其他疾病的蔓延更是雪上加霜。"我
在士兵中间看到的是伤心痛苦；他们几乎没有任何燃料，所有树根，
甚至连矮树林的树根都被挖光了，"高地旅的斯特林中校写道，

　　　　每个人都有配给的木炭，但是没办法把木炭拉上来，而且［因
　　为疾病］减员厉害，腾不出手来派人到六至七英里＊远的巴拉克
　　拉瓦去运木炭。后果是他们没法弄干自己的长袜和鞋子，从堑
　　壕回来，他们脚趾冻伤、脚浮肿、长冻疮等等。鞋子冻硬了，
　　穿不进去。尽管苦难重重，只要还有能力的，就继续履行自己
　　的职责，经常自愿光着脚进堑壕，或者把鞋跟砍掉以把脚放进
　　去……如果这样下去，堑壕必须得放弃了……我听到有战士疼
　　得跪在地上直喊。[10]

————————————

＊　约十千米。——编注

在食品供应上，两军待遇更是天差地别。"把这个营地的英军 286
和法军相比，让我痛心，"辛普森将军（General Simpson）[*]在给潘
穆尔勋爵（Lord Panmure）[†]的信中写道，"我们的盟友的装备真是
奇妙。我看到连绵不断、设备齐全的大车和篷车……运送物资供应
等等……在法军中，军队所需要的任何东西都运行良好，他们甚至
每天都烤面包，一切都在部队的管制下有纪律地进行着。"法军每
一个团都有一批人为士兵的基本需要提供服务，食品供应和准备、
治疗伤兵等等，不一而足。每个团都有自己的面包师傅和一批厨师，
另外还有女辅工（vivandières）和女厨工（cantinières），她们身穿
经过改造后的军服，负责从移动食堂向部队售卖食物饮料。法军集 287
中准备食物，每个团都有自己的厨房和厨师。相比之下，英军营地里，
口粮配给个人，每个士兵都得自己做饭。这一差异也许可以解释为
什么和英军相比，法军的健康状态出人意料地好，尽管他们的口粮
只有英军的一半，其中肉只有英军的三分之一。直到12月，英军
才开始学习法军的办法，由食堂集中准备食物。他们采用了这一系
统后，英军营地的情况马上开始好转。[11]

　　拿破仑曾经说过："是汤造就了一名战士。"汤是克里米亚法军
的主力菜，即使在深冬，当新鲜食物的供应达到最低点时，法军还
可以依靠大量的干制食品：做成小硬圆饼状的腌制蔬菜，只要放入
热水中，加上鲜肉或咸肉，就可以做成一盆营养丰富的汤；可以保
存好几月的小麦饼干，比普通面包还有营养，因为含水少而脂肪更
多；还有大量的咖啡豆，没这东西法国人活不下去。"我只喝咖啡，
不管是热的还是冷的，"一名年轻的龙骑兵夏尔·米斯梅（Charles

---

* 　1855年2月起担任拉格伦勋爵的参谋长。——译注
† 　英国政客，1855年上半年被任命为战争大臣。——译注

一名身穿朱阿夫部队军服的女厨工，摄于1855年

Mismer）回忆道，"除了其他的好处外，咖啡能刺激神经，保持道德勇气，是抵御疾病最好的东西。"在很多时候，法军士兵就靠"一种咖啡和碎饼干做成的汤生存"，米斯梅写道。不过一般来说，法军士兵的口粮"包括咸肉、猪油和米，有时候有鲜肉，配以葡萄酒、糖和咖啡，只是面包有时会发生短缺，但是我们有饼干，硬得像石头一样，得用斧头砸碎或切开"。[12]

　　法军部队的供应如此丰富，原因是他们建立了一套高效的后勤系统，在卡米什和围困线之间修了路，运送物资的篷车队源源不断地来往。卡米什的港口远比巴拉克拉瓦更适合卸下物资。在宽广的马蹄形海湾边，各种仓库、屠宰场、私人开的商店、做生意的摊位纷纷冒了出来，三百条来自世界各地的船只可以同时在这里卸货。码头边还开起了酒吧、妓院、旅馆和餐厅。其中一间餐厅只要军人们交一笔钱就可以在那里吃饱喝足、玩够女人，所有这些都是从法国送来的。"我去了趟卡米什，"埃尔贝在给家人的信中写道，"那里已经成为一个真正的镇子了。" 288

> 　　在这里，你想要什么都能找到，我甚至看到有两间时装店正在出售巴黎运来的香水和帽子，都是为女厨工准备的！我去过巴拉克拉瓦，比起来真让人可怜！那个小港口岸边建起的小屋子里堆满了可以售卖的东西，但是所有东西都乱七八糟地堆着，没有一点规律，对买家一点吸引力都没有。英国人选择了那个地方，而不是卡米什作为他们的供应基地，实在让我吃惊。[13]

　　巴拉克拉瓦是一个拥挤混乱的港口，在卸货时，政府供应物资不得不和私人商贾竞争。黑海地区的各种商人都在这里——希腊人、土耳其人、犹太人、克里米亚鞑靼人、罗马尼亚人、亚美尼亚人、保加利亚人，甚至还有几个俄罗斯人，他们被允许留在镇上。"如果有谁想在英格兰建一个'巴拉克拉瓦模型'，"范妮·杜伯利在12月写道，"我可以告诉他配方是什么。"

> 找一个只有断壁残垣，到处是各种最恶心污秽的村子，让大雨滂沱，直到整个地方变成齐脚踝深的沼泽。抓来一千名身患瘟疫的土耳其人，把他们胡乱塞进屋子里头去。每天弄死一百人，掩埋尸体的时候确保仅盖上少许泥土，让他们慢慢腐烂——注意保障不断有死尸供应。把所有筋疲力尽的矮马、濒死的牯牛、快累死的骆驼都赶到海滩的一角，让它们在那里饿死。它们一般会在三天左右死去，然后尸体很快腐烂，散发出相应的气味。让港口水面上漂满各种动物内脏，有的来自供给船只，有的是镇上的人所吃掉的动物，再时不时漂上几具人尸，缺胳膊少腿的也都可以，加上随处可见的沉船碎片——把这些都放在一起，挤在狭窄的港口里。这样就能制成大致体现巴拉克拉瓦精髓的复制品来。[14]

英军所面临的难题众多，巴拉克拉瓦只是开始。所有物资必须得到后勤部文书的批准之后才能离开码头，这是一套复杂的系统，包括各种表格和授权等，所有文件必须一式三份。一箱箱的食品和草垛可能在岸边待上几个星期，都已经开始腐烂了，低效率的官僚却还没有完成识别和批准它们被送走的程序。*英军没能在巴拉克拉

289

---

* 后勤部官员无能到把绿色的、尚未烘焙的咖啡豆，而不是茶叶，送到习惯喝茶的、为一个靠茶叶贸易发财的帝国打仗的士兵手中。对大部分英军士兵来说，烘焙、研磨和准备咖啡实在太麻烦了，于是纷纷把发给他们的咖啡豆扔掉。——原注

瓦和塞瓦斯托波尔外高地上的营地之间修建一条正常的道路，于是每箱子弹、每条毯子、每块饼干都必须由马或骡子拉着大车，沿着一条陡峭的泥路送到十至十一公里高处的营地上。在 1854 年 12 月和 1855 年 1 月，大部分物资不得不靠人力运输，每人一次二十公斤负重，因为牲畜没有草吃，很快都死了。

　　英军的问题不仅是后勤组织差，而且士兵也不习惯自发寻找食物或保护自己。他们大都来自没有土地的阶层，或是都市贫民，不像来自农村的法军士兵有这方面的技能。法军士兵会捕猎野兽、在河海里捕鱼，几乎能把任何东西变成食物。"英军士兵已经养成了习惯，"路易·努瓦尔的结论是，"他只管打仗，每顿饭都得端到他面前。英国人宁愿饿死也不愿意改变他们的习惯，这种顽固就是他们的个性基础。"因为无法照顾自己，英军部队必须依赖一支庞大的随军家属队伍为他们煮饭、洗衣服，或是做一些法军士兵可以自己做的琐碎家务。这就是和法军相比，英军中妇女的数量相对比较多的原因。法军没有随军家属，只有女厨工。第二十八步兵团的玛丽安娜·扬（Marianne Young）抱怨英军士兵"手里拿着分配到的口粮也会饿个半死，因为有三块石头和一个锡罐，他们却没有能力把口粮变成可以吃得下的食物"。而法军就不一样，"如果能变成食物，没什么东西是法军士兵看不上的"。他们抓青蛙和乌龟，然后"凭着自己的口味煮熟了吃"。他们还会挖海龟蛋，把老鼠肉变成美味。英军外科医生乔治·劳森看到一名法军士兵把一只活青蛙的腿砍下来时，批评他残忍，但是那名法军士兵却"静静地微笑着——大概是笑我无知吧——然后拍拍肚子，说这是用来吃的"。[15]

290

　　和法军相比，英军吃得很差，虽然至少在一开始他们的肉和朗姆酒的供应很充足。"亲爱的太太，"第十二皇家炮兵营（12th Battalion Royal Artillery）的一名半文盲炮手查尔斯·布兰登（Charles

Branton）在 10 月 21 日写道，"因为霍乱*，我们中死了很多人，他们就像腐烂的绵羊一样死去。但是我们有足够多的吃的和喝的。我们每天有两及耳（Gill）†的朗姆酒、很多咸猪肉，还有半磅‡饼干。我和你说，如果有四及耳朗姆酒的话，那就太妙了。"从秋天渐渐到了冬天，把物资经由泥泞的道路从巴拉克拉瓦送到营地变得越来越困难，英军的口粮配给很快变得不足。到 12 月中时，不管什么样的水果或蔬菜都没有了，偶尔只有些柠檬或青柠果汁。为防止患上败血症，士兵们把果汁加到茶里或是朗姆酒里。不过有钱的军官可以从巴拉克拉瓦和卡迪科伊的商店里买到各种东西：火腿和奶酪、巧克力和香烟、葡萄酒、香槟，什么都有，甚至包括福特纳姆和梅森（Fortnum & Mason）§出品的豪华什锦食品箱。在这样恶劣的条件下，成千士兵病倒在地，然后因病死去，霍乱重新爆发，并迅猛传播开来。到 1855 年 1 月，英军只剩下一万一千可以作战的士兵了，不足两个月前的一半。来复枪旅（Rifle Brigade）的列兵约翰·派因（John Pine）在 1 月 8 日给他父亲写信时，已经患败血病、痢疾和腹泻好几个星期了：

> 已经有很长时间了，我们在营地就靠饼干和盐过日子，时而会给我们鲜牛肉，还有一两次羊肉，但是东西都非常糟糕，在英国扔给狗都不吃。但这已经是我们能吃到的最好的东西，所以我们必须为此感谢上帝。米丽娅姆（Miriam）（他的姐姐或妹妹）告诉我许多德国香肠正被送到部队手里。我希望他们动

---

* 原文为 Corora，应该是霍乱（Cholera）的误写。——译注
† 两及耳约为二百八十四毫升。——译注
‡ 约四两半。——编注
§ 当时英国的高级百货公司。——译注

作快点，因为我真的觉得现在我就可以吃掉一两磅香肠。……
在过去的五六个星期里，我真的一直都很饿……亲爱的父亲，
如果您能随信寄来些治败血病的药粉，那我就太感激了，因为
我一直受着败血病的折磨。以后我一定好好报答您，请上帝饶
恕我吧。

　　派因的病情随后加重，被送到君士坦丁堡附近库拉利（Kulali）
的军队医院，不到一个月就病死在那里。英军的管理工作非常混乱，
连他的死亡记录都没有，家人一年之后才从他的一位战友那里得知
他的死讯。[16]

291

　　没过多久，英国部队的士气就一蹶不振了，官兵们开始批评
军事当局的无能。"我们这儿的人都非常希望和平能很快到来，"第
三十三团的芒迪中校在 2 月 4 日给母亲的信中写道，"后方的人可
以对军事秩序什么的夸夸其谈，但是在这儿，看着成千的战士因
为疏于照料而死去，每一个人都受够了。"随增援部队第二十三团
于 11 月底抵达克里米亚的列兵托马斯·哈格尔（Private Thomas
Hagger）给家人写道：

　　　　我很难过地看到，在我们抵达前，驻守这里的战士们已经
　　有两个月没有一件干净的衬衫换了。家乡的人们以为这里的士
　　兵配给得很好，但是很抱歉，我得说他们受到的对待还不如生
　　活在英格兰的狗。我能向英格兰的人们保证，如果这些人回了家，
　　要再让他们出征就不那么容易了，他们不是害怕打仗，而是受
　　到的恶劣对待让人心寒。

有人向报刊揭露部队的糟糕情况。第一（皇家）团的乔治·贝

尔中校在 11 月 28 日起草了一封写给《泰晤士报》的信：

> 所有的破坏性因素都针对我们而来：疾病与死亡、衣不蔽体、咸肉的不稳定供应。两天没喝上一滴朗姆酒了，这可是唯一还能让战士们站起来的东西。如果连这都没有了，那么我们就完了。向巴拉克拉瓦传递消息是不可能的，六英里的路程积雪深至膝盖。车轮转不动，可怜的拉车牲畜已经饿得连拉空车的力气都没有了。马匹——骑兵的、炮兵的、军官坐骑和拉车的，每天晚上都因冻饿而死掉一批。更糟糕的是不断有士兵倒地身亡，让人感到恐惧。到今天为止，我看到皇家团第一营的一个帐篷里就有九名战士去世，还有十五人已经奄奄一息，都是因为霍乱……可怜的战士们后背从来就没干过，他们身上的衣服已经破烂不堪，每晚下堑壕时已经全身湿透，躺在雨水、泥泞和融了一半的脏雪中直到天明。全身抽搐地找医院，但是医院的帐篷已经被暴风雨破坏，他们只能躺在恶臭的环境中，痛苦挣扎，这儿的条件本身就足以让疾病蔓延。这不是什么浪漫的事。我作为一名军官的责任是努力保证我手下勇敢而谦卑的战士尽量少受苦，但是我做不到，我手中没有权力。医院几乎什么都缺，建的时候就没有好好地计划。团部医疗官的意见最大，许多随军医生也很有看法。

292

　　他在第二天写完了这封信，在信的最后，贝尔附加了一段单独写给报纸编辑的话，请编辑发表他的信，结语是："写出这里的真实状况让我感到担忧。"这封标明 12 月 12 日的信后来在 29 日的《泰晤士报》上发表了。虽然在发表时编辑已经把语气改轻了，但贝尔认为，即便如此，这封信的发表还是毁灭了他的军事前途。[17]

＊　＊　＊

英国公众是通过《泰晤士报》的报道才第一次了解到英军伤病员所处环境之恶劣的。10 月 12 日，《泰晤士报》的读者在早餐看报时，读到了一则触目惊心的报道，作者是《泰晤士报》驻君士坦丁堡记者托马斯·切纳里（Thomas Chenery），报道中说英军在克里米亚前线的伤病员必须被送往五百公里远的斯库台，"医疗准备不够充足，无法给伤员提供适当的照顾，"他写道，"没有足够的外科医生，这也许可以说是无法避免的；没有足够的包扎员和护士，这也许是系统的错，谁也怪不着；但是连做绷带的亚麻布都不够，这还能怎么说？"第二天的《泰晤士报》上刊登了主编约翰·德莱恩（John Delane）一篇语气愤怒的社论，读者纷纷给报社写信、捐款。在此基础上，前首相之子罗伯特·皮尔爵士创立了《泰晤士报》克里米亚伤病员救治基金（ *Times* Crimean Fund for the Relief of the Sick and Wounded）。大量读者来信关注英军在克里米亚竟然没有护士这一丑闻，许多热心做善事的妇女发出倡议进行补救，其中之一是弗洛伦丝·南丁格尔，当时她是哈利街（Harley Street）*上的淑女医院（Hospital for Invalid Gentlewomen）一名不领工资的监督，还是军务大臣悉尼·赫伯特一家的朋友。她向赫伯特夫人写信，主动请缨召集一批护士前往近东；而就在同一天，悉尼·赫伯特也给她写了信，向她提出同样的请求，两封信就这样擦肩而过。

在为伤病员提供医疗安排上，英国远远落后于法国。克里米亚

₂₉₃

---

* 伦敦市中心的一条街道，自 19 世纪起就因有大量私人诊所而闻名。——译注

和君士坦丁堡法国军队医院的访客都对那里的干净整齐留下了深刻的印象。医院里有许多护士，大部分是从圣文森特·德·保罗修会（Order of St Vincent de Paul）*招募的修女，全都在医生的指挥下照顾伤病员。"我们看到这里的条件比斯库台好太多了，"去到君士坦丁堡法军医院的一名英国访客写道：

> 这里更干净、舒适，伤病员更受关心，病床更舒服，床位安排得也更合理。空气流通非常好，根据我们看到的和了解到的情况，这里什么都不缺。一些受伤最严重的伤员，由修女慈善会（Sisters of Charity）专门负责照料，一个修会分部（圣文森特·德·保罗）因而在此建立。这些卓越女性的勇气、能量和耐心据说再怎么赞美也不为过。而在斯库台，一切都单调沉寂，将其形容为严酷和可怕几乎算得上是对它的赞美。在这里我看到的是生命与喜悦，我的那些法国老朋友们在床边玩多米诺骨牌、卷香烟，或是相互拌嘴……我还喜欢这里的医生在和伤病员说话时的亲切态度。当他走近时，这些"我的孩子"或是"我的勇士"们一个个眼睛都亮了。

同一年稍晚些时候，埃尔贝上尉也被疏散到这家医院。他在给家人的信中描述了自己的生活规律：

> 早晨吃巧克力，午餐十点钟开始，晚餐五点钟。医生在十点钟之前查看病房，下午四点还有一轮。下面是今天早晨发的午餐菜单：

---

* 一个天主教国际志愿服务组织。——译注

　　　木薯粉浓汤

　　　羊骨头配蔬菜

　　　烤鸡肉

　　　烤土豆

　　　波尔多葡萄酒

　　　新鲜葡萄和饼干

　　你可以想象，伴着从窗口吹进来的海风，这份菜单非常温 ₂₉₄ 暖人心，能让我们很快恢复健康。[18]

　　在克里米亚战争的第一个冬天，法军伤病员的死亡率比英军低很多（但是第二年法军因病死亡造成的损失非常可怕）。除了医院干净外，另一个关键因素是法军在离前线不远处建立了救治中心，同时在每一个团配置卫生兵。他们受过急救训练，被称为"士兵包扎员"（soldats panseurs），能够在战场上为战友提供协助。英军所犯的最大错误是把伤病员从克里米亚送到斯库台——这是一段漫长而且难熬的旅途，在拥挤超载的运输船上，很少配有超过两名医疗官。拉格伦在制定这个政策时，完全是以军事作为出发点的（"不要让伤员妨碍战斗"），当手下人抗议不适合让伤病员做这番长途旅行，而应该立即给予救治时，他一点也听不进去。在"亚瑟大帝号"（Arthur the Great）上，三百八十四名伤员被放在甲板上，一个挨一个，排得密密的，如同贩奴船一般。已经死去的、奄奄一息的，都紧挨着其他伤病员。没有床、枕头或毯子，没有水盆和便盆，也没有食物和药品。船上只有供船员使用的药品，船长不允许其他人动用。因为担心霍乱蔓延，英国海军的运输总负责人彼得·克里斯蒂船长（Captain Peter Christie）下令将所有患病者放到一条名为"袋鼠号"（Kangaroo）的船上。这条船的运载能力为二百五十人，但是在准备起航前往斯库台时，船上已经挤了约五百人。"一个可怕的场景展现在我们面前，死去的和快死的，患病中的和正在恢复的，全部被胡乱地堆在甲板上。"船上两名医疗官之一、二十三岁的助理外科手术医生亨利·西尔维斯特（Henry Sylvester）写道。船长一度拒绝将超载如此严重的船只驶入大海，但是最终"袋鼠号"却载着近八百名病人出发了。西尔维斯特不在船上，他乘坐"邓巴号"（Dunbar）去了斯库台。这些船只上的死亡率骇人听闻："袋鼠号"和"亚瑟大帝号"每艘船都有四十五人死亡，"双蛇杖号"（Caduceus）三分之一的乘客在抵达斯库台之前就已经死去了。[19]

俄罗斯方面也十分清楚必须尽快救治伤员，但是比起南丁格尔 295在斯库台看到的英军医院，俄军医院的条件更差。俄罗斯医生尼古拉·皮罗戈夫（Nikolai Pirogov）最早采用了一套战地手术系统，其他国家到第一次世界大战时才赶上。尽管在俄罗斯以外很少有人知道他的名字，但在俄罗斯他却是一位民族英雄。他对战地医疗的贡献绝不比南丁格尔在克里米亚战争期间取得的成就低——如果不是更高的话。

皮罗戈夫 1810 年出生在莫斯科，十四岁就进入莫斯科大学学医，二十五岁便成为多尔帕特（Dorpat）*德语大学（German University）的教授，后来担任位于圣彼得堡的军事医学院（Academy 296of Military Medicine）的外科手术教授。1847 年，他在高加索地区担任随军医生，在那里首创使用乙醚，成为第一个在战地手术中使用麻醉术的外科医生。在 1847 年至 1852 年间，他在几份俄语刊物上发表文章，介绍使用乙醚的好处，但是在俄罗斯以外却没有几个医生知道他的文章。皮罗戈夫强调，让刚被送到医院的病人吸入乙

---

* 今爱沙尼亚（Estonia）的塔尔图（Tartu）。——译注

尼古拉·皮罗戈夫

醚，除了能缓解疼痛和惊恐外，还能让他们保持镇静，防止昏迷，这样有利于外科医生更好地判断哪些人需要立即进行手术，哪些人可以再等一会儿。不过皮罗戈夫在战地医疗上取得的最大成就，是他在克里米亚战争期间首创的伤病员分流系统。

皮罗戈夫于1854年12月抵达克里米亚，立刻被那里处理伤病员时的混乱和不人道激怒了。几千名伤员被放在无遮无盖的大车上向彼列科普疏散，送到时许多人都已经冻死了，或是手脚被严重冻伤，不得不截肢。因为缺乏运输工具，另外一些伤员就被丢弃在肮脏的谷仓里，或是被遗弃在路边。长期缺乏医疗用品的部分原因是腐败，医生们把药品偷偷卖掉，给伤员们用劣质的替代品，伤员想要得到适当的治疗必须向医生行贿。医院难以应付人数庞大的伤员，在联军登陆时，克里米亚的俄军医院一共有两千个床位，但是在阿尔马战役后，一下子有了六千名伤员，因克尔曼战役后这个数字又翻了一番。[20]

塞瓦斯托波尔医院的恶劣条件骇人听闻。阿尔马战役两个星期后，霍达谢维奇所在团里的一名外科医生访问了海军医院：

> 他看到那里挤满了伤员，伤口从阿尔马战役那天起就没被包扎上过药，伤员只好撕下身上的衬衫给自己包上。他一走进屋子，里面的人认出他是医生，立即蜂拥上来。这些悲惨的可怜人向他伸出被截肢的手臂，只裹着一条肮脏的毯子，哭喊着请求他帮助。那里的气味让人恶心。

一名俄军军官估计，医院的外科医生绝大多数没有好好地培训过，与其说是医生，不如说是"江湖郎中"。他们在做最简单的手术时，用的还是肮脏的屠夫砍刀，对卫生的要求、感染的危害一点概念都没有。皮罗戈夫还发现有被截肢的伤员在自己的血泊中躺了好几个星期。[21]

一到塞瓦斯托波尔，皮罗戈夫就开始向医院发布命令，逐步实施他创建的伤病员分流系统，他的回忆录中记载了这一过程。他刚接管由贵族议事厅改建的主医院时，情形非常混乱。每次遭到炮击之后，所有伤员都被送到这里，没有一点秩序，已经死去的、濒临死亡的、需要紧急救治的、只受轻伤的全都混在一起。起初皮罗戈夫马上处理那些受了重伤的人，让护士把他们直接送到手术室。但是当他还在集中精力救治一名伤员时，其他伤员一直不断被送进来，他根本无法应付。当他还在救护那些受伤太重已没有希望救活的伤员时，其他伤员等不到治疗就死去了。"我终于认识到这么做毫无意义，因此决定更加决断、更加理智，"他回忆道，"在拯救生命上，包扎站简单的组织工作比医治伤员本身重要得多。"他的解决方案是一个简单的分流系统，在 1855 年 1 月 20 日塞瓦斯托波尔遭受炮击时，将这一系统投入使用。当伤员被送到贵族议事厅的大礼堂后，首先被分到三个组别中的一个，确定接受治疗的优先级别：受了重伤急需救治，依然能救活的，马上送到另一个房间尽快接受手术；只受了轻伤的，让他们领一个号码，然后去旁边的军营等待，直到外科医生有时间处理他们的伤口；已经无法救活的伤员被送到一间休息室，让他们在那里休息，由医疗看护、护士和神父照顾他们，直到死去。[22]

托尔斯泰在《十二月的塞瓦斯托波尔》中向读者们描述了大礼堂的景象：

　　一打开大门，眼前的景象和空气中的味道就向毫无戒备的你直扑而来。这里有四五十名被截肢或是受了重伤的人，有些躺在野营床上,但大部分都被放在地上……现在,如果你神经坚强的话,那么请穿过左边的门廊:那是包扎伤口、进行手术的地方。在那里你会看到面色苍白、神情阴郁的外科医生。他们的注意力正高度集中在眼前的伤员身上,躺在手术台上的伤员吸了氯仿,睁着眼,却如同痴呆了一样,发出没法听懂的声音,有时夹带一两个简单的词语或是发出激动的声音。外科医生们做的是截肢工作,令人厌恶但对伤员有好处。你会看到锋利的弧形手术刀扎入白色、健康的身体;你会看到伤员忽然恢复知觉,发出一声可怕又让人难过的尖声诅咒;你会看到手术助手把截下来的手臂扔到房间的一个角落;你会看到房间里的另一个伤员正躺在担架上看着面前的手术,扭动呻吟,不是因为身上的痛楚,而是因为心理上的惊惧。你看到的恐怖景象会让你内心最深处都惊颤起来;你会明白战争不是一个漂亮大方、井然有序、闪闪发光的阵形,不是音乐和鼓声、连串的旗帜,也不是坐在前蹄腾空的战马上的将军;你看到的是战争最真实的一面——鲜血、痛苦和死亡。[23]

使用麻醉术极大提高了皮罗戈夫和他手下外科医生的工作效率,通过同时在三张手术台上做手术,每天工作七小时,他们可以完成超过一百个截肢手术(批评者说他运行的是一个"工厂系统")。他发展出了一种新的技术,在脚踝处截肢,留下部分脚跟骨,给腿部一点支持。一般来说,他在做截肢手术时,截口都比其他医生选得更靠下,尽量把创口和失血降到最低,他知道手术后失血过多是最严重的一个威胁。最为重要的是,皮罗戈夫清楚感染的危险(他以为是来自被污染的雾气),特地将那些手术后伤口干净的伤员和另一些伤口化脓、有坏疽症状的伤员分开。通过这些首创的措施,皮罗戈夫实现了比英军和法军医院都高的存活率——手臂截肢的伤员中，65% 能活下来；大腿截肢是克里米亚战争期间最危险也是最常见的手术，皮罗戈夫的存活率是 25%，而在法军和英军医院里，只有十分之一的伤员在接受手术后能活下来。[24]

299

跟俄罗斯人和法国人相比，英国人对麻醉的使用远不是那么热衷。在即将从瓦尔纳启程前往克里米亚时，英军军医总管约翰·霍尔医生（Dr. John Hall）签发了一份备忘录，警告军队外科手术医生"不要在治疗严重枪伤时使用氯仿……因为不管看上去多么野蛮，受到刀扎是一种强大的刺激；听到一个人狂喊比看着他静静地沉入坟墓好得多"。对于麻醉这项新技术，英国医学界的观点有分歧，有些人担心使用氯仿会松懈病人的斗志，另一些人认为在战地手术期间使用麻醉不现实，因为缺乏有资格的医生来监督实施。这些态度还和英国人将忍受痛苦作为男子汉气概表现的奇特想法（所谓保持一个"僵硬的上嘴唇"）紧密相关。一种十分常见的想法是英军战士更能忍受痛苦，一位医生在克里米亚写下的文字便体现了这一点：

> 还没有人真正描述过战士们的胆量。他们笑对痛苦，极少会因面对死亡而屈服。精神战胜身体，真的极不平凡。如果在家里手脚被拉断或是压坏，被送来时肯定就已经晕倒，或是恐慌得六神无主了；但是在这里，当他们带着一只晃荡的手臂，或是被打烂的手肘进来时，他们会说："医生，请您快点，我的情况还不太糟糕，我还能再回去！"这些勇敢的人，许多只用一条浸了冷水拧干的毛巾裹上残肢，就爬回战场，不管炮弹在他们周围爆炸，弹丸掀起脚边的草地，继续观察战事进程。让我告诉你一个完全真实的故事，我曾经截下一位军官、某上尉

的脚，手术完成之后，他坚持要我把他扶上战马，宣称他可以
继续作战，因为他的"脚已经包扎好了"。[25]

　　和法国人一样，皮罗戈夫对医院中护士的作用非常重视，护士
帮助分流伤员，给予安慰。她们还负责分派药品、端茶送酒、替伤
员给家人写信、给濒死的人精神上的支持。护士们的慈爱赢得了许
多伤员的心，把她们比作自己的母亲。"这实在让人惊讶，"皮罗戈
夫在给妻子的信中写道，"在医院中出现一位穿着雅致的女性，竟
然有缓解伤员紧张情绪、减低苦楚的功效。"皮罗戈夫对由俄罗斯
贵族女性发起的征召护士前往克里米亚的举动赞赏有加。沙皇的弟
媳、在德国出生的叶莲娜·帕夫洛夫娜大公夫人（Grand Duchess
Elena Pavlovna）*在听说了俄军在因克尔曼战败的消息后，创建了
圣十字架社团（Community of the Holy Cross）。这个团体派出了
三十四名护士随同皮罗戈夫一起前往克里米亚，从圣彼得堡出发，
踏上一段漫长艰苦的路程，在泥土路上行进了一千公里之后，终于
在 12 月 1 日抵达辛菲罗波尔。她们中许多人是军人的女儿、妻子
或是遗孀，有些来自商人、教士或小贵族出身的官员家庭，本身没
有经历过战场的艰苦条件，许多人很快患上斑疹伤寒或是其他流行
病而病倒了。皮罗戈夫把护士们分为三组：有的照顾伤员和协助手
术，有的负责分派药品，还有的在医院管理家政。亚历山德拉·斯
塔霍维奇（Alexandra Stakhovich）被分派到了手术室，对她来说，
协助参与的第一场截肢手术是一场严峻的考验，但是她成功地过了
这一关，过后她写信告知家人：

300

---

* 她原为维滕贝格的夏洛特公主（Princess Charlotte of Württemberg），在 1814 年嫁给米哈
　伊尔·帕夫洛维奇大公（Grand Duke Mikhail Pavlovich）之前，被东正教接纳并改名为
　叶莲娜·帕夫洛夫娜。——原注

338 Church of the Sepulchre at Easter. Grabeskirche Façade de l'Eglise du Sépulcre

1. 复活节期间的圣墓教堂

2. 耶路撒冷的俄罗斯朝圣者

3. 君士坦丁堡努斯瑞蒂耶清真寺前的加农炮，摄于1854年。清真寺位于托法尼（Tophane）地区加农炮铸造厂和炮兵兵营附近，由马哈茂德二世在1823至1826年间建成并命名为"努斯瑞蒂耶"（意为胜利）以纪念击败禁卫军叛乱及创建新型西式奥斯曼军队

4.尼古拉一世像，完成于1852年，作者为德国画家弗朗兹·克鲁格

How the Russians aspire to all that is well-established.

5. 古斯塔夫·多雷的《神圣俄罗斯珍奇史》中的一幅恐俄主义图片。图片下方的文字为"俄罗斯人是如何立志对付所有既成事业的"

NOW FOR IT!

A Set-to between "Pam, the Downing Street Pet," and "The Russian Spider."

FEBRUARY 17, 1855.]   [PUNCH, No. 710.

SAINT NICHOLAS OF RUSSIA.

MARCH 18, 1854.]   [PUNCH, No. 662.

6. 帕默斯顿和尼古拉一世准备来一场搏击（出自《笨拙》周刊）。图片下方文字为"现在就干！'唐宁街宠物帕恩'与'俄罗斯蜘蛛'间的一场搏击"

7. 《笨拙》周刊对尼古拉一世的看法。图片下方文字为"俄罗斯圣徒尼古拉"

8. 克里米亚战争最早的照片之一：
1854年多瑙河前线的土耳其士兵，由
卡罗·萨斯马利拍摄

9. 在斯库台的冷溪近卫团，摄于1854年。在背景中，可以看到在博斯普鲁斯海峡对面的君士坦丁堡天际
线。照片中还有随军妻子，看上去和她们的丈夫一样强壮

10. 塞瓦斯托波尔城外的英军帐篷，摄于1855年

11. 巴拉克拉瓦港口，摄于1855年

12. 在卡米什的法军基地，摄于1855年

13. 法军士兵站在一组朱阿夫士兵旁边，摄于1855年

14. 在巴拉克拉瓦工作的克里米亚鞑靼人，摄于1855年

HOW JACK MAKES THE TURK USEFUL AT BALACLAVA.

British Officer. "HALLO, JACK! WHAT ARE YOU ABOUT NOW?"
Jack. "WHY, YER HONOUR—YOU SEE RIDING'S A DEAL PLEASANTER THAN WALKING ABOUT HERE, AND WHEN THIS CHAP'S
TIRED—I MOUNTS T'OTHER COVE!"

15. 这幅版画显示了英国人对土耳其盟友的种族主义态度，出自1855年的
《笨拙》周刊。图中下方的文字为"在巴拉克拉瓦，杰克是怎么样让土
耳其人派上用场的"

16. 从乳头堡眺望马拉霍夫，摄于1855年夏

17. 马拉霍夫内部，摄于1855年9月，被联军夺取之后

18. 《塞瓦斯托波尔，1855年9月》，由法国考古学家、建筑设计师和摄影师莱昂—欧仁·梅海丁拍摄

19. 从马拉霍夫远眺塞瓦斯托波尔，摄于1855年9月

20. 从棱尖棱堡眺望塞瓦斯托波尔，摄于1855年9月，可以看到横跨水面的浮桥

21. 近卫军纪念碑。从滑铁卢广场（Waterloo Place）朝约克公爵纪念柱（Duke of York Column）方向的景色，摄于1855年

22. 近卫军纪念碑。三名近卫军士兵和荣誉女神的雕像，前方分别是弗洛伦丝·南丁格尔和悉尼·赫伯特的雕像，摄于1940年代

23.《维多利亚女王第一次探访伤员》，作者杰里·巴雷特，完成于1856年

24.《战后点名，克里米亚》，作者伊丽莎白·汤普森，即巴特勒女爵，完成于1874年

25. 《三名克里米亚伤员》，摄于1855年，摄影者为约瑟夫·坎德尔和罗伯特·豪利特。照片中三名战士分别为（从左至右）：第二十三团的威廉·扬，1855年6月18日在棱尖棱堡受伤；第三十四团的亨利·伯兰下士，在塞瓦斯托波尔前的堑壕中因冻伤而失去双腿；第四十九团的约翰·康纳里，左腿因在堑壕中冻伤而被截肢。1855年11月28日，他们在查塔姆医院受到了维多利亚女王的探访

26. 皇家炮兵的克里斯蒂军士长（右）和迈克吉福军士，摄于1856年。由豪利特奉维多利亚女王旨意拍摄。据《伦敦新闻画报》的报道：照片中两人手执旗帜上的图像由他们"从塞瓦斯托波尔的一座教堂的墙上取下，制成旗帜。其中一幅是圣米迦勒（St. Michael），另一幅是圣乔治（St. George）和龙。两幅画都完全以拜占庭风格画成，其中一部分还以黄金装饰"

27. 巴黎的阿尔马桥，摄于1910年洪水期间

28. 亚历山大·肖夫洛投资兴建的马拉科夫塔，建于1856年

29. 全景画《守卫塞瓦斯托波尔》的一部分，于1905年展出。观赏者处于事件中心，仿佛站在马拉霍夫棱堡的高处。油画与前景中的模型融合在一起，共同制造出一种身临其境的透视感

30. 最后一名曾参加过克里米亚战争的俄军战士，摄于1903年的莫斯科

　　我经历了皮罗戈夫主持的两个手术。我们给其中一个截了
手臂，另一个截的是腿。上帝恩典，我没有昏过去，因为在第
一个手术中，当我们截掉他的手臂时，我得按住这个可怜的人
的后背，然后包扎他的伤口。将我大胆的行为写下来，只是为
了让你相信我什么都不害怕。如果你能明白帮助这些受苦的人
是一件多么让人高兴的事就好了——你没法想象医生们是多么
感谢我们来到这里。[26]

　　在克里米亚当地，来自不同社区的女性居民自发组织起来，组
成护士队前往塞瓦斯托波尔周围的包扎站和战地医院服务，其中
之一是达莎·塞瓦斯托波尔斯卡娅，那个在阿尔马照顾伤员的姑
娘，现在到了贵族议事厅的手术室协助皮罗戈夫工作。另一位是 301
伊丽莎白·赫洛波京娜（Elizaveta Khlopotina），她丈夫是一位炮
台指挥官，在阿尔马战役中头部中弹受伤。她跟随丈夫一起上战
场，在卡恰河的包扎站担任护士。皮罗戈夫非常敬佩这些女性的勇
气，对不喜欢女性在战场出现的军事当局进行了顽强抵抗，并争取
有更多的护士被组织起来。大公夫人的影响力最终起了作用，沙
皇认可了圣十字架社团的工作。圣十字架社团在克里米亚的工作，
最早是由大公夫人出资的。她通过家庭关系从英格兰购买医疗用
品，其中包括珍贵的奎宁，储藏在圣彼得堡的米哈伊洛夫斯基宫
（Mikhailovsky Palace）她家的地下室里。当社团工作被沙皇肯定
之后，俄罗斯贵族、商人、政府官员还有教会纷纷捐款支持。1855
年1月又有两支由圣十字架社团组织的护士队抵达塞瓦斯托波尔，
其中第二支由叶卡捷琳娜·巴枯宁娜（Ekaterina Bakunina）带队，
她是圣彼得堡市长的女儿，无政府主义革命家米哈伊尔·巴枯宁
（Mikhail Bakunin）的表亲，巴枯宁当时正被囚禁在位于俄罗斯首

都圣彼得堡的彼得保罗要塞（Peter and Paul Fortress）。和许多俄罗斯上层社会人士一样，她童年的夏天都是在克里米亚度过的，她喜欢的度假胜地竟然遭受侵略，这让她惊吓不已。"我无法想象我们伟大帝国的这个美丽小角落竟然变成了残酷的战场。"[27]

和大公夫人一样，弗洛伦丝·南丁格尔在管理事务上也有一种类似的强烈动力。她出生在德比郡一个成功的工业家家庭，接受的教育比同一时期英国政府中绝大多数男性都好。她家与英国政府有诸多渊源，但因为是女性，她只能做一些慈善活动。受到基督教精神的鼓励，在二十五岁时，她不顾家庭反对，成为一名护士，先是在英国穷人社会，然后在德国杜塞尔多夫（Düsseldorf）附近的莱茵河畔凯撒斯韦特（Kaiserswerth-am-Rhein）做一名社会改革者。在德国，她目睹了特奥多尔·弗利德纳牧师（Pastor Theodor Fliedner）和他手下女执事们照顾病人的情形。1851 年她从凯撒斯韦特毕业，把那里的护理原则带到了哈利街的医院，并从 1853 年起在那里担任监督工作。这些护理原则，即基本的干净整洁和良好的病房管理等后来被南丁格尔带到了克里米亚。这些观念并不新颖，克里米亚的英军医疗官都知道保持干净、管好医院的好处，但是他们的主要问题是缺少人力和资源——而南丁格尔也仅部分地解决了这个问题。

尽管南丁格尔不在克里米亚，军务大臣赫伯特仍将她任命为土耳其英国综合医院女护士馆（Female Nursing Establishment of the English General Hospitals in Turkey）总监督，然而一直到 1856 年春天，南丁格尔才获得对克里米亚地区护士的管辖权，那时战争已接近尾声。南丁格尔的地位并不稳固，在名义上她必须听从军队的调遣，但是赫伯特给了她直接向他汇报军医部（Army Medical Department）失误的特权。军医部从来都反对派女护士到前线或是接近前线的地方，在南丁格尔的职业生涯中，她一直与军医部做着针锋相对的斗争。南丁格尔个性强势，而同时也只有大权独揽，她才能够设法推行机构改革、争取军方尊重。在土耳其，受到认可的职业护士组织并不存在，她在那里召集不到护士，只好在赫伯特夫人的协助下自己建立一支护士队伍。她的选择条件非常现实，完全不带感情色彩：她喜欢招收来自社会底层贫困家庭的年轻姑娘，因为她觉得这些人吃苦耐劳，能够适应艰苦的生活条件。她还招收了一批有护理经验的修女指导这些姑娘，在她看来，招收修女实际上是对爱尔兰天主教会的让步，因为英军中三分之一的战士是爱尔兰天主教徒。但与此同时，她拒绝了几百名热心服务的中产阶级家庭妇女的申请，认为她们的敏感性会让其"不好管理"。

南丁格尔带着三十八名护士于1854年11月4日抵达斯库台，恰逢大批在巴拉克拉瓦战役中受伤的伤兵被运到那里。法国人已经占据了由最好的房子改成的医院，留给英军的房子不仅条件恶劣，而且十分拥挤。肮脏的地面上排着床和床垫，受伤的和已经奄奄一息的伤员与其他生病的士兵挨个躺在一起。很多人患有腹泻，然而唯一可以排泄的地方是病房里和走廊上的大木桶。水几乎没有，老旧的水管已经坏了，供暖系统也不能工作。南丁格尔抵达之初，那里的情况正变得更加糟糕，因为又有几百名因克尔曼战役的伤兵送到。在斯库台附近的海德帕夏医院（Hyder Pasha Hospital）工作的助理外科医生沃尔特·贝柳（Walter Bellew）在日记中写道，这些士兵的条件"真正可悲"，"许多人上岸时就已经死了，有几个死在去医院的路上，剩下的都非常可怜，衣服上沾满了污秽和排泄物，手上和脸上因为沾上火药和泥土而变得黑乎乎的，身上布满了各种虫子"。伤病员以每天五十至六十人的速度死亡。人一死，尸首便立刻被裹进其身上的毯子里，埋进医院旁边的万人坑，同时另一个

303

伤病员马上占据他腾出的位置。护士们不得不连轴转地给伤病员喂食、清洗身体、分派药品，还要在他们垂死时给予安慰。许多护士无法承受这样的压力，开始酗酒，有些还抱怨南丁格尔小姐的专横作风以及各种交由她们做的琐碎工作。南丁格尔发现后，便让这些人打道回府了。[28]

　　12月底，第二批护士抵达，依然由南丁格尔指挥，同时她还获得了对《泰晤士报》克里米亚伤病员救治基金的控制权，这让她手里有了资金，可以购买物资和药品供斯库台地区的英军医院使用。南丁格尔可以完全自主行事，军事当局已不再给她设置障碍，因为他们身陷医疗灾难之中，还指望着南丁格尔来救他们一把。南丁格尔是一个能力很强的管理者，不过她引进的变革被后来将她神化的人们夸张了，英军里的医疗官、包扎员和配药员所做的贡献几乎被后人完全遗忘。但是不管怎么说，南丁格尔确实在斯库台的医院里推动了许多新措施。她重新规划了厨房，买了新的锅炉，雇用土耳其洗衣工并监督他们工作，主导了对病房的清洁。每天工作二十个小时后，她还在深夜亲自巡房，给伤病员们带去基督教的宽慰之辞。正是因为这些行动，她被人称颂为"提灯女士"（Lady with the Lamp）。然而，尽管她做出了很多努力，英军医院里的死亡率依然以惊人的速度上升。1855年1月，近东地区所有英军部队中，10%的人因疾病而死。2月份，斯库台的病人死亡率达到了52%，而上一年11月南丁格尔刚到时，死亡率还只有8%。那一年的冬天，在一场暴风雨之后的四个月时间里，有四千名英军战士死在斯库台的医院里，而大部分人都不是因伤而死。如此重大的人员损失让英国公众震惊，《泰晤士报》的读者强烈要求当局做出解释，于是在3月初，英国政府任命一个卫生委员会来到斯库台进行调查。他们发现被称作"兵营医院"（Barrack Hospital）*的医院主体部分下面是一个污水池，下水道系统渗漏，污水渗入了饮用水中。医院的下水道系统确实不合格，而南丁格尔却不了解这一危险，以为感染是由受污染的雾气造成的。其实，当时由她照顾的士兵，如果住到任何一个土耳其村子里，生存机会都会比住在斯库台的医院大得多。

* * *

在英国、法国和俄罗斯，公众每天都在关注战事的发展，兴趣与担忧均不断增长。通过报纸上的报道、期刊上的照片和图片，人们可以很快了解战争的最新进展，和以往的任何冲突相比，公众对这次战事真实情况的了解要多得多。人们对战争新闻的反应成为军事当局做决策时的一个主要考虑因素，因为军事决策也前所未有地受到公众批评，这是过去战争中从未有过的事。克里米亚战争是历史上第一场舆论起了关键作用的战争。

英国对战事新闻的兴趣尤为突出。有关士兵遭受的磨难以及伤病员悲惨处境的新闻在全国上下营造了一种焦虑的气氛。人们关心塞瓦斯托波尔城外高地上联军部队的处境，而且那一年冬天英国天气特别寒冷，更是加深了公众对远征俄罗斯英军士兵的担忧。《泰晤士报》克里米亚伤病员救治基金以及皇家爱国基金（Royal Patriotic Fund）援助士兵家属的呼吁发出之后，立刻产生了巨大反响，来自社会各个阶层的人有的捐钱出资，有的寄送食品包裹，还有的为士兵编织防寒的衣物，其中包括在那时候发明的"巴拉

---

*　由原土耳其兵营改建而成。——译注

克拉瓦头盔"（Balaklava Helmets）*。女王告诉剑桥公爵说，温莎城堡里"所有的女士们"，包括她自己，"都在忙于为军队织毛衣"。[29]

　　在当时，英国享受的出版自由比欧洲大陆其他国家都多，此时这种自由的效果便真正显露了出来。1855 年新闻印花税废除之后，大批廉价报纸涌现出来，连体力劳动者都买得起。除了刊登大批军官和士兵来信之外，克里米亚战争还促成了一种新的职业，即"战地记者"的诞生，这些人把战场上发生的事件带到了中产阶级的早餐桌上。在以往的战争中，报纸依赖业余"通讯员"——通常是外交官或是军方指定的军官——发回报道，而这一传统一直延续到 19 世纪末，当时年轻的温斯顿·丘吉尔（Winston Churchill）就曾作为一名现役军官为英国报纸发回关于苏丹的报道。这些报道通常根据军事通讯记录写成，必须经过军方审查，而且"通讯员"们极少会加上他们亲眼看到的第一手材料。1840 年代到 1850 年代初期，这一情况开始发生改变。一些报纸开始在重要地区雇用驻外记者，例如托马斯·切纳里从 1854 年 3 月起担任《泰晤士报》驻君士坦丁堡记者，就是他第一个报道了斯库台医院里可怕的医疗条件。[30]

　　蒸汽机船和电报的出现，让报社有能力派遣记者前往战争地带，而且他们撰写的报道几天之后就能见诸报端。克里米亚战争期间，随着克里米亚与欧洲城市之间的电报设施逐步修建起来，战事新闻的传播速度也就越来越快。在战争刚开始时，新闻最快要五天才能传到伦敦：两天时间花在从巴拉克拉瓦到瓦尔纳的蒸汽机船上，然后骑马三天才能送到布加勒斯特，当时那里是离克里米亚最近的有电报设备的城市。到 1854 年冬，法军已经在瓦尔纳建好了电报设施，于是新闻传送所需时间缩短到两天。到 1855 年 4 月底，当英军铺

---

*　一种头套，一般由毛线织成，只露出眼睛。——译注

设好连接巴拉克拉瓦和瓦尔纳的海底电缆之后，克里米亚的战事新闻只需几个钟头就可以传到伦敦了。*

对于每天追着阅读战事新闻的公众来说，重要的不仅仅是报道的速度，还有新闻报道的坦率和细致。因为没有审查，克里米亚的战地记者为读者发回了大量详尽的报道，促成了新闻和期刊的蓬勃发展。他们用生动的笔调将战斗的情形、可怕的条件和士兵遭受的苦难一一描述出来，把战争带进了每家每户，让公众积极参与到应该如何打赢这场战争的大讨论中。《泰晤士报》从来没有收到过这么多读者来信，几乎所有来信都在为改善战事进展提供自己的观察和见解。† 英国的中产阶级也从来没有对政治如此投入。即使偏远的乡村也忽然能了解世界大事了，英国诗人埃德蒙·戈斯（Edmund Gosse）在他备受赞誉的回忆录中描述了战争对其家庭的冲击。他们一家居住在德文郡（Devon）的乡村，属于一个小小的基督教教会，平日只与自己社交圈内的人交往，然而"对俄罗斯宣战的消息，第一次为我们这个加尔文主义（Calvinist）式的隐居生活带来一丝外面世界的气息。我父母每天都买报纸，这是过去从未发生过的事。父亲和我在地图上寻找报纸上提到的那些漂亮的地方，而在那些地

---

* 军方认为电报应该用于军事用途，不允许记者发送长篇文章，堵塞电报通路，因此在新闻摘要和报道全文之间有一段间隔，因为新闻摘要是通过电报发的，而报道全文要靠蒸汽机船送到伦敦。由于这个原因，常常出现新闻出错的情况，最著名的一次发生在《泰晤士报》上：1854 年 10 月 2 日，《泰晤士报》宣布塞瓦斯托波尔已被攻打下来。这条新闻是基于联军在阿尔马战役中获胜的电报以及战地记者罗素从克里米亚发来的第一份报道，即有关联军登陆的详情而写成的。直到 10 月 10 日，罗素的阿尔马战役报道全文才被送到伦敦，这时候真实战况已经被后来的几封电报澄清了。——原注

† 一位名叫约瑟夫·布莱克斯利（Joseph Blakesley）的牧师，自称为"赫特福德郡在职牧师"（A Hertfordshire Incumbent），给《泰晤士报》发去了大量篇幅很长的信件，提供各种跟战争有关的知识，从克里米亚的气候到俄罗斯人的性格等等，不一而足。他为自己赢得了大众历史学家的声誉，后来还被剑桥大学授予皇家钦定历史学教授（Regius Professorship of History）的职位，尽管他其实缺乏学术资格。——原注

方发生的事情也成了家里热烈讨论的话题"。[31]

公众强烈需要各种生动描述克里米亚战事的报道,随着战争的延续,这种渴求毫无减退之意。就连范妮·杜伯利这样的战争游客,都有一群读者追看她对亲眼目睹事件的描述。但是公众兴趣最大的当属图片,当时的制版印刷已经够快够便宜,《伦敦新闻画报》这样的刊物已经可以印刷图片,这些刊物在克里米亚战争期间销量大幅上涨。最让公众感兴趣的还是照片,因为照片似乎能够给予一种"真实"的战争影像,克里米亚战争期间成名的詹姆斯·罗伯逊和罗杰·芬顿(Roger Fenton)等人的照片有极大市场。当时照相技术刚刚为人所知,在1851年的世界博览会上,照相技术的展示曾让英国公众大为惊叹,而克里米亚战争则是第一场有照片记录并且让公众"看到"战斗场景的战争。1846—1848年的美墨战争期间出现了用银版摄影法拍摄的照片,1852—1853年的英缅战争期间有用碘化银纸照相法拍摄的照片,但这些照片简陋模糊,均无法与克里米亚战争期间拍摄的照片相提并论。当时的一份报纸评价说,克里米亚战争期间的照片显得"准确"并且"即时",是一扇"直接通往战争真相的窗口"。

但事实却远非如此。由于湿法摄影的局限,玻璃板底片每次曝光需要长达二十秒时间,基本上不可能拍摄任何移动的物体。一直到1860年代早期美国内战期间,摄影技术得到改进,拍摄移动目标才成为可能。绝大部分罗伯逊和芬顿的照片是摆拍的肖像或者是地形地貌,借鉴了不同类型的绘画以讨好中产阶级市场的口味和感情。虽然两人都见过不少死亡的场面,但是他们都没有在照片中展示死亡,因为照片必须符合维多利亚社会对这场战争正义性的普遍认同,不过芬顿在他最著名的照片《死亡之影峡谷》(*Valley of the Shadow of Death*)中象征性地提到了死亡。这幅

307

308

《死亡之影峡谷》（*Valley of the Shadow of Death*），1855年

照片展示的是一个荒凉冷清的峡谷，地面上布满了加农炮的弹丸（为了加强效果，他从别处搬来弹丸摆放在镜头前面）。罗伯逊对战争场面所做的修饰更多是因为商业压力而不是为了应对审查；但是芬顿的情况却有所不同，他是一名御用摄影师，之所以被派往克里米亚，部分是为了抗衡《泰晤士报》和其他报纸对克里米亚战争的负面报道，所以他对摄影对象的选择就带有宣传的成分在内。例如，为了告慰公众英军士兵穿得很暖和，芬顿拍摄了一张照片，上面的一群士兵脚蹬质量上乘的靴子，身穿政府新近配送的厚重羊皮外套。但是芬顿1855年3月才到达克里米亚，那张照片只可能是在4月中旬之后拍摄的，那时许多士兵已经死于严寒，需要这些保暖衣服的时候早就过去了。克里米亚4月份的气

《穿着冬装的第六十八团士兵》（*Men of the 68th Regiment in Winter Dress*），1855年

温达到二十六度，芬顿照片中的士兵一定都热得要死。[32]

　　如果说芬顿的镜头会说谎的话，《泰晤士报》上威廉·罗素的
文章则正好相反。他的文章是所有关于克里米亚战争的报道中最重
要也是最广为阅读的。罗素 1820 年出生于都柏林附近一个英国和
爱尔兰混血的家庭中，他在 1841 年爱尔兰大选期间开始为《泰晤
士报》工作。在克里米亚战争之前，罗素只报道过 1850 年普鲁士
和丹麦军队的一场小型边境冲突 *。1854 年 2 月，《泰晤士报》主编
约翰·德莱恩派他随英军前往马耳他报道可能爆发的与俄罗斯的战
争。德莱恩向英军总指挥保证罗素在复活节前就会返回，但实际上

────────────

*　即第一次普丹战争。——译注

之后的两年内，罗素一直和英军在一起，几乎每天都向报社发回来自克里米亚战争的新闻，曝光了军队当局的种种失误。罗素的盎格鲁－爱尔兰混血背景让他对英国军事当局保持一种天生的距离，这对他的写作非常关键。在揭露英军当局的无能方面，他从来没有犹豫过，很明显他同情的是普通士兵一方。英军中三分之一的士兵是爱尔兰人，与他们交往时，他显得非常放松，士兵们也愿意和他聊天。英军轻步兵师参谋亨利·克利福德把他描述为：

> 一个粗鄙的爱尔兰人，叛教的天主教徒（Apostate Catholic）……但是他天生会瞎扯，笔头和嘴一样锋利。他唱得一嗓子好歌，不管是谁递过来的白兰地和水他都能喝，如果哪个年轻军官傻到请他抽雪茄，他就会一支接一支地猛抽。他被军营中许多人看作一个"挺不错的家伙"。他正是那种有办法搞到消息的人，特别是从年轻人嘴里。[33]

军事当局对罗素十分憎恶。拉格伦曾命令手下的军官不要和罗素说话，声称他是一个安全隐患。《泰晤士报》上发表的军官和士兵来信特别突出部队悲惨的生活条件，这让拉格伦格外恼怒。有谣言说报纸付钱买这些信件，有些写信的人并没有想到要发表，但是却被家属交给了报纸。军事当局一向把忠诚和服从看得比士兵福祉更为重要，对写信人的越级投诉感到非常恼火。"军官们所写的荒谬无赖的信件甚于过去任何时刻，或者可能是《泰晤士报》教唆他们这么做的。不管怎么样，这么做非常糟糕，一点不像战士应有的行为。"苏格兰近卫团的金斯科特少校（Major Kingscote）和指挥部的参谋都为此愤懑不已。"我依然认为战士们都很快乐，总是情绪高涨。军官们我见得不多，但是我观察到了一件事，那就是贵族血统越纯正的军官，抱怨得就越少，不管《泰晤士报》怎么说。"

拉格伦决定以攻为守。11 月 3 日，他给战争大臣纽卡斯尔公爵写信，声称《泰晤士报》刊登的信息会被敌人利用。确实有报告说俄罗斯方面在看到罗素有关英军物资短缺、条件恶劣的报道后，士气得到了提升（沙皇本人也在圣彼得堡阅读罗素的报道）。在收到拉格伦的信后，军法处副处长（Deputy Judge Advocate）威廉·罗曼（William Romaine）向克里米亚的英国记者发出警告，纽卡斯尔公爵则写信给报纸主编加以提醒。但是德莱恩抵制了这些限制出版自由的企图，他本人相信拉格伦确实无能，认为揭露军队管理中的混乱是一种维护国家利益的行为，对报道危害国家安全的说法不予理会。12 月 23 日，《泰晤士报》主编在一篇社论中批评军队高层无能昏聩，其中最具破坏力的攻击大概是指出拉格伦凭借裙带关系任命贴身参谋，当时他的副官（ADC）中至少五人是他的外甥。从更广的层面上看，这种攻击涉及了一场职业精英主义与贵族特权之间的争斗，因此这一指控在当时相当具有杀伤力。

拉格伦的耐心最终耗尽，1 月 4 日他再次给纽卡斯尔公爵写信，等于在指控罗素犯了叛国罪：

　　我可以不计较这位写手能够在所有人、所有事情上挑出毛病的本事，他精心编织的非难也许只是为了挑动不满、鼓励违纪，但是我想让你考虑一下，任何一个从俄罗斯皇帝那里领钱的人，在为主子效力方面，会比这份欧洲销量最大报纸的通讯员做得更好吗？……在当今通讯如此迅速的情况下，我非常怀疑，英军还能在强大的敌人面前站得稳脚跟吗？敌人现在随时可以从英国报纸那里得知我方的数量、条件和设备，然后通过电报飞快地从伦敦传回他们的指挥部里。[34]

但是纽卡斯尔对此却不以为然。他已经能感到因为《泰晤士报》报道而产生的政治压力，围绕部队生活条件引发的丑闻正日益构成英国政府的威胁。对军事当局的批评声音不断高涨，连纽卡斯尔公爵自己都加入其中，要求拉格伦撤销总军需官艾雷将军和总副官埃斯特科特（Estcourt）将军的职务，希望借此平息公众要求有人对此负责的呼声。拉格伦却不愿让步，他似乎从未想过军队指挥高层中有谁必须为部队遭遇的困难负责。然而，他却很愿意接受把卢肯勋爵召回英国的命令，因为他一直把轻骑兵旅的牺牲归咎于卢肯勋爵，虽然这其实在很大程度上并不公平。

卢肯在 2 月 12 日接到召回令时，报刊的力量和公众的批评已经迫使英国政府下台了。1 月 29 日，下议院以三分之二的多数通过了一个由激进派（Radical）议员约翰·罗巴克（John Roebuck）提出的动议，任命一个专责委员会调查军队条件以及相关政府部门的作为，这实际上相当于一个表达对政府领导克里米亚战争的不信任的动议。罗巴克原本并没有打算推翻政府，他只想在议会责任制这一原则上做出一个姿态，但是政府面临的压力已不仅仅来自议会内部，而更多来自公众和舆论。投票之后的第二天，阿伯丁勋爵就辞职了，一个星期后的 2 月 6 日，女王传召她最不喜欢的政客、当时已经七十岁的帕默斯顿，令其组成新内阁，这将是他第一次领导政府。帕默斯顿获任成为首相的消息大受爱国中产阶级的欢迎，通过长期与报刊培养良好关系，他已赢得了英国公众的信任。他们把帕默斯顿激进的外交政策视为英国民族性格和普世理念的代表，现在就盼着他把克里米亚战争从无能的将军手中挽救过来。

"在我们所处的文明阶段，"法国皇帝在1855年宣布，"军队的成功，无论多么杰出，总归是短暂的。在现实中，公众舆论总是能赢得最后的胜利。"路易－拿破仑对报刊和公众意见的威力非常了解，他就是靠这一点独揽大权的。因为同样的原因，在克里米亚战争期间，法国报刊的运作都是在政府的审查和控制之下进行的。报社社论经常是由政府支持者"买断"，文中观点通常比报纸读者的政治立场更保守。拿破仑三世把这场战争当作赢得公众支持的手段，在执行政策时随时关注公众反应。他指示康罗贝尔（以犹豫不决闻名）不要随意发动进攻，"除非完全肯定结果对我们有利，但是如果人员可能牺牲太大，那么也不宜有所动作"。[35]

因为对公众舆论非常敏感，拿破仑三世下令警察收集平民对战争的看法。警方线人偷听人们的私下对话、神父的讲道、演讲者的发言等等，记录在地方检察官和行政官向上呈送的报告里。根据这些报告的内容来看，法国公众其实从未支持过这场战争，加上军方未能快速取胜，人们对继续打仗越来越没有耐心，普遍持批评态度。他们的不满主要集中在康罗贝尔的无能和拿破仑亲王这个"懦夫"身上。因克尔曼战役后，拿破仑亲王离开克里米亚，在1月回到了法国。为了拉拢反战势力，他故意向人们透露自己的观点，声称塞瓦斯托波尔是"无法攻破"的，应该结束围困。也就在这个时候，地方官呈上的报告已经向拿破仑三世发出警告，说公众对战争的厌倦正演变成对政府的反抗。在塞瓦斯托波尔城外的堑壕里，法国工兵亨利·卢瓦齐永（Henri Loizillon）听到士兵们说一场革命已经计划好了，将在法国发动罢工游行反对继续调集军队。"到处流传着各种最最吓人的谣言，"他在给家人的信中写道，"谈的都是革命：巴黎、里昂，所有大城市都会被起义者占领，马赛居民将起来反对士兵上船。每个人都想要和平，为了和平似乎什么样的代价都愿意付出。"在巴黎，心浮气躁的法国皇帝对暴力革命深怀恐惧，暴动群众冲进军营推翻七月王朝不过是六年半前的事情，他因此暗中制定了详细的计划，应对可能在巴黎出现的骚动。在巴黎市中心建楼时，必须"考虑能够同时集结几支部队对付暴动"，他告诉维多利亚女王，"几乎所有街道都铺上了碎石路面，以防止平民把街道上的石块推起来'建成路障'"。他还考虑了如何让公众不再批评克里米亚战争，结论是应该立刻对军队最高指挥加强控制，并且由他亲自前往克里米亚指挥，加快攻陷塞瓦斯托波尔的速度，恢复法国在拿破仑时代的光辉。[36]

313

在俄罗斯，有关战争的公开信息少得可怜。整个黑海地区只有一份俄语报纸《敖德萨简报》(*Odesskii Vestinik*)，但是该报在克里米亚地区却没有一个记者，只刊登有关战争的最简单消息，而且往往已经是两三个星期前发生的旧闻了。例如，对阿尔马战役的报道出现在 1854 年 10 月 12 日，而那时战事已经结束二十二天了。在新闻里，阿尔马战役的失败被描述为"面对两翼以及海上人数多得多的敌人，所实施的战术撤退"。这样简单而又虚假的新闻当然无法满足读者的需求，他们听到的谣言是塞瓦斯托波尔已经被攻陷，俄罗斯黑海舰队已被摧毁。这份报纸在 11 月 8 日刊登了有关阿尔马战役的较为详细的报道，而此时已经过去四十九天了。报道虽然承认阿尔马战役失败了，却没有提到俄军的恐慌溃逃，也未提及敌人来复枪的威力胜过沙皇步兵手里过时的滑膛枪。俄罗斯当局不允许公众知道俄军在指挥上无能、在技术上落后于欧洲军队这样的事实。[37]

因为不相信官方消息，俄罗斯公众中受过教育的阶层开始从各种传言中获取信息。一位住在圣彼得堡的英国女士写道，在上层社

会中流传着一些有关克里米亚战争的"荒诞想法",原因是"政府
完全不让他们获得信息"。例如有谣言说英国正在鼓动波兰起来暴
动反抗俄罗斯;印度马上将投靠俄罗斯;还有美国即将在克里米亚
出手救援等,许多人相信美国已经签署了军事协定*。"他们对美国总
统的期待,就像是在暴风雨中抱着备用大锚的水手一样。"一位佚
名的英国女士写道。在俄罗斯的美国人到处接受宴请并收下俄罗斯
人送上的各种荣誉,"而且看上去很因此而得意,"她写道。

314

> 很奇怪,作为一个像美国这样的共和制国家的公民,他们
> 居然如此看重头衔、勋章、星章等等华而不实的东西……就在
> 我离开[圣彼得堡]的那一天,他们大使馆里的一名参赞非常
> 得意地向我的朋友们展示这个公主、那个伯爵夫人,还有几个
> 宫廷高官赠送给他的复活节彩蛋。他还展示了一幅整个皇室成
> 员的肖像画,说等他回到纽约之后,打算把这幅画当作家族财
> 富挂在墙上。

---

* 这则关于美国的谣言还是有一点根据的。在克里米亚战争期间,美国的公众舆论总体来
说是亲俄罗斯的。北方废奴主义者倾向于同情西方列强,但是蓄奴的南方坚定地站在依
然实行农奴制的俄罗斯这边。大英帝国是美国的老对手,俄罗斯相对弱小,因此获得一
些美国人对弱者的同情。美国人还担心一旦英国打赢了这一仗,将更有可能再次搅和美
国事务。在那几年英美两国的关系出现了新麻烦,因为伦敦方面担心美国会宣布拥有加
拿大领土,还担心美国会入侵古巴(外交大臣克拉伦登曾向英国内阁表示,如果古巴遭
到美国侵略,英国将被迫向美国宣战)。在克里米亚战争期间,俄罗斯在欧洲备受孤立,
却发展了和美国的关系。把两个国家带到一起的是双方共同的敌人——英国。不过俄罗
斯方面一直对实行共和的美国人心怀犹疑,而美国方面也不敢信任实行君主独裁的沙皇。
两国之间签署了一些贸易协议。一个美国军事代表团(其中包括乔治·B. 麦克莱伦[George
B. McClellan],未来南北战争早期北方军队的指挥官)前往俄罗斯指导俄军。美国公民向
俄罗斯寄送武器弹药,武器制造商塞缪尔·柯尔特(Samuel Colt)甚至提出送手枪和来复
枪给俄军。一些美国志愿者前往克里米亚与俄军一起作战或是担任工程师。也正是在那
时候,美国第一次提议购买当时被称为俄属美洲的阿拉斯加(Alaska),最后终于在1867
年成交。——原注

　　虽然据说警方的线人无处不在，但他们还是无法控制传言的蔓延。这位英国女士还写道，两位妇女被叫到秘密警察第三科首脑奥尔洛夫伯爵的办公室里，因为她们在一家咖啡馆里谈话，表达了对俄罗斯报纸上战争新闻真实性的怀疑，被人听到了。"我听说她们俩被严厉警告，并且被命令相信所有政府认可的文字。"[38]

　　这场战争在俄罗斯社会激发了各种不同的反应。西方列强入侵克里米亚，在受过教育的群体内激起了强烈愤慨，对1812年的记忆让他们团结在了一起。具有讽刺意义的是，俄罗斯公众的愤怒，绝大程度上是针对英国人而不是法国人的。根据我们这位佚名的英国女士的说法，这是因为1812年对抗拿破仑取得胜利后，俄罗斯人把法国人视为"太渺小无助，而不值得施以除了最深的怜悯和关怀之外的任何感情"。仇英（Anglophobia）情绪在俄罗斯有着长久的传统，在某些上流社会的圈子里，什么事情都可以怪罪到"背信弃义的英国人"头上。"如果只听他们的谈话，你会想象也许世界上所有的罪恶都可以归咎到英国人的影响。"这位英国女士写道。在圣彼得堡的沙龙里，英国人总是战争的挑动者，英国人的钱财总是问题的根源。有些人说英国人挑起战争，目的是为了霸占俄罗斯在西伯利亚的金矿；还有人则说英国人想把自己的帝国扩大到高加索和克里米亚。他们都认为帕默斯顿是英国政策的主要推手，一手带来了俄罗斯的厄运。在大半个欧洲大陆，帕默斯顿都是一个被仇视的人物，是英国人欺凌弱小、虚伪狡诈的象征，表面上宣扬自由贸易和人身自由，实际上却以此为手段在全世界推动英国的经济利益和帝国扩张。但是俄罗斯人还有一个特别的理由憎恶他，因为帕默斯顿带头倡导了欧洲的反俄政策。根据这位圣彼得堡的英国女士的说法，帕默斯顿，还有领导英国在波罗的海战事的内皮尔上将这两个名字，"能在下层百姓中产生巨大恐惧"，以至于女人为了让小

315

孩上床睡觉，都会吓唬他们说："那个英国将军来了！"

普通男人在用完了所有能想到的骂人话之后（俄语中这方面的词汇是极为丰富的），会转向对方说"你这条英国狗！"在这之后当然免不了又是一顿谩骂，最后他们会以互骂"帕默斯顿！"告终，尽管可能完全不知道这个词到底是什么意思。不过在仇恨与报复的最高潮，他们会高喊"内皮尔！"，仿佛那个词比撒旦还要邪恶五十倍。

有一首在俄罗斯军官中广为流传的诗歌展示了当时的爱国情绪：

> 在求战的狂热中
> 指挥官帕默斯顿
> 在地图上战胜了俄罗斯
> 用的是他的食指。
> 被他的勇气激励，
> 那个法国人也紧紧跟随，
> 挥舞着他伯父的宝剑
> 呼喊着：勇气可胜！ [39]

泛斯拉夫主义者和斯拉夫派是克里米亚战争最积极的支持者。他们把俄罗斯入侵巴尔干看作一场解放斯拉夫人的宗教战争的开端，当沙皇命令俄军从多瑙河两公国撤军时，他们感到很失望，许多人呼吁沙皇与整个欧洲开战。《莫斯科人》主编波戈金在得知俄军撤退的消息后，他的泛斯拉夫主义观点变得更为激进，呼吁沙皇不顾一切发动一场同时针对奥地利和奥斯曼帝国的革命战争，解放斯拉夫人。联军入侵克里米亚的行动让他们盼望已久的欧洲战争变成了现实，爱国主义情绪席卷俄罗斯社会，泛斯拉夫主义者的求战愿望冲上了这一情绪的浪尖。波戈金获得沙皇赞许，让他有机会进入宫廷，还可以写信阐述自己对外交政策的看法。波戈金到底对沙皇有多大影响力，这点并不清楚，但是他能出入宫廷这一事实本身，就让许多贵族敢于公开表示赞同他的理念。根据这位在圣彼得堡的英国女士的说法："不管沙皇本人多么想要掩饰自己对土耳其和君士坦丁堡的野心，俄罗斯贵族们却不愿意遮遮掩掩，即使在两年以前也是如此，而那时还根本不能肯定这场仗是否会打起来。'至于君士坦丁堡，我们一定会拥有的'*，一位贵族曾在某天晚上说道。"[40]

　　但是在以自由派为主导或是亲西方的圈子里，对战争的支持就没有那么强烈了。那些能看到外国报纸的人，则更可能对战争持批评态度。许多人觉得俄罗斯没有必要卷入东方问题，更别说是参加一场与西方列强的战争了，因为这场战争很有可能演变成一场灾难。"以圣罗斯的名义实行各种肮脏的伎俩。"维亚泽姆斯基亲王（Prince Viazemsky）这样写道。他是参加过 1812 年俄法战争的老兵，也是一位观点倾向自由派的批评家及诗人，在财政部任职二十年后，于 1856 年成为总审查师。"这一切的结局会是怎样？以我卑微的看法……我们没有取胜的机会。英国与法国联合，肯定会比我们强大。"根据 1854 年秘密警察第三科的报告，在受过教育的人中，许多人从根本上反对战争，希望政府继续谈判以避免战争爆发。[41]

　　俄罗斯底层人民的看法就比较难以把握。商人担心战争让他们丢失生意，倾向于反对战争。这位圣彼得堡的佚名英国女士写道："每一条街道，每一座房屋都显示出他们正面临的艰难——生意几乎停

317

---

* 原文为法语 *Quant à Constantinople, nous l'aurons, soyez tranquille.* ——原注

顿，没有几家店铺里还有客人，每个人都开始节省开支以备艰难时
光的到来。"农奴阶层受苦最多，因为军队抓壮丁，农民家庭里失
去了年轻健康的劳动力，同时因战争而增加的赋税中最大部分也由
他们来承担。农民人口急剧下降，有些地区在克里米亚战争期间下
降了6%。地里收成变差了，天气是部分原因，但同时也因为征兵
造成劳动力和牲畜短缺。俄罗斯各地爆发了约三百起农奴起义或是
骚动，攻击地主并烧毁他们的物产。这位英格兰女士写道，俄罗斯
上流社会担心革命将会爆发："当我离开圣彼得堡时，许多人认为
那八万（据俄罗斯人的说法）露营街头或寄宿民宅的士兵的主要功
用是保护市镇内的和平，而不是抵御外国军队入侵。"[42]

　　但是也有农民把战争视为一个改变人生的机会。1854年春季，
一则谣言在俄罗斯乡间流传：任何志愿加入陆军或海军的农奴将保
证能获得自由。这则谣言的根子在于政府为创建一支波罗的海桨帆
船舰队而招募农奴的决定：在作战期间，这些农奴将被从地主手里
解放出来，但是他们必须答应在打完仗之后回到原来的地主那里。
谣言传开后，大批农奴涌向俄罗斯北部港口。警方为此封锁了道路，
几千名农奴被关押起来，锁在一起送回原籍。但是，通过当兵能获
得自由的谣言一旦传开，政府之后的每次征兵活动都被农奴们视作
一次机会。教士、会写字的农奴，还有鼓动者们都在散布错误的信息。
例如在梁赞（Riazan'），一名教堂执事告诉农奴们说，如果他们加
入军队，能每个月拿到八个银卢布的军饷，而且当兵三年之后他们
和家人都能摆脱农奴身份。

　　这样的故事随处可见。农奴们相信沙皇陛下发出了圣旨，承诺
给志愿参军者自由，当被告知并无此事时，他们就认定圣旨被邪恶
的官员藏起来了或是被掉了包。很难说他们这样想有多少是出于天
真，有多少是故意为之，用以表达他们迫切希望从农奴制中解放出

318

来的强烈愿望。在许多地方，类似的谣言和一则过去流传的"金色宣言"（Golden Manifesto）混淆在了一起。在"金色宣言"中，沙皇将解放所有的农民，把所有的土地都分给他们。例如，一群来到一座征兵站的农奴称，他们听说沙皇坐在克里米亚一座山顶上的"金色大屋"里，并且"会给所有来到他面前的人自由，但是那些没有来或是来得太迟的人就只能继续做农奴"。在其他一些地方，这一谣言的内容则变成了英国人和法国人会给任何在克里米亚志愿加入他们队伍的人以自由，造成大批农奴向南方奔逃。在农民心目中，南方代表着土地和自由。自中世纪以来，南方的草原就是农奴逃离主人、寻求自由的地方。南方各省的农奴一直有志愿加入自由哥萨克军队的传统，强烈到几乎可以说他们身上带有某种革命特质。在那里，农奴成群结队找到当地驻军，要求征召入伍，拒绝再为地主干活。他们手持长矛、大刀和棍棒，经常与阻挡他们的驻军和警察发生冲突。[43]

319

* * *

俄军不乏迫切参军的志愿者，而且沙皇可以调动广袤帝国的一切资源。1854 年底到 1855 年初，塞瓦斯托波尔城外天寒地冻的高地上英法联军力量已被极度削弱，这本来可以成为俄军发起攻势、一举击溃联军的最佳时机，然而俄军却一直按兵不动。因克尔曼战役之后，俄军最高指挥失去了自己的权威与自信。沙皇对其手下的指挥官们也失去了信任，变得越来越阴郁沮丧，认为克里米亚已经不可能打赢，后悔自己发动了这场战争。宫廷幕僚们形容这时候的沙皇是一个被打垮的人，忧郁、病恹恹、疲惫不堪，自从战争打响以后，仿佛迅速衰老了十岁。

也许沙皇依然在等待他信任的"一月将军和二月将军"来摧毁英法联军。只要高地上的英法联军不断因寒冷、疾病和饥饿减员，沙皇也乐于让俄军指挥官将进攻局限于仅仅使用小股武装来扰袭联军的前哨阵地。这些扰袭不会造成真正的破坏，但能让英法联军士兵更为疲倦。"我们的沙皇不会让他们好吃好睡，"一名哥萨克士兵在 1 月 12 日从塞瓦斯托波尔给家人的信中写道，"只可惜他们没有统统死掉，要不然我们就不用和他们开仗了。"[44]

俄军在补给上存在问题，让其难以制定野心较大的战略。因为联军的海军控制了海面，俄军只能通过内陆输送物资，依靠马或牛拉的大车穿越大雪覆盖的泥泞道路把补给从俄罗斯南部送过来。当时没有铁路。飓风发生时，整个克里米亚都缺乏饲料，造成拉车的牲畜以惊人的速度死亡。12 月的第一个星期，皮罗戈夫在从彼列科普到塞瓦斯托波尔的路上，看到"沿路每一步都有肿胀的牛尸"。到了 1 月份，克里米亚的俄军一共只剩下两千辆大车，是 11 月初的三分之一。在塞瓦斯托波尔，士兵口粮配给大大减少，唯一的肉类食品是从死牛身上割下已经开始腐烂的肉做成咸肉。托尔斯泰在 12 月被从塞瓦斯托波尔调到辛菲罗波尔附近的埃斯基奥德（Esky-Ord），他发现当地驻军没有冬季的大衣，却有大量的威士忌，是发给他们御寒用的。在塞瓦斯托波尔，守卫棱堡的俄军士兵和城外高地堑壕里的英法联军士兵一样饥寒交迫。整个冬天，每天都有十几名俄军士兵开小差逃跑。[45]

320

沙皇没有在克里米亚发动大型攻势的主要原因，是他担心奥地利会乘机入侵俄罗斯。谨慎的帕斯克维奇现在是沙皇信任的唯一高级将领，他一直提醒沙皇注意奥地利对波兰的威胁，认为这比克里米亚面临的危险还大得多。在 12 月 20 日给沙皇的信中，帕斯克维奇说服沙皇在杜布诺（Dubno）、卡缅涅茨（Kamenets）和加利西亚边境地区保持大规模部队以防奥地利进攻,而不是将这些部队派往克里米亚。在两星期前,奥地利与法国和英国签署了军事联盟协议,承诺保卫多瑙河两公国抵御俄军入侵;作为交换条件,英法两国承诺协助奥地利抵御俄罗斯入侵,并许诺在战争期间保证奥地利对意大利的拥有权。事实上,奥地利的企图是利用这个军事联盟协议迫使西方列强与俄罗斯在维也纳谈判停战,并从中施加影响,而不是真的要和俄罗斯开战。但是沙皇依然不能忘记奥地利的背叛。当年在多瑙河流域,奥地利出兵是俄罗斯不得不撤军的原因,现在他担心奥地利会故伎重演。在1月7日到2月12日之间,沙皇亲手写下很长的笔记,明确了一旦俄罗斯与奥地利、普鲁士和其他德意志国家发生战争,他将如何应对。这也许显示了沙皇在最后日子里焦虑无助的情绪。他无法摆脱俄罗斯帝国将会崩溃的可怕念头:祖先打下的江山会因为他愚蠢的"圣战"而毁于一旦,因为英国和瑞典会进攻波罗的海,奥地利和普鲁士会进攻波兰和乌克兰,西方列强会进攻黑海和高加索,最后则合围消灭俄罗斯。意识到不可能同时抵御多方进攻,沙皇为将防线设置在哪里而思前想后,最后决定实在不行的话,就算把乌克兰牺牲给奥地利,也比削弱中央地带"俄罗斯心脏"的防线要好。[46]

321

最后在2月份时,因为担心西方列强马上会派遣增援部队登陆,在彼列科普切断克里米亚与俄罗斯其他地区的联系,沙皇下令发起攻势,夺回联军增援部队可能的登陆地点叶夫帕托里亚。当时这个港口由奥马尔帕夏指挥的两万土耳其军队把守,并由联军舰队从海上提供炮火支援。叶夫帕托里亚的防御工事十分坚固,还配有三十四门重炮,该地区的俄军骑兵指挥官弗兰格尔男爵中将(Lieutenant General Baron Wrangel)认为重新夺回绝无可能,因此拒绝担任这场战斗的指挥。但是尼古拉一世心意已定,坚持将指挥权交给了弗兰格尔的副手赫鲁廖夫中将（Lieutenant General Khrulev）。赫鲁廖夫炮兵出身，被戈尔恰科夫形容为"没有什么头脑，但是非常勇敢和积极，你命令他做什么他一定照做"。当缅什科夫问赫鲁廖夫能否夺回叶夫帕托里亚时，他十分自信能够取得成功。2月17日一大早，赫鲁廖夫率领一万九千人的部队，其中包括二十四支骑兵中队和一百零八门大炮，出发了。这时沙皇对这次进攻是否明智已经产生了怀疑，认为不如暂且按兵不动，等待联军增援部队登陆后向彼列科普转移之时再从侧翼发起攻势。但已来不及通知赫鲁廖夫了。这次进攻只持续了三个小时，俄军很快就被打退，损失了一千五百人后，在空旷的乡野上向辛菲罗波尔方向撤退。因为沿途无处休憩藏身，大批兵员因疲惫和寒冷倒下，他们冻僵的尸体就这样被丢弃在茫茫草原之上。

　　2月24日，当战斗失败的消息传到圣彼得堡时，沙皇已极度病危。他在2月8日就因流感卧床不起，但是依然坚持处理日常政务。2月16日，当他感觉好一些时，不顾医生的劝阻，在零下二十三度的天气下，没有穿上冬衣就外出检阅军队。第二天他又再次外出，当晚健康状态急剧恶化，患上了肺炎。医生们听到沙皇肺部有积液的声音，而这一症状也终于让其私人医生曼特（Dr Mandt）做出沙皇已没有康复希望的结论。叶夫帕托里亚战斗的失利让尼古拉一世大受打击，在曼特的建议下，他把皇位交给了皇储亚历山大（Tsarevich Alexander）。他让皇储撤销了赫鲁廖夫的职务，并让戈尔恰科夫接替缅什科夫（这时也已身患疾病）担任总指挥。但所有人都知道沙皇只能怪自己下令发动进攻，他为此充满了愧疚。沙皇临终时，曼特一直陪伴身边，根据他的说法，"比身体疾病更甚的精神折磨"让沙皇倒下了，叶夫帕托里亚失利的消息让他已经羸弱的身体遭受了"最后一击"。[47]

　　沙皇尼古拉一世于 3 月 2 日去世。俄国公众对沙皇患病一无所知（他禁止公布任何有关其健康的消息），他突然去世的消息一经公布，马上就有谣言说沙皇是自杀身亡的。谣言说沙皇在得知叶夫帕托里亚失败后，心烦意乱，让曼特给他毒药服下而死。在悬挂黑旗的冬宫（Winter Palace）外，人群开始聚集，愤怒的声音呼喊着要处死这个有德国名字的医生。担心生命受到威胁，曼特被送上一辆马车匆匆离开冬宫，不久之后就离开了俄罗斯。[48]

　　其他各种谣言同时开始流传：有的说曼特杀死了沙皇，这个版本由宫廷内的一些人制造传播，用以抵消尼古拉一世自杀的谣言；还有谣言说曼特因其忠诚，获得了一幅沙皇肖像，画框上镶满了钻石；另有谣言说一个名叫格鲁伯（Gruber）的医生因为对沙皇的去世表现出过分的兴趣而被关押在彼得保罗要塞里。许多反对沙皇专制统治的人很愿意相信沙皇是自杀身亡的，在他们看来，自杀表示沙皇间接承认了自己的罪恶。在 1917 年俄国革命之前的几十年间，一些著名学者也在为这些谣言提供支持，其中包括尼古拉·希尔德（Nikolai Shil'der），四卷本尼古拉一世传记的作者，他的父亲卡尔·希尔德（Karl Shil'der）曾是尼古拉一世的宫廷幕僚。在苏联时期，这些谣言继续被一些历史学家传播，即使在今天，还有一些历史学家相信这些谣言。[49]

　　在安娜·丘特切娃描述宫廷生活的日记中，有许多尼古拉一世最后时刻的细节，基本上足以排除沙皇自杀的可能性。但是她同时也清楚地写道，尼古拉一世在精神上被摧垮，对自己的错误感到悔恨，因为自己冲动的外交政策把俄罗斯引向了一场灾难性的战争，他因此欢迎死亡的到来。也许他觉得上帝不再与他同在。临终前，他把儿子召到床边，让他转告军队，特别是塞瓦斯托波尔守军："为他们我已尽心尽力，之所以失败，不是因为我没有良好的意愿，而是因为知识情报上的不足。我请求他们宽恕我。"[50]

　　身着军服的尼古拉一世被埋葬在彼得保罗要塞内的大教堂里,这是自彼得大帝以来历代俄罗斯君主坟墓的所在地。在棺盖合上之前,皇后在尼古拉心口放了一个刻着君士坦丁堡圣索菲亚大教堂的银色十字架,"这样他在天堂就不会忘记为在东方的兄弟们祈祷了"。[51]

第十章

炮灰

沙皇尼古拉一世去世的消息在 1855 年 3 月 2 日传到了巴黎和伦敦。维多利亚女王是最早收到消息的人之一,她在日记中对沙皇的去世做了一番反思:

> 可怜的皇帝,唉!确实成千上万人的鲜血要算在他的头上,但他曾经也是一个好人,拥有许多优秀的品质,有的相当出类拔萃。对于什么是正确、什么是他有权做的以及有权拥有的,他有一种错误的认知,却依然固执己见,这就是他行为的根源。十一年前,他曾来到我们这里,言行亲善,美好迷人,英俊潇洒。在那之后的数年间,他都对我们充满了友好的感情!他的离世会有什么样的后果,没有人能够预测。[1]

沙皇的死讯立即在英国各地通过戏院、会场和其他公共场所被广而告之。在诺丁汉,消息公布之时正是多尼采蒂(Donizetti)的

歌剧《拉美莫尔的露琪亚》（*Lucia di Lammermoor*）第一幕落幕之
际。听众为之喝彩，乐队演奏了国歌，人们涌向街头庆祝。所有人
都以为战争结束了，因为正是尼古拉一世咄咄逼人的外交政策导致
了这场战争，现在他不在了，俄罗斯应该清醒过来，祈求和平了。《泰
晤士报》宣称尼古拉一世的离世是天意，期待联军能够很快取得胜
利。在巴黎和伦敦的证券交易所里，股票价格急速上扬。

　　这一消息花了更长时间才传到克里米亚的联军部队那里，而且
是通过一个出人意料的途径。3月4日，也就是有关沙皇死讯的公
告通过电报传至那里的几天前，一名法军士兵发现一块从塞瓦斯托   325
波尔城外俄军堑壕里扔过来的石头上系着一张纸条，纸条上用法语
写着几句话，声称代表了许多俄军军官的观点：

　　　　俄罗斯的暴君死了。和平马上就要到来，我们将没有任何
　　理由与我们敬重的法国人交战。如果塞瓦斯托波尔陷落了，那
　　也是暴君罪有应得。

　　　　　　　　　——一个热爱祖国、痛恨独裁者的真正俄罗斯人 [2]

　　然而，不管这些俄罗斯人多么渴望和平，新沙皇亚历山大二   326
世并不打算马上放弃父亲的政策。他在三十六岁时登基，之前做了
三十年的皇储，登基后的第一年依然被笼罩在父亲的阴影之下。与
尼古拉一世相比，他更倾向自由派，曾受到其宫廷教师、自由派诗
人瓦西里·茹科夫斯基（Vasily Zhukovsky）的影响，而且去过欧
洲许多地方旅行。他对军事不感兴趣，这让他父亲感到失望，但他
是一个俄罗斯民族主义者，公开表示过对泛斯拉夫主义的同情。继
任之后，他很快就公开表示不会接受任何有辱俄罗斯的和平条件
（而英国只可能接受这样的和平条件），承诺将继续为俄罗斯的"神

亚历山大二世

圣使命"和"在世界上的光荣"而战。但与此同时,他又通过外交
部长涅谢尔罗迭表明他愿意参加谈判,达成一个能够维护"俄罗斯
完整与荣誉"的和平方案。亚历山大了解到反战情绪在法国日益高
涨,他的这一策略的主要目的,是通过提出尽早结束冲突的建议,
离间法国人与英国人。"法国与俄罗斯虽然交战但并无仇恨,"涅谢
尔罗迭在给他的女婿、驻巴黎的萨克森大使冯·泽巴赫男爵(Baron
von Seebach)的信中写道,"当拿破仑皇帝想要和平时,和平就会
实现。"冯·泽巴赫男爵把这封信念给了拿破仑三世听。[3]

然而在 1855 年初的几个月里,拿破仑三世一直面临来自英国
的压力,要求他投入一场野心更大的反俄罗斯战争。英国新任首相
帕默斯顿长期以来一直在力推这一想法——不仅要摧毁俄军在塞瓦
斯托波尔的海军港口,还要通过拉入更多的盟友、支持反抗沙皇统
治的解放运动等手段削减俄罗斯在黑海地区、高加索、波兰、芬兰
和波罗的海的势力。对俄罗斯的打击范围将远远超过在 1854 年由
英国、法国和奥地利共同签署的《四点方案》。在该方案中,阿伯
丁主持下的英国联合政府谨慎地限制了战争范围,阿伯丁只想通过
一场有限战争逼迫俄罗斯就《四点方案》进行谈判。但是帕默斯顿
在上台后已下定决心,要将克里米亚战争发展成为一场遏制俄罗斯
在欧洲和近东势力的大战。

大约一年前,即 1854 年 3 月,帕默斯顿就曾在一封给英国内　327
阁的信中勾画了他对"这场战争最佳结果"的设想:

　　(波罗的海中的)奥兰群岛和芬兰归还瑞典。俄罗斯控制下
的一些波罗的海沿岸的德意志省份割让给普鲁士。建立一个独
立的波兰王国,作为德国与俄罗斯之间的屏障……从俄罗斯手
中夺下克里米亚、切尔克斯和格鲁吉亚;将克里米亚和格鲁吉

亚给予土耳其；切尔克斯或是独立，或是作为附属国给予苏丹。没错，要想实现这样的结果，就必须联合瑞典、普鲁士和奥地利，加上英国、法国和土耳其，还必须假设对俄罗斯取得了重大胜利。但是这样的结果并非不可能，不应该完全从我们的设想中剔除。

帕默斯顿这份野心勃勃的计划，在当时的英国内阁中遭到了很大的质疑。如前文所述，阿伯丁反对这一计划，认为这将把欧洲大陆引向一场新的"三十年战争"。但是现在的英国首相已经是帕默斯顿，俄罗斯力量已被削弱，严酷的冬天也接近尾声，展开一场大规模战争并非完全不可能。[4]

在英国政府内部有很多人支持这一方案。例如在 1855 年春，代表白金汉（Buckingham）选区的自由党下议院议员哈里·弗尼爵士（Sir Harry Verney）*出版了一份叫作《我们与俄罗斯的争执》（Our Quarrel with Russia）的小册子，在外交官和军事领导人之间广为流传。斯特拉特福德·坎宁显然对小册子中的观点持赞同态度，不但把小册子送给帕默斯顿和外交大臣克拉伦登，同时还送给了爱德华·科德林顿爵士，当时他还是轻步兵师的指挥官，很快就会升职担任英军在近东的总指挥。这本小册子现在依然保存在科德林顿的文件收藏品中。弗尼主张英国应该花更大的力气说服德国人加入针对俄罗斯的战争，因为柏林离沙皇俄国边境不过几天的行军路程，德国居民主要为新教徒，与英国有很多共同之处，所以他们应该很担心俄罗斯入侵。而且从地理上说，德国是一个理想的基地，可以从那里出发将基督教西方从"野蛮"的俄罗斯手中解救出来。弗尼

328

---

* 1857 年他和弗洛伦丝·南丁格尔的姐姐帕尔特诺普·南丁格尔（Parthenope Nightingale）结婚，一直和前者保持着密切联系。——原注

使用了欧洲恐俄派的标准表述，主张应该将俄罗斯人驱除到"第聂伯河以东荒蛮的亚洲草原上"。

> 作为一个国家，俄罗斯在知识或工业上没有任何建树，完全没有给世界带来任何正面影响。政府自上而下彻底腐化，依靠爪牙施展种种诡计，并在国内外通过高薪收买大量间谍。它闯入比它更文明、管理更完善的国家，千方百计将其变得跟自己一样堕落。它抗拒《圣经》的传播，阻挠传教士的工作……土耳其的希腊人身上已没有多少基督徒的品质，他们对基督教造成的伤害，甚至远远超过土耳其人的所作所为。在整个土耳其帝国，希腊人都是俄罗斯人的同伙，为他们提供情报，执行他们制定的方案。如果说俄罗斯也追求极致的话，那就是在战争方面，为此付出任何代价他们都在所不惜。
>
> 我们与俄罗斯的对抗，围绕着一个根本的问题，那就是我们这个已达成各种最可贵成就的世界，是否还将在文明方面继续进步。这里所指的进步是对该概念最高层次的诠释。许多东西都建立在对这一问题的回答之上：宗教、文明、社会与商业自由，平等法律的帝国，合乎自由原则的秩序，上帝圣言的传播，基于《圣经》的种种原则的颁布。[5]

总体来说，拿破仑三世同意帕默斯顿通过一场大战重新划分欧洲版图的想法。但是他对在高加索地区展开反俄军事行动兴趣不大，因为那么做主要对英国有利。另外，在法国国内，因未能迅速取胜而导致反战声音越来越大，他也不愿意让法国陷到一场旷日持久、没有尽头的战争中去。拿破仑三世左右为难，在实际操作层面，他的本能反应是把兵力集中在克里米亚，将夺取塞瓦斯托波尔作为法国"荣誉"和"地位"获得保障的标志。他非常需要用这一点来巩固自己的政权,显示自己领导战争走向了一个快速而"光荣"的终结。然而,在内心深处,他从来没有打消过以伟大的拿破仑构想重划欧洲版图的念头。他暗自思忖,如果法国人意识到可以通过战争来实现革命梦想,把欧洲变成一个由民主国家组成的大陆的话,也许法国民众会重新燃起对战争的热情。

329

　　拿破仑三世的设想是把克里米亚归还给奥斯曼帝国。他是意大利独立的坚定支持者,相信克里米亚战争是一个机会,能够以此迫使奥地利放弃伦巴第和威尼西亚(Venetia)地区;作为补偿,奥地利可以获得对多瑙河两公国的控制权。但是他寄予最大同情的还是波兰独立运动,这也是法国外交政策最紧迫的问题。他认为奥地利和普鲁士可能会同意重建一个独立的波兰,因为这些国家需要在自己与俄罗斯之间有一个缓冲地带,以应对俄罗斯的扩张企图。他试图说服帕默斯顿将波兰重建作为和平谈判的条件之一,但是帕默斯顿担心波兰重建之后,神圣同盟可能因此死灰复燃,甚至在意大利和德国地区激发革命浪潮,那样的话,欧洲又会卷入新一轮拿破仑式的战争。

　　所有这些因素都造成了维也纳会议(Vienna Conference)的失败,这是1855年初的几个月间由奥地利主持的和平谈判进程。奥地利在上一年12月加入了西方列强的军事同盟,但是目的并不是支持延长对俄罗斯的战争,因为那样做会损害自己的经济,并且在本国境内的斯拉夫少数民族中造成不稳定。奥地利希望利用同盟伙伴的关系,促使英法两国与俄罗斯在自己的主导下进行和平谈判。

　　1855年1月是重回外交途径的好时机。军事进展迟缓和冬季的磨难让西方政府面临公众越来越大的压力,不得不寻求结束战争的办法，其中法国特别乐意探索外交解决方案。一些高级政府官员，如外交部长德鲁安和驻奥斯曼帝国大使图弗内尔（Thouvenel），开始怀疑军事胜利是否可能达成。他们担心战事拖延时间越长，就越会遭到公众反对，因为大部分作战都依靠法军进行，法国公众已经觉得他们是在替英国利益而战。这方面的考虑促使拿破仑三世接受和平谈判的想法，他希望能借此推动自己有关波兰和意大利理想前景的设计。不过他依然是帕默斯顿的同盟，而帕默斯顿既不相信也不期望和平。然而在 1855 年的头几个星期里事情出现了转机，帕默斯顿为了争取主和的皮尔派（Peelites）支持以组成内阁，不得不表现出一种温和姿态，考虑（或是表现出在考虑）奥地利的和平谈判建议。

　　1 月 7 日，沙皇派驻维也纳的大使亚历山大·戈尔恰科夫亲王（Prince Alexander Gorchakov）*宣布俄罗斯接受《四点方案》，包括有争议的第三点，终止俄罗斯在黑海的主导权。在尼古拉一世最后的日子里，他急切地希望重新开启和平谈判。在奥地利加入英法军事同盟后，尼古拉一世意识到一场针对俄罗斯的欧洲大战一触即发，他对此担忧不止，因此愿意寻求一个"体面"结束克里米亚战争的途径。英国对俄罗斯的动机持怀疑态度，1 月 9 日，维多利亚女王告诉外交大臣克拉伦登，在她看来俄罗斯接受《四点方案》不过是一个"外交伎俩"，目的是阻止联军占领克里米亚。女王认为军事行动不应停止，为保证俄罗斯接受《四点方案》，联军必须夺下塞瓦斯托波尔。帕默斯顿同意这一看法，无意让任何和平谈判阻碍计划中的春季军事行动。[6]

　　法国政府的部长们则更倾向于把俄罗斯的让步当作真诚的行

---

* 不要跟沙皇的军事总指挥米哈伊尔·戈尔恰科夫混淆。——原注

动，并以此为契机谈判出一个解决方案。到了 2 月份，他们的和谈
愿望进一步增强，原因是拿破仑三世不顾众多担心他生命安全的部
长和盟友的警告，坚称有意前往克里米亚亲自指挥作战。帕默斯顿
同意克拉伦登的意见，必须尽一切努力制止法国皇帝这个"疯狂"
的念头，即使这意味着必须马上在维也纳开始和平谈判。当时英国
内阁中三名皮尔派高级大臣（财政大臣格拉德斯通、海军大臣格雷
厄姆、殖民地事务大臣赫伯特）在帕默斯顿上任仅两个星期之后，
就因对其在和平进程问题上的真诚度产生怀疑而相继辞职。为了保
全联合政府内阁，也为了显示政府对和平谈判的认真态度，帕默斯
顿任命约翰·罗素勋爵作为代表参加维也纳会议。*

　　罗素长期以来一直是内阁主战派成员，所以把他派往维也纳符
合帕默斯顿企图破坏和谈的猜测。然而没想到罗素很快转变态度，
认为奥地利和平谈判是有意义的，甚至开始质疑英国在东方问题和
克里米亚战争上的政策。在 3 月一份言辞精彩的备忘录中，罗素列
出了英国可以采纳的各种方案，以保护奥斯曼帝国对抗俄罗斯的侵
略：例如可以给予苏丹召集联军舰队至黑海的权力，或是在博斯普
鲁斯海峡建设要塞、驻兵把守以防突然袭击等，他指出要实现这些
目标，并不需要发动一场意在把俄罗斯击垮的战争。罗素对英国在
奥斯曼帝国为改善穆斯林与基督徒关系而进行的自由主义改革持批
评态度，认为英国采取的措施是不切实际的。他指出英国倾向于强

331

---

* 赫伯特在辞去殖民地事务大臣之前的几个星期，遭到了英国报刊苛刻和带有排外主义的
　攻击，对他的攻击集中在他的家庭与俄罗斯的关系上。例如 1854 年 12 月 29 日的《贝尔
　法斯特新闻通讯报》（*Belfast News-Letter*）就说他的母亲赫伯特伯爵夫人，是一位俄罗斯
　亲王（沃龙佐夫伯爵）的妹妹，而这位亲王"拥有的一座位于敖德萨的辉煌宫殿"因此
　免遭了英军炮击(事实上沃龙佐夫伯爵的宫殿在炮击中严重受损)。1855 年 1 月 31 日的《埃
　克斯特飞行邮报》（*Exeter Flying Post*）指控赫伯特试图"阻挠 [政府] 行动，支持沙皇的
　企图"。——原注

加一套基于英国行政原则的单一改革体系，而不是根据当地的制度、宗教网络和社会实践采取更保守和务实的策略来促进实际的改善。罗素的这些想法和奥地利人很接近，这让白厅警觉起来。帕默斯顿忽然发现自己有可能要被迫签署一项他并不想要的和平方案。当时他面临的压力不仅来自法国人，还有英国国内支持奥地利方案的人士，包括女王丈夫阿尔伯特亲王。原来持主战态度的阿尔伯特亲王，在 5 月初态度发生了改变，认为四强联盟加上德国可以保障土耳其和欧洲的安全，这样做比继续与俄罗斯作战要好。

维也纳谈判时间拖得越长，帕默斯顿就越坚定地要中止和谈，继续一场大规模的对俄战争。但是选择战争还是和平的决定权最终还是在优柔寡断的法国皇帝手上，关键在于他到底是听从外交部长德鲁安还是英国驻法国大使考利勋爵的意见。德鲁安建议接受奥地利的和平方案，并以此约束俄军在黑海地区的势力，考利勋爵则试图劝说拿破仑三世消灭俄罗斯黑海舰队是必需的，在未实现这一战略目标前就签署和平协议将是国家的耻辱。5 月 4 日在巴黎举行了一场非常关键的会议，会上法国战争部长瓦扬元帅和考利勋爵一起向与会者强调，在没有取得军事胜利之前就接受和平条件将成为一桩丑闻，还将对法兰西第二帝国的军事和政治稳定造成冲击。最后维也纳和平方案被拒绝了，德鲁安辞职而去，拿破仑三世心不甘情不愿地继续与英国联盟，接受了扩大战争规模的想法。[7]

要继续打这一仗，英法联盟方面倒并不缺新的盟友。在 1855 年 1 月 26 日，法英两国与皮埃蒙特—撒丁王国*签署了一项军事协议。皮埃蒙特—撒丁王国是一个意大利地区的王国，已经摆脱了奥地利的控制。签约后，它派出了一支一万五千人的部队，在意大利

---

* 下文作者交替使用皮埃蒙特和撒丁指代皮埃蒙特—撒丁王国。——编注

将军阿方索·拉马尔莫拉（General Alfonso La Marmora）的指挥下，
于 5 月 8 日抵达克里米亚与英军会合。对身为皮埃蒙特人首相的加
富尔伯爵卡米洛（Camillo）*来说，派出这支部队参加远征，是一个
与西方列强建立盟友关系的机会，可以借此推动在皮埃蒙特领导下
的意大利统一进程。加富尔伯爵支持对俄罗斯展开一场大战，恢复
神圣同盟，并重塑自由主义的欧洲版图。但是对皮埃蒙特人来说，
就这样投入军队参战是有一定风险的，因为他们尚未从英法两国那
里得到支持意大利统一的承诺（在 12 月 22 日，法国甚至与奥地利
签署了一项秘密协议，同意在对俄罗斯的战争同盟期间，维持意大
利现状不变）。然而皮埃蒙特人也明白，除非他们能证明自己对西
方列强有用，否则自己在国际关系中没有任何谈判资本。同时，因
为奥地利基本上不可能出兵，皮埃蒙特人可以抓住这个机会证明他
们比奥地利人更有价值。确实，联军指挥们认为撒丁士兵"看上去 　333
精神抖擞"，是一流的军人。一名目睹他们在巴拉克拉瓦登陆的法
国将军认为，他们似乎"军容良好，军纪严明，身着深蓝军装，显
得生气勃勃"。[8] 在克里米亚战争期间，皮埃蒙特—撒丁王国派出
的部队表现良好，作战勇敢。

　　波兰人也支持发动一场欧洲大战对付俄罗斯。在朗贝尔集团的
亚当·恰尔托雷斯基的敦促下，法英两国资助组建了一支波兰军团，
由扎莫伊斯基指挥。这支波兰军团由一千五百名波兰流亡者、沙皇
军队中的波兰战俘和逃兵组成，由西方提供武器，以"苏丹的哥萨
克"（Sultan's Cossacks）为名做掩护，在克里米亚和高加索与俄军

---

* 全名卡米洛·奔索（Camillo Benso）。意大利统一运动的领导人物，后来成为统一后意大
　利王国的第一任首相。——编注

作战。*根据一名被囚禁在金本（Kinburn）的俄军军官的说法，联军从这座监狱里招募了五百名波兰籍俄军战俘，愿意加入的大部分收了钱，那些拒绝加入的则被打了一顿。[9]波兰军团直到1855年秋天才投入战斗，但是组建波兰军团的计划从春季开始就不断被讨论。棘手的核心问题是西方列强是否承认这支部队代表波兰出战——如果承认的话，则是在事实上支持把波兰独立作为这场战争的目标之一，而这一问题从来没有被好好地研究和澄清过。

帕默斯顿急于招募更多士兵以发起更大规模的反俄战争，他呼吁从世界各地招募雇佣兵，并建议招募四万人。"让我们招募尽可能多的德国人和瑞士人参战，"他在1855年春天说道，"让我们到哈利法克斯（Halifax）†招兵，让我们征募意大利人，让我们增加犒赏而不必提高征兵标准。我们必须这么做，我们必须有更多部队。"英国因为缺乏强制征兵制度，无法大规模增加受过军事训练的预备役军人，传统上一直依赖外籍雇佣兵，1854年冬季在克里米亚的大批兵员损失让英军更加依赖招募外籍军团补充兵力。英国在克里米亚的部队人数只有法军的一半，这意味着在决定联军作战目标和战略上，法国占据上风。1854年12月，英国议会匆匆通过《海外募兵法案》（Foreign Enlistment Bill）。但由于同时面临相当强烈的反对意见，主要是因为对外国人的不信任，这项法案在通过时不得不

334

---

*　有许多波兰人从俄军中逃跑，并加入苏丹部队，其中包括一些职位颇高的军官。他们给自己起了土耳其名字，部分原因是为了不让俄罗斯人认出来：在多瑙河流域奥马尔帕夏的部队中有伊斯坎德尔·贝（Iskander Bey）即后来的伊斯坎德尔帕夏（Iskander Pasha），萨迪克帕夏（Sadyk Pasha）即米夏·恰依科夫斯基（Micha Czaykowski），还有"希达亚特"（"Hidaiot"即Hedayat）。驻守叶夫帕托里亚的埃及军队总参谋长是库琴斯基上校（Colonel Kuczynski）。在克里米亚的土耳其军队中有科勒钦斯基少校（Major Kleczynski）和耶日马诺夫斯基少校（Major Jerzmanowski）。——原注

†　在英国、美国、加拿大和澳大利亚都有叫哈利法克斯的地方，这里应指英国以外的某个哈利法克斯。——译注

做了修改，增加了募兵总数不得超过一万人的条款。在雇佣兵中，最多的是来自德国地区的，达九千三百人左右，绝大部分是工匠和农业劳工，约一半有军事训练基础或作战经验。排在第二位的是瑞士人，约有三千人。雇佣兵在 1855 年 4 月抵达英国，每人都收到十英镑的赏金。在奥尔德肖特（Aldershot）接受训练后，一支由德国和瑞士人组成的七千人部队在 1855 年 11 月被送到斯库台。然而，他们到得太迟了，没赶上参加克里米亚的作战。[10]

* * *

英法两国所面临的问题，不仅仅是吸纳更多盟友和招募更多部队，准备打一场更大规模的战争，而且还需要决定在哪里集中发起攻势。1855 年春，俄军不仅兵力不足，而且极为分散，在防御上出现了许多薄弱点，因此在克里米亚以外地区寻找新的攻击点就很有意义，问题在于选择什么地方。当时俄军的一百二十万作战部队中，二十六万驻防波罗的海，二十九万三千在波兰和乌克兰西部，十二万一千在比萨拉比亚和黑海沿岸，还有十八万三千驻扎在高加索。[11]

俄军的防线如此漫长，自己也极其担心联军会取得突破长驱直入，因此制定了一份在 1812 年战争路线上发动游击战的计划。1855 年 2 月，戈尔恰科夫将军策划制定了秘密备忘录《敌人入侵俄罗斯时的全民抵抗方案》（"On National Resistance in the Event of the Enemy's Invasion of Russia"）。戈尔恰科夫担心欧洲联军正在囤积兵力准备发起春季攻势，也担心俄军由于缺乏足够兵力无法在每一处都做出有效抵抗。与帕斯克维奇和尼古拉一世一样，他最担心的是奥地利发兵从波兰向乌克兰方向进攻，原因是那里的种族成分和教派组成对奥地利有利。如果奥地利在那里取得突破的话，不仅波兰人会加入，沃里尼亚（Volhynia）*和波多利亚（Podolia）†笃信天主教的鲁塞尼亚人也会加入。戈尔恰科夫提议俄罗斯的游击战区域应该选择在这些边境地区的后方，根据居民的教派组成划界：在基辅和赫尔松等地，居民大部分是东正教徒，也许能被说服参加游击战。在俄军南方面军（Southern Army）的指挥下，游击部队将会按照 1812 年的焦野政策，破坏桥梁、作物和牲畜，然后躲进森林，以那里为据点伏击入侵的外国部队。在得到沙皇亚历山大的批准后，戈尔恰科夫的计划从 3 月份开始实施。教士们被派往乌克兰，拿着尼古拉一世的临终遗言，鼓动东正教农民对侵略者发动一场"圣战"。然而，这项计划没有取得成功。虽然在基辅附近确实出现了一些农民武装，且有些人数众多，最多达七百人左右，但是多数人以为他们是为解放自己的农奴地位，而不是为了打击侵略者而战。他们手执草叉和猎枪向当地富户庄园进发，当地驻军不得不派出士兵将他们驱散。[12]

与此同时，联军还在继续讨论春季攻势应该从哪里入手。许多英国领导人寄希望于高加索，那里的穆斯林叛军领袖沙米勒伊玛目已经和土耳其军队建立联系，准备好在格鲁吉亚和切尔克斯向俄军发起进攻。1854 年 7 月，沙米勒曾发动一场大型攻势，攻击俄军在格鲁吉亚的据点。他率领一万五千名骑兵和步兵，曾一度推进到离第比利斯仅六十公里远的地方。当时第比利斯的俄军守军只有两千人，但是土耳其未能从卡尔斯派出部队增援，沙米勒只能撤回到达吉斯坦。他的儿子加齐·穆罕默德（Gazi Muhammed）率领一部分部队向格鲁吉亚恰夫恰瓦泽亲王（Prince Chavchavadze）位于齐南达利（Tsinandali）的夏季庄园发起攻击，抓走了亲王夫人和她的姐妹（她们是最后一位格鲁吉亚国王的孙女），以及他们的孩子和法国女教师。沙米勒希望用他们来交换自己被囚禁在圣彼得堡的儿子贾迈勒丁（Jemaleddin）。但是这个消息传开后，引起了强烈的国际反应，法国和英国代表都写信给沙米勒要求他放人。不过他们的信件于 1855 年 3 月才送到沙米勒手中，那时他已经成功地用人质换回了贾迈勒丁和四万银卢布。[13]

英国人从 1853 年起就开始向高加索的穆斯林部落输送枪支弹药，但是一直不愿意全力支持沙米勒以及这一地区的土耳其部队。对于这两支军队，英国人一直带着殖民者的蔑视眼光，很瞧不起他们。劫持亲王夫人和孩子的行为，更是不可能为沙米勒在伦敦赢得更多朋友。但是在 1855 年春，为了找到击垮俄罗斯的新途径，英法两国开始探寻与高加索的穆斯林部落进一步发展关系的可能。在 4 月份，英国政府派出特使约翰·朗沃思（John Longworth）秘密前往高加索。他曾经担任过驻莫纳斯提尔（Monastir）*领事，与著名的亲土耳其派、切尔克斯人的支持者戴维·厄克特来往密切，此行的任务是向沙米勒承诺英国的支持，以此鼓励沙米勒将穆斯林部落团结起来，发动针对俄罗斯的"圣战"。法国政府也派出了自己的代表、驻雷杜特克尔（Redutkale）的副领事夏尔·尚普索（Charles Champoiseau），前往格鲁吉亚的苏呼米（Sukhumi）联络当地的切尔克斯部落。[14]

英国人曾答应向沙米勒的部队提供武装，并承诺将俄军驱逐出切尔克斯。6 月 11 日，斯特拉特福德·坎宁向外交部报告说他

*　现名比托拉（Bitola），位于马其顿境内。——译注

336

已经让高门"签发了诏令,在将俄罗斯人从帝国疆土上驱逐出去后,宣告切尔克斯独立"。但其实在这个部落形式复杂的地区,这个诏令的效果如何很值得怀疑。这时候,朗沃思抵达了切尔克斯,他报告说山区部落已有很好的装备,配有米涅来复枪和猎枪等。英国人认为土耳其军队可以领导切尔克斯的部落,在库班平原向俄军发起攻势。朗沃思还报告说,土耳其军队在巴统的总指挥穆斯塔法帕夏已经会见了切尔克斯部落领袖,并"已实质上成为切尔克斯总督"。有谣传说穆斯塔法帕夏已经集结了一支规模庞大的切尔克斯部队,数量达六万人,准备从高加索向俄罗斯南部发起进攻。但是朗沃思同时担心土耳其人是在利用目前的局面加强他们自己对高加索的控制,而无意让这个地区独立,他提醒英国政府必须对此提出反对。许多原来的土耳其高官在和高门重新建立联系之后,凭此关系继续在本地区实行专制统治,并在许多部落中进行离间,让他们不相信英法两国与土耳其的盟友关系。朗沃思同时还反对支持沙米勒的抵抗运动,理由是此运动已被伊斯兰原教旨主义者渗透。其中最引人注意的是沙米勒在切尔克斯的特使(Naib)穆罕默德·埃明(Muhammed Emin),他宣称要将所有基督徒从高加索驱逐出去,并且禁止沙米勒的追随者与任何非穆斯林人士发生接触。根据朗沃思的说法,埃明计划建立一个"以伊斯兰狂热主义原则为基础的封建帝国"。朗沃思在支持沙米勒问题上所持的保留态度,得到了英国外交部许多东方问题专家的支持。他们反对使用穆斯林武装(特别是土耳其武装)对抗格鲁吉亚和亚美尼亚的俄军,理由是只有欧洲军队才能对当地的基督教居民拥有真正的权威。[15]

337

英法两国既不愿意派兵到高加索,又对依靠当地穆斯林武装感到担忧,于是在制定针对这一关键地区的政策方面不断拖延。如果联军在高加索部署一支强大的部队,则可以对俄罗斯实施更为迅速、破坏力更强的打击，比围困塞瓦斯托波尔长达十一个月的战略会有效得多；但是他们过于谨慎，不敢利用这一机会。

联军在 1855 年春重新开始了波罗的海的海上攻势，英法两国对此抱有很大期望。原海军总指挥内皮尔爵士现已离职，取而代之的是海军少将理查德·邓达斯（Rear Admiral Richard Dundas）。1854 年联军的海上攻势无疾而终，许多人归咎于内皮尔，现在人们又出现了乐观的期望，原因是联军的海军配备了新型蒸汽机船舰队和海上浮动炮台，这次应该能拿下喀琅施塔得和芬兰堡了。这两座要塞都是上一年内皮尔没能发起进攻的地方，夺下这两处之后，海军即可直逼圣彼得堡。负责制定作战计划的是海军水道测绘师巴塞洛缪·沙利文上尉（Captain Bartholomew Sulivan），他曾陪同达尔文参加"小猎犬号"（Beagle）的远航。沙利文经过初步研究认为，这两处只靠海军军舰就可以攻下，而不需要陆军登陆。当 1855 年 3 月英国外交大臣克拉伦登前往巴黎劝说拿破仑三世不要亲自前往克里米亚时，他随身携带了沙利文的报告。拿破仑三世很看好这份报告，认为 1854 年海军未能进攻喀琅施塔得是一桩令人蒙羞的事情。和英国人一样，他也相信一旦夺取喀琅施塔得，瑞典人将更愿意加入到对抗俄罗斯的联盟中来。

第一批英国军舰于 3 月 20 日从斯皮特黑得起航，两周之后更多军舰也加入进来。由佩诺上将（Admiral Pénaud）率领的法军舰队在 6 月 1 日抵达波罗的海。为了封锁俄罗斯的贸易通路，英军舰队向俄罗斯海岸上的各个据点发动进攻，进行破坏，但这一封锁的意义其实并不大，因为俄罗斯对外贸易依然可以通过德国地区进行。不过英军的主要目标依然是喀琅施塔得和芬兰堡。6 月 3 日，在一条离喀琅施塔得八公里远的军舰上，莱宁根亲王欧内斯特（Prince Ernest of Leiningen）在给他的堂姐维多利亚女王的信中写道：

在我们眼前的这座镇子里，能看见许多教堂和尖顶，还有无边无际的炮台，仿佛是露着的一排牙齿，一有机会马上就会咬上来。港口的入口处由两座巨大的要塞把守着：亚历山大和缅什科夫炮台，而且在抵达入口前，船只还必须通过一座有三层炮台（七十八座大炮）的里斯班克要塞（Fort Risbank）……爬上主桅杆，我们能看清圣彼得堡镀金的圆顶和塔楼，正对着我们舰队的是辉煌的奥拉宁鲍姆宫（Oranienbaum），用白色的石头砌成，看上去就像白色大理石一般……这里依然很冷，但是天气晴朗，几乎没有夜晚，每天只有十一点到一点天色才会暗一些。[16]

在等待法国舰队前来会合期间，沙利文对波罗的海的浅水区进行了仔细的侦察，其中包括爱沙尼亚海岸线，在那里他受到一位亲英的贵族家庭邀请，在其乡村别墅参加了一场奇异的晚餐。"真的就像一场梦一样，"他写道，

那是在离海岸三英里*远的敌方境内，我们却经历了一番非常英国的场景，一位彬彬有礼的年轻小伙子英语说得和我一样好，除了带着一丁点外国口音以外……我们享用了一顿盛宴，不过肉和禽类比我想象的要多。咖啡和茶是在一棵树下享用的。我们在十点钟左右离开，正是黄昏时分。男爵派了一辆轻型四驾马车送我们回到船边，马车跑得飞快，拉车的是英国马，马夫的穿着跟在英国完全一样，配着皮带、皮靴等等。

---

* 约四千八百米。——编注

　　沙利文在 6 月份呈交了自己的侦察报告。现在他的想法改变了，和 1854 年的内皮尔一样，他对攻克喀琅施塔得的强大防御态度悲观。在过去的一年中，俄军加强了舰队（沙利文数出了三十四条炮舰），同时还强化了海面防御。除了布置通过电路和化学反应控制的潜水水雷（被称为"地狱机器"）外，还设置了海底障碍，把木架子固定在海底，其中填满石头。要冒着要塞的炮火清除这些障碍必然会付出极大代价。进攻喀琅施塔得的计划于是被放弃了，在波罗的海取得决定性突破的想法自然随之烟消云散。[17]

　　与此同时，联军还想到要扩大克里米亚地区战事的规模。冬季战事的停滞让许多人得出结论：继续从南部炮击塞瓦斯托波尔不会取得什么结果，因为俄军仍然可以通过彼列科普和亚速海从俄罗斯大陆派遣增援部队并输送物资。为了让围困战取得成功，联军必须从北边包围塞瓦斯托波尔。这本来是 1854 年夏天联军最初的计划，但是被拉格伦否决了，他担心为了切断塞瓦斯托波尔与彼列科普的联系，英军必须占领克里米亚平原，而这样士兵就会在热浪中受罪。到了年底的时候，谁都能看出拉格伦的决定是多么愚蠢，于是指挥官们纷纷要求扩大战事规模。例如在 12 月的一份备忘录中，拉格伦的工兵总指挥约翰·伯戈因爵士呼吁调集一支三万人的部队到贝尔贝克河，"为将来针对巴赫奇萨赖和辛菲罗波尔的行动做好准备"，同时还可以切断塞瓦斯托波尔两条供给线中的一条（另一条通过克里米亚东部的刻赤）。[18]

　　俄军在 2 月对叶夫帕托里亚发起的进攻成了一个契机，联军因此制定了更多的军事方案，意在加强力量切断俄军的彼列科普供给线。在 3 月份，一支联军部队被派往叶夫帕托里亚，增援那里的土耳其防御部队。他们发现当地情况十分恶劣，正在发生一场真正的人道主义危机：多达四万名鞑靼农民睡在街头，既无食物也无住所，他们都是因为害怕俄军而从自己村庄里逃出来的。这一危机促使联军指挥部考虑向克里米亚西北部投入更多兵力，哪怕只是为了动员鞑靼人口起来反抗俄军。[19]

但是直到 4 月份，联军才真正开始认真考虑其在克里米亚的战略。4 月 18 日，帕默斯顿、拿破仑三世、阿尔伯特亲王、克拉伦登、潘穆尔勋爵（新任战争大臣）、瓦扬元帅、伯戈因爵士，以及接替德鲁安的法国外交部长瓦莱夫斯基伯爵（Count Walewski）在温莎城堡一起出席了战争会议。帕默斯顿和拿破仑三世都坚定地支持改变战略，减少对塞瓦斯托波尔的炮击，转而集中力量占领克里米亚全境，两人都将此举视为对俄罗斯发动一场大战的前奏。该新方案的一个优越性是可以让克里米亚地区的鞑靼人参与联军行动。更重要的是，这意味着战斗将在开阔地进行。在阿尔马和因克尔曼的两次战役都证明，在开阔地战斗中，联军的军事技术和来复枪火力比俄军强很多，而这些优势在塞瓦斯托波尔围困战中很难体现出来。在构筑工事和炮兵战方面，俄军至少不会比英法联军差。

拿破仑三世对改变克里米亚地区战略最为热心。虽然占领塞瓦斯托波尔是他的主要目标，但是他相信除非这个城市被完全包围起来，否则是不可能被打下来的；而一旦被包围，塞瓦斯托波尔将不战而降。他提议停止对塞瓦斯托波尔的炮击，而是在其东边七十公里的阿卢什塔（Alushta）登陆，从那里向俄军后勤补给中心辛菲罗波尔进发。英国方面大致同意拿破仑三世的战略构想，不过作为讨价还价的筹码，他们成功地说服拿破仑三世放弃前往克里米亚亲自指挥战斗的念头。阿卢什塔方案后来在法国人圈子里被称为"皇帝的计划"，成为向克里米亚内陆发起进攻的三个方案之一。其他两个方案分别是由围困塞瓦斯托波尔的联军向巴赫奇萨赖发起进攻，以及派兵在叶夫帕托里亚登陆，然后跨越克里米亚平原向辛菲罗波尔进攻。英法两国的战争部长在同意这三个方案的备忘录上签字，潘穆尔勋爵随后代表内阁将这一备忘录发给了拉格伦，他的指令是拉格伦有权在这三个野战方案中任选一个，但是清楚表明拉格伦必须采用其中之一。塞瓦斯托波尔城外的联军堑壕将移交给三万名法军和三万名土耳其部队，由他们继续炮击，防止城内守军突围。

　　拉格伦对野战方案持怀疑态度，他想继续炮击，相信炮击行动已接近成功的转折点，认为如果调开兵力在别处发动攻势，剩下的部队将无法守住联军在塞瓦斯托波尔城外的据点。他在克里米亚召集了一次战争会议，在会上他对联军指挥官康罗贝尔和奥马尔帕夏说，潘穆尔勋爵的备忘录不过是一个"建议"，他自己可以斟酌决定是否执行。拉格伦的这一举动如果不算哗变，也是公开的犯上。他一再拖延时间，想出各种借口拒绝调兵。法军总指挥康罗贝尔是支持新方案的，甚至好几次提议如果拉格伦开始执行野战行动方案，他愿意把手下的法国军队交给拉格伦调遣。最后康罗贝尔终于受不了爆发了，他向拿破仑三世投诉："陛下制定的野战计划，已经被拒不合作的英军总指挥搞得无法操作了。"[20]

　　许多年后，法国人依然责怪英国人没有执行向辛菲罗波尔进军并占领克里米亚其余地方的计划。他们对拉格伦的恼怒是有道理的，在他拒绝向克里米亚内陆发起进攻后，帕默斯顿完全可以将其撤职，即使不能以指挥无能，也可以用拒不执行命令作为撤职理由。凭着英军强大的来复枪火力，加上鞑靼人的支持，完全有理由相信在平原地带的野战中，英军能够占领辛菲罗波尔，切断俄军的主要供给线。这正是俄方最担心出现的局面，也正是尼古拉一世要在2月份下令对叶夫帕托里亚发动进攻的原因。他们知道自己的供给线很容易遭到攻击，一直认为联军最有可能从叶夫帕托里亚出发进攻辛菲罗波尔或是彼列科普。俄军后来都承认，他们很惊讶英法联军从未发动这一攻势。[21]

在试图切断塞瓦斯托波尔供给线上，联军唯一一次真正的努力   342
是对控制亚速海补给线的刻赤港发起进攻，不过即使是这次攻势，
也是通过两次努力才最后实现的。进攻刻赤的计划在克里米亚作战
之初就已经提出了，但是直到 1855 年 3 月 26 日，当潘穆尔勋爵
勒令拉格伦组织"一次海陆作战"以"破坏刻赤的防御"后，第一
道命令才得以下达。这项计划对英军很有吸引力，至少皇家海军可
以一显身手了。自开战以来，皇家海军一直无所作为，而此时英军
对战事的贡献正受到法军的强烈质疑。康罗贝尔起初对此行动抱有
疑虑，但是在 4 月 29 日，他同意派出一支由布吕阿上将（Admiral
Bruat）率领的法国海军中队和八千五百名士兵加入远征舰队。指挥
这支远征舰队的是轻步兵师的布朗中将，舰队在 5 月 3 日起航，先
是朝西北的敖德萨方向行驶以掩盖真实目的，然后在海上掉头驶向
刻赤。但是就在舰队即将抵达目的地之时，一条快船赶上了舰队，
送来康罗贝尔的命令，让法国军舰折返。原来就在远征舰队起航后
不久，拿破仑三世通过新架设的电报向康罗贝尔发出命令，让他将
君士坦丁堡的预备队调到克里米亚。这一调动需要用到布吕阿上将
的海军中队，康罗贝尔虽不情愿，但还是决定让法国军舰从刻赤远
征舰队中撤出。英国皇家海军舰队也因此被迫折返，康罗贝尔在英
国人以及很多法国人眼中威信大跌。[22]

这一事件让原本已经不佳的英法两军关系变得更为糟糕，康罗
贝尔决定在 5 月 16 日辞职，这是很大一个原因。他觉得自己的权
威遭到了削弱，他让英军失望了，因此再无力量迫使拉格伦执行野
战计划。新任法军总指挥是佩利西耶将军（General Pélissier），他
长得矮小粗壮，行为举止粗鲁豪爽，远比康罗贝尔有决断力，更是
一个说干就干的人。康罗贝尔犹豫不决的性格，早就让英军起了外

佩利西耶将军

号"罗贝不能"（Robert Can't）。佩利西耶的任命在英军中受到热烈欢迎，常驻法军总司令部的英军代表罗斯上校在给克拉伦登的报告中写道，现在是需要"能做到"精神的时刻，而佩利西耶正是这么一个人。罗斯与康罗贝尔关系密切，因此他对佩利西耶的评述应该是真诚的： 343

> 佩利西耶将军绝对不会允许谁在执行他命令时三心二意。如果能做得到的话，那就必须做到。他性格暴躁，举止粗鲁，但是我相信他是公正而真诚的。我相信在所有重要的事情上，他的这两个品质将会比他暴躁的脾气更为要紧。他思维敏捷，见识丰富，坚决果断，面对困难时想的是如何克服，而不是因此退缩。[23]

虽然佩利西耶和拉格伦的观点一样，认为联军战略的重点是塞瓦斯托波尔，但是他急于修复和英军的关系，因此同意重新启动对刻赤的行动。5月24日，在布朗的指挥下，六十条联军军舰，载着七千名法军、五千名土耳其士兵和三千名英军出发了。当刻赤的居民看到联军舰队到来时，大部分都逃到了乡下。在短促的炮击之后，联军没有遭到抵抗就上岸了。在岸上，一支由剩下居民组成的代表团前来会见布朗，说他们非常害怕受到当地鞑靼人的攻击，请求联军保护他们，布朗对此不予理会。在下令破坏刻赤的军火库之后，布朗在这里留下了一支小分队，主要由法军和土耳其士兵组成，让大部队前进到海岸线上的要塞耶尼科莱（Yenikale）。在那里，就在布朗的眼皮底下，偷抢俄罗斯人财物的行为不断发生。与此同时，联军军舰进入亚速海，驶向俄罗斯海岸，消灭俄罗斯的运输船，并 344

炮击破坏了马里乌波尔和塔甘罗格两个港口。*

　　在刻赤和耶尼科莱，抢夺俄罗斯人财物的行为很快变成醉酒胡闹，联军士兵的一些暴行非常可怕。最恶劣的事件发生在刻赤，当地鞑靼人借着联军占领的机会，对镇里的俄罗斯人施以暴力报复。在土耳其士兵的协助下，鞑靼人偷抢商店和民宅，强奸俄罗斯妇女，杀害并肢解俄罗斯居民，其中甚至还有儿童和婴儿。暴力事件还包括对镇上博物馆的破坏，那里曾收藏着丰富华美的古希腊艺术品。　345
《泰晤士报》记者罗素在 5 月 28 日报道了这些恶行：

> 　　博物馆的地面上覆盖了厚厚一层被打碎的玻璃、花瓶、瓮、雕像、砸成粉的珍贵收藏品，以及烧焦的木头和骨头，混在一起的还有新近被砸碎的架子、桌子和箱子这些曾被用来保护藏品的东西。任何东西，只要还能被砸得更碎或被烧毁的话，都会毫无例外地成为锤子或火焰的牺牲品。

　　尽管布朗已经收到报告说有一些英法士兵参与了偷盗抢劫，但是过了好几天他都没有采取任何行动制止这些暴行。他把鞑靼人视为盟友，认为他们的行为是针对俄罗斯统治的"合法反抗"。最后，

---

* 亚速海海岸线上的塔甘罗格没有足够的部队抵抗联军，当地仅有一个营的步兵，一个哥萨克团，加上两百人左右的武装民兵，总共不过两千人左右，而且没有炮兵。这里的总督急于让镇子免遭炮击，于是派出使者会见联军舰队指挥官，提出通过在野外打一仗决定镇子的命运。他甚至提出双方派出作战的人数可以不同，以反映联军的海上优势。这一奇异的骑士做派简直是直接从中世纪历史书上摘抄出来的。联军指挥官们对此不以为然，会见结束回到军舰上就立即开始炮击。整个港口、大教堂穹顶和其他许多建筑都遭到破坏。大批居民逃离市镇，其中包括叶夫根尼娅·契诃娃（Evgenia Chekhova），未来著名剧作家安东·契诃夫（Anton Chekhov）的母亲，契诃夫是五年之后在塔甘罗格出生的。（L. Guerrin, *Histoire de la derniere guerre de Russie*［*1853 –1856*］, 2 vols.［Paris, 1858］, vol. 2, pp. 239–40; N. Dubrovin, *Istoriia krymskoi voiny i oborony Sevastopolia*, 3 vols.［St Petersburg, 1900］, vol. 3, p. 191）——原注

在得知发生了更为恶劣的暴行之后，布朗派出了一小支部队（仅由二十名英国骑兵组成）负责恢复秩序。他们人数实在太少，根本不可能起到什么实质性作用，不过他们的确向一些正在强奸妇女的英军士兵开了枪。[24]

根据俄罗斯目击者的说法，参与偷抢、施暴和强奸的不仅有联军的士兵，还有军官。"我看到几个英国军官正往船上抬家具、雕塑，还有其他各种从我们家园中抢来的东西。"一名刻赤的居民回忆道。几名妇女声称他们曾遭到英国军官强奸。[25]

* * *

然而，没过多久，所有这些扩大战场的计划全都暂停了，因为随着春天的到来，英法联军的兵力再次被塞瓦斯托波尔围困战牵制，这里依然是联军作战最重要的目标。尽管已经意识到需要改变作战方案才能让围困成功，但是联军依然抱有幻想，以为只要发起最后一击，塞瓦斯托波尔的城墙就会倒下，俄军就会在羞辱之下接受和平。

在冬季的几个月里，围困战进入了一段平静时期，因为双方都在集中力量加固自己的防御工事。在联军这边，挖堑壕的工作主要由法军承担，主要原因是英军阵地上岩石太多。根据法军上尉埃尔贝的记录，在长达十一个月的围困战期间，他们共挖出了六十六公里长的堑壕，而英军只有十五公里。这是一项危险、缓慢、令人疲惫不堪的工作，必须在冰冷的气温下挖掘被冻得发硬的泥土，用炸药炸碎地下的岩石，与此同时敌人的枪炮火力还会不断袭来。"每挖一米的堑壕都会真的付出一个人，甚至经常是两个人的生命。"法军朱阿夫部队的士兵努瓦尔回忆道。[26]

　　俄军在修筑防御工事上特别活跃。在工程天才托特列边的指挥下，俄军发展出了一套在围困战历史上从未有过的尖端复杂的土工工事和堑壕系统。在围困战之初，俄军的防御工事仅仅是匆忙中用柳条、柴束、石笼网加固的土木工程，但是在冬天的几个月时间里，俄军修建了更为牢固的新型防御工程，在棱堡中添加了炮位掩体以增强防卫能力。这些掩体在地下几米深处，顶部覆盖着从船上拆下来的厚重木条并盖以土木，可以经受最猛烈的炮击。在防卫最强的两个棱堡，即马拉霍夫和棱尖（第三棱堡）中，修建了迷宫似的掩体和房间。棱尖棱堡内的一个房间里甚至还有台球桌和沙发椅，每个棱堡内都有一间小型的祈祷堂和一座医院。[27]

　　为了保护这些重要的棱堡，俄军又在城墙外修建了新的工事：马拉霍夫棱堡前的"乳头"堡（Mamelon）*，俄军称之为堪察加弦月窗（Kamchatka Lunette），以及棱尖棱堡前的"采石坑"（Quarry Pits）。乳头堡是由俄军堪察加团（Kamchatka Regiment）修建的，在2月到3月初的修建过程中，几乎每时每刻都面临来自法军的炮火。堪察加团的士兵阵亡人数之多，即使是借着夜幕掩护，都无法将尸体一一运回，于是许多阵亡士兵的尸体就留在土木工程之中了。乳头堡本身就是一个复杂的要塞系统，由一对被叫作"白色工程"（White Works）的土岗保护其左翼——土岗因为在修建挖掘时翻出了白色黏土而得名。法军工兵亨利·卢瓦齐永描述了法军在6月初占领乳头堡后看到其内部结构时，战友们的惊讶之情：

　　　　地面上到处都有厚木头覆盖的掩体，士兵可以在里面躲避炮火的袭击。另外，我们还发现一间巨大的地下室，可以容纳

---

*　这是法军根据其外形起的外号，后来也被英军采用。——译注

几百人，所以他们遭受的损失远比我们想象的要低。奇异的是这些掩体内的舒适程度让人惊讶：有些床上有鸭绒被，还有瓷器、完整的茶具等等，所以这里的士兵待遇不是很差。还有一间祈祷堂，里面唯一一件异乎寻常的东西是一座非常精致的木制涂金的耶稣雕像。[28]

因为忙于挖建工事，这期间没有什么大的战斗，但是俄军还是对英法联军的堑壕发动了零星的袭击。其中最大胆的几次袭击是由一个名叫彼得·科什卡（Pyotr Koshka）的水手指挥的，他的战果为人所熟知，使其成了俄罗斯的民族英雄。联军不清楚俄军这些袭击到底用意何在，因为这不会对联军的防御工事产生长期破坏，而且对联军造成的伤亡也很小，通常是以俄军自己的更大损失为代价的。埃尔贝认为这些袭击的目的是让联军士兵更加疲惫，因为经常在夜晚遭遇俄军袭击，这让他们在堑壕里无法入睡，事实上这也正是俄军的意图。根据英国皇家工兵（Royal Engineers）惠特沃思·波特少校（Major Whitworth Porter）的说法，俄军袭击即将来临的第一个征兆是"发现几个灰蒙蒙的东西悄悄爬过堑壕的胸墙"。

　　警报立刻响起，瞬间他们就向我们扑来。我们的士兵分散四处，遭遇意外袭击，在冲过来的敌人面前只得步步退让，最后终于站稳脚跟，开始徒手搏斗。我们战士的欢呼声、叫喊声、招呼声；俄军士兵愤怒的吼叫声，就像被丑恶的精灵上身一样，他们在发动进攻前一定已经被这些精灵弄疯了；来复枪子弹尖利的响声四处回荡；急匆匆发布命令的声音；俄军的军号声在各种喧闹声中清晰地响起，催促进攻——所有这些声音让人产生一种眩晕的感觉，足以让最坚强的神经迷茫。这样的战斗还可能发生在炮台里，那里有无数的过道、大炮和其他障碍物，占满了空间，让双方都难以运动，这一奇异的景象实在可以让人浮想联翩。或早或迟，一般也就是几分钟的时间，我方战士就聚集了足够多的人数，大胆向前冲去。敌人被赶了回去，越过胸墙逃跑。一阵齐射向他们追去，让他们逃得更快了，然后就是洪亮的英式欢呼四处回响……[29]

348

　　联军也会向俄军外部据点发起突然袭击，他们的目的不是为了占领这些位置，而是打击俄军士气。朱阿夫部队是执行这些突袭任务的最佳选择，因为在徒手搏斗方面他们是世上最出色的。在2月23日晚、24日凌晨，负有盛名的朱阿夫第二团向"白色工程"发起冲锋并短暂占领了这座刚刚修好的工事，目的就是为了向俄军显示法军可以随心所欲地占领他们的阵地。在这次冲锋中有二百零三人受伤，六十二名军官和士兵阵亡。撤退时朱阿夫部队不愿把死伤战友丢给俄军，冒着猛烈的炮火，把他们都带回了自己的阵地。[30]

　　和联军的突袭相比，俄军发动的袭击有些规模相当大，足以说明其意图是将敌人从防守阵地上驱逐出去。但事实上，这些袭击又不足够强大，不可能实现这一意图。在3月22日晚、23日凌晨，约五千名俄军向乳头堡正面方向的法军阵地发起了袭击，这是俄军截至当时最大规模的进攻。承受最大冲击的是朱阿夫第三团，他们与敌人徒手搏斗，坚守阵地。战斗在黑暗中进行，来复枪和滑膛枪射击时的火焰是唯一的亮光。俄军发动侧翼包抄，很快占领了处于他们右翼、防守薄弱的英军阵地，从那里他们开始向法军射击。但是朱阿夫士兵依然坚守阵地，直到英国援军赶到，协助他们将俄军逐回乳头堡方向。俄军在这次袭击中损失惨重：一千一百人受伤，另有超过五百人阵亡，几乎所有伤亡都发生在朱阿夫部队的堑壕里面或周围。战斗结束后，双方同意停战六小时，在这段时间内各自运回堆满了战场的阵亡和受伤官兵。于是几分钟前还在相互搏斗的官兵开始友好交流，用各种手势和一两句对方的语言表达自己的意思。几乎所有的俄国军官法语都说得很好，这是俄罗斯贵族使用的语言。第八十八步兵团（88th Regiment of Foot）*的纳撒尼尔·斯蒂文斯上尉（Captain Nathaniel Steevens）目睹了这一场景：

> 在这里，我们看到一群英国军官和士兵正和一些打着停战旗的俄国军官和护卫兵混在一起，这是一幕让人感到无限惊奇的景象。军官们在一起聊得轻松欢快，仿佛是最亲密的朋友，士兵们也一样。那些五分钟前还在相互对射的人，现在却一起抽烟，分享烟叶，喝朗姆酒，问候恭维"英国人好"等等。俄国军官看上去很有绅士风度，都说法语，一个会说英语。最后双方看了看手表，发现"时间快到了"，于是各自退回工事，从对方的视野中消失，但在这之前我们的士兵都和俄军战士们握手告别，还有人用法语喊道"别了"。[31]

除了这些袭击外，双方在 1855 年最初的几个月内都待在各自的工事里。"围困战现在已经是走走形式，"英军参谋亨利·克利福德在 3 月 31 日给家人的信中写道，"我们在白天射几发炮弹，但是一切似乎都处于僵持的状态。"这是一个奇怪的局面，几乎表明联军已经对围困战失去了信心，因为其实还有大批炮火空闲着没有派上用场。这段时间里士兵们用在挖掘工事上的时间比开火的时间多得多，许多士兵对此感到不满。据皇家工兵惠特沃思·波特少校的

---

* 英军中的一个爱尔兰步兵团。——译注

349

说法，英国士兵不喜欢干"铁铲活儿"，认为那不是正经士兵的职责。
他引用了一名爱尔兰步兵的话说：

> "长官，我不喜欢这种活。当我领饷当兵时，我想当一个真
> 正的兵。让我用刺刀的时候，我会用，但是我从没想过会是这
> 样。长官，我报名参军的原因之一就是因为我不喜欢干铁铲活
> 儿，召我入伍的军士以圣帕特里克（Saint Patrick）*的名字发誓
> 说我再也不会见到一把铁铲了，但是我一到这儿，一支铁镐和
> 一把铁锹就被塞到我手里，和在爱尔兰老家一样糟糕。"然后这
> 名爱尔兰步兵继续干他的工作，牢骚不断，嘴里骂着俄罗斯人，
> 发誓如果能进入那座被他咒骂无数次的城市，一定会让他们为
> 所有这一切付出代价。[32]

当围困战渐渐变成单调的日常互射之后，堑壕里的战士们开始
习惯在持续不断的炮击之下生活。在局外人看来，他们似乎对周围
的危险毫不在意。当二十二岁的法军龙骑兵夏尔·米斯梅第一次来
到堑壕时，他惊异地发现战士们正在打牌或睡觉，而炮弹就在他们
周围纷纷落地。堑壕里的士兵已经学会了根据声音辨别各种炮弹和
炸弹，然后采取相应的躲避行动。波特回忆道，实心弹"穿过空中
时会发出一声锐利刺耳的尖叫，让年轻战士非常害怕"；霰弹"嗡
嗡飞过，和一群急速扇着翅膀的鸟儿没什么两样"；"花篮"是指装
在一个炸弹中的一组小榴弹，"每一颗都在飞行轨迹上留下一道长
长的弧光，当它们抵达目标相继爆炸时，会发出短促而颤动的闪光，
照亮天空"；大型的迫击炮弹"自豪地大模大样地升向空中，燃烧

---

*　公元 5 世纪至爱尔兰传教的基督教主教，被视为爱尔兰的守护神。——译注

的导火索留下明亮的痕迹，在夜晚时很容易看到。一道恢宏的弧光升入空中，在抵达最高点之后开始降落，越来越快，直到落地……发出的声音从空中传来，仿佛是田凫叽叽喳喳的叫声"。没人知道迫击炮炮弹会落在哪里，弹片会在哪里爆炸，于是"当听到这样像鸟叫的声音时，你能做的就是卧倒在地，希望不会落在自己身上"。[33]

　　慢慢地，当双方都在围困战中无法取得什么进展时，交火成了象征性的行为。在无事可做的时候，当士兵们变得越来越无聊时，他们能把交火变成体育活动。朱阿夫部队的一名上尉弗朗索瓦·卢格斯（François Luguez）回忆他手下的士兵是怎么和对面的俄军玩射击游戏的：一方会在步枪刺刀尖上绑一块布伸出堑壕当靶子让对方瞄准射击，对方击中了就发出一阵喝彩欢叫，没打中就是一片嘘声。[34]

　　因为越来越没什么可害怕的，前沿哨岗里的士兵开始摸到两军之间的无人地带玩乐或是在晚上取暖。俄军的前哨阵地不过就在一个足球场那么远的地方，有时候联军士兵还会与俄军进行友好交流。拉格伦的侄子和副官考尔索普记录了这样一个事件，当时有一群未 351 带武器的俄军战士向英军哨位走来：

　　　　他们打着手势表示想借个火抽烟斗，我们的一个哨兵给了
　　他们火，然后他们停留了几分钟和我们的哨兵交谈，或者说是
　　试图和我们的哨兵交谈。双方的对话差不多是这样的——
　　　　俄军士兵甲："英国人好！"
　　　　英军士兵甲："俄罗斯人好！"
　　　　俄军士兵乙："法国人好！"
　　　　英军士兵乙："好！"
　　　　俄军士兵丙："奥斯曼不好！"

英军士兵丙："啊哈！土耳其人不好！"

俄军士兵甲："奥斯曼！"做了个鬼脸，然后向地上吐了口唾沫表示蔑视。

英军士兵甲："土耳其人！"假装因为害怕逃跑，这时候所有人都狂笑起来，然后双方握手之后，各自回到了自己的岗位。[35]

为了消磨时间，战士们发展出各种爱好和游戏。年轻的俄军炮兵军官叶尔绍夫写道，在塞瓦斯托波尔的棱堡里，"随时都有人在玩各种各样的纸牌游戏"。军官们下棋或是贪婪地阅读。在第六棱堡（Sixth Bastion）的掩体内，甚至还有一架三角大钢琴，其他棱堡里会演奏乐器的将被请到这里举行音乐会。"刚开始的时候，"叶尔绍夫写道，"音乐会还是庄重的，有仪式感，遵守聆听古典音乐会时应有的礼仪。但逐渐地，随着我们情绪的变化，演奏得越来越多的是代表国家的乐曲、民间歌曲和舞曲。有一次还安排了假面舞会，一名军校学员扮上女装演唱了民歌。"[36]

在法军营地里，戏剧娱乐非常流行。朱阿夫部队有一个自己的易装杂耍团，在一间嘈杂的木屋里娱乐一大群乱哄哄的士兵。"想象一下，朱阿夫士兵扮成放羊女和士兵们调情！"法军中的教士安德烈·达马斯回忆道，"接着另一名朱阿夫装扮成上流社会女子，表演不容易追求的女士！我从来没见过这么好笑的场面和演技这么高超的绅士。他们真的太好玩了！"[37]

赛马也很流行，特别是在英军中，他们的骑兵部队几乎完全没事可做。但不是只有骑兵部队的马才参加赛马。惠特沃思·波特少校参加了一场由第三师组织的在山坡上的赛马。"今天非常寒冷，"他在3月18日的日记中写道，西风刺骨，然而赛道上依然挤满了各支部队的散兵。只要有办法弄到一匹矮马的都来了，大多数人看上去都很古怪。我看到一名英军军官，足足有六英尺三英寸*高，穿着马靴骑在一匹我见过的最矮小、最瘦弱、最可怜巴巴的矮马上。[38]

在那些闲暇的日子里，部队喝酒也喝得很厉害。在各支部队中，饮酒都造成了各类问题：违反纪律、骂脏话、傲慢无礼、醉酒打架，还有不听从指挥，所有这些都说明军队的士气低落到了危险的程度。英军在整个克里米亚战争期间一共有五千五百四十六人——占部队总人数的八分之一——曾因各种醉酒行为被送上军事法庭。这个数字非常惊人，但没有理由认为俄军和法军的情况会比英军好。许多士兵早餐就要喝一大杯酒——俄军喝伏特加，英军喝朗姆酒，法军喝葡萄酒，然后晚餐时还要再喝一大杯。许多人白天也喝，有些人在整个围困战期间就没有清醒过。各支军队中，喝酒是士兵们最大的娱乐，其中也包括土耳其部队，他们喜欢的是甜甜的克里米亚葡萄酒。英军参谋亨利·克利福德在回忆联军营地中的饮酒文化时写道：

几乎每个团都有一间食堂，在食堂的门口站着——不对，没有几个能站得住的——躺着或翻滚着一群法国和英国士兵，都处在不同程度的醉酒状态。快活、欢笑、哭泣、跳舞、打架、伤感、亲热、唱歌、说话、争吵、呆傻、凶恶、残忍，所有人都醉得一塌糊涂。法国人和英国人一样糟糕，英国人和法国人没什么两样……多付给士兵军饷是多么大的错误！多给他一个铜板，他马上失守底线，立刻喝醉……不管是英国人、法国人、

_____

* 约一米九。——译注

土耳其人还是撒丁人，只要给他足够的钱，他马上会把自己搞醉。[39]

温暖的春天忽然到来，提高了部队的士气。"今天这里是春天了，"埃尔贝在 4 月 6 日写道，"过去三个星期一直出太阳，所有东西的面貌都发生了改变。"法军士兵在帐篷周围开辟了花园。许多人和埃尔贝一样，把留了一个冬天的胡子刮干净，清洗了床单，改善了穿着打扮，"如果塞瓦斯托波尔的女士们举办舞会邀请法国军官参加，我们的军装在她们优雅的装束间，依然能闪闪发光"。在严酷的冬天，一切似乎都被掩埋在泥泞和积雪之下，而现在克里米亚在一瞬之间变成了一个极为美丽的地方，草地上开满了各色鲜艳的花朵，黑麦草长得有一米多高，到处都是悦耳的鸟鸣。"温暖的天气不过才几天，"罗素在 3 月 17 日的《泰晤士报》上写道，

> 然而在地面上，只要有机会发芽，到处都长满了大量的雪花莲、番红花和风信子……燕雀和云雀度过了自己的情人节，依然成群结队地在空中飞翔。有颜色非常鲜艳的金翅雀、体型庞大的颊白鸟、头顶有一道金色的鹟鹩鸟、云雀、红雀、鹨鸟、三种不同的山雀、篱雀、一种漂亮的鹌鸪，这些在切尔松尼斯（Chersonese）*都很常见。在大炮轰鸣的间隙听到鸟儿在丛林间叽叽喳喳地歌唱，在成堆的弹药间、在炮弹和重型军械下看到春天的花朵成群地钻出来，让人感觉奇异。[40]

在英军营地里，部队的士气还因为食品和其他基本物资供应的

---

* 塞瓦斯托波尔附近一带的古希腊名。——译注

改善而有所提高，这主要应归功于私人商贸的蓬勃发展。英国政府
在军队供给上的严重失职，为商人们提供了一个很好的机会。到了
1855 年春天，一大批商人在巴拉克拉瓦港附近的卡迪科伊村建起了
各种售货摊位和商店。虽然价格夸张，但是货品丰富，从罐装的肉
类和腌菜、瓶装啤酒和希腊清酒到烘烤好的咖啡、盒装的阿尔伯特
饼干（Albert biscuits）、巧克力、雪茄、化妆品、纸张、笔墨，应
有尽有。高档百货公司奥本海默（Oppenheim）以及福特纳姆和梅
森都在这里开设了自己的分店，出售上好的香槟。这里有修马鞍的、
修鞋的、裁缝、烤面包的、开旅馆的，其中包括著名的玛丽·西科
尔（Mary Seacole）。这个牙买加女人在卡迪科伊村附近一处被她称
作"春天山"（Spring Hill）的地方建起了一座"不列颠旅馆"（British
Hotel），提供丰盛的饭菜和招待服务，兼卖药品并提供草药治疗
等等。

　　玛丽·西科尔是一个经历传奇的女人，她于 1805 年出生在牙
买加首都金斯敦（Kingston），父亲是苏格兰人，母亲是克里奥人
（Creole）*。她本人曾在牙买加的英国军营当过军队护士，并嫁给了
一个姓西科尔的英格兰人，但是丈夫在一年内就去世了。后来她在
巴拿马和自己的兄弟一起经营餐馆和杂货店，经历了流行疾病的爆
发。在克里米亚战争之初，她来到英国，希望加入南丁格尔的护士
队伍，但是多次被拒。毫无疑问，她的肤色是被拒的原因之一。但
是她下定决心要开一家餐馆和旅店，一边赚钱一边为战争服务。她
和丈夫的一个远方亲戚托马斯·戴（Thomas Day）一起开了一家
名为"西科尔和戴"（Seacole and Day）的公司。他们于 2 月 15 日
从英格兰南部肯特郡的格雷夫森德（Gravesend）出发，在经过君

354

_____

*　加勒比海地区多种族混血的民族。——译注

士坦丁堡时采购了货物，同时还雇了一个年轻的希腊犹太人，西科尔叫他"犹太人约翰尼"（Jew Johnny）。她开设的"不列颠旅馆"虽然听上去很宏大，但其实不过就是一间餐馆和一间杂货店而已，被《泰晤士报》记者罗素形容为"铁皮栈房和木棚"。但是她的主要客户、英国军官们却非常喜欢这里，将其当作军官俱乐部，在此放纵一下并享受暖心的英国食物，回想家乡的味道。[41]

　　对普通士兵来说，在改善食品质量方面，玛丽·西科尔和卡迪科伊的其他私人商贩所做的贡献，远远比不上著名厨师亚历克西斯·索耶（Alexis Soyer）。索耶于1810年在法国出生，曾是伦敦改革俱乐部（Reform Club）的主厨，辉格党和自由党政府领导人都知道他。他所著的《先令烹饪书》（Shilling Cookery Book，1854）很出名，可以说每一户致力于提升自己地位的英国中产阶级家庭里都有一本。1855年2月，在看到斯库台医院厨房条件恶劣的报道后，他给报社写信，志愿前往克里米亚为英军提供烹饪指导。他先到了斯库台，但很快就随同南丁格尔一起来到了克里米亚。南丁格尔此行是为了访问巴拉克拉瓦的医院，但是她自己病倒了，情况严重，不得不返回斯库台。索耶接管了巴拉克拉瓦医院的厨房，带领一批法国和意大利厨师每天为一千人做饭。索耶的主要贡献是把集中准备食物，再通过移动战地食堂向士兵供餐的系统引进到英军中来，而法国军队自从拿破仑战争时就开始采用这样的系统了。索耶自己设计了野战炉子，被称为"索耶炉"（Soyer Stove），这种炉子英国军队直到20世纪下半叶还在使用。他让人制作了四百只炉子，从英国运来，足够为克里米亚的整个部队煮食。他还建立了军队面包房，并开发出了一种不用发酵的面包，可以保存好几个月。他为每支部队都培训了一个厨师，学会按照他的菜谱烹饪简单但有营养的食物。索耶的天才体现在能把军队口粮配给变成能够下咽的食物。

355

他的特长是汤，例如下面这种汤可以供五十人食用：

1. 向锅里加 30 夸脱的水，即 7½ 加仑或者 5½ 营地水壶的量；

2. 向水中加入 50 磅肉，可以是牛肉或羊肉；

3. 加入配给的蔬菜，可以是罐装的或是新鲜的；

4. 10 小茶勺盐；

5. 小火煨 3 小时，即可食用。[42]

　　英军营地补给得到改善的一个关键原因是建成了一条从巴拉克拉瓦到塞瓦斯托波尔外高地英军装卸场的铁路。修建一条克里米亚铁路，即历史上第一条专为战争修建的铁路的想法在上一年 11 月就已经提出了。当时《泰晤士报》首先报道了英军的恶劣生活条件，很明显一个主要问题是必须把所有物资从巴拉克拉瓦沿着泥泞的道路运到高地上。一名铁路修建专家塞缪尔·皮托（Samuel Peto）看到了这些报道，他曾是伦敦一名成功的建筑承包商*，在 1840 年代进入修建铁路这一行业。他从当时的首相阿伯丁勋爵那里得到了十万英镑的资金，采购了修建铁路所需的物资并招募了一只庞大的施工队，以不怎么守规矩的爱尔兰劳工为主。他们在 1 月底抵达克里米亚，然后就开始飞快地施工，速度快到每天能铺设半公里长的铁轨。到 3 月底，连接巴拉克拉瓦和塞瓦斯托波尔英军营地装卸场的十公里长铁路就完工了。这时候刚好有一批重炮和迫击炮炮弹运到，拉格伦下令将这些武器从巴拉克拉瓦运到塞瓦斯托波尔城外高地上，准

356

---

* 由皮托和他的表亲托马斯·格里塞尔（Thomas Grissell）合办的"皮托和格里塞尔公司"（Peto & Grissell）修建了伦敦许多著名的建筑，包括改革俱乐部、牛津与剑桥俱乐部（Oxford & Cambridge Club）、兰心剧院（Lyceum）和纳尔逊柱（Nelson's Column）。——原注

备对塞瓦斯托波尔进行第二次大规模炮击，时间定在 4 月 9 日，复活节星期一。[43]

* * *

联军的计划是对塞瓦斯托波尔进行连续十天的炮击，然后发起进攻。到时候将有五百门英法联军的大炮不间断地轰击，几乎是上一年 10 月第一次炮击的两倍。这不仅将是这次围困战中最大规模的炮击，也将是当时历史上最大规模的炮击。联军部队都急于尽快结束战争，因此对这次进攻抱有很大希望，焦急地等待进攻的开始。"我们的工作还在继续，和过去一样，但是我们没有任何进展！"埃尔贝在 4 月 6 日给家人的信中写道："军官和士兵不耐烦的情绪制造了不满的气氛，每个人都相互责怪对方过去犯下的错误，你能感到现在需要一个全新突破才能重整秩序……不能再继续这样下去了。"[44]

俄军知道联军正在准备第二次大规模炮击。联军中的逃兵向他们发出了警告，俄军自己也能亲眼看到敌人土岗上的忙碌景象，几乎每天都有新的大炮出现。[45] 在复活节星期天前夜，就在炮击即将开始前几个小时，塞瓦斯托波尔城里各座教堂都举行了祈祷仪式。每座棱堡都进行了祈祷，教士们举着神像在部队面前走过，其中包括奉沙皇指令从谢尔吉耶沃镇（Sergiev Posad）的特罗伊茨基修道院（Troitsky Monastery）送来的圣谢尔盖（St Sergius）神像。这尊神像在罗曼诺夫王朝早期一直陪伴军队征战，并在 1812 年和莫斯科民兵一起抗击拿破仑军队入侵。每个人都能感到这些仪式的神圣和重要意义，听天由命的情绪在城内的军中蔓延。由于 1855 东正教和拉丁日历的复活节刚好是同一天，于是交战双方都在纪念节

日，更加强了这种氛围。"我们热切地祈祷着，"一名俄罗斯护士写道，
"我们使出所有的力气祈祷，为这座城市，也为我们自己祈祷。"

在城市主教堂里举行的午夜弥撒上，无数蜡烛把教堂和街道照
得通明，即使在敌人的堑壕里也能看得到，庞大的人群一直蔓延到
周围的街道上，站在那里默默地祈祷。每个人手里都拿着一支蜡烛，
时不时地低头在胸口划着十字，有许多人跪在地上。教士们举着神
像在人群中穿行，唱诗班在不停地诵唱。夜深时，一场狂烈的暴风
雨降临。大雨倾盆而下，但是没有一个人走开，他们都把这场暴风
雨看作上天显灵。祈祷的人群一直待在雨中，直到清晨天边第一道
光线亮起，联军炮击开始了，人群才四散而去，还没来得及换下复
活节穿的最好的衣服，就开始协助棱堡的防御。[46]

根据惠特沃思·波特的记录，早晨暴风雨愈加猛烈，以至于
第一轮炮击的声音"几乎被淹没在呼啸的强风和疯狂落下的单调雨
声之中"。当时，他正从英军驻守的高地观察炮击。塞瓦斯托波尔
完全笼罩在炮火的黑烟和早晨的浓雾中，镇上的人们无法分清炸弹
和炮弹是从哪里飞来的。"我们知道就在港口入口外有一支庞大的
联军舰队，但是在浓烟和迷雾、狂风和大雨中，根本看不见它们。"
叶尔绍夫回忆道。迷惘惊恐的人群在街道上呼叫狂奔，寻找可以躲
藏之处。许多人涌向尼古拉要塞（Fort Nicholas），这个塞瓦斯托
波尔唯一一处还算安全的地方此时变成了繁忙的避难所。在市中心，
到处都是被炸毁的房屋，街道上堆满了瓦砾和碎玻璃，加农炮弹就
像"橡皮球一样四处滚动"。叶尔绍夫留意到人们的各种细节：

> 一个生病的老人被儿子和女儿抱着穿过街道，加农炮弹
> 和榴弹就在他们身边炸开，一名年长的妇人跟在他们后面……
> 一些年轻的姑娘穿着漂亮的衣服，靠在美术馆的栏杆上，和驻

守的骠骑兵眉来眼去。在他们旁边，三个俄罗斯商人正在交谈
中——每当有炸弹爆炸，他们就在胸口划个十字。"老天！老天！
这比地狱还糟！"我听到他们说。

在城内位于贵族议事厅的主医院里，成千的伤员被送到那里，
护士们疲于应对。在手术室里，皮罗戈夫和其他外科医生在做截肢
手术时，一面墙壁被炮弹击中倒下，手术却仍然继续进行。联军并
没有试着避开医院，他们的炮击目标是不分军事和平民的，在受伤
者中，有许多是妇女和儿童。[47]

第四棱堡在整个围困战期间一直是最危险的地方。棱堡的炮台
指挥官之一利普金上尉在 4 月 21 日给他兄弟的信中写道，这里的
战士在炮击期间"几乎没睡过觉"。"我们最多可以穿着军装皮靴躺
下睡上几分钟。"联军的炮台离这里不过几百米远，炮声连续不断、
震耳欲聋。炸弹和炮弹飞过来需要的时间非常之短，守军还没意识
到危险它们就已经落地了，任何细小的差池都会带来生命危险。生
活在连续炮击之下的人们产生了一种新的思想方式。叶尔绍夫本人
是经验丰富的炮兵，但是当他在炮击期间造访第四棱堡时，感觉自
己"好像一个没有经验的游客踏足另一个世界"。"每个人都在跑
来跑去，到处看上去都是一片混乱。我什么也不明白，什么也搞不
清楚。"[48]

托尔斯泰在炮击期间回到了塞瓦斯托波尔，他在十二公里以外
的贝尔贝克河边听到了炮击的开始，这年冬天他是在那里的俄军第
十一炮兵旅的营地上度过的。他已做出决定，自己为军队服务最好
的方式是用笔，于是申请加入戈尔恰科夫将军的参谋部做一名副官，
好有机会写作。但是让他非常恼怒的是，他和所属的炮兵连一起被
调往了第四棱堡，直接置身于最激烈的战斗中。"我特别窝火，"他

在日记中写道，"尤其是我现在病了（他患上了感冒）。好像没有人
想到让我做什么都比当炮灰强，而且我当炮灰是最没用的了。"

不过，一旦从感冒中恢复过来，他的精神就立即振作起来，开   359
始喜欢上了自己的生活。每八天他都要在第四棱堡做四天的军需官，
其余的时间住在塞瓦斯托波尔城里主街边的一处简单但干净的住宅
里。执勤的时候，他必须睡在掩体内的一个小房间里，那里有一张
行军床，一张桌子上摊放着纸张、他的回忆录《青年》（Youth）的
手稿、一只钟和一尊嵌有照明灯的神像。一根冷杉树枝顶着天花板，
上面挂着一块篷布，可以挡住落下的瓦砾。他在塞瓦斯托波尔期间，
一直有一个名叫阿列克谢（Alexei）的农奴陪着，从他上大学起阿
列克谢就一直跟着他，这个农奴的形象以"阿廖沙"（Alyosha）为名，
出现在托尔斯泰的几部作品中。当托尔斯泰在棱堡执勤时，阿列克
谢会把他的配给口粮从城里背过来，经常要冒着相当大的危险才能
送到。[49]

联军的炮击持续不断，每天至少有两千发榴弹落在第四棱堡。
托尔斯泰感到害怕，但是他很快就克服了恐惧，在自己身上发现了
新的勇气。刚被派到棱堡时，他抱怨自己被当作炮灰，两天后却在
日记中写道："因危险而产生的魅力持续不断，可以就近观察和我
生活在一起的战士们和水手们，还有作战的各种具体细节，这一切
如此让人喜爱，让我不想离开这里了。"他开始对棱堡里的战友产
生亲密的关怀之情，其中之一后来在回忆托尔斯泰时觉得他是一个
"很好的战友"，他的故事"抓住了我们在战斗紧要关头的精神"。
托尔斯泰在给他哥哥的信中表达了一种想法，这后来成为《战争与
和平》的中心思想：和这些"淳朴而仁慈的人，这些在真正的战争
中清楚展现善良之心的人"在一起，让他"喜欢和他们一起在炮火
下生活的经历"。[50]

在长达十天的时间里，联军的炮击从未停止过。在这次大规模炮击结束之后，俄军清点出有十六万枚炮弹和迫击炮弹落在塞瓦斯托波尔，炸毁了几百座房屋，共炸死炸伤四千七百一十二名士兵和平民。炮击行动并非只是一面倒，俄军投入了四百零九门大炮和五十七门迫击炮反击，十天内共发射了八万八千七百五十一枚加农炮弹和榴弹。但是俄军很快发现弹药不够，不能维持高强度的炮火回击。炮台指挥官收到命令，敌人每发射两发炮弹才可以回击一次。英国皇家炮兵（Royal Artillery）的爱德华·盖奇上尉在 4 月 13 日晚给家人的信中写道：

> 防守的顽强与进攻的猛烈不相上下，如果事情只靠才智和勇敢就能做到，那么俄军一点都不比其他人差。但是不得不说他们的火力相对较弱，虽然他们还是让我们的炮手吃了不少苦。我们比上次炮击承受了更多的伤亡，但是我们这次有更多的战士和炮台参加作战……我觉得炮击不会再持续超过一天了，因为我们的战士已疲惫不堪，自从炮击开始以来，他们每十二小时轮班待在堑壕里，凭着血肉之躯是不可能再支持多久了。[51]

俄军火力的减弱让联军取得了主动权，炮击密度越来越高。乳头堡和第五棱堡几乎完全被摧毁。俄军预期联军马上会发起进攻，急切地增援兵力，并让大部分士兵藏在地下掩体内，准备伏击冲过来的敌人。但是敌人却一直没有出现。也许俄军顽强勇敢的抵抗让联军指挥官气馁，因为俄军士兵即使在猛烈的炮击下，依然继续重修被炸毁的工事。但是联军内部对下一步行动也有分歧，就是在这段时间里，康罗贝尔公开表达了他的挫败感。他支持联军的新战略，就是减少对塞瓦斯托波尔的炮击，转而集中力量占领整个克里米亚。

360

因此他不愿意投入兵力攻城，因为知道这样会造成大量伤亡，还不如把这些兵力用在新的野战方案上。他的手下、法军工兵总指挥阿道夫·尼埃尔将军（General Adolphe Niel）也进一步劝说他暂缓进攻。尼埃尔收到了来自巴黎的秘密指令，让他拖延攻城计划，等待拿破仑三世的到来。当时这位法国皇帝还在考虑前往克里米亚，拖延下去就能让他亲自指挥攻城战。

因为不愿意独自发动大型攻势，英军选择了在 4 月 19 日晚向沃龙佐夫山沟东头的俄军来复枪阵地发起进攻，俄军的这个阵地阻挡了英军，使其无法继续向棱尖棱堡挺进。在与守备的俄军激烈交战之后，第七十七团占领了这个阵地，但同时也付出了代价。团长托马斯·埃杰顿上校（Colonel Thomas Egerton）和他的第一副手、二十三岁的奥德利·伦普里尔上尉（Captain Audley Lemprière）都在战斗中阵亡。埃杰顿上校是一个两米多高的巨人，而伦普里尔上尉身高不足一米五。纳撒尼尔·斯蒂文斯目睹了战斗经过，在 4 月23 日给家人的信中写道：

> 我们损失严重，六十名士兵和七名军官死伤，其中第七十七团的埃杰顿上校（一个高大强壮的人）和伦普里尔上尉都阵亡了。伦普里尔上尉非常年轻，刚刚被派到连队里，大概是整支军队中个头最矮小的军官，极受埃杰顿上校喜爱，被他称作自己的孩子。可怜的人，在向来复枪阵地发起的第一波进攻中就阵亡了。埃杰顿上校虽然自己也受了伤，但还是一把将他抓起并背了回来，同时喊道："我的孩子永远不会落在他们手里。"上校接着返回战斗，在第二波进攻中阵亡了。[52]

当时，在没有法军配合的情况下，这也就是英军独立所能实现的最大军事目标了。4月24日拉格伦向战争大臣潘穆尔勋爵报告：
"我们必须说服康罗贝尔将军攻下乳头堡，不然我们向前推动不可
能取得任何成功或是获得安全保障。"对法军来说，清除乳头堡内
的俄军对进攻马拉霍夫棱堡非常关键。同样，对英军来说，只有占
领了"采石坑"才有可能进攻棱尖棱堡。在康罗贝尔的指挥下，法
军行动被推迟了。但是他在5月16日把指挥权交给了佩利西耶，这
名法军新任总指挥和拉格伦想法一样，决心一举攻克塞瓦斯托波尔。
在他的指挥下，法军全力投入了对乳头堡和"采石坑"的联合进攻。

联合进攻在6月6日开始，先是对敌人的外围阵地进行炮击，
一直延续到第二天晚上六点，这正好是步兵进攻开始的时间。根据
计划，拉格伦和佩利西耶将在战场上碰头，然后分别发出进攻信号。
但是在事先约定的时间已到时，佩利西耶却还在睡觉。他原来想着
可以在战斗打响之前先打个盹，但是时间到了却没有人敢去叫醒这
位脾气暴躁的将军。结果他迟到了一个小时，战斗已经开始了——
法军首先发起突击，英军在听到法军欢呼声后，也立即发动了进攻。*
法军进攻的号令是由博斯凯将军发出的，范妮·杜伯利也在他的随
行人员中：

　　博斯凯将军向每个连队训话，每次说完，部队的反应都是　　362
　　欢呼、叫喊、不约而同地歌唱。从士兵们的情绪和动作上看，
　　他们更像去参加一场婚礼而不是马上要投入生死搏斗。在我看
　　来，这是一幅多么悲壮的景象！大部队开始向前移动，列队走
　　下山沟，穿过法军炮台，正对着乳头堡。博斯凯将军转过身来，

---

* 有一句著名的话（译者注：指"雄狮却被驴子指挥"［lions led by donkeys］）就来自这一
　事件。最早源于俄军工兵指挥托特列边说过的一句话："法国军队是一支狮子被驴子指挥
　的部队。"这句话后来被广泛用来形容第一次世界大战时期的英国军队。——原注

眼中满含泪水，对我说："夫人，巴黎只知道展览、舞会和庆典；但是到一点半的时候，这些勇敢的人中，一半将已战死。"我实在无法忍住眼中的泪水。[53]

法军在朱阿夫部队的带领下一股脑地向乳头堡冲去，完全没有秩序，俄军一阵巨大的排炮把他们打退了回来。许多士兵在恐慌中四散奔跑，不得不依靠军官让他们重新归队，再度进攻。这一次，进攻者冒着敌人滑膛枪的火力冲到了乳头堡底下的壕沟，开始往墙上爬；俄军在墙顶居高临下射击，因为没有时间给滑膛枪重装弹药，就搬起胸墙上的石头往下砸。"墙壁有四米高，"参与了第一波进攻的奥克塔夫·屈莱特（Octave Cullet）回忆道，"爬起来很困难，而且我们没有梯子，但是我们的气概无人能挡。"

一个垫一个，我们爬上了外墙，打退了胸墙上的敌人，向守卫土岗的大批敌军猛烈开火……接下来发生的事情我实在无法描述，那是一幅残酷杀戮的景象。我们的战士打起来像疯子一样，堵塞了敌人大炮的点火孔，一些敢于和我们对抗的俄军都被我们杀死了。[54]

攻上乳头堡后，朱阿夫部队没有停留，而是继续向后方的马拉霍夫棱堡冲锋，这是士兵们在杀得兴起时的自发举动，但是冲锋的法军士兵成百成百地被俄军击倒。英国皇家炮兵的圣乔治中校（Lieutenant Colonel St George）目睹了这一可怕的场景，他在 6 月 9 日的一封信中描述道：

然后马拉霍夫塔楼开火了，其规模之大，我以前从未见过：

成片的火焰，连续的爆炸，一个紧接着一个。俄军的大炮操作得非常好（这是我的本行，我能判断），如同魔鬼一般地向可怜的小朱阿夫战士们开火。这些士兵凭着胆量冲到了马拉霍夫跟前的壕沟边，却没有办法越过去，正在犹豫不决时，就被俄军击倒。他们实在顶不住了就开始动摇，撤回到乳头堡内，而这时候他们也都不敢待在那里，直接撤回到自己的堑壕里。大批的增援部队来了，他们再次冲入乳头堡，俄军大炮的点火孔已经被堵住，他们杀死了剩下的守军。然后，他们又一次向马拉霍夫冲过去，这在我看来很是愚蠢。这一次他们又失败了，不得不撤退，但是这次只撤退到乳头堡内。法军凭借可嘉的勇气攻下了乳头堡，而且终于把它守住了，但是在战场上留下了两三千名死伤的战士。[55]

　　与此同时，英军向采石场发起了进攻。俄军在采石场阵地只留下了小股部队防守，相信一旦被敌人占领，他们可以立即从棱尖棱堡发动反冲锋夺回阵地。英军轻而易举地夺下了采石场，但是立刻发现自己兵力不足，抵挡不住俄军从棱尖棱堡发动的一波又一波反击。在几个小时里，双方一直都在进行白刃战，当一方把另一方逐出阵地后，马上就被对方增援部队的反冲锋赶了回去。直到凌晨五点，英军才打退了俄军的最后一次反击，在战场上留下了成堆的死伤者。

　　6月9日中午，一面白旗在俄军的马拉霍夫要塞上升起，接着另一面白旗也在已被法军占领的乳头堡升起。双方发出了停战信号，各自运回战场上的死伤者。为了攻占乳头堡和"白色工程"，法军付出了巨大的牺牲，死伤者几乎达七千五百人。埃尔贝上尉和法伊将军（General Failly）一起来到双方阵地间的无人地带，与俄军波

卢斯基将军（General Polussky）达成停战安排。在几句走形式的
话之后，"双方的谈话变得友好起来——话题是巴黎、圣彼得堡、
上一年冬天的艰苦等等"，埃尔贝当晚在给家人的信中写道，当尸
体被清理走之后，军官们之间"互赠雪茄"。埃尔贝写道："不知内
情的人看到这一景象，可能会以为是几个朋友在打猎间隙聚在一起
抽烟。"没过多久，几名军官拿来了一大瓶香槟，这是法伊将军的
指令，他还提议"为和平干杯"，俄军军官们诚心接受。六个小时
过后，几千具尸体被清理干净，停战即将结束。在双方各自检查没
有在无人地带留下自己的战士后，两面白旗降了下来。根据波卢斯
基的建议，俄军从马拉霍夫要塞发射了一枚空包弹，这是双方恢复
交战状态的信号。[56]

　　在占领了乳头堡和"采石坑"之后，向马拉霍夫和棱尖棱堡发
起进攻的条件都具备了。联军定下的进攻日子是 6 月 18 日，滑铁
卢战役四十周年。联军指挥部希望胜利将会弥合英法两国过去的对
立，让这一天成为一个新的值得纪念的日子。

　　取得军事胜利的代价必然是牺牲许多人的生命。要攻占俄军要
塞，进攻者必须扛着梯子，在上坡路上冲过几百米的开阔地，其间
要冒着来自马拉霍夫和棱尖棱堡的猛烈炮火，越过壕沟和鹿砦*，同
时还要遭受来自侧翼旗杆棱堡的火力。当他们冲到要塞跟前时，必
须沿梯子爬下壕沟，然后再从壕沟底部爬上棱堡外墙，此时敌人将
居高临下从近距离向他们开火。如果能爬上城墙，还必须击退胸墙
上的守军，顶住躲在要塞各处障碍物后面的大批俄军的反扑，直到
己方增援部队到达。

　　联军同意法军首先向马拉霍夫发起进攻，一旦他们打哑了俄军

---

* 鹿砦是一些两米高、一米宽左右的障碍物，由倒下的树、木条和灌木建成。——原注

炮火，英军步兵将立刻开始向棱尖棱堡冲锋。在法军总指挥佩利西耶将军的坚持下，攻势将只限于马拉霍夫和棱尖棱堡，而不包括塞瓦斯托波尔的其他防御工事。其实向棱尖棱堡发起进攻可能是多此一举，因为一旦法军占领了马拉霍夫要塞、把自己的火炮运到那里并开始炮击，俄军几乎肯定会放弃棱尖棱堡。但是拉格伦认为非常有必要让英军找一个目标发起冲锋，即使这意味着不必要的损失，因为如果要让这次攻势实现其象征意义，即英法联军在滑铁卢战役纪念日携手行动、共同取得胜利，这样做是必需的。法国人一直对英军在克里米亚没有对等的投入持批评意见。

联军预计这次进攻会带来巨大的人员伤亡。法军被告知在向马拉霍夫发起冲锋时，有一半人在到达要塞之前就会被打死。士兵们要拿到赏金和升官机会才愿意参加第一波进攻。在英军营地里，参加冲锋的人被叫作"渺茫的希望"（Forlorn Hope），这个词源自荷兰语的 Verloren hoop，意思实际上是"损失的部队"。英国人虽然翻译有误，意思却很传神。[57]

在向马拉霍夫发起进攻的前一天晚上，法军士兵在露营地休整，每个人都在为第二天的战斗做准备，有些试图睡一会儿，另一些在清洗枪支，或是自言自语，还有一些找个僻静的角落祈祷。一种不祥的预感笼罩在营地里，许多战士把自己的姓名和家庭地址写在一张卡片上挂在脖子上，这样如果他们战死了，别人还能通知他们的家人。另一些给亲朋好友写信告别，把信件交给随军神父，如果他们战死就让神父寄出去。随军神父安德烈·达马斯身边有一个大大的邮袋，他对士兵在大战来临前的最后时刻还能保持冷静感到钦佩。在他看来，似乎没有几个人对俄罗斯人怀有强烈的仇恨，或是急于报复对手。一名战士写道：

365

　　我冷静而自信——我为自己感到惊讶。在这样的危险面前，
我只敢把这一心思告诉你，我亲爱的兄弟。如果告诉任何其他人，
就会显得傲慢了。为了有力气，我吃了些东西，战场上我只喝水，
不喜欢因为喝酒搞得过于兴奋，这没什么好处。

另一名士兵写道：

　　我在给你写这封信的时候，已经能听到召集战斗的声音了。
伟大的日子到来了。两小时以后我们将开始进攻。我虔诚地佩
戴着圣母的徽章，穿着修女们送给我的披肩。我觉得很冷静，
跟自己说上帝一定会保佑我的。

一名上尉写道：

　　让我握你的手，我的兄弟，我想让你知道我爱你。上帝啊，
怜悯我吧。我虔诚地把自己交给你——我的命运由你而定！法
兰西万岁！今天我们的雄鹰必须在塞瓦斯托波尔上空飞翔！ [58]

　　并不是所有的准备工作都如联军所愿。那天晚上，法国和英国
营地上都有逃兵，其中不仅有士兵，还有军官，因为不敢面对即将
来临的冲锋而投奔了敌人。一名法军总参谋部的下士给俄军送去了
一份详细的法军进攻计划，让俄军事先就对进攻方案了如指掌。埃
尔贝写道："俄罗斯人知道我们每个营的详细位置和实力"，他是
后来从一名俄军高级军官那里了解到这一情况的。俄军还从英军
逃兵中收到警告，其中一名是从第二十八（北格洛斯特郡 [North
Gloucestershire]）团逃出来的。但是即使没有这些警告，俄军也已

经因为 17 日晚英军阵地上嘈杂的备战工作而提高了警惕。第十四
团的詹姆斯 · 亚历山大中校（Lieutenant Colonel James Alexander）
回忆道："士兵们因为过于兴奋而无法入睡，我们在午夜时分收到
命令躺下。我们的营地看上去就像游乐场一样，照得亮堂堂的，到
处都是说话的嗡嗡声。俄罗斯人一定已经注意到了。"[59]

　　俄军确实注意到了。棱尖棱堡指挥官戈列夫将军（General
Golev）的勤务兵波普罗科菲 · 帕德罗夫（Prokofii Podpalov）回
忆他当晚曾注意到采石场阵地上不断加强的备战行动："堑壕里的
说话声、脚步声、炮架轮子向我方滚来的隆隆声"，这些动静"清
楚地显示联军正在准备发动进攻"。那时候俄军正在让驻守棱尖棱
堡的部队撤出，士兵们将在城内过夜。在注意到英军即将发起进攻
的种种迹象后，帕德罗夫下令所有部队马上返回棱尖棱堡，架好加
农炮，在胸墙上的防守岗位待命，等待敌人进攻的开始。"那如同
墓地般的寂静隐含着一种险恶的感觉：每个人都觉得有一个可怕的
东西正在向我们逼近，这个东西强壮而危险，我们将与之进行一场
生死搏斗。"[60]

　　法军本预定天不亮就开始进攻，在凌晨三点将开始三个小时 367
的炮击，然后步兵在日出后一个小时、早上六点钟的时候向马拉霍
夫发起冲锋。但是在 17 日晚，佩利西耶忽然改变了计划。他认为，
日出之后俄军不可能不注意到法军在准备进攻，一定会将预备队派
上来守卫马拉霍夫，给法军的攻势带来更多困难。于是他在深夜发
出了一项新的命令，把步兵冲锋时间提前了三个小时，在凌晨三点
就向马拉霍夫发动进攻，法军指挥部将在乳头堡后方的维多利亚土
岗（Victoria Redoubt）向天空发射一枚火箭作为步兵进攻的信号。
当晚的临阵变化还不止于此，狂怒之下，同时也是为了独揽功劳，
佩利西耶解除了博斯凯的职务，理由是博斯凯对新的作战计划中没

有向敌人阵地进行炮击就让步兵冲锋的方案提出了质疑。博斯凯对俄军位置有非常详细的了解，而且深受士兵爱戴，而他的接替者这两项品质都不具备。这些突然的变化让法军部队感到不安，即将率领第九十七团发起进攻的迈朗将军（General Mayran）对此最为焦虑。他曾在另一次争执中被暴躁的佩利西耶当面羞辱，怒气冲冲地走开回到自己的岗位，丢下一句话："现在没什么可做的了，就只有等死。"[61]

但当天法军的攻势中，在急切中犯下致命错误的却正是迈朗将军，他误把一颗榴弹的弹尾火焰当作了步兵冲锋的信号火箭，下令第九十七团提前十五分钟发起了冲锋，而当时法军其他部队还没有为冲锋做好准备。埃尔贝当时和第九十五团在一起，集结在第九十七团后方作为第二梯队，他就在迈朗将军身后的位置。根据埃尔贝的说法，稍早时候迈朗受到了另一个事件的刺激：在凌晨两点过后，两名俄军军官悄悄爬到法军堑壕，在黑暗中喊话。

"来吧，法国先生们，你们什么时候准备好，我们都会等着。"我们非常吃惊，显然敌人已经知道我们所有的计划，我们将面对的是一支准备充分的守军。迈朗将军对这一胆大妄为的挑衅极为愤怒，准备一看到冲锋信号就立即进攻……所有人的眼睛都盯着维多利亚土岗。忽然间，大约在离三点钟还有十五分钟的时候，一道炮弹的尾光闪过，伴着一阵烟雾。几名围在迈朗身边的军官喊道"这就是信号"。很快又出现了第二道炮弹尾光。"毫无疑问，"将军说道，"这就是进攻信号。再说，早出发总比迟到好。第九十七团，前进！"

收到命令后，第九十七团向前冲去，俄军致命的炮火加上滑膛

368

枪的火力向他们齐齐射来。俄军当时已经做好了充分准备，躲在每一道胸墙后等待法军。"忽然间敌人像一阵巨浪般向我们冲来"，帕德罗夫回忆道，他当时正在棱尖棱堡上观战。

> 很快，在昏暗的光线中，我们仅能分辨出敌人扛着梯子、绳子、铁铲、木板等等……看上去就像蚂蚁大军在向前运动，越靠越近。忽然，我们整条防线上军号齐鸣，随后是加农炮的轰鸣、步枪的射击。大地都在颤抖，周围全都是大炮雷鸣般的回响，炮弹爆炸时浓烟四起，一切都变得黑乎乎的，什么也看不清。当烟雾散去后，我们看到在面前的空地上，躺满了倒下的法军尸体。

迈朗本人在第一波冲锋时也被炮火击中。埃尔贝把他从地上扶了起来，虽然手臂严重受伤，但他拒绝撤退。"第九十五团，前进！"他向第二波部队发出了命令。增援部队向前冲锋，遭遇了同样的命运，大批士兵被俄军炮火击倒。这不是战斗，而是一场屠杀。进攻队伍本能地卧倒在地，没有听从迈朗发出的前进命令，而是开始与俄军展开枪战。二十分钟之后，战场上已满是同伴的尸体，这时法军官兵看到一支信号火箭升上天空：这才是真正的冲锋信号。[62]

佩利西耶命令发射信号火箭，急切地试图协调法军的进攻。但是如果说迈朗下令发起冲锋太早，其他法军将领则刚好相反，他们的准备工作迟了，因为他们预计进攻时间还要更晚一些，所以没能按时调配好部队。仍然集结在预备队位置的部队忽然被命令向前冲锋，让士兵们感到不安。根据法军政治部德桑中校（Lieutenant Colonel Dessaint）的说法，许多人"拒绝离开堑壕，即使军官们威胁会对他们施以最严厉的惩罚"，他认为士兵们"对等待他们的灾难有一种本能的预感"。[63]

在沃龙佐夫山脊上观战的拉格伦很快看出法军协同混乱，这场进攻将是一场灾难。一支法国部队在马拉霍夫左侧取得了突破，但是他们的支援部队却被来自马拉霍夫和棱尖棱堡的炮火打垮了。拉格伦这时可以根据联军原来的作战方案，先对棱尖棱堡进行炮击，然后发起步兵冲锋；但是他觉得基于责任和荣誉，必须放弃炮击，立刻下令向棱尖棱堡发起冲锋，虽然他肯定知道，即使仅从刚刚发生在法军身上的情况判断，这样做也只会导致一场灾难，无谓地牺牲士兵的性命。"我总是警惕着不让自己被迫必须和法军同时冲锋，我希望在我投入部队前，法军已经取得了成功，"拉格伦在6月19日向战争大臣潘穆尔写道，"但是当我看到他们正遭遇顽强抵抗时，我认为作为一种义务，我必须立刻发起冲锋来协助他们……有一点我很肯定，那就是如果我们的部队这时依然留在堑壕里，法国人一定会将他们未取得成功的原因归咎于我们拒绝加入作战。"[64]

英军的冲锋在五点半开始。攻击部队从采石场两侧的堑壕出发，扛着梯子的支援部队紧随其后，准备爬上棱尖棱堡的外墙。然而很快战场形势就十分清楚了：这一攻势毫无成功希望。"士兵们刚刚从堑壕的胸墙上冒出头来，就遭到一阵我所见过的最具杀伤力的霰弹的攻击。"负责指挥进攻的乔治·布朗爵士后来报告。俄军的第一轮齐射就打掉了英军三分之一的冲锋部队。在左侧阵地的堑壕里，科德林顿少将观察到，对那些试图穿过两百米开阔地带冲向棱尖棱堡的部队来说，俄军连串霰弹带来了灾难性的后果：

> 他们刚一现身，霰弹就向他们飞来。除了打倒很多士兵外，霰弹还砸开地面，激起冲天尘土，让士兵们什么也看不见。我看到许多人转向他们左侧的堑壕。军官们事后告诉我，他们被

霰弹掀起的尘土蒙住了双眼；其中一个告诉我，还没有冲过一 370
半的距离，他就被尘土弄得喘不过气来。[65]

被漫天的霰弹所压制，攻击部队的决心开始动摇。即使军官们
还在呼喝威胁，试图把士兵重新组织起来，还是有一些被吓破胆逃
跑了。终于，第一波进攻者和抬梯子的支援部队中有一些冲到了俄
军设置的鹿砦位置，这里离棱尖棱堡仅有三十米远。但当他们挣扎
着从鹿砦之间的缝隙里穿过时，俄军"在棱堡胸墙上向我们一轮又
一轮地展开齐射"，蒂莫西·高英（Timothy Gowing）回忆道：

> 他们升起一面巨大的黑旗，嘲笑地让我们上去。战场上，
> 可以听到有人在喊"谋杀"，因为当我们的同伴已经受伤倒地，
> 在血泊中痛苦地扭动时，怯懦的敌人却在几个钟头内一直继续
> 向他们开火。我们的一些军官说："他们不能这样干——我们要
> 让他们为此付出代价！"如果他们没有对着那些无力还手的可
> 怜伤员开枪的话，我们还会饶恕他们的。

冲锋部队人数越来越少，最后只剩下一百多人，他们开始违抗命令
后撤。军官们威胁说要枪毙逃跑的人，但是无人理会他们。根据一
名当时仍然在催促士兵继续进攻的军官的说法："他们相信只要再
往前走一步，就会被炸飞到空中。他们说，不管敌人有多少他们都
愿意作战，但是不愿意再往前走被炸死。"[66]英军部队中有个广为
流传的谣言，说棱尖棱堡前是埋了地雷的。

与此同时，英军第三师的两千名士兵在艾尔少将（Major-General
Eyre）的率领下从左翼突进了塞瓦斯托波尔郊区。他们收到的命令
是占领一些俄军来复枪阵地，然后如果英军对棱尖棱堡的进攻顺利，

则继续往"哨兵屋山沟"（Picquet House Ravine）进发。但是艾尔超越了他收到的指令，擅自让其部队继续前进，打退了驻守在墓地的俄军，抵达塞瓦斯托波尔街头，却在那里遭到了俄军炮火的猛烈攻击。据第九团的斯科特上尉（Captain Scott）回忆，他们被困在一个"死胡同"里，"我们既不能前进也不能后撤，不得不从上午四点到晚上九点一直守在这里。在这十七个小时里，我们遭到了各种实心弹、榴弹、霰弹、榴霰弹，再加上几百个俄军狙击手的袭击，唯一的掩护是被打烂的房屋，每被打中一次就坍下一片"。与此同时，据第十四团亚历山大中校的说法，对某些部队来说，向城里进攻变成了某种发泄的机会，一些爱尔兰士兵"冲进塞瓦斯托波尔的一些地方，跑进民宅，在女人们面前抢走了图画、桃花心木、家具和钢琴，他们还搞到了烈性葡萄酒……有些爱尔兰小年轻穿上女人的衣服接着战斗，有些还带回了放大镜、桌子和一把长着醋栗的灌木！"但是对于其余的部队来说，在断壁残垣里躲避敌人的枪炮袭击，这一天过得并不欢乐。只有当夜幕来临时，他们才能够撤退，把几百名受伤的战友也带了回来。[67]

　　第二天早晨，双方再次宣告停战，从战场上清理死伤人员。这场战斗的死伤人数非常多，英军死伤了约一千人，法军损失的人数是这个的六倍，不过确切的数字被当局压下不报。一名朱阿夫部队上尉被派往无人地带清理尸体，他在 6 月 25 日的家信中描述了自己看到的景象：

　　　　我不会告诉你当我来到那片战场时的恐怖感觉，到处都是尸体，在炎热的天气下已经开始腐烂，我认出其中一些是我的战友。有一百五十名朱阿夫战士和我在一起，我们抬着担架，身上的酒壶里装着葡萄酒。医生让我们先照顾那些受了伤还能被救活的。我们找到很多这样不幸的人，他们都向我们要水喝，我的朱阿夫士兵就给他们喝酒……到处都是难以忍受的腐烂味道，朱阿夫士兵们不得不用手绢掩住鼻子，才能继续抬走死尸。在担架上，死人的头颅和脚就这么晃着。[68]

迈朗将军也在阵亡者之列。佩利西耶在向拿破仑三世汇报时，把失败的责任全部推到迈朗头上。但事实上，佩利西耶本人至少应该为他临阵改变作战方案负责。拉格伦肯定认为佩利西耶应负主要责任，不仅因为他改变了计划，而且因为是他决定将进攻局限在马拉霍夫和棱尖棱堡的。如果联军发动全面进攻，也许能达到分散俄军力量的目的。他相信佩利西耶做出这个决定的原因是担心法军士兵会在城里"乱来"，他在给潘穆尔的信中详细说明了这一点。

不过毫无疑问的是，拉格伦对佩利西耶的批评带有某些主观色彩，他自己也在为无谓地牺牲这么多英军战士而感到负疚。根据他的一位医生的看法，在这次进攻失败后，拉格伦陷入了深深的抑郁中。当他在 6 月 26 日病危时，病因不是谣传的霍乱，而是"一种剧烈的精神煎熬，先是出现了严重的抑郁，接着是心脏功能的完全衰竭"。[69] 他死于 6 月 28 日。

372

第十一章

塞瓦斯托波尔的陷落

"我亲爱的父亲，"博斯凯将军的副官皮埃尔·德·卡斯特拉尼
（Pierre de Castellane）*在 1855 年 7 月 14 日写道，"我觉得我所有的
信件都应该以同一句话开头：'没有新的进展'，也就是说我们在继
续挖堑壕，继续整理炮台。每天晚上我们围坐在篝火边喝酒，每天
两个连的士兵被送到医院。"[1]

自从对马拉霍夫和棱尖棱堡的进攻失败以来，围困战又回到
了单调的挖堑壕和炮击，没有任何取得突破的迹象。在经过了九个
月的堑壕战之后，双方普遍产生了一种精疲力尽的感觉，一种围困
将永远进行下去的沮丧感。尽快结束战争的想法是如此迫切，各种
打破僵局的奇异念头纷纷冒了出来。托尔斯泰的朋友乌鲁索夫亲王
（Prince Urusov）是位一流的国际象棋棋手，他试图说服塞瓦斯托
波尔守军总司令奥斯滕－萨克恩伯爵向联军发出挑战，通过一盘国

---

* 法国元帅德·卡斯特拉内的儿子。——译注

际象棋决定争夺最激烈的一条堑壕应该归属哪一方。这条堑壕已经易手多次，造成几百人伤亡。托尔斯泰的建议是战争胜负应该通过一场决斗来决定。[2] 尽管克里米亚战争是第一场现代战争，甚至可以说是后来第一次世界大战堑壕战的彩排，但是在它发生的年代，某些骑士精神依然存在。

低落的士气在联军部队中迅速蔓延。没有人觉得再发动一次进攻会有多大的成功希望，因为俄军正在修建更强大的防御工事。所有人都开始担心他们将不得不在塞瓦斯托波尔城外高地上度过第二个冬天，每个战士都开始在家信中写道他们是多么想返回家园。"我已经下定决心，不管怎么样都要回家，"英军第三十三团的芒迪中校在 7 月 9 日给母亲的信中写道，"我不能也不会再忍受一个冬天。我知道如果再在这里过一个冬天，一年之内我就会变成一个无用衰弱的老头。我宁愿做一头活着的驴，也不愿做死掉的狮子。"战士们羡慕那些因为受伤而被送回家的战友，根据一名英国军官的说法："许多人会很乐意少一条胳膊的，只要能离开这些高地，逃离这场围困。"[3]

想到这场战争永远不会结束，让人心情绝望，许多士兵开始质疑他们为什么而战。战场上的杀戮拖得越久，战士们就越会把敌人看作跟自己一样受苦的士兵，这场战争也就越发显得没有意义。法军随军神父安德烈·达马斯讲了一个朱阿夫战士的故事。这名战士来找他，因为在信仰上对战争产生了怀疑。和所有战士一样，朱阿夫士兵也被告知他们是在跟"野蛮人"交战。但是在 6 月 18 日停战清理死伤战士的过程中，他帮助了一个受重伤的俄军军官。出于感激，这名军官从脖子上取下一个皮革垂饰送给他，上面压花印着圣母与圣婴（Madonna and Child）的图像。"这场战争必须停止，"这名朱阿夫战士告诉达马斯，"这是一场懦夫的战争。我们

374

都是基督徒，我们都相信上帝和宗教，没有宗教信仰我们不会这么
勇敢。"[4]

　　在夏天的几个月中，堑壕疲乏症是最大的敌人。当围困战进行
到第十个月时，士兵们因为长期生活在连续炮击之下缺乏睡眠而疲
惫不堪、精神崩溃，许多人再也无法承受了。在他们的回忆录中，
许多战士描述了"堑壕疯狂"的情况：各种精神疾病的混合体，能
辨别出来的症状包括幽闭恐惧症以及后来被称为"炮弹休克"或"战
斗应激"的病症。例如路易·努瓦尔曾回忆了许多事件，其中一例
是"整个连队"身经百战的朱阿夫战士会"在半夜忽然跃起，抓起
武器，歇斯底里地呼叫支援，抗击想象中的敌人。这些神经过度兴
奋的事例后来变得似乎可以传染，许多战士都出现了类似的症状。
令人惊讶的是，它最先影响的是那些身体和精神最强壮的人"。朱
阿夫部队中的一名上校让·克莱尔也回忆说战斗经验丰富的战士"忽
然发疯了"，跑到俄军那边，或是有人再也无法忍受，朝自己开了枪。
许多回忆录都有对自杀事件的记载。其中有一人写到一名朱阿夫"非
洲作战老兵"，看上去一切正常，直到有一天，在帐篷里和战友们
坐在一起喝咖啡时，他忽然说他受够了，拿起自己的枪走开，然后
向自己脑袋开了一枪。[5]

　　失去战友是对战士最大的精神折磨。这个主题士兵们在写信时
很少触及，即使在没有信件审查的英军中也是如此。能够坚忍地接
受战场上的死亡是对优秀士兵的期待，也许还是生存的需要。但是
每当他们提及失去的朋友时，文字中倾泻而出的悲哀之情或许可以
让我们了解到一些写信者本人感到无法表达的令人担忧的情绪。例
如米歇尔·吉尔贝（Michel Gilbert）在看到自己的战友亨利·卢瓦
齐永公开出版的信件时，注意到他在 6 月 19 日给家人的信中展现
出的烦闷和悔恨。这封信包含了长长的一串名字，是前一天进攻马

375

拉霍夫时倒下的战士的"葬礼清单",但是吉尔贝认为,读者可以感觉到"他的灵魂如何被死神的呼吸所困扰。这份名单上的名字一行又一行,无穷无尽的绝望,消失的朋友,被杀的军官"。卢瓦齐永似乎在哀伤和负疚中迷失了自我,他因为自己依然幸存而感到负疚,只有在这封信最后一行的幽默文字中,在描述一位战友不成功的祈祷时,他"顽强的自我保护精神才重新浮现出来":

[卢瓦齐永写道]我可怜的朋友科内利亚诺（Conegliano）,当我们正要出发参加进攻时,他告诉我（他是一名非常虔诚的教徒）:"我带上了念珠,那是教皇曾经赐福过的。我为将军[迈朗]念了十几行祈祷文,为我兄弟念了十几行祈祷文,也为你做了祈祷。"可怜的人啊！在那三个祈祷中,只有为我做的祈祷管用了。[6]

除了目睹大量死亡带来的精神压力之外,受伤人数的巨大和受伤状况的恐怖也的确对战士们的作战意志有所消磨。在塞瓦斯托波尔之后,如此大量的肢体摧残,要到第一次世界大战才会再次出现。军事技术的进步意味着和拿破仑战争或是阿尔及利亚战争相比,炮火和来复枪弹对士兵造成的伤害会大得多。现代的长型子弹比过去的实心弹分量更重,因而造成的破坏也更大。过去的弹丸比较轻,打到人的身体时,往往会开始转向,而且一般打不碎骨头;而长型子弹进入人体后,会沿途将骨头击碎。在围困战刚开始时,俄军用的是重五十克的锥形子弹,但是自从 1855 年春天开始,他们开始采用一种威力更大的来复枪子弹头:弹身长达五厘米,重量是英法联军使用的子弹的两倍。当这样的子弹打中人的软组织后,在飞出时会留下一个更大的洞,这种情况伤口尚可痊愈;但是如果子弹打中的是骨头，就会将其打碎，几乎马上就需要截肢。俄军在战斗中习惯等敌人靠得很近时才进行射击，以保证来复枪的威力达到最大。[7]

联军医院里挤满了身上带着可怕伤口的士兵，而俄军医院里伤员同样很多，他们是联军更先进的大炮和来复枪的受害者。曾经在塞瓦斯托波尔军队医院工作过的外科教授赫里斯季安·吉尔贝内特（Khristian Giubbenet）在 1870 年写道：

> 我在围困战最后阶段不得不处理的伤员，其伤口可怕程度是我见过最厉害的。经常出现的腹部受伤毫无疑问是最糟糕的，沾血的肠子会从伤口流出来。当这些不幸的人被送到包扎站时，他们还能说话，意识还清醒，还能继续活上几个小时。在另一些情形下，肠子和骨盆从背后撕裂，这些人下身已无法活动，但是意识依然清醒，直到在几个小时后死去。毫无疑问，最让人害怕的是那些面孔被榴弹炸烂的人，他们已经失去了自己的面目。想象一下，一个人的头和脸变成了一团血肉和骨头——眼睛、鼻子、嘴巴、脸颊、舌头、下巴和耳朵都看不见了，但是他依然站在那里，走来走去，挥舞手臂，让人感觉他们依然头脑清醒。还有一些情况，原先脸应该在的地方，现在就只剩下一些血淋淋地飘挂着的皮肤了。[8]

俄军的伤亡人数比联军多得多。到 6 月底，塞瓦斯托波尔的俄军死伤人数达到了六万五千人，比联军受伤人数的两倍还多，这还没有算上因疾病造成的减员。联军在 6 月份进行的炮击又在俄罗斯方面造成了几千人受伤，其中有军人也有平民，都被送到了已经拥挤不堪的医院（6 月 17、18 日两天就有四千名伤员送来）。吉尔贝内特回忆道，在贵族议事厅的木地板上，伤员们不仅一个挨一个地躺着，而且一个又一个被摞在其他伤员身上。"一千名垂危士兵的呻吟和呼喊声响彻昏暗的大厅，而这里只靠勤务兵的蜡烛照明。"在巴甫洛夫斯克炮台（Pavlovsk Battery）另有五千名伤员同样被挤挤挨挨地放在码头和商店光溜溜的地板上。为了解决医院的拥挤问题，7月份俄军在离塞瓦斯托波尔六公里远的贝尔贝克河边建起了一座大型战地医院，那些被皮罗戈夫的伤员分流系统确定为伤势不重的伤员就直接被转移到那里。因克尔曼高地、麦肯齐高地和巴赫奇萨赖过去的可汗宫殿等地还有预备医院。有些伤员被转移得更远，到了辛菲罗波尔，有些甚至在乡间大道上被马车送到了六百五十公里远的哈尔科夫（Kharkov）。所有这些医院都挤满了围困战的伤员，但是依然无法应付越来越多的伤病人员。在6、7月间，每天至少有两百五十名俄军被加到伤病员名单上。根据后来被联军俘虏的一名俄军士兵的说法，在围困战的最后几个星期，这个数字上升到每天多达八百人，是戈尔恰科夫正式报告的数字的两倍。[9]

俄军面临越来越严重的资源紧缺问题。自从联军在6月初占领刻赤、封锁了亚速海俄军供给线之后，俄军就开始受到缺乏弹药火炮的困扰，特别是缺乏小型迫击炮弹。炮台指挥官收到指令，遭到敌人炮击四次，才可回击一次。与此同时，联军火力集中的程度已经达到了围困战中前所未有的水平，英法两国的工业水平和运输能力让炮兵可以每天发射七万五千发炮弹。[10] 面对这种新型工业化战争，依然以落后的农奴经济为主的俄罗斯是无法打赢的。

俄军的士气也低落到了危险的程度。6月，塞瓦斯托波尔的俄军失去了两位富有感召力的军事领袖：工兵天才托特列边在6月22日的炮击中受了重伤，不得不退居二线；六天之后，军港总指挥、锡诺普海战英雄纳希莫夫在视察棱尖棱堡的炮台时，被一颗子弹击

378

中面部，随后被送回住所，在昏迷了两天之后于 6 月 30 日去世。他的葬礼是一个肃穆的仪式，城里所有人都参加了，联军都停止了炮击，士兵们在高地上看着葬礼队伍在他们下方的城墙边走过。"我无法向你描述葬礼时深深的悲哀，"一名在塞瓦斯托波尔做护士的修女写道，

> 海上是敌人庞大的舰队，山坡上是纳希莫夫日夜辛劳巡视的棱堡，这些不是语言所能描述的。在山坡上威胁着塞瓦斯托波尔的炮台上，敌人可以看到我们，可以直接向葬礼队伍开火，但即使是他们的大炮也敬畏地沉默着，在整个葬礼期间没有发射一颗炮弹。想象一下这样的场景，还有天空中黑暗的风暴云团，衬托着地面凄然的音乐、幽怨的钟声、哀伤的葬礼祷告。水手们就是这样掩埋他们的锡诺普英雄的，塞瓦斯托波尔就是这样让它英勇无畏的守护者安息的。[11]

到了 6 月底，塞瓦斯托波尔的供给情况变得十分危急，不仅弹药不足，连食物和供水的缺乏都已经到了危险的程度，戈尔恰科夫开始准备全线撤离。城内人口大部分已经离开了，他们担心留在这里会被饿死，或是染上霍乱或斑疹伤寒，这些传染病在夏季蔓延很快。一个专门处理霍乱传染情况的委员会报告说，6 月份塞瓦斯托波尔每天有三十人死于霍乱。那些依然留在这里的人绝大部分也早就在炮击中失去了家园，都聚集在城市最远端、靠近港口入口处的尼古拉要塞避难。在那里，所有的兵营、办公室和商店都挤在要塞城墙内。另一些人在港口北边找到了相对安全的地方居住。"塞瓦斯托波尔看上去开始像是一座墓地了，"俄军炮兵军官叶尔绍夫回忆道，

随着每一天的过去，即使是市中心的大道也变得越来越空旷阴暗，看上去像一座被地震摧毁的城市。叶卡捷琳斯卡娅大街（Ekaterinskaia Street）5月份的时候依然是一条秀丽热闹的大马路，而到现在7月，已被破坏殆尽，人去楼空。不管是在那里还是在别的林荫大道上，你都看不到一个女人，现在也没有人自由走动了，街上只有一队队脸色严肃的军人……在每一张脸上你看到的都是疲惫和不祥的悲伤表情。现在去市中心已没有意义了，没有任何喜乐的声音，找不到任何可以让人开心的东西。

379

托尔斯泰的《八月的塞瓦斯托波尔》（*Sevastopol in August*）是基于真实事件与人物而写成的故事。在书中，一名驻扎在贝尔贝克河边的战士向另一名刚从被围困的塞瓦斯托波尔过来的战士询问他的房间是否还在。"亲爱的同胞，"他答道，"那里的房子早就被炸到另一个世界去了，你现在已经认不出塞瓦斯托波尔了。那地方现在没有一个女人，没有一座酒馆，没有军乐队，最后一家酒吧昨天关门了。那里已经变得和太平间差不多了。"[12]

不仅平民开始逃离塞瓦斯托波尔，夏天军队开小差的人数也在增长。那些投奔联军的逃兵声称开小差已是大规模现象，俄军当局零星的数字和通信也证实了这一说法。例如在8月份，有一份报告说自6月以来，军队开小差人数"急剧上升"，特别是在那些被调到克里米亚的预备役部队中：第十五预备役步兵师（15th Reserve Infantry Division）中有一百人逃跑，从华沙军事区（Warsaw Military District）调来的四支增援部队中，有三支开小差的情况与此类似。在塞瓦斯托波尔城里，每天约有二十名士兵失踪，大部分是在突围或是炮击期间，指挥官无法盯紧手下士兵的时候发生的。在夏天，法军营地接收了源源不断的俄军逃兵。据法军报告，逃兵给出的理由是他们已基本上没有东西吃，有的也是烂肉。有各种谣传说在 8 月的第一个星期，塞瓦斯托波尔守军兵营里的一些预备役士兵发动了哗变，但是很快被残忍地镇压下去，任何哗变的证据都被当局压下了。英军参谋亨利·克利福德不久之后在给父亲的信中写道："有报告说一百名俄军士兵因为在镇里发动哗变，被军事法庭判以死刑枪毙了。"有几个团被拆散了放到预备役部队中，因为他们已经不再可靠了。[13]

380

＊　＊　＊

　　沙皇意识到塞瓦斯托波尔已坚持不了多久，他命令戈尔恰科夫发起最后一次进攻以击破联军战线。戈尔恰科夫怀疑此举不会取得成功，他认为"对一个数量上有优势、建立了稳固工事的敌人"发起进攻"将是愚蠢的"。但是沙皇坚持俄军必须做一点什么，他正在寻找以俄罗斯开出的条件结束战争的办法，保护俄罗斯的国家荣誉和尊严，因此他需要一场军事胜利，让他可以站在一个比较有利的位置开始与英国和法国谈判。在把三个预备役师调到克里米亚的同时，他一次又一次向戈尔恰科夫发出命令让他进攻（但没有建议在哪里），他认为联军增援部队即将抵达克里米亚，因此必须立即行动。"我坚信我们必须发起进攻，"他在 7 月 30 日向戈尔恰科夫写道，"否则的话，我派给你的所有援军就会像过去那样掉进塞瓦斯托波尔那个无底洞里去。"[14]

　　戈尔恰科夫相信袭击联军战线唯一有可能成功的地方是由法军和撒丁尼亚部队驻守的乔尔纳亚河。他向沙皇写道，通过攻击乔尔纳亚河"可以占领敌人的水源，也许可以威胁他们的侧翼，限制他们对塞瓦斯托波尔的攻击，可以为以后进一步进攻打开大门"。"但是我们不能欺骗自己，因为这一进攻行动成功的可能性很小。"亚历山大对戈尔恰科夫的保留意见一点都听不进去，在8月3日他再次向戈尔恰科夫写道："你每天在塞瓦斯托波尔遭受的损失证明了我多次在信中跟你说的——**做一点有决定意义的事情来中止这场可怕的屠杀**。"（粗体为沙皇所加）亚历山大知道戈尔恰科夫本质上不过是一个宫廷幕僚，是一贯小心谨慎的帕斯克维奇的助手，怀疑他不愿意为发起攻势承担责任。因此他在信中最后作结道："我要发动这一攻势，但是如果你作为总指挥官害怕承担责任，那么就召开一次战争会议替你分担责任。"[15]

战争会议在8月9日召开，讨论的议题是可能的进攻办法。许 381 多高级指挥官反对发起攻势，奥斯滕－萨克恩因为纳希莫夫阵亡受到很大打击，相信塞瓦斯托波尔的陷落已不可避免，他提出已经牺牲了太多战士，现在是撤离的时候了。大部分其他将领和他的想法相似，但是没有人敢像他那么说话，他们反而同意了发动一场攻势以取悦沙皇的想法，虽然没人有信心制定任何详细的方案。最大胆的方案来自狂热卖力的赫鲁廖夫将军，他就是在2月份率领骑兵进攻叶夫帕托里亚失败的那位。赫鲁廖夫中意的方案是将塞瓦斯托波尔全部摧毁（甚至比1812年烧毁莫斯科做得还彻底），然后全部战士集体向敌人的位置冲锋。当奥斯滕－萨克恩质疑这样的自杀行动将导致成千上万无谓的伤亡时，赫鲁廖夫答道："那又怎么样？让每个人都战死！我们将在地图上留下我们的痕迹！"最后较为冷静的意见占了上风，会议结束时，全体参会者投票通过了戈尔恰科夫进攻法军和撒丁尼亚部队在乔尔纳亚河边位置的计划，不过戈尔恰科夫本人对这一方案能否成功很没信心。"我将向敌人的位置进发，因为如果不这么做，塞瓦斯托波尔将很快陷落。"他在发动攻势前一晚向战争部长多尔戈鲁科夫亲王写道。但是如果进攻没有成功，"那将是 [他的] 责任"，他将"尽力以最小的损失撤离塞瓦斯托波尔"。[16]

　　俄军将进攻时间定在 8 月 16 日。头一天晚上，法国军队还在庆祝"皇帝节"（fête de l'empereur），撒丁尼亚部队在庆祝"圣母升天节"（Feast of the Assumption）——一个意大利的重要节日，两国部队都一直喝酒作乐直到深夜。第二天凌晨四点，他们刚刚躺上床，俄军加农炮的炮声就把他们惊醒了。

　　借着晨雾的掩护，俄军向特拉克特尔桥（Traktir Bridge）进发。这支部队有四万七千名步兵，一万名骑兵和两百七十门野炮，分别由利普兰季将军指挥左翼，面对撒丁尼亚部队；由里德将军（General Read）指挥右翼，面对法国军队，里德是一个移民俄罗斯的苏格兰工程师的儿子。两位将军得到的指令是在未收到来自戈尔恰科夫的命令之前，不得越过乔尔纳亚河。戈尔恰科夫尚不肯定应该向哪里投入预备役师，是针对法军驻守的菲久克希高地，还是撒丁尼亚部队驻守的加斯福特山（Gasfort Hill）。他要依靠进攻开始时的炮击来弄清敌人的位置，帮助他做出决策。

382

　　但是，俄军的加农炮没办法打到目标，反而把一万八千名法军和九千名撒丁尼亚部队惊醒了，让他们有时间做好战斗准备，并让那些前哨阵地的守军向前推进到特拉克特尔桥。戈尔恰科夫对战事没有进展感到恼火，派他的副官克拉索夫斯基中尉（Lieutenant Krasovsky）通知里德和利普兰季"是时候开始了"。当这道命令传到里德那里时，其含义很不清楚。里德问道："是时候开始干什么？"克拉索夫斯基也不清楚。里德认为这不可能指开始炮击，因为炮击已经开始了，所以这道命令只可能是要开始步兵进攻。于是他命令手下的步兵过河，向菲久克希高地冲锋，尽管这时候应该来支援冲锋的骑兵和预备役步兵还没有到。与此同时，戈尔恰科夫决定将预备役部队集中在左翼，因为他看到利普兰季的骚扰部队已经把撒丁尼亚部队的前哨从电报山赶了下去，这个山头被意大利人叫作"皮埃蒙特石"（Roccia dei Piemontesi）。当听到从里德指挥的右翼传来的滑膛枪枪声，他抽出了一些预备役部队前往增援，但是正如他事后承认的那样，在那一刻他就意识到进攻失败了。他手下的部队被分成两路进攻两个不同的目标，而这次进攻中俄军的唯一优势就是他们可以集中部队给敌人全力一击。[17]

里德的部队在特拉克特尔桥附近渡过了河，在没有骑兵和炮兵掩护的情况下，这样的冲锋几乎是送死，菲久克希高地山腰上的法军炮兵和来复枪兵居高临下向他们开火。不到二十分钟，两千名俄军步兵就全部被打倒在地。这时候增援部队、第五步兵师来了，师长建议整个师的士兵同时冲锋，这样也许可以凭借人数优势取得突破。但是里德选择了逐步增兵的办法，一个团接一个团地往前送，就这样，俄军被轮番射倒。驻守高地的法军这时候已经完全有信心打败俄军了，一直等到俄军进攻部队靠近后才开火。"我们的炮兵把俄军打得一团糟，"当时在菲久克希高地上的法军上尉奥克塔夫·屈莱特回忆道，

> 我们有力而自信的战士从两条防线冷静地发出致命的齐射，这只有身经百战的士兵才能够做到。当天早上每一名士兵都配备了八十发子弹，但是一共也没有打出多少发。我们完全没有理会射向我们侧翼的子弹，全部注意力都集中在对付向我们逼近的俄军士兵……只有当他们非常靠近，几乎要把我们包围起来时，我们才开始射击——子弹射向这个由冲锋的俄军构成的巨大半圆，一颗都不会浪费。我们士兵的镇定让人钦佩，没有人想要后退。[18]

383

最后还是戈尔恰科夫制止了里德的拙劣指挥，下令整个步兵师投入进攻。有一段时间他们把法军逼退到山坡更上方，但是敌人致命的来复枪齐射最终还是迫使他们撤退，退回到乔尔纳亚河的另一边。在撤退中，里德被弹片击中身亡，戈尔恰科夫接手指挥，命令左翼利普兰季手下的八个营前来支援他进攻菲久克希高地的东头。但是这些增援部队遭到了撒丁尼亚部队来复枪的猛烈射击，他们是从加斯福特山过来保护侧翼这一片开阔地的，俄军最后只能撤往电报山。俄军的攻势已毫无取胜的希望，十点刚过，戈尔恰科夫下令全体撤退，俄军加农炮最后一起齐射，仿佛在显示失败中的不屈，其余的部队就在炮声中撤回去舔舐伤口了。[19]

联军在乔尔纳亚河的战斗中损失了约一千八百人，俄军有二千二百七十三人阵亡，几乎四千人受伤，还有一千七百四十二人失踪，大部分失踪者是趁着晨雾和战场的混乱开小差逃跑的。*几天之后死伤者才得到清理，俄军甚至都没有回来处理死伤的士兵。在这期间许多人来到这里，看到一幅可怕的景象。来到战场的不仅有照顾伤员的护士，还有战争旅游者，这些人会从死人身上寻找战利品。至少有两名英军随军牧师参与了偷抢纪念品的行为。玛丽·西科尔形容地上"堆满了伤员，有些平静认命，有些急躁不安，空中充满了一些伤员痛苦的呼喊——所有人都要水，对给他们送水的都很感激"。一名土耳其部队里的英国医生托马斯·巴扎德（Thomas Buzzard）惊奇地发现大部分尸体"面朝下躺着，真的像荷马所形容的'吃了尘土'（biting the dust）"，而不像经典战争油画上画的那样仰面躺着（大部分俄军士兵是在向山坡上冲锋时正面中弹的，

384

---

* 为了阻止士兵逃跑，俄军军官对手下士兵说，如果他们向敌人投诚，他们的耳朵会被割下来交给土耳其人（土耳其军队的传统是割下敌人耳朵领赏），但即使这样也没能阻止俄军士兵大规模逃跑。——原注

所以很自然地向前倒下）。[20]

　　俄军居然败给了人数比自己一半还少的敌人，戈尔恰科夫在向沙皇解释时，把所有责任都推到里德将军身上，辩解说里德没能理解他的命令，擅自下令部队向菲久克希高地冲锋。他在 8 月 17 日向沙皇写道："如果里德能够严格执行我的命令，我们也许能取得某种成功，至少今天牺牲的勇敢战士的人数可以减少三分之一，想到这些令我心情沉重。"亚历山大对戈尔恰科夫把责任推到阵亡将军身上的做法并不认可。他本想在取得一次军事成功后向联军提出和平要求，尽量获得有利的结果，这次惨败让这一计划泡了汤。"我们勇敢的战士，"他回复戈尔恰科夫，"承受了巨大的损失却**没有取得任何进展**。"（粗体为沙皇所加）事实真相是两人都要为这场无谓的屠杀负责：亚历山大要为他在没有胜算的情况下坚持发动攻势负责，戈尔恰科夫要为他未能顶住压力负责。[21]

　　乔尔纳亚河的失败对俄军来说是一场灾难，现在塞瓦斯托波尔落入敌手只是时间问题了。"我敢肯定这将是我们在克里米亚的倒数第二场战斗，"埃尔贝在 8 月 25 日写道，他在乔尔纳亚河战斗中受了伤，"最后一场战斗将是占领塞瓦斯托波尔。"根据在海军基地驻防的尼古拉·米洛舍维奇（Nikolai Miloshevich）的说法，在这场败仗后"俄军士兵对他们的指挥官和将军们完全失去了信任"。另一名士兵写道："8 月 16 日早晨是我们最后的希望，到这天晚上希望消失了。我们开始向塞瓦斯托波尔告别。"[22]

　　俄军意识到局势已无可挽回，开始准备撤离。乔尔纳亚战斗前一天晚上，戈尔恰科夫在写给战争部长的信中也说，如果这一战失败，他将下令放弃塞瓦斯托波尔。俄军撤退计划的核心是修建一座跨越港口的浮桥通往北岸，在北岸俄军依然占据着有利地形，可以对付进城的联军。修建浮桥的主意最早是由布赫梅尔将军（General

385

Bukhmeier）在 7 月的第一个星期提出的，他是一名优秀的工兵。但是这一意见被许多其他工兵否决了，理由是这是不可能做到的。特别是布赫梅尔提议在南岸的尼古拉要塞和北岸的米哈伊洛夫炮台（Mikhailov Battery）之间架桥，这里水面宽度达九百六十米（建成后将是世界上最长的浮桥之一），而且风大浪高。现在因为情况紧急，戈尔恰科夫同意了这一危险的计划，几百名士兵被派去用大车搬运木材，有些甚至要跑到三百公里以外的赫尔松，另有大批士兵负责架桥。在布赫梅尔的组织下，浮桥终于在 8 月 27 日建成。[23]

* * *

与此同时，联军在准备对马拉霍夫和棱尖棱堡发动新的攻势。8 月底时他们已经意识到俄军坚持不了多久了。乔尔纳亚战斗后，从塞瓦斯托波尔逃离的俄军已成汹涌之势，他们对城内恶劣情况的描述非常相似。一旦联军指挥官们意识到新攻势有可能取得成功，他们都迫不及待地希望尽快开始。9 月快到了，天气渐冷，他们最担心的是还要在克里米亚度过第二个冬天。

佩利西耶带头倡议攻城，在乔尔纳亚河大败俄军之后，他的地位大大提升。拿破仑三世曾对佩利西耶坚持围困的战略持怀疑态度，因为他本人是支持野外作战计划的，但是乔尔纳亚河的胜利让他抛开了疑虑，全力支持佩利西耶的方案。

一旦法军指挥官打定了主意，英军则不得不跟从：他们既没有足够兵力，也缺乏胜利成绩来推行自己的军事战略。在 6 月 18 日攻打棱尖棱堡惨败后，战争大臣潘穆尔勋爵决心不能再有同样的失败。确实有一阵子英军似乎不再打算攻打棱尖棱堡了，但是乔尔纳亚河的胜利改变了一切，在各种情况的推动下，英军渐渐接受了一

386

种新的共识，再度准备夺取棱尖棱堡。

此时法军已经将堑壕挖到了马拉霍夫要塞前的鹿砦位置，并为此付出了沉重的人员代价。这里离要塞城墙前的壕沟只有二十米远，连法军官兵的说话声都能被要塞里的俄军听见。英军阵地前的区域石头很多，但是他们也冒着高昂的代价将堑壕挖得尽可能靠近棱尖棱堡，然而距离依然有两百米远。在海军图书馆屋顶，俄军可以分辨出英军堑壕里士兵的面孔。只要他们一抬头，棱尖棱堡里的神枪手就可以毫不费力地打中他们。每天联军方面要损失两百五十至三百名士兵，这样的情况无法再维持下去。当时英军的逻辑是，没有必要再推迟进攻了，因为如果现在还无法成功的话，那可能永远也不会成功了。要真是这样的话，联军将不得不在第二个冬天到来之前放弃围困。正是在此形势下，英国政府准许接替拉格伦的詹姆斯·辛普森将军参与法军的攻势，对塞瓦斯托波尔发起最后一次步兵进攻。[24]

进攻的日子定在了 9 月 8 日。和之前 6 月 18 日的进攻不同，这次联军在步兵冲锋前，从 9 月 5 日就开始对俄军防线进行长时间的猛烈炮击。其实在那之前，联军的炮击从 8 月 31 日开始就已经越来越猛烈了。现在英法联军每天可发射五万发炮弹，而且大炮位置比以前靠近很多，造成了更大的破坏。镇中心已基本上没有一座尚未倒塌的房子，仿佛经历了一场地震一样。伤亡情况惊人，从 8 月的最后一个星期起，每天就有约一千俄罗斯人伤亡，联军进攻前的两天伤亡人数接近八千人。但即便如此，塞瓦斯托波尔最后的守卫者还是没打算放弃这座城市。"相反，"叶尔绍夫回忆道，

387

即使我们守卫的是一座已经毁坏了一半的塞瓦斯托波尔，基本上已是一座鬼城，除了名字外已没有什么重要意义，但我

们还是准备坚持到街上的最后一人：我们把仓库转移到了北岸，在街道上建起了路障，准备将每一座被炸毁的房子都变成一座武装的堡垒。[25]

俄军知道联军即将发起进攻，连续的炮击已让他们对此确信无疑，但是他们以为联军进攻的日子会是 9 月 7 日，因为那一天是博罗季诺之战的纪念日。1812 年的那一天，俄军对拿破仑的法国军队取得了决定性的胜利，三分之一的法军被消灭。当 9 月 7 日联军没有发动进攻时，俄军的守卫部队放松了警惕。9 月 8 日凌晨五点，联军炮击再次开始，炮击频率持续上升，达到了每分钟四百发。上午十点时炮击忽然停止，然而联军又没有发起进攻。俄军一直预计联军将和过去一样，选择黎明或黄昏时分发动攻势，因此他们判断联军白天这一轮炮击是在为黄昏的进攻做准备。到了十一点钟，这个判断似乎得到了验证，因克尔曼高地的观察哨报告说联军军舰有所行动，他们相信是在进行准备。然而俄军观察哨并没有搞错，联军确实让海军参与行动，负责炮击塞瓦斯托波尔的海岸防御。但是 9 月 8 日天气突变，原来一直晴朗温暖，那天却忽然刮起了强烈的西北风。海上的大浪迫使联军在最后一分钟取消了海军的炮击行动，因此联军军舰虽然聚集在港口入口处，却并没有显示出已经准备好可以马上发动进攻的样子。然而此时陆上的联军已经准备好了，在博斯凯的坚持下，联军聪明地将总攻时间定在中午十二点，这刚好是俄军换岗的时候，没有人想到联军步兵会在这时发起冲锋。[26]

　　联军的进攻计划很简单：重复 6 月 18 日的行动，但是投入更多兵力，不犯同样的错误。在 6 月 18 日，他们投入了三个步兵师；这一次，法军将投入十个半师，其中五个半进攻马拉霍夫要塞，另五个师进攻其他棱堡和城墙，参加进攻人数达三万五千人，同时还

388

有两千作战勇敢的撒丁尼亚部队支援进攻。法军的指挥官们事先对好表，然后准时向各自的部下发出号令进攻，避免重犯迈朗将军看错火箭信号造成混乱的失误。中午十二点，法军指挥官们发出进攻信号，鼓手开始敲鼓，军号吹响，军乐队演奏《马赛曲》，随着一阵"皇帝万岁！"的呼喊，麦克马洪将军（General MacMahon）指挥的步兵师约九千人一起冲出堑壕，后面跟着其余的法国步兵。在大胆的朱阿夫部队的带领下，他们朝马拉霍夫要塞冲去，使用木板和梯子下到壕沟里，然后开始爬墙。俄军对此猝不及防。当时要塞守军正在换岗，许多战士已经退下去吃饭了，因为联军停止了炮击，让他们觉得现在是安全的。"我们的小伙子们还没来得及抓起枪，法军就已经爬上马拉霍夫了，"波普罗科菲·帕德罗夫回忆到，他当时在那里观战，"几秒钟内他们几百人就占满了要塞，而我们这边几乎一枪都还没来得及放。几分钟后，炮塔上就升起了法军的旗帜。"[27]

要塞守军被法军进攻的强大气势压垮了，在恐慌中，他们调转身体从马拉霍夫要塞逃跑。棱堡内的守军大部分是第十五预备役步兵师十几岁的新兵，没有作战经验，根本不是朱阿夫士兵的对手。

一旦占领了马拉霍夫，麦克马洪的手下便铺天盖地地涌向俄军防线，跟朱阿夫部队一起与位于马拉霍夫要塞左翼的热尔韦（Zherve，法语为 Gervais）炮台上的俄军展开搏斗，其他部队则开始进攻俄军防线上的其他棱堡。朱阿夫部队占领了热尔韦炮台，但是他们没能击退右翼的俄军卡赞团（Kazan Regiment）。卡赞团勇敢地坚守阵地，直到援军从塞瓦斯托波尔赶到，让他们能够发起反冲锋。接下来发生的是克里米亚战争中最为激烈的战斗之一。"一次又一次我们端着刺刀向他们冲去，"一名俄军士兵阿纳托利·维阿茨米季诺夫（Anatoly Viazmitinov）回忆道，"我们不知道自己

389

的目标是什么，没有想过自己能不能成功。我们只是向前猛冲，完全沉浸在交战的兴奋中。"短短几分钟内，马拉霍夫和热尔韦炮台之间的地面上就堆满了尸体，俄军和法军的混在一起，每一次冲锋之后，就又留下一层尸体。一层叠一层，双方都踩在死伤士兵的身体上继续缠斗，直到战场变成了"尸山"。维阿茨米季诺夫后来写道："脚下尸体的鲜血溅起，空气中升起一层浓重的红雾，让我们看不到敌人在哪里。我们所能做的就是在血雾中向敌人的方向开枪，保证枪支和我们面前的地面平行。"最终，源源不断的法军涌来，麦克马洪手下的步兵凭着来复枪的优势击退了俄军，迫使他们向后撤退。随后，为保证对马拉霍夫要塞的控制，法军把俄军士兵的尸体，甚至包括伤兵堆起来作为人肉沙袋，加上石笼网、柴捆，以及从部分摧毁的工事里拿来的炮眼等，修建起临时路障。在路障的后方，法军把大炮对准了塞瓦斯托波尔。[28]

　　与此同时，英军开始了他们对棱尖棱堡的进攻。在某种程度上，攻克棱尖棱堡比马拉霍夫要难得多。英军无法在多石的地面上挖堑壕接近棱堡，不得不先冲过一片开阔地，然后再爬过棱堡前的鹿砦，这一切都必须冒着俄军近距离的炮击进行。棱堡的宽大 V 字形状意味着冲锋部队在跨过壕沟爬上城墙时将会暴露在侧翼火力之下。另外还有谣言说棱尖棱堡前被俄军埋设了地雷。但是一旦法军占领了马拉霍夫要塞，棱尖棱堡的防守就变得脆弱、易于进攻了。

　　和 6 月一样，英军等待法军先行发起进攻，一旦看到蓝白红三色旗飘扬在马拉霍夫要塞之上，他们立即向棱尖棱堡发起冲锋。一千人左右的第一波冲锋部队冒着各种实心弹、霰弹和滑膛枪子弹织成的弹雨往前冲，相当数量的战士越过了鹿砦，爬下壕沟，不过至少一半的梯子在冲锋时被丢下。躲在城墙顶部胸墙后的守军居高临下向壕沟近距离开枪射击，造成一片混乱。英军中一些人开始动摇，不知道该如何爬上胸墙，另一些试图在堑壕底寻找躲避之处。最终有一批士兵成功爬上城墙，进入要塞，虽然其中大部分战死，但为冲锋部队的其他战士树立了榜样，大家纷纷效仿。第二十三（皇家威尔士）燧发枪团（23rd［Royal Welch］Fusiliers）的格里菲思中尉（Lieutenant Griffith）也在爬墙冲进要塞的人当中：

> 我们发狂似地沿着堑壕往前跑，霰弹在我们耳边呼呼飞过。沿途我们遇到几个受了伤往后撤退的军官，对我们说他们已经进入过棱尖棱堡了，现在只等增援部队到达就能取得胜利。我们继续往前跑，沿途越来越多从前面抬下来的受伤的军官和士兵……"第二十三团！这边！"参谋官喊道。我们翻出堑壕，跳进开阔地。那一刻真是吓人。我大概向前冲了不到两百米，一路上霰弹纷纷砸在地上，到处都有战士被击中倒下。当我冲到棱尖棱堡前的壕沟边时，我看到我们的人全都感到混乱困惑，不清楚要干什么，只能继续向敌人猛烈开火……［在壕沟里］许多属于不同团的人挤在一起，靠在墙上的梯子上也挤满我们的人。雷德克利夫和我抓住梯子往上爬，一直爬到了胸墙边，但是就在那里我们被堵住了，死伤的战士不断往我们身上压。那个场面真是让人又兴奋又恐惧。[29]

壕沟和胸墙前的斜坡上很快挤满了像格里菲思一样的后来者，他们无法爬上胸墙，因为被上方的搏斗"堵住"了。棱尖棱堡内部有许多障碍物，后面都藏着俄军士兵，可以源源不断地把兵力往前送。少数爬上棱堡的英军立刻被俄军包围，寡不敌众，还要面对从V形棱堡北端两个侧翼射来的子弹。这时挤在下方壕沟里的士兵的士气开始垮掉，不理会军官要他们爬上胸墙的命令。"几百名士兵躲在突出的尖角外面，"正在堑壕里观战的柯林·坎贝尔中尉*后来描述道，"但是他们被敌人侧翼火力成片地打倒。"许多人完全吓破了胆，逃回堑壕，但是堑壕里本来就挤满了等待命令冲锋的士兵。这时候军纪已不复存在。英军战线后方一片混乱，相互踩踏。格里菲思也加入了溃逃的人群：

> 我觉得很羞耻，但是也已经尽力了。很不情愿地，我也转身跟着士兵一起往回逃。我已经能看到远处我方的堑壕，但我从未想到能够活着逃回那里。俄军火力十分吓人，我不断被绊倒，地面上已经遍布死伤者。最后我终于满怀欣喜地逃到了我们的平行防线，连滚带爬地进了堑壕…… 在路上一颗子弹打中了我斜背的水壶，水全都漏了，但是子弹被弹开了。霰弹掀起的一块石头打中了我的腿，但是没怎么伤到我。不久之后我们找到了……一些士兵，渐渐把大部分没受伤的人都聚齐了。可是还有那么多人不知所踪，这让我们觉得非常难过。

一些军官在堑壕里徒劳地试图重整军纪，亨利·克利福德便是其中一个："当士兵们从棱尖棱堡的胸墙前往回逃的时候，我们拔出佩剑抽打他们，让他们站住别跑，不然就全败了，但他们还是逃跑了。壕沟里拥挤不堪，一动就会踩到脚下受伤的人。"[30]

要让这些被吓破胆的士兵再次发动冲锋是没有希望的了，他们中绝大部分都是年轻的预备役士兵。负责指挥进攻的轻步兵师师长科德林顿将军下令中止了当天的军事行动，这一天英军损失了二千六百一十名士兵，其中五百五十人阵亡。科德林顿打算在第二

---

* 原文如此，应为柯林·坎贝尔中将之误，当时他已晋升为中将，任第一师师长。——译注

天换上身经百战的高地旅再度进攻，但是已经没有必要了。当天深夜，俄军认定一旦法军在马拉霍夫要塞安置好大炮，棱尖棱堡便不可能守得住，于是决定撤离。正如一位俄军将领在一份也许是关于此事最早的回忆记录中所说的，马拉霍夫"不仅仅是一座要塞，它也是塞瓦斯托波尔防守的关键，从那里法军可以随时炮击城内，杀死成千的战士和平民，还可能破坏浮桥，切断我们逃亡北岸的通路"。[31]

　　戈尔恰科夫下令整个南岸的军民全部撤离。俄军在撤退前炸毁了军事设施，烧毁了物资，士兵和平民都做好了渡河的准备。不少俄军士兵认为放弃塞瓦斯托波尔是一种背叛行为，他们把前几天的战事看作取得了部分胜利，因为除了马拉霍夫之外，他们打退了敌人对所有其他要塞的进攻。他们不能理解，或是不愿意承认马拉霍夫对保证城市防线完整性的作用是不可替代的。许多水手不愿意离开他们一直生活的塞瓦斯托波尔，有些还发出了抗议。"我们不能离开，没有谁有权命令我们"，一群水手声称，他们指的是自从纳希莫夫阵亡后，就再没有海军总指挥了。

　　　　陆军士兵可以离开，但我们是听海军指挥的，没有海军指挥官来命令我们走，我们怎么可以离开塞瓦斯托波尔？真的，敌人在每一处的进攻都被打退了，只有马拉霍夫被法国人占领了，但是明天我们可以重新把它夺回来，我们不会离开岗位！……我们必须战死在这里，我们不能离开，俄罗斯人民会怎么评价我们？[32]

　　撤离行动从晚上七点开始，进行了整整一个晚上。在港口边的尼古拉要塞，一大群士兵和平民集结在一起渡河。伤员、病人、带着小孩的妇女、挂着拐杖的老人，全都和士兵、水手、马匹和炮车混在了一起。夜晚的天空被房子燃烧的火焰映红，远处棱堡的炮声与塞瓦斯托波尔城内的爆炸声混在一起，让人无法分辨。俄军把任何可能对敌人有用，自己又带不走的东西：要塞、舰船等等，全都炸毁。因为担心英法联军随时可能出现，撤退的人群开始恐慌，推推搡搡地想尽快挤上浮桥。"你能闻到恐惧的味道，"一名俄罗斯妇女塔季扬娜·托利切娃（Tatyana Tolycheva）回忆，她当时正与丈夫和儿子在桥头等待渡河，"周围是巨大的嘈杂声：人们尖叫、流泪、哭喊，受伤的在呻吟，炮弹从天空中飞过。"炮弹一直不断地落在港口附近，一颗炮弹落在码头边的人群中，炸死了八名联军战俘。渡河时，士兵、马匹和大炮先走，随后是装满加农炮弹、干草垛和伤员的牛车。人们静静地从浮桥上走过，不知道自己能不能活着走到对岸。海上波涛汹涌，西北风依然强劲，雨点纷纷砸在他们脸上。平民们排成一队过河，他们只允许携带手上拿得了的东西，托利切娃就在其中：

393

> 桥上人们挤作一团，一片混乱，惊慌，恐惧！在所有人的重压下，浮桥几乎塌了，水涌到了我们的膝盖。忽然间有人害怕了，喊道："我们要被淹死了！"于是人们调转头想逃回城里。在推搡中，人踩在人身上。马害怕了，前身腾起……我以为我们要死了，开始祈祷。

第二天早晨八点，渡河行动完成。最后一批守军收到离开棱堡、烧毁城市的信号。他们用剩下的大炮击沉了海港里俄军黑海舰队的最后一批舰船，这才撤到北岸。[33]

托尔斯泰在北岸的星星要塞目睹了塞瓦斯托波尔的沦陷。在联军进攻期间，他负责指挥一个有五门炮的炮台，他还是最后一批过河的守军之一。这一天是他二十七岁的生日，但是眼前的情景让他心碎。"当我看到整座城市陷入火海，法国旗帜在我们的棱堡上升起时，我哭了，"他在给姨妈的信中写道，"从各方面来说，这都是非常悲哀的一天。"[34]

那天早晨从北岸回望火海中的城市的人当中，还有亚历山德拉·斯塔霍娃（Alexandra Stakhova）。她是一名护士，正在协助伤员撤离塞瓦斯托波尔。第二天她在给家人的信中写道：

> 整个城市被大火包围……到处都传来爆炸声。那是一幅恐怖而混乱的景象！……塞瓦斯托波尔被黑烟笼罩，我们的部队正在烧毁城市。这一情景让我流泪（我其实很少哭），这减轻了我心中的积郁，为此我感谢上帝……亲身经历眼前的这一切真是好痛苦啊，死去都会容易一些。[35]

394

塞瓦斯托波尔大火是 1812 年莫斯科大火的翻版，这场大火持续了好几天。当联军部队在 9 月 12 日进入城市时，有些地方还在燃烧。他们看到了一幕悲惨的景象，不是所有的俄军伤员都被撤离，因为人数太多无法运走，有三千名伤员被丢弃在城里，既没有食物也没有水。负责医院撤离的吉尔贝内特医生把这些伤员留在那里，以为他们马上会被联军发现，没想到联军在四天之后才入城。当后来从西方报刊上读到对塞瓦斯托波尔医院的报道时，他羞愧万分。罗素在《泰晤士报》上的报道就是其中之一：

> 在世界上所有和战争有关的恐怖场景中，塞瓦斯托波尔医院是最让人心碎，也最让人作呕的。进入大门之后，感谢上帝，

我看到的景象是没有几个人目睹过的……士兵腐烂流脓的尸体，他们被丢在那里，在极度痛苦中死去，无人照料，无人关心，密密麻麻地堆在一起……他们泡在到处流淌、混着腐烂之物的血水之中。许多人躺在那里，仍然活着，蛆虫却已经爬满他们的伤口。许多人已经差不多被他们周围的景象给吓疯了，在极端痛苦中，为了解脱而滚到床下，瞪着眼睛看着我们这些旁观者。许多人的手或腿断了或是扭曲了，尖利的弹片从肉里伸出。他们哀求帮助、水、食物或是怜悯，或者因为临近死亡或伤势严重已无法说话，用手指着自己致命的伤口。许多人似乎只想早点死去，或已平静地接受死亡。有些人情绪极度疯狂，让人不得不在惊异中停步。一些尸体已经膨胀到难以置信的程度，面部胀得极大，眼球从眼窝中掉了出来，黑色的舌头挂在嘴外，被牙齿紧紧卡住。看到这些景象，不禁让人毛骨悚然，身体都不由自主地蜷缩起来。[36]

每一个进入城市的人都被这里饱受蹂躏的景象惊呆了。"塞瓦　395
斯托波尔呈现出一种你所能想象的最奇异的景观，"法军军务长邦迪朗男爵（Baron Bondurand）在 9 月 21 日给德·卡斯特拉内元帅的信中写道，

我们原来并不知道自己的炮火有这么大的破坏力。整座城市几乎被夷为平地，我们的炮弹没有漏过任何一座房屋。已没有一座房屋还有屋顶，几乎所有的墙壁都被摧毁。军营里一定伤亡严重，因为我们的所有炮击都打中了目标。这是对俄军无可辩驳的战斗精神和忍耐力的见证，他们坚持了这么长的时间，直到我们占领马拉霍夫，无法再守之后他们才投降。

到处都是遭到破坏的痕迹，托马斯·巴扎德对这座城市废墟的美丽感到惊讶：

> 在城里最秀美的街道上，有一座精致的古典主义建筑，据说是一座教堂，完全用石头砌成，采用了雅典帕特农神庙的风格。一些巨大的石柱几乎被打成了碎片。进入这座建筑后，我们发现有一颗炮弹曾从屋顶穿入，在地面爆炸，把内部都炸成了碎片。当我们把目光从这里转开时，却看到紧挨着教堂的是一座郁郁葱葱、枝繁叶茂、一片祥和的花园。[37]

对军队来说，占领塞瓦斯托波尔是偷抢东西的好时机。法军的偷抢行动是有组织的，军官们不仅准许士兵偷抢，自己也加入其中，还把从俄罗斯人那里偷抢来的战利品寄回国，仿佛这是战争中完全正常的行为。在 10 月 16 日给家人的信中，法军中尉旺松（Lieutenant Vanson）开了一个长长的清单，列出了他寄回家的战利品，其中包括一块银制和一块金制的铭牌，一套瓷器，一把从俄军军官身上取下的佩剑。几个星期之后他又写道："我们继续在塞瓦斯托波尔抢东西。已经找不到什么古玩了，但是我一直想找一把好看的椅子。我很高兴地告诉你们，昨天我找到了一把，少了一条腿，椅垫也不见了，但是椅背雕刻得非常漂亮。"与法国军队相比，英军的偷抢行为收敛一些。9 月 22 日，托马斯·戈拉夫（Thomas Golaphy）在一份俄语文件的背后给他家人写信。其中他谈到：

> 士兵们把凡是能搞到的东西都拿走了，卖给任何愿意买的人。有一些非常华美的东西很便宜地就卖掉了，但是在这里除了希腊人之外没有人会买这些东西。我们不被允许像法国人那

样到镇上偷抢东西，他们哪儿都能去，但是我们就只让去工事
对面的那一块地方。[38]

如果说英军在偷抢东西方面落后于法军，那么他们在狂饮酗酒
上就远远超过法国人了。占领军在塞瓦斯托波尔发现了大量酒水，
英军决定要将它们喝光，士兵们认定在艰苦作战取得胜利之后，指
挥官们一定会准许他们喝酒的。醉酒斗殴、不服管理、违犯军纪等
行为成了英军营地里最大的问题。潘穆尔在听说了士兵"大规模醉
酒"的报告后，向科德林顿写信，警告他"如果不尽快将这一恶魔
控制住的话，你部队士兵的身体必然会遭受极坏影响，而且这样日
积月累会使国家的品格蒙羞"。他呼吁扣下士兵的军饷，并用军事
法庭对付酗酒闹事的士兵。从 10 月份到第二年 3 月，共有四千名
英军士兵因醉酒而被送上军事法庭。绝大部分被判鞭笞五十下，许
多被扣下一个月的军饷，但是醉酒状况依然继续，直到所有的酒都
被喝完，部队离开了克里米亚。[39]

* * *

塞瓦斯托波尔被攻克的消息传来，伦敦和巴黎一片欢腾。街道
上有人跳舞，有人喝酒庆祝，还有很多人高唱爱国歌曲。不少人以
为这意味着战争结束了，占领这座俄军军港、摧毁沙皇的黑海舰队
一直是许多人心目中的战争目标，而这些目标现在实现了。但事实
上，从军事角度说，占领塞瓦斯托波尔离打败俄罗斯还差得很远：
还需要大规模陆地入侵，占领莫斯科或在波罗的海上对圣彼得堡取
得军事胜利之后才谈得上打败俄国。

如果西方国家领导人曾经希望塞瓦斯托波尔的沦陷能迫使

沙皇祈求和平的话，他们很快就失望了。《帝国公告》（Imperial
Manifesto）在向俄罗斯人民宣布塞瓦斯托波尔失守的消息时，带着
明显的不屈口吻。9 月 13 日亚历山大搬到了莫斯科，特意安排重演
了亚历山大一世在 1812 年 7 月拿破仑入侵之后忽然出现在"国家"
首都的一幕，在马路两边群众的欢呼声中步入克里姆林宫。"记住
1812 年，"沙皇在 9 月 14 日给军队总指挥戈尔恰科夫的信中写道，"塞
瓦斯托波尔不是莫斯科，克里米亚不是俄罗斯。莫斯科被焚毁两年
后，我们胜利的队伍行进在巴黎街头。我们还是同样的俄罗斯人，
上帝在我们这一边。"[40]

　　亚历山大想尽办法让这场战争继续下去。9 月下旬，他写了一
份 1856 年在巴尔干地区发动新攻势的详细计划。在这份计划中，
俄罗斯将协助斯拉夫和东正教徒组成党派武装，以挑动民族主义暴
动的方式，将战火引到欧洲地区敌人的领土上。根据皇后女侍官
丘特切娃的记载，亚历山大对"任何提议和平的人加以斥责"。外
交部长涅谢尔罗迭肯定是欢迎和平谈判的，并告诉奥地利人他欢
迎"与我国荣誉相衬"的和平谈判。但当时圣彼得堡和莫斯科却只
谈论如何继续战争——即使只是虚张声势而已——以向联军施加压
力给俄罗斯开出更好的和平条件。沙皇知道法国人已对战争感到
疲倦，他知道拿破仑三世倾向和平，因为在占领塞瓦斯托波尔之
后，法国皇帝已经实现了取得一场"辉煌胜利"的目标。亚历山大
意识到不愿意结束战争的是英国人。帕默斯顿一向都把克里米亚战
争视为开端，希望针对俄罗斯打一场更大规模的战争，以此削减俄
罗斯帝国的势力。英国公众的态度，从能够了解到的情况看，也是
站在帕默斯顿这一边的。甚至连维多利亚女王都不能接受英军"攻
打棱尖棱堡的失败"将会是——用她的话说——"我们的最后一战
（fait d'armes）"。[41]

在长期忽略小亚细亚和高加索地区之后，英军目前最担心的是俄军对土耳其要塞卡尔斯的围困。在塞瓦斯托波尔失守之后，亚历山大下令加强了对卡尔斯的围困，以赢得更多和平谈判的筹码。一旦攻克卡尔斯，俄军即可长驱直入埃尔祖鲁姆和安纳托里亚，威胁从陆地前往印度的路线，损害英国利益。亚历山大在6月下令进攻卡尔斯，目的是希望能牵制联军在克里米亚的部队。俄军派出了一支由两万一千名步兵、六千名哥萨克骑兵和八十八门大炮组成的部队，由穆拉维约夫将军（General Muraviev）率领，从俄土边境出发，行进到不过七十公里之外的卡尔斯。卡尔斯当时有一万八千名土耳其守军，由英国人威廉·威廉斯将军（General William Williams）指挥，他们知道自己在野战中一定不敌俄军，于是把所有力气都花在加固城防上了。当时土耳其军队中有一批外国军官，包括在1848—1849年革命失败后逃到土耳其的波兰、意大利和匈牙利难民，其中有许多技术出色的工程师。俄军在6月16日发起进攻，被守军顽强击退后，他们开始了围困，一再用饥饿来迫使守军投降，他们把对卡尔斯的围困看作联军对塞瓦斯托波尔包围的回应。

土耳其人希望能派出一支远征部队救援卡尔斯。奥尔马帕夏向英法联军提议，由他从驻防刻赤和叶夫帕托里亚的土耳其部队中（一共约两万五千步兵和三千骑兵）抽调一支部队，"由我占领切尔克斯海岸某处，威胁俄军交通线，逼迫他们放弃对卡尔斯的围困"。克里米亚的联军指挥部不愿在这个问题上做决定，于是把难题交给了伦敦和巴黎的政客们。英法两国一开始不愿意从克里米亚抽调土耳其部队，后来总体上同意了这一计划，但是又对抵达卡尔斯的最好途径展开争论。直到9月6日，奥尔马帕夏才离开克里米亚，率领四万人的部队前往格鲁吉亚海岸线上的苏呼米，从那里他还需要行军几个星期才能抵达高加索南部。

　　与此同时，围困卡尔斯的穆拉维约夫将军越来越沉不住气了。围困战对守军造成了很大打击，城内不仅食物短缺，而且霍乱肆虐；但是尽管如此，因为塞瓦斯托波尔已经失守，沙皇需要尽快占领卡尔斯，同时奥尔马帕夏的部队正在赶来增援，穆拉维约夫没有时间继续等待，无法依靠围困磨垮守军的意志。于是在 9 月 29 日，俄军对卡尔斯的棱堡发动了一场全面进攻。然而尽管实力已被削弱，土耳其守军依然极为顽强，有效地发挥了炮兵威力，造成俄军巨大伤亡，约两千五百人战死，两倍于此的人受伤，而土耳其守军只有一千人伤亡。穆拉维约夫不得不重新恢复围困战略。到 10 月中旬，当奥尔马帕夏的部队经过多次延迟，终于从苏呼米出发时，卡尔斯的守军已饱受饥饿煎熬，医院里挤满了患上败血症的军人。镇上的女人把家里的孩子带到威廉斯将军府前，丢在那里让他给孩子喂食。所有的马匹都被杀了吃肉，人们已开始靠挖野菜度日。

　　10 月 22 日，消息传来说奥马尔帕夏的儿子塞利姆帕夏（Selim Pasha）带领一支两万人的部队在土耳其北海岸登陆了，正向埃尔祖鲁姆进发。从埃尔祖鲁姆到卡尔斯只需几天路程，但这时卡尔斯的状况已更为恶劣：每天有一百人死亡，士兵们不断开小差。在那些还能打仗的人中，士气也低落到了极点。10 月底的大雪让土耳其救援部队几乎不可能很快抵达卡尔斯。奥尔马帕夏的部队在明格里连（Mingrelia）*地区被俄军阻挡了一下，然后也并不急于前往卡尔斯，反而在明格里连首府祖格迪迪（Zugdedi）休息了五天，部队在那里偷抢财物并劫持小孩卖作奴隶。从祖格迪迪出发，沿途是茂密的森林和沼泽，土耳其部队在大雨中行进缓慢。同时从埃尔祖鲁姆出发的塞利姆帕夏的部队行进甚至更慢，原来他并没有两万人马，

---

* 　今天的萨梅格列罗（Samegrelo），位于格鲁吉亚西部。——编注

手下部队的人数连这个数字的二分之一都不到，实力不足以独自击退穆拉维约夫的部队，于是塞利姆帕夏决定没必要做此尝试。11 月22 日，一名英国外交官交给威廉斯将军一个便条，告知他塞利姆帕夏的部队不会前来卡尔斯增援。一切希望破灭之后，威廉斯将军带领守军向穆拉维约夫将军投降。值得一提的是，穆拉维约夫保证四千名伤病的土耳其士兵将得到救治，并向三万名被他的部队饿垮的守军和平民分发了食物。[42]

占领卡尔斯之后，俄军占领的敌方土地超过了联军占领的俄罗斯土地。亚历山大将这一胜利视作对塞瓦斯托波尔失守的反击，认为现在是向奥地利和法国人发出和平信号的时候了。11 月底，巴黎与圣彼得堡之间建立了直接联系，拿破仑三世的表亲、法国外交部长瓦莱夫斯基伯爵找到了涅谢尔罗迭的女婿、在巴黎代表俄罗斯利益的冯·泽巴赫男爵。泽巴赫向涅谢尔罗迭汇报说，瓦莱夫斯基"个人非常倾向"与俄罗斯进行和谈，但警告说拿破仑三世"被他对英格兰的恐惧所支配"，决意维护与英国之间的联盟。如果俄罗斯想要和平的话，必须提出一些建议，比如限制俄罗斯海军在黑海的势力，让法国能借此说服英国开始谈判。[43]

这么做并不容易，在卡尔斯失守后，英国政府更加坚定决心，要继续与俄罗斯开战，并将战争扩大到其他地区。英国内阁在12月开会，讨论将克里米亚地区的联军部队抽调一半前往位于黑海南岸的特拉布宗，切断俄军向埃尔祖鲁姆和安纳托里亚进军的路线。英方准备好了行动方案，准备交由1月举行的联军战争联席会议讨论。英国政府还在讨论是否在波罗的海发动一次大规模攻势。在8月份，联军海军部队摧毁了芬兰堡，向联军领导人显示了蒸汽装甲舰艇和远程舰炮的威力。在威斯敏斯特圈子外，英国社会几乎一致认为攻占塞瓦斯托波尔不过是一场对俄大战的开始，即使一直提倡和平的格拉德斯通也不得不承认英国公众不希望战争就此终结。反俄报刊呼吁帕默斯顿在波罗的海发动一场春季攻势，要求摧毁喀琅施塔得，要求封锁圣彼得堡港口，要求把俄罗斯人赶出芬兰，总之必须将俄罗斯对欧洲自由和英国近东利益的威胁全部消除。[44]

帕默斯顿和他的"主战派"在扩大对俄战争上有自己的目的，远远超出了克里米亚战争保卫土耳其的原始目标，而是为了永久地遏制俄罗斯，削弱俄罗斯帝国的力量，使之无法与大英帝国抗衡。"这场战争主要和真正的目的是遏制俄罗斯的扩张野心，"帕默斯顿在9月25日向克拉伦登写道，"我们投入战争，除了帮助苏丹和他的穆斯林子民保住自己的土地外，同样重要的是为了不让俄罗斯染指挪威和瑞典。"帕默斯顿提议继续进行一场泛欧洲规模的战争并同时将战火扩大到亚洲，"以钳制俄罗斯的势力"。从他的角度看，如果波罗的海各国能向土耳其那样加入这场扩大战争的话，它们将构成"一条绵长的城墙的一部分，遏制俄罗斯将来的扩张"。帕默斯顿坚称俄罗斯的"一半还没被打倒"，坚持至少再打一年，直到克里米亚和高加索都脱离俄罗斯，波兰也赢得独立才行。[45]

这一想法已经不再是通过结盟以一批亲西方的国家包围俄罗斯，而是试图发动一场"民族主义战争"，从内部让俄罗斯帝国分崩离析。帕默斯顿最早在1854年3月致英国内阁的备忘录中就阐述了这一想法。那时候他提议把克里米亚和高加索归还奥斯曼帝国，把芬兰给瑞典，把波罗的海各省给予普鲁士，把比萨拉比亚给奥地利，将波兰重建为独立于俄罗斯的王国。在克里米亚战争期间，这些想法曾被多位英国政治人物讨论过，并已被暗中接受为英国内阁非官方的战争目标。正如阿盖尔公爵（Duke of Argyll）*在1854

401

---

* 　时任掌玺大臣（Lord Privy Seal），属内阁成员但无特定职责。——译注

年 10 月给克拉伦登的信中所解释的那样,帕默斯顿备忘录的基本
理念是,《四点方案》是一个"良好并且足够的"战争方案,只要
它可以在"任何程度上被修改和延伸"就行,如果"一场成功的战
争能够握在我们的掌心",那么肢解俄罗斯这个目标将会变得既可
取又可能。在占领塞瓦斯托波尔后,这些想法再一次在帕默斯顿的
主战派核心圈子里被提了出来。"我怀疑帕默斯顿希望克里米亚战
争在不知不觉中变成一场民族主义战争,但是现在还不想公开承
认。"政治记者查尔斯·格雷维尔(Charles Greville)在 12 月 6 日
写道。[46]

　　整个 1855 年秋,帕默斯顿一直鼓动在第二天春天重新开战,
哪怕只是为了持续向俄罗斯施加压力,迫使其接受惩罚性和平条件。
让他非常恼怒的是,法国和奥地利已与俄罗斯开始直接对话,并且
愿意考虑在《四点方案》的基础上接受相对温和的和平条件。在 10
月 9 日给克拉伦登的信中,他说他相信"涅谢尔罗迭和他的间谍们"
正于"巴黎和布鲁塞尔在法国人身上下功夫",现在"奥地利和普
鲁士人已经和涅谢尔罗迭携手合作",英国方面需要投入"我们全
部的意志和技巧,才能避免被卷入其中。这样的和平只会辜负英国
的首要期待,让这场战争的真正目标无法实现"。在同一封信中,
他还列出了和平的最低条件:俄罗斯必须停止对多瑙河两公国的干
涉,苏丹"给予两公国的亲王们良好的执政法规,像那些过去就曾
得到英国和法国认可的那样";俄罗斯将多瑙河三角洲给予土耳其;
俄罗斯失去黑海地区的所有海军基地,加上"他们手中任何可以用
来向邻国发起攻击的地方",其中包括克里米亚和高加索。至于波兰,
帕默斯顿不再确定英国能够支持一场独立战争,但是认为可以交给
法国执行,因为这一想法正被法国外交部长瓦莱夫斯基推动,这样
做可以继续向俄罗斯施加压力,让他们接受自己在世界上的影响力

已被削弱这一事实。[47]

但是法国人对帕默斯顿的计划并不太热心。克里米亚战争中，大部分硬仗是法国人打的，所以他们的想法很有分量，不会比帕默斯顿的方案轻。如果没有法国的支持，英国人要把战争继续延续下去，几乎连想都不用想，更别提说服其他欧洲国家参与了，这些国家绝大部分更愿意接受法国的领导。

法国在克里米亚战争中遭受的损失比英国大。除了战斗减员外，法军还因各种疾病受到很大损失，主要是在1855年秋冬季发生的败血症和斑疹伤寒，再加上霍乱。他们遇到的问题和英军上一年冬季的遭遇相似，不过两军的情况对换了一下。英国在过去一年大大改善了卫生情况和医药品供应，法军原来的高标准却下降了，原因是大批增援部队来到克里米亚，法军却没有足够的资源应对新增的需求。

在这样的情况下，让拿破仑三世下令继续作战是不现实的。他可以下令暂停军事行动，直到第二年春天，到时候法国军队的状况也许已经恢复。但是此时法军的士气已非常低落，从官兵的家信内容上看，他们已无法忍受再在克里米亚待上一个冬天。例如夏尔·图马上尉（Captain Charles Thoumas）在10月13日写道，他认为如果不能很快将部队送回国的话，就有发生暴乱的危险。朱阿夫部队的一名中尉弗雷德里克·雅皮也认为士兵们会起来反抗军官，因为他们不愿意参加一场在他们眼里主要为英国利益服务的战争。亨利·卢瓦齐永担心开展新的军事行动将会让法国卷入一场无休无止的战争，因为他们面对的是一个领土广袤到无法征服的国家——他相信这是他们应该从1812年战败中得出的教训。[48]

法国的公众舆论也不会再支持军事行动。法国经济已受到克里米亚战争的严重影响：贸易量下降；农业受困于征兵造成的劳力短

403

缺，因为法国已派出了三十一万人的部队前往克里米亚；城市中还出现了食品短缺，从 1855 年 11 月起许多人都开始感觉到这一点。根据当地行政法律部门官员的报告，如果战争持续到冬天的话，真的有出现平民骚乱的危险。1854 年时，法国地方报纸曾带头要求向俄罗斯开战，现在连它们也在呼吁结束战争了。[49]

拿破仑三世从来都对公众舆论很敏感，在 1855 年秋天，他一直在寻找一种方案，既能够结束战争，又不至于得罪英国人。他很想从占领塞瓦斯托波尔这场"辉煌的胜利"中捞取最大的政治资本，但又不希望损害与英国的联盟关系，因为这正是他外交政策的基石。原则上拿破仑三世并不反对针对俄罗斯开展一场更广泛的战争，对帕默斯顿通过打一场欧洲大战来重划欧洲版图的愿景抱支持态度。他希望能因此在其他欧洲国家激发民族革命，打破 1815 年（拿破仑战败）后的欧洲体系，通过牺牲俄罗斯和神圣同盟的利益来确立法国在欧洲大陆上的领导地位。但是他不会让法国卷入在小亚细亚和高加索地区针对俄罗斯的战争，因为他觉得在那里发动战争主要是为英国利益服务。从他的角度来看，唯一能说服他继续对俄罗斯发动一场大规模战争的理由是这场战争能实现他对欧洲大陆的伟大梦想。他在 11 月 22 日给维多利亚女王的信中提出三个可能的局面：一场有限的防御消耗战；基于《四点方案》开展和平谈判；或是"向所有民族呼吁，重建波兰，实现芬兰和匈牙利独立"。拿破仑三世解释道，他个人倾向和平，但是如果英国觉得基于《四点方案》的和平无法接受的话，他愿意商讨进行一场更大规模的欧洲战争。"我能够看出，这项政策，"他向维多利亚女王写道，"具有宏伟的意义，因此取得的成果将可能与付出的牺牲相称。"

几乎可以肯定的是，拿破仑三世的话是言不由衷的，他的提议是迫使英国加入和平谈判的一个计谋。他知道英国人不愿看到一场

404

拿破仑式的战争在欧洲大陆上实现国家解放。在言辞中，他放出一点暗示，如果帕默斯顿逼他摊牌的话，他真的会发动一场大规模的战争。几年之后的1858年，他在向当时的英国驻法国大使考利勋爵回顾这段历史时，解释说因为法国民意希望和平，这迫使他接受结束克里米亚战争的决定；但如果他在帕默斯顿的逼迫下继续这场战争的话，他决心"在欧洲没有实现一个更好的平衡之前，不会接受和平"。[50]

不管拿破仑三世的意图是什么，法国外交部长瓦莱夫斯基是强烈支持立刻实现和平的，而且明显在利用拿破仑三世将会发动一场欧洲革命战争这一威胁来迫使英国、奥地利和俄罗斯启动基于《四点方案》的和平谈判。拿破仑三世自己也参与到这场游戏中来，他给瓦莱夫斯基写信，并指示他交给克拉伦登看：

> 我想要得到和平。如果俄罗斯同意让黑海地区中立化，我愿意与他们达成和平，不管英国会如何反对。但是，如果到了春天还是没有什么结果，我会向欧洲各民族，特别是波兰人发出呼吁。那场战争的出发点，不是为了欧洲的权利，而是为了每一个国家的利益。

如果说拿破仑三世发动一场革命战争的威胁是空话，那么他单独与俄罗斯达成和平却是实实在在的威胁。巴黎与圣彼得堡建立直接外交联系这一举动得到了一股强大的派别势力的支持，领头的是法国皇帝的同母异父兄弟德·莫尔尼公爵（Duc de Morny）。他是一名铁路监察员，把俄罗斯视为"可以由法国开采的矿藏"。10月份，莫尔尼和俄罗斯驻维也纳大使、很快将成为外交部长的戈尔恰科夫亲王建立了联系，并提出一份由法国和俄罗斯单独谈判、实现和平的计划。[51]

　　法国人的这些动作让奥地利警觉起来，马上介入了谈判。外交 **405**
部长布奥尔伯爵主动约见法国驻维也纳大使布尔克内（Bourqueney），
并与莫尔尼协同行动。此时，莫尔尼已从戈尔恰科夫亲王那里探明
了俄罗斯可能接受的条件，三人共同制定了一套和平提议，其方式
是在英法两国的支持下，由奥地利"为维护奥斯曼帝国的完整"而
向俄罗斯发出达成和平的最后通牒。这一最后通牒基本上就是把《四
点方案》换个说法重述一遍，不同之处是俄罗斯将交出比萨拉比亚
部分地区，从而使俄罗斯疆土与多瑙河地区完全隔绝；黑海地区的
中立化将由俄罗斯和土耳其通过双边协议实现，而不再由和平条约
规定细节。另外，虽然俄罗斯已经接受将《四点方案》作为谈判基础，
但是最后通牒又加上了第五条，规定胜利方保留在和平谈判过程中
"为了欧洲的利益"而添加条件的权利。[52]

　　11 月 18 日，和平提议送达伦敦。这份最后通牒由法国和奥地
利这两个天主教国家共同制定，英国仅被知会了进展，这一点让英
国政府感觉受到了冒犯。帕默斯顿决意不接受这份提议，他怀疑俄
罗斯在其中施加影响柔化了和平的条件。和平提议没有提到波罗的
海，也没有说明如何保证俄罗斯不在黑海地区实施侵略行为。"我
们依然坚持之前提出的'和平原则'，维持欧洲未来的和平需要这
个，"他在 12 月 1 日向克拉伦登写道，"如果法国政府改弦易辙，
那将来他们必须承担责任，英法两国人民都应该被告知这一点。"
克拉伦登还是一贯的谨慎，他担心法国也许真会单独与俄罗斯达成
和平，如果这样的话，英国人不可能不加理会而独自继续作战。英
国外交部成功争取到对和平提议做出一些小的修改：黑海地区中立
化将由一项综合条约保证，第五条中将包括"特别条件"等。但除
了这些小修改外，克拉伦登赞成接受法国人和奥地利人制定的和平

条件。在女王的帮助下，他说服了帕默斯顿接受这一计划，至少暂时做此表示，以防法国与俄罗斯单独媾和。他还提出反正沙皇很有可能拒绝这一和平提议，这样的话英国可以继续恢复交战并且提出更为严苛的和平条件。[53]

克拉伦登基本猜对了，整个秋天沙皇一直处于一种战争心态中。 406 根据一位俄罗斯高级外交官的说法，沙皇"很不愿意和敌人达成妥协"，因为这时敌军正面临第二次在克里米亚过冬的前景。拿破仑三世对和平的渴求让沙皇觉得俄罗斯也许有机会争取更好的条件来结束战争，他所要做的无非是让俄军继续保持作战姿态，等待法国国内矛盾激化。在一封给军队总指挥戈尔恰科夫的信中，沙皇透露了他的想法，他声称看不到提早结束冲突的希望：俄罗斯将继续作战，直到法国在国内即将发生骚乱时被迫同意和平条件，因为农业歉收和底层人民的不满，法国国内矛盾将会激化：

在过去革命都是这样发生的，很有可能一场大革命已经不远了。我认为这是目前这场战争最有可能的结局，我并不期待法国或英国会有真诚的和平愿望，接受符合我们想法的和平条件，只要我还活着，我不会接受任何其他和平条件。[54]

没人能够说服主战的沙皇做出让步。泽巴赫给沙皇带来一封拿破仑三世的私人信息，呼吁沙皇接受和平提议，否则如果西方联军恢复对俄作战，沙皇将面临损失半个帝国的危险。11月21日，有消息传来说瑞典终于同意与西方列强签署军事协议，这对俄罗斯来说是个不祥之兆，意味着联军有可能在波罗的海发动一场新的攻势。甚至普鲁士国王腓特烈·威廉四世也声称，如果亚历山大继续进行一场"威胁欧洲所有合法政府稳定"的战争，他也许会被迫加入西方国家联盟，站到俄罗斯的对立面。"我恳求你，亲爱的外甥，"他向亚历山大写道，"做出你能接受的最大让步，仔细考虑如果这场残酷的战争继续下去的话，将会给俄罗斯的真实利益、给普鲁士和整个欧洲带来怎样的后果。破坏性的激情一旦被释放出来，将会出现什么样的革命影响，谁也无法估量。"然而，即使是在这些警告面前，亚历山大依然固执己见。"我们已经达到所能做的极限，俄罗斯的荣誉所能接受的极限，"他在 12 月 23 日向戈尔恰科夫写道，"我永远不会接受耻辱的条约，我相信每一个真正的俄罗斯人都跟我有一样的想法。现在我们能做的只是在心口划上十字，然后勇往直前，凭借自己的力量团结一致，保卫我们的祖国和国家荣誉。"[55]

两天之后亚历山大收到奥地利的最后通牒，列出了西方联盟的和平条件。沙皇邀请他父亲最信任的幕僚们到圣彼得堡的冬宫召开会议商量对策。在会上，比沙皇年长、头脑也冷静一些的大臣们的意见占了上风。其中最关键的发言出自国家财产部长（Minister of State Domains）基谢廖夫（Kiselev），他管理着俄罗斯的两千万农民。他的发言明显也代表了其他参会者的意见。他提出俄罗斯缺乏资源继续维持战争，一些本来中立的势力现在开始转向西方联盟，冒着与所有西方国家开战的风险行事是鲁莽的，即使仅仅和克里米亚战争中的敌对势力继续保持军事敌对也是不明智的，这么做不仅俄罗斯赢不了，还会导致对方提出更为苛刻的和平条件。基谢廖夫说，他相信大部分俄罗斯民众有着和沙皇一样的爱国热情，但是如果战争继续下去的话，有些人可能会开始动摇，有可能出现革命骚动。当前农民中已经有动荡的迹象，他们是战争负担的主要承受者。基谢廖夫认为，不应该拒绝奥地利的和平提议，但是可以提供修改意见以保障俄罗斯的领土完整。会议同意基谢廖夫的看法，向奥地利发出回复，表示接受他们的和平提议，但是拒绝割让比萨拉比亚，拒绝附加第五条。

　　俄罗斯的反建议让西方盟国之间产生了分歧。对奥地利来说，比萨拉比亚的归属与它关系密切，因此立即威胁要与俄罗斯断交；但是法国却不愿让和平谈判因此而中断，对拿破仑三世来说，那不过是"比萨拉比亚的几块土地！"他在1856年1月14日给维多利亚女王的信中表达了自己的看法。女王的观点是他们应该推迟和平谈判，好好利用俄罗斯与奥地利之间的分歧。这是一个很好的建议，因为亚历山大和他父亲一样，最担心奥地利向俄罗斯宣战，也许只有奥地利的威胁才能把他拉回到谈判桌上。1月12日，奥地利外交部长布奥尔伯爵通知俄罗斯说如果他们拒绝接受和平条件，奥地利将在六天之后与俄罗斯断交。腓特烈·威廉四世在一份发往圣彼得堡的电报中表达了他对奥利地和平提议的支持。沙皇现在已经处于孤立无援之境了。

　　1月15日，亚历山大再次在冬宫召集高级幕僚开会商讨对策。这次做关键发言的是涅谢尔罗迭，他警告沙皇盟国已决定在今后一两年内向多瑙河和比萨拉比亚靠近奥地利边境地区集中兵力，奥地利有可能会卷入针对俄罗斯的敌对行动，而且奥地利的决定将影响其他中立国家如瑞典和普鲁士的立场。如果俄罗斯现在拒绝和平，将可能要与整个欧洲作战。年迈的沃龙佐夫亲王是前高加索总督，他支持涅谢尔罗迭的观点，他用充满感情的声音劝说沙皇接受奥地利的和平条件，不管这一决定多么让人痛苦。继续战争不可能再取得更多成就，拒绝和平反而可能导致更耻辱的结局，俄罗斯也许会失去克里米亚、高加索，甚至芬兰和波兰。基谢廖夫同意沃龙佐夫的看法，并补充说这场战争如果继续下去，奥地利军队逼近俄罗斯西部边境时，沃里尼亚波多利亚地区的民众可能会跟芬兰人和波兰人一样起来暴动。和这些风险相比，奥地利最后通牒中的要求算不了什么。沙皇手下的高级官员们一个接一个地恳求他接受和平提议，只有亚历山大的弟弟康斯坦丁大公坚持继续作战，但是他在政府里并无职位，不管他以1812年的抵抗精神为号召在心理上多么打动人，他拿不出实际的理由来说服这些高级官员。最后沙皇做出决定，第二天奥地利人收到了来自涅谢尔罗迭的消息，宣布沙皇接受以他们的和平条件作为谈判基础。[56]

* * *

在塞瓦斯托波尔，联军部队正准备在克里米亚度过第二个冬天。没有人知道他们是否需要继续作战，但是营地里流传着各种各样的谣言：说他们会被派往多瑙河，或是高加索，或是俄罗斯的其他什么地方参加春季攻势。"我们下一步将会如何？"一名法国军队里的营指挥官约瑟夫·费弗尔（Joseph Fervel）在12月15日给德·卡斯特拉内元帅的信中写道，"下一年我们会在什么地方？每个人都在问这个问题，但是没有人能够回答。"[57]

与此同时，驻扎在塞瓦斯托波尔城外高地上的部队每天都忙于过日子。补给改善了，现在士兵们已经有了更好的帐篷和木屋。法军供给港卡米什以及靠近英军补给港的卡迪科伊村整天人满为患，玛丽·西科尔的餐馆生意热火朝天。有各种各样的娱乐活动供军队消遣：剧院、赌博、桌球、打猎，天气好的时候还可以在平原上赛马。一船又一船的英国游客前来参观著名的战场，收集纪念品：一把俄军的枪或是佩剑，或者是在塞瓦斯托波尔陷落后，从留在堑壕里几个星期甚至几个月的俄军尸体上偷来的制服等等。"只有英国人才会有这样的嗜好。"一名法军军官写道，游客对战场的病态迷恋让他大开眼界。[58]

接近 1856 年 1 月底的时候，和平即将达成的消息传来，联军士兵们开始与俄军士兵进行越来越多的友好交流。戈列夫将军的勤务兵、参加过棱尖棱堡守卫战的年轻士兵波普罗科菲·帕德罗夫当时就驻扎在乔尔纳亚河附近的营地，也就是 8 月份俄军反击战的地点。"一天天过去，我们与驻扎在河对面的法军部队变得越来越友好，"他回忆道，"长官们告诉我们要和他们以礼相待。我们通常会走到河边，隔着河给他们扔过去些东西（这条河不宽）：十字架、硬币什么的，然后法军士兵会扔给我们香烟、皮袋子、小刀、钱。我们是这么对话的：法国人会说'俄罗斯同志们！'然后俄国人会说'法兰西兄弟！'。"后来法军士兵开始过河来探访俄军营地里的士兵，他们在一起喝酒吃东西，为对方演唱，用手势交流。这样的探访后来变得频繁起来。有一天，法国士兵拿出一些卡片来，上面写着他们的名字和部队番号，邀请俄军士兵回访。几天过去了，这些法军士兵没有再过来，于是帕德罗夫和一些战友决定去探访法军营地。他们在法军营地看到的景象让他们十分惊讶。"到处都是干干净净的，在长官的帐篷旁边甚至还种着花。"帕德罗夫回忆道。他们找到了那些法国朋友，被邀请到帐篷里一起喝朗姆酒。法军士 410
兵们把他们送回到河边，多次和他们拥抱，还请他们下次再来。一个星期之后帕德罗夫又独自来到法军营地，却找不到他的朋友们了。他被告知说，他们已经起程回巴黎了。[59]

第十二章

巴黎与新秩序

和平会议（Peace Congress）计划于 1856 年 2 月 25 日下午在巴黎奥赛码头边的法国外交部举行。中午时分，兴奋的人群就已经聚集在奥赛码头，等待各国谈判代表团的到来。从协和桥（Pont de la Concorde）到耶拿路（Rue d'Iéna），到处都挤满了围观人群，不得不出动步兵和宪兵维持秩序，以腾出道路让外国使节的马车通过，抵达新近建成的外交部大楼。外国代表团从下午一点开始逐渐抵达，每当他们步出马车走进外交部大楼时，人群都自动爆发出"和平万岁！"和"皇帝万岁！"的欢呼。代表们身着晨礼服，聚集在华丽的大使大厅（Hall of Ambassadors）。大厅里摆着一张铺着绿色天鹅绒的大圆桌，桌边放着十二把靠背椅。大使大厅展示的是法国第二帝国的装饰艺术，猩红色的缎子垂帘从墙上挂下，厅内仅有的真人大小的画像是拿破仑三世和欧仁妮皇后的肖像。画像上的两人注视着代表们，仿佛时刻都在提醒他们，现在法国已经成为国际事务的仲裁方。壁炉边的一个台子有拿破仑一世的大理石胸像，在

过去的四十多年里，他一直是外交圈内不受欢迎的人。拿破仑三世
相信，巴黎和平会议的召开标志着法国的拿破仑王朝终于重新回到
"欧洲协调"这个欧洲权力的中心了。[1]

　　将和平会议的地点选在巴黎，体现出法国重新获得了欧洲强国
这一地位。和谈唯一可能的另一个地点是维也纳，那里是 1815 年
条约的签署地，但是维也纳被英国人否决了，因为自从克里米亚战
争开始以来，英国人就一直对奥地利人外交努力的真实意图疑虑重
重。现在，当各方外交势力都聚集在巴黎时，维也纳仿佛变成了一
个过时的城市。"谁能否认，在这一切之后，法国的势力已经扩大
了呢，"法国外交部长瓦莱夫斯基伯爵在得知自己将被授权主持和
谈之后向拿破仑三世写道，"只有法国才能从这一争执中获利。今
天的法国，名列欧洲的首位。"

　　三个月前，巴黎举办了一场世界博览会。那是一场光彩夺目
的国际展览，堪比 1851 年的伦敦万国博览会，五百万游客访问了
位于香榭丽舍大街（Champs-Elysées）的展览馆。这两个事件吸引
了众多关注，将巴黎置于欧洲中心。这对拿破仑三世来说是非常重
要的胜果——渴求在国内外赢得威望，一直是他决定参加克里米亚
战争的动力。自从去年秋天和平进程开始以来，他已成为其中的一
个关键角色，各方势力都要依靠他才能满足自身的利益。"所有人
都对拿破仑皇帝十分尊重，让我感到惊讶，"利芬王妃（Princess
Lieven）在 11 月 9 日给迈恩多夫男爵夫人的信中写道，"这场战争
让他提升到了颇高的位置，而且法国也一样。英格兰却没有从中
获益。"[2]

　　整个冬天，和平谈判都一直在进行着，到了 2 月份，当各国代
表齐聚巴黎时，绝大部分有争议的问题已经获得解决。谈判的主要
障碍是英国的强硬立场，英国并不急于结束战争，因为在过去十八

412

个月里，他们未赢得一场主要战役，无法让自己的荣誉感得到满足，也无法为巨大的损失做出交代，毕竟攻占塞瓦斯托波尔是法国人的功劳。在好战情绪高昂的报刊和公众的鼓励下，帕默斯顿重申了他在10月9日提出的最低条件，并威胁说如果俄罗斯不接受英国提出的和平条件的话，英国将继续作战，并在波罗的海发动春季攻势。他向外交大臣克拉伦登施加压力，除非俄罗斯在巴黎和平会议上全面接受英国的条件，否则不要做出任何妥协。

尽管他态度坚决，但其实帕默斯顿的要求一直在发生变化。到11月份，他已经放弃了让切尔克斯独立的要求，原因是没有任何一方能代表那一地区签署条约。然而他继续坚持俄罗斯必须放弃高加索和中亚地区，并且相信只要英国保持强硬立场，就能实现这一目标。他在2月25日给克拉伦登写信，强调俄罗斯参加谈判时位低势弱，他们敢于反对英国的最新和平条件，是一种"肆无忌惮"的行为。英国的条件是俄罗斯的军舰和武器完全撤离黑海地区，同时俄罗斯军队必须"从其占领的所有土耳其领土（包括卡尔斯）上离开"。帕默斯顿强调，这些条件"并非故意让俄罗斯蒙羞……只是用来让俄罗斯展示并宣誓其真心放弃了侵略意图"。帕默斯顿提醒克拉伦登要提防俄罗斯巴黎和平会议代表团团长奥尔洛夫伯爵，其言语暴露了他的反俄立场：

413

> 至于说奥尔洛夫，我对他很了解：他外表文明礼貌，内心却充满了俄罗斯人的无礼、傲慢和骄傲。他会仗势欺人，却尽力不露痕迹。只要觉得有成功机会，他一定会锱铢必较。他身上带有一个半文明的野蛮人的所有狡诈。[3]

法国人和意大利人都对帕默斯顿的行为感到厌恶，皮埃蒙特国王维托里奥·埃马努埃莱二世（Victor Emmanuel Ⅱ）干脆把帕默斯顿形容为一头"疯狂的动物"。法国人急于寻求和平，不像英国人那样坚持要惩罚俄罗斯，他们需要与俄罗斯人和解，以实现拿破仑三世对意大利未来的计划。法国一直对意大利统一持同情态度，认为可以帮助皮埃蒙特从奥地利那里夺回伦巴第—威尼西亚地区，并将哈布斯堡势力从意大利其余地区清除出去。作为交换，法国可重新占领萨伏依（Savoy）和尼斯（Nice），这两个地区在 1792 年被法国占领，但是在1815年的维也纳会议上被重新归还给皮埃蒙特。为了实现这一目标，法国需要得到俄罗斯的支持，或至少让俄罗斯保持武装中立，才能击败奥地利，因此法国人不愿意顺从英国人惩罚俄罗斯的意图。法英两国的主要分歧在于比萨拉比亚的边界划分，各方原已同意俄罗斯必须将这一地区归还奥斯曼帝国属摩尔达维亚公国，然而帕默斯顿却要求更高，提出不能让俄罗斯有任何办法进入多瑙河地区。这一强硬立场得到了奥地利的支持，因为这块地方是奥地利人最大的心病。但同时俄罗斯人也想在谈判中为自己在比萨拉比亚赢得最大权益，他们的筹码是手中的卡尔斯，并且得到了法国人的支持。最终，面临英国和奥地利的压力，拿破仑三世说服奥尔洛夫伯爵接受了一个妥协方案：总的来说，俄罗斯丢掉了他们1812 年从土耳其那里夺来的比萨拉比亚的三分之一土地，其中包括多瑙河三角洲，但是保住了比萨拉比亚的保加利亚人居住区，以及战略位置很重要的从荷廷（Chotin）*向东南方延伸的山脊。英国人声称获得了外交胜利，奥地利人庆祝多瑙河地区得到了解放，俄罗斯人则感到蒙受了一场国耻，因为这是 17 世纪以来，俄罗斯第一次向土耳其人割让了领土。[4]

414

---

* 即今天的霍京（Khotyn），位于乌克兰境内。——编注

　　在其他主要议题上，西方列强在巴黎和平会议前就已经基本达成统一意见，大致以1854年盟国制定的《四点方案》为主导。英国人试图增加第五点，将高加索南部地区（切尔克斯、格鲁吉亚、埃里温和纳希切万）全部从俄罗斯人手里夺走，但是俄罗斯人坚持说他们是依据《哈德良堡条约》占领这些地方的，而土耳其人也同意这一说法。但是，俄罗斯不得不放弃了刚刚占领不久的卡尔斯。俄罗斯还试图减少方案第三点（黑海非军事化）给自己造成的制约，希望能把尼古拉耶夫（位于布格河内陆二十公里）和亚速海排除在外，但未获成功。

　　《四点方案》第一点关乎多瑙河两公国的命运，谈判期间各方意见你来我往。英国人基本同意让两公国重归奥斯曼帝国所有，法国人支持罗马尼亚自由派人士和民族主义者将两公国统一为一个独立国家的诉求，然而奥地利人却一口回绝了这个在自己东南边境外建立一个新国家的想法，因为在奥地利境内就有相当数量的斯拉夫少数民族同样有着建国的念头。奥地利人怀疑法国人是以支持罗马尼亚人为手段施压，企图逼迫自己放弃意大利北部地区，这一怀疑其实不无道理。所以虽然英法奥三国都同意中止俄罗斯对多瑙河两公国的保护权，并将多瑙河变为一条对商业航行开放的河流（《四点方案》第二点），但在赶走俄罗斯人之后应以什么来取而代之这一点上，却无法达成一致意见。最后只好提出让奥斯曼帝国拥有名义上的主权，并由西方列强共同担保，含糊地计划等到将来某个时候再来确定摩尔达维亚和瓦拉几亚两地人民对自己未来的意愿。

　　至于保护奥斯曼帝国内基督徒这一问题（《四点方案》第四点），[415]盟国代表1月初就在君士坦丁堡会见了首相阿里帕夏和坦齐马特改革派福阿德帕夏（Fuad Pasha），这两位是苏丹派往巴黎参加谈判的代表。盟国要求高门必须做出姿态，显示正在给予奥斯曼帝国包括犹太人在内的非穆斯林人口完全的宗教和民事平等，并指出在这一点上盟国是认真的。时任英国驻君士坦丁堡大使的斯特拉特福德·坎宁在 1 月 9 日向克拉伦登汇报了这次会见的过程，但是他本人对土耳其部长们决心改革的表态是持怀疑态度的。他认为土耳其人对外国施压逼迫改革感到不满，相信这么做会削弱奥斯曼帝国的主权，因此真正落实对基督教人口的保护难度很大。土耳其人从来都相信基督徒比他们低一等，不管苏丹通过什么法律，都不可能像西方国家期待的那样，在短时间内纠正这一偏见。坎宁写道："我们也许要准备好应付各种拖延，理由可能是尊重宗教反感、公众偏见和无关痛痒的习惯。"他还进一步警告说如果西方逼迫土耳其进行改革，则有可能导致穆斯林行动起来，反对苏丹的西方化政策。作为对盟国代表起草的二十一点改革方案的回应，苏丹在 2 月 18 日发布了《改革诏书》（Hatt-i Hümayun），许诺给予非穆斯林臣民完全的宗教和法律平等、拥有财产的权利、凭能力加入奥斯曼帝国军队和成为公务员的权利。土耳其人希望通过承诺这些改革，防止欧洲国家进一步干涉奥斯曼帝国的内政。他们希望将《改革诏书》排除在巴黎和平会议之外，理由是这涉及土耳其主权内政。但是作为《四点方案》规定的共同担保苏丹治下基督教臣民安全的五个西方国家之一，俄罗斯坚持这一改革必须放到谈判桌上来。后来俄罗斯同意了一个折中方案：高门和西方列强共同签署一个国际宣言，强调维护奥斯曼帝国内基督徒权利的重要性。在俄罗斯的对内宣传中，这一妥协被描述为在克里米亚战争中，俄罗斯赢得了"道义上的胜利"。在某种程度上，俄罗斯人说得也没错，因为巴黎和平会议恢复了圣诞教堂和圣墓教堂的原状，而这正是俄罗斯代表希腊人提出的要求，沙皇曾多次强调这一点。在和平宣言发表的那一天，亚历山大感谢上天实现了"战争原本的核心目标……俄罗斯人！你们的努力和牺牲没有白费！"[5]

最后还有一个一直未挑明的问题：波兰。让波兰从俄罗斯统治下恢复独立，这一议题最早是由法国外交部长瓦莱夫斯基伯爵在盟国外交官圈子内提出的，他是拿破仑一世和波兰的玛丽·瓦莱夫斯卡伯爵夫人（Countess Marie Walewska）的儿子。在占领塞瓦斯托波尔之后，拿破仑三世想为波兰做点事情，而建立一个独立的波兰符合他建立新欧洲版图、打破1815年格局的理念。最早他支持的是恰尔托雷斯基亲王重建波兰会议王国的想法，这是一个根据《维也纳条约》建立的自治王国，但是其自由受到俄罗斯的侵蚀。在和平会议开始后，拿破仑三世很清楚其他各方都不会为波兰伸张，原来的想法已不现实，于是表示自己会支持恰尔托雷斯基亲王提出的等而下之的条件，包括维持波兰语的地位，保护波兰不被俄罗斯化等。但是俄罗斯代表奥尔洛夫伯爵不为所动，坚称俄罗斯对波兰的所有权不是基于1815年的《维也纳条约》，而是因为在1830—1831年，俄罗斯在镇压波兰起义期间征服了波兰。拿破仑三世需要俄罗斯的支持以迫使奥地利放弃意大利北部，因此为了改善与俄罗斯的关系，他决定放弃对波兰的支持。因为这些原因，波兰问题不再成为巴黎和平会议的议题，即使是从来不放弃任何对抗俄罗斯机会的帕默斯顿，也指示克拉伦登不要在波兰问题上做文章。他的解释是："现在不合适要求俄罗斯恢复波兰王国。"

很不好说能给波兰人带来什么好处。如果波兰人真能从俄罗斯手中独立出来，那对波兰人和欧洲都很好。但不论是对波兰人也好，对欧洲也好，波兰王国目前的状况，与《维也纳条约》规定的条件之间的那一点差别，与我们为实现这一目标必须花费的努力是不相称的。俄罗斯政府会说过去波兰反叛了，然后

被俄罗斯征服了，因此俄罗斯是凭着军事征服而不是《维也纳   417
条约》占领了波兰，从而不再有义务遵守条约的规定。俄罗斯
人还会说对波兰问题提出要求是干涉俄罗斯的内政。

"可怜的波兰！"斯特拉特福德·坎宁对恰尔托雷斯基的支持
者之一、哈罗比勋爵（Lord Harrowby）表示："它的重生，就像一
艘时而闪现的飞翔的'荷兰人'（flying Dutchman）*，从未实现过，
总在等候中。"[6]

由于事先已经解决了所有主要的问题，巴黎和平会议进行得很
顺利，没有发生什么大的争执。三场会谈之后，和平条约草案就已
经准备就绪。各国代表团成员有许多空闲时间参加社交活动：宴会、
晚餐、音乐会、舞会、欢迎仪式等等，其中还包括一场庆祝拿破仑
三世和欧仁妮皇后唯一的孩子、路易—拿破仑（Louis-Napoleon）
王子诞生的特别庆典。3月30日星期日下午一点，各国代表团的外
交官们聚集在一起，完成了和平条约的正式签署。

巴黎城内各处都在宣布和平条约签署的消息，电报站连续不
断地把这条新闻传向世界各地。下午两点钟，巴黎荣军院（Les
Invalides）的加农炮发出一阵巨响，宣告战争结束。欢呼的人群聚
集在街头，餐馆和咖啡馆的生意异常红火，晚上巴黎的天空被焰火
映红。第二天战神广场（Champ de Mars）上举行了阅兵仪式，法
国军队接受了法国皇帝、拿破仑亲王、高级军官和外国使节的检阅，
成千上万巴黎市民沿途围观。"人群的兴奋之情如同电流一般颤动，"
第二年出版的法国议会官方历史上写道，"满怀对国家的骄傲和热
情，人们发出震耳欲聋的欢呼，响彻整个战神广场，胜过一千门加

---

* 传说中一艘无人驾驶的幽灵船，永远无法靠岸返乡，永远在海上漂泊。——译注

农炮的响声。"[7]当初拿破仑三世决定让法国参战，期待的是获得荣耀与喝彩，现在他终于如愿以偿。

＊　＊　＊

　　和平的消息在第二天传到了克里米亚——电报从巴黎接力传到瓦尔纳，然后再通过海底电缆传到了巴拉克拉瓦。4月2日，克里米亚联军的大炮发出了最后的轰响，纪念战争的结束。

418

　　联军有六个月的时间撤离克里米亚。英军从塞瓦斯托波尔港离开，临走之前炸毁了气势雄伟的码头，法军则摧毁了尼古拉要塞。大批的军事物资装备需要清点、装船、运回国：缴获的大炮和加农炮、弹药、废铁和食物，其中还包括从俄罗斯人那里抢来的东西，数量巨大。把运载空间分配给各个作战部门是一件复杂的后勤工程。许多东西无法运走，就只好留下，卖给俄罗斯人。英军的小木屋被捐给了俄罗斯人，条件是必须给"那些因为战争而无家可归的克里米亚居民"；俄方答应了英军的条件，但还是把小木屋和军营留给了俄军使用。"要把在超过两年时间里运来的东西在几个月内运走，这是一项非常艰巨的任务，"埃尔贝上尉在4月28日给家人的信中写道，"大量的马匹和骡子只好被抛弃或是廉价卖给克里米亚人了，我不指望还能再次见到自己的马。"被卖掉的交通工具不仅有马匹，英军在战争期间修建的巴拉克拉瓦铁路被一家由卡林·厄德利爵士（Sir Culling Eardly）和摩西·蒙蒂菲奥里（Moses Montefiore）成立的公司买下，他们想利用这些材料设备在雅法和耶路撒冷之间兴建一条铁路线。帕默斯顿同意了这一售卖方案，认为这些新铁路线将会"给一个荒野无序的地区带来文明与发展"。这条铁路线如果建成，将可以为越来越多的前往圣地的朝圣者提供交通服务。但是这条铁路从未兴建，最后巴拉克拉瓦铁路线被当作废铁卖给了土耳其人。[8]

考虑到花了那么长时间才把所有物资装备运到克里米亚，联军的撤离工作可以说完成得非常迅速。7月12日，英军总指挥科德林顿把巴拉克拉瓦交还给俄罗斯人，然后乘坐"阿尔及尔号"（HMS *Algiers*）军舰和最后一批英军一起离开。科德林顿非常注重军事礼仪，所以对俄罗斯方面派来巴拉克拉瓦执行交接的人员的官衔和装束很不满意：

> 有约三十名顿河（Don）哥萨克骑兵和五十名步兵前来接管。但这是一批什么样的人呐！我没法想象俄军竟然会派出这样一支脏兮兮的部队。裹在灰色外套里的是衣冠不整的士兵，而且装备破烂——他们的形象如此不敬，让我们吃惊不已而又感觉滑稽可笑。我希望这批货色是故意派来羞辱我们的，如果是这样的话，听了我们的评论，他们就知道受辱的其实是自己。禁卫军士兵列队登上了军舰，俄军布上自己的岗哨，撤离工作就此完成。[9]

永远留在克里米亚的，是几千名战死沙场的联军士兵的遗体。在撤离前的最后几个星期，联军士兵花了很大力气为长眠在这里的战友修建了墓地，竖起了纪念碑。在他从克里米亚发回的最后几份报道中，《泰晤士报》记者威廉·罗素描述了军队墓地的景象：

> 切尔松尼斯遍布着单个小坟墓、稍大一点的墓葬地以及独立的墓园，从巴拉克拉瓦到塞瓦斯托波尔锚地，到处都是。山沟与平地、山丘和凹地、大路两边或是隐蔽的山谷，从海边到

乔尔纳亚河边，长达几英里的地方，随处可见那些耀眼的白色石头，孤零零地或是一群群地，有的竖立在光秃秃的土地上，有的委身在丛丛杂草之中。法国人没有在修建坟墓上花太多力气，他们在靠近因克尔曼营地的地方有一座精心打理且布置典雅的大型墓地，但并没有围栏……掩埋军士和近卫军旅士兵的墓园周围是一道厚实的围墙，入口处有一道雅致的双开大门，很聪明地用木头和由铁环敲直的铁条做成，刷上油漆，用铰链分别挂在两个由石头凿成的大柱子上，在石柱顶上还有装饰用的柱头，顶部是一颗加农炮弹丸。墓园里有六排墓地，每排掩埋着三十具或更多遗体。每一个墓上都竖着一块墓碑，或是造一座小土丘，由一排排白色石头围起来，刻着被掩埋者的全名或是姓名缩写，用卵石标记在小土丘上。在靠近墓园入口的地方，面朝大门矗立着一座巨大的石制十字架……这座墓园里没有多少墓碑，其中之一是一个石头做成的十字架，上面镌刻着"纪念 A. 希尔中尉（Lieutenant A. Hill），第二十二团，逝世于1855 年 6 月 22 日。他在克里米亚的朋友敬立"。另一块墓碑上写着"纪念伦尼军士长（Sergeant-Major Rennie），第九十三高地旅。一位朋友立"。……[另一块] 写着"军需官 J. 麦克唐纳（J. McDonald），第七十二团，12 月 8 日在塞瓦斯托波尔前的堑壕里受伤，9 月 16 日去世，终年三十五岁"。[10]

420

　　联军撤离后，原来向彼列科普方向撤退的俄军又回到了克里米亚南部的城镇和平原。这里的战场再次成为农田和放牧地，牛群在联军的墓地边游荡吃草。渐渐地，克里米亚从被战争破坏的经济中恢复过来，塞瓦斯托波尔获得重建，修复了道路和桥梁，但是在其他方面，这座半岛却已经发生了永久性的改变。

卡思卡特山上的英军墓地，摄于1855年

　　最显著的改变是鞑靼人大部分消失了。战争开始时，小群鞑靼
人已经开始逃离家园，战争接近尾声时，因为担心联军走后会遭到
俄罗斯人的报复，离开的人数越来越多。1855 年 5 月，当地鞑靼人
借着联军占领刻赤的机会对俄罗斯人发动暴力袭击，造成了刻赤惨
案。在这之后，克里米亚的鞑靼人就已经开始受到俄罗斯军事当局
的报复，包括大规模抓捕、没收财产、集体处死"可疑的"鞑靼人等。
贝达（Baidar）谷地的鞑靼居民因此向科德林顿请愿，希望联军能
帮助他们离开克里米亚，他们担心自己的村庄重新落入俄罗斯人手
中的后果，"因为过去的经历让我们没有任何理由相信我们将受到
良好的对待"。他们的请愿书用当地的鞑靼文字写成，然后翻译成
英语。在请愿书中他们还写道：

为报答英国对我们的善意，我们会像铭记上帝一样永远牢记维多利亚女王陛下和科德林顿将军，我们会用穆罕默德教义给予我们的一天五次的祈祷机会为他们祈祷，我们对他们和所有英国人的祈祷会代代相传给我们的子孙。

由以下十二个村庄的教士、贵族和居民签署：贝达、萨格提克（Sagtik）、卡伦迪（Kalendi）、斯克里亚（Skelia）、萨瓦特卡（Savatka）、巴加（Baga）、乌库斯塔（Urkusta）、乌尊纽（Uzunyu）、布尤克拉斯括米亚（Buyuk Luskomiya）、奇亚图（Kiatu）、库楚克拉斯括米加（Kutchuk Luskomiga）、瓦尔努特卡（Varnutka）。[11]

科德林顿没有在任何方面向鞑靼人施以援手，虽然在整个克里米亚战争期间，鞑靼人曾为联军提供了食物、情报、运输服务。盟国外交官们从没想到要保护鞑靼人不受俄罗斯当局报复，其实他们本可以为此在和平条约中加上一条措辞更强烈的条款。《巴黎条约》（Paris Treaty）第五条规定，任何参战国有责任"对有迹象积极参与敌方军事行动的本国臣民给予全面赦免"，这一条款似乎不仅适用于克里米亚的鞑靼人，还可以用来保护奥斯曼帝国内的保加利亚和希腊人，他们在多瑙河战役中都站到了俄军这一边。但是新俄罗斯地区总督斯特罗加诺夫伯爵（Count Stroganov）找到了一个不受该条款约束的办法。他声称在克里米亚战争期间，鞑靼人未经军事当局批准离开了指定居住地，这就已经违反了俄罗斯法律，因此失去了《巴黎条约》第五条给予的保护。在战争期间，成千上万的鞑靼人为躲避战火而被迫离开家园，按照这一逻辑，仅仅因为他们的护照没有盖上俄罗斯的大印，这些鞑靼人在当局眼中就已经犯下了叛国罪，可判处流放西伯利亚。[12]

联军刚开始撤离时，就出现了鞑靼人第一波大规模集体逃离。　422

4月22日，四千五百名鞑靼人从巴拉克拉瓦坐船前往君士坦丁堡，他们相信土耳其政府已邀请他们到奥斯曼帝国重新定居。克里米亚当地的俄罗斯官员警觉到鞑靼人大规模逃离将会给农业经济带来冲击，于是向圣彼得堡请示是否应该阻止鞑靼人外逃。在了解到鞑靼人曾在战争期间大规模投靠联军之后，沙皇回复说不要阻止，还说"把这些有害民族从半岛上抹去对我们是有利的"，斯大林在第二次世界大战期间也重新利用了这一逻辑。斯特罗加诺夫在向当地官员传达沙皇旨意时，把这句话诠释成一道将鞑靼人驱除出去的直接指令，他声称沙皇说的是"有必要"让鞑靼人离开（而不仅仅是这样做是"有利的"）。于是俄罗斯当局向鞑靼人施加各种压力迫使他们出逃，比如有谣言说当局计划把鞑靼人大批迁移到北边，或是哥萨克人洗劫了鞑靼人村庄，或是当局计划强迫鞑靼人在学校里学习俄语或改信基督教。鞑靼人的农场被增加税赋，村庄被切断水源，从而迫使他们把土地卖给俄罗斯地主。

在1856年至1863年间，约十五万克里米亚鞑靼人和约八万诺盖鞑靼人（Nogai Tatars）*，即约占克里米亚和俄罗斯南部鞑靼人总数三分之二的人口，陆续迁移到了奥斯曼帝国。精确的数字很难统计，有些历史学家认为实际数字比这个高很多。因为担心这一地区的劳动力流失不断加剧，俄罗斯当局在1867年试图从警察统计数字中计算自从战争结束后，到底有多少鞑靼人离开了克里米亚半岛。他们的报告表明，有十万四千二百一十一名男性和八万八千一百四十九名女性离开了克里米亚，留下了七百八十四座空寂的村庄和四百五十七座废弃的清真寺。[13]

在驱逐鞑靼人口的同时，从1856年起，俄罗斯当局还施行了

---

* 主要生活在高加索北部地区。——译注

一套让克里米亚地区全面基督教化的政策。作为克里米亚战争的一个直接后果，俄罗斯当局更是把这里当作俄罗斯与伊斯兰世界之间的宗教边界，因此必须巩固对这里的宗教控制。克里米亚战争前，这里的总督沃龙佐夫亲王相对来说倾向自由主义，反对在克里米亚扩展基督教机构，理由是那将"在本地鞑靼人中滋生毫无根据的危险念头，以为我们会迫使他们放弃伊斯兰信仰改信东正教"。沃龙佐夫在 1855 年退休，接替他的是激进的俄罗斯民族主义者斯特罗加诺夫，他积极支持克里米亚所属的赫尔松—陶利德教区大主教因诺肯季的基督教化目标。在克里米亚战争接近结束时，因诺肯季的传道宣讲以小册子和版画（lubki）的形式在俄军部队中广为传播。他把这场战争描述为一场"圣战"，克里米亚是俄罗斯东正教身份的中心，因为基督教正是从这里传入俄罗斯的。通过强调克里米亚半岛上希腊教堂的悠久历史，他把克里米亚比作"俄罗斯的阿索斯山"，一座"神圣俄罗斯帝国"的圣山，与希腊东北地区阿索斯山半岛上的东正教修道院之间有宗教上的纽带。在斯特罗加诺夫的支持下，因诺肯季在战后创建了克里米亚主教辖区，并在这里兴建了几座新的修道院。[14]

　　为了鼓励基督徒移民克里米亚，沙皇政府在 1862 年制定了一条法律，给予来自俄罗斯和海外的移民特殊权利和补贴。被鞑靼人遗弃的土地被预留出来准备卖给外来移民。1860 年代和 1870 年代涌入的基督教新移民完全改变了克里米亚的民族组成。过去的鞑靼人定居点现在住满了俄罗斯人、希腊人、亚美尼亚人、保加利亚人，甚至还有德国人和爱沙尼亚人。所有这些人都看中了这里廉价而丰饶的土地，或是被可以加入城市行会和团体的特殊权利所吸引，而这些权利以往是不会给予新来的居民的。亚美尼亚人和希腊人把塞瓦斯托波尔和叶夫帕托里亚变成了重要的贸易中心；与此同时，

过去鞑靼人定居的市镇如卡法（Kefe，即锡奥多西亚）、古兹勒夫
（Gözleve）*和巴赫奇萨赖等则陷入没落中。许多定居乡村的移民是
保加利亚人或其他来自比萨拉比亚的基督教移民，他们自己家园所
在的地区在克里米亚战争后被割让给了土耳其人。这些移民被当局
安置在三百三十个原来鞑靼人的村落中，还获得资助把清真寺改造
成教堂。与此同时，许多从克里米亚逃出去的鞑靼人则定居在比萨
拉比亚被基督徒遗弃的土地上。[15]

424

　　克里米亚战争导致整个环黑海圈不同的宗教和民族团体被连根
拔起，长途迁徙，越过俄罗斯与伊斯兰世界之间的宗教界线，移居
他处。几万名希腊人从摩尔达维亚和比萨拉比亚迁往俄罗斯南部，
反过来从俄罗斯迁往土耳其的是几万名在克里米亚和高加索的波兰
难民和曾经参与对俄作战的波兰军团，即所谓的"奥斯曼哥萨克"
（Ottoman Cossacks）。他们被高门安置在多瑙河三角洲的多布罗
加地区、安纳托里亚和其他一些地区，另一些则被迁到了亚当波尔
（Adampol），即波洛内兹科伊（Polonezkoi），这是由波兰流亡领袖
亚当·恰尔托雷斯基于1842年在君士坦丁堡郊外建起来的波兰人
定居点。

　　在黑海的另一边，因为克里米亚战争，几万名亚美尼亚基督
徒离开他们在安纳托里亚的家园，迁移到了由俄罗斯控制的外高加
索（Transcaucasia）地区。他们担心土耳其人会把他们当作俄罗斯
的盟友而对他们施行报复。《巴黎条约》委托确定俄罗斯与奥斯曼
边界线的欧洲专门委员会发现，亚美尼亚村庄"只有一半人居住"，
教堂处于"严重损毁"的状态。[16]

　　与此同时，数量更多的切尔克斯人、阿塞拜疆人和其他穆斯林

---

* 即叶夫帕托里亚，这是它的土耳其名称。——编注

部落在俄罗斯当局的逼迫下离开家园。在克里米亚战争之后，俄军加强了对沙米勒武装的军事行动，采用了一种现在会被称为"种族清洗"的一致政策对高加索进行基督教化。开展这一军事行动的主要原因，是因为《巴黎条约》规定英国皇家海军可以在黑海地区自由航行，而俄军失去了海上军事手段来对付黑海沿岸充满敌意的穆斯林人口。俄军首先将目标集中在高加索西部、靠近黑海海岸线、土地肥沃的切尔克斯地区。穆斯林村庄遭到俄军部队袭击，不论男女都被屠杀，农庄和家园被毁，村民们被迫迁移或是挨饿。俄军给切尔克斯居民两个选择：向北迁移到库班平原，那里离海岸线足够远，如果遭遇入侵，他们不至于成为俄军的威胁；或是移民到奥斯曼帝国。几万名穆斯林居民选择向北迁移，但是同样多数量的切尔克斯人被俄军赶到黑海港口，有时候不得不在条件恶劣的码头等待好几个星期才被装上土耳其船只送往安纳托里亚的特拉布宗、萨姆松（Samsun）和锡诺普。奥斯曼当局对大量移民涌入准备不足，有几千人在抵达土耳其后的几个月内死于疾病。到 1864 年时，切尔克斯的所有穆斯林人口都被清除了。英国领事 C.H. 迪克森（C. H. Dickson）说他可以在原切尔克斯人居住区走上一天也碰不上一个活人。[17]

　　在驱逐了切尔克斯人之后，下一个目标是阿塞拜疆的穆斯林，当时他们定居在苏呼米卡莱（Sukhumi-Kale）地区。俄军的驱逐行动在 1866 年开始，采用的战术基本上和在切尔克斯一样，只不过这一次因为担心对经济的冲击，俄军的政策是保留男性劳动力，迫使妇女、儿童和老人离开。英国领事、阿拉伯研究专家威廉·吉福德·帕尔格雷夫（William Gifford Palgrave）曾到访阿塞拜疆地区并收集有关种族清洗的材料，他估计那里约四分之三的穆斯林人口被迫迁移。总的来说，把切尔克斯人和阿塞拜疆人加在一起，在克

425

里米亚战争后的十年中，共有约一百二十万穆斯林人口被赶出高加
索地区，绝大部分重新定居在奥斯曼帝国。到 19 世纪末，那两个
地区的穆斯林人口已不足基督教新移民的十分之一。[18]

＊ ＊ ＊

为了表示实行宗教宽容政策的诚意，1856 年 2 月，苏丹同意参
加两场由外国人在君士坦丁堡举办的舞会，分别在英国大使馆和法
国大使馆。这是历史上奥斯曼帝国苏丹首次接受邀请，参加在外国
大使官邸举办的基督教社交活动。

阿卜杜勒－迈吉德苏丹来到英国大使馆时，身上佩戴着几
周前英国为庆祝联军胜利而授予苏丹的嘉德勋章（Order of the
Garter）。英国大使斯特拉特福德·坎宁到苏丹的马车门边迎候，当
苏丹走下马车时，大使馆通过一条电线向落锚在博斯普鲁斯海峡的
英国舰队发出信号，舰队立刻以长时间的礼炮轰鸣向苏丹致敬。这
是一场化装舞会，客人们装扮成王子、海盗、火枪手、假切尔克斯
人和牧羊女等等。参加了舞会的霍恩比爵士夫人（Lady Hornby）*
第二天写下了自己的观感：

> 如果要把舞会上的装束一一列出，我花上一天时间也只能
> 列举一半。参加过女王举行的化装舞会的人都清楚，在华美程
> 度上，昨天的舞会有过之而无不及。除了法国、撒丁尼亚和英
> 国的军官外，各国客人都穿着他们自己奇妙的服装，其美丽程

---

* 英国派驻君士坦丁堡财务专员霍恩比爵士的夫人，她曾将自己在伊斯坦布尔的经历编录
  成书。——译注

度完全无法用语言来形容。希腊主教、亚美尼亚大主教以及犹
太长老们都穿着各自的正式礼服。真正的波斯人、阿尔巴尼亚
人、库尔德人、塞尔维亚人、亚美尼亚人、希腊人、土耳其人、
奥地利人、撒丁尼亚人、意大利人和西班牙人都在那儿，穿着
不同的服装，许多还佩带着镶珠宝的武器。阿卜杜勒—迈吉德静
静地向舞厅走来，陪伴他的是斯特拉特福德勋爵和夫人，他们
两人的女儿，后面跟着一群潇洒的高级官员。他停下脚步，显
得非常高兴，满意地看着眼前的场景，向两边点头，一直面带
微笑……军官们喝了许多香槟，他们假装不知道杯子里到底是
什么，狡黠地称之为"起泡水"（eau gazeuse）。

在法国大使馆举办的舞会上，苏丹佩戴了由法国大使图弗内尔
颁发给他的荣誉军团勋章。在接受军礼致敬后，他和外国使节们进
行了交谈，漫步在舞者之间。当军乐队奏响土耳其的进行曲时，这
些舞者还踩着鼓点即兴表演了一番。[19]

在这些活动中，让苏丹倍感喜爱的是欧洲女性的装束，他声称
这些装束比穆斯林女性的服饰好得多。"如果与这些女士交往起来，
她们的性格就像外貌一样，"他对自己的奥地利医生说，"那我真的
很羡慕你们欧洲人。"在苏丹的鼓励下，宫廷中的女性和土耳其高
官的夫人们开始越来越多地采纳欧洲服装的要素：紧身胸衣、丝绸
披肩、透明面纱等。她们开始更多地在上流公开场合露面，更多地
与男性交往。家庭内部的习俗也开始西方化，在君士坦丁堡的奥斯
曼精英家庭中，出现了欧洲的餐桌礼仪、餐具和厨具，以及欧洲家
具和装饰风格。[20]

在社会生活的各个方面，克里米亚战争都是土耳其社会开放及
西化的转折点。大批难民从俄罗斯迁移过来，成为奥斯曼帝国接触

外部世界的诸多途径之一。克里米亚战争给奥斯曼帝国带来了新的理念与科技，加速了土耳其与世界经济的整合，极大增加了土耳其人与外国人之间的接触。在战争期间以及战后不久的那一段时间里，前往君士坦丁堡的外国人比过去任何时期都多，其中有大批的外交官、金融家、军事顾问和军人、工程师、旅客、商人、传教士和教士，这些人均对土耳其社会产生了深远的影响。

战争还使得外国在奥斯曼帝国的投资急剧增加，导致土耳其在财政上对西方银行和政府产生了依赖性。例如，为支持战争和坦齐马特改革，土耳其的外国贷款从1855年的约五百万英镑上升到了1877年的两亿英镑，令人震惊。战争不仅刺激了电报和铁路的建设，而且催动了"公共观点"的出现。在克里米亚战争期间，对战事信息的需求极为庞大，直接导致了新闻写作这一新兴文字类型的出现，报纸和新闻承载了表达公众观点的责任。在1860年代，一批记者和期望进行改革的人士组成了一个松散的团体"新奥斯曼人"（Yeni Osmanlilar），虽然存在的时间短暂，却是一个类似政党的组织。与此同时，战争还触发了针对以上这些社会变革的反应，孕育了第一波奥斯曼（土耳其）民族主义运动。"新奥斯曼人"相信能够在穆斯林的传统框架内采纳西方的制度，正是因为这一理念，这个组织可以称得上是后来"青年土耳其党人"（Young Turks）*的"精神之父"，而正是这些"青年土耳其党人"创建了现代土耳其国家。[21]

"新奥斯曼人"反对欧洲列强对奥斯曼帝国事务的日益干涉，他们认为某些改革举措是由西方政府强加在土耳其身上的，其根本意图是推广基督教。他们因此反对这些改革，特别是1856年在西方强迫下颁发的《改革诏书》。这份诏书由斯特拉特福德和图弗内

* 20世纪初土耳其政治改革运动的代表。——译注

尔共同起草，作为继续提供外国贷款的条件，逼迫高门接受。《改革诏书》重申了1839年《玫瑰堂诏书》提出的宗教宽容原则，但是采用的是西方的法律语言，定义更为清楚，却没有引用《古兰经》。除了向非穆斯林承诺宽容政策和民事权利外，这份诏书还在英国人的要求下，在奥斯曼帝国引入了一些新的政治原则：严格的政府年度预算，建立银行体系，编纂刑事和民事法律，改革监狱，建立混合法庭处理大部分同时涉及穆斯林和非穆斯林的案件。这些原则可以说是对奥斯曼帝国彻底的西方化。"新奥斯曼人"支持以《玫瑰堂诏书》阐述的一些原则作为坦齐马特改革的要点，因为其中提出的改革源于土耳其内部的需求，而且没有威胁到伊斯兰教在奥斯曼帝国中的地位。在"新奥斯曼人"看来，《改革诏书》就不一样，它是在西方列强压迫下被迫接受的，给了非穆斯林特许权，他们担心这将侵犯伊斯兰教的利益和土耳其主权。

《改革诏书》由外国人起草这一事实，加上其中使用的西方用语，更是在穆斯林神职人员和保守派中激起了强烈的反感。即使是老一辈的坦齐马特改革派穆斯塔法·雷希德也认为其中对基督徒做出的让步太多了。在斯特拉特福德·坎宁的坚持下，雷希德在1856年11月重掌首相职位，但任职时间很短。一些对《改革诏书》深感愤怒的神学家和学生暗中策划了针对苏丹和他手下大臣的行动，但在1859年被当局逮捕。被审问时，这些人声称《改革诏书》违反了伊斯兰教法，因为它给予了基督徒和穆斯林同样多的权利。主要策划者之一艾哈迈德酋长（Sheikh Ahmet）称基督徒借助外国势力获取了这些权利，对他们的让步意味着伊斯兰教在奥斯曼帝国中的优势地位从此将会终结。[22]

许多穆斯林等级制度的当权者和受益人也持有同样看法，这些人包括地方军政官员、知事、地主和贵族、神职人员和官员、包税

人 * 和借贷人等，他们都担心一旦教育程度更高、更为活跃的基督
徒拥有了宗教和民事上的平等权利，将很快占据奥斯曼帝国政治和
社会秩序中的主导地位。几个世纪以来，奥斯曼帝国的穆斯林听到
的说法都是基督徒是下等人。担心被剥夺优越地位，越来越多的穆
斯林加入了抵制活动，各地纷纷出现针对基督徒的暴乱和袭击活动：
1856 年在比萨拉比亚、纳布卢斯（Nablus）† 和加沙地带，1857 年
在雅法，1858 年在汉志。1860 年在黎巴嫩和叙利亚，两万名马龙
派（Maronite）基督徒遭德鲁兹人（Druzes）和穆斯林屠杀。在每
一起事件中，穆斯林和基督徒在宗教上的差异都增强了经济上的分
歧，反之亦然，双发愈加对立。例如，以从事农业和小商业为主的
穆斯林的生计直接受到基督教中间商进口的欧洲物资的冲击。在反
对《改革诏书》的神职人员煽动下，暴动分子攻击基督徒的店铺和
住宅、外国人建的教堂和教会学校，甚至还冲击外国大使馆。

　　以纳布卢斯为例，暴动发生在 1856 年 4 月 4 日，就在穆斯林
领袖在主麻日的祈祷中谴责了《改革诏书》之后。这里约有一万名
居民，其中五千为基督徒，在克里米亚战争前，他们与镇上的穆斯
林一直相安无事。但是战争让双方之间的关系变得紧张，当地的巴
勒斯坦人把俄军的失败看作"穆斯林的胜利"，新颁布的《改革诏
书》中有关宗教平等的条款让他们觉得自己的宗教自豪感受到了伤
害。对基督徒来说，他们把克里米亚战争看作西方联军的胜利，在
家门口升起法国和英国的旗帜，并在新教教会学校里架上了一口新
钟。这些举动刺激了穆斯林的情绪，在主麻日祈祷间，穆斯林教士
谴责这些举动为西方统治的象征，声称不久以后，召唤穆斯林们前

———————————

* 　奥斯曼帝国中代理政府征税，只向政府缴纳固定税额的中间人。——译注
† 　位于今巴勒斯坦。——译注

来祈祷的将是英国人的钟声，除非穆斯林们现在就起来捣毁基督教堂，这将是"向上帝祈祷的恰当方式"。于是教众们呼喊着发动圣战的口号，涌向纳布卢斯街头，许多人聚集在新教教会外，把门口的英国旗扯了下来。

在高度紧张的形势下，点燃暴力导火索的是一件涉及莱德牧师（Reverend Mr Lyde）的荒唐事件。他是一名新教传教士，还是剑桥耶稣学院的成员（Fellow of Jesus College），当天意外射杀了一名想偷他外衣的乞丐。"狂热的杯子已经满了，一滴水就能让它溢出。"英国驻耶路撒冷领事詹姆斯·芬恩在对此事的汇报中写道。为避开暴徒，莱德躲到了镇长马哈茂德·贝克（Mahmud Bek）家中。镇长安抚了受害者家属，并提议将他埋葬。但是镇上的乌理玛对这样的处理不满意，在开了一场宗教会议后，下令禁止将受害者埋葬，并暂停所有清真寺的祈祷，"直到伊斯兰的血债得以偿还"。人群聚集在镇长官邸前，叫喊着"向基督徒复仇！"，要求镇长交出莱德。莱德自愿牺牲自己，但是马哈茂德·贝克没有答应。暴徒们开始在镇上破坏袭击，所有能拿走的财物都被偷抢一空，基督徒的住宅、学校和教堂被洗劫焚毁。根据芬恩的报告，几名普鲁士领事官员被杀，同时遇难的还有十几名希腊人。他的报告还写道，"十一名孕妇因惊吓而早产"。最后，在苏丹军队介入下，事件终于得以平息。4月22日，莱德在耶路撒冷出庭受审，一个由穆斯林和基督徒联合组成的陪审团认定他谋杀罪名不成立，但还是下令他给乞丐家人支付一大笔赔偿金。* 莱德后来回到英国时，脑子已经不正常了，幻想自己成了耶稣基督。这一地区针对基督徒的攻击持续了好几个

430

---

* 控告莱德的人声称他故意向乞丐开枪，但是仅有的目击事件发生经过的人是三名妇女。在土耳其法庭，妇女的证词是不被接受的。——原注

月，穆斯林暴乱的领头人物却从未被送上法庭。1857 年 2 月，芬恩汇报说三百名生活在加沙的基督徒"依然在恐惧中过日子"，因为"没人能够控制穆斯林狂热分子"，而且因为担心报复，没有一个基督徒愿意出庭做证。[23]

因为担心在各地引发暴力事件，奥斯曼当局在落实《改革诏书》承诺的宗教宽容条款上不断拖延。斯特拉特福德对此感到越来越不满，"在宗教迫害问题上，土耳其官员不愿意采取任何措施来满足女王陛下政府的要求，"他向克拉伦登写道，"他们假装担心一旦让步，将会激发穆斯林公众的不满。"土耳其参与克里米亚战争获得胜利，引发了"穆斯林必胜"念头的重新抬头，斯特拉特福德写道。战争的后果是土耳其人变得更加维护自己的主权，对西方干涉内政更为反感。新一代的坦齐马特改革派人物个人地位稳固，不像克里米亚战争前雷希德那一代改革派需要依赖外国势力和大使们的支持。正因为如此，他们在实施改革时更为小心务实，愿意推动西方国家要求的经济和政治改革，但不会急于实现《改革诏书》对宗教事务的承诺。在他担任大使的最后几年间，斯特拉特福德一直呼吁土耳其领导人更为真诚地保护奥斯曼帝国内的基督徒，强调土耳其必须以此回报英法两国在克里米亚战争中提供的协助。最让他恼怒的是，在奥斯曼帝国中，改信基督教的穆斯林依然会被处以极刑，尽管苏丹已经承诺保护基督徒免受宗教迫害并废除"处死脱教者的野蛮行为"。斯特拉特福德在 1856 年 12 月 23 日给高门的信中引用了许多改信基督教的人被从家中赶出并被处死的事例，他写道：

431

> 欧洲列强将永远无法接受，土耳其依靠他们的炮舰和军队取得了军事胜利，其结果却是延续 [叛教] 法律，这不仅是对欧洲列强的一种侮辱，而且是对他们基督教同仁的残忍迫害。他

们有权要求，英国政府也特别提出要求，任何转信基督教的穆斯林不会因此遭受惩罚，就像转信伊斯兰教的基督徒不会受到任何惩罚一样。[24]

但是直到他第二年回伦敦时，高门还是没有做出多少实际行动来满足欧洲列强的要求。"在基督徒中，"芬恩在 1857 年 7 月汇报说，"一种强烈不满的情绪正在增长，这都是因为土耳其政府在实施宗教宽容上的动作迟缓。"

基督徒们投诉说他们在街上被人侮辱，在公共法庭上遭受 [432] 不平等待遇，如果他们在政府中有任何职位都会被赶走，他们没有参军的荣誉却被迫缴纳比过去高一倍的军事税。

根据芬恩的说法，在巴勒斯坦乡村地区，多年以后《改革诏书》的条文依然没有得到贯彻。当地政府官员贪污腐化，不按规章办事，而且与本地的穆斯林名流、教士和官方人物过从甚密，确保不会改善基督徒的地位。高门遥远而软弱，连制裁地方官员铺张浮华的能力都没有，更不用提迫使他们接受宗教和民事权利平等的新法律了。[25]

高门未能实行改革所带来的后果，在巴尔干地区最为深远。从 1858 年的波斯尼亚起义开始，这一地区的基督教农民将会再次起来反抗穆斯林地主和官员。继续维持米利特系统激发了巴尔干地区的民族主义运动，一系列的巴尔干战争将再次把奥斯曼帝国和欧洲列强卷入进来，民族主义情绪越来越高涨，最终将触发第一次世界大战。

* * *

《巴黎条约》没有对欧洲版图造成大的改变。在许多人看来，损失这么多生命，结果却是这样，实在不值得。俄罗斯确实丢失了比萨拉比亚南部，割让给摩尔达维亚，但是除此之外，《巴黎条约》只是陈述了一些原则：奥斯曼帝国的独立完整将由欧洲列强保证，这是国际法中第一次承认了一个伊斯兰国家，1815年的维也纳会议曾特别将土耳其排除在外；对苏丹的非穆斯林臣民的保护由签字各方共同担保，从而废止了俄罗斯声称独自拥有的保护奥斯曼帝国内基督徒的权利；确认多瑙河两公国为自治国家，主权归奥斯曼帝国，从而终结了俄罗斯对两公国的保护权；对俄罗斯人来说最耻辱的是第十一条，宣布黑海为中立地区，在和平时期对任何商业船只开放，但不对军舰开放，从而让俄罗斯在其关键的南疆海岸线上失去了使用军港和军火库的权利。[26]

433

但是，尽管《巴黎条约》没有立即让欧洲版图发生改变，它仍然是国际关系与政治的一道分水岭，在实质上结束了欧洲过去的权力平衡，即奥地利和俄罗斯共同控制欧洲；与此同时形成了新的势力组合，为一批新的民族国家，如意大利、罗马尼亚和德国等的兴起铺平了道路。

虽然《巴黎条约》惩罚的是俄罗斯，但是从长远看，损失最大的却是奥地利，尽管它和克里米亚战争只沾了一点儿边。俄罗斯一直没有原谅奥地利在1854年倒向英法联盟、采取武装中立的行为，奥地利从此失去了这个保守派盟友。与此同时，自由派的西欧国家又因为奥地利的政治保守，以及在战争期间提出"对俄罗斯软弱"的和平倡议而对它不抱信任。1856年后，奥地利发现自己在欧洲大陆上越来越孤立。之后它在 1859 年与法国和皮埃蒙特的战争中丢掉了在意大利的地盘；在 1866 年与普鲁士的战争中丢掉了在德国的地盘；在巴尔干地区，从 1870 年代到 1914 年，奥地利也节节败退。

当然这一切在 1856 年 4 月尚不明显，奥地利与法国和英国组成三国联盟共同担保《巴黎条约》的实施。三方签署协约，同意任何触犯《巴黎条约》的行为都将构成宣战的理由。帕默斯顿将之视为针对俄罗斯的一个"很好的附加保险和团结纽带"。他认为俄罗斯必将再次成为欧洲大陆的主要威胁，希望将该协约扩展为一个欧洲国家之间的反俄罗斯大联盟。[27] 但是拿破仑三世却不想在反俄罗斯方面走得那么远，自从塞瓦斯托波尔被攻占以来，法俄关系正转向和睦。拿破仑三世需要俄罗斯的支持，在意大利问题上共同对付奥地利。对俄罗斯来说，法国是最有可能在黑海问题上提供支持的西方国家，在 1856 年接替涅谢尔罗迭担任外交部长的戈尔恰科夫亲王坚信这一点。自《巴黎条约》签署以后，俄罗斯一直想去除其中让其倍感羞辱的黑海中立化条款，亟须西方国家的支持。法国与俄罗斯在这一问题上有共同点，双方都想改变历史协议中的规定：俄罗斯想改变 1856 年《巴黎条约》的条款，法国想去除 1815 年条约的残余。两国之间有共同利益，可以达成某种默契。

和他的前任、坚决支持神圣同盟及其正统原则的涅谢尔罗迭不同，戈尔恰科夫亲王对俄罗斯在欧洲大陆上的地位持一种实用主义的态度。在他看来，俄罗斯不应该像克里米亚战争前那样，与其他国家结盟的目的仅仅是为了维护某种原则，例如正统君主制。这场战争已经向俄罗斯显示，它不能指望欧洲正统君主之间的团结。过去涅谢尔罗迭的政策让俄罗斯受累于其他国家政府的失败，在克里

434

米亚战争中，俄罗斯就因为奥地利政府而深受打击。戈尔恰科夫亲
王本人自从在维也纳担任大使起，就十分厌恶奥地利。他认为俄罗
斯的外交政策应为其国家利益服务，不要考虑意识形态，只要可以
为俄罗斯赢得更多利益，就可以与任何强国结成联盟。这是一种新
型的外交政策，也就是日后德国首相俾斯麦（Bismarck）推行的实
用主义原则。

　　《巴黎条约》刚一签署，俄罗斯就对其条文发起了挑战，集中
在一些小问题上，试图在由西方列强组成的克里米亚联盟间挑起分
歧。1856 年 5 月，他们声称对位于多瑙河三角洲入海口附近、土
耳其水域内的蛇岛（Serpent Island）上的一座灯塔拥有主权，派出
七名士兵，在一名军官的带领下登上蛇岛，并在灯塔驻扎。法国外
交部长瓦莱夫斯基倾向于允许俄罗斯拥有这个没有什么战略意义的
灯塔，但是帕默斯顿则坚持必须驱逐这些俄罗斯军人，因为他们侵
犯了土耳其的主权。当一艘英国船的船长与岛上的土耳其人建立联
系后，他被告知土耳其人不在意俄罗斯军人待在岛上，反而把他们
视为客人，乐于向他们贩卖物资。帕默斯顿不为所动，"我们必须
避免阿伯丁政府的失误，不能让俄罗斯扩张的早期行动和迹象在眼
皮底下漏过。"他在 8 月 7 日给克拉伦登的信中写道。派出炮舰武
力驱逐俄军的行动已经准备就绪，但是英国驻圣彼得堡全权特使约
翰·沃德豪斯（John Wodehouse）却心有疑虑，不能肯定英国有权
这么做，英国女王也有同样的疑虑，因此帕默斯顿不得不做出让步，
改而通过外交途径施压。戈尔恰科夫亲王坚称俄罗斯自从 1833 年
起就拥有蛇岛，并就此向法国提出申诉，于是法国获得了一个在英
国和俄罗斯之间进行国际调停的地位。[28]

　　与此同时，俄罗斯对《巴黎条约》发出了第二次挑战，这次的   435
焦点与俄属比萨拉比亚和土耳其控制的摩尔达维亚之间的边界线有

关。由于制图错误和对地名的混淆，盟国把边境线划到了一座古老村庄博尔格勒（Bolgrad）的南边。在村庄南边三公里处是新博尔格勒（New Bolgrad），一个坐落在雅尔普克湖（Lake Yalpuk）边的集镇，这片湖是多瑙河的水源之一。俄罗斯利用地名上的混乱，声称两个博尔格勒都应归其所有，目的是借此获得对雅尔普克湖的共同拥有权。帕默斯顿坚持边境线必须保留在古村边，因为《巴黎条约》的意图之一是不让俄罗斯占有多瑙河。他呼吁法国保持强硬，在俄罗斯面前与英国统一立场，否则两国之间的分歧将被俄罗斯利用。但是法国愿意向俄罗斯让步以示好，不过他们接着又提议边境线应该沿着新博尔格勒和雅尔普克湖之间的一小条陆地划定，这样的话俄罗斯可以得到更多领土，但是却拿不到雅尔普克湖。在这一事件中，法国再次成为俄罗斯与英国之间的斡旋者。

到 11 月中，德·莫尔尼公爵已说服戈尔恰科夫亲王放弃对蛇岛主权的要求，接受新博尔格勒但是不包括雅尔普克湖，外加由法国皇帝斟酌决定的其他领土补偿。这一交易同时又同一个由沙皇和戈尔恰科夫亲王提出、德·莫尔尼在圣彼得堡协助起草的方案挂钩，提议法俄之间签署一项协议，保护黑海和多瑙河两公国的中立。虽然《巴黎条约》确立了这两个地区的中立，但是俄罗斯声称“条约已被英格兰和奥地利践踏”，并且两国“试图以欺诈方式”剥夺俄罗斯对多瑙河地区的合法拥有权。德·莫尔尼向拿破仑三世推荐了俄罗斯的提议，同时向其转告了戈尔恰科夫亲王的一项承诺：如果法国签署这项协议的话，俄罗斯将会支持法国在欧洲大陆的领土诉求。“请考虑一下，”德·莫尔尼写道，“俄罗斯将是唯一一个承认法国新增领土的强国。就这一点我已经得到明确承诺。试试看我们能不能从英国人那里得到同样的保证！谁知道呢，也许有一天我们要靠俄罗斯的支持才能满足我们苛刻又任性的国民。”在俄罗斯方

436

面，应该对法国新增领土采取什么样的态度，一份给基谢廖夫伯爵的秘密指令做了详细说明。基谢廖夫伯爵是多瑙河公国的前任总督，在克里米亚战争之后被任命为俄罗斯驻法国大使，原因是俄罗斯想派遣一名高级政客到巴黎，以显示沙皇对俄罗斯与法国之间友谊的重视。在给基谢廖夫伯爵的秘密指令中，他被告知如果拿破仑三世将目光投向意大利半岛的话，俄罗斯"将支持尼斯和萨伏依归属法国，以及伦巴第与撒丁尼亚的统一"。如果拿破仑三世的野心是莱茵河的话，俄罗斯将"使用其影响力"帮助法国，同时继续遵守自己对普鲁士的承诺。[29]

1857 年 1 月，各方代表在巴黎开会，很快为两处领土争议提供了解决方案。蛇岛主权确认归土耳其所有，成立一个国际委员会控制灯塔；新博尔格勒归摩尔达维亚所有，俄罗斯将在比萨拉比亚的其他地方获得领土补偿。表面上看，俄罗斯在两处领土争议上都没有占到便宜，但是却凭借这两处争议削弱了克里米亚战胜国联盟之间的团结，赢得了一场政治上的胜利。法国人的行为很清楚地表明奥斯曼帝国的领土完整对他们来说并不重要，他们愿意通过与俄罗斯进行交易以实现重新划分欧洲版图的梦想。

在之后的十八个月里，俄罗斯高级官员陆续造访巴黎。1857年，沙皇的弟弟康斯坦丁大公访问巴黎。在克里米亚战争后，他被赋予重任，对俄罗斯海军实行迫切需要的改革。他认为要让落后的俄罗斯舰队实现现代化，与法国合作以获得技术支持是最好的途径，因此把所有俄国造船厂无力承担的订单全部给了法国企业。在前往巴黎途中，他在尼斯附近的维拉弗兰卡湾（Bay of Villafranca）做了停留，与撒丁尼亚首相加富尔伯爵达成协议，代表敖德萨海运署（Odessa Shipping Company）向撒丁尼亚政府租借了一座装煤站，

从而为俄罗斯船只在地中海上提供了一个落脚点。*在巴黎，拿破仑
三世为康斯坦丁大公举行了盛大的欢迎仪式，还跟他就欧洲的未来
私下进行了交谈。法国皇帝清楚康斯坦丁希望在俄罗斯外交政策上
扮演重要角色，而且他的泛斯拉夫观点与外交部长戈尔恰科夫亲王
针锋相对，所以在交谈中故意顺着他的政治野心。拿破仑三世特别
提到意大利人可能会起来反抗奥地利人统治，并最终在皮埃蒙特领
导下实现统一，还谈到了奥斯曼帝国中基督徒发动起义的可能性，
这些都是康斯坦丁非常感兴趣的议题。拿破仑三世表示这两种可能
出现的局面都符合他们的利益，因为他们都鼓励欧洲小国独立。[30]

　　在康斯坦丁大公的鼓励下，拿破仑三世与沙皇建立了直接联
系，目的是争取沙皇支持法国与皮埃蒙特联军在意大利与奥地利人
开战。1857 年 9 月，两国元首在斯图加特（Stuttgart）会面，在这
之后，拿破仑三世对获得沙皇的支持充满了信心。第二年 7 月，当
他在普隆比耶尔（Plombières）与加富尔伯爵会面，共同商定作战
计划时，他向加富尔伯爵保证已从沙皇那里得到庄严承诺，俄罗斯
将支持他们在意大利的计划。在这之后的几年里，皮埃蒙特王国在
伦巴第—威尼西亚战役中打败奥地利军队，领土得以扩大，建立了
北意大利王国（Kingdom of Northern Italy），类似 1848—1849 年
间短暂成立的意大利北部王国。在这之后，北意大利王国统一了托
斯卡纳（Tuscany）公国，这里原来是直接受教皇统治的教皇国（Papal

*　从这一时期开始，尼斯成为俄罗斯贵族钟爱的度假胜地，被英国报刊称为"俄罗斯人的
　布赖顿"（Brighton，译者注：英格兰南部著名的海滨度假城市）。英国报刊对俄罗斯商船
　出现在地中海这块被英国皇家海军控制的海域感到紧张，警告说俄罗斯和天主教势力正
　在进行勾结实施阴谋。后来的传言说俄罗斯还打算在地中海其他地方建立装煤站。1858 年，
　已经下台的帕默斯顿呼吁英国海军向撒丁尼亚显示武力以作为警告。但当时德比勋爵（Lord
　Derby）领导下的政府对此并不那么上心，将俄罗斯与撒丁尼亚政府的交易视为仅仅是一
　个商业协议而已。维拉弗兰卡协议一直延续到 1917 年为止。——原注

State），但当时疆土已经缩小。北意大利王国还统一了亚平宁半岛
南部的两西西里王国（Kingdom of the Two Sicilies）*，成立了意大
利邦联（Italian Confederation），实现了意大利的统一。长期支持
意大利统一的拿破仑三世则得到了尼斯和萨伏依作为回报。

　　加富尔曾经将统一意大利的希望寄托在法英联盟上，这也是他
派遣撒丁尼亚部队前往克里米亚参加联军的原因。在巴黎和平会议
上，他在幕后施展影响力，赢得了法英两国的同情和支持。虽然没
有取得实质性的成果，也未赢得两国支持意大利统一的明确表态，
但是他依然相信西方列强的支持是他唯一的希望。当他从拿破仑三
世那里得知俄罗斯将会支持意大利民族革命时，几乎不能相信自己
的耳朵，急忙赶往附近的温泉度假地巴登—巴登（Baden-Baden），
那里是欧洲"没落的国王和亲王们"聚集疗养的地方。加富尔在那
里觐见了叶莲娜·帕夫洛夫娜大公夫人，即沙皇亚历山大二世的婶
婶，她持自由派立场，很有影响力。大公夫人向加富尔保证说他确
实可以依托俄罗斯的支持。"大公夫人告诉我，"加富尔在给撒丁尼
亚军队的马尔莫拉将军的信中写道，"如果法国与我们保持步调一
致，那么公众舆论将迫使俄罗斯政府也加入联合阵线。"[31]

　　但事实上，沙皇并不愿意卷入任何战争。法国同意取消他们对
《巴黎条约》中有关黑海中立条款的支持；作为回报，亚历山大二
世并未承诺武力介入，而是在意大利战争期间保持武装中立，在俄
罗斯与奥地利的加利西亚地区接壤处集结大批军队，以此来阻止奥
地利派兵增援意大利。在克里米亚战争期间，奥地利以武装中立来
支持联军，现在亚历山大二世采取一模一样的手段来对付奥地利，
是对奥地利背叛行为的一种报复。在法国方面，拿破仑三世不愿意

439

---

*　由原来的西西里王国和那不勒斯王国联合而成。——译注

在黑海问题上做出明确表态，担心因此破坏法英两国的关系，所以法国和俄罗斯之间无法达成正式协议。但是两国君主在 1859 年 3 月签署了一项君子协定：一旦法国与奥地利开战，俄罗斯将持"善意中立"的立场；作为回报，法国将在"未来某个时候"为俄罗斯"施展其影响力"。[32]

正是在此协议基础上，法国和皮埃蒙特在 1859 年 4 月向奥地利宣战。他们知道，根据法俄君子协议，当他们在意大利与奥地利交战时，俄罗斯将会在其与奥地利的边境地区集结三十万军队。如果这样的局面发生在几年前，俄罗斯一定会给予奥地利军事支持，反击法国推翻《维也纳条约》的任何企图。克里米亚战争改变了一切。

在拿破仑三世和维托里奥·埃马努埃莱的指挥下，法国—皮埃蒙特联军很快取得了一系列胜利。在 6 月 24 日的索尔费里诺（Solferino）战役中，联军摧毁了由奥地利皇帝弗兰茨·约瑟夫率领的奥地利军队，这是历史上最后一场交战军队均由各方国家元首亲自率领指挥的战斗。此时拿破仑三世开始担心德意志地区各国可能会派出军队支持奥地利，于是在事先没有取得皮埃蒙特同意的情况下，就与奥地利在维拉弗兰卡签订了停战协议。根据协议，伦巴第的大部分地区，包括其首府米兰都归属法国。接着根据拿破仑三世和加富尔在普隆比耶尔达成的意见，法国人立刻将从奥地利人那里取得的拥有权转交给了皮埃蒙特。法国与奥地利的停战协议还规定在意大利中部的国家，包括帕尔马（Parma）、摩德纳（Modena）和托斯卡纳恢复君主制，本来这些国家的君主在战争之初就被公众暴动推翻了。这一交易激怒了皮埃蒙特人，却合了俄罗斯人的心意——因为看到意大利独立战争演变成了一场革命运动，让俄罗斯人深感忧心。皮埃蒙特军队接着并吞了这些中部地区国家，同时把尼斯和萨伏依给了法国，作为其一贯支持意大利独立的回报。但是

439

这一领土割让行为遭到了朱塞佩·加里波第（Giuseppe Garibaldi）将军的反对，他是对奥地利作战的英雄，同情革命，而且本人在尼斯出生。在1860年春，他率领手下一千名志愿军"红衫军"（Redshirts）南下开始了一场征服西西里和那不勒斯的远征，最后将这两个王国统一，并加入了皮埃蒙特领导下的意大利。

加里波第对意大利革命的支持让沙皇与拿破仑三世之间的关系变得非常紧张。对沙皇来说，这让他清楚地意识到支持法国皇帝的扩张政策将可能带来危险的后果。一旦意大利的民族主义革命成功，将难以阻止这一浪潮涌向哈布斯堡王朝统治下的奥地利，再从那里涌向波兰和俄罗斯的其他属地。1860年10月，俄罗斯与皮埃蒙特断绝了外交关系，作为对其并吞那不勒斯王国的抗议。俄罗斯外交部长戈尔恰科夫谴责皮埃蒙特煽动革命，宣称除非获得国际会议批准，俄罗斯将反对任何发生在意大利的领土变动，并表示谨慎支持奥地利在意大利的军事行动，当然现在俄罗斯已决不可能再与奥地利人在意大利并肩作战了。此时第一届意大利议会已于1861年在都灵（Turin）召开，只有威尼西亚和教皇城市罗马尚未加入。当埃马努埃莱在1861年3月加冕为意大利国王时，尽管受到来自英国和法国的压力，奥地利和俄罗斯仍然共同决定不予承认他的国王地位。当英国人要求戈尔恰科夫亲王运用他的影响力来说服普鲁士承认意大利国王时，他拒绝合作。从这一点来看，原来的神圣同盟似乎还没有完全烟消云散。戈尔恰科夫亲王对英国人坚称，如果从皮埃蒙特开始的民族起义浪潮不被遏制的话，将会威胁到奥地利和土耳其的稳定。也许是故意嘲讽英国人参与克里米亚战争的理由，440
戈尔恰科夫亲王对英国驻圣彼得堡大使内皮尔勋爵＊说道："我们有

＊　即弗朗西斯·内皮尔（Francis Napier，1819—1898）。——译注

两个根本的目标——保卫土耳其，保卫奥地利。"[33]

　　1863 年的波兰起义将俄罗斯与法国的友好关系推到了破裂点。在加里波第的感召下，波兰学生从 1861 年起就开始游行示威，促使沙皇派驻波兰的总督兰贝特将军（General Lambert）宣布实行军事管制。波兰领导人开始秘密集会商讨战略，一些人支持发动一场联合农民和工人的全民民主革命，另一些较为保守的人士在恰尔托雷斯基的领导下，寻求发动一场贵族和知识分子领导的民族主义运动。波兰起义的开端是一场自发的反抗俄军在波兰强制征兵的运动，小股武装在立陶宛、波兰、白俄罗斯和乌克兰西部天主教聚居区的森林地带与强大的俄军展开游击战。参加游击战的人，包括许多"朱阿夫死军"（Zouaves of Death）成员，他们曾在克里米亚战争中与俄军作战过。"朱阿夫死军"由弗朗索瓦·罗什布吕纳（Franois Rochebrune）创建，他是克里米亚战争期间法军朱阿夫部队里的一名军官，还曾在 1857 年作为英法联军中的一员参加过第二次鸦片战争，后来定居在归属奥地利的波兰城市克拉科夫（Cracow），在当地成立了一所击剑学校。波兰朱阿夫部队的士兵身穿胸口绣着白色十字架的黑色制服，头戴红色土耳其毡帽，使用的是从克里米亚战场上获得的米涅来复枪，他们誓言宁愿战死也不向俄军投降。

　　一个革命政府在华沙秘密成立了，宣布"所有波兰人都是自由平等的公民"，允许农民拥有自己的土地，并向欧洲国家恳求支援。教皇庇护九世下诏为天主教波兰反抗东正教俄罗斯进行特别祈祷，并积极地在意大利和法国煽动对波兰起义者的同情与支持。拿破仑三世想派遣军队从波罗的海登陆支持波兰革命，但是被英国人阻止了，担心因此触发又一场克里米亚战争。最后因为法国发动了对墨西哥的入侵战，才无力派兵前往波兰。西方列强为维护波兰起义而进行的外交干预让俄罗斯感到愤怒，特别是法国的行为被俄罗斯视

441

弗朗索瓦·罗什布吕纳

为一种背叛，因此俄罗斯更是不惜一切代价镇压波兰起义。俄军在各处焚毁整座市镇和村庄，几万名波兰男女被流放到西伯利亚，几百名起义者被公开绞死。

在波兰起义之初，俄罗斯就已经开始疏远法国，恢复了与普鲁士的联盟。普鲁士是参与瓜分波兰的国家之一，也是唯一一个支持俄罗斯镇压波兰起义的国家。两国之间有着军事协议，允许俄军乘坐火车通过普鲁士境内。亚历山大二世一向对自由派的法国心存疑虑，普鲁士看来是一个更为可靠的保守派盟友，可以共同对抗法国在欧洲大陆上日益增长的影响力。俄罗斯给了普鲁士首相奥托·冯·俾斯麦相当多的支持。早在俾斯麦于 1859—1862 年担任驻圣彼得堡大使时，其保守主义立场就已经引起了沙皇的注意，俾斯麦也极为重视与俄罗斯保持友好关系。在这段时间里，俄罗斯一直支持普鲁士的对外战争，包括 1864 年对丹麦、1866 年对奥地利以及 1870 年对法国的战争。到了 1871 年，德国在俾斯麦的领导下取得了统一，而法国则刚刚战败。在德国的支持下，《巴黎条约》第十一条终于被取消，俄罗斯可以开始重建黑海舰队了。在《巴黎条约》签署后的十五年间，发生了许多事件，国际局势已面目全非：拿破仑三世被法兰西第三共和国推翻，流亡到了英国；奥地利和法国的势力和地位下降了；两个新兴国家德国和意大利成立了；克里米亚战争期间的种种考虑和激情已经烟消云散。

* * *

《巴黎条约》没有让俄罗斯丢失大量领土，却让其备受挫折。除了损失了黑海舰队、割让了比萨拉比亚部分地区外，俄罗斯在巴尔干地区也不再有任何威望，18 世纪以来俄罗斯在东方问题上获得

的利益丢失殆尽。一直要到 1945 年，俄罗斯才恢复了其在欧洲的
主控地位。

　　黑海非军事化对俄罗斯来说是战略上的重大打击，如果俄罗斯
再与土耳其交战，土耳其可以请求英国或是任何其他国家的舰队进
入黑海，而俄罗斯却没有能力保卫自己易受攻击的南部海岸。摧毁
黑海舰队、塞瓦斯托波尔和其他军港对俄罗斯来说是一场羞辱，被
强制解除武装这样的事情过去从未发生在任何一个强国身上，即使
法国在 1815 年拿破仑战争惨败后也没有被迫解除武装。俄罗斯遭
受的对待在欧洲协调历史上是史无前例的，欧洲协调的建立本来就
是为了保证一个强国不会被其他国家羞辱。但是盟国在对待俄罗
斯时，并没有将其看作一个欧洲强国，而是将其视为一个半亚洲
（semi-Asiatic）国家。在巴黎和平会议期间，法国外长瓦莱夫斯基
曾询问英国代表团，如果在俄罗斯黑海港口设立西方国家的领事馆
以监督黑海非军事化的执行，这样做对俄罗斯来说会不会过于羞辱
了。英国驻法国大使考利勋爵坚持认为不会，他指出在第一次鸦片
战争之后，《南京条约》也对中国强加了类似的条款。[34]

　　在俄罗斯，克里米亚战争的失败让军队信誉扫地，突出了对国
防进行现代化改革的迫切性，这不仅体现在军事上，还包括建设铁 　443
路、工业化、健全的金融系统等等。战争部自尼古拉一世以来一直
受宠，现在风头被财政部和内政部盖过了，当然政府开支的很大一
部分仍然用于战争部，这一点是不可避免的。

　　许多俄罗斯人心目中长期以来的国家形象——世界上最大、最
富有、最强大的国家——忽然粉碎了，俄罗斯的落后暴露无遗。在
社会的各个角落都可以听到呼吁改革的声音，每件事均遭到质疑。
克里米亚战争这场灾难暴露了俄罗斯各个机构存在的问题，不光是
军事指挥上的腐败无能、海陆军技术上的落后、因道路不佳和缺乏

铁路导致的长期存在的补给困难，还包括军队主要组成分子农奴的恶劣生存条件和教育匮乏、农奴经济无法支持一场对手是工业化国家的战争，以及世袭制本身的失败。批评者将矛头集中在尼古拉一世身上，是他傲慢执拗的政策导致了这场灾难和无数生命的消逝。"现在公众舆论对记忆中的尼古拉非常轻蔑，"尼古拉一世的皇后身边的女侍官丘特切娃在她的日记中写道，

> 每一次新的挫败都会导致对他的责难。他们指责他推行一套全凭个人好恶制定的政策；为了他自己的骄傲和荣誉而放弃了俄罗斯的传统；对不起我们的兄弟、东正教斯拉夫人；当他应该也可以给近东和教会带来新生命的时候，却让沙皇成了欧洲宪兵。

　　甚至政府精英层对尼古拉一世时期体制的失误也有所认识。"我的上帝，这么多受害者，"沙皇的审查官亚历山大·尼基坚科（Alexander Nikitenko）在他的日记中写道，"都是因为一个人的疯狂意志，沉醉在绝对权力和傲慢中……我们一直在发动战争，不是一年两年，而是三十年，维持着一支一百万人的军队，不断威胁欧洲。到底有什么意义？俄罗斯从中得到了什么好处、什么荣耀？"尼基坚科反思道，在几年前，莫斯科的泛斯拉夫主义者还在宣扬西方如何正在衰落，俄罗斯领导下的新斯拉夫文明将如何会取而代之。"现在欧洲向我们证明我们是多么无知没落，我们对西方文明是多么傲慢无礼，俄罗斯真的多么腐朽！哦，我们是多么不幸！"[35]

　　呼吁改革的人中也包括托尔斯泰。他的《塞瓦斯托波尔故事》让其一举成名，克里米亚战争的经历塑造了他的人生观和文学观。他亲眼目睹了许多军官的腐败无能以及对普通士兵和水手的残暴对

待，而普通士兵和水手的勇气和坚韧则让他振奋。在战争期间的日记中，他第一次表达了激进改革的想法，并发誓用自己手中的笔来反抗社会不公。1854 年 11 月，在从敖德萨到塞瓦斯托波尔的船上，船长向他讲述了运送士兵时的情形："一名士兵如何在大雨中躺在潮湿的船舱底昏昏睡去；一名军官如何鞭打一名士兵，仅仅因为这名士兵忍不住挠痒；一名迟到归队两天的士兵，如何因为害怕而在船上开枪自杀，这名士兵的尸体如何没有举行葬礼就被扔到海里。"与之形成对比的是他了解到的西方军队中普通士兵的待遇，这让他充分意识到必须有所改变。"我跟法军和英军伤病员聊了一两个小时，"同一个月，托尔斯泰在辛菲罗波尔附近的埃斯基奥德写道，

> 每一名战士都为自己的工作感到自豪、有自尊心，因为他们觉得自己就像军队机器上一个高效的弹簧。性能优良的武器及使用武器的技能、年轻、对政治和艺术的基本知识，这些都让他们认识到自身的价值。而我们呢？愚蠢的徒步和武装训练、无用的武器、长官的压迫、年迈、缺乏教育、恶劣的食物装备把士兵们最后一点自豪的火花都扑灭了，甚至让他们对敌人产生过高的看法。[36]

在法国和英国军队中，是否许多士兵都对艺术有很强的认识，这一点其实是颇成疑问的。和其他许多俄罗斯对"西方"的崇拜一样，托尔斯泰的分析中也有很大的幼稚成分，但是这些理想化的认识无疑强化了他的改革主义激情。

尼古拉一世去世时，托尔斯泰撰写了一份"军队改革计划"，呈给塞瓦斯托波尔守备司令奥斯滕－萨克恩伯爵，希望他能将此转交给亚历山大二世。新任沙皇据说倾向实行更为人道的政策，基于

这一传言，托尔斯泰开篇就提出了一个大胆的原则，虽然所说的部　　445
分是正确的，但是对塞瓦斯托波尔的守卫者来说实在有失公允：

> 我的良知和正义感不允许我对在我眼前实施的罪恶再沉默
> 下去，这一罪恶正造成百万人的死亡，消磨我们的力量，破坏
> 国家的荣誉……我们没有军队，有的只是一群受军纪威吓的奴
> 隶，而指挥他们的则是盗贼和贩奴者。这群人不是一支军队，
> 因为他们既不对信仰、沙皇和父国——这些词在多大程度上被
> 滥用！——有真正的效忠，也没有勇气或是军事气节。他们所
> 有的，一方面是被动的耐心和被压抑的不满，另一方面是残忍、
> 奴役和腐败。

托尔斯泰强烈谴责了对农奴士兵的残忍对待。在一个早先的版
本中，他甚至声言在"每一个被鞭打的战士"身上都埋藏着一种"报
复的意愿"。这一意愿"被压抑极深，尚没有强烈涌现"，但是正在
等待爆发之中，"我的老天，如果真正爆发的话，将会有什么样的
恐怖场景降临我们的社会"。他后来把这一段煽动性的语句删除了，
估计意识到这些话会让他的改革计划断送在政府圈子里。托尔斯泰
呼吁在军中废除体罚，认为军队的残暴化导致了俄军在克里米亚战
争中的拙劣表现。他提出应该对炮兵进行改革，在克里米亚战争中，
俄军炮兵在联军米涅来复枪面前没有什么用处。在提出如何提高军
队指挥能力的想法时，托尔斯泰对克里米亚战争中的俄军军官做了
强烈的批评，指责他们残暴而腐化，关心的只是士兵的制服和演练
上的细节，这些人当军官是因为他们其他什么也做不了。但是，在
这里他再次删除了一段激烈的言辞，在那段话中，他声称俄军高级
指挥官们不过是一群宫廷幕僚，被选上指挥军队是因为沙皇宠信他

们，而不是他们有多强的指挥能力。删除这段话的目的也是为了让他的方案能有更多机会受到关注。当时已有谣传说他是一首讽刺歌的匿名作者，这首歌将克里米亚战争的失败归咎于扛着最高级肩章的军官的无能表现。这首民谣在军队里和社会上广为流传，以至于托尔斯泰因为被怀疑是作者而遭到了沙皇的弟弟、米哈伊尔·尼古拉耶维奇大公（Grand Duke Mikhail Nikolaevich）的训斥，指责歌词打击了军队士气。*虽然托尔斯泰是否是这首歌的作者从未得到过证实，但他却因此不再有晋升的机会，他在抵达塞瓦斯托波尔前的军衔是二级中尉，后来一直都是二级中尉。[37]

446

托尔斯泰在克里米亚战争中的经历让他不光对军事系统产生质疑。诗人阿法纳西·费特（Afanasy Fet）第一次见到托尔斯泰是在1855年冬天，在作家屠格涅夫（Turgenev）位于圣彼得堡的寓所里。他对这个年轻人"对任何广为接受的观点自动持反对态度"感到惊异。在克里米亚与普通士兵共同生活让托尔斯泰看到了农民简单朴素的美德，让他投入了一场寻找新的真理的不倦旅程，试图发现一种在不公正的农奴制下，如何让俄罗斯贵族和地主过上有道义生活的方式。他过去的作品就曾经触及这个话题，在1852年出版的小说《一个地主的早晨》（*A Landowner's Morning*）中，他写了一个地主（也就是他本人）在乡村寻找快乐和公正的人生，发现只有在不停为那些没有他快乐的人做好事的过程中，才能找到快乐和公正。大致在同一时期，他曾建议降低农奴在他的亚斯纳亚波利亚纳庄园

---

* 1857年，流亡中的社会主义者亚历山大·赫尔岑（Alexander Herzen）在他的期刊《北极星》（*Polar Star*）上发表了一首俄罗斯军中歌曲。这首叙事歌曲表达了军中普遍的不满，在1860年代的学生革命者圈子中广为流传，后来甚至还被列宁引用。事实上，托尔斯泰不能为这首歌负完全的责任。它源自一群炮兵军官，其中包括托尔斯泰，他们几乎每天都在指挥官房间的钢琴边喝酒唱歌，自编自唱。因为这时托尔斯泰已经在写作上享有名声，他无疑在创作歌词时起了主要作用，并且承担了几乎所有的后果。——原注

中应缴的佣金，但是农奴们并不习惯于这样的善意，因此对他的做法有所怀疑，拒绝了他的建议。然而，直到克里米亚，托尔斯泰才开始真正对穿军服的农奴们产生了感情——这些"淳朴而仁慈的人们，这些在真正的战争中清楚展现自己善良之心的人们"。他对自己过去的生活感到厌恶——赌博、嫖妓、大肆吃喝、铺张奢华、没有真正的工作和缺乏人生目标。在克里米亚战争后，他更为坚定地投入了与农民生活在一起、过一种"有真正意义的人生"的使命。[38]

　　托尔斯泰从克里米亚返回时，社会上已经出现了一种新的改革气氛。倾向自由和开明的贵族普遍认为是时候结束农奴制了。用著名的十二月党人谢尔盖·沃尔孔斯基（Sergei Volkonsky）的话来说，废除农奴制是"在认可农民在最近两场战争中所付出的牺牲方面，国家至少应该做到的。现在是承认农民也是公民的时候了"。沃尔孔斯基是托尔斯泰的远亲，1856 年时刚从西伯利亚流放中被释放。参加克里米亚战争的农奴士兵曾经以为可因参战而获得自由，在 1854 年春，曾有谣言说沙皇承诺任何志愿参加陆军或海军的农奴都可以获得自由，于是成千上万的农奴涌向征兵站，在被驱逐时与士兵和警察发生了冲突。在克里米亚战争结束后，农奴们对解放的期待再一次高涨起来，在亚历山大二世登基后的头六年中，曾发生过五百起农奴起义和针对乡绅的罢工。[39]

　　新沙皇相信解放农奴是防止革命发生的必要手段。"自上而下地废除农奴制总好过等到某一天农奴制开始自下而上地瓦解"，他在 1856 年曾对一些莫斯科的贵族们如此说道。克里米亚战争的失败让亚历山大二世相信除非能扫除落后的农奴制度并自我实现现代化，否则俄罗斯无法与西方列强竞争。当时的地主乡绅们对如何让自己的庄园赢利所知不多，他们中绝大部分人对农业或是会计一无所知，却像过去一样继续大手大脚地花钱，积累了越来越多的债务。

到 1859 年，俄罗斯三分之一的庄园和三分之二的农奴已经被抵押给了政府和贵族银行。解放农奴的经济理由已无可辩驳，许多地主已纷纷通过与其他人的农奴签约而转向使用自由劳动力系统。因为农奴赎买自由的钱可以用来偿还乡绅的债务，解放农奴在经济上的吸引力已越来越难以抵挡。*

　　1858 年，沙皇任命了一个特别委员会，通过与地方乡绅委员会协商来制定解放农奴的方案。一些顽固的乡绅试图施加压力，限制土地改革的范围，或是把土地转让变得对自己更为有利。在近两年时间里，特别委员会陷入政治扯皮中，行动迟缓。最终在沙皇的亲自干预下，保守的乡绅被击败，温和改革派占了上风。亚历山大二世在 1861 年 2 月 19 日签署了《解放诏书》（Edict of Emancipation），并通过教区教士向农民们宣读。土地改革的程度并不如农民期待的那么彻底，《解放诏书》给予地主相当大的权利来选择将哪些土地转让给农民，而且农民必须赎买自己获得的土地，而不是像他们期待中的那样不用付钱就被授予土地。†许多地方出现了暴乱，有些是发生在"假诏书"的谣言开始流传之后。这个谣言说公开发表的诏书其实不是沙皇签署的那一份，而是由贵族和政府官员们伪造的，为的是阻止真正的解放；真正的诏书是一份所谓的"金色宣言"，沙皇在这份宣言中宣布解放农民并把所有土地都赐予他们。

---

* 根据农奴解放的条件，农民在获得转让到他们名下的土地时，必须支付一笔赎买费用。赎买费用的多少由乡绅自己的土地委员会决定。政府在 1861 年一次性赔偿地主，农民则在四十九年的时间内逐步支付给政府，所以实际上农奴是通过偿还主人的债务来买回自由的。后来政府发现赎买费用变得越来越难收缴，原因之一是农民们一开始就认为这种做法是不公平的，于是在 1905 年终于取消了赎买费用。——原注

† 总体来说，俄罗斯欧洲部分的耕地中，大概有一半从地主那里转移到了农民合作社手中，不过具体的比例在很大程度上取决于地主的意愿。——原注

　　尽管农民们很失望，解放农奴仍然是一个极为关键的分水岭。至少普罗大众获得了某种形式的、不管在实际操作中多么有限的自由，并有理由希望俄罗斯能因此而获得重生。作家们把《解放诏书》和 10 世纪俄罗斯转信基督教相提并论，宣称年轻的俄罗斯需要把自己从过去的罪恶中解放出来，依靠人民的血汗创造财富，地主和农民必须克服旧有的分歧，以平等的国民身份进行和解，因为正如俄罗斯作家费奥多尔·陀思妥耶夫斯基（Fyodor Dostoevsky）在 1861 年所写的那样："每一个俄罗斯人首先是一个俄罗斯的人。"[40]

　　在解放农奴的同时，克里米亚战争的失败还加快了沙皇改革军队的计划。托尔斯泰并不是唯一一个在克里米亚战争期间提出军队改革方案的军官。1855 年夏天，近卫军和掷弹兵（Guards and Grenadiers）司令费奥多尔·里迪格尔伯爵（Count Fedor Ridiger）向沙皇呈上了一份备忘录，其中对军官群体的批评在许多方面与托尔斯泰的看法一致。里迪格尔把即将来临的战败归咎于高级军官以及军队管理部门的严重无能，他建议军官应该接受军事科学的培训，而不是只会行军和检阅，同时那些表现出军事才华的人必须在战场上被委以重任。不久之后，另一名高级军官、副官长 V.A. 格林卡（Adjutant General V.A. Glinka）也提出了类似意见，并且还批评了军队的补给系统。另外还有人提出修建铁路的建议，所有人都同意缺乏铁路系统是造成克里米亚战争期间俄军补给不善的主要原因。[41]

　　沙皇设立了一个"军事领域改良委员会"（Commission of the Improvement of the Military Sphere），交由里迪格尔负责，但是当委员会提出改革建议时，沙皇却在实施上开始动摇了。他对改革建议是抱支持态度的，例如早在 1857 年 1 月就批准了修建铁路网络的方案，把莫斯科和圣彼得堡与其他主要农业中心和边境地区连接起来。但是他担心贵族们对这些改革方案的反应，因为此时他正准备推行解放农奴的计划，需要贵族们的支持。他把战争部交给尼古拉·苏霍扎涅特将军（General Nikolai Sukhozanet）负责，此人是出了名的忠心耿耿，但是能力低下。苏霍扎涅特任职期间，主持了一系列修修补补式的改革，绝大部分是一些细小的法规，例如改进近卫军的制服外观等，但是其中两项有较为重大的影响：第一是修改《军事犯罪条例》（Military Criminal Statute），将体罚时最多可判的鞭笞数量从六千降到了一千五百，不过依然足以将士兵鞭打至死；第二是采取措施改善士兵的教育和军事训练，当时农奴士兵几乎全都是文盲，克里米亚战争已清楚地显示他们不能适应现代化战争。

在一系列改善军队教育的尝试中，有一项是创办一份新刊物《军队杂记》（Voennyi sbornik），目的是吸引军官和士兵读者，以生动的文章向他们呈现军事科学与事务、故事、诗歌，还包括以自由主义精神撰写的有关社会事务的文章。这份刊物与托尔斯泰在1854年提出的"军队公报"想法相似，但是可以免受军事当局的言论审查。刊物的文学栏目主编是尼古拉·车尔尼雪夫斯基（Nikolai Chernyshevsky），他是著名民主刊物《当代人》的主编，曾经发表过托尔斯泰的作品。车尔尼雪夫斯基1862年发表的小说《怎么办？》（What Is to Be Done?）影响了好几代的革命者，其中包括列宁。到1860年代，《军队杂记》在销量上已和《当代人》不相上下，有超过五千名订阅者，显示出在克里米亚战争之后，改革的理念在军队中有相当的反响。

创办《军队杂记》的想法来自军事学家德米特里·米柳亭（Dmitry Miliutin），他是克里米亚战争后俄罗斯军队改革的主要推动者。米柳亭是一位出色的军事分析家，1838年在高加索战场上受了重伤，以后就在军事学院（Military Academy）担任教授讲课。俄军在克里米亚战争中被西方军队全面打败，他很快就得出教训：俄军必须以西方军队为榜样进行改革和现代化，不久之后，他就有机会把一些理念运用到高加索的作战中。

1856 年，沙皇任命多年的亲信 A.I. 巴里亚京斯基亲王担任高加索总督，授予他消灭沙米勒叛军武装的重任。巴里亚京斯基主张在克里米亚战争后，针对俄罗斯在欧洲被钳制的局面，扩大本国在高加索和中亚地区的影响力。亚历山大二世接受了他的观点，甚至在《巴黎条约》公布前，就已经表示出要在高加索地区加强镇压穆斯林反叛武装的意图。克里米亚战争结束后，沙皇决定非但不解散高加索地区的军队，反而增添新部队，并将从海外订购的一万支米涅来复枪交给巴里亚京斯基。到 1857 年底，巴里亚京斯基手中已经控制了超过六分之一的军费和三十万军队。他认为急需对高加索的俄军进行改革，因此任命米柳亭为自己的参谋长，还相信如果在高加索改革成功的话，就更有说服力推动全军的改革了。根据西方军事理念和里迪格尔将军的方案，米柳亭提出改进指挥链，使其更为合理，同时放权给前线指挥官，让其根据自己对周围环境的判断进行指挥和控制资源，而这一切的基础是提高军官培训水平。[42]

克里米亚战争的结束大大打击了沙米勒反抗运动的士气。在既没有西方国家支持，又难以得到奥斯曼帝国协助的情况下，穆斯林部落的游击武装已没有能力继续与俄军抗衡。四十年的武装反抗让车臣人精疲力竭，各地武装力量的代表纷纷向沙米勒请愿，希望他与俄罗斯人谈和。沙米勒依然想继续作战，但是在巴里亚京斯基大规模增兵的局面下，他手下的武装已支撑不了多久，终于在 1859

年 8 月 25 日向俄军投降。*

　　由于俄军在高加索作战成功，在巴里亚京斯基的推荐下，米柳亭于 1861 年 11 月被沙皇任命为战争部长。沙皇觉得在《解放诏书》获得通过之后，他终于可以积极推动军事改革了。根据他过去的改革方案，米柳亭向沙皇呈上了一系列立法提案，其中最重要的是建立全民征兵制，所有男性到二十岁时都有义务参军。这项提案到 1874 年才得以通过。在俄军的新系统下，根据地理位置建立军区，每一军区在和平时期都会维持一定数量的军队。这一制度和欧洲其他国家的现代征兵制相似，但是在沙皇统治期间，政府财政管理不善，阶级、宗教和种族等级依然继续影响着每一项政策的实施，全民征兵制从未完全实现。米柳亭改革的重点是军队效率，但是人道主义方面的考量也未落后。他最根本的使命是重塑俄罗斯军队文化，让每一个农民战士都被当作一位公民而不是一个农奴来对待。军事院校也进行了现代化改革，更强调传授军事科学和技术。所有新兵必须上课学习基础知识，使得军队成为农民接受教育的重要途径。军队司法系统也进行了改革，至少在理论上废除了体罚制度，虽然在实际中，俄军士兵依然遭受体罚，有时候甚至因为轻微违反军纪而遭受鞭笞。一直到 1917 年，俄军中的普通士兵依然能感到自己被当作农奴对待。

452

---

* 沙米勒被送往圣彼得堡与沙皇会面，在那里他被当作明星一样对待，多年来俄国公众都知道有关他的勇敢和大胆行为的传说。他先是被流放到卡卢加（Kaluga），但是不适应那里的寒冷气候，于是在 1868 年被转移到较为温暖的基辅，在那里政府给了他一座别墅，一份养老金，只受到当局松散的监视。1869 年，他被批准前往麦加朝圣，条件是把他的儿子们留下作为人质。在完成朝圣之后，他于 1871 年死于麦地那。他的两个儿子成了俄罗斯军官，但是另两个儿子在 1877—1878 年的土俄战争中加入土耳其方面参战。——原注

* * *

克里米亚战争强化了俄罗斯长期以来对欧洲的反感。西方国家选择和土耳其站在一起，让俄罗斯人觉得受到了背叛，这是历史上第一次欧洲国家联盟与穆斯林共同作战，打击另一个基督教国家。

对欧洲反感最强烈的莫过于陀思妥耶夫斯基。他因为参与了1849 年彼得拉舍夫斯基（Petrashevsky）的左翼圈子而被流放到西伯利亚监狱。在克里米亚战争期间，他被释放，在中亚塞米巴拉金斯克（Semipalatinsk）*要塞当兵服役。在他写过的唯一一首诗《1854年欧洲事件》（"On the European Events of 1854"）中（从这首诗的水平看，不难理解为什么他再没写过诗），陀思妥耶夫斯基将克里米亚战争描绘为"俄罗斯的耶稣受难"。但是，他在诗中警告西方读者，俄罗斯一定会重新崛起，当其重新站起来后，会把眼光投向东方，实现将基督教传遍世界的天赋使命。

> 你们不清楚的是她的宿命！
> 东方——她的宿命！一百万世代的人向着她
> 无倦地伸出手臂……
> 古代东方的重生
> 由俄罗斯来实现（就像上帝赋予的那样）的日子已经临近。[43]

在西方国家面前遭受挫折之后，俄罗斯转向亚洲实现其帝国规

---

* 在今哈萨克斯坦境内。——译注

划。对于巴里亚京斯基和战争部来说，打败沙米勒之后，高加索可以作为一个跳板，让俄罗斯征服中亚地区的独立汗国。戈尔恰科夫亲王和外交部对这一想法就不那么积极，担心这一扩张主义政策将破坏他们与英国和法国修好的努力。沙皇先是在这两种对立的观点间犹豫不决，进而在1856—1857年间开始接受俄罗斯的使命在亚洲，而英国是实现这一使命的唯一障碍这一看法。受到克里米亚战争后英俄双方互相极不信任气氛的影响，"转向亚洲"的观点成为俄罗斯在"大博弈"时期，即双方在中亚争夺主动权时各项政策的出发点。

英国在1856—1857年的英国—波斯战争（Anglo-Persian War）中获胜之后，进一步增强了其在波斯地区的势力，这让沙皇很是担心。根据1857年3月签署的《巴黎条约》*，波斯将从阿富汗西北部的赫拉特撤出，这座城市是波斯于1852年和1856年在俄罗斯的支持下占领的。沙皇与巴里亚京斯基的通信很清楚地表明沙皇担心英国人将会施展他们在德黑兰的影响力，进而获得在里海（Caspian）南岸驻军的机会。他同意巴里亚京斯基的悲观预测："如果英国旗帜出现在里海，那不仅对我们在东方的影响力、对我们的对外贸易，而且对[俄罗斯]帝国的政治独立将会是一个致命打击。"

亚历山大二世让苏霍扎涅特准备一份报告，分析"有关俄罗斯与英国在中亚地区发生武装冲突的可能"。虽然这份报告排除了英国军事威胁的可能性，但是沙皇依然担心英国人会派遣印度军队去征服中亚，进而驱逐高加索地区的俄罗斯人。1857年春，英国蒸汽机船"袋鼠号"和另外几艘稍小的船只在向沙米勒武装运送军事装备的过程中，在切尔克斯海岸被截。沙皇要求英国政府做出"明确

---

* 不同于1856年解决克里米亚战争的《巴黎条约》。——译注

解释"，英国政府却不加理睬，而俄罗斯已经没有黑海舰队来阻止英国对高加索的干涉了。"袋鼠号"事件被沙皇称为一次"无法名状的羞辱"，也更让他相信如果不能征服高加索，不能在政治上控制中亚草原，俄罗斯将永远无法在英国的威胁下保障安全。

　　在整个克里米亚战争期间，俄罗斯一直在考虑各种进攻中亚地区的方案，向坎大哈（Kandahar）和印度逼近，主要目的是为了吸引英军，减轻克里米亚战场上俄军的压力。虽然这些方案都因为不切实际而被否决，但是在印度，俄罗斯可能入侵的谣言一直广为传播，颇有市场，一些煽动性的小册子呼吁穆斯林和印度教徒趁着英国在克里米亚打得精疲力竭的机会发动起义推翻英国人的统治。1857 年夏，印度民族起义（Indian Mutiny）让沙皇受到鼓舞，开始重新考虑自己的中亚战略。现在英国皇家海军可以在波罗的海、太平洋和黑海攻击俄罗斯的海岸线，特别是在黑海，因为《巴黎条约》俄罗斯已无力自卫，唯一一处俄罗斯可以做出反击，哪怕只是做做样子的地方就只有印度了。英国人对印度可能遭受的任何形式的进攻都十分敏感，主要原因是那里的税收基础非常薄弱，因为政治原因英国当局不敢加税。没有几个俄罗斯战略家相信俄军真的有能力发动针对印度的战争，但是挑动一下英国政府的紧张情绪倒是无妨。

　　1857 年秋，沙皇让一名年轻武官尼古拉·伊格纳季耶夫（Nikolai Ignat'ev）准备一份有关中亚战略的备忘录。伊格纳季耶夫是一名年轻有为的军官，巴黎和平会议期间，他在有争议的摩尔达维亚边界线谈判中表现出色，受到了沙皇的关注。在考虑与英国重新开战的可能性时，伊格纳季耶夫的报告提出，俄罗斯唯一可能有机会的地方是在亚洲。俄军在中亚地区的实力是"和平的最佳保障"，因此俄罗斯应该利用印度危机，在那些"位于俄罗斯和英国领地之间、起分隔作用的国家"身上下功夫，在加强自己地位的同时削弱英国的影响力。伊格纳季耶夫提议派遣人员去中亚草原探索并研究"尚未被发现"的地区，搜集贸易和军事情报。通过培养商贸和外交关系，俄罗斯可以将浩罕（Kokand）、布哈拉（Bukhara）、希瓦（Khiva）等地的汗国*作为阻止英国扩张的缓冲带。沙皇批准了伊格纳季耶夫的提议，让他率领一支探索队伍前往希瓦和布哈拉，在那里，伊格纳季耶夫于 1858 年夏与两个汗国签署了经济条约。名义上这一队伍是由俄罗斯外交部派出的，但他们同时非正式地为战争部服务，搜集通往中亚的道路的地形、统计资料和"综合军事信息"。从一开始这一举措就属于前进政策，受到巴里亚京斯基和战争部的支持，长期目的是为了在这些汗国所属地区建立保护国和军事基地，为征服突厥斯坦（Turkestan）和中亚草原、直逼阿富汗边境做好准备。[44]

455

　　俄罗斯进入中亚地区的行动由两名克里米亚战争的老兵领头。第一位是米哈伊尔·切尔尼亚耶夫（Mikhail Cherniaev），他曾参加了 1853 年在多瑙河地区与土耳其人的作战，并且在因克尔曼和塞瓦斯托波尔的战斗中表现出色，后来被调去守卫奥伦堡（Orenburg）南部，保护那里的俄罗斯殖民者免遭中亚部落的袭击。从 1858 年开始，切尔尼亚耶夫亲自带领部队深入突厥斯坦，摧毁克尔克孜（Kirghiz）和其他敌对部落的居住地，支援愿意效忠俄罗斯的中亚部落反抗浩罕和布哈拉汗国的行动。他的军事行动虽然名义上并没有得到官方批准，却受到战争部的暗中支持，最终悄无声息地让俄罗斯并吞了突厥斯坦。在 1864 年，切尔尼亚耶夫率领一支一千人的部队穿越突厥斯坦草原，占领了奇姆肯特（Chimkent）要塞。第二支俄军部队后来从塞米巴拉金斯克赶来加入，他们一起占领了南

* 均在今乌兹别克斯坦境内。——译注

边一百三十公里处的塔什干（Tashkent），实际控制了这座中亚棉花贸易基地。1865 年，切尔尼亚耶夫被授予圣乔治十字勋章并被任命为突厥斯坦总督。英国担心俄军会从塔什干继续前进到印度，多次提出外交抗议。俄罗斯政府在外部压力下否认切尔尼亚耶夫的军事行动受到官方认可，迫使他在 1866 年退休。但是在俄罗斯的任何非官方场合，他都是一位英雄，民族主义报刊把他称为"19 世纪的叶尔马克"*。

　　与此同时，另一位克里米亚战争老兵考夫曼将军（General Kaufman）也在执行征服中亚草原的行动，他曾领导工兵执行对卡尔斯的围困，后来成为米柳亭在战争部的总工程师。考夫曼接替切尔尼亚耶夫成为突厥斯坦总督，在 1868 年完成了对撒马尔罕（Samarkand）和布哈拉的征服。五年之后，希瓦也落入俄罗斯手中，浩罕在 1876 年步其后尘。这些汗国的内部事务依然由原来的可汗负责，但是对外政策一律由俄罗斯政府控制，布哈拉和希瓦实际上成为俄罗斯的保护国，和英属印度的王侯国家相似。

　　在 19 世纪六七十年代，切尔尼亚耶夫和伊格纳季耶夫成为泛斯拉夫运动的领袖人物。除了转向亚洲之外，俄罗斯对克里米亚战败做出的另一个反应是泛斯拉夫主义的盛行，俄罗斯人对欧洲各国的反感演化成民族主义情绪的大爆发。在新沙皇统治下，言论审查有所放松，于是一大批新创办的泛斯拉夫刊物开始强烈批评俄罗斯在克里米亚战争前的外交政策，特别是因为尼古拉一世的正统主义原则，让生活在穆斯林统治下的巴尔干基督徒成了维护欧洲协调的牺牲品。"为了维护欧洲的平衡，"著名泛斯拉夫主义者波戈金在

456

---

* 叶尔马克·季莫费耶维奇（Ermak Timofeevich）是一位 16 世纪的哥萨克领袖和民间英雄，开创了对西伯利亚的探险和征服。——原注

1859 年 1 月初的几期泛斯拉夫刊物《风帆》(*Parus*)上写道，"一千万斯拉夫人被迫在最残忍的独裁统治、最恣意的狂热、最绝望的无知的桎梏下呻吟、受虐、煎熬。"[45] 在戈尔恰科夫放弃了正统主义原则之后，泛斯拉夫主义者再次呼吁政府支持巴尔干地区斯拉夫人在土耳其统治下寻求解放的行动。有些人甚至声称为了保护自己免受西方敌对势力的攻击，俄罗斯应该发挥领导作用，把欧洲所有斯拉夫人统一起来。这一想法最早由波戈金在克里米亚战争期间提出，并在他后来的写作中多次重复提到，每次都变得更为执着。

　　随着泛斯拉夫主义在俄罗斯知识分子和政府圈子内影响力的增强，涌现出了大批旨在推动泛斯拉夫运动的慈善机构。这些机构或是给巴尔干的斯拉夫人送去资金兴建学校和教堂，或是让斯拉夫学生到俄罗斯来学习。莫斯科斯拉夫慈善委员会（Moscow Slavic Benevolent Committee）于 1858 年成立，并于 1860 年代在圣彼得堡和基辅设立了分支机构，资金由私人赞助和教育部提供，让政府官员和军人（其中许多是曾在巴尔干参加作战的克里米亚战争老兵）与学者和作家（其中包括陀思妥耶夫斯基和诗人丘特切夫，两人都隶属于圣彼得堡委员会）走到了一起。

　　在战后的头几年里，泛斯拉夫主义者还比较谨慎，避免公开讨论更为激进的斯拉夫政治统一的理念，或是过于激烈地批评政府的外交政策（波戈金的文章导致了《风帆》被禁）。但是到了 1860 年代，当伊格纳季耶夫公开支持泛斯拉夫运动，同时成为政府中的重要人物时，他们在表达意见时的声势就变得更大了。伊格纳季耶夫在外交事务上的影响力提升，主要是因为他在与中国清政府谈判 1860 年 11 月签署的《北京条约》(Treaty of Beijing) 时大获成功，让俄罗斯得到了阿穆尔河和乌苏里江（Ussuri）以及符拉迪沃斯托

457

克（Vladivostok）[*]。1861 年伊格纳季耶夫被任命为外交部亚洲司
（Asiatic Department）司长，这是负责俄罗斯对巴尔干地区政策的
部门。三年后他被任命为沙皇派驻君士坦丁堡的特使，他担任这一
职位一直到 1877—1878 年的俄土战争。在这些年中，伊格纳季耶
夫一直在推动以军事方式在巴尔干地区解决东方问题：由俄罗斯支
持斯拉夫人起义反抗土耳其统治，沙皇军队进行干预，实现斯拉夫
人的解放，创建在俄罗斯领导下的斯拉夫联盟（Slavic Union）。

　　在巴尔干实现泛斯拉夫理想的焦点最早在塞尔维亚。1860 年，
一个欧洲化但依然专制的米哈伊洛亲王（Prince Mihailo）复辟上台，
这被视为俄罗斯的成功、奥地利的失败。俄罗斯外交部长戈尔恰科
夫亲王希望俄罗斯能够积极支持塞尔维亚人摆脱土耳其统治的斗
争，担心如果塞尔维亚人完全依靠自己的力量取得独立，将更加可
能受到奥地利或是西欧国家的影响。在写给俄罗斯驻布加勒斯特领
事的信中，他强调"我们在近东的政策是直接向塞尔维亚提供物质
和道义上的支持，让它有机会成为巴尔干地区运动的排头兵"。伊
格纳季耶夫则走得更远，呼吁立刻通过军事手段解决东方问题。他
支持米哈伊洛提出的方案，呼吁俄罗斯政府支持塞尔维亚发动一场
反抗土耳其的战争，并帮助他们和保加利亚人一起建立一个邦联，
然后波斯尼亚、黑塞哥维那和黑山都可以加入。

458

　　面对来自泛斯拉夫主义者的压力，俄罗斯外交部增强了对塞尔
维亚解放运动的支持。在 1862 年土耳其炮击贝尔格莱德事件发生
之后，俄罗斯召集《巴黎条约》签署国在君士坦丁堡附近的卡利泽
（Kanlidze）召开国际会议，终于成功地说服各方，使土耳其军队在
1867 年从位于塞尔维亚的最后一个驻防地撤离，这是克里米亚战争

---

*　即海参崴。——译注

之后俄罗斯赢得的第一场外交胜利。在成功的鼓舞下，俄罗斯继续
支持塞尔维亚人建立巴尔干同盟（Balkan League）的努力。塞尔维
亚与黑山和希腊建立了军事联盟，与罗马尼亚领导层达成了友好协
议，并与克罗地亚和保加利亚民族主义者联系密切。俄罗斯为塞尔
维亚军队提供援助，但是由米柳亭派遣的一个监察委员会却发现塞
军内部一片混乱。1867 年秋，米哈伊洛不再计划与土耳其开战，导
致俄罗斯中止了战争贷款。第二年 6 月，米哈伊洛被刺身亡，俄罗
斯与塞尔维亚的合作也随即终止，巴尔干同盟就此崩溃。[46]

　　在以后的七年时间里，巴尔干地区局势相对平静。俄罗斯、奥
匈帝国和德国的君主们，即 1873 年建立的"三皇同盟"（Three
Emperors' League），为维持巴尔干地区现状提供担保。在这段时
间里，俄罗斯的官方政策是坚决保证欧洲势力平衡，根据这一原则，
戈尔恰科夫亲王取得了一场重大的外交胜利：1871 年在伦敦举行的
欧洲列强会议废除了《巴黎条约》中黑海非军事化的条款。但是在
非官方场合，俄罗斯的政策依然是继续支持巴尔干地区的泛斯拉夫
运动，这一政策由伊格纳季耶夫通过君士坦丁堡的俄罗斯大使馆负
责协调。1900 年代，暮年的伊格纳季耶夫在回忆录中解释，在 19
世纪六七十年代，他在巴尔干地区的目标是废除《巴黎条约》，重
新夺回比萨拉比亚南部，与此同时或者直接通过军事征服，或者间
接通过与土耳其签订协议，重新取得对土耳其海峡的控制权，回到
克里米亚战争前的状况。"我在土耳其和与斯拉夫人的所有活动，"
他写道，"都受到了……俄罗斯可以独自统治巴尔干半岛和黑海地　　459
区这一想法的激励……奥匈帝国的扩张将会遭到阻挡，巴尔干人，
特别是斯拉夫人，将会把眼光投向俄罗斯，把他们的未来寄托在俄
罗斯身上。"[47]

　　1875 年夏，黑塞哥维那爆发了基督徒反抗土耳其统治的暴动，

暴动接着向北蔓延到波斯尼亚，再到黑山和保加利亚。暴动的起因是歉收造成高门财政危机，因此土耳其政府突然大幅提高了向基督教农民征收的赋税。但是这场暴动很快带上了宗教战争的色彩。暴动领袖向塞尔维亚和俄罗斯寻求支持，在伊格纳季耶夫的鼓励下，贝尔格莱德的塞尔维亚民族主义者恳请政府派遣军队保卫斯拉夫人反抗土耳其，并借此统一黑塞哥维那，建立一个大塞尔维亚国（Greater Serbia）。

在保加利亚，反叛武装装备落后、组织混乱，但是对土耳其人的仇恨极为强烈。1876 年春，暴动演变成对穆斯林人口的屠杀。这里的穆斯林人口在克里米亚战争后大幅增长，约有五十万克里米亚的鞑靼人和切尔克斯人逃到了保加利亚。这些新移民渐渐恢复了他们近似游牧民族的生活方式，袭击抢掠基督教定居点，偷盗牲口。当地农民从未经历过这样的侵扰，双方的紧张关系不断加剧。奥斯曼当局因为缺乏正规军镇压保加利亚人的暴动，派上了巴什波祖克武装，其中大部分是从当地征召的穆斯林。巴什波祖克武装对基督徒居民进行了残酷镇压，屠杀人数达一万二千人。在巴塔克（Batak）山村，约一千名基督徒躲入一座教堂避难，巴什波祖克武装将教堂烧毁，其中的基督徒全部被烧死，仅有一名老妇幸存，向世人报告了这一惨案。[48]

保加利亚惨案传遍了全世界，英国报刊宣称有"几万"手无寸铁的基督徒村民被"狂热的穆斯林"杀戮。英国公众对土耳其的态度发生了急剧转变，过去舆论认为土耳其人是英国自由主义政体的好学生，应该积极协助推动坦齐马特改革。这一想法在保加利亚惨案后被严重质疑，在许多基督徒心中，土耳其的正面形象已完全被摧毁。当时格拉德斯通是英国反对党自由党的领导人，他的外交观点与正统圣公会（High Church Anglican）的道义原则紧密相联。 460

在保加利亚惨案发生后，他领导了一场群众运动，呼吁英国政府进行干预，保护保加利亚的基督徒。本来他对克里米亚战争就仅持谨慎支持的态度，基于宗教理念，他对土耳其占据欧洲土地抱有敌视，一直希望利用英国的影响力让奥斯曼帝国的基督徒获得自治。1856年时，他甚至提出在巴尔干重建一个希腊帝国，以保护那里的基督徒，让他们不仅免受土耳其穆斯林的压迫，还可以躲避俄罗斯和教皇的欺凌。[49]

对保加利亚惨案反应最激烈的还是俄罗斯。在受过教育的阶层中，几乎所有人都对保加利亚人怀有同情，爱国热情高涨，全国都弥漫着一股对土耳其人施加报复的情绪。发动干预、保护保加利亚人的呼声来自社会的各个角落：例如陀思妥耶夫斯基这样的斯拉夫派，他认为一场解放巴尔干斯拉夫人的战争将会实现俄罗斯统一东正教的历史使命；或是屠格涅夫这样的西化派，他认为解放被奴役的保加利亚人是自由世界的责任。此刻正是泛斯拉夫主义者实现梦想的宝贵机会。

俄罗斯政府的官方立场是谴责巴尔干基督徒的暴动。由于被西方政府指责挑起暴动，俄罗斯政府不得不采取守势。但是社会上有不少泛斯拉夫主义者站了出来，公开支持巴尔干基督徒的抗争，并呼吁政府给予支持。其中特别突出的是《俄罗斯世界》（*Russkii mir*），这份泛斯拉夫主义刊物归前突厥斯坦总督切尔尼亚耶夫所有，并由他编辑。"只要一提俄罗斯，"《俄罗斯世界》预言，"不仅整个巴尔干……而且所有斯拉夫人……都会拿起武器反抗压迫者。与两千五百万东正教徒站在一起，俄罗斯将会让整个西欧感到恐惧。"一切都取决于塞尔维亚——用切尔尼亚耶夫的话说是"巴尔干的皮埃蒙特"——会采取什么样的行动。沙皇和戈尔恰科夫亲王曾警告塞尔维亚领导人不要介入基督徒的暴动，但是在私下里他们对泛斯

拉夫主义抱同情态度。俄罗斯外交部代理部长若米尼男爵（Baron
Jomini）曾对圣彼得堡斯拉夫慈善委员会的一名成员说：“做你们想
做的任何事，只要在名义上不让我们知道。”受到伊格纳季耶夫和
俄罗斯驻贝尔格莱德领事的鼓励，加上 1876 年 4 月切尔尼亚耶夫
的志愿加入，塞尔维亚在 6 月份向土耳其宣战。[50]

461

　　塞尔维亚依仗的是俄罗斯的干预，现在切尔尼亚耶夫是塞尔维
亚军队的总指挥，伊格纳季耶夫也一再做出承诺，让塞尔维亚人相
信 1853—1854 年巴尔干战争的局面将会重演。当时尼古拉一世派
出部队占领多瑙河两公国，期待能激发斯拉夫人的起义，不过最终
失望而归。塞尔维亚向土耳其宣战前后，俄罗斯公众舆论越发好战，
民族主义者呼吁派出军队保卫基督徒抗击土耳其人，泛斯拉夫组织
还派出志愿者前往作战，已有约五千人踏上了征途。*还有人为斯拉
夫人募捐筹款，斯拉夫至上情绪席卷了整个社会。这场战争被称为
一场圣战，是 1854 年俄土战争的重演。

　　到了 1876 年秋，战争的狂热已蔓延到俄罗斯宫廷和政府部门。
当时切尔尼亚耶夫的部队正面临挫败，向俄罗斯急切求助。沙皇在
收到消息后，向高门发出最后通牒并开始集结军队。这一动作足以
让土耳其人停止进攻，塞尔维亚也马上与土耳其达成了和平。俄罗
斯接着提出要求，希望保加利亚也能获得自治权，但是土耳其没有
接受。此时奥地利因为从俄罗斯那里得到了战后在波斯尼亚和黑塞
哥维那获利的承诺，决定保持中立。俄罗斯没有了这一后顾之忧，
在 1877 年 4 月再次向土耳其宣战。

　　从一开始，俄罗斯在巴尔干的军事行动就带有宗教战争的色彩，

---

*　托尔斯泰小说《安娜·卡列尼娜》（*Anna Karenina*）的最后，渥伦斯基（Vronsky）就是
　前往巴尔干的志愿者之一。——原注

与克里米亚战争前期的俄土交战极为相似。当俄军在尼古拉大公的带领下渡过多瑙河后，以保加利亚和塞尔维亚人为主的斯拉夫非正规武装纷纷加入，有些人要给钱才肯上战场，但绝大部分是为了国家独立而与土耳其人作战。这才是 1853—1854 年间尼古拉一世派兵渡过多瑙河时想看到的情景。受到斯拉夫人起义的鼓励，亚历山大二世考虑一直向南推进，占领君士坦丁堡，强制实施俄罗斯对巴尔干地区的规划。不仅泛斯拉夫报刊恳请他这么做，他的弟弟、尼古拉大公在 1878 年 1 月率军占领了哈德良堡之后也呼吁他做此决策，而哈德良堡离君士坦丁堡的行军距离已经不远了。"我们必须直扑中心，抵达沙皇格勒 *，完成您肩负的神圣使命。"泛斯拉夫主义者对沙皇的期待达到了高峰。"君士坦丁堡必定是我们的。"陀思妥耶夫斯基写道，他把俄罗斯征服君士坦丁堡看作上帝对东方问题的决断，让俄罗斯实现其解放东正教基督徒的使命。

> 不仅因为那是一座雄伟的港口，不仅因为那是通往大洋的必经之路，让俄罗斯……对这一问题的最终决断触手可及，甚至也不仅因为斯拉夫人的统一和重生。我们的目标更为远大，无法度量。我们，俄罗斯人，对整个东方问题来说，对整个东正教未来的命运与团结来说，都是真正必需和不可或缺的。我们的人民和他们的统治者向来都明白这一点。总而言之，这个恼人的东方问题在今后许多年中，将会是我们命运的全部。就像过去一样，这其中包含着我们所有的目标，以及让我们走向完整历史的唯一通路。[51]

---

* 即君士坦丁堡。——译注

俄军逼近哈德良堡的消息让英国人警觉起来，地中海舰队受命
驶入达达尼尔海峡，英国议会还通过议案筹集六百万军费，当年英
国就是这样卷入克里米亚战争的军事行动的。面对来自英国的压力，
俄军同意与奥斯曼帝国停火，但却继续向君士坦丁堡逼近，直到受
到皇家海军舰队火力威胁才终于在圣斯特凡诺（San Stefano）停了
下来，这个村庄已经是君士坦丁堡郊外了。1878 年 3 月，俄罗斯与
土耳其签署了《圣斯特凡诺条约》（Treaty of San Stefano），其中高
门同意承认罗马尼亚、塞尔维亚和黑山为独立国家，同时大保加利
亚（其中包括马其顿和色雷斯［Thrace］部分地区）实现自治。以
多瑙河南岸的一条狭窄地区作为交换，罗马尼亚把土耳其人根据《巴
黎条约》从俄罗斯那里得来的比萨拉比亚南部地区归还给了俄罗斯。
加上俄罗斯黑海舰队已经在七年前重建，在二十多年后，俄罗斯成
功地把在克里米亚战争中遭受的所有损失都夺了回来。

　　《圣斯特凡诺条约》主要是伊格纳季耶夫的功劳，他的泛斯拉
夫梦想绝大部分都因此而实现了。但是对西方国家来说，《圣斯特
凡诺条约》是完全不可接受的，在他们看来，西方联盟在 1854 年
对俄宣战，成功阻止俄罗斯欺凌土耳其，现在可不愿意看到同样的
事情在二十四年之后重演。在英国，针对俄罗斯的敌意表现为"极
端爱国主义"（jingoism）：一种带侵略性的敢干好战型外交政策。
一首当时在酒吧和杂耍剧场非常流行的歌曲表达了这种情绪：

> 我们不想打仗，但如果我们要打，上帝在我们这边
> 我们有军舰，我们有战士，我们还有钱
> 我们和狗熊干过仗，
> 只要我们还是真正的英国人
> 俄国人就不会得到君士坦丁堡。

　　沙皇担心英国会实行军事干预，再次上演克里米亚战争，于是命令尼古拉大公将军队撤回多瑙河。在回撤途中，他们对保加利亚的穆斯林人口进行了报复性袭击，基督徒志愿者有些协助参与了袭击，另一些干脆带头挑起报复行动。这场俄土战争结束时，几万名穆斯林从保加利亚逃到了奥斯曼帝国。

　　西方列强决意阻止俄罗斯将其势力扩展到巴尔干地区，于是在柏林举行和谈（Congress of Berlin）以修改《圣斯特凡诺条约》。英法两国主要反对的是建立大保加利亚，他们认为这是俄罗斯的特洛伊木马，用意是威胁奥斯曼帝国的欧洲领土。大保加利亚包括马其顿，通过马其顿的爱琴海海岸，俄罗斯很容易就可以进攻土耳其海峡（Turkish Straits）。英国迫使俄罗斯同意将属于大保加利亚的马其顿和色雷斯归还给奥斯曼帝国。在柏林和谈前的一个星期，英国首相本杰明·迪斯雷利（Benjamin Disraeli）与奥斯曼帝国签署了一项针对俄罗斯的秘密联盟协议，获得了占领具有战略意义的塞浦路斯岛（Cyprus）的权利，并从印度调兵驻守。这一联盟协议的内容被透露出来，加上迪斯雷利以战争相威胁，迫使俄罗斯让步接受了他的强硬要求。

　　柏林和谈终结了俄罗斯的泛斯拉夫梦想。伊格纳季耶夫的沙皇驻君士坦丁堡特使的职务被解除了，不得不退休。迪斯雷利带着"和平荣誉"从柏林回到伦敦，受到英雄般的欢迎。他对英国议会表示，《柏林条约》（Treaty of Berlin）和《塞浦路斯协议》（Cyprus Convention）将在今后很长时间里保护英国及其通往印度的海路。但是巴尔干地区的紧张关系依然存在，从很多方面来说，因为对许多边境争议采取搁置态度而没有加以解决，柏林和谈为未来巴尔干地区的战争以及第一次世界大战埋下了许多种子。最主要的问题是，东方问题的根本，即"欧洲病夫"土耳其，并没有得到治愈。正如英国外交大臣索尔兹伯里侯爵（Marquess of Salisbury）在从柏林回国途中承认的那样："我们将在巴尔干南部扶持的是一个摇摇欲坠的土耳其政权。这不过是短暂的喘息而已，这一政权已不再有任何生命力。"[52]

* * *

在耶路撒冷，所有这些国际争端的发源地，克里米亚战争结束的消息是在 1856 年 4 月 14 日被宣布的。城堡里一声礼炮轰鸣，宣告帕夏已收到和平的消息，他手下的士兵们聚集在雅法门（Jaffa Gate）外的广场，参加由伊玛目主持的感恩祷告。在 1853 年 9 月，就在同一座广场上，士兵们被召集起来，出发抗击俄军，为苏丹而战。[53] 在耶路撒冷，历史完成了一个循环。

十二天以后，即 4 月 26 日，宗教冲突重新爆发了。在圣墓教堂的圣火仪式期间，希腊人跟亚美尼亚人大打出手。在仪式举行的前几天，敌对的朝圣者组织已经将各种武器偷带进了教堂并隐藏起来。另外还有一些刀子和长矛是从靠近圣尼古拉修道院（St Nicholas Convent）屋顶的一扇窗户里扔进来的。英国驻耶路撒冷领事芬恩目睹了斗殴的发生，他在三天后撰写的报告中说，不清楚斗殴是怎么开始的，但是"在斗殴过程中，投掷的东西甚至飞到了楼上的回廊，打碎了一排灯，弄破了教堂里展示的主题最神圣的画作，碎玻璃和灯油倒在他们头上，挂在银链上的银制灯具被砸倒在地，现在都找不到了"。帕夏从楼上回廊的座位上下来，下令警卫将打架斗殴者分开。但是他被人在脑袋上打了一下，受了重伤，不得不由手下人扛在肩上离开——教堂里的人太多，没有其他办法——他的秘书也被打了一顿。后来帕夏手下的一队士兵终于把闹事者抓了起来，教堂管事的把一片狼藉的教堂清理干净，圣火仪式照常举行，修道士们站着守卫耶稣的墓地，教徒们唱着《求主垂怜》（Lord have mercy），直到手捧点燃的蜡烛的主教现身。当教堂钟声响起时，朝圣者纷纷涌向主教，用那神圣的火焰点燃自己手中的火炬。[54]

结　语

有关克里米亚战争的神话与记忆

　　当克里米亚战争结束的消息传来时，英国只举行了一些小规模的庆祝仪式。英国人总体的感觉是失望，英军没有打出一场可与法军占领塞瓦斯托波尔相媲美的胜仗，而且英国也没能推进一场针对俄罗斯的更大规模的战争。与这种失败情绪交织在一起的，是对政府和军事当局各种愚蠢错误的恼怒和国家受辱的羞耻感。"我承认和平犹如骨鲠在喉，"维多利亚女王在她 3 月 11 日的日记中写道，"整个国家也有同样的感觉。"伦敦没有举行胜利游行，也没有官方仪式欢迎归来的战士。根据女王的记录，当部队回到伍利奇码头时，战士们看上去"晒得非常黑"。3 月 13 日，看着一船船的士兵登岸，她意识到眼前的是"名副其实的斗士，这些高大优秀的男子，有些非常英俊——每一个都举止骄傲、高贵，展现出战士的英姿……他们都留着长长的胡子，扛着沉重的背包，背包上是大衣和被褥，还挂着水壶和满满的干粮袋，背着滑膛枪"。[1]

　　虽然没有欢庆仪式，对战争的纪念却非常多：在教堂墓地、军队本部营地、医院和学校、市政厅和博物馆，或是镇中心的广场和村里的绿地上，几百座纪念铭牌和纪念碑被修建起来，大部分由个人和群体自发出资，用来纪念阵亡和因伤病去世的战士。在一共九万八千名被派往克里米亚的英军战士和水手中，约五分之一没有回来：两万零八百一十三人战死，其中 80% 死于伤病。[2]

为了反映公众的失落感以及表达对受难部队的敬仰，英国政府出资修建了一座近卫军纪念碑（Guards Memorial）来纪念克里米亚战争中的英雄。在约翰·贝尔（John Bell）创作的一尊巨型青铜雕塑中，三名站岗的近卫军士兵（分属冷溪、燧发枪和掷弹兵近卫团）一起守卫着其背后上方的荣誉女神。雕塑由被缴获的俄军加农炮熔化后铸成，于 1861 年在伦敦的下摄政街（Lower Regent Street）与蓓尔美尔街交汇的路口揭幕。对于这座雕塑的艺术造诣，人们褒贬不一。伦敦市民将代表荣誉的女神称为"玩投环的"，因为在她张开的双臂上，挂着由橡树叶做成的王冠，看上去真有点儿像是用来玩投环游戏的。许多人认为这座雕塑不够雅致美观，配不上纪念这样重要的事件。格莱亨伯爵（Count Gleichen）就曾说过，这座雕塑最好看的时候是在大雾中。但是不管怎样，这座雕塑的象征意义是前所未有的，这是英国历史上第一次竖立战争纪念碑纪念普通士兵。[3]

克里米亚战争让英国公众对军人的态度发生了完全的改变。在现代国家神话中，战士为保卫国家的荣誉、权利和自由而战，克里米亚战争为这一国家神话的诞生播下了种子。在这之前，军事荣誉由贵族决定，英勇无畏这样的品质属于出身高贵的军事领导人，例如英国国王乔治三世（George III）的儿子约克公爵（Duke of York）是与拿破仑作战时的英国军队指挥官，他的纪念碑在他去世五年后的 1833 年建成，资金是从军队每一个士兵那里扣除一天军

468

饷筹集起来的。军事绘画作品中，展现的都是潇洒的贵族军官的英
雄事迹，而普通士兵却无人留意。近卫军纪念碑就矗立在约克公爵
纪念碑的对面，显示了维多利亚时代价值观的根本变化，代表了对
贵族军事领袖的挑战。贵族军官在克里米亚战争中犯下诸多错误，
已经名誉扫地。如果说在过去，典型的英国军事英雄形象是一个"顶
戴花翎"的绅士，那么克里米亚战争后则是一名士兵，是民间传说
中的"列兵史密斯"（Private Smith）或是"汤米"，即"汤米·阿
特金斯"（Tommy Atkins）。这些普通的士兵骁勇善战，在将军们
犯下一系列愚蠢错误的情况下，仍然为英国赢得了战争的胜利。这
种叙事方式贯穿英国历史，从克里米亚战争到第一次世界大战、第
二次世界大战，一直到最近的几次战事，都是如此。正像黑卫士团
（Black Watch）中一位名叫史密斯的列兵在 1899 年英军于布尔战
争（Boer War）中失败后所写的那样：

> 如此便是我们团度过的一天，
> 为即将来临的报复我们心生惶恐。
> 我们已经付出了高昂的代价，只是因为
> 舒适客厅里将军犯下的错误。
> 为什么没人告诉我们有堑壕？
> 为什么没人告诉我们有铁丝网？
> 为什么我们要纵队行军？
> 大兵汤米都想知道……[4]

469

正如美国作家纳撒尼尔·霍桑（Nathaniel Hawthorne）在他的《英
国笔记》（*English Notebooks*）中写的那样，在把贵族拉下神坛方面，
1854 年取得的进展"比普通时代的五十年都多"。[5]

　　英军在战争指挥和后勤管理上的过失，还让英国中产阶级产生了一种新的自信。与英国贵族与生俱来的特权不同，中产阶级崇尚的是专业能力、勤劳工作、任人唯贤、自力更生等原则。克里米亚战争为他们提供了许多例子，说明专业人士的才智如何挽救了一场指挥糟糕的军事行动，例如弗洛伦丝·南丁格尔的战地护理、亚历克西斯·索耶的烹饪经验、塞缪尔·皮托修建的巴拉克拉瓦铁路。另外，还有约瑟夫·帕克斯顿（Joseph Paxton）手下的建筑工人，他们被派往克里米亚，在塞瓦斯托波尔城外高地上为英军修建了木棚，让他们在第二个冬天有了栖身之所。大量的报刊也为中产阶级提供了舞台，他们中的许多人给报刊写信投稿，贡献有实用价值的建议，论述自己的观点看法，积极参与到战争的日常运行之中。在政治上，中产阶级是真正的胜利者，因为到了战争后期，英军终于开始按照专业原则来管理战争行动。他们的胜利还表现在战争结束后的几十年时间里，不管是辉格党、保守党还是自由党当政，都通过了许多推动中产阶级理念的改革：把投票权扩大到职业和工匠阶层、出版自由、提高政府运行的透明度和受监督程度、任人唯贤、宗教宽容、公众教育等。另一个获得大力推动的方面，是对体力劳动阶层和"值得关怀的穷人"的关注，这种态度的根源之一就是克里米亚战争期间对备受磨难的士兵们的关怀。这种关怀也是1868—1871年间格拉德斯通政府的战争大臣卡德韦尔勋爵（Lord Cardwell）推动的一系列军队改革的源头。花钱买军官职位的行为被凭能力晋升的制度所取代，列兵的服役期限大大缩短，士兵的军饷和生活条件得到改善，和平时期的鞭笞制度也被取消了。

　　最能代表英国中产阶级新近产生的自信感的是弗洛伦丝·南丁格尔。当她从克里米亚归来时，已是一名民族女英雄。印着她图像的明信片、小塑像和像章大量出售，很受欢迎。在幽默杂志《笨拙》

中，南丁格尔化身为象征英国的布里坦尼娅，只是她手中握着的是手术刀和油灯而不是矛与盾。诗歌也暗示她比任何潇洒的贵族军官更值得受到公众的爱戴：

> 公众的赞美如白色浪花般
> 随风飘动，
> 落在奖杯上，闪耀数日，
> 然后在几百年内
> 慢慢锈蚀。
>
> 公众的爱心，需要养料填补，但
> 却不懂得如何选择，
> 只会抓住随手可得的，石头
> 也会当作面包，不愿等待，不懂拒绝。
>
> 于是，对英雄崇拜的饥渴，让他们匆匆抓住
> 最浅陋的偶像，最艳俗的神龛，
> 在那里，卡迪甘可以顶戴花翎，趾高气扬，
> 赫德森身上徽章闪闪发亮。
>
> 然而，当普通人争相传颂
> 一个真正荣耀的名字，
> 不要鄙夷，仅仅因为已有太多花环
> 献给了最不值的神龛。
>
> 人们，无论多么狂野或脆弱，

　　依然能被高贵的本能引导：

　　寻找真神，却往往遇到假仙；

　　但真神一旦找到，就永远不会放弃。

　　那么现在，不要再理会那些不值得的

　　或是匆匆给予的赞美，

　　这位伟大女性的神圣使命

　　在英格兰的内心深处

　　熠熠生辉。[6]

　　认识到愚蠢及管理不善给士兵带来的苦难比任何敌人都要多，英国人的自豪感受到了伤害，此时南丁格尔的爱国忠心和专业精神正好可以作为补偿。她的事迹在流行剧场和民谣里非常流行，例如在伦敦布里坦尼娅沙龙（Britannia Saloon）演出的《土耳其之战》（*The War in Turkey*）中，有一系列喜剧场景讥讽英国当局的无能，而在接着的一场戏中，"伯德小姐"（Miss Bird），也就是南丁格尔，出场解决了所有问题。这场戏的结语是："在这位女士身上，我们看到了真正的英雄主义——她胸中那颗跳动的心能够做出任何英雄举动。"[7]

　　"提灯女士"的传说成了英国的国家神话，一遍又一遍地在无数历史书籍、教科书和南丁格尔的传记中被重述。这个传说包含了维多利亚时代中产阶级理想的基本要素：从基督教角度说，这是一个有关女性关怀、工作出色和自我牺牲的故事；从道德角度说，这是一个自我提高和拯救值得关怀的穷人的故事；从家庭角度说，这是一个有关清洁、良好家务和改善家庭环境的故事；从职业抱负上说，这是一个有关执着精神和坚定信念的故事；从公众角度上说，这是一个关于卫生和医院改革的故事，从克里米亚回到英国后，南丁格尔将她的余生都献给了这一事业。

1915 年时，英国又一次参加了欧洲大战，而这一回俄罗斯成了盟友，克里米亚战争纪念碑被向后朝摄政街方向挪了一些，空出来的地方安放了一座"提灯女士"的雕塑。在南丁格尔雕塑的旁边是一座悉尼·赫伯特做沉思状的雕塑，这座雕塑是从战争办公大楼（War Office）搬来的。在克里米亚战争期间，赫伯特曾担任军务大臣，就是他把南丁格尔派到克里米亚去的[8]，然而他自己却因为公众舆论压力而被从职位上赶走，部分原因是他的家庭和俄罗斯有牵连。

＊　＊　＊

1857 年 6 月 26 日是一个晴朗的星期五，那天下午，维多利亚女王和阿尔伯特亲王在海德公园出席了一场军事检阅仪式。当年 1 月，女王颁发皇家特许令，设立了一种新的奖章：维多利亚十字勋章（Victoria Cross），专门用来奖励军人的勇敢行为，而不论军衔高低或出身于什么阶层。其他欧洲国家早就有了类似的奖章：法国从 1802 年起就有荣誉军团勋章，荷兰有威廉军功章（Military Order of William），就连俄罗斯也在 1812 年之前就已经有了荣誉勋章。然而英国却一直没有针对士兵勇敢行为的奖励，只有颁发给军官的奖章。《泰晤士报》的罗素和其他记者从克里米亚前线发回的大量战地报道，让英国公众了解到许多普通士兵的英勇事迹。在记者的笔下，前线战士对战争苦难的忍受是一种英雄的行为，许多读者都认为应该设立一个专门的奖章来认可战士们表现出的勇气。一共有六十二名克里米亚战争老兵被选上接受第一批维多利亚十字勋章。这是一块小小的青铜勋章，号称是用从塞瓦斯托波尔缴获的

472

俄军加农炮上熔炼下来的青铜铸成的。*在海德公园举行的仪式上，被授予勋章的老兵们列队上台，一一向女王鞠躬，接受荣誉，战争大臣潘穆尔勋爵则在一旁高声念出受勋者的名字和英雄事迹。在这六十二名接受英国最高军事奖励的老兵中，有十六名陆军列兵，四名炮手，一名工兵，两名水手和三名水手长。[9]

　　颁发维多利亚十字勋章的举动，不仅反映了英国社会对英雄主义理念的改观，而且也标志了对战争和战士的一种新生的崇敬。战后英国出版了一大批宣扬战士英雄行为的图书，尤其是那些获得维多利亚十字勋章的士兵们的事迹。这类图书中最受欢迎的是由塞缪尔·比顿（Samuel Beeton）在 1861 年出版的《我们的战士和维多利亚十字勋章》（*Our Soldiers and the Victoria Cross*），比顿在当时因出版了由他妻子撰写的《比顿太太的家庭管理手册》（*Mrs Beeton's Book of Household Management*）而闻名。《我们的战士和维多利亚十字勋章》的目的是激励和教育男孩，书的前言中写道：

　　　　少年之为少年，因为其天性勇敢。年轻人应该有什么样的远见？应该说出什么样勇敢的话语？应该做出什么样勇敢的行为？如果有必要时，应该如何勇敢地接受磨难！……这些都是本书将要阐述的有关战士的观点——目的就是让少年在成年之时，依然能够保持年轻人的勇敢。[10]

　　这种对男子汉气概说教式的崇拜，同样在两本以克里米亚战

---

*　后来发现铸造维多利亚十字勋章的金属其实来自中国古炮。（J. Glanfield, *Bravest of the Brave: The Story of the Victoria Cross* [London, 2005]）——原注

争为背景的小说里活灵活现地展现出来。这两本书在当时广为流传，分别是查尔斯·金斯利（Charles Kingsley）的《两年前》（*Two Years Ago*，1857 年出版）和亨利·金斯利（Henry Kingsley）的《雷文休》（*Ravenshoe*，1861 年出版）。查尔斯·金斯利的另一部小说《向西去！》（*Westward Ho!*，1855 年出版）也以此为主题，讲的是伊丽莎白一世（Elizabeth I）时期西班牙舰队入侵英国前后，男主角在新大陆（New World）的冒险经历，很明显受到了克里米亚战争期间英国军国主义和排外情绪的启发。作者自己在 1854 年把这本小说描述为"最为嗜血无情的小说，但我认为正是当今所需要的"。[11]

　　为战争辩护也是托马斯·休斯（Thomas Hughes）的小说《汤姆·布朗的学校生活》（*Tom Brown's Schooldays*，1857 年出版）的中心思想。这部小说非常有影响，其中最著名的场景是男主角汤姆与欺凌者斯洛格·威廉斯（Slogger Williams）*之间的一场打斗，很明显是希望读者联想到不久前英国与俄罗斯间发生的战争：

　　　　从摇篮到坟墓，对抗击的正确理解，是每一个男人应该做的事，这是最高尚、最真实的事情。每一个男人，只要身上有一点价值，就会有敌人，必须将之打败。这些敌人可能是他自己邪恶的念头或习惯，或者是身居社会高层的精神恶魔，或是俄罗斯人，或是边境上的恶棍，或是另外什么人。如果不把这些敌人狠狠打倒，他就没法过上平静的日子。贵格会（Quakers）还有其他一些人强烈反对抗击，这能有什么意义呢？人的本性太强，而且也不受自己的戒律控制。每个人都在做自己的抗击，

---

*　这个角色的名字应该是双关语，slogger 指匍行兽。——译注

473

以自己的办法、在只有自己知道的地方抗击。就我所知，一个没有抗击的世界也许是一个更好的世界，但不是我们生活的世界，所以我坚决反对在没有和平可言，或是不应该出现和平的时候大谈和平……［对别人的挑衅说"不"，是］最大勇气的证明，如果这么做真的是出于基督教的动机的话。如果是出于避免肉体的伤痛和危险的话，也没有错，完全可以理解。但是，如果你是因为害怕被打而说"不"，那就不要推说或自以为是因为害怕上帝不允而说"不"，因为那么做既非基督徒所为，也不诚实。[12]

对"勇武的基督教"的崇拜就源于这里，维多利亚时代的帝国使命就是被"基督教战士"参加正义战争这一理念塑造出来的。在那个时代，英国人开始在教堂高唱这样的歌曲：

> 向前，基督教战士，迈步走向战场，
> 在耶稣十字架的指引下。
> 基督我主，带领我抗击敌人；
> 冲向战场，让祂的旗帜飘扬！（1864 年）

"勇武的基督教"是 1857 年在一篇对金斯利的小说《两年前》的评论中提出的。就在同一年，英军士兵在印度镇压了印度民族起义，"基督教战士"的理念更因这一事变而加强。在《汤姆·布朗的学校生活》的续集《汤姆·布朗在牛津》（Tom Brown at Oxford，1861 年出版）中，对男孩进行训练，让他们将来为基督教事业做出贡献的理念也非常突出。书中把竞技体育赞颂为培养男子汉性格、团队精神、骑士精神和道德操守的途径——这些都被视

474

作战场上的英国士兵表现出来的优秀品质。"勇武的基督徒拥有传统的骑士精神和基督教信仰：人的身体应用来接受训练和学会听从指挥，然后用来保护弱小者，推动所有正义的事业，征服上帝赋予人类的土地。"[13] 这一理念的中心是关注身体训练和控制躯体，将之视作为圣战而进行的道德强化。这种品质和克里米亚战争中英军士兵经历的磨难联系在一起。

这种磨难，同时也帮助转变了英国公众对士兵的印象。在克里米亚战争前，英国中产阶层心目中的士兵比一群乌合之众好不了多少，他们酗酒、不守军纪、残忍、粗鄙、来自社会上最穷困的阶层。但是英军士兵在克里米亚战场上遭受的痛苦显示了他们的基督教美丽心灵，并使他们成为新教宣传培养的对象。在战争期间向普通士兵布道的频率急剧增加，随军牧师数量翻了一番，每个士兵都有一本免费的《圣经》，经费来自中产阶级向基督教知识促进会（Society for Promoting Christian Knowledge）与海军和军人圣经公会（Naval and Military Bible Society）的捐款。[14]

在许多福音派信徒眼中，士兵们成了神圣的群体，是为神圣使命献身的烈士。凯瑟琳·马什（Catherine Marsh）就是抱着这样念头的人，她写了一本笔触生动而充满感情的圣徒传《纪念第九十七团赫德利·维卡斯上尉》（*Memorials of Captain Hedley Vicars, Ninety-Seventh Regiment*，1856 年出版），几年内就售出超过十万本，还出了许多缩减版和青少年版，热销情况一直延续到第一次世界大战爆发。这本书根据维卡斯上尉的日记和他给母亲的信件编撰而成，作者把这本书献给"基督教战士这一高贵理念"，并提供给公众"对那些在事实面前依然坚持说全心侍奉上帝必然会让人无暇顾及许多人生责任……培养一个好的基督徒就会毁灭一个好战士的人的一个全新而充分的反驳"。在书中，维卡斯上尉被描述成一个圣徒战士，一个无私的英雄，在塞瓦斯托波尔外的高地上为战友排忧解难，让战友分享自己的食物和帐篷，在战友生病时照料他们，给他们诵读《圣经》。书中俄罗斯人被称为"外邦人"、"异教徒"和"野蛮人"，维卡斯上尉率领手下战士投身的是一场对敌人的"圣战"。他在 1855 年 3 月 22—23 日的战斗中受了致命伤，在最后一章《胜利》中，他的牺牲被提到基督舍身救世的高度。这一章的引言是美国诗人朗费罗（Longfellow）对西班牙诗人豪尔赫·曼里克（Jorge Manrique）的一首诗的翻译：

> 他的灵魂被送到天堂，
> 上帝让他长眠安息，
> 在荣耀中安息！
> 虽然勇士的太阳已落，
> 光辉却将长久地围绕我们，
> 明亮，灿烂，幸福。

维卡斯上尉的遗体被埋在了塞瓦斯托波尔，但是在英国肯特郡贝肯翰姆（Beckenham）布罗姆利路（Bromley Road）上的圣乔治教堂（St George's Church）内，有一块白色的大理石板，上面刻着一把入鞘的剑，剑上是一个摊开的卷轴，上面刻着以下文字：

> 谨此献给上帝的荣耀，以及对第九十七团赫德利·维卡斯上尉敬爱的回忆。他因为相信"圣子耶稣基督的鲜血洗清了我们的原罪"而将自己从身怀原罪变成正义的人生。他于 1855 年 3 月 22 日晚在战场上倒下，在耶稣怀中长眠，当他被埋葬在塞瓦斯托波尔时，年仅二十八岁。[15]

476

除了对战士的神圣化以及新的男子汉理想的兴起之外，克里米亚战争的另一个影响似乎为终结英国的阶层分化和 1830 年代与 1840 年代的劳资斗争提供了一个和解的机会。在狄更斯编辑的《家庭箴言》中，跟伊丽莎白·加斯克尔（Elizabeth Gaskell）以结束社会阶层冲突为主题的《北方和南方》（*North and South*）小说连载一起出现的，是维多利亚女王喜爱的诗人阿德莱德·安妮·普罗克特（Adelaide Anne Procter）的诗，其中有一首名叫《战争的教训》（"The Lesson of the War"）：

> 国家的统治者，
> 大门外的穷人，
> 怀着同样的渴望
> 等待同样的消息！
> 穷人期待休息和舒适，
> 富人钟情喜乐和荣誉，
> 但在苍凉的克里米亚海岸
> 他们肩并肩而战。[16]

在英国诗人丁尼生的诗歌独白剧《莫德》（*Maud*，1855 年出版）中也有类似的思想，诗中因"贪图利益"而导致的"内战"最后让位给了叙事者心目中更高尚、更符合上帝事业的海外战争：

> 犹豫不决之间，我了解到那片疆土的更高志向，
> 在那里对财富的贪婪从未平息，
> 对所谓和平的追求从未停止，
> 那是一种什么样的和平，包藏了无尽的不义与侮辱，

恐怖、恨意、邪恶，掩人耳目；

然而战旗已再次举起！

虽然许多生命之火将被燃尽，

许多人会为那些因冲突而陨灭的生命而哭泣，

但是上帝的公正之怒必将惩罚不义之徒；

无边的黑暗将被光明摧毁，

光辉的名字瞬间功成名就，

阳光下崇高的理想更为自由，

万众一心，呼吸与共；

因为和平，我从来不认作真正的和平的，已经不再，

在黑海和波罗的海深深的水边，

城堡要塞正张开吃人的大嘴，

喷射出血红色的战争火焰。

无论是燃烧或是熄灭，不管战争如风般蔓延，

我们已证明自己全心投入了一个高贵的事业，

就我而言，已被崇高的理念唤醒；

与其责骂邪恶，不如为正义而战；

与我的祖国共存，与我的兄弟同在，

我全心拥抱上帝的意愿，以及由此注定的命运。

477

　　画家们也采用了同样的题材。约翰·吉尔伯特（John Gilbert）的油画《女王陛下在白金汉宫大厅内视察冷溪近卫团伤员》（*Her Majesty the Queen Inspecting the Wounded Coldstream Guards in the Hall of Buckingham Palace*，1856 年完成）是一幅相当受欢迎的画作，直到 1903 年还有人将其复制为彩色版画，可惜原画已经

失传。这幅画通过女王与在克里米亚战争中受伤的英雄会面的场景，展现出一种感人的忧伤，暗示了战后社会的最高层和最底层之间形成团结的前景。杰里·巴雷特（Jerry Barrett）的大幅油画《维多利亚女王第一次探访伤员》（*Queen Victoria's First Visit to Her Wounded Soldiers*，1856 年完成）也表达了同样的情绪。这幅画表现了皇室成员访问查塔姆（Chatham）军队医院里克里米亚战争伤员的情景，画风煽情，然而极受欢迎，第一次在伦敦皮卡迪利广场（Piccadilly）的托马斯·阿格纽（Thomas Agnew）画廊展出时，向公众卖出了几千份不同版本的印刷版，每份售价从三几尼（guinea）*到十几尼不等。[17]

　　女王自己也收藏克里米亚老兵的照片。她出资让商业摄影师如约瑟夫·坎德尔（Joseph Cundall）和罗伯特·豪利特（Robert Howlett）等人到各地军队医院，包括查塔姆医院，为受伤和残疾的战士拍摄纪念肖像，专门收藏在温莎城堡。坎德尔和豪利特所摄作品触动人心，通过摄影展览和流行画报，让英国公众有机会真切细致地体会到战士们的苦难和战争所付出的人员代价。这些先驱性的作品和罗杰·芬顿在克里米亚战争期间拍摄的温文尔雅的照片很不相同。例如，在坎德尔和豪利特的《三名克里米亚伤员》（*Three Crimean Invalids*，1855 年拍摄）中，三名步兵伤员坐在医院病床上，展示着自己伤残的手脚。他们脸上没有任何表情，画面也没有浪漫化或是加入煽情元素，只是用黑与白记录了铁制弹丸和冻伤对他们肢体造成的伤害。在皇家档案保存的拍摄记录中，坎德尔和豪利特记下了照片中三名战士的身份：第二十三团的威廉·扬

---

*　英国旧时货币，1 几尼 =21 先令。——译注

（William Young）*，1855 年 6 月 18 日在棱尖棱堡受伤；第三十四团
的亨利·伯兰（Henry Burland），在塞瓦斯托波尔前的堑壕中因冻
伤而失去双腿；第四十九团的约翰·康纳里（John Connery），左
腿因在堑壕中冻伤而被截肢。[18]

　　一直到 1870 年代，对克里米亚战争的记忆依然在为艺术家提   478
供有价值的主题。这些克里米亚战争题材油画中最著名的是伊丽
莎白·汤普森（Elizabeth Thompson）即巴特勒爵士夫人（Lady
Butler）的《战后点名，克里米亚》（*Calling the Roll after an
Engagement, Crimea*，1874 年完成），这幅画首次在皇家学院（Royal
Academy）展出时，引起了轰动。前来观看的人潮如此汹涌，以致
不得不派一名警察站岗保护这幅画。当时汤普森已经因她过去的军
事题材作品而出名，在卡德韦尔改革之后，军事事务依然在公众生
活中处于主导地位，她因此产生了创作灵感。后来这幅作品普遍被
称为《点名》（*The Roll Call*），其特别的构图引人注目，展现的是
一场战斗之后，幸存的掷弹兵战士忍着伤痛、寒冷、极度疲倦，围
在一起，接受骑在马上的指挥官的点名。与传统作品中展现勇敢的
指挥官光辉形象完全不同，这幅两米高的油画突出的是士兵们遭受
的痛苦，去除了任何英雄壮举，让观众直视战争的真实状况。在皇
家学院展出后，《点名》到英国各地巡回展出，吸引了大批观众。
在纽卡斯尔，宣传画展的人在身上前后各挂一块板子，上面只是用
大字写着"《点名》来了！"在利物浦展出的三个星期里，有两万
人观看了这幅作品，在当时来说是极大的数字。看到这幅作品的人
都被其深深打动，显然这幅画触动了英国人的心灵。女王从这幅画
原来的买家、曼彻斯特的一名工业家手里买下了这幅画，但是一家

_____

*　与 1839 年英国驻巴勒斯坦和叙利亚领事同名同姓。——译注

印刷公司保留了以版画方式复制印刷的权利。汤普森自己也一夜之间成为民族女英雄，印着她照片的卡片卖出了二十五万份，在许多人心目中，她与南丁格尔齐名。[19]

* * *

在英格兰，他们会说些什么，
当他们听到
阿尔马高地上的神奇事迹，
大胆勇敢的人的作为？
有关俄罗斯人，在正午时还趾高气扬，
日落时已垂头丧气的故事？
他们会说："就像老英格兰做的那样！"
他们会说："多么非凡的壮举！"

479

在英格兰，他们会说些什么，
当因为震惊恐惧而默然无语，
所有快乐家庭中的爱戴之心
都在想念战死的伟人，
在无声的悲楚中想念，
父亲、兄弟、儿子？
他们会说，在我们亲爱的老英格兰
"上帝的旨意一定会被遵守"。

在英格兰，他们会说些什么？
当他们欢笑、哭泣，或是祈祷时

日日夜夜，我们的名字，

都在他们唇边，在他们心底，

他们在人间凝望，他们向天堂祈求，

然后，向前投入战斗！

当英格兰欢呼，上帝保卫正义时，

谁将会胆战心惊，畏缩不前？

J.S.B. 蒙塞尔牧师（Reverend J.S.B. Monsell），

摘自《少女读物》（*The Girl's Reading Book*，1875 年出版）[20]

　　克里米亚战争给英国的国民身份认同留下了深深的印记。对学校里的儿童来说，这是英格兰挺身而出面对俄国熊保卫自由的一个例子，一场直截了当的对与错之间的斗争，正如当时《笨拙》杂志展示的那样。代表英国的约翰牛协助弱小者反抗暴君和欺凌者，这一形象成为英国国家叙事不可或缺的部分。让英国卷入克里米亚战争的许多情绪力量，后来也促成了英国在 1914 年为了保卫"小小的比利时"、在 1939 年为保卫波兰而与德国开战。

　　在今天，阿尔马、巴拉克拉瓦、因克尔曼、塞瓦斯托波尔、卡迪甘和拉格伦这些名字依然留存在英国人的集体记忆中——主要是以街道名和酒吧名这样的方式。在克里米亚战争后的几十年时间里，很流行给女孩起名为弗洛伦丝、阿尔马、巴拉克拉瓦，给男孩起名为因克尔曼。战争老兵把这些名字带到了世界的各个角落：在澳大利亚的南澳大利亚州（South Australia）和昆士兰州（Queensland），各有一个镇子叫巴拉克拉瓦；在美国西弗吉尼亚州（West Virginia），澳大利亚的南澳大利亚州、西澳大利亚州（West Australia）、昆士兰州、维多利亚州（Victoria）、新南威尔士州（New South Wales），加拿大的格洛斯特郡（Gloucester County）都有

"RIGHT AGAINST WRONG."

APRIL 8, 1854.]　　　[PUNCH, No. 665.

《对与错之战》，《笨拙》，1854年4月8日

因克尔曼；在美国加利福尼亚州（California）、加拿大安大略省
（Ontario）、澳大利亚新南威尔士和维多利亚州都有塞巴斯托波尔；
在新西兰有一座塞巴斯托波尔山（Mount Sebastopol）；在美国威斯
康星州（Wisconsin）有四个、在科罗拉多州（Colorado）有一个、
在阿肯色州（Arkansas）有两个、在其他州有十个镇子都叫阿尔马；
在加拿大有四个阿尔马，还有一个湖叫阿尔马；在澳大利亚有两个
阿尔马；在新西兰有一条河叫阿尔马。

　　克里米亚战争期间，有三十一万法国人参战，三分之一没能活
着回来，跟这场战争有关的名字也到处都能看到。巴黎有一座阿尔
马桥（Alma Bridge），最早在1856年兴建，后来在1970年代重建。
因为戴安娜王妃（Princess Diana）1997年在这里发生致命车祸，481
让阿尔马桥成为人们关注的焦点。在那之前，这座桥最出名的地方
是其上的朱阿夫雕塑（原来的桥上有四座，重建时只保留了一座）。
过去巴黎市民用这座雕塑来测量塞纳河的水位，如果河水漫过了朱
阿夫雕塑的膝盖，就会宣布塞纳河不适合航行。巴黎有一个阿尔马
广场（place de l'Alma）和塞巴斯托波尔林荫大道（boulevard de
Sébastopol），两处都有同名的地铁站。在巴黎南郊有一个区叫作马
拉科夫。这里最早是一个独立的小镇，原名"新加利福尼亚"（New
California）。马拉科夫是克里米亚战争后几年内在旺弗（Vanves）
河谷地价便宜的采石场上兴建的，开发商是法国19世纪最成功的
地产开发商亚历山大·肖夫洛（Alexandre Chauvelot）。克里米亚
战争之后，法国曾短暂出现过一阵纪念这场战争的热潮，肖夫洛借
此机会，在这里兴建了一座游乐园以吸引工匠和工人从拥挤的巴黎
市中心搬来。游乐园内有一座马拉科夫塔（Malakoff Tower），是
仿照塞瓦斯托波尔著名棱堡的样子而建的主题公园，有堑壕、山坡、
土岗和石窟等，一边还有一座舞台和露天剧场，夏天时游客们可以

在这里观赏克里米亚战斗重演或是其他娱乐活动。在获得拿破仑三世的许可之后，新加利福尼亚在1858年被正式改名为马拉科夫，以纪念法国皇帝登基以来的第一场军事胜利。作为私人住宅区，这一地区在1860年代发展非常迅速。但是当法国在1870年被普鲁士打败之后，马拉科夫塔被旺弗市长下令拆除，他认为在国家新败之后，提醒人们过去的军事辉煌是件残忍的事。

法国各省的市镇乡村都曾建有马拉科夫塔，有些保存至今。在塞纳—马恩省（Seine-et-Marne）的锡夫里—库尔特里（Sivry-Cortry）、涅夫勒省（Nièvre）的图里—吕尔西（Toury-Lurcy）、约讷省（Yonne）的塞尔米泽莱（Sermizelles）、谢尔省（Cher）的南特（Nantes）和圣阿诺蒙特龙（Saint-Arnaud-Montrond）都有，在位于比利时列日（Liège）附近迪松（Dison）的哈萨德舍拉特（Hasard-Cheratte），卢森堡，德国的科隆（Cologne）、波鸿（Bochum）和汉诺威（Hanover），阿尔及利亚的奥兰（Oran）和阿尔及尔（Algiers），以及巴西一座克里米亚战争后法国殖民者聚居的城市累西腓（Recife）等也有马拉科夫塔。在法国，几乎每个市镇都有一条以马拉科夫命名的道路，法国人还将马拉科夫的名字给了广场、公园、旅馆、餐馆、奶酪、香槟、玫瑰和法国歌曲。

尽管如此，克里米亚战争在法国人的国民意识上留下的痕迹，远远不如在英国那么深刻。对克里米亚战争的记忆很快就被紧接着的几场战争淹没了：1859年在意大利对抗奥地利的战争，1862—1866年对墨西哥的远征，更重要的是在普法战争中的失利。今天法国很少有人知道克里米亚战争，它成了一场"被遗忘的战争"。

在意大利和土耳其，跟法国一样，克里米亚战争也很快便从国家神话和历史演绎中消失，当这些国家重新构建19世纪历史时，这场战争几乎没有什么地位。

482

在意大利，很少有纪念意大利参与克里米亚战争的地标。即使
在皮埃蒙特，这个有二千一百六十六名战士阵亡或病死的地方，也
没有任何纪念，而这还是官方统计数字，实际死亡人数几乎肯定
比这更高。在都灵有一条塞巴斯托波利大道（Corso Sebastopoli），
还有一条乔尔纳亚路（Via Cernaia）纪念意大利人参加的唯一一
场较大规模的战斗。民族主义画家杰罗拉莫·因杜诺（Gerolamo
Induno）曾和撒丁尼亚部队一起前往克里米亚，并画了许多战斗
场面画的速写。他在 1855 年返回之后画了一些表现战斗场面的
油画，包括由维托里奥·埃马努埃莱二世出资的《乔尔纳亚之战》
（The Battle of the Chernaia），另外还有《占领马拉科夫塔》（The
Capture of the Malakoff Tower）。战后几年，这两幅画曾在意大利
北部地区激起一种爱国主义情绪。但是 1859 年战争以后发生了一
系列事件：加里波第的南征、征服那不勒斯、1866 年战争期间从奥
地利人那里吞并威尼斯、1870 年占领罗马完成意大利统一等，这些
事件引人注目的程度很快便超过了克里米亚战争，因为这些都是意
大利"复兴运动"（Risorgimento），即意大利重新诞生为一个现代
国家的关键事件。克里米亚战争作为一场在皮埃蒙特和加富尔带动
下发动的海外战争，在民族主义者对意大利建国的理解中并没有重
大价值，而且在对"复兴运动"的民粹主义诠释中，加富尔本身就
是一个颇有争议的角色。意大利在克里米亚战争期间，没有公众游
行要求开战，没有志愿运动，没有重大胜利，也没有光荣的战败。

在土耳其，克里米亚战争与其说被遗忘了，倒不如说被从国家 483
历史记忆中剔除了出去，即使战争是从那里开始，而且根据官方数
字，土耳其在战争期间损失了十二万名士兵，占参战人数的一半。
伊斯坦布尔（Istanbul）有纪念参战的西方国家战士的纪念碑，却
没有纪念土耳其士兵的。直到近几年前，克里米亚战争几乎完全被

土耳其史学所忽略，被遗弃在早期奥斯曼帝国的"黄金时代"和后
来阿塔图尔克（Atatürk）建立现代土耳其之间的缝隙中。尽管土耳
其是战胜国，但是克里米亚战争却被视为奥斯曼帝国一段耻辱的历
史，是帝国转入衰落的转折点。从那时起背上大量债务，不得不依
赖西方列强，而西方国家却并非土耳其真正的朋友。土耳其学校使
用的教科书，大部分认定伊斯兰传统的消退是克里米亚战争之后西
方国家越来越多干涉的结果。[21] 官方的军事历史也一样，下面这段
摘自 1981 年土耳其总参谋部出版的军事历史，反映了土耳其民族
主义者和穆斯林对西方深深的反感：

　　在克里米亚战争期间，土耳其几乎没有真正的朋友。有些
看上去像是我们的朋友，却不是真正的朋友……在这场战争中
土耳其失去了自己的宝藏。历史上第一次向欧洲欠下了债务。
更糟糕的是，因为土耳其与西方国家结成联盟参加战斗，成千
上万的外国士兵和平民有机会看到土耳其最秘密的所在和所有
的弱点……这场战争的另一个负面影响是土耳其社会上一些半
知识分子圈子里的人士开始崇拜西方时尚和价值观，失去了自
我。伊斯坦布尔的医院、学校和军事设施被交给联军使用，但
是西方军队却没有悉心照料，让历史建筑毁于大火……土耳其
人民显示了传统的好客精神，把他们的海边别墅向联军指挥官
们开放，但是西方士兵却没有向土耳其人民和土耳其墓葬地表
示同样的尊重。联军不让土耳其部队在高加索海岸登陆 [以支
持沙米勒的抗俄武装]，因为这违反了他们的国家利益。总之，
在克里米亚战争的各个战场上，土耳其战士都表现得十分无私，
洒下了鲜血，但是我们的西方盟友们却独占了所有荣耀。[22]

484

* * *

克里米亚战争对俄罗斯的冲击，和其对英国社会的影响一样深远，在塑造国家身份认同上起了显著的作用。但是俄罗斯人对这场战争的感受是矛盾的。这场战争被视为一场可怕的羞辱，是西方与土耳其结盟共同对付俄罗斯，造成了极深的怨恨。但是对于塞瓦斯托波尔的守卫者，俄罗斯人又有一种民族自豪感，觉得他们做出的牺牲以及他们为基督教信仰而战的动机，把战场上的失败变成了一场道义上的胜利。这一想法在沙皇得知塞瓦斯托波尔陷落的消息后发布的《致俄罗斯人民书》（Manifesto to the Russians）中清楚地表现出来：

> 塞瓦斯托波尔保卫战在军事历史上是前所未有的，不仅在俄罗斯，在全欧洲都赢得了尊敬。那里的抵抗者们和所有那些为祖国赢得荣誉的英雄们一样崇高。塞瓦斯托波尔守军面对比他们强大的入侵者，坚持了十一个月之久，以异乎寻常的勇敢在各方面堪称楷模……他们的英勇壮举将永远激励我们的战士，我们同样信仰上帝、相信俄罗斯神圣事业的战士。塞瓦斯托波尔，如此多的鲜血在这里洒下，它的名字将永垂青史，对其守卫者的回忆将永远留在我们心中，就像那些在波尔塔瓦和博罗季诺战斗过的俄罗斯英雄一样。[23]

塞瓦斯托波尔的英雄地位，在很大程度上应归功于托尔斯泰的《塞瓦斯托波尔故事》，在 1855—1856 年间，几乎每一个识字的俄罗斯人都读过这部作品。《塞瓦斯托波尔故事》在俄罗斯人心中留下了深刻的印象，这座城市被视为特殊的"俄罗斯精神"的缩影，并且正是这种韧性和勇气把俄罗斯从外国侵略者的威胁下解救了出来。1855 年 4 月，托尔斯泰在围困战达到顶峰时，写下了《十二月的塞瓦斯托波尔》，在文章的最后他写道：

> 现在你已经探望了坚守在防线上的塞瓦斯托波尔的守卫者，你顺着来时的路线返回，走向已成为一片废墟的战场中央（塞瓦斯托波尔城）。加农炮弹和子弹在你身边飞过，你却毫不在意，反而充满平静的喜悦。你从防线上带回来最重要、最令你宽慰的信念，是塞瓦斯托波尔永远不可能被敌人征服。不仅如此，你还坚信俄罗斯人民的力量永远不可能消亡，不管考验来自世界何处。你能得出这样的结论，不仅因为你亲眼目睹了阵地上的各种横梁胸墙，或是纵横交错、设计巧妙的堑壕，或是地雷与火炮，虽然这些你都完全看不明白；你能得出这样的结论，是因为你从塞瓦斯托波尔守卫者的眼睛、言语和动作中，看到了一种精神。不管做什么，他们都做得直截了当，轻松自如，让你相信他们能够应对比这困难一百倍的事情……没有什么可以难倒他们。你意识到驱动他们的精神跟你自己的空虚、琐碎、不动脑子的感情没有一点共同之处。他们拥有的，是一种截然不同的坚强有力的精神，正是因为这种精神，他们在弹雨之下依然能够过着平静的生活。他们面临的危险，比大部分人高一百倍，同时还要承受失眠的痛苦、肮脏的环境以及无尽的苦活。战士们愿意忍受这样恶劣的生活条件，不是因为他们想得到一个十字勋章或是什么荣誉，或是因为受到威逼，他们这么做只因胸中怀有一种高尚的动机。这种动机在俄罗斯人身上很少显露出来，却深深地埋藏在他们心中——这是一种对故土的热爱。塞瓦斯托波尔有其种种传奇：在围困战开始时，这

485

里没有堡垒工事、没有部队，实在没有守住的可能，人们却毫不怀疑能够打退敌人的进攻；当科尔尼洛夫将军，这位可与古希腊勇士比肩的英雄，向受视察的部队呼喊："弟兄们，我们宁愿战死，也不会交出塞瓦斯托波尔"时，本不善言辞的俄罗斯战士们应声答道："我们宁愿战死！万岁！"现在，当你走在已成废墟的战场中央的路上，这些传奇不再只是美丽的故事，而是历历在目的事实。你忽然清晰地意识到，你刚刚见到的战士，正是那些在艰苦的日子里，没有让自己士气沉沦，而是抖擞精神，欣然赴死的勇士。他们不是为这座城市，而是为自己的故土慷慨献出了自己的生命。塞瓦斯托波尔的史诗将长存于俄罗斯的记忆之中，其主角便是俄罗斯人民。[24]

"塞瓦斯托波尔的史诗"把军事上的失利描绘成了俄罗斯的全民胜利。"塞瓦斯托波尔陷落了，但是如此辉煌的抵抗，俄罗斯人应该以此为傲，这样的战败抵得上一场精彩的胜仗"，一位十二月党人写道。[25] 俄罗斯人用一场败仗建立了一个爱国神话，建立了俄罗斯人无私英勇、坚韧毅力和献身精神的国家叙事。诗人们将其与1812年的精神相提并论，就像阿列克谢·阿普赫京（Aleksei Apukhtin）在他著名的叙事诗《塞瓦斯托波尔战士之歌》（"A Soldier's Song about Sevastopol"，1869年发表）中所做的那样。在19世纪的最后几十年里，许多俄罗斯学校的学生都学过这首诗：

> 我要唱的，小伙子们，不是一首快乐的歌；
> 它讲的不是一场胜仗
> 不像我们的父辈在博罗季诺，
> 也不像我们的祖父辈在奥恰科夫唱的那样。

我要唱给你听，
一团尘土如何在
南方的田野高高卷起，
无数的敌人登上岸来
他们前来进犯，把我们打败。

我们被打败了，但从此以后
他们却再也不敢前来进犯，
我们被打败了，但敌人却就此离去
鼻青脸肿地逃上帆船。

我要唱给你听，
丢下舒适的家园
地主如何加入民兵武装，
告别棚屋里的妻子
农民如何志愿参战。

我要唱给你听，
部队如何越变越强，
勇士们从各处而来，如钢铁般健壮。
知道自己将一去不回，
他们虔诚地赴死疆场！

我们美丽的姑娘
如何成为护士
为苦闷的医生分担，

487

我们的每一寸土地
都要敌人付出血的代价；

在浓烟与烈火中，在手榴弹的巨响中，
在四周一片轰鸣声中，
一个个碉堡隐隐出现，
像冷峻的幽灵一般，
棱堡渐渐地蔓延——

杀戮持续了十一个月，
这座神奇的要塞，俄罗斯的盾牌，
俄罗斯英勇的儿子们
每天都在这里被掩埋……

我唱给你的歌不是欢乐的曲子：
但它不比胜利之歌少一丁点辉煌
就像我们的父辈在博罗季诺，
我们的祖父辈在奥恰科夫唱的那样。[26]

　　这就是托尔斯泰写作他的"民族史诗"——《战争与和平》的背景。把拿破仑战争当作俄罗斯民族觉醒的时刻这一概念，反映了托尔斯泰在克里米亚战争期间目睹俄罗斯人民英勇行为之后的内心历程。在书中所述的故事中，通过参加一场抗击外国入侵的战争，欧洲化的贵族重新发现了"俄罗斯信念"，农奴战士的爱国精神得到了认可，为俄罗斯的民主建国奠定了基础。《战争与和平》写于1862年至1865年，当时正是农奴获得解放后的头几年，俄罗斯社会的自由派人士将国家改革以及地主和农民阶层之间的和解作为理想。托尔斯泰原来打算将这本描述十二月党人的小说背景设置在克里米亚战争之后，早期手稿名叫《十二月党人》（"The Decembrist"），其中男主角在西伯利亚流放三十年后被释放回来，卷入了 1850 年代后期知识分子阶层寻求变革的骚动之中。此时亚历山大二世刚刚即位不久，俄罗斯进入了第二个亚历山大时期（Alexandrine reign）*，跟 1825 年一样，人们对改革的期待亦非常急切。但是托尔斯泰对十二月党人的研究越多，就越认为他们的理论根源来自 1812 年战争，于是将《战争与和平》故事发生的时间也做了修改。

克里米亚战争让人们对俄罗斯的民族性格产生了新的认识，因此战后对 1812 年战争的记忆也出现了激烈的争执。像托尔斯泰这样的民主派，受到俄罗斯农民战士在克里米亚战争中所做牺牲的鼓舞，将 1812 年战争视为一场人民的胜利，依靠整个国家的爱国精神赢得。但是对保守派来说，1812 年战争是俄罗斯世袭制度的神圣篇章，是俄罗斯贵族靠一己之力把欧洲从拿破仑手下拯救了出来。

对克里米亚战争的纪念也被卷入类似的意识形态冲突中。保守派和宗教领袖们将其描绘为一场圣战，俄罗斯参战是因为肩负着上天授予的捍卫东正教的使命。他们声称俄罗斯没有辜负这一使命，因为在克里米亚战争之后，国际社会宣告将保护奥斯曼帝国内的基督徒，而且正像俄罗斯在战前要求的那样，《巴黎条约》确保耶路撒冷和伯利恒圣地将维持现状。在他们的文字和布道中，克里米亚的守卫者被描绘为勇敢无私的基督教战士，献上生命成为"俄罗斯圣战"的烈士。他们再次强调克里米亚是基督教传到俄罗斯的圣地。

488

---

* 十二月党人起义发生在亚历山大一世去世时。——译注

克里米亚战争刚一结束，俄罗斯帝国皇室就试图把对这场战争的纪念和1812年战争的记忆联系起来。当塞瓦斯托波尔陷落的消息传来，沙皇重返莫斯科的举动被塑造成是对1812年亚历山大一世在莫斯科人的欢呼声中重返旧都的重演。在1856年，沙皇特意将登基的日期推后到1812年打败拿破仑军队的博罗季诺战役胜利纪念日。做出这一姿态的目的，是为了消弭克里米亚战争失败的痛苦，并且以过去的辉煌胜利把皇室和人民团结在一起。[27]

但是对于托尔斯泰所处的民主派知识分子圈里的人来说，把克里米亚战争和1812年战争联系在一起的纽带，不是沙皇的神圣使命，而是俄罗斯人民的爱国精神，他们为保卫自己的祖国而奉献生命。然而俄罗斯人民到底做出了多大的牺牲，却不容易计算清楚。没有人确切知道有多少战士阵亡。俄罗斯方面从未统计过准确的伤亡数字，许多涉及重大损失的信息都被军事当局歪曲或掩藏了。不过据估计，在克里米亚战争期间，各大战场阵亡的俄罗斯士兵总数在四十万至六十万人之间。战争部的军医部门后来发表数字，显示在1853年至1856年的四年间，军中共有四十五万零一十五人死亡，这可能是最准确的估计了。[28] 在没有准确数字的情况下，在民主派的想象中，人民的牺牲被拔高到了一个神话般的高度。

489

在俄罗斯人的共同记忆中，塞瓦斯托波尔本身也被提升到了一个近乎神圣的地位。战争一结束，对围困期间倒下的英雄的纪念就已经开始了，这些纪念活动并非出于政府或官方命令，而是由平民自发组织的，由老兵团体和家人修建纪念碑，或是用公众捐献的资金兴建教堂、墓地，建立慈善基金。这些民间造神运动的焦点是对纳希莫夫、科尔尼洛夫和伊斯托明（Istomin）三位海军上将的纪念。三人都是塞瓦斯托波尔保卫战的烈士，被神化为"爱民将军"，全心关怀手下士兵的福祉。1856年，为了在塞瓦斯托波尔兴建一座纪念这三位将军的纪念碑，还专门成立了一个全国性基金。在俄罗斯其他许多市镇也有类似的纪念活动。在众多有关克里米亚战争的历史作品中，黑海舰队参谋长科尔尼洛夫一直都是中心人物。纳希莫夫是锡诺普海战的英雄和塞瓦斯托波尔军港总指挥，在民间传说中几乎是一个圣人。在许多故事和版画中，他是一个勇敢无私的战士，　490
一个为人民的神圣使命献身的烈士，在视察第四棱堡中弹身亡之前，他就已经准备好献出自己的生命了。1869 年，完全依赖私人捐助的黑海舰队博物馆建成。在开馆当日，访问者可以看到从参战老兵那里收集来的各种武器、艺术品以及个人物品、手稿和地图、绘画和雕刻等。这是俄罗斯历史上第一座由公众出资兴建的历史博物馆。*

　　直到 1870 年代后期，俄罗斯政府才开始参与对塞瓦斯托波尔的纪念活动，那是在俄土战争期间，原因主要是在政府圈子里泛斯拉夫主义势力逐渐增强。但是政府组织的纪念活动集中在戈尔恰科夫将军那样的宫廷红人身上，几乎完全忽视了纳希莫夫这样的人民英雄。此时纳希莫夫已经成为如火如荼的民族主义运动的象征，而政府则试图通过修建克里米亚纪念碑把他纳入官方民族主义（Official Nationality）† 体系中。在日俄战争期间，同时也是俄罗斯国内革命爆发的 1905 年，一幅为纪念克里米亚战争五十周年而绘制的全景画向公众展出，被陈列在一座专门修建在第四棱堡原址上的博物馆里。这幅名为《守卫塞瓦斯托波尔》（The Defence of Seavstopol）的精彩作品由俄罗斯艺术家弗朗斯·鲁博（Franz Roubaud）创作，由真人尺寸的油画和模型组成，再现了 1855 年 6 月 18 日俄罗斯守军击败英法联军进攻的场景。[29] 但是俄罗斯政府

---

*　鲁缅采夫图书馆和博物馆（Rumiantsev Library and Museum）兴建更早，于 1862 年在莫斯科开馆，但它不是一座由公众出资兴建的博物馆，而是由一位贵族捐给公众的。——原注
†　即在尼古拉一世时期建立的宣扬东正教、世袭制和民族性三位一体的官方政策。——译注

瓦西里·季姆（Vasily Timm）的《纳希莫夫将军之死》（*The Death of Admiral Nakhimov*，1856年完成）

官员坚持将画中的纳希莫夫换成戈尔恰科夫，于是纳希莫夫便没有出现在博物馆里。讽刺的是，博物馆所在地，即原来的第四棱堡，正是纳希莫夫中弹受了致命伤的地方。

在苏联时期，对克里米亚战争的纪念再次回归到公众心目中的英雄身上。纳希莫夫这时成了俄罗斯人民面对强敌保卫祖国的英雄主义和爱国牺牲精神的象征，这一宣传意义在1941年至1945年间再度得到加强。从1944年起，苏联海军军官和水手可以被授予纳希莫夫奖章（Nakhimov Medal），海军军官学院也以他的名字命名。在图书和电影中，他成了一个象征性人物，代表了一位伟大的领袖如何在强敌入侵时率领人民殊死抵抗。

由苏联著名导演弗谢沃洛德·普多夫金（Vsevolod Pudovkin）

拍摄的爱国电影《纳希莫夫将军》(*Admiral Nakhimov*，1947 年上映)从 1943 年起开始拍摄，计划拍成一部可与由亚历山大·科尔达(Alexander Korda)导演、以特拉法加海战英雄纳尔逊勋爵(Lord Nelson)为主角的英国电影《汉密尔顿夫人》(*Lady Hamilton*，1941 年上映)*相比肩的作品。当时英国还是苏联的盟国，所以影片第一版减轻了英国在克里米亚战争期间作为敌对国的分量，而是聚焦在纳希莫夫的个人生活和他与塞瓦斯托波尔居民之间的关系上。但是在影片剪辑过程中，冷战前期的东西方摩擦已经开始了。凑巧的是，和克里米亚战争一样，20 世纪中期冷战的冲突也源于土耳其海峡以及高加索地区。从 1945 年秋天开始，苏联就一直在推动修改 1936 年签署的《蒙特勒公约》(Montreux Convention)中对这道海峡中立地位的规定。斯大林强烈要求由苏联和土耳其共同控制达达尼尔海峡，并且将卡尔斯和阿尔达汉割让给苏联。这两处曾由沙皇俄国占领，但是在 1922 年归还给了土耳其。美国对苏联军队在高加索地区的集结感到担忧，于是在 1946 年 8 月派出战舰前往地中海东部。正是在这个背景下，斯大林下令对普多夫金的电影进行修改：由塑造纳希莫夫的人物形象变为描述他如何成为反抗外国侵略的军事领袖。在这个版本中，英国是俄罗斯的敌人，利用土耳其实现其对黑海地区的帝国主义野心，与斯大林所宣称的美国在冷战早期的所作所为一模一样。[30]

斯大林时代另一位著名历史学家叶夫根尼·塔尔列(Evgeny Tarle)在他的作品中也采取了类似的说法，其中包括两卷本的历史作品《克里米亚战争》(*The Crimean War*，1941—1943 年完成)、传记《纳希莫夫》(*Nakhimov*，1948 年出版)，以及在 1955 年为纪

---

* 当时在中国上映时片名为《忠魂鹃血离恨天》。——译注

念克里米亚战争一百周年而出版的《光荣的俄罗斯城市：1854 年至
1855 年的塞瓦斯托波尔》(*The City of Russian Glory: Sevastopol
in 1854—1855*)。他在作品中对沙皇统治做了强烈批判，但是拔高
美化了俄罗斯人的爱国勇气和坚韧品质，强调他们如何在纳希莫夫
和科尔尼洛夫这样的爱国主义领袖的以身作则下，为抵抗西方列强
的"帝国主义侵略"而战。克里米亚战争时期俄罗斯的敌人：英国、
法国、土耳其，当时都是北大西洋公约组织成员，而 1955 年华沙
条约组织刚刚成立，两大阵营成为敌人和对手，为苏联庆祝克里米
亚战争一百周年添加了紧张感。

　　直到今天，为塞瓦斯托波尔这座"光荣的俄罗斯城市"的英　　⁴⁹²
雄们而自豪，依然是俄罗斯民族身份认同感的重要源泉，尽管现
在它已变成了一座外国城市 *——苏共前总书记尼基塔·赫鲁晓夫
(Nikita Khrushchev) 在 1954 年把它划给了乌克兰，而乌克兰又在
1991 年苏联解体时独立。用一位俄罗斯民族主义诗人的诗句来说：

　　　　在我们超级大国的废墟上
　　　　是历史巨大的悖论：
　　　　塞瓦斯托波尔，这座光荣的俄罗斯城市
　　　　却在……俄罗斯国土之外的地方。[31]

　　失去克里米亚对俄罗斯人来说是一个巨大的打击，苏联解体之
后，他们的民族自豪感已经遭受重创。俄罗斯民族主义者一直采取
行动要求将克里米亚归还俄罗斯，塞瓦斯托波尔也一直是一座俄罗
斯人占主体的城市，但是要求将其归还俄罗斯的民族主义者，并不

---

*　本书原著于 2010 年出版。——译注

局限于克里米亚本地人。

对克里米亚战争的记忆依然能够深切地激发俄罗斯人的民族自豪感以及对西方的仇视。在 2006 年，俄罗斯国家荣誉中心（Centre of National Glory of Russia）组织了一次以克里米亚战争为主题的会议，这次会议获得了弗拉基米尔·普京（Vladimir Putin）的总统办公厅（Presidential Administration）、教育部和国防部的支持。会后的一份新闻稿发布了这次会议的结论：克里米亚战争不应被视为俄罗斯的失败，而应看作道义与信仰的胜利，是一个国家在一场正义战争中付出的牺牲；俄罗斯人应该将荣誉献给尼古拉一世，这位常被自由派知识分子嘲讽的沙皇为了维护国家利益不惜挺身而出与西方抗争。[32] 在普京领导下的俄罗斯，尼古拉一世这位把俄罗斯引向一场与全世界对抗的战争的沙皇，名誉已得到恢复。今天，在普京的命令下，尼古拉一世的肖像被悬挂在克里姆林宫总统办公室前庭的墙上。

克里米亚战争结束时，共有二十五万俄罗斯人被掩埋在塞瓦斯托波尔周围不同地点的万人坑里，在因克尔曼、阿尔马、乔尔纳亚谷地、巴拉克拉瓦和塞瓦斯托波尔等战场，到处都有被掩埋的无名战士的尸体。2006 年 8 月，十四名弗拉基米尔团和卡赞团的步兵遗体被发现，他们在阿尔马战役中阵亡，就被埋在离他们倒下身亡处不远的地方，在尸骨边还找到了他们的背包、水壶、十字架和手榴弹。一场隆重的军事葬礼在巴赫奇萨赖附近的阿尔马博物馆举行，这些士兵被重新安葬，乌克兰和俄罗斯两国的官员都参加了葬礼，俄罗斯还有计划在这一地点修建一座祈祷堂以致纪念。

注　释

缩略语说明

AN：法国国家档案馆，巴黎（Archives nationales, Paris）

BLMD：大英博物馆手稿部，伦敦（British Library Manuscripts Division, London）

BLO：博德利图书馆特别藏品，牛津（Bodleian Library Special Collections, Oxford）

BOA：巴什巴坎勒克奥斯曼档案馆，伊斯坦布尔（Basbakanlik Osmanlik Archive, Istanbul）

FO：英国外交部国家档案馆，伦敦（National Archive, London, Foreign Office）

GARF：俄罗斯联邦国家档案馆，莫斯科（State Archive of the Russian Federation, Moscow）

IRL：俄罗斯科学院俄罗斯文学研究所，圣彼得堡（Institute of Russian Literature, Russian Academy of Sciences, St Petersburg）

NAM：英国陆军博物馆，伦敦（National Army Museum, London）

RA：英国皇家档案馆，温莎（Royal Archives, Windsor）

RGADA：俄罗斯国家档案馆古代历史部，莫斯科（Russian State Archive of Ancient Acts, Moscow）

RGAVMF：俄罗斯国家档案馆海军舰队部，圣彼得堡（Russian State Archive of the Military Naval Fleet, St Petersburg）

RGB：俄罗斯国家图书馆手稿部，圣彼得堡（Russian State Library, Manuscripts Division, St Petersburg）

RGIA：俄罗斯国家历史档案馆，圣彼得堡（Russian State Historical Archive, St Petersburg）

RGVIA：俄罗斯国家军事历史档案馆，莫斯科（Russian State Military History Archive, Moscow）

SHD：法国国防部历史服务中心，文森城堡（Service historique de la Defense, Vincennes）

WO：英国国家档案馆陆军部记录，伦敦（National Archive, London, War Office）

序言

1. L. Liashuk, *Ofitsery chernomorskogo flota pogubshie pri zashchite Sevastopoliav 1854–1855 gg.* (Simferopol, 2005); G. Arnold, *Historical Dictionary of the Crimean War* (London, 2002), pp. 38–9.

2. *Losses of Life in Modern Wars: Austria-Hungary; France* (Oxford, 1916), p. 142; *Histoire militaire de la France*, 4 vols. (Paris, 1992), vol. 2, p. 514; D. Murphy, *Ireland and the Crimean War* (Dublin, 2002), p. 104. 有关联合军事行动及伤亡问题，近年来研究做得最好的是 T. Margrave, 'Numbers & Losses in the Crimea: An Introduction', *War Correspondent*, 21/1 (2003), pp. 30–32; 21/2 (2003), pp. 32–6; 21/3 (2003), pp. 18–22.

3. J. Herbe, *Francais et russes en Crimee: Lettres d'un officier francais a sa famille pendant la campagne d'Orient* (Paris, 1892), p. 337; A. Khrushchev, *Istoriia oborony Sevastopolia* (St Petersburg, 1889), pp. 157–8.

第一章 宗教战争

1. FO 78/446, Finn to Aberdeen, 27 May 1846; 78/705 Finn to Palmerston, 5 Apr. 1847; H. Martineau, *Eastern Life: Present and Past*, 3 vols. (London, 1848), vol. 3, pp. 162–5.

2. 出处同上，pp. 120–21.

3. FO 78/368, Young to Palmerston, 14 Mar. 1839.

4. 引用参见 D. Hopwood, *The Russian Presence in Palestine and Syria, 1843–1914: Church and Politics in the Near East* (Oxford, 1969), p. 9.

5. A. Kinglake, *The Invasion of the Crimea: Its Origin and an Account of Its Progress down to the Death of Lord Raglan*, 8 vols. (London, 1863), vol. 1, pp. 42–3; N. Shepherd, *The Zealous Intruders: The Western Rediscovery of Palestine* (London, 1987), p. 23; Martineau, *Eastern Life*, vol. 3, p. 124; R. Curzon, *Visits to Monasteries in the Levant* (London, 1849), p. 209.

6. FO 78/413, Young to Palmerston, 29 Jan. and 28 Apr. 1840; 78/368, Young to Palmerston, 14 Mar. and 21 Oct. 1839.

7. R. Marlin, *L'Opinion franc-comtoise devant la guerre de Crimée*, Annales Littéraires de l'Universite de Besancon, vol. 17 (Paris, 1957), p. 23.

8. E. Finn (ed.), *Stirring Times, or, Records from Jerusalem Consular Chronicles of 1853 to 1856*, 2 vols. (London, 1878), vol. 1, pp. 57–8, 76.

9. FO 78/705, Finn to Palmerston, 2 Dec. 1847.

10. 关于对条约内容的不同诠释，参见 R. H. Davison, *Essays in Ottoman and Turkish History, 1774–1923: The Impact of the West* (Austin, Tex., 1990), pp. 29–37.

11. *Mémoires du duc De Persigny* (Paris, 1896), p. 225; L. Thouvenal, *Nicolas Ier et Napoléon*

III: Les preliminaires de la guerre de Crimée 1852–1854 (Paris, 1891), pp. 7–8, 14–16, 59.

12.　A. Gouttman, *La Guerre de Crimée 1853–1856* (Paris, 1995), p. 69; D. Goldfrank, *The Origins of the Crimean War* (London, 1995), pp. 76, 82–3; 496 notes to pp. 10–22 *Correspondence Respecting the Rights and Privileges of the Latin and Greek Churches in Turkey*, 2 vols. (London, 1854–6), vol. 1, pp. 17–18.

13.　A. Ubicini, *Letters on Turkey*, trans. Lady Easthope, 2 vols. (London, 1856), vol. 1, pp. 18–22.

14.　S. Montefiore, *Prince of Princes: The Life of Potemkin* (London, 2000), pp. 244–5.

15.　W. Reddaway, *Documents of Catherine the Great* (Cambridge, 1931), p. 147; *Correspondence artistique de Grimm avec Catherine II*, Archives de l'art francais, nouvelle periode, 17 (Paris, 1932), pp. 61–2; *The Life of Catherine II, Empress of Russia*, 3 vols. (London, 1798), vol. 3, p. 211; *The Memoirs of Catherine the Great* (New York, 1955), p. 378.

16.　Davison, *Essays in Ottoman and Turkish History*, p. 37; H. Ragsdale, 'Russian Projects of Conquest in the Eighteenth Century', in id. (ed.), *Imperial Russian Foreign Policy* (Cambridge, 1993), pp. 83–5; V. Aksan, *Ottoman Wars 1700–1870: An Empire Besieged* (London, 2007), pp. 160–1.

17.　Montefiore, *Prince of Princes*, pp. 274–5.

18.　出处同上, pp. 246–8.

19.　G. Jewsbury, *The Russian Annexation of Bessarabia: 1774–1828. A Study of Imperial Expansion* (New York, 1976), pp. 66–72, 88.

20.　M. Gammer, *Muslim Resistance to the Tsar: Shamil and the Conquest of Chechnya and Dagestan* (London, 1994), p. 44; J. McCarthy, *Death and Exile: The Ethnic Cleansing of Ottoman Muslims 1821–1922* (Princeton, 1995), pp. 30–2.

21.　M. Kozelsky, 'Introduction', unpublished MS.

22.　K. O'Neill, 'Between Subversion and Submission: The Integration of the Crimean Khanate into the Russian Empire, 1783–1853', Ph.D. diss., Harvard, 2006, pp. 39, 52–60, 181; A. Fisher, *The Russian Annexation of the Crimea, 1772–1783* (Cambridge, 1970), pp. 144–6; M. Kozelsky, 'Forced Migration or Voluntary Exodus? Evolution of State Policy toward Crimean Tatars during the Crimean War', unpublished paper; B. Williams, 'Hijra and Forced Migration from Nineteenth-Century Russia to the Ottoman Empire', *Cahiers du monde russe*, 41/1 (2000), pp. 79–108; M. Pinson, 'Russian Policy and the Emigration of the Crimean Tatars to the Ottoman Empire, 1854–1862', *Guney-Dogu Avrupa Arastirmalari Dergisi*, 1 (1972), pp. 38–41.

23.　A. Schonle, 'Garden of the Empire: Catherine's Appropriation of the Crimea', *Slavic Review*, 60/1 (Spring 2001), pp. 1–23; K. O'Neill, 'Constructing Russian Identity in the Imperial Borderland: Architecture, Islam, and the Transformation of the Crimean Landscape', *Ab Imperio*, 2 (2006), pp. 163–91.

24.　M. Kozelsky, *Christianizing Crimea: Shaping Sacred Space in the Russian Empire and Beyond* (De Kalb, Ill., 2010), chap. 3; id., 'Ruins into Relics: The 497 notes to pp. 23–37 Monument to Saint Vladimir on the Excavations of Chersonesos, 1827–57', *Russian Review*, 63/4 (Oct. 2004), pp. 655–72.

第二章　东方问题

1. R. Nelson, *Hagia Sophia, 1850–1950: Holy Wisdom Modern Monument* (Chicago, 2004), pp. 29–30.

2. 出处同上, p. 30.

3. N. Teriatnikov, *Mosaics of Hagia Sophia, Istanbul: The Fossati Restoration and the Work of the Byzantine Institute* (Washington, 1998), p. 3; *The Russian Primary Chronicle: Laurentian Text*, trans. S. Cross and O. Sherbowitz-Wetzor (Cambridge, Mass., 1953), p. 111.

4. T. Stavrou, 'Russian Policy in Constantinople and Mount Athos in the Nineteenth Century', in L. Clucas (ed.), *The Byzantine Legacy in Eastern Europe* (New York, 1988), p. 225.

5. Nelson, *Hagia Sophia*, p. 33.

6. A. Ubicini, *Letters on Turkey*, trans. Lady Easthope, 2 vols. (London, 1856), vol. 1, pp. 18–22.

7. D. Hopwood, *The Russian Presence in Palestine and Syria, 1843–1914: Church and Politics in the Near East* (Oxford, 1969), p. 29.

8. S. Pavlowitch, *Anglo-Russian Rivalry in Serbia, 1837–39* (Paris, 1961), p. 72; B. Lewis, *The Emergence of Modern Turkey* (Oxford, 2002), p. 31.

9. F. Bailey, *British Policy and the Turkish Reform Movement, 1826–1853* (London, 1942), pp. 19–22; D. Ralston, *Importing the European Army: The Introduction of European Military Techniques and Institutions into the Extra-European World, 1600–1914* (Chicago, 1990), pp. 62–3.

10. W. Miller, *The Ottoman Empire, 1801–1913* (Cambridge, 1913), p. 18.

11. V. Aksan, *Ottoman Wars 1700–1870: An Empire Besieged* (London, 2007), p. 49.

12. D. Goldfrank, *The Origins of the Crimean War* (London, 1995), pp. 41–2.

13. A. Bitis, *Russia and the Eastern Question: Army, Government and Society, 1815–1833* (Oxford, 2006), pp. 33–4, 101–4; Aksan, *Ottoman Wars*, pp. 290–96; T. Prousis, *Russian Society and the Greek Revolution* (De Kalb, Ill., 1994), pp. 31, 50–1.

14. A. Zaionchkovskii, *Vostochnaia voina 1853–1856*, 3 vols. (St Petersburg, 2002), vol. 1, pp. 8, 19; L. Vyskochkov, *Imperator Nikolai I: Chelovek i gosudar'* (St Petersburg, 2001), p. 141; M. Gershenzon, *Epokha Nikolaia I* (Moscow, 1911), pp. 21–2.

15. A. Tiutcheva, *Pri dvore dvukh imperatov: Vospominaniia, dnevnik, 1853–1882* (Moscow, 1928–9), pp. 96–7.

16. R. Wortman, *Scenarios of Power: Myth and Ceremony in Russian Monarchy*, vol. 1: *From Peter the Great to the Death of Nicholas I* (Princeton, 1995), p. 382; D. Goldfrank, 'The Holy Sepulcher and the Origin of the Crimean War', in E. Lohr and M. Poe (eds.), *The Military and Society in Russia:1450–1917* (Leiden, 2002), pp. 502–3.

17. Bitis, *Russia and the Eastern Question*, pp. 167–76.

18. 出处同上, p. 187.

19. Aksan, *Ottoman Wars*, pp. 346–52.

20. P. Schroeder, *The Transformation of European Politics, 1763–1848* (Oxford, 1994), pp.

658–660.

21．A. Seaton, *The Crimean War: A Russian Chronicle* (London, 1977), p. 36.

22．Bitis, *Russia and the Eastern Question*, pp. 361–2, 366.

23．FO 97/404, Ponsonby to Palmerston, 7 July 1834; R. Florescu, *The Struggle against Russia in the Romanian Principalities 1821–1854* (Monachii, 1962), pp. 135–60.

24．F. Lawson, *The Social Origins of the Egyptian Expansionism during the Muhammad Ali Period* (New York, 1992), chap. 5; Aksan, *Ottoman Wars*, pp. 363–7; A. Marmont, *The Present State of the Turkish Empire*, trans. F. Smith (London, 1839), p. 289.

25．Bitis, *Russia and the Eastern Question*, pp. 468–69.

26．Zaionchkovskii, *Vostochnaia voina*, vol. 1, p. 235.

27．FO 181/114, Palmerston to Ponsonby, 6 Dec. 1833; P. Mosely, *Russian Diplomacy and the Opening of the Eastern Question in 1838 and 1839* (Cambridge, Mass., 1934), p. 12; Bailey, *British Policy*, p. 53.

28．L. Levi, *History of British Commerce, 1763–1870* (London, 1870), p. 562; Bailey, *British Policy*, p. 74; J. Gallagher and R. Robinson, 'The Imperialism of Free Trade', *Economic History Review*, 2nd ser., 6/1 (1953); FO 78/240, Ponsonby to Palmerston, 25 Nov. 1834; D. Urquhart, *England and Russia* (London, 1835), p. 110.

29．B. Kingsley Martin, *The Triumph of Lord Palmerston: A Study of Public Opinion in England before the Crimean War* (London, 1963), p. 85.

30．J. Gleason, *The Genesis of Russophobia in Great Britain* (Cambridge, Mass., 1950), p. 103.

31．出处同上 , pp. 211–2, 220.

32．*India, Great Britain, and Russia* (London, 1838), pp. 1–2.

33．R. Shukla, *Britain, India and the Turkish Empire, 1853–1882* (New Delhi, 1973), p. 27.

34．M. Gammer, *Muslim Resistance to the Tsar: Shamil and the Conquest of Chechnya and Dagestan* (London, 1994), p. 121.

35．J. Pardoe, *The City of the Sultan; and Domestic Manners of the Turks in 1836*, 2 vols. (London, 1854), vol. 1, p. 32.

36．C. White, *Three Years in Constantinople; or, Domestic Manners of the Turks in 1844*, 3 vols. (London, 1846), p. 363. 也请参见 E. Spencer, *Travels in Circassia, Krim-Tartary, &c., including a Steam Voyage down the Danube from Vienna to Constantinople, and round the Black Sea in 1836*, 2 vols. (London, 1837).

37．Urquhart, *England and Russia*, p. 86.

38．S. Lane-Poole, *The Life of the Right Honourable Stratford Canning*, 2 vols. (London, 1888), vol. 2, p. 17.

39．出处同上 , p. 104. 有关 19 世纪土耳其共济会，请参见 Paul Dumont 的众多著作，包括 'La Turquie dans les archives du Grand Orient de France: Les loges maçnniques d'obédience françise à Istanbul du milieu du XIXe siècle à la veille de la Première Guerre Mondiale' , in J.-L. Bacqué-Grammont and P. Dumont (eds.), *économie et société dans l'empire ottoman (fin du XVIIIe siècle–début du XXe siècle)* (Paris, 1983), pp. 171–202.

40. A. Cunningham, *Eastern Questions in the Nineteenth Century: Collected Essays*, 2 vols. (London, 1993), vol. 2, pp. 118–9.

41. B. Abu Manneh, 'The Islamic Roots of the Gulhane Rescript', in id., *Studies on Islam and the Ottoman Empire in the Nineteenth Century* (Istanbul, 2001), pp. 83–4, 89.

42. FO 97/413, Stratford to Palmerston, 7 Feb. 1850; Lane-Poole, *The Life of the Right Honourable Stratford Canning*, vol. 2, p. 215.

第三章 俄国威胁

1. S. Tatishchev, 'Imperator Nikolai I v Londone v 1844 godu', *Istoricheskii vestnik*, 23/3 (Feb. 1886), pp. 602–604.

2. E. Stockmar, *Denkwürdigkeiten aus den Papieren des Freiherrn Christian Friedrich V. Stockmar* (Brunswick, 1872), p. 98; T. Martin, *The Life of His Royal Highness the Prince Consort*, 5 vols. (London, 1877), vol. 1, p. 215.

3. G. Bolsover, 'Nicholas I and the Partition of Turkey', *Slavonic Review*, 27 (1948), p. 135.

4. Tatishchev, 'Imperator Nikolai', pp. 355–8.

5. Martin, *The Life of His Royal Highness*, vol. 1, p. 224.

6. Tatishchev, 'Imperator Nikolai', p. 604; Stockmar, *Denkwürdigkeiten*, p. 98.

7. Tatishchev, 'Imperator Nikolai', p. 604.

8. *The Letters of Queen Victoria: A Selection from Her Majesty's Correspondence between the Years 1837 and 1861*, 3 vols. (London, 1907–8), vol. 2, pp. 16–7; Martin, *The Life of His Royal Highness*, vol. 1, p. 219; Tatishchev, 'Imperator Nikolai', p. 609.

9. Martin, *The Life of His Royal Highness*, vol. 1, p. 223; Stockmar, *Denkwürdigkeiten*, pp. 397, 400.

10. Tatishchev, 'Imperator Nikolai', p. 615; Stockmar, *Denkwürdigkeiten*, p. 399.

11. 出处同上 , pp. 396–9.

12. H. Ragsdale, 'Russian Projects of Conquest in the Eighteenth Century', in id. (ed.), *Imperial Russian Foreign Policy* (Cambridge, 1993), pp. 75–7; O. Subtelnyi, 'Peter I's Testament: A Reassessment', *Slavic Review*, 33 (1974), pp. 663–78.

13. Ragsdale, 'Russian Projects', pp. 79–80.

14. 出处同上 , p. 81.

15. J. Gleason, *The Genesis of Russophobia in Great Britain* (Cambridge, Mass., 1950), pp. 39, 43.

16. R. Wilson, *A Sketch of the Military and Political Power of Russia in the Year 1817* (London, 1817); Gleason, *Genesis of Russophobia*, p. 56.

17. [Lieut. Col.] Sir George de Lacy Evans, *On the Designs of Russia* (London, 1828), pp. 191, 199–219.

18. *The Portfolio; or a Collection of State Papers, etc. etc., Illustrative of the History of Our*

Times, 1 (1836), p. 103.

19. 出处同上 , pp. 187–95. See further, M. Kukiel, *Czartoryski and European Unity 1770–1861* (Princeton, 1955), p. 236.

20. Hansard, HC Deb. 23 Feb. 1848, vol. 96, pp. 1132–1242; HC Deb. 1 Mar. 1848, vol. 47, pp. 66–123 (Palmerston quotation at p. 122).

21. *The Times*, 20 July 1831; *Northern Liberator*, 3 Oct. 1840.

22. Gleason, *Genesis of Russophobia*, p. 126.

23. Kukiel, *Czartoryski*, p. 205.

24. R. McNally, 'The Origins of Russophobia in France: 1812–1830', *American Slavic and East European Review*, 17/2 (Apr. 1958), pp. 179–83.

25. A. Mickiewicz, *Livre des pèlerins polonais, traduit du polonais d'A. M. par le Comte C. de Montalembert; suivi d'un hymne à la Pologne par F. de La Menais* (Paris, 1833).

26. *Cinq millions de Polonais forcés par la czarine Catherine, les czars Paul, Alexandre et récemment Nicolas d'abjurer leur foi religieuse. Eclaircissements sur la question des Grecs-Unis sous le rapport statistique, historique et religieux* (Paris and Strasburg, 1845); *Journal des débats*, 23 Oct. 1842.

27. *The Nuns of Minsk: Narrative of Makrena Mieczysławska, Abbess of the Basilian Convent of Minsk; The History of a Seven Years' Persecution Suffered for the Faith, by Her and Her Nuns* (London, 1846), pp. 1–16; Hansard, HL Deb. 9 Mar. 1846, vol. 84, p. 768; M. Cadot, *La Russie dans la vie intellectuelle française, 1839–1856* (Paris, 1967), p. 464.

28. [Count] V. Krasinski, *Is the Power of Russia to be Reduced or Increased by the Present War? The Polish Question and Panslavism* (London, 1855), p. 4.

29. Marquis de Custine, *Russia*, 3 vols. (London, 1844), vol. 3, pp. 21, 353; G. Kennan, *The Marquis de Custine and His Russia in 1839* (London, 1971).

30. Cadot, *La Russie dans la vie intellectuelle française*, p. 471.

31. S. Pavlowitch, *Anglo-Russian Rivalry in Serbia, 1837–1839* (Paris, 1961).

32. N. Tsimbaev, *Slavianofil' stvo: Iz istorii russkoi obshchestvenno-politicheskoi mysli XIX veka* (Moscow, 1986), p. 36.

33. A. Bitis, *Russia and the Eastern Question: Army, Government and Society, 1815–1833* (Oxford, 2006), pp. 93–7.

34. N. Riasanovsky, *Nicholas I and Official Nationality in Russia 1825–1855* (Berkeley, 1959), p. 152.

35. 出处同上 , p. 166.

36. P. Mérimée, *Correspondence générale*, 18 vols. (Paris, 1941–1965), vol. 5, p. 420; Cadot, *La Russie dans la vie intellectuelle française*, p. 516; L. Namier, *1848: The Revolution of the Intellectuals* (Oxford, 1946), pp. 40–2.

37. Cadot, *La Russie dans la vie intellectuelle francaise*, p. 468.

38. R. Florescu, *The Struggle against Russia in the Romanian Principalities 1821–1854* (Monachii, 1962), chaps. 7 and 8.

39. FO 195/321, Colquhoun to Palmerston, 16 Aug. 1848.

40. FO 195/332, Colquhoun to Stratford Canning, 2 July 1849.

41. Florescu, *Struggle against Russia*, pp. 217–218.

42. D. Goldfrank, *The Origins of the Crimean War* (London, 1995), pp. 68–71.

第四章　欧洲和平的终结

1. 有关英国海军抵抗法国的战略，参见 A. Lambert, *The Crimean War: British Grand Strategy, 1853–56* (Manchester, 1990), pp. 25–7.

2. RA VIC/MAIN/QVJ/1855, 16 Apr.

3. *Mémoires du duc De Persigny* (Paris, 1896), p. 212.

4. A. J. P. Taylor, *The Struggle for Mastery in Europe 1848–1918* (Oxford,1955), p. 49.

5. *Mémoires du duc De Persigny*, p. 225; E. Bapst, *Les Origines de la Guerre en Crimée: La France et la Russie de 1848 à 1851* (Paris, 1912), pp. 325–7.

6. FO 78/895, Rose to Malmesbury, 28 Dec. 1852.

7. K. Vitzthum von Eckstadt, *St Petersburg and London in the Years 1852–1864*, 2 vols. (London, 1887), vol. 1, p. 38; D. Goldfrank, *The Origins of the Crimean War* (London, 1995), pp. 109–10.

8. FO 65/424, Seymour to Russell, 11 and 22 Jan., 22 Feb. 1853.

9. FO 65/424, Seymour to Russell, 11 Jan., 21 Feb. 1853; A. Cunningham, *Eastern Questions in the Nineteenth Century: Collected Essays*, 2 vols. (London, 1993), vol. 2, p. 136.

10. FO 65/424, Seymour to Russell, 22 Feb. 1853; FO 65/425, Seymour to Clarendon, 29 Mar. 1853.

11. Cunningham, *Eastern Questions*, vol. 2, pp. 139–40.

12. FO 65/424, Seymour to Russell, 10 Feb. 1853.

13. RGAVMF, f. 19, op. 7, d. 135, l. 37; FO 65/424, Seymour to Russell, 7 Jan. 1853; *Correspondence Respecting the Rights and Privileges of the Latin and Greek Churches in Turkey*, 2 vols. (London, 1854–6), vol. 1, pp. 121–4.

14. RGAVMF, f. 19, op. 7, d. 135, l. 43; J. Curtiss, *Russia's Crimean War* (Durham, NC, 1979), p. 94.

15. FO 65/420, Clarendon to Seymour, 23 Mar., 5 Apr. 1853; Goldfrank, *Origins of the Crimean War*, pp. 136–8.

16. *Mémoires du duc De Persigny*, pp. 226–231; Bapst, *Origines de la Guerre en Crimée*, p. 354.

17. *Mémoires du comte Horace de Viel-Castel sur le regne de Napoléon III, 1851–1864*, 2 vols. (Paris, 1979), vol. 1, p. 180; J. Ridley, *Napoleon III and Eugenie* (London, 1979), p. 365; S. Lane-Poole, *The Life of the Right Honourable Stratford Canning*, 2 vols. (London, 1888), vol. 2, p. 237.

18. *Correspondence Respecting the Rights and Privileges of the Latin and Greek Churches*, vol. 1,

pp. 256–8; Cunningham, *Eastern Questions*, pp. 159–62; Goldfrank, *Origins of the Crimean War*, pp. 147–8, 156–7; A.Saab, *The Origins of the Crimean Alliance* (Charlottesville, Va., 1977), pp. 135–7; Lane-Poole, *The Life of the Right Honourable Stratford Canning*, vol. 2, p. 248.

19. BOA, AMD, 44/81, Musurus to Reshid Pasha, 13 May 1853; RGAVMF, f. 19, op. 7, d. 135, l. 52; C. Badem, 'The Ottomans and the Crimean War (1853–1856)', Ph.D. diss. (Sabanci University, 2007), pp. 74–6.

20. A. Zaionchkovskii, *Vostochnaia voina 1853–1856*, 3 vols. (St Petersburg, 2002), vol. 1, pp. 739–40.

21. *Russkii arkhiv*, 1891, no. 8, p. 169; 'Voina s Turtsiei 1828–1829 i 1853–1854', *Russkaia starina*, 16 (1876), pp. 681–7; P. Schroeder, *Austria, Great Britain and the Crimean War: The Destruction of the European Concert* (Ithaca, NY, 1972), p. 76.

22. RGVIA, f. 846, op. 16, d. 5407, ll. 7–11; d. 5451, ll. 13–14; Zaionchkovskii, *Vostochnaia voina*, vol. 1, p. 74.

23. *Za mnogo let: Zapiski (vospominaniia) neizvestnogo 1844–1874 gg.* (St Petersburg, 1897), p. 74; RGB OR, f. 743, T. Klemm, 'Vospominaniia starogo-soldata, rasskazannye synu, kadetu VII klacca Pskovskogo kadetskogo korpusa', l. 6.

24. F. Kagan, *The Military Reforms of Nicholas I: The Origins of the Modern Russian Army* (London, 1999), p. 221; E. Brooks, 'Reform in the Russian Army, 1856–1861', *Slavic Review*, 43/1 (Spring 1984), p. 64; E. Wirtschafter, *From Serf to Russian Soldier* (Princeton, 1990), p. 24.

25. Brooks, 'Reform', pp. 70–71; K. Marx, *The Eastern Question: A Reprint of Letters Written 1853–1856 Dealing with the Events of the Crimean War* (London, 1969), pp. 397–398; J. Curtiss, *The Russian Army under Nicholas I, 1825–1855* (Durham, NC, 1965), p. 115; P. Alabin, *Chetyre voiny: Pokhodnye zapiski v voinu 1853, 1854, 1855 i 1856 godov*, 2 vols. (Viatka, 1861), vol. 1, p. 43.

26. Curtiss, *Russian Army*, pp. 248–9.

27. *Za mnogo let*, pp. 34–35, 45–47; RGB OR, f. 743, T. Klemm, 'Vospominaniia starogo-soldata', ll. 4, 7–8; Wirtschafter, *From Serf to Russian Soldier*, p. 87.

28. BOA, I, HR, 328/21222; S. Kiziltoprak, 'Egyptian Troops in the Crimean War (1853–1856)', in *Vostochnaya (Krymskaya) Voina 1853–1856 godov: Novye materialy i novoe osmyslenie*, 2 vols. (Simferopol, 2005), vol. 1, p. 49; Lane-Poole, *The Life of the Right Honourable Stratford Canning*, vol. 2, p. 296.

29. A. Slade, *Turkey and the Crimean War: A Narrative of Historical Events* (London, 1867), p. 186; E. Perret, *Les Francais en Orient: Récits de Crimée 1854–1856* (Paris, 1889), pp. 86–87.

30. T. Buzzard, *With the Turkish Army in the Crimea and Asia Minor* (London, 1915), p. 121; J. Reid, *Crisis of the Ottoman Empire: Prelude to Collapse 1839–1878* (Stuttgart, 2000), p. 257.

31. RGVIA, f. 450, op. 1, d. 33, ll. 4–12; *A Visit to Sebastopol a Week after Its Fall: By an Officer of the Anglo-Turkish Contingent* (London, 1856), p. 53; *Vospominaniia ofitsera o voennyh deistviyah na Dunae v 1853–54 gg.: Iz dnevnika P.B.* (St Petersburg, 1887), p. 566.

32. M. Chamberlain, *Lord Aberdeen: A Political Biography* (London, 1983), p. 476; FO 65/421,

Palmerston to Seymour, 16 July 1853; *Correspondence Respecting the Rights and Privileges of the Latin and Greek Churches*, vol. 1, p. 400.

33. R. Florescu, *The Struggle against Russia in the Romanian Principalities 1821–1854* (Monachii, 1962), pp. 241–6.

34. FO 65/422, Palmerston to Seymour, 2 Aug. 1853.

35. *Correspondence Respecting the Rights and Privileges of the Latin and Greek Churches*, vol. 1, pp. 400–4.

36. Goldfrank, *Origins of the Crimean War*, pp. 190–213.

37. *The Greville Memoirs 1814–1860*, ed. L. Strachey and R. Fulford, 8 vols. (London, 1938), vol. 1, p. 85.

38. H. Maxwell, *The Life and Letters of George William Frederick, Fourth Earl of Clarendon*, 2 vols. (London, 1913), vol. 2, p. 25.

39. Slade, *Turkey and the Crimean War*, pp. 101–2, 107; Saab, *Origins of the Crimean Alliance*, p. 64; Cunningham, *Eastern Questions*, pp. 198–9.

40. Saab, *Origins of the Crimean Alliance*, p. 81; Badem, 'The Ottomans and the Crimean War', pp. 80, 90.

41. *The Times*, 27 Sept. 1853; *Correspondence Respecting the Rights and Privileges of the Latin and Greek Churches*, vol. 1, pp. 562–3.

42. A. Türkgeldi, *Mesail-i Mühimme-i Siyasiyye*, 3 vols. (Ankara, 1957–60),vol. 1, pp. 319–21; Badem, 'The Ottomans and the Crimean War' , p. 93.

第五章　虚张声势

1. BOA, HR, SYS, 907/5.

2. BOA, HR, SYS, 903/2–26.

3. RGVIA, f. 846, op. 16, d. 5429, ll. 11–17; 'Vospominaniia A. A. Genritsi', *Russkaia starina*, 20 (1877), p. 313.

4. 'Vostochnaia voina: Pis'ma kn. I. F. Paskevicha k kn. M. D. Gorchakovu', *Russkaia starina*, 15 (1876), pp. 163–91, 659–74 (quotation, p. 182); E. Tarle, *Krymskaia voina*, 2 vols. (Moscow, 1944), vol. 1, pp. 216–8.

5. 'Voina s Turtsiei 1828–1829 i 1853–1854', *Russkaia starina*, 16 (1876), pp. 700–1; S. Nikitin, 'Russkaia politika na Balkanakh i nachalo vostochnoi voiny', *Voprosy istorii*, 4 (1946), pp. 3–29.

6. A. Zaionchkovskii, *Vostochnaia voina 1853–1856*, 3 vols. (St Petersburg, 2002), vol. 2, pp. 523–4; 'Voina s Turtsiei 1828–1829 i 1853–1854', p. 708.

7. Zaionchkovskii, *Vostochnaia voina*, vol. 1, pp. 321–2, 564.

8. 'Voina s Turtsiei 1854 g.', *Russkaia starina*, 18 (1877), p. 141; *Correspondence Respecting the Rights and Privileges of the Latin and Greek Churches in Turkey*, 2 vols. (London, 1854–6), vol. 1, pp. 415–18; RGVIA, f. 846, op. 16, d. 5417, l. 7.

9. RGIA, f. 711, op. 1, d. 35, ll. 1–3; A. Tiutcheva, *Pri dvore dvukh imperatov: Vospominaniia, dnevnik, 1853–1882* (Moscow, 1928–1929), pp. 129–30, 146–8, 162–3.

10. Zaionchkovskii, *Vostochnaia voina*, vol. 1, pp. 702–8.

11. 出处同上, pp. 559–61.

12. L. Vyskochkov, *Imperator Nikolai I: chelovek i gosudar '* (St Petersburg, 2001), pp. 296–297.

13. Zaionchkovskii, *Vostochnaia voina*, vol. 1, p. 535.

14. 'Vostochnaia voina: Pis'ma kn. I. F. Paskevicha k kn. M. D. Gorchakovu', p. 190.

15. M. Pinson, 'Ottoman Bulgaria in the First Tanzimat Period – the Revolts in Nish (1841) and Vidin (1850)', *Middle Eastern Studies*, 11/2 (May 1975), pp. 103–46; H. Inalcik, *Tanzimat ve Bulgar Meselesi* (Ankara, 1943), pp. 69–71; 'Vospominaniia o voine na Dunae v 1853 i 1854 gg.', *Voennyi sbornik*, 14/8 (1880), p. 420; *Rossiia i Balkany: Iz istorii obshchestvennopoliticheskikh i kul'turnykh sviazei (xviii veka–1878 g.)* (Moscow, 1995),pp. 180–2.

16. FO 195/439, Grant to Clarendon, 11 Jan. 1854; FO 78/1014, Grant to Clarendon, 9 Jan. 1854; *Vospominaniia ofitsera o voennykh deistviyah na Dunae v 1853–1854 gg.: Iz dnevnika P.B.* (St Petersburg, 1887), pp. 531, 535, 543; 'Vospominaniia A. A. Genritsi', p. 313; A. Ulupian, 'Russkaia periodicheskaia pechat' vremen krymskoi voiny 1853–1856 gg. o Bolgarii i bolgarakh', in *Rossiia i Balkany*, pp. 182–3; A. Rachinskii, *Pokhodnye pis'ma opolchentsa iz iuzhnoi Bessarabii 1855–1856* (Moscow, 1858), pp. 8–11.

17. *Vospominaniia ofitsera o voennyh deistviyah na Dunae*, pp. 585–9; A. Baumgarten, *Dnevniki 1849, 1853, 1854 i 1855* (n.p., 1911), pp. 82–7.

18. FO 78/1008, Fonblanque (consul in Belgrade) to Stratford Canning, 31 Dec. 1853, 11, 17, 24 and 26 Jan. 1854.

19. L. Guerrin, *Histoire de la derniere guerre de Russie (1853–1856)*, 2 vols. (Paris, 1858), vol. 1, p. 63; J. Koliopoulos, 'Brigandage and Insurgency in the Greek Domains of the Ottoman Empire, 1853–1908', in D. Gondicas and C. Issawi (eds.), *Ottoman Greeks in the Age of Nationalism: Politics, Economy, and Society in the Nineteenth Century* (Princeton, 1999), pp. 147–8.

20. *Shamil' – stavlennik sultanskoi Turtsii i angliiskikh kolonizatorov: Sbornik dokumental' nykh materialov* (Tbilisi, 1953), p. 367; 'Voina s Turtsiei 1828–1829 i 1853–1854', p. 696.

21. E. Adamov and L. Kutakov, 'Iz istorii proiskov inostrannoy agentury vo vremya Kavkazskikh voyn', *Voprosy istorii*, 11 (Nov. 1950), pp. 101–25.

22. M. Gammer, 'Shamil and the Ottomans: A Preliminary Overview', in *V. Milletlerarasi Turkiye Sosyal ve Iktisat Tarihi Kongresi: Tebligler. Istanbul 21–25 Agustos 1989* (Ankara, 1990), pp. 387–394; M. Budak, '1853–1856 Kırım Harbi Baslarinda Dogu Anadolu-Kafkas Cephesi ve Seyh Samil', *Kafkas Arastirmalari*, 1 (1988), pp. 132–3; Tarle, *Krymskaia voina*, vol. 1, p. 294.

23. B. Lewis, 'Slade on the Turkish Navy', *Journal of Turkish Studies/Turkluk Bilgisi Aras, tırmaları*, 11 (1987), pp. 6–7; C. Badem, 'The Ottomans and the Crimean War (1853–1856)', Ph.D. diss. (Sabanci University, 2007), pp. 107–9.

24. FO 195/309, Slade to Stratford Canning, 7 Dec. 1853.

25. A. Slade, *Turkey and the Crimean War: A Narrative of Historical Events* (London, 1867), p. 152.

26. BOA, HR, SYS, 1346/38; S. Lane-Poole, *The Life of the Right Honourable Stratford Canning*, 2 vols. (London, 1888), vol. 2, pp. 333–5; *Correspondence Respecting the Rights and Privileges of the Latin and Greek Churches*, vol. 1, p. 814.

27. *Morning Post*, 16 Dec. 1853; *The Times*, 13 and 18 Dec. 1853; *Sheffield and Rotherham Independent*, 17 Dec. 1853; *Chronicle*, 23 Dec. 1853.

28. *The Letters of Queen Victoria: A Selection from Her Majesty's Correspondence between the Years 1837 and 1861*, 3 vols. (London, 1907–1908), vol. 2, p. 126.

29. RA VIC/MAIN/QVJ/1853, 13 Nov. and 15 Dec.

30. FO 65/423, Palmerston to Seymour, 27 Dec. 1853; RA VIC/MAIN/QVJ/1853, 15 Dec.; P. Schroeder, *Austria, Great Britain and the Crimean War: The Destruction of the European Concert* (Ithaca, NY, 1972), p. 122.

31. 出处同上 , pp. 123–6.

32. A. Saab, *The Origins of the Crimean Alliance* (Charlottesville, Va., 1977), pp. 126–7; A. Lambert, *The Crimean War: British Grand Strategy, 1853–1856* (Manchester, 1990), p. 64.

33. 引用参见 S. Brady, *Masculinity and Male Homosexuality in Britain, 1861–1913* (London, 2005), p. 81; G. Henderson, *Crimean War Diplomacy and Other Historical Essays* (Glasgow, 1947), p. 136.

34. M. Taylor, *The Decline of British Radicalism, 1847–1860* (Oxford, 1995), pp. 230–231; R. Seton Watson, *Britain in Europe 1789–1914: A Survey of Foreign Policy* (Cambridge, 1937), pp. 321–322; RA VIC/MAIN/QVJ/1853, various entries, Nov. and Dec.

35. RA VIC/MAIN/QVJ/1853, 8 Dec.; RA VIC/MAIN/QVJ/1854, 15 Feb.

36. Saab, *Origins of the Crimean Alliance*, p. 148; id., *Reluctant Icon: Gladstone, Bulgaria, and the Working Classes, 1856–1878* (Cambridge, Mass., 1991), p. 31.

37. O. Anderson, 'The Reactions of Church and Dissent towards the Crimean War', *Journal of Ecclesiastical History*, 16 (1965), pp. 211–2; B. Kingsley Martin, *The Triumph of Lord Palmerston: A Study of Public Opinion in England before the Crimean War* (London, 1963), pp. 114–5, 164.

38. R. Marlin, *L'Opinion franc-comtoise devant la guerre de Crimée*, Annales Litteraires de l'Universite de Besancon, vol. 17 (Paris, 1957), pp. 19–20; Taylor, *Decline of British Radicalism*, p. 226.

39. Marlin, *L'Opinion franc-comtoise*, pp. 22–3.

40. L. Case, *French Opinion on War and Diplomacy during the Second Empire* (Philadelphia, 1954), pp. 16–24.

41. Tarle, *Krymskaia voina*, vol. 1, pp. 405–28.

42. 参见诸如 : V. Vinogradov, 'The Personal Responsibility of Emperor Nicholas I for the Coming of the Crimean War: An Episode in the Diplomatic Struggle in the Eastern Question', in H. Ragsdale (ed.), *Imperial Russian Foreign Policy* (Cambridge, 1993), pp. 159–70.

43. GARF, f. 678, op. 1, d. 451, l. 306.

44. T. Schiemann, *Geschichte Russlands unter Kaiser Nikolaus I*, 4 vols. (Berlin, 1904–1919), vol. 4, p. 430.

45. E. Boniface, Count de Castellane, *Campagnes de Crimée, d'Italie, d'Afrique, de Chine et de Syrie, 1849–1862* (Paris, 1898), pp. 75–6; J. Ridley, *Napoleon III and Eugenie* (London 1979), p. 365.

46. Lambert, *The Crimean War*, pp. 64 ff.

47. Schroeder, *Austria, Great Britain and the Crimean War*, p. 150; Lady F. Balfour, *The Life of George, Fourth Earl of Aberdeen*, 2 vols. (London, 1922), vol. 2, p. 206.

48. RA VIC/MAIN/QVJ/1854, 6 Mar.; W. Baumgart, *The Peace of Paris 1856: Studies in War, Diplomacy and Peacemaking* (Oxford, 1981), p. 13; Henderson, *Crimean War Diplomacy*, p. 72; BLO Clarendon Papers, Stratford Canning to Clarendon, 7 Apr. 1854, c. 22; Lane-Poole, *The Life of the Right Honourable Stratford Canning*, vol. 2, pp. 354–8; PRO 30/22/11, Russell to Clarendon, 26 Mar. 1854.

49. RA VIC/MAIN/QVJ/1854, 26 Mar.

50. K. Vitzthum von Eckstadt, *St Petersburg and London in the Years 1852–1864*, 2 vols. (London, 1887), vol. 1, pp. 83–4; A. Kinglake, *The Invasion of the Crimea: Its Origin and an Account of Its Progress down to the Death of Lord Raglan*, 8 vols. (London, 1863), vol. 1, pp. 476–7.

51. 参见 R. Ellison, *The Victorian Pulpit: Spoken and Written Sermons in Nineteenth-Century Britain* (Cranbury, NJ, 1998), pp. 43–9.

52. H. Beamish, *War with Russia: God the Arbiter of Battle. A Sermon Preached on Sunday April 2, 1854* (London, 1854), p. 6; T. Harford Battersby, *Two First-Day Sermons Preached in the Church of St John, Keswick* (London, 1855), p. 5; J. James, *The War with Russia Imperative and Righteous: A Sermon Preached in Brunswick Chapel, Leeds, on the Day of National Humiliation* (London, 1854), pp. 14–5.

53. G. Croly, *England, Turkey, and Russia: A Sermon Preached on the Embarkation of the Guards for the East in the Church of St Stephen, Walbrook, February 26, 1854* (London, 1854), pp. 8, 12–3, 26–7, 30–1. 类似布道参见：H. Bunsen, 'The War is a Righteous War': A Sermon Preached in Lilleshall Church on the Day of Humiliation and Prayer (London, 1854); R. Burton, *The War of God's Sending: A Sermon Preached in Willesden Church on the Occasion of the Fast, April 26, 1854* (London, 1854); R. Cadlish, *The Sword of the Lord: A Sermon Preached in the Free St George's Church, Edinburgh on Wednesday, April 26, 1854* (London, 1854); H. Howarth, *Will God Be for Us? A Sermon Preached in the Parish Church of St George's, Hanover Square, on Wednesday, April 26, 1854* (London, 1854); *A Sermon Preached by the Rev. H. W. Kemp, Incumbent of St John's Church, Hull, on Wednesday, April 26th: Being the Day Appointed by Her Gracious Majesty the Queen for the Humiliation of the Nation on the Commencement of the War with Russia* (London, 1854); J. Cumming, *The War and Its Issues: Two Sermons* (London, 1854); J. Hall, *War with Russia Both Just and Expedient: A Discourse Delivered in Union Chapel, Brixton Hill, April 26, 1854* (London, 1854); John, Bishop of Lincoln, *War: Its Evils and Duties: A Sermon Preached in the Cathedral Church of Lincoln on April 26th, 1854* (London, 1854).

54. FO 195/445, Finn to Clarendon, 28 Apr. 1854; E. Finn (ed.), *Stirring Times, or, Records from Jerusalem Consular Chronicles of 1853 to 1856*, 2 vols. (London, 1878), vol. 2, pp. 130–1.

第六章　土耳其人首尝胜果

1. *Tolstoy's Letters*, ed. and trans. R. F. Christian, 2 vols. (London, 1978), vol. 1, p. 38.

2. A. Maude, *The Life of Tolstoy: First Fifty Years* (London, 1908), pp. 96–97.

3. 'Voina s Turtsiei 1854 g.', *Russkaia starina*, 18 (1877), p. 327.

4. RGADA, f. 1292, op. 1, d. 6, l. 68; E. Tarle, *Krymskaia voina*, 2 vols. (Moscow, 1944), vol. 1, p. 273; 'Vospominaniia kniazia Emiliia Vitgenshteina', *Russkaia starina*, 104 (1900), p. 190.

5. A. Khomiakov, *Polnoe sobranie sochinenii*, 8 vols. (Moscow, 1900), vol. 8, p. 350.

6. FO 78/1014, Cunningham to Stratford Canning, 4, 20, 23 and 30 Mar. 1854.

7. E. Jouve, *Guerre d'Orient: Voyage à la suite des armées alliées en Turquie,en Valachie et en Crimée* (Paris, 1855), p. 115; FO 78/1008, Fonblanque to Stratford Canning, 27 Mar. 1854; FO 78/1014, Cunningham to Stratford Canning, 23 Mar. 1854.

8. RGVIA, f. 9198, op. 6/264, cb. 6, d. 14, ll. 101, 104, 106.

9. FO 78/1009, Fonblanque to Palmerston, 27 May 1854; Palmerston to Fonblanque, 10 July 1854.

10. RGVIA, f. 846, op. 16, d. 5417, ll. 41–44; E. Kovalevskii, *Voina s Turtsiei i razryv s zapadnymi derzhavami v 1853–1854* (St Petersburg, 1871), pp. 203–15; S. Plaksin, *Shchegolovskii al'bom: Sbornik istoricheskikh faktov, vospominanii, zapisok, illiustratsii i.t.d. za vremia bombardirovki Odessy v 1854* (Odessa, 1905), pp. 43–7.

11. RGVIA, f. 481, op. 1, d. 89, ll. 1–5; M. Bogdanovich, *Vostochnaia voina 1853–1856*, 4 vols. (St Petersburg, 1876), vol. 2, pp. 89–93; L. Guerrin, *Histoire de la dernière guerre de Russie (1853–1856)*, 2 vols. (Paris, 1858), vol. 1, pp. 111–15; J. Reid, *Crisis of the Ottoman Empire: Prelude to Collapse 1839–1878* (Stuttgart, 2000), pp. 255–257; NAM 1968–03–45 ('Journal of Captain J. A. Butler at the Siege of Silistria').

12. NAM 1968–03–45 ('Journal of Captain J. A. Butler at the Siege of Silistria'); RGVIA, f. 846, op. 16, d. 5520, ch. 2, l. 62.

13. *Tolstoy's Letters*, vol. 1, pp. 39–40.

14. Tarle, *Krymskaia voina*, vol. 1, pp. 445–7.

15. B. Gooch, *The New Bonapartist Generals in the Crimean War* (The Hague, 1959), pp. 82, 109; NAM 1973–11–170 (Kingscote letter, 15 May, p. 2).

16. J. Herbé, *Francais et russes en Crimée: Lettres d'un officier francais à sa famille pendant la campagne d'Orient* (Paris, 1892), p. 30.

17. L. Noir, *Souvenirs d'un simple zouave: Campagnes de Crimée et d'Italie* (Paris, 1869), p. 222.

18. P. de Molènes, *Les Commentaires d'un soldat* (Paris, 1860), pp. 58–9.

19. *The Times*, 26 Apr. 1854.

20. C. Bayley, *Mercenaries for the Crimean: The German, Swiss, and Italian Legions in British Service 1854–6* (Montreal, 1977), p. 20. 有关英国军队里的爱尔兰人，参见 D. Murphy, *Ireland and the Crimean War* (Dublin, 2002), pp. 17–25.

21. NAM 1968–07–289 (Raglan to Herbert, 15 May 1854).

22. NAM 1994–01–215 (Bell letter, June 1854).

23. A. Slade, *Turkey and the Crimean War: A Narrative of Historical Events* (London, 1867), p. 355.

24. NAM 1973–11–170 (Kingscote letter, 29 Apr. 1854, p. 3); Noir, *Souvenirs d'un simple zouave*, p. 212.

25. J. Howard Harris, Earl of Malmesbury, *Memoirs of an Ex-Minister*, 2 vols. (London, 1884), vol. 1, p. 412; *The Diary and Correspondence of Henry Wellesley, First Lord Cowley, 1790–1846* (London, 1930), p. 54.

26. *Tolstoy's Letters*, vol. 1, pp. 40–1.

27. A. Tiutcheva, *Pri dvore dvukh imperatov: Vospominaniia, dnevnik, 1853–1882* (Moscow, 1928–9), p. 195; *Akten zur Geschichte des Krimkriegs: Osterreichische Akten zur Geschichte des Krimkriegs*, ser. 1, vol. 2 (Munich, 1980), p. 248.

28. Bogdanovich, *Vostochnaia voina*, vol. 2, pp. 107–8.

29. Jouve, *Guerre d'Orient*, p. 121; A. Kinglake, *The Invasion of the Crimea: Its Origin and an Account of Its Progress down to the Death of Lord Raglan*, 8 vols. (London, 1863), vol. 2, p. 56; Guerrin, *Histoire de la derniere guerre*, vol. 1, pp. 123–5.

30. Jouve, *Guerre d'Orient*, pp. 108, 116.

31. *Tolstoy's Letters*, vol. 1, p. 41.

32. Jouve, *Guerre d'Orient*, p. 123; Guerrin, *Histoire de la dernière guerre*, vol. 1, p. 127; FO 195/439, Colquhoun to Clarendon, 13 Aug. 1854.

33. Tarle, *Krymskaia voina*, vol. 1, pp. 454–5; M. Levin, 'Krymskaia voina i russkoe obshchestvo', in id., *Ocherki po istorii russkoi obshchestvennoi mysli, vtoraia polovina XIX veka* (Leningrad, 1974), pp. 293–304.

34. P. Schroeder, *Austria, Great Britain and the Crimean War: The Destruction of the European Concert* (Ithaca, NY, 1972), pp. 207–9; R. Florescu, *The Struggle against Russia in the Romanian Principalities 1821–1854* (Monachii, 1962), pp. 284–6.

35. La Vicomte de Noe, *Les Bachi-Bazouks et les Chasseurs d'Afrique* (Paris, 1861), pp. 9–11; Noir, *Souvenirs d'un simple zouave*, p. 215.

36. Noe, *Les Bachi-Bazouks*, pp. 34, 38–42, 56–68; J. Reid, 'Social and Psychological Factors in the Collapse of the Ottoman Empire, 1780–1918', *Journal of Modern Hellenism*, 10 (1993), pp. 143–52.

37. C. Mismer, *Souvenirs d'un dragon de l'armée de Crimée* (Paris, 1887), p. 34; Molènes, *Les Commentaires d'un soldat*, p. 30; FO 78/1009, Fonblanque to Palmerston, 10 June 1854; C. Hibbert, *The Destruction of Lord Raglan: A Tragedy of the Crimean War, 1854–1855* (London, 1961), p. 164; J. Spilsbury, *The Thin Red Line: An Eyewitness History of the Crimean War* (London, 2005), p. 26; H. Rappaport, *No Place for Ladies: The Untold Story of Women in the Crimean War* (London, 2007), pp. 61–2.

38. M. Thoumas, *Mes souvenirs de Crimée 1854–1856* (Paris, 1892), pp. 107–9; Herbé, *Françis et russes en Crimée*, p. 55.

39. K. Marx, *The Eastern Question: A Reprint of Letters Written 1853–1856 Dealing with the Events of the Crimean War* (London, 1969), p. 451.

40. A. Lambert, *The Crimean War: British Grand Strategy, 1853–1856* (Manchester, 1990), p. 106.

41. L. Noir, *Souvenirs d'un simple zouave*, pp. 218–9.

42. Lambert, *The Crimean War*, p. 84.

43. WO 28/199, Newcastle to Raglan, 29 June 1854.

44. W. Mosse, *The Rise and Fall of the Crimean System, 1855–1871: The Story of the Peace Settlement* (London, 1963), p. 1; W. Baumgart, *The Peace of Paris 1856: Studies in War, Diplomacy and Peacemaking* (Oxford, 1981), p. 13.

45. Schroeder, *Austria, Great Britain and the Crimean War*, pp. 193–4.

46. 出处同上, p. 204; Lambert, *The Crimean War*, pp. 86–7.

47. S. Harris, *British Military Intelligence in the Crimean War* (London, 2001), p. 37; H. Small, *The Crimean War: Queen Victoria's War with the Russian Tsars* (Stroud, 2007), pp. 36–7; V. Rakov, *Moi vospominaniia o Evpatorii v epohu krymskoi voiny 1853–1856 gg.* (Evpatoriia, 1904), p. 10; FO 881/550, Raglan to Newcastle, 19 July 1854.

48. E. Boniface, Count de Castellane, *Campagnes de Crimée, d'Italie, d'Afrique, de Chine et de Syrie, 1849–1862* (Paris, 1898), pp. 90–1; L. de Saint-Arnaud, *Lettres du Marechal Saint-Arnaud*, 2 vols. (Paris, 1858), vol. 2, p. 462.

49. Herbe, *Francais et russés en Crimee*, p. 59; R. Portal, *Letters from the Crimea, 1854–1855* (Winchester, 1900), pp. 17, 25; FO 78/1040, Rose to Clarendon, 6 Sept. 1854.

50. Kinglake, *Invasion of the Crimea*, vol. 2, pp. 148–9.

第七章　阿尔马

1. J. Cabrol, *Le Marechal de Saint-Arnaud en Crimée* (Paris, 1895), p. 312; L. Noir, *Souvenirs d'un simple zouave: Campagnes de Crimée et d'Italie* (Paris, 1869), p. 219; M. O. Cullet, *Un régiment de ligne pendant la guerre d'orient: Notes et souvenirs d'un officier d'infanterie 1854–1855–1856* (Lyon, 1894), p. 68; NAM 2000–02–94 (Rose letter, 28 Aug. 1854).

2. P. de Molènes, *Les Commentaires d'un soldat* (Paris, 1860), p. 5; E. Vanson, *Crimée, Italie, Mexique: Lettres de campagnes 1854–1867* (Paris, 1905), p. 23; NAM 1978–04–39–2 (Hull letter, 12 July 1854); NAM 2000–02–94 (Rose letter, 28 Aug. 1854).

3. A. de Damas, *Souvenirs religieux et militaires de la Crimée* (Paris, 1857), pp. 147–8.

4. RGVIA, f. 846, op. 16, d. 5492, ll. 50–51; V. Rakov, *Moi vospominaniia o Evpatorii v epohu krymskoi voiny 1853–1856 gg.* (Evpatoriia, 1904), pp. 13–4, 21–2; A. Markevich, *Tavricheskaia guberniia vo vremia krymskoi voiny: Po arkhivnym materialam* (Simferopol, 1905), pp. 18–23; A. Kinglake, *The Invasion of the Crimea: Its Origin and an Account of Its Progress down to the Death of Lord Raglan*, 8 vols. (London, 1863), vol. 2, p. 166.

5. RGVIA, f. 846, op. 16, d. 5450, ll. 29–32; N. Mikhno, 'Iz zapisok chinovnika o krymskoi

voine', in N. Dubrovin (ed.), *Materialy dlia istorii krymskoi voiny i oborony sevastopolia; Sbornik izdavaemyi komitetom po ustroistvu sevastopol'skogo muzeia*, vyp. 3 (St Petersburg, 1872), p. 7.

6. W. Baumgart, *The Crimean War, 1853–1856* (Oxford, 1999), p. 116.

7. R. Hodasevich, *A Voice from within the Walls of Sebastopol: A Narrative of the Campaign in the Crimea and the Events of the Siege* (London, 1856), p. 35.

8. Cullet, *Un regiment*, p. 68; Molenes, *Les Commentaires d'un soldat*, p. 45.

9. L. de Saint-Arnaud, *Lettres du Marechal Saint-Arnaud*, 2 vols. (Paris, 1858), vol. 2, p. 490.

10. V. Bonham-Carter (ed.), *Surgeon in the Crimea: The Experiences of George Lawson Recorded in Letters to His Family* (London, 1968), p. 70.

11. NAM 2003–03–634 ('The Diary of Bandmaster Oliver', 15, 16, 17 Sept. 1854); J. Hume, *Reminiscences of the Crimean Campaign with the 55th Regiment* (London, 1894), p. 47.

12. H. Small, *The Crimean War: Queen Victoria's War with the Russian Tsars* (Stroud, 2007), p. 44.

13. N. Dubrovin, *Istoriia krymskoi voiny i oborony Sevastopolia*, 3 vols. (St Petersburg, 1900), vol. 1, pp. 215–217; Hodasevich, *A Voice*, pp. 47, 68; Damas, *Souvenirs*, p. 11; M. Bot'anov, *Vospominaniia sevastopoltsa i kavkatsa, 45 let spustia* (Vitebsk, 1899), p. 6; Noir, *Souvenirs d'un simple zouave*, p. 235.

14. E. Perret, *Les Francais en Orient: Récits de Crimée 1854–1856* (Paris, 1889), p. 103.

15. Dubrovin, *Istoriia krymskoi voiny*, vol. 1, p. 222; id., *349-dnevnaia zashchita Sevastopolia* (St Petersburg, 2005), p. 52; A. Seaton, *The Crimean War: A Russian Chronicle* (London, 1977), pp. 75–6.

16. Hodasevich, *A Voice*, pp. 55–6.

17. Perret, *Les Francais en Orient*, p. 106; Hodasevich, *A Voice*, p. 32; M. Vrochenskii, *Sevastopol'skii razgrom: Vospominaniia uchastnika slavnoi oborony Sevastopolia* (Kiev, 1893), p. 21.

18. R. Egerton, *Death or Glory: The Legacy of the Crimean War* (London, 2000), p. 82.

19. Small, *The Crimean War*, p. 47; N. Dixon, *On the Psychology of Military Incompetence* (London, 1994), p. 39.

20. M. Masquelez, *Journal d'un officier de zouaves* (Paris, 1858), pp. 107–8; Noir, *Souvenirs d'un simple zouave*, pp. 226–8; Molènes, *Les Commentaires d'un soldat*, pp. 232–233; A. Gouttman, *La Guerre de Crimee 1853–1856* (Paris, 1995), pp. 294–8; RGVIA, f. 846, op. 16, d. 5575, l. 4.

21. Small, *The Crimean War*, p. 50; Noir, *Souvenirs d'un simple zouave*, pp. 230–1; E. Tarle, *Krymskaia voina*, 2 vols. (Moscow, 1944), vol. 2, p. 20; Hodasevich, *A Voice*, pp. 69–70.

22. 出处同上, p. 70; J. Spilsbury, *The Thin Red Line: An Eyewitness History of the Crimean War* (London, 2005), p. 61; A. Massie, *The National Army Museum Book of the Crimean War: The Untold Stories* (London, 2004), p. 36.

23. Spilsbury, *Thin Red Line*, pp. 64–5; Kinglake, *Invasion of the Crimea*, vol. 2, pp. 332 ff.; NAM 1976–06–10 ('Crimean Journal, 1854', pp. 54–5).

24. Small, *The Crimean War*, pp. 51–4; Spilsbury, *Thin Red Line*, pp. 65–9; E. Totleben, *Opisanie oborony g. Sevastopolia*, 3 vols. (St Petersburg, 1863–78), vol. 1, p. 194.

25. A. Khrushchev, *Istoriia oborony Sevastopolia* (St Petersburg, 1889), p. 13; Hodasevich, *A Voice*, pp. 73–6; Tarle, *Krymskaia voina*, vol. 2, p. 20.

26. A. du Picq, *Battle Studies* (Charleston, SC, 2006), pp. 112, 223.

27. Dubrovin, *Istoriia krymskoi voiny*, vol. 1, pp. 267–8; Baron de Bazancourt, *The Crimean Expedition, to the Capture of Sebastopol*, 2 vols. (London, 1856), vol. 1, pp. 260–262.

28. NAM 1974–02–22–86–4 (21 Sept. 1872); Bonham-Carter, *Surgeon in the Crimea*, p. 73.

29. S. Calthorpe, *Letters from Headquarters; or the Realities of the War in the Crimea by an Officer of the Staff* (London, 1858), pp. 76–7.

30. Seaton, *The Crimean* War, pp. 96–97; Kh. Giubbenet, *Slovo ob uchastii narodov v popechenii o ranenyh voinakh i neskol'ko vospominanii iz krymskoi kampanii* (Kiev, 1868), p. 15.

31. *The Times*, 1 Dec. 1854.

32. Noir, *Souvenirs d'un simple zouave*, p. 234; Egerton, *Death or Glory*, pp. 219–20; H. Drummond, *Letters from the Crimea* (London, 1855), pp. 49–50.

33. RGVIA, f. 846, op. 16, d. 5450, ll. 41–2; H. Elphinstone, *Journal of the Operations Conducted by the Corps of Royal Engineers* (London, 1859), pp. 21–2; J. Curtiss, *Russia's Crimean War* (Durham, NC, 1979), pp. 302–5; Totleben, *Opisanie*, vol. 1, pp. 66 ff.

34. Dubrovin, *Istoriia krymskoi voiny*, vol. 1, pp. 268–9.

35. *Den'i noch'v Sevastopole: Stseny iz boevoi zhizni (iz zapisok artillerista)* (St Petersburg, 1903), pp. 4–5; Gouttman, *La Guerre de Crimée*, p. 305.

36. Egerton, *Death or Glory*, p. 92.

37. NAM 1989–06–41 (Nolan diary, p. 35).

38. Noir, *Souvenirs d'un simple zouave*, p. 239; Perret, *Les Francais en Orient*, pp. 119–20.

39. RGVIA, f. 846, op. 16, d. 5492, ll. 62–3; Dubrovin, *Istoriia krymskoi voiny*, vol. 1, pp. 293–302; Tarle, *krymskaia voina*, vol. 2, p. 23; Hodasevich, *A Voice*, pp. 119–21.

40. RGVIA, f. 846, op. 16, d. 5492, ll. 57–8; Markevich, *Tavricheskaia guberniia*, pp. 9–10; '1854 g.', *Russkaia starina*, 19 (1877), p. 338; Rakov, *Moi vospominaniia*, pp. 16–39; Molènes, *Les Commentaires d'un soldat*, pp. 46, 71–2.

41. T. Royle, *Crimea: The Great Crimean War 1854–1856* (London, 1999), p. 244.

42. J. Herbe, *Francais et russés en Crimee: Lettres d'un officier francais à sa famille pendant la campagne d'Orient* (Paris, 1892), p. 104.

第八章　秋天的塞瓦斯托波尔

1. L. Tolstoy, *The Sebastopol Sketches*, trans. D. McDuff (London, 1986), pp. 39, 42–3. 引用已获授权。

2. M. Vrochenskii, *Sevastopol'skii razgrom: Vospominaniia uchastnika slavnoi oborony*

Sevastopolia (Kiev, 1893), p. 9; N. Berg, *Desiat'dnei v Sevastopole* (Moscow, 1855), p. 15.

3. Tolstoy, *Sebastopol Sketches*, p. 43; E. Ershov, *Sevastopol'skie vospominaniia artilleriiskogo ofitsera v semi tetradakh* (St Petersburg, 1858), p. 29.

4. M. Bot'anov, *Vospominaniia sevastopoltsa i kavkatsa 45 let spustia* (Vitebsk, 1899), p. 6.

5. E. Totleben, *Opisanie oborony g. Sevastopolia*, 3 vols. (St Petersburg, 1863–78), vol. 1, p. 218; *Vospominaniia ob odnom iz doblestnykh zashchitnikov Sevastopolia* (St Petersburg, 1857), p. 7; *Sevastopol' v nyneshnem sostoianii: Pis'ma iz kryma i Sevastopolia* (Moscow, 1855), p. 19; WO 28/188, Burgoyne to Airey, 4 Oct. 1854; FO 78/1040, Rose to Clarendon, 8 Oct. 1854.

6. *Tolstoy's Letters*, ed. and trans. R. F. Christian, 2 vols. (London, 1978), vol. 1, p. 44. 场景描述参见 *Sebastopol Sketches* (p. 57).

7. S. Gershel'man, *Nravstvennyi element pod Sevastopolem* (St Petersburg, 1897), p. 84; R. Egerton, *Death or Glory: The Legacy of the Crimean War* (London, 2000), p. 91.

8. E. Tarle, *Krymskaia voina*, 2 vols. (Moscow, 1944), vol. 2, p. 38; Gershel'man, *Nravstvennyi element,* pp. 70–71; Totleben, *Opisanie*, vol. 1, pp. 198 ff.; J. Herbé, *Françis et russes en Crimée: Lettres d'un officier françis à sa famille pendant la campagne d'Orient* (Paris, 1892), p. 133.

9. RGVIA, f. 846, op. 16, d. 5613, l. 12; N. Dubrovin, *Istoriia krymskoi voiny i oborony Sevastopolia*, 3 vols. (St Petersburg, 1900), vol. 2, p. 31.

10. NAM 1968–07–292 (Cathcart to Raglan, 27 Sept. 1854); NAM 1983–11–13–310 (12 Oct. 1854).

11. E. Perret, *Les Francais en Orient: Récits de Crimée 1854–1856* (Paris, 1889), pp. 142–4; Baron de Bazancourt, *The Crimean Expedition, to the Capture of Sebastopol*, 2 vols. (London, 1856), vol. 1, pp. 343–8.

12. NAM 1982–12–29–13 (Letter, 12 Oct. 1854).

13. H. Clifford, *Letters and Sketches from the Crimea* (London, 1956), p. 69; E. Wood, *The Crimea in 1854 and 1894* (London, 1895), pp. 88–9.

14. S. Calthorpe, *Letters from Headquarters; or the Realities of the War in the Crimea by an Officer of the Staff* (London, 1858), p. 111.

15. *Sevastopol'v nyneshnem sostoianii*, p. 16.

16. V. Bariatinskii, *Vospominaniia 1852–55 gg.* (Moscow, 1904), pp. 39–42; A. Seaton, *The Crimean War: A Russian Chronicle* (London, 1977), pp. 126–9.

17. NAM 1969–01–46 (Private journal, 17 Oct. 1854); *Den'i noch'v Sevastopole: Stseny iz boevoi zhizni (iz zapisok artillerista)* (St Petersburg, 1903), pp. 7, 11.

18. A. Khrushchev, *Istoriia oborony Sevastopolia* (St Petersburg, 1889), p. 30; WO 28/188, Lushington to Airey, 18 Oct. 1854.

19. *Mrs Duberly's War: Journal and Letters from the Crimea*, ed. C. Kelly (Oxford, 2007), p. 87.

20. *Sevastopol'v nyneshnem sostoianii*, p. 16.

21. WO 28/188, Burgoyne to Raglan, 6 Oct. 1854; J. Spilsbury, *The Thin Red Line: An Eyewitness History of the Crimean War* (London, 2005), p. 138.

22. Calthorpe, *Letters*, p. 125; NAM 1968–07–270 ('Letters from the Crimea Written during the Years 1854, 55 and 56 by a Staff Officer Who Was There'), p. 125; H. Rappaport, *No Place for Ladies: The Untold Story of Women in the Crimean War* (London, 2007), pp. 82–3.

23. D. Austin, 'Blunt Speaking: The Crimean War Reminiscences of John Elijah Blunt, Civilian Interpreter', *Crimean War Research Society: Special Publication*, 33 (n.d.), pp. 24, 32, 55.

24. *Mrs Duberly's War*, p. 93; NAM 1968–07–270 ('Letters from the Crimea Written during the Years 1854, 55 and 56 by a Staff Officer Who Was There'), pp. 119–120; W. Munro, *Records of Service and Campaigning in Many Lands*, 2 vols. (London, 1887), vol. 2, p. 88.

25. H. Franks, *Leaves from a Soldier's Notebook* (London, 1904), p. 80; NAM 1958–04–32 (Forrest letter, 27 Oct. 1854).

26. Spilsbury, *Thin Red Line*, pp. 155–6; H. Small, *The Crimean War: Queen Victoria's War with the Russian Tsars* (Stroud, 2007), pp. 71–2.

27. Small, *The Crimean War*, pp. 73–82.

28. R. Portal, *Letters from the Crimea, 1854–1855* (Winchester, 1900), p. 112. 关于诺兰上尉试图引导轻骑兵改变进攻路线的说法，参见 D. Austin, 'Nolan Did Try to Redirect the Light Brigade', *War Correspondent*, 23/4 (2006), pp. 20–1.

29. Spilsbury, *Thin Red Line*, pp. 161–162.

30. S. Kozhukov, 'Iz krymskikh vospominanii o poslednei voine', *Russkii arkhiv*, 2 (1869), pp. 023–025.

31. G. Paget, *The Light Cavalry Brigade in the Crimea* (London, 1881), p. 73.

32. *Mrs Duberly's War*, p. 95.

33. Small, *The Crimean War*, pp. 64, 86–8; RGVIA, f. 846, op. 16, d. 5585, l. 31; Dubrovin, *Istoriia krymskoi voiny*, vol. 2, pp. 144–7.

34. N. Woods, *The Past Campaign: A Sketch of the War in the East*, 2 vols. (London, 1855), vol. 2, pp. 12–4; Austin, 'Blunt Speaking', pp. 54–6.

35. N. Dubrovin, *349-dnevnaia zashchita Sevastopolia* (St Petersburg, 2005), p. 91; A. Tiutcheva, *Pri dvore dvukh imperatov: Vospominaniia, dnevnik, 1853–1882* (Moscow, 1928–1929), p. 161.

36. A. Kinglake, *The Invasion of the Crimea: Its Origin and an Account of Its Progress down to the Death of Lord Raglan*, 8 vols. (London, 1863), vol. 5, pp. 1–24.

37. NAM 1963–11–151 (Letter, 27 Oct. 1854); NAM 1986–03–103 (Letter, 31 Oct. 1854).

38. Tarle, *Krymskaia voina*, vol. 2, p. 140.

39. B. Gooch, *The New Bonapartist Generals in the Crimean War* (The Hague, 1959), p. 145.

40. NAM 1994–02–172 (Letter, 22 Feb. 1855).

41. Khrushchev, *Istoriia oborony Sevastopolia*, pp. 38–42; Seaton, *The Crimean War*, pp. 161–4.

42. A. Andriianov, *Inkermanskii boi i oborona Sevastopolia (nabroski uchastnika)* (St Petersburg, 1903), p. 16.

43. Dubrovin, *Istoriia krymskoi voiny*, vol. 2, pp. 194–5; Spilsbury, *Thin Red Line*, pp. 196–198.

44. NAM 1968–07–264–1 ('The 95th Regiment at Inkerman').

45. 出处同上。

46. Andriianov, *Inkermanskii boi*, p. 20.

47. P. Alabin, *Chetyre voiny: Pokhodnye zapiski v voinu 1853, 1854, 1855 i 1856 godov*, 2 vols. (Viatka, 1861), vol. 2, pp. 74–5; Dubrovin, *Istoriia krymskoi voiny*, vol. 2, pp. 203–5.

48. Spilsbury, *Thin Red Line*, pp. 211–2.

49. G. Higginson, *Seventy-One Years of a Guardsman's Life* (London, 1916), pp. 197–198; Kinglake, *Invasion of the Crimea*, vol. 5, pp. 221–57.

50. R. Hodasevich, *A Voice from within the Walls of Sebastopol: A Narrative of the Campaign in the Crimea and the Events of the Siege* (London, 1856), pp. 190–8; Seaton, *The Crimean War*, p. 169.

51. L. Noir, *Souvenirs d'un simple zouave: Campagnes de Crimée et d'Italie* (Paris, 1869), p. 278.

52. J. Cler, *Reminiscences of an Officer of Zouaves* (New York, 1860), p. 211; *Historique de 2e Regiment de Zouaves 1830–1887* (Oran, 1887), pp. 66–7.

53. Spilsbury, *Thin Red Line*, p. 214.

54. Higginson, *Seventy-One Years*, p. 200; Spilsbury, *Thin Red Line*, p. 232.

55. Seaton, *The Crimean War*, pp. 175–6.

56. M. O. Cullet, *Un regiment de ligne pendant la guerre d'orient: Notes et souvenirs d'un officier d'infanterie 1854–1855–1856* (Lyon, 1894), p. 112.

57. Noir, *Souvenirs d'un simple zouave*, pp. 281–3.

58. Woods, *The Past Campaign*, vol. 2, pp. 143–4; Noir, *Souvenirs d'un simple zouave*, p. 278; Cler, *Reminiscences*, p. 216; A. de Damas, *Souvenirs religieux et militaires de la Crimee* (Paris, 1857), p. 70.

59. RA VIC/MAIN/F/1/38.

60. Cler, *Reminiscences*, pp. 219–20.

61. RA VIC/MAIN/F/1/36 (Colonel E. Birch Reynardson to Colonel Phipps, Sebastopol, 7 Nov.); H. Drummond, *Letters from the Crimea* (London, 1855), p. 75; *A Knouting for the Czar! Being Some Words on the Battles of Inkerman, Balaklava and Alma by a Soldier* (London, 1855), pp. 5–9.

62. RGVIA, f. 846, op. 16, d. 5634, ll. 1–18; Bazancourt, *The Crimean Expedition*, pp. 116–7; Noir, *Souvenirs d'un simple zouave*, pp. 278–279; Kinglake, *Invasion of the Crimea*, vol. 5, pp. 324, 460–63.

63. FO 78/1040, Rose to Clarendon, 7 Nov. 1854.

64. Small, *The Crimean War*, p. 209.

65. NAM 1984–09–31–63 (Letter, 7 Nov. 1854); *Vospominaniia ob odnom iz doblestnykh zashchitnikov Sevastopolia*, pp. 11, 15; RGVIA, f. 846, op. 16, d. 5629, l. 7; d. 5687, l. 1; Dubrovin, *Istoriia krymskoi voiny*, vol. 2, p. 384.

66. RGVIA, f. 846, op. 16, d. 5450, ll. 34–42; d. 5452, ch. 2, ll. 16–18; Dubrovin, *Istoriia krymskoi voiny*, vol. 2, pp. 272–3; Tiutcheva, *Pri dvore dvukh imperatov*, p. 165.

67. *Tolstoy's Diaries*, vol. 1: *1847–1894*, ed. and trans. R. F. Christian (London, 1985), p. 95.

68. H. Troyat, *Tolstoy* (London, 1970), pp. 161–2.

69. *Tolstoy's Letters*, vol. 1, p. 45; A. Opul'skii, *L. N. Tolstoi v krymu: Literaturno-kraevedcheskii ocherk* (Simferopol, 1960), pp. 27–30.

70. Troyat, *Tolstoy*, p. 162.

71. *Tolstoy's Letters*, vol. 1, pp. 44–5.

第九章　一月将军和二月将军

1. NAM 1988–06–29–1 (Letter, 17 Nov. 1854).

2. *Mrs Duberly's War: Journal and Letters from the Crimea*, ed. C. Kelly (Oxford, 2007), pp. 102–3; NAM 1968–07–288 (Cambridge to Raglan, 15 Nov. 1854).

3. Ia. Rebrov, *Pis'ma sevastopol'tsa* (Novocherkassk, 1876), p. 26.

4. *Lettres d'un soldat à sa mère de 1849 à 1870: Afrique, Crimée, Italie, Mexique* (Montbéliard, 1910), p. 66; L. Noir, *Souvenirs d'un simple zouave: Campagnes de Crimée et d'Italie* (Paris, 1869), p. 288; V. Bonham-Carter (ed.), *Surgeon in the Crimea: The Experiences of George Lawson Recorded in Letters to His Family* (London, 1968), p. 104.

5. WO 28/162, 'Letters and Papers Relating to the Administration of the Cavalry Division'.

6. NAM 1982–12–29–23 (Letter, 22 Nov. 1854); D. Boulger (ed.), *General Gordon's Letters from the Crimea, the Danube and Armenia* (London, 1884), p. 14; K. Vitzthum von Eckstadt, *St Petersburg and London in the Years 1852–64*, 2 vols. (London, 1887), vol. 1, p. 143.

7. Herbé, *Françis et russes en Crimée: Lettres d'un officier françis à sa famille pendant la campagne d'Orient* (Paris, 1892), p. 144.

8. J. Baudens, *La Guerre de Crimée: Les campements, les abris, les ambulances, les hopitaux, etc.* (Paris, 1858), pp. 63–66; Noir, *Souvenirs d'un simple zouave*, p. 248.

9. Herbé, *Francais et russes en Crimée*, p. 151; *Mrs Duberly's War*, pp. 110–1.

10. NAM 1968–07–270 ('Letters from the Crimea Written during the Years 1854, 55 and 56 by a Staff Officer Who Was There'), pp. 188–9.

11. I. G. Douglas and G. Ramsay (eds.), *The Panmure Papers, Being a Selection from the Correspondence of Fox Maule, 2nd Baron Panmure, afterwards 11th Earl of Dalhousie*, 2 vols. (London, 1908), vol. 1, pp. 151–2; B. Gooch, *The New Bonapartist Generals in the Crimean War* (The Hague, 1959), pp. 159–60.

12. C. Mismer, *Souvenirs d'un dragon de l'armee de Crimée* (Paris, 1887), pp. 59–60, 96–7.

13. Noir, *Souvenirs d'un simple zouave*, p. 291; Herbé, *Francais et russes en Crimée*, pp. 225–6.

14. *Mrs Duberly's War*, p. 118.

15. Noir, *Souvenirs d'un simple zouave*, p. 288; H. Rappaport, *No Place for Ladies: The Untold Story of Women in the Crimean War* (London, 2007), p. 38; Bonham-Carter, *Surgeon in the Crimea*, p. 65.

16. NAM 1996–05–4–19 (Pine letter, 8 Jan. 1855); Mismer, *Souvenirs d'un dragon*, pp. 124–125;

NAM 1996–05–4 (Letter, 8 Jan. 1855).

17. NAM 1984–09–31–79 (4 Feb. 1855); NAM 1976–08–32 (Hagger letter, 1 Dec. 1854); G. Bell, *Rough Notes by an Old Soldier: During Fifty Years' Service, from Ensign G.B. to Major-General, C.B.*, 2 vols. (London, 1867), vol. 2, pp. 232–3.

18. K. Chesney, *Crimean War Reader* (London, 1960), p. 154; Herbé, *Francais et russes en Crimée*, p. 343.

19. Baudens, *La Guerre de Crimée*, pp. 101–3; J. Shepherd, *The Crimean Doctors: A History of the British Medical Services in the Crimean War*, 2 vols. (Liverpool, 1991), vol. 1, pp. 135–6, 237; *Health of the Army in Turkey and Crimea: Paper, being a medical and surgical history of the British army which served in Turkey and the Crimea during the Russian war*, Parliamentary Papers 1857–1858, vol. 38, part 2, p. 465.

20. N. Pirogov, *Sevastopol'skie pis'ma i vospominaniia* (Moscow, 1950), pp. 28–37, 66, 147–8, 220–3; *Za mnogo let: Zapiski (vospominaniia) neizvestnogo 1844–1874 gg.* (St Petersburg, 1897), pp. 82–3; Kh. Giubbenet, *Ocherk meditsinskoi i gospital'noi chasti russkih voisk v Krymu v 1854–1856 gg.* (St Petersburg, 1870), p. 2.

21. N. Berg, *Desiat'dnei v Sevastopole* (Moscow, 1855), pp. 17–9; R. Hodasevich, *A Voice from within the Walls of Sebastopol: A Narrative of the Campaign in the Crimea and the Events of the Siege* (London, 1856), p. 129; E. Kovalevskii, *Voina s Turtsiei i razryv s zapadnymi derzhavami v 1853–1854* (St Petersburg, 1871), p. 82; Pirogov, *Sevastopol'skie pis'ma*, pp. 151–2.

22. 出处同上 , pp. 155–6, 185.

23. L. Tolstoy, *The Sebastopol Sketches*, trans. D. McDuff (London, 1986), pp. 44, 47–8.

24. Giubbenet, *Ocherk*, pp. 5, 7.

25. H. Connor, 'Use of Chloroform by British Army Surgeons during the Crimean War', *Medical History*, 42/2 (1998), pp. 163, 184–188; Shepherd, *The Crimean Doctors*, vol. 1, pp. 132–3.

26. Pirogov, *Sevastopol'skie pis'ma*, p. 27; *Istoricheskii obzor deistvii krestovozdvizhenskoi obshchiny sester'popecheniia o ranenykh i vol'nykh k voennykh gospitaliakh v Krymu i v Khersonskoi gubernii c 1 dek. 1854 po 1 dek. 1855* (St Petersburg, 1856), pp. 2–4; *Sobranie pisem sester Krestovozdvizhenskoi obshchiny popecheniia o ranenykh* (St Petersburg, 1855), p. 22.

27. *Gosudarstvennoe podvizhnoie opolchenie Vladimirskoi gubernii 1855–1856: Po materialam i lichnym vospominaniiam* (Vladimir, 1900), p. 82; Rappaport, *No Place for Ladies*, pp. 115–7.

28. NAM 1951–12–21 (Bellew journal, 23 Jan. 1855); Rappaport, *No Place for Ladies*, pp. 101, 125.

29. G. St Aubyn, *Queen Victoria: A Portrait* (London, 1991), p. 295.

30. A. Lambert and S. Badsey (eds.), *The War Correspondents: The Crimean War* (Strand, 1994), p. 13; S. Markovits, *The Crimean War in the British Imagination* (Cambridge, 2009), p. 16.

31. E. Gosse, *Father and Son* (Oxford, 2004), p. 20.

32. M. Lalumia, *Realism and Politics in Victorian Art of the Crimean War* (Epping, 1984), p. 120.

33. H. Clifford, *Letters and Sketches from the Crimea* (London, 1956), p. 146.

34. NAM 1968–07–284 (Raglan to Newcastle, 4 Jan. 1855).

35. Gooch, *The New Bonapartist Generals*, p. 192.

36. L. Case, *French Opinion on War and Diplomacy during the Second Empire* (Philadelphia, 1954), pp. 2–6, 32; H. Loizillon, *La Campagne de Crimee: Lettres écrites de Crimée par le capitaine d'état-major Henri Loizillon à sa famille* (Paris, 1895), p. 82; RA VIC/MAIN/QVJ/1856, 19 Apr.

37. *Za mnogo let*, pp. 75–8.

38. *The Englishwoman in Russia: Impressions of the Society and Manners of the Russians at Home* (London, 1855), pp. 292–3, 296–8.

39. 出处同上，pp. 294–5; *Za mnogo let*, p. 73.

40. E. Tarle, *Krymskaia voina*, 2 vols. (Moscow, 1944), vol. 1, pp. 454–9; *The Englishwoman in Russia*, p. 305.

41. A. Zaionchkovskii, *Vostochnaia voina 1853–1856*, 3 vols. (St Petersburg, 2002), vol. 2, p. 76; GARF, f. 109, op. 1, d. 353 (*chast'* 2), l. 7.

42. I. Ignatovich, *Pomeshchichie krest'iane nakanune osvobozhdeniia* (Leningrad, 1925), pp. 331–7; *The Englishwoman in Russia*, pp. 302–3, 313.

43. J. Curtiss, *Russia's Crimean War* (Durham, NC, 1979), pp. 532–46; D. Moon, 'Russian Peasant Volunteers at the Beginning of the Crimean War', *Slavic Review*, 51/4 (Winter 1992), pp. 691–704. 关于基辅、波多尔和沃里尼亚（Volhynia）等地在 1855 年初出现的类似现象，参见 RGVIA, f. 846, op. 16, d. 5496, ll. 18–52.

44. RGVIA, f. 846, op. 16, d. 5452, ch. 2, l. 166; Rebrov, *Pis'ma sevastopol'tsa*, p. 3.

45. Pirogov, *Sevastopol'skie pis'ma*, p. 148; A. Markevich, *Tavricheskaia guberniia vo vremia krymskoi voiny: Po arkhivnym materialam* (Simferopol, 1905), pp. 107–51; A Opul'skii, *L. N. Tolstoi v krymu: Literaturno-kraevedcheskii ocherk* (Simferopol, 1960), p. 12; Hodasevich, *A Voice*, pp. 24–5; RGVIA, f. 9198, op. 6/264, sv. 15, d. 2.

46. 'Vostochnaia voina: Pis'ma kn. I. F. Paskevicha k kn. M. D. Gorchakovu', *Russkaia starina*, 15 (1876), pp. 668–70; Tarle, *Krymskaia voina*, vol. 2, pp. 224–8.

47. RGVIA, f. 846, op. 16, d. 5450, ll. 50–54; RGVIA, f. 846, op. 16, d. 5452, ch. 2, ll. 166, 199–201; 'Doktor Mandt o polednikh nedeliiakh imperatora Nikolaia Pavlovicha (iz neizdannykh zapisok odnogo priblizhennogo k imperatoru litsa)', *Russkii arkhiv*, 2 (1905), p. 480.

48. *Poslednie minuty i konchina v bozhe pochivshego imperatora, nezabvennogoi vechnoi slavy dostoinogo Nikolaia I* (Moscow, 1855), pp. 5–6; 'Noch'c 17-go na 18 fevralia 1855 goda: Rasskaz doktora Mandta', *Russkii arkhiv*, 1 (1884), p. 194; 'Nekotorye podrobnosti o konchine imperatora Nikolaia Pavlovicha', *Russkii arkhiv*, 3/9 (1906), pp. 143–145; Tarle, *Krymskaia voina*, vol. 2, p. 233.

49. 参见诸如：V. Vinogradov, 'The Personal Responsibility of Emperor Nicholas I for the Coming of the Crimean War: An Episode in the Diplomatic Struggle in the Eastern Question', in H. Ragsdale (ed.), *Imperial Russian Foreign Policy* (Cambridge, 1993), p. 170.

50. A. Tiutcheva, *Pri dvore dvukh imperatov: Vospominaniia, dnevnik, 1853–1882* (Moscow,

1928–1929), p. 178.

51. 出处同上 , pp. 20–1.

第十章　炮灰

1. RA VIC/MAIN/QVJ/1856, 2 Mar.

2. L. Noir, *Souvenirs d'un simple zouave: Campagnes de Crimée et d'Italie* (Paris, 1869), p. 312.

3. F. Charles-Roux, *Alexandre II, Gortchakoff et Napoleon III* (Paris, 1913), p. 14.

4. *The Later Correspondence of Lord John Russell, 1840–1878*, ed. G. Gooch, 2 vols. (London, 1925), vol. 2, pp. 160–161; Lady F. Balfour, *The Life of George, Fourth Earl of Aberdeen*, 2 vols. (London, 1922), vol. 2, p. 206.

5. H. Verney, *Our Quarrel with Russia* (London, 1855), pp. 22–4.

6. G. B. Henderson, 'The Two Interpretations of the Four Points, December 1854', in id., *Crimean War Diplomacy and Other Historical Essays* (Glasgow, 1947), pp. 119–22; *The Letters of Queen Victoria: A Selection from Her Majesty's Correspondence between the Years 1837 and 1861*, 3 vols. (London, 1907–1908), vol. 3, pp. 65–6.

7. P. Schroeder, *Austria, Great Britain and the Crimean War: The Destruction of the European Concert* (Ithaca, NY, 1972), pp. 256–77.

8. P. Jaeger, *Le mura di Sebastopoli: Gli italiani in Crimea 1855–1856* (Milan, 1991), p. 245; C. Thoumas, *Mes souvenirs de Crimée 1854–1856* (Paris, 1892), p. 191.

9. RGVIA, f. 846, op. 16, d. 5855, ll. 36–7.

10. H. Bell, *Lord Palmerston*, 2 vols. (London, 1936), vol. 2, p. 125; Hansard, HC Deb. 21 May 1912, vol. 38, p. 1734; C. Bayley, *Mercenaries for the Crimean: The German, Swiss, and Italian Legions in British Service 1854–6* (Montreal, 1977).

11. F. Kagan, *The Military Reforms of Nicholas I: The Origins of the Modern Russian Army* (London, 1999), p. 243.

12. RGVIA, f. 846, op. 16, d. 5496, ll. 1–4, 14, 18–9, 22–8.

13. C. Badem, 'The Ottomans and the Crimean War (1853–1856)', Ph.D. diss. (Sabanci University, 2007), pp. 182–4.

14. FO 881/1443, Clarendon to Cowley, 9 Apr. 1855.

15. FO 881/1443, Clarendon to Cowley, 13 Apr. 1855; Stratford to Clarendon, 11 June 1855; Longworth to Clarendon, 10 June, 2 and 26 July 1855; FO 881/547, Brant memo on Georgia, 1 Feb. 1855; L. Oliphant, *The Transcaucasian Provinces the Proper Field of Operation for a Christian Army* (London, 1855).

16. RA VIC/MAIN/F/2/96.

17. T. Royle, *Crimea: The Great Crimean War 1854–1856* (London, 1999), pp. 377–8; B. Greenhill and A. Giffard, *The British Assault on Finland* (London, 1988), p. 321.

18. WO 28/188, Burgoyne to Raglan, Dec. 1854.

19. A. de Damas, *Souvenirs religieux et militaires de la Crimée* (Paris, 1857), pp. 149–150; NAM 6807–295–1 (Sir Edward Lyons to Codrington, March 1855).

20. H. Small, *The Crimean War: Queen Victoria's War with the Russian Tsars* (Stroud, 2007), pp. 125–33.

21. V. Rakov, *Moi vospominaniia o Evpatorii v epohu krymskoi voiny 1853–1856 gg.* (Evpatoriia, 1904), pp. 52–56; E. Tarle, *Krymskaia voina*, 2 vols. (Moscow, 1944), vol. 2, p. 217; *The Times*, 14 June 1856, p. 5.

22. WO 6/74, Panmure to Raglan, 26 Mar. 1855; Royle, *Crimea*, p. 370.

23. FO 78/1129/62, Rose to Clarendon, 2 June 1855.

24. A. Kinglake, *The Invasion of the Crimea: Its Origin and an Account of Its Progress down to the Death of Lord Raglan*, 8 vols. (London, 1863), vol. 8, pp. 48–55; E. Perret, *Les Francais en Orient: Récits de Crimée 1854–1856* (Paris, 1889), pp. 287–9; *The Times*, 28 May 1855.

25. RGVIA, f. 846, op. 16, d. 5563, l. 322; N. Dubrovin, *Istoriia krymskoi voiny i oborony Sevastopolia*, 3 vols. (St Petersburg, 1900), vol. 3, p. 179.

26. J. Herbé, *Francais et russes en Crimee: Lettres d'un officier francais à sa famille pendant la campagne d'Orient* (Paris, 1892), p. 337; Noir, *Souvenirs d'un simple zouave*, p. 314.

27. *A Visit to Sebastopol a Week after Its Fall: By an Officer of the Anglo-Turkish Contingent* (London, 1856), p. 34.

28. M. Vrochenskii, *Sevastopol'skii razgrom: Vospominaniia uchastnika slavnoi oborony Sevastopolia* (Kiev, 1893), pp. 77–84; H. Loizillon, *La Campagne de Crimée: Lettres écrites de Crimée par le capitaine d'état-major Henri Loizillon a sa famille* (Paris, 1895), pp. 106–7.

29. Herbé, *Francais et russés en Crimee*, p. 199; RGVIA, f. 846, op. 16, d. 5452, ch. 2, l. 166; W. Porter, *Life in the Trenches before Sevastopol* (London, 1856), p. 111.

30. E. Boniface, Count de Castellane, *Campagnes de Crimee, d'Italie, d'Afrique, de Chine et de Syrie, 1849–1862* (Paris, 1898), pp. 168–73.

31. Noir, *Souvenirs d'un simple zouave*, p. 313; E. Ershov, *Sevastopol'skie vospominaniia artilleriiskogo ofitsera v semi tetradakh* (St Petersburg, 1858), pp. 167–73; NAM 1965–01–183–10 (Steevens letter, 26 Mar. 1855).

32. H. Clifford, *Letters and Sketches from the Crimea* (London, 1956), p. 194; Porter, *Life in the Trenches*, pp. 64–5.

33. C. Mismer, *Souvenirs d'un dragon de l'armee de Crimee* (Paris, 1887), p. 140; Porter, *Life in the Trenches*, pp. 68–9.

34. F. Luguez, *Crimee-Italie 1854–1859: Extraits de la correspondence d'un officier avec sa famille* (Nancy, 1895), pp. 61–2.

35. J. Cler, *Reminiscences of an Officer of Zouaves* (New York, 1860), pp. 233–4; S. Calthorpe, *Letters from Headquarters; or the Realities of the War in the Crimea by an Officer of the Staff* (London, 1858), pp. 215–6.

36. Ershov, *Sevastopol'skie vospominaniia*, pp. 224–30.

37. Damas, *Souvenirs*, p. 265.

38. Porter, *Life in the Trenches*, p. 127.

39. WO 28/126, Register of Courts Martial; Clifford, *Letters and Sketches*, p. 269. 关于俄军醉酒情况的海量报告的一些例子，参见 RGVIA, f. 484, op. 1, dd. 398–403.

40. Herbé, *Francais et russes en Crimée*, p. 225; *The Times*, 17 Mar. 1855.

41. M. Seacole, *Wonderful Adventures of Mrs Seacole in Many Lands* (London, 2005), p. 117.

42. A. Soyer, *Soyer's Culinary Campaign* (London, 1857), p. 405.

43. B. Cooke, *The Grand Crimean Central Railway* (Knutsford, 1990).

44. Herbe, *Francais et russes en Crimee*, p. 223.

45. RGVIA, f. 481, op. 1, d. 18, ll. 1–8.

46. V. Kolchak, *Voina i plen 1853–1855 gg.: Iz vospominanii o davno perezhitom* (St Petersburg, 1904), pp. 41–2; Vrochenskii, *Sevastopol'skii razgrom*, p. 113; *Sobranie pisem sester Krestovozdvizhenskoi obshchiny popecheniia o ranenykh* (St Petersburg, 1855), pp. 37–40; Ershov, *Sevastopol'skie vospominaniia*, p. 91.

47. Porter, *Life in the Trenches*, p. 144; Ershov, *Sevastopol'skie vospominaniia*, pp. 97–107; *Sobranie pisem sester Krestovozdvizhenskoi obshchiny*, pp. 49–55; N. Pirogov, *Sevastopol'skie pis'ma i vospominaniia* (Moscow, 1950), p. 62.

48. *Vospominaniia ob odnom iz doblestnykh zashchitnikov Sevastopolia* (St Petersburg, 1857), pp. 14–18; Ershov, *Sevastopol'skie vospominaniia*, p. 34.

49. H. Troyat, *Tolstoy* (London, 1970), pp. 170–71; *Tolstoy's Diaries*, vol. 1: *1847–1894*, ed. and trans. R. F. Christian (London, 1985), p. 103; A. Maude, *The Life of Tolstoy: First Fifty Years* (London, 1908), pp. 111–2.

50. *Tolstoy's Diaries*, vol. 1, p. 104; V. Nazar'ev, 'Zhizn'i liudi bylogo vremeni', *Istoricheskii vestnik*, 11 (1890), p. 443; M. Vygon, *Krymskie stranitsy zhizni i tvorchestva L. N. Tolstogo* (Simferopol, 1978), p. 37.

51. Vrochenskii, *Sevastopol'skii razgrom*, p. 117; N. Dubrovin, *349-dnevnaia zashchita Sevastopolia* (St Petersburg, 2005), pp. 161–7; NAM 1968–07–484 (Gage letter, 13 Apr. 1855).

52. J. Jocelyn, *The History of the Royal Artillery (Crimean Period)* (London, 1911), p. 359; NAM 1965–01–183–10 (Letter, 23 Apr. 1855).

53. Mismer, *Souvenirs d'un dragon*, pp. 179–180; *Mrs Duberly's War: Journal and Letters from the Crimea*, ed. C. Kelly (Oxford, 2007), pp. 186–7.

54. M. O. Cullet, *Un régiment de ligne pendant la guerre d'orient: Notes et souvenirs d'un officier d'infanterie 1854–1855–1856* (Lyon, 1894), pp. 165–166; Herbé, *Francais et russes en Crimée*, pp. 260–265.

55. NAM 1974–05–16 (St George letter, 9 June 1855).

56. A. du Casse, *Précis historique des opérations militaires en orient de mars 1854 à septembre 1855* (Paris, 1856), p. 290; Herbé, *Françis et russes en Crimée*, pp. 267–72.

57. Cullet, *Un régiment*, p. 182; J. Spilsbury, *The Thin Red Line: An Eyewitness History of the Crimean War* (London, 2005), pp. 278–9.

58. Cullet, *Un regiment*, pp. 278, 296–9.

59. Herbé, *Francais et russes en Crimée*, p. 285; NAM 1962–10–94–2 (Alexander letter, 22 June 1855).

60. V. Liaskoronskii, *Vospominaniia Prokofiia Antonovicha Podpalova* (Kiev, 1904), p. 17.

61. Small, *The Crimean War*, p. 159.

62. Herbé, *Francais et russes en Crimée*, pp. 280–1; Liaskoronskii, *Vospominaniia*,p. 17.

63. Boniface, *Campagnes de Crimée*, p. 235.

64. Kinglake, *Invasion of the Crimea*, vol. 8, pp. 161–2.

65. A. Massie, *The National Army Museum Book of the Crimean War: The Untold Stories* (London, 2004), pp. 199–200.

66. T. Gowing, *A Soldier's Experience: A Voice from the Ranks* (London, 1885), p. 115; Spilsbury, *Thin Red Line*, pp. 282–286; *A Visit to Sebastopol*, pp. 31–2.

67. NAM 1966–01–2 (Scott letter, 22 June 1855); NAM 1962–10–94–2 (Alexander letter, 24 June 1855).

68. Luguez, *Crimée-Italie*, pp. 47–9.

69. NAM 1968–07–287–2 (Raglan to Panmure, 19 June 1855); NAM 1963–05–162 (Dr Smith to Kinglake, 2 July 1877).

第十一章　塞瓦斯托波尔的陷落

1. E. Boniface, Count de Castellane, *Campagnes de Crimée, d'Italie, d'Afrique, de Chine et de Syrie, 1849–1862* (Paris, 1898), p. 247.

2. A. Maude, *The Life of Tolstoy: First Fifty Years* (London, 1908), p. 119.

3. NAM 1984–09–31–129 (Letter, 9 July 1855); NAM 1989–03–47–6 (Ridley letter, 11 Aug. 1855).

4. A. de Damas, *Souvenirs religieux et militaires de la Crimée* (Paris, 1857), pp. 84–6.

5. L. Noir, *Souvenirs d'un simple zouave: Campagnes de Crimée et d'Italie* (Paris, 1869), p. 282; J. Cler, *Reminiscences of an Officer of Zouaves* (New York, 1860), pp. 231–232; C. Mismer, *Souvenirs d'un dragon de l'armee de Crimée* (Paris, 1887), p. 117.

6. H. Loizillon, *La Campagne de Crimée: Lettres écrites de Crimée par le capitaine d'état-major Henri Loizillon a sa famille* (Paris, 1895), pp. x–xi, 116–7.

7. J. Baudens, *La Guerre de Crimée: Les campements, les abris, les ambulances, les hopitaux, etc.* (Paris, 1858), pp. 113–15; G. Guthrie, *Commentaries on the Surgery of the War in Portugal... with Additions Relating to Those in the Crimea* (Philadelphia, 1862), p. 646.

8. Kh. Giubbenet, *Ocherk meditsinskoi i gospital'noi chasti russkih voisk v Krymu v 1854–1856 gg.* (St Petersburg, 1870), pp. 143–4.

9. 出处同上, pp. 10, 13, 88–90; RA VIC/MAIN/QVJ/1856, 12 Mar.

10. M. Vrochenskii, *Sevastopol'skii razgrom: Vospominaniia uchastnika slavnoi oborony*

Sevastopolia (Kiev, 1893), pp. 164–169; W. Baumgart, *The Crimean War, 1853–1856* (London, 1999), p. 159.

11. E. Tarle, *Krymskaia voina*, 2 vols. (Moscow, 1944), vol. 2, p. 328.

12. RGVIA, f. 846, op. 16, d. 5732, l. 28; E. Ershov, *Sevastopol'skie vospominaniia artilleriiskogo ofitsera v semi tetradakh* (St Petersburg, 1858), pp. 244–5; L. Tolstoy, *The Sebastopol Sketches*, trans. D. McDuff (London, 1986), p. 139.

13. RGVIA, f. 9196, op. 4, sv. 2, d. 1, ch. 2, ll. 1–124; f. 9198, op. 6/264, sv. 15, d. 2/2, ll. 104, 112; f. 484, op. 1, d. 264, ll. 1–14; d. 291, ll. 1–10; Boniface, *Campagnes de Crimée*, p. 267; Loizillon, *La Campagne de Crimee*, pp. 105, 139; H. Clifford, *Letters and Sketches from the Crimea* (London, 1956), p. 249.

14. A. Seaton, *The Crimean War: A Russian Chronicle* (London, 1977), p. 195.

15. 出处同上, p. 196.

16. A. Khrushchev, *Istoriia oborony Sevastopolia* (St Petersburg, 1889), pp. 120–2; Tarle, *Krymskaia voina*, vol. 2, pp. 344–7; Seaton, *The Crimean War*, p. 197.

17. M. O. Cullet, *Un régiment de ligne pendant la guerre d'orient: Notes et souvenirs d'un officier dlnfanterie 1854–1855–1856* (Lyon, 1894), pp. 199–203; Seaton, *The Crimean War*, p. 202; D. Stolypin, *Iz lichnyh vospominanii o krymskoi voine i o zemledel'cheskih poryadkakh* (Moscow, 1874), pp. 12–16; I. Krasovskii, *Iz vospominanii o voine 1853–1856* (Moscow, 1874); P. Jaeger, *Le mura di Sebastopoli: Gli italiani in Crimea 1855–56* (Milan, 1991), pp. 306–9.

18. Cullet, *Un régiment*, pp. 207–8.

19. Seaton, *The Crimean War*, p. 205; J. Herbé, *Françis et russes en Crimée: Lettres d'un officier françis à sa famille pendant la campagne d'Orient* (Paris, 1892), p. 318.

20. Jaeger, *Le mura di Sebastopoli*, p. 315; Loizillon, *La Campagne de Crimée*, pp. 168–170; M. Seacole, *Wonderful Adventures of Mrs Seacole in Many Lands* (London, 2005), p. 142; T. Buzzard, *With the Turkish Army in the Crimea and Asia Minor* (London, 1915), p. 145.

21. Seaton, *The Crimean War*, pp. 206–7.

22. Herbé, *Francais et russes en Crimée*, p. 321; N. Berg, *Zapiski ob osade Sevastopolia*, 2 vols. (Moscow, 1858), vol. 2, p. 1.

23. Vrochenskii, *Sevastopol'skii razgrom*, p. 201.

24. H. Small, *The Crimean War: Queen Victoria's War with the Russian Tsars* (Stroud, 2007), pp. 169–70; Ershov, *Sevastopol'skie vospominaniia*, pp. 157, 242–3; Cullet, *Un regiment*, p. 220.

25. *Za mnogo let: Zapiski (vospominaniia) neizvestnogo 1844–1874 gg.* (St Petersburg, 1897), pp. 90–1; Giubbenet, *Ocherk*, p. 148.

26. RGVIA, f. 846, op. 16, d. 5758, l. 57; Vrochenskii, *Sevastopol'skii razgrom*, pp. 213–220; Tarle, *Krymskaia voina*, vol. 2, pp. 360–61. 有关俄罗斯方面从联军战俘处获得的情报，参见 RGVIA, f. 846, op. 16, d. 5687, l. 7.

27. A. Niel, *Siège de Sébastopol: Journal des opérations du génie* (Paris, 1858), pp. 492–502; E. Perret, *Les Françis en orient: Récits de Crimée 1854–1856* (Paris, 1889), pp. 377–9; Herbé, *Françis et russes en Crimée*, pp.328–9; V. Liaskoronskii, *Vospominaniia Prokofiia*

Antonovicha Podpalova (Kiev, 1904), pp. 19–20; *Tolstoy's Letters*, ed. and trans. by R. F. Christian,2 vols. (London, 1978), vol. 1, p. 52.

28. RGVIA, f. 846, op. 16, d. 5758, ll. 58–60; A. Viazmitinov, 'Sevastopol' ot 21 marta po 28 avgusta 1855 goda', *Russkaia starina*, 34 (1882), pp. 55–56; Ershov, *Sevastopol'skie vospominaniia*, pp. 277–9.

29. J. Spilsbury, *The Thin Red Line: An Eyewitness History of the Crimean War* (London, 2005), p. 303.

30. Spilsbury, *Thin Red Line*, p. 304; C. Campbell, *Letters from Camp to His Relatives during the Siege of Sebastopol* (London, 1894), pp. 316–7; Clifford, *Letters and Sketches*, pp. 257–8.

31. RGVIA, f. 846, op. 16, d. 5758, l. 65.

32. M. Bogdanovich, *Vostochnaia voina 1853–1856*, 4 vols. (St Petersburg, 1876), vol. 4, p. 127.

33. RGVIA, f. 846, op. 16, d. 5758, l. 68; T. Tolycheva, *Rasskazy starushki ob osade Sevastopolia* (Moscow, 1881), pp. 87–90.

34. *Tolstoy's Letters*, vol. 1, p. 52.

35. *Sobranie pisem sester Krestovozdvizhenskoi obshchiny popecheniia o ranenykh* (St Petersburg, 1855), pp. 74, 81–2.

36. Giubbenet, *Ocherk*, pp. 19, 152–3; *The Times*, 27 Sept. 1855.

37. Boniface, *Campagnes de Crimee*, pp. 295–296; Buzzard, *With the Turkish Army*, p. 193.

38. E. Vanson, *Crimee, Italie, Mexique: Lettres de campagnes 1854–1867* (Paris, 1905), pp. 154, 161; NAM 2005–07–719 (Golaphy letter, 22 Sept. 1855).

39. WO 28/126; NAM 6807–379/4 (Panmure to Codrington, 9 Nov. 1855).

40. S. Tatishchev, *Imperator Aleksandr II: Ego zhizn' i tsarstvovanie*, 2 vols. (St Petersburg, 1903), vol. 1, pp. 161–3.

41. RGVIA, f. 481, op. 1, d. 36, ll. 1–27; A. Tiutcheva, *Pri dvore dvukh imperatov: Vospominaniia, dnevnik, 1853–1882* (Moscow, 1928–1929), p. 65; W. Mosse, 'How Russia Made Peace September 1855 to April 1856', *Cambridge Historical Journal*, 11/3 (1955), p. 301; W. Baumgart, *The Peace of Paris 1856: Studies in War, Diplomacy and Peacemaking* (Oxford, 1981), p. 7.

42. Tarle, *Krymskaia voina*, vol. 2, pp. 520–4; H. Sandwith, *A Narrative of the Siege of Kars* (London, 1856), pp. 104 ff.; *Papers Relative to Military Affairs in Asiatic Turkey and the Defence and Capitulation of Kars: Presented to Both Houses of Parliament by Command of Her Majesty* (London, 1856), p. 251; C. Badem, 'The Ottomans and the Crimean War (1853–1856)', Ph.D. diss. (Sabanci University, 2007), pp. 197–223.

43. Mosse, 'How Russia Made Peace', pp. 302–3.

44. Baumgart, *The Peace of Paris 1856*, pp. 5–7.

45. BLMD, Add. MS 48579, Palmerston to Clarendon, 25 Sept. 1855.

46. Argyll, Duke of, *Autobiography and Memoirs*, 2 vols. (London, 1906), vol. 1, p. 492; *The Greville Memoirs 1814–1860*, ed. L. Strachey and R. Fulford, 8 vols. (London, 1938), vol. 7, p. 173.

47. BLMD, Add. MS 48579, Palmerston to Clarendon, 9 Oct. 1855.

48. C. Thoumas, *Mes souvenirs de Crimee 1854–1856* (Paris, 1892), pp. 256–60; *Lettres d'un soldat a sa mere de 1849 a 1870: Afrique, Crimée, Italie, Mexique* (Montbeliard, 1910), pp. 106–108; Loizillon, *La Campagne de Crimee*, pp. xvii–xviii.

49. A. Gouttman, *La Guerre de Crimee 1853–1856* (Paris, 1995), p. 460; L. Case, *French Opinion on War and Diplomacy during the Second Empire* (Philadelphia, 1954), pp. 39–40; R. Marlin, *L'Opinion franc-comtoise devant la guerre de Crimee*, Annales Litteraires de l'Universite de Besancon, vol. 17 (Paris, 1957), p. 48.

50. W. Echard, *Napoleon III and the Concert of Europe* (Baton Range, La., 1983), pp. 50–1.

51. Gouttman, *La Guerre de Crimee*, p. 451; A. J. P. Taylor, *The Struggle for Mastery in Europe 1848–1918* (Oxford, 1955), p. 78.

52. Mosse, 'How Russia Made Peace', p. 303.

53. BLMD, Add. MS 48579, Palmerston to Clarendon, 1 Dec. 1855; Baumgart, *The Peace of Paris*, p. 33.

54. Mosse, 'How Russia Made Peace', p. 304.

55. 出处同上 , pp. 305–6.

56. 出处同上 , pp. 306–13.

57. Boniface, *Campagnes de Crimée*, p. 336.

58. D. Noel, *La Vie de bivouac: Lettres intimes* (Paris, 1860), p. 254.

59. Liaskoronskii, *Vospominaniia*, pp. 23–4.

第十二章　巴黎与新秩序

1. E. Gourdon, *Histoire du Congrès de Paris* (Paris, 1857), pp. 479–82.

2. W. Baumgart, *The Peace of Paris 1856: Studies in War, Diplomacy and Peacemaking* (Oxford, 1981), p. 104.

3. P. Schroeder, *Austria, Great Britain and the Crimean War: The Destruction of the European Concert* (Ithaca, NY, 1972), p. 347; BLMD, Add. MS 48579, Palmerston to Clarendon, 25 Feb. 1856.

4. Schroeder, *Austria, Great Britain and the Crimean War*, p. 348; W. Echard, *Napoleon III and the Concert of Europe* (Baton Rouge, La., 1983), p. 59.

5. FO 78/1170, Stratford Canning to Clarendon, 9 Jan. 1856; Baumgart, *The Peace of Paris 1856*, pp. 128–30.

6. 出 处 同 上 ,pp. 140–1; BLMD, Add. MS 48579, Palmerston to Clarendon, 4 Mar. 1856; M. Kukiel, *Czartoryski and European Unity 1770–1861* (Princeton, 1955), p. 302.

7. Gourdon, *Histoire*, pp. 523–525.

8. RGVIA, f. 846, op. 16, d. 5917, ll. 1–2; J. Herbé, *Français et russes en Crimée: Lettres d'un officier français à sa famille pendant la campagne d'Orient* (Paris, 1892), p. 402; BLMD, Add. MS 48580, Palmerston to Clarendon, 24 Mar. 1856.

9. NAM 1968–07–380–65 (Codrington letter, 15 July 1856).

10. *The Times*, 26 July 1856.

11. RGVIA, f. 846, op. 16, d. 5838, ll. 10–12; NAM 6807–375–16 (Vote of thanks to Codrington, undated).

12. M. Kozelsky, 'Casualties of Conflict: Crimean Tatars during the Crimean War', *Slavic Review*, 67/4 (2008), pp. 866–91.

13. M. Kozelsky, *Christianizing Crimea: Shaping Sacred Space in the Russian Empire and Beyond* (De Kalb, Ill., 2010), p. 153. 有关移民的详细统计数据，参见 A. Fisher, 'Emigration of Muslims from the Russian Empire in the Years after the Crimean War', *Jahrbucher fur Geschichte Osteuropas*, 35/3 (1987), pp. 356–71. The highest recent estimate is 'at least 300 000', in J. McCarthy, *Death and Exile: The Ethnic Cleansing of Ottoman Muslims 1821–1922* (Princeton, 1995), p. 17.

14. Kozelsky, *Christianizing Crimea*, p. 151.

15. 出处同上，p. 155; A. Fisher, *Between Russians, Ottomans and Turks: Crimea and Crimean Tatars* (Istanbul, 1998), p. 127.

16. BLMD, Add. MS 48580, Palmerston to Clarendon, 24 Mar. 1856.

17. FO 195/562, 'Report on the Political and Military State of the Turkish Frontier in Asia', 16 Nov. 1857; FO 97/424, Dickson to Russell, 17 Mar. 1864; *Papers Respecting Settlement of Circassian Emigrants in Turkey, 1863–1864* (London, 1864).

18. McCarthy, *Death and Exile*, pp. 35–6.

19. FO 78/1172, Stratford to Clarendon, 31 Jan. 1856; *Journal de Constantinople*, 4 Feb. 1856; Lady E. Hornby, *Constantinople during the Crimean War* (London, 1863), pp. 205–8; C. Badem, 'The Ottomans and the Crimean War (1853–1856)', Ph.D. diss. (Sabanci University, 2007), p. 290; D. Blaisdell, *European Financial Control in the Ottoman Empire* (New York, 1929), p. 74.

20. Badem, 'The Ottomans', pp. 291–2.

21. 出处同上，pp. 281–283; R. Davison, 'Turkish Attitudes Concerning Christian–Muslim Equality in the 19th Century', *American Historical Review*, 59 (1953–4), pp. 862–3.

22. 出处同上，p. 861.

23. FO 195/524, Finn to Clarendon, 10, 11, 14 and 29 Apr., 2 May, 6 June 1856; 13 Feb. 1857; E. Finn (ed.), *Stirring Times, or, Records from Jerusalem Consular Chronicles of 1853 to 1856*, 2 vols. (London 1878), vol. 2, pp. 424–40.

24. *Correspondence Respecting the Rights and Privileges of the Latin and Greek Churches in Turkey*, 2 vols. (London, 1854–1856), vol. 2, p. 119; FO 78/1171, Stratford to Porte, 23 Dec. 1856.

25. FO 195/524, Finn to Stratford, 22 July 1857; Finn, *Stirring Times*, vol. 2, pp. 448–9.

26. 参见 H. Wood, 'The Treaty of Paris and Turkey's Status in International Law', *American Journal of International Law*, 37/2 (Apr. 1943), pp. 262–74.

27. W. Mosse, *The Rise and Fall of the Crimean System, 1855–1871: The Story of the Peace Settlement* (London, 1963), p. 40.

28. BLMD, Add. MS 48580, Palmerston to Clarendon, 7 Aug. 1856; Mosse, *The Rise and Fall*, pp. 55 ff.

29. 出处同上, p. 93.

30. G. Thurston, 'The Italian War of 1859 and the Reorientation of Russian Foreign Policy', *Historical Journal*, 20/1 (Mar. 1977), pp. 125–6.

31. C. Cavour, *Il carteggio Cavour-Nigra dal 1858 al 1861: A cura della R.Commissione Editrice*, 4 vols. (Bologna, 1926), vol. 1, p. 116.

32. Mosse, *The Rise and Fall*, p. 121.

33. K. Cook, 'Russia, Austria and the Question of Italy, 1859–1862', *International History Review*, 2/4 (Oct. 1980), pp. 542–565; FO 65/574, Napier to Russell, 13 Mar. 1861.

34. A. J. P. Taylor, *The Struggle for Mastery in Europe 1848–1918* (Oxford, 1955), p. 85.

35. A. Tiutcheva, *Pri dvore dvukh imperatov: Vospominaniia, dnevnik, 1853–1882* (Moscow, 1928–1929), p. 67; A. Kelly, *Toward Another Shore: Russian Thinkers between Necessity and Chance* (New Haven, 1998), p. 41.

36. *Tolstoy's Diaries*, vol. 1: *1847–1894*, ed. and trans. R. F. Christian (London, 1985), pp. 96–97.

37. M. Vygon, *Krymskie stranitsy zhizni i tvorchestva L. N. Tolstogo* (Simferopol, 1978), pp. 29–30, 45–46; H. Troyat, *Tolstoy* (London, 1970), p. 168.

38. Kelly, *Toward Another Shore*, p. 41; Vygon, *Krymskie stranitsy*, p. 37.

39. IRL, f. 57, op. 1, n. 7, l. 16; RGIA, f. 914, op. 1, d. 68, ll. 1–2.

40. F. Dostoevskii, *Polnoe sobranie sochinenii*, 30 vols. (Leningrad, 1972–1988), vol. 18, p. 57.

41. N. Danilov, *Istoricheskii ocherk razvitiia voennogo upravleniia v Rossii* (St Petersburg, 1902), *prilozhenie* 5; *Za mnogo let: Zapiski (vospominaniia) neizvestnogo 1844–1874 gg.* (St Petersburg, 1897), pp. 136–7.

42. E. Brooks, 'Reform in the Russian Army, 1856–1861', *Slavic Review*, 43/1 (Spring 1984), pp. 66–78.

43. 引用于 J. Frank, *Dostoevsky: The Years of Ordeal, 1850–1859* (London, 1983), p. 182.

44. E. Steinberg, 'Angliiskaia versiia o "russkoi ugroze" v XIX–XX vv', in *Problemy metodologii i istochnikovedeniia istorii vneshnei politiki Rossii, sbornik statei* (Moscow, 1986), pp. 67–69; R. Shukla, *Britain, India and the Turkish Empire, 1853–1882* (New Delhi, 1973), pp. 19–20; *The Politics of Autocracy: Letters of Alexander II to Prince A. I. Bariatinskii*, ed. A. Rieber (The Hague, 1966), pp. 74–81.

45. M. Petrovich, *The Emergence of Russian Panslavism, 1856–1870* (New York, 1956), pp. 117–8.

46. D. MacKenzie, 'Russia's Balkan Policies under Alexander II, 1855–1881', in H. Ragsdale (ed.), *Imperial Russian Foreign Policy* (Cambridge, 1993), pp. 223–36.

47. 出处同上, pp. 227–8.

48. Lord P. Kinross, *Ottoman Centuries: The Rise and Fall of the Turkish Empire* (London, 1977), p. 509.

49. A. Saab, *Reluctant Icon: Gladstone, Bulgaria, and the Working Classes, 1856–1878*

(Cambridge, Mass., 1991), pp. 65–7.

50. 出处同上，p. 231.

51. F. Dostoevsky, *A Writer's Diary*, trans. K. Lantz, 2 vols. (London, 1995), vol. 2, pp. 899–900.

52. Taylor, *The Struggle for Mastery in Europe*, p. 253; *The Times*, 17 July 1878.

53. Finn, *Stirring Times*, vol. 2, p. 452.

54. FO 195/524, Finn to Canning, 29 Apr. 1856.

结语　有关克里米亚战争的神话与记忆

1. RA VIC/MAIN/QVJ/1856, 11 and 13 Mar.

2. T. Margrave, 'Numbers & Losses in the Crimea: An Introduction. Part Three: Other Nations', *War Correspondent*, 21/3 (2003), pp. 18–22.

3. R. Burns, *John Bell: The Sculptor's Life and Works* (Kirstead, 1999), pp. 54–5.

4. T. Pakenham, *The Boer War* (London, 1979), p. 201.

5. N. Hawthorne, *The English Notebooks, 1853–1856* (Columbus, Oh.,1997), p. 149.

6. 'Florence Nightingale', *Punch*, 29 (1855), p. 225.

7. S. Markovits, *The Crimean War in the British Imagination* (Cambridge, 2009), p. 68; J. Bratton, 'Theatre of War: The Crimea on the London Stage 1854–1855', in D. Brady, L. James and B. Sharatt (eds.), *Performance and Politics in Popular Drama: Aspects of Popular Entertainment in Theatre, Film and Television 1800–1976* (Cambridge, 1980), p. 134.

8. M. Bostridge, *Florence Nightingale: The Woman and Her Legend* (London, 2008), pp. 523–4, 528; M. Poovey, 'A Housewifely Woman: The Social Construction of Florence Nightingale', in id., *Uneven Developments: The Ideological Work of Gender in Victorian Fiction* (London, 1989), pp. 164–98.

9. W. Knollys, *The Victoria Cross in the Crimea* (London, 1877), p. 3.

10. S. Beeton, *Our Soldiers and the Victoria Cross: A General Account of the Regiments and Men of the British Army: And Stories of the Brave Deeds which Won the Prize 'For Valour'* (London, n.d.), p. vi.

11. Markovits, *The Crimean War*, p. 70.

12. T. Hughes, *Tom Brown's Schooldays* (London, n.d.), pp. 278–80.

13. T. Hughes, *Tom Brown at Oxford* (London, 1868), p. 169.

14. O. Anderson, 'The Growth of Christian Militarism in Mid-Victorian Britain', *English Historical Review*, 86/338 (1971), pp. 46–72; K. Hendrickson, *Making Saints: Religion and the Public Image of the British Army, 1809–1885* (Cranbury, NJ, 1998), pp. 9–15; M. Snape, *The Redcoat and Religion:The Forgotten History of the British Soldier from the Age of Marlborough to the Eve of the First World War* (London, 2005), pp. 90–1, 98.

15. *Memorials of Captain Hedley Vicars, Ninety-Seventh Regiment* (London, 1856), pp. x, 216–7.

16. 引用于 Markovits, *The Crimean War*, p. 92.

17. M. Lalumia, *Realism and Politics in Victorian Art of the Crimean War* (Epping, 1984), pp. 80–6.

18. 出处同上 , pp. 125–6.

19. 出处同上 , pp. 136–44; P. Usherwood and J. Spencer-Smith, *Lady Butler, Battle Artist, 1846–1933* (London, 1987), pp. 29–31.

20. Mrs H. Sandford, *The Girls' Reading Book* (London, 1875), p. 183.

21. 参见 R. Basturk, *Bilim ve Ahlak* (Istanbul, 2009).

22. Genelkurmay Askeri Tarih ve Stratejik Etüt Baskanlıgı, Selçuklular Döneminde *Anadoluya Yapılan Akınlar – 1799–1802 Osmanlı-Fransız Harbinde Akka Kalesi Savunması – 1853–1856 Osmanlı-Rus Kırım Harbi Kafkas Cephesi* (Ankara, 1981), quoted in C. Badem, 'The Ottomans and the Crimean War (1853–1856)', Ph.D. diss. (Sabanci University, 2007), pp. 20–21 (translation altered for clarity).

23. A. Khrushchev, *Istoriia oborony Sevastopolia* (St Petersburg, 1889), pp. 159–60.

24. L. Tolstoy, *The Sebastopol Sketches*, trans. D. McDuff (London, 1986), pp. 56–7.

25. N. Dubrovin, *349-dnevnaia zashchita Sevastopolia* (St Petersburg, 2005), p. 15.

26. A. Apukhtin, *Sochineniia*, 2 vols. (St Petersburg, 1895), vol. 2, p. iv. Translation by Luis Sundkvist and the author.

27. M. Kozelsky, *Christianizing Crimea: Shaping Sacred Space in the Russian Empire and Beyond* (De Kalb, Ill., 2010), pp. 130–9; R. Wortman, *Scenarios of Power: Myth and Ceremony in Russian Monarchy*, vol. 2: *From Alexander II to the Abdication of Nicholas II* (Princeton, 2000), p. 25; O. Maiorova, 'Searching for a New Language of Self: The Symbolism of Russian National Belonging during and after the Crimean War', *Ab Imperio*, 4 (2006), p. 199.

28. RGVIA, f. 481, op. 1, d. 27, l. 116; M. Bogdanovich (ed.), *Istoricheskii ocherk deiatel'nosti voennago upravlennia v Rossii v pervoe dvatsatipiatiletie blagopoluchnago tsarstvoivaniia Gosudaria Imperatora Aleksandra Nikolaevicha (1855–1880 gg.)*, 6 vols. (St Petersburg, 1879–1881), vol. 1, p. 172.

29. S. Plokhy, 'The City of Glory: Sevastopol in Russian Historical Mythology', *Journal of Contemporary History*, 35/3 (July 2000), p. 377.

30. S. Davies, 'Soviet Cinema and the Early Cold War: Pudovkin's *Admiral Nakhimov* in Context', *Cold War History*, 4/1 (Oct. 2003), pp. 49–70.

31. 引用于 Plokhy, 'The City of Glory', p. 382.

32. 会议论文可在网上阅读 : http://www.cnsr.ru/projects.php?id=10.

致　谢

为撰写此书而做的研究工作历经数年，其间有幸获得了众多人士的无私帮助。

在研究的早期，海伦·拉帕波特（Helen Rappaport）帮助我从无穷无尽的图书、已出版的回忆录以及参加过克里米亚战争的人写下的日记和信件中筛选出一份可行的参考书目。她还从这场战争的社会历史角度为我提供了宝贵的建议，并且与我分享她在撰写《淑女无用：克里米亚战争中不为人知的女性故事》（*No Place for Ladies: The Untold Story of Women in the Crimean War*）一书过程中所收集的资料。

我衷心感谢英国陆军博物馆（National Army Museum）的阿拉斯泰尔·马西（Alastair Massie），他的著作《英国陆军博物馆馆书之克里米亚战争：不为人知的故事》（*The National Army Museum Book of the Crimean War: The Untold Stories*）与《孤注一掷：克里米亚战争（1854—1856）中的英国军队》（*A Most Desperate*

Undertaking: The British Army in the Crimea, 1854–56）激发了我写作此书的灵感。伊丽莎白二世（Elizabeth II）女王陛下同意我使用皇家档案馆的材料，对此我感激不尽。同时我也希望感谢索菲·戈登（Sophie Gordon）女士就使用温莎皇家藏品中的图片问题为我提供的帮助。在位于伊斯坦布尔的巴什巴坎勒克奥斯曼档案馆（Basbakanlik Osmanlik Archive），我得到了穆拉特·西维洛格鲁（Murat Siviloglu）和梅勒克·马克苏多格鲁（Melek Maksudoglu）的帮助。在位于莫斯科的俄罗斯国家军事历史档案馆（Russian State Military History Archive），我获得了路易莎·卡比布琳娜（Luisa Khabibulina）的帮助。

很多人为本书草稿的全文或部分章节提供了意见，我对各位的帮助非常感激：诺曼·斯通（Norman Stone）、肖恩·布雷迪（Sean Brady）、道格拉斯·奥斯汀（Douglas Austin）、托尼·马格雷夫（Tony Margrave）、迈克·欣顿（Mike Hinton）、迈尔斯·泰勒（Miles Taylor）、多米尼克·列文（Dominic Lieven）和马克·梅佐维（Mark Mazower）。我要特别感谢道格拉斯·奥斯汀和托尼·马格雷夫，你们简直就是军事问题活辞典，丰富的知识让我受益匪浅。我也要感谢马拉·科泽尔斯基（Mara Kozelsky）允许我阅读她关于克里米亚战争的一本尚未完成的书稿，感谢梅汀·孔特（Metin Kunt）和奥纳·乌诺（Onur Önul）就土耳其问题所提供的帮助，感谢埃德蒙·赫齐格（Edmund Herzig）就美国问题所提供的帮助，感谢露西·里亚尔（Lucy Riall）就意大利问题所提出的建议，感谢乔安娜·伯克（Joanna Bourke）在军事心理学方面的见解，感谢安东尼·比弗（Antony Beevor）就欧洲军队轻骑兵问题所提供的帮助，感谢罗斯·贝尔森（Ross Belson）就悉尼·赫伯特辞职一事所提供的背景知识，感谢基斯·史密斯（Keith Smith）慷慨赠予我詹姆斯·罗伯逊名为《过去的斯库台和现代的于斯屈达尔》（"Old Scutari and Modern Üsküdar"）的经典照片，感谢休·斯莫尔（Hugh Small）所著的《克里米亚战争：维多利亚女王与俄国沙皇间的一仗》（*The Crimean War: Queen Victoria's War with the Russian Tsars*），这本书改变了我对很多问题的看法。

一如既往，我感谢家人，感谢我的妻子斯蒂芬妮（Stephanie）与我们的女儿莉迪娅（Lydia）和艾丽斯（Alice）。虽然女儿们对我撰写一本有关战争的书将信将疑，却也跟我一起沉湎其中。感谢我的经纪人德博拉·罗杰斯（Deborah Rogers）以及她的团队，包括罗杰斯（Rogers）、科尔里奇（Coleridge）和怀特（White），特别是露丝·麦金托什（Ruth McIntosh），她向我解释了有关著书收入增值税的种种细节，还有驻纽约的梅拉妮·杰克逊（Melanie Jackson）。我感谢塞西莉亚·麦凯（Cecilia Mackay）关于插图的意见，感谢伊丽莎白·斯特拉特福德（Elizabeth Stratford）的校对工作，感谢艾伦·吉利兰（Alan Gilliland）绘制的地图，当然我还要特别感谢两位出色的编辑：企鹅出版社的西蒙·温德尔（Simon Winder）和大都会出版社的萨拉·伯沙特（Sara Bershtel）。

参考文献

Aksan, V., *Ottoman Wars 1700–1870: An Empire Besieged* (London, 2007).

Akten zur Geschichte des Krimkriegs: Franzöische Akten zur Geschichte des Krimkriegs, 3 vols. (Munich, 1999–2003).

Akten zur Geschichte des Krimkriegs: Österreichische Akten zur Geschichte des Krimkriegs, 3 vols. (Munich, 1979–1980).

Akten zur Geschichte des Krimkriegs: Preussische Akten zur Geschichte des Krimkriegs, 2 vols. (Munich, 1990–1991).

Alabin, P., *Chetyre voiny: Pokhodnye zapiski v voinu 1853, 1854, 1855 i 1856 godov,* 2 vols. (Viatka, 1861).

Alberti, M., *Per la storia dell'alleanza e della campagna di Crimea, 1853– 1856: Lettere e documenti* (Turin, 1910).

Anderson, M., *The Eastern Question* (London, 1966).

Anderson, O., *A Liberal State at War: English Politics and Economics during the Crimean War* (London, 1967).

—— 'The Growth of Christian Militarism in Mid-Victorian Britain', *English Historical Review*, 86/338 (1971), pp. 46–72.

Andriianov, A., *Inkermanskii boi i oborona Sevastopolia (nabroski uchastnika)* (St Petersburg, 1903).

Anon.. *The Englishwoman in Russia: Impressions of the Society and Manners of the Russians at Home* (London, 1855).

Ascherson, N., *Black Sea* (London, 1995).

Baddeley, J., *The Russian Conquest of the Caucasus* (London, 1908).

Badem, C., 'The Ottomans and the Crimean War (1853–1856)', Ph.D. diss. (Sabanci University, 2007).

Bailey, F., *British Policy and the Turkish Reform Movement, 1826–1853* (London, 1942).

Bapst, E., *Les Origines de la Guerre en Crimée: La France et la Russie de 1848 à 1851* (Paris, 1912).

Baudens, J., *La Guerre de Crimée: Les campements, les abris, les ambulances,les hôitaux, etc.* (Paris, 1858).

Baumgart, W., *The Peace of Paris 1856: Studies in War, Diplomacy and Peacemaking* (Oxford, 1981).

Bayley, C., *Mercenaries for the Crimean: The German, Swiss, and Italian Legions in British Service 1854–1856* (Montreal, 1977).

Bazancourt, Baron de, *The Crimean Expedition, to the Capture of Sebastopol*, 2 vols. (London, 1856).

Berg, M., *Desiat'dnei v Sevastopole* (Moscow, 1855).

Bestuzhev, I., *Krymskaia voina 1853–1856* (Moscow, 1956).

Bitis, A., *Russia and the Eastern Question: Army, Government and Society, 1815–1833* (Oxford, 2006).

Bogdanovich, M., *Vostochnaia voina 1853–1856*, 4 vols. (St Petersburg, 1876).

Bolsover, G., 'Nicholas I and the Partition of Turkey', *Slavonic Review*, 27 (1948), pp. 115–145.

Bonham-Carter, V. (ed.), *Surgeon in the Crimea: The Experiences of*

George Lawson Recorded in Letters to His Family (London, 1968).

Boniface, E., Count de Castellane, *Campagnes de Crimée, d'Italie, d'Afrique, de Chine et de Syrie, 1849–1862* (Paris, 1898).

Bostridge, M., *Florence Nightingale: The Woman and Her Legend* (London, 2008).

Bresler, F., *Napoleon III: A Life* (London, 1999).

Brown, D., *Palmerston and the Politics of Foreign Policy, 1846–55* (Manchester 2002).

Buzzard, T., *With the Turkish Army in the Crimea and Asia Minor* (London, 1915).

Cadot, M., *La Russie dans la vie intellectuelle française, 1839–1856* (Paris, 1967).

Calthorpe, S., *Letters from Headquarters; or the Realities of the War in the Crimea by an Officer of the Staff* (London, 1858).

Case, L., *French Opinion on War and Diplomacy during the Second Empire* (Philadelphia, 1954).

Cavour, C., *Il carteggio Cavour-Nigra dal 1858 al 1861: A cura della R. Commissione Editrice*, 4 vols. (Bologna, 1926).

Charles-Roux, F., *Alexandre II, Gortchakoff et Napoléon III* (Paris, 1913).

Cler, J., *Reminiscences of an Officer of Zouaves* (New York, 1860).

Clifford, H., *Letters and Sketches from the Crimea* (London, 1956).

Cooke, B., *The Grand Crimean Central Railway* (Knutsford, 1990).

Correspondence Respecting the Rights and Privileges of the Latin and Greek Churches in Turkey, 2 vols. (London, 1854–1856).

Crimée 1854–1856, Exhibition catalogue, Musée de l'Armée (Paris, 1994).

Cullet, M. O., *Un régiment de ligne pendant la guerre d'orient: Notes et souvenirs d'un officier d'infanterie 1854–1855–1856* (Lyon, 1894).

Cunningham, A., *Eastern Questions in the Nineteenth Century: Collected Essays*, 2 vols. (London, 1993).

Curtiss, J., *The Russian Army under Nicholas I, 1825–1855* (Durham, NC, 1965).

—— *Russia's Crimean War* (Durham, NC, 1979).

Damas, A. de, *Souvenirs religieux et militaires de la Crimée* (Paris, 1857).

Dante, F., *I cattolici e la guerra di Crimea* (Rome, 2005).

David, S., *The Homicidal Earl: The Life of Lord Cardigan* (London, 1997).

—— *The Indian Mutiny* (London, 2002).

Davison, R. H., 'Turkish Attitudes Concerning Christian–Muslim Equality in the 19th Century', *American Historical Review*, 59 (1953–1954), pp. 844–864.

—— *Reform in the Ottoman Empire, 1856–1876* (Princeton, 1963).

—— *Essays in Ottoman and Turkish History, 1774–1923: The Impact of the West* (Austin, Tex., 1990).

Doré, G., *Histoire pittoresque, dramatique et caricaturale de la Sainte Russie* (Paris, 1854).

Dubrovin, N., *Istoriia krymskoi voiny i oborony Sevastopolia*, 3 vols. (St Petersburg, 1900).

Egerton, R., *Death or Glory: The Legacy of the Crimean War* (London, 2000).

Ershov, E., *Sevastopol'skie vospominaniia artilleriiskogo ofitsera v semi tetradakh* (St Petersburg, 1858).

Fisher, A., *The Russian Annexation of the Crimea, 1772–1783* (Cambridge, 1970).

—— *The Crimean Tatars* (Stanford, Calif., 1978).

—— 'Emigration of Muslims from the Russian Empire in the Years after the Crimean War', *Jahrbücher für Geschichte Osteuropas*, 35/3 (1987), pp. 356–371.

Florescu, R., *The Struggle against Russia in the Romanian Principalities 1821–1854* (Monachii, 1962).

Gammer, M., *Muslim Resistance to the Tsar: Shamil and the Conquest of Chechnya and Dagestan* (London, 1994).

Gershel'man, S., *Nravstvennyi element pod Sevastopolem* (St Petersburg, 1897).

Giubbenet, Kh., *Ocherk meditsinskoi i gospital'noi chasti russkih voisk v Krymu v 1854–1856 gg.* (St Petersburg, 1870).

Gleason, J., *The Genesis of Russophobia in Great Britain* (Cambridge, Mass., 1950).

Goldfrank, D., *The Origins of the Crimean War* (London, 1995).

—— 'The Holy Sepulcher and the Origin of the Crimean War', in E. Lohr and M. Poe (eds.), *The Military and Society in Russia: 1450–1917* (Leiden, 2002), pp. 491–506.

Gondicas, D., and Issawi, C. (eds.), *Ottoman Greeks in the Age of Nationalism: Politics, Economy, and Society in the Nineteenth Century* (Princeton, 1999).

Gooch, B., *The New Bonapartist Generals in the Crimean War* (The Hague, 1959).

Gouttman, A., *La Guerre de Crimée 1853–1856* (Paris, 1995).

Guerrin, L., *Histoire de la dernière guerre de Russie (1853–1856)*, 2 vols. (Paris, 1858).

Harris, S., *British Military Intelligence in the Crimean War* (London, 2001).

Henderson, G., *Crimean War Diplomacy and Other Historical Essays* (Glasgow, 1947).

Herbé, J., *Françis et russes en Crimée: Lettres d'un officier françis à sa famille pendant la campagne d'Orient* (Paris, 1892).

Hibbert, C., *The Destruction of Lord Raglan: A Tragedy of the Crimean War, 1854–1855* (London, 1961).

Hodasevich, R., *A Voice from within the Walls of Sebastopol: A Narrative of the Campaign in the Crimea and the Events of the Siege* (London,

1856).

Hopwood, D., *The Russian Presence in Palestine and Syria, 1843–1914: Church and Politics in the Near East* (Oxford, 1969).

Ingle, H., *Nesselrode and the Russian Rapprochement with Britain, 1836– 1844* (Berkeley, 1976).

Jaeger, P., *Le mura di Sebastopoli: Gli italiani in Crimea 1855–1856* (Milan, 1991).

Jewsbury, G., *The Russian Annexation of Bessarabia: 1774–1828. A Study of Imperial Expansion* (New York, 1976).

Jouve, E., *Guerre d'Orient: Voyage à la suite des armées alliées en Turquie, en Valachie et en Crimée* (Paris, 1855).

Kagan, F., *The Military Reforms of Nicholas I: The Origins of the Modern Russian Army* (London, 1999).

Keller, U., *The Ultimate Spectacle: A Visual History of the Crimean War* (London, 2001).

Khrushchev, A., *Istoriia oborony Sevastopolia* (St Petersburg, 1889).

King, C., *The Black Sea: A History* (Oxford, 2004).

—— *The Ghost of Freedom: A History of the Caucasus* (Oxford, 2008).

Kinglake, A., *The Invasion of the Crimea: Its Origin and an Account of Its Progress down to the Death of Lord Raglan*, 8 vols. (London, 1863).

Kovalevskii, E., *Voina s Turtsiei i razryv s zapadnymi derzhavami v 1853– 1854* (St Petersburg, 1871).

Kozelsky, M., *Christianizing Crimea: Shaping Sacred Space in the Russian Empire and Beyond* (De Kalb, Ill., 2010).

Krupskaia, A., *Vospominaniia krymskoi voiny sestry krestovozdvizhenskoi obshchiny* (St Petersburg, 1861).

Kukiel, M., *Czartoryski and European Unity 1770–1861* (Princeton, 1955).

Lalumia, M., *Realism and Politics in Victorian Art of the Crimean War* (Epping, 1984).

Lambert, A., *Battleships in Transition: The Creation of the Steam Battlefleet, 1815–1860* (Annapolis, Md., 1984).

—— *The Crimean War: British Grand Strategy, 1853–56* (Manchester, 1990).

—— and Badsey, S. (eds.), *The War Correspondents: The Crimean War* (Stroud, 1994).

Lane-Poole, S., *The Life of the Right Honourable Stratford Canning*, 2 vols. (London, 1888).

The Letters of Queen Victoria: A Selection from Her Majesty's Correspondence between the Years 1837 and 1861, 3 vols. (London, 1907–1908).

Lettres du maréchal Bosquet à sa mère 1829–1858, 4 vols. (Pau, 1877–1879).

Lettres du maréchal Bosquet à ses amis, 1837–1860, 2 vols. (Pau, 1879).

Lettres d'un soldat à sa mère de 1849 à 1870: Afrique, Crimée, Italie, Mexique (Montbéliard, 1910).

Levin, M., 'Krymskaia voina i russkoe obshchestvo', in id., *Ocherki po istorii russkoi obshchestvennoi mysli, vtoraia polovina XIX veka* (Leningrad, 1974), pp. 293–304.

Loizillon, H., *La Campagne de Crimée: Lettres écrites de Crimée par le capitaine d'état-major Henri Loizillon à sa famille* (Paris, 1895).

Luguez, F., *Crimée-Italie 1854–1859: Extraits de la correspondence d'un officier avec sa famille* (Nancy, 1895).

McCarthy, J., *Death and Exile: The Ethnic Cleansing of Ottoman Muslims 1821–1922* (Princeton, 1995).

MacKenzie, D., 'Russia's Balkan Policies under Alexander II, 1855–1881', in H. Ragsdale (ed.), *Imperial Russian Foreign Policy* (Cambridge, 1993), pp. 219–246.

McNally, R., 'The Origins of Russophobia in France: 1812–1830',

American Slavic and East European Review, 17/2 (Apr. 1958), pp. 179–183.

Markevich, A., *Tavricheskaia guberniia vo vremia krymskoi voiny: Poarkhivnym materialam* (Simferopol, 1905).

Markovits, S., *The Crimean War in the British Imagination* (Cambridge, 2009).

Marlin, R., *L'Opinion franc-comtoise devant la guerre de Crimée*, Annales Littéraires de l'Université de Besançon, vol. 17 (Paris, 1957).

Martin, K., *The Triumph of Lord Palmerston: A Study of Public Opinion in England before the Crimean War* (London, 1963).

Marx, K., *The Eastern Question: A Reprint of Letters Written 1853–1856 Dealing with the Events of the Crimean War* (London, 1969).

Masquelez, M., *Journal d'un officier de zouaves* (Paris, 1858).

Massie, A., *A Most Desperate Undertaking: The British Army in the Crimea, 1854–1856* (London, 2003).

—— *The National Army Museum Book of the Crimean War: The Untold Stories* (London, 2004).

Mémoires du comte Horace de Viel-Castel sur le règne de Napoléon III, 1851–1864, 2 vols. (Paris, 1979).

Mémoires du duc De Persigny (Paris, 1896).

Mismer, C., *Souvenirs d'un dragon de l'armée de Crimée* (Paris, 1887).

Molènes, P. de, *Les Commentaires d'un soldat* (Paris, 1860).

Moon, D., 'Russian Peasant Volunteers at the Beginning of the Crimean War', *Slavic Review*, 51/4 (Winter 1992), pp. 691–704.

Mosse, W., *The Rise and Fall of the Crimean System, 1855–1871: The Story of the Peace Settlement* (London, 1963).

Mrs Duberly's War: Journal and Letters from the Crimea, ed. C. Kelly (Oxford, 2007).

Niel, A., *Siège de Sébastopol: Journal des opérations du génie* (Paris, 1858).

Nilojkovic-Djuric, J., *Panslavism and National Identity in Russia and in the Balkans, 1830–1880* (Boulder, Colo., 1994).

Noël, D., *La Vie de bivouac: Lettres intimes* (Paris, 1860).

Noir, L., *Souvenirs d'un simple zouave: Campagnes de Crimée et d'Italie* (Paris, 1869).

Osmanli Belgelerinde Kirim Savasi (1853–1856) (Ankara, 2006).

Pavlowitch, S., *Anglo-Russian Rivalry in Serbia, 1837–39* (Paris, 1961).

Perret, E., *Les Français en orient: Récits de Crimée 1854–1856* (Paris, 1889).

Petrovich, M., *The Emergence of Russian Panslavism, 1856–1870* (New York, 1956).

Picq, A. du, *Battle Studies* (Charleston, SC, 2006).

Pirogov, N., *Sevastopol'skie pis'ma i vospominaniia* (Moscow, 1950).

Plokhy, S., 'The City of Glory: Sevastopol in Russian Historical Mythology', *Journal of Contemporary History*, 35/3 (July 2000), pp. 369–383.

Ponting, C., *The Crimean War: The Truth behind the Myth* (London, 2004).

Prousis, T., *Russian Society and the Greek Revolution* (De Kalb, Ill., 1994).

Rachinskii, A., *Pokhodnye pis'ma opolchentsa iz iuzhnoi Bessarabii 1855–1856* (Moscow, 1858).

Ragsdale, H. (ed.), *Imperial Russian Foreign Policy* (Cambridge, 1993).

Rakov, V., *Moi vospominaniia o Evpatorii v epohu krymskoi voiny 1853–1856 gg.* (Evpatoriia, 1904).

Rappaport, H., *No Place for Ladies: The Untold Story of Women in the Crimean War* (London, 2007).

Rebrov, Ia., *Pis'ma sevastopol'tsa* (Novocherkassk, 1876).

Reid, D., *Soldier-Surgeon: The Crimean War Letters of Dr Douglas A. Reid, 1855–1856* (Knoxville, Tenn., 1968).

Reid, J., *Crisis of the Ottoman Empire: Prelude to Collapse 1839–1878*

(Stuttgart, 2000).

Riasanovsky, N., *Nicholas I and Official Nationality in Russia 1825–1855* (Berkeley, 1959).

Rich, N., *Why the Crimean War?* (New York, 1985).

Royle, T., *Crimea: The Great Crimean War 1854–1856* (London, 1999).

Russell, W., *The British Expedition to the Crimea* (London, 1858).

Saab, A., *The Origins of the Crimean Alliance* (Charlottesville, Va., 1977).

—— *Reluctant Icon: Gladstone, Bulgaria, and the Working Classes, 1856–1878* (Cambridge, Mass., 1991).

Sandwith, H., *A Narrative of the Siege of Kars* (London, 1856).

Schiemann, T., *Geschichte Russlands unter Kaiser Nikolaus I*, 4 vols. (Berlin, 1904–1919).

Schroeder, P., *Austria, Great Britain and the Crimean War: The Destruction of the European Concert* (Ithaca, NY, 1972).

Seacole, M., *Wonderful Adventures of Mrs Seacole in Many Lands* (London, 2005).

Seaton, A., *The Crimean War: A Russian Chronicle* (London, 1977).

Shepherd, J., *The Crimean Doctors: A History of the British Medical Services in the Crimean War*, 2 vols. (Liverpool, 1991).

Slade, A., *Turkey and the Crimean War: A Narrative of Historical Events* (London, 1867).

Small, H., *Florence Nightingale, Avenging Angel* (London, 1998).

—— *The Crimean War: Queen Victoria's War with the Russian Tsars* (Stroud, 2007).

Southgate, D., *The Most English Minister: The Policies and Politics of Palmerston* (New York, 1966).

Soyer, A., *Soyer's Culinary Campaign* (London, 1857).

Spilsbury, J., *The Thin Red Line: An Eyewitness History of the Crimean War* (London, 2005).

Stockmar, E., *Denkwürdigkeiten aus den Papieren des Freiherrn Christian Friedrich V. Stockmar* (Brunswick, 1872).

Stolypin, D., *Iz lichnyh vospominanii o krymskoi voine i o zemledel'cheskih poryadkakh* (Moscow, 1874).

Strachan, H., *From Waterloo to Balaclava: Tactics, Technology and the British Army* (London, 1985).

Sweetman, J., *War and Administration: The Significance of the Crimean War for the British Army* (London, 1984).

Tarle, E., *Krymskaia voina*, 2 vols. (Moscow, 1944).

Taylor, A. J. P., *The Struggle for Mastery in Europe 1848–1918* (Oxford, 1955).

Thoumas, M., *Mes souvenirs de Crimée 1854–1856* (Paris, 1892).

Thouvenal, L., *Nicolas Ier et Napoléon III: Les préliminaires de la guerre de Crimée 1852–1854* (Paris, 1891).

Thurston, G., 'The Italian War of 1859 and the Reorientation of Russian Foreign Policy', *Historical Journal*, 20/1 (Mar. 1977), pp. 121–144.

Tiutcheva, A., *Pri dvore dvukh imperatov: Vospominaniia, dnevnik, 1853–1882* (Moscow, 1928–1929).

Tolstoy, L., *The Sebastopol Sketches*, trans. D. McDuff (London, 1986).

Tolstoy's Diaries, ed. and trans. R. F. Christian, 2 vols. (London, 1985).

Tolstoy's Letters, ed. and trans. R. F. Christian, 2 vols. (London, 1978).

Totleben, E., *Opisanie oborony g. Sevastopolia*, 3 vols. (St Petersburg, 1863–1878).

Ubicini, A., *Letters on Turkey*, trans. Lady Easthope, 2 vols. (London, 1856).

Urquhart, D., *England and Russia* (London, 1835).

Vanson, E., *Crimée, Italie, Mexique: Lettres de campagnes 1854–1867* (Paris, 1905).

A Visit to Sebastopol a Week after Its Fall: By an Officer of the Anglo-

Turkish Contingent (London, 1856).

Vrochenskii, M., *Sevastopol'skii razgrom: Vospominaniia uchastnika slavnoi oborony Sevastopolia* (Kiev, 1893).

Vyskochkov, L., *Imperator Nikolai I: Chelovek i gosudar'* (St Petersburg, 2001).

Warner, P., *The Crimean War: A Reappraisal* (Ware, 2001).

Wirtschafter, E., *From Serf to Russian Soldier* (Princeton, 1990).

Zaionchkovskii, A., *Vostochnaia voina 1853–1856*, 3 vols. (St Petersburg, 2002).

Za mnogo let: Zapiski (vospominaniia) neizvestnogo 1844–1874 gg. (St Petersburg, 1897).

索 引

（插图的页码以斜体表示，脚注在页码后以 *n* 标记）

译后记

一

2016 年 6 月，一座青铜雕塑在伦敦的圣托马斯医院（St Thomas' Hospital）揭幕。这座医院位于伦敦市中心泰晤士河南岸、威斯敏斯特桥（Westminster Bridge）边，雕塑为玛丽·西科尔的全身站像，高达三米，矗立在医院大楼外河畔的步行道边，河对面就是议会大厦和大本钟。

为玛丽·西科尔树立雕像一事，在英国引起了一番争议，特别是给她树立雕像的理由：她是"现代护士的先驱"，让持相反意见的人士组成了极端对立的两大阵营。在争议中，这座雕像所安放的位置也被赋予了特别的含义，因为圣托马斯医院正是由弗洛伦丝·南丁格尔创立的世界上第一所现代护士及助产士学校所在地，而南丁格尔本人则长期被认为是现代护理事业的创始人。对于那些持反对意见的人来说，不仅玛丽·西科尔本身配不上"现代护士先驱"这一称号，而且在圣托马斯医院为她树立雕像，无疑有挑战南丁格尔的地位并取而代之的意图。

把玛丽·西科尔和南丁格尔联系在一起的，是一百六十多年前的克里米亚战争。战争爆发后，南丁格尔通过《泰晤士报》的报道了解到英国伤兵在后方医院处境恶劣，主动请缨并获得当时战争大臣手下要员悉尼·赫伯特授权前往君士坦丁堡，名义上是带队管理克里米亚地区英军医院内的护士，但实际上是监督改善战区英军医院的运作管理。当时英军对伤病员的救治极为忽视，位于君士坦丁堡郊外斯库台地区的军队医院管理混乱，与临近的法军医院形成鲜明对比，这一情况被《泰晤士报》揭露后，英军当局遭到国内各方指责。南丁格尔就是在这样的背景下出场，她作为"提灯女士"夜探伤员的神圣形象已成为其"现代护士先驱"神话的一部分，然而当代许多研究者认为她的贡献并非在救护伤员本身，而是在系统化改善医院管理上，所以更准确地说，她是一个以统计数字科学化管理医院的先驱。

玛丽·西科尔比南丁格尔稍晚登场，她是出生在牙买加的混血民族克里奥人后代，恰好在克里米亚战争期间来到伦敦，她有一些凭草药治病的经验，曾考虑过参加南丁格尔招募的志愿者护士队伍，但并未正式递交申请，而是选择与人合伙自费前往克里米亚，在英法联军阵地后方的村庄开设了一座餐馆兼俱乐部性质的商业场所。虽然她的主要客户是英军军官，但是根据她的自传和其他材料，她并不排斥英军士兵，也为他们提供过免费的饮食和草药治疗服务，还曾经在战斗结束后前往战场照顾伤员。但是她究竟提供了什么样的救治护理服务，有多大规模，算不算得上现代意义的护理，并没有详细客观的记录可供判断。这一点正是反对将玛丽·西科尔称为"现代护士先驱"并在圣托马斯医院树立雕像的人所持的主要理由。

南丁格尔和玛丽·西格尔可以说是克里米亚战争留下的众多遗产之二，但这场战争本身似乎已被人遗忘，正如《克里米亚战争》一书作者奥兰多·费吉斯所说，也许在公众记忆中，这场发生在19世纪中叶的战争，早已被两场世界大战所掩盖了。然而，克里米亚战争不管是对英国社会和欧洲格局，或是对俄罗斯和土耳其的现代化进程，都有着深远的影响，甚至在当今发生在欧亚地区的许多冲突中，都可以看到这场一百六十多年前战争的影子。

2014年，俄罗斯"志愿者"武装入侵克里米亚，驱逐了当地的乌克兰政府和军事人员，随后举行的克里米亚"全民公决"同意将"克里米亚共和国"并入俄罗斯，由此完成了俄罗斯对克里米亚地区的并吞，虽然至今世界上绝大多数国家都并未予以承认。对于这场冲突，外界对俄罗斯动机的理解普遍集中在克里米亚半岛的战略位置以及俄罗斯总统普京对内对外宣示力量等因素上。这些看法都有道理，克里米亚确实是俄罗斯控制黑海、出师地中海的基地，黑海舰队就一直驻扎在克里米亚半岛西南角的塞瓦斯托波尔。在前苏联解体之后，克里米亚归乌克兰所有，但是黑海舰队继续以租借方式使用这个港口。当乌克兰渐渐向欧盟靠拢，与俄罗斯的对抗公开化，甚至双方陷入武装冲突后，不管从战略、民心士气还是向西方示威方面来看，俄罗斯都有夺回克里米亚的强烈动机。

然而，对照发生在一百六十多年前的克里米亚战争，却显示出其中还有另一个不容忽视的原因。费吉斯在《克里米亚战争》中指出，许多历史学家在研究这场战争时，集中关注地缘政治、帝国纷争、民族主义兴起等，但是往往忽略了冲突过程中宗教因素所起的作用。在这场战争中，天主教国家法国和奥地利，联合新教国家英国，与信奉伊斯兰教的奥斯曼帝国携手，共同对抗东正教国家俄罗斯，这在过去是难以想象的。俄罗斯一直以东正教领袖自居，认为上天赋予了自己神圣的宗教使命，要把同样信奉东正教的斯拉夫人从奥斯曼帝国手中"解放"出来，被其视为上天赋予的神圣宗教使命。但在欧洲列强看来，虽然同属基督教家庭，一个野蛮、不开化、具有扩张性的俄罗斯所带来的威胁，甚至超过了已是奄奄一息的奥斯曼帝国。

2014年的克里米亚冲突，当然不是19世纪克里米亚战争的重演，但是其中的一些关键因素，却还在发挥着作用。在欧洲和美国看来，21世纪的俄罗斯依然是一个具有扩张性的民族，还未摆脱其"野蛮"和不可理喻的特性，必须对其进行遏制。对于俄罗斯来说，克里米亚战争的失败，让他们觉得被西方列强所背叛，其深深的伤害和敌意，在经历了两次世界大战、冷战和苏联解体之后，依然存在。虽然东正教已不再拥有无上的权威，但是在列强环伺下重现帝国昔日光辉的前景，对一些俄罗斯人来说依然具有强大的吸引力。

克里米亚半岛本身，除了其战略位置外，还与俄罗斯的历史息息相关。费吉斯在《克里米亚战争》中写道，对俄罗斯人来说，克里米亚是一块圣地。根据俄罗斯编年史记载，古代罗斯人的领袖、基辅大公弗拉基米尔就是于公元988年在克里米亚南岸的赫尔松涅索斯、也就是现代的塞瓦斯托波尔城外接受洗礼的，从而带领基辅罗斯人接受了东正教。塞瓦斯托波尔是克里米亚战争的焦点，在经过了长达一年的围困之后，英法联军终于攻陷了这座城市，但是在俄罗斯方面，塞瓦斯托波尔的坚守和失利却被塑造成不屈不挠的俄罗斯精神的体现，在俄罗斯国家身份认同上有着非常重要的意义。乌克兰转向西方，在一些俄罗斯人看来，却是西方国家再次图谋夺走塞瓦斯托波尔，而从实现打击俄罗斯的目的。

所以说，历史也许不是简单的重复，但是了解历史，无疑能够帮助我们更好地理解今天。《克里米亚战争》就是这么一部可以帮助我们了解历史、理解今天的作品。

二

相信本书的读者中，许多人跟本书译者开卷之初一样，对克里米亚战争这段历史所知甚少。虽然我们对英国历史算是比较了解的，但过去并没有把一些历史事件或文化传统和克里米亚战争联系起来，比如南丁格尔创建现代护理职业的事迹，英国人常常提及的"轻骑兵冲锋"所代表的士兵忠勇、长官无能的文化共识，以及英国与俄罗斯之间长期的猜疑和敌视等。

打开《克里米亚战争》一书，吸引我们的首先是作者费吉斯的文笔，在本书序言的短短数页间，作者就描绘了一番这场战争在英国、法国和俄罗斯留下的印迹以及对后世的巨大影响，同时还勾勒出克里米亚战争本身的独特之处：这是最后一场依然遵从"骑士精神"、交战双方会在战斗间隙停火以便各自处理死伤者的大型战争；这又是第一场真正意义上的现代战争，各种新技术例如新型来复枪、电报、蒸汽机船、火车等纷纷投入军事用途，改变了战争格局；对英法两国来说，这还是第一场官方政策被公众舆论左右的大战，在出版自由的英国，第一次出现了战地记者这一职业。费吉斯的文笔清晰流畅，能将复杂的情况讲得简明生动，书中引用大量参与各方的叙述，大部分来自当事人的回忆录、书信、记者报道等第一手材料，与作者的叙事编织起来，给予读者身临其境之感，却并未因此影响叙述的流畅。

继续读下去，我们发现同样令人佩服的是作者致力采取的中立立场和对各方史料的尊重。作为一本由一位英国历史学家创作的英文作品，书中不免会引用较多的英语史料、英国方面的视点，但是费吉斯非常注重全面与平衡，搜集了大批法国、俄罗斯和奥斯曼帝国方面的文献，他本人也以这一点为自豪。费吉斯是伦敦大学伯贝克学院（Birkbeck College）的历史学教授、俄罗斯历史专家，在本书之前，就已出版了几部有关俄罗斯历史和俄国革命的作品，包括收入理想国译丛的《耳语者》和《古拉格之恋》。在本书序言中，他特别提到作为一名作家，没有其他人比托尔斯泰更能提供俄罗斯人的视角了，其《塞瓦斯托波尔故事》和从前线寄回的家信，既有对战场实况栩栩如生的描述，又为读者了解俄罗斯知识分子对这场战争的思考打开了一扇窗。

在尊重各方史料的基础上，费吉斯在分析阐述时局发展、公众心态、各方动机、决策过程时，尽量做到客观平衡。按照他的分析，克里米亚战争缘起于巴勒斯坦，19世纪时这里是奥斯曼帝国的属地，但是两座被基督徒视为圣地的教堂：伯利恒的圣诞教堂和耶路撒冷的圣墓教堂，都是由基督教教士控制的。问题在于教士们分为两派：由法国支持的拉丁人和由俄罗斯支持的希腊人教士，双方各以自己为正统，长期为谁是圣地的真正守护者这一问题争得不可开交，最终结果是让两派的后台卷入了一场直接对抗的大战。而交战的每一方在上战场时，都认为自己是被迫发动一场捍卫信仰的正义之战，而上帝是在自己一边。费吉斯把各方世界观的差别、看问题的局限性，以及自以为是的天赋使命感梳理得非常清楚，对各方行为动机进行剖析、做出指责时亦毫不留情。

从一些细节上就看出作者努力站在一个全面客观的位置上，让我们回到前面提到的南丁格尔和西科尔的事迹上。《克里米亚战争》中有相当篇幅提到南丁格尔，讲述她在招募组织护士前往克里米亚以及改善军队医院的管理和卫生条件上，确实做出了重要的贡献。虽然她推行的护理原则并非她发明的新概念，许多已经在法军医院贯彻实行，但是她坚毅执着，手中又掌握资金，能够在阻力面前依然坚定有效地推动医院管理改革，不过她的改革成果被夸大了，成了一套脱离事实的神话。而且尽管她做出了很多努力，英军医院的死亡率依然急剧上升，原因在于医院建在一座污水池之上，因下水道渗漏污染了饮用水，而南丁格尔并不了解这一危险，她一直以为感染是由受污染的雾气造成的。至于西科尔，《克里米亚战争》也有提及，但是把她的参与归于战争期间具有冒险精神和创意的商业行为一类，同时还指出她的主要客户是英军军官，所以在改善英军普通士兵饮食质量上，西科尔和其他商贩所做的贡献，远远比不上著名厨师亚历克西斯·索耶。索耶在克里米亚英军中推行了建立战地食堂集中供餐制度，他为军队设计的野战炉子直到 20 世纪下半叶还在使用。

在费吉斯看来，为战地救护作出最大贡献的人士并非来自英法两国，而是俄罗斯医生尼古拉·皮罗戈夫。克里米亚战争期间，他最早采用了一套战地手术管理系统，而其他国家到第一次世界大战时才跟上。与英法联军相比，俄罗斯军队遭受的损失更大，医疗条件更为落后，战地医院根本无法应付大批伤员，皮罗戈夫为此创建了一个伤员分流系统，最大程度地救治仍有希望救活的伤员，同时积极使用麻醉术，大大提高了外科手术的效率，更为重要的是他采取措施防止手术后感染，对护士的作用也极为重视。在他的领导下，俄军医院内伤员存活率远远高于英军和法军医院。尽管如此，他的名字在俄罗斯以外却鲜有人知。

如果你是一个军事迷，主要是想看战争的具体过程的话，《克里米亚战争》也不会让你失望。本书开篇作者就声明将会花大量篇幅讲述这场战争的起源、俄罗斯与西方列强在奥斯曼帝国问题上的冲突、英法两国国内政治和公众舆论对决策的影响等等，因此要到

第五章，战斗才会真正打响。克里米亚战争中有不少著名战役，在本书中都得以展现：阿尔马战役是英法联军与俄罗斯军队之间的第一场大战，因为联军士兵自发找到了发挥来复枪威力的办法而改变了作战方式；在巴拉克拉瓦战役期间，发生了著名的英军"轻骑兵冲锋"和苏格兰高地师"一条细红线"阻挡俄罗斯骑兵冲锋的故事；在对塞瓦斯托波尔进行了近 8 个月的围困后，英法联军终于开始强攻城堡，牺牲了大量士兵——那句著名的"雄狮却被驴子指挥"就是源自此役，而不是普遍认为的第一次世界大战。

这些战役过程相当复杂，而且在过去的一个多世纪中，流行着不少错误的说法，例如大部分人对"轻骑兵冲锋"的理解，是来自英国诗人丁尼生的同名诗歌，尽管这首诗夸大了事实，而且缺乏对前因后果的解释分析。费吉斯在《克里米亚战争》中试图做到尽量还原历史的真实，纠正过去出版物中的错误、夸张、片面和孤立的理解，其中对俄罗斯方面文献的引用，起到了很好的平衡作用。

费吉斯文笔的生动流畅，在写战争场面时充分体现了出来，通过他的描述，读者首先能够获得对战场全景的清楚认识。对于每一个重要军事行动，都采用了第三者角度叙事和亲历者回忆交织的做法，令读者既有身临其境之感，又能紧随战况发展。书中展现的战事紧张激烈，双方鏖战的惨烈程度令人动容。作者还为一些关键战役提供战场形势配图，大大有助于阅读。对于一些历史疑团，例如英军"轻骑兵冲锋"的责任与后果，作者还特别分析各种说法的可信度，引导读者做出自己的判断。

难能可贵的是，作者并非将战斗当作一个机械的过程来解释，时刻强调在战场上出生入死的每一个战士，不管为哪方而战，同时也都是儿子、兄弟或父亲，他花费许多笔墨描述大战前夕战士们的紧张、期待和惶恐以及硝烟过后双方死伤者面临的悲惨处境。在他的笔下，克里米亚战争的伤亡人数，不再是一个个冰冷的数字。

《克里米亚战争》史料丰富，作者文笔清晰流畅，阅读本书是一种享受，有机会参与本书的翻译实为我们的荣幸。作为译者，我们希望中译本能够尽量保留原作的流畅感，对于书中提到的一些历史人物、名称或事件，我们在自觉有必要的地方附加了一些简略的背景资料或解释，均以译者注方式出现，希望有助于中文版读者更好地理解正文。

理想国译丛

imaginist [MIRROR]